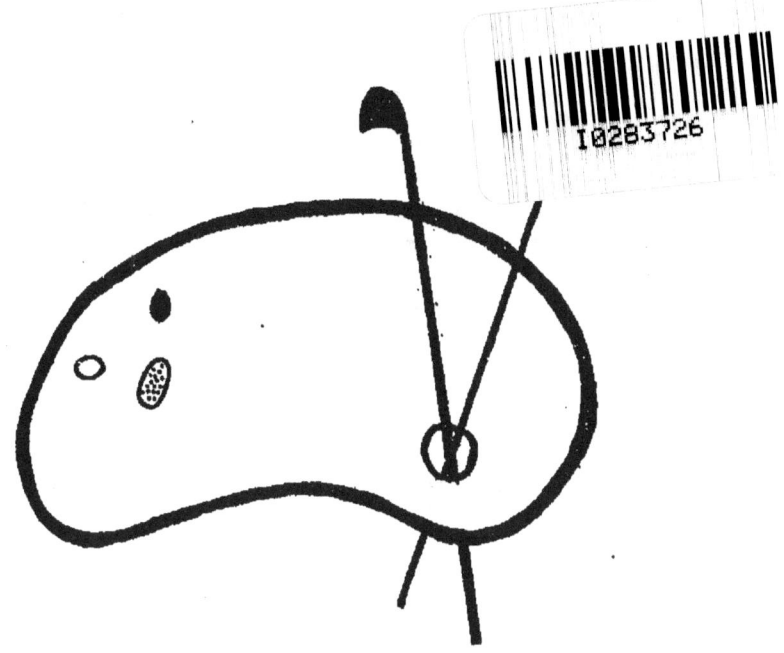

COUVERTURE SUPERIEURE ET INFERIEURE
EN COULEUR

HISTOIRE UNIVERSELLE
DE
L'ÉGLISE

PAR

Le Docteur JEAN ALZOG
Professeur de l'Université de Fribourg

TRADUITE PAR L'ABBÉ I. GOSCHLER
Chanoine honoraire de Carcassonne, docteur ès lettres, ancien directeur du collège Stanislas

ET C.-F. AUDLEY
Professeur d'histoire, membre de la *Société des Arts* de Londres

CINQUIÈME ÉDITION

AVEC LA CONTINUATION JUSQU'A NOS JOURS, TRADUITE DE LA NEUVIÈME ET DERNIÈRE ÉDITION ALLEMANDE

Ouvrage approuvé par Monseigneur l'Archevêque de Fribourg et par Monseigneur l'Évêque de Beauvais.

TOME QUATRIÈME

PARIS
V. SARLIT ET Cⁱᵉ, LIBRAIRES-ÉDITEURS
19, RUE DE TOURNON, 19

RÉPERTOIRE UNIVERSEL
ET ANALYTIQUE
DE L'ÉCRITURE SAINTE

Contenant tout le texte sacré, selon l'ordre alphabétique des sujets ; la biographie des patriarches, des prophètes et des principaux personnages de l'Ancien et du Nouveau Testament; la concordance de l'Ancien et du Nouveau Testament et de leurs divers auteurs entre eux ; l'exposé de tous les sujets de dogme et de morale, indiquant à chacun tous les passages de l'Écriture qui y ont quelque rapport ; des aperçus sur chacun des livres de la Bible, etc.

OUVRAGE UTILE AUX CURÉS ET AUX PRÉDICATEURS

Dédié à S. Ém. le Cardinal-Archevêque d'Auch, et publié sous ses auspices

Par M. l'abbé MATALÈNE

Deuxième édition, 2 vol. in-4, brochés............ 12 fr.
— cart. toile solide pour bibliothèque..... 14 fr.

Videte quoniam non soli mihi laboravi,
sed omnibus exquirentibus veritatem.
(ECCL., c. XXIV, v. 47.)

Extrait du compte rendu de la Revue du monde catholique, *mars 1865.*

Une étude encore indispensable au prêtre est l'étude de l'Écriture sainte ; mais il ne lui suffit pas d'étudier l'Écriture sainte pour lui-même, il doit en faire profiter le troupeau qui lui est confié. Il a mission de lui exposer cette parole de vie, de la lui expliquer et de lui en faire l'application. Ce n'est pas là chose facile, à moins d'avoir consacré de longues heures à cette étude et de savoir pour ainsi dire de mémoire le texte entier des livres sacrés. S'il n'en est pas ainsi, que de temps dépensé pour chercher les passages que l'on désire ; et un passage trouvé ne donne pas les autres textes ayant trait au même sujet. C'est pour remédier à cet inconvénient que M. l'abbé Matalène a composé son *Répertoire*. Cet ouvrage renferme tout le texte selon l'ordre alphabétique des sujets d'histoire, de dogme et de morale que la Vulgate traite dans son ensemble. A côté de ces sujets principaux, l'auteur a cité les passages disséminés un peu partout dans l'Écriture, afin de ne faire qu'un seul tout à chaque sujet traité.

Pour que le lecteur puisse se servir du Répertoire sans recourir à la Bible, qui s'y trouve contenue tout entière, M. l'abbé Matalène a eu le soin, au commencement de chaque chapitre, d'indiquer où se trouve le suivant. A la suite de l'ouvrage une table universelle donne l'ordre des livres de l'Écriture sainte et la suite des chapitres de chaque livre en indiquant, en regard du chapitre, le mot du Répertoire à la suite duquel il se trouve consigné. On peut juger par ce peu de lignes combien le répertoire de M. l'abbé Matalène est ingénieux, et ce qu'il a fallu de patience, d'intelligence et de connaissances pour mener son entreprise à bonne fin. L'abbé A. VAILLANT.

HISTOIRE UNIVERSELLE

DE L'ÉGLISE

IV

Propriété du Libraire-Editeur
Tous droits réservés.

HISTOIRE UNIVERSELLE
DE
L'ÉGLISE

PAR

le docteur JEAN ALZOG

Professeur de l'Université de Fribourg

TRADUITE PAR L'ABBÉ I. GOSCHLER

Chanoine honoraire de Carcassonne, docteur ès lettres, ancien directeur du collège Stanislas

ET C.-F. AUDLEY

Professeur d'histoire, membre de la *Société des Arts* de Londres

CINQUIÈME ÉDITION

AVEC LA CONTINUATION JUSQU'A NOS JOURS, TRADUITE DE LA NEUVIÈME ET DERNIÈRE ÉDITION ALLEMANDE

Ouvrage approuvé par Monseigneur l'Archevêque de Fribourg et par Monseigneur l'Évêque de Beauvais.

TOME QUATRIÈME

PARIS
V. SARLIT ET Cᵢₑ, LIBRAIRES-ÉDITEURS
19, RUE DE TOURNON, 19

1881

AVERTISSEMENT DE L'ÉDITEUR

Les dernières pages de ce volume, nouvellement traduites de la neuvième et dernière édition allemande, contiennent l'histoire du concile du Vatican par le docteur Alzog, que nous offrons pour la première fois au public français.

L'Histoire ecclésiastique du regretté docteur s'arrête à la date de 1872. Dans la crainte de déparer une œuvre d'un mérite supérieur et d'une parfaite unité, on n'a pas osé tenter ici une continuation proprement dite. Un tableau chronologique, relatant tous les événements remarquables des huit dernières années, en tiendra lieu.

Quoique l'éloge de cet ouvrage ne soit plus à faire, on nous permettra de rapporter encore les jugements recueillis par nous de la bouche de deux prêtres éminents, de la trempe du docteur Alzog et ayant comme lui consumé leur vie au service de la science catholique : « Il y a plus de vraie science, disait le P. de V., dans ces quatre modestes volumes que dans les 12 in-4º de tel de nos historiens. » M. G. ajoutait : « Je trouve dans ce manuel un ensemble de vues originales et profondes, qui le met bien au-dessus de tous nos auteurs modernes. »

AVERTISSEMENT DE L'AUTEUR

SUR L'IMPORTANCE DE CETTE PARTIE DE L'HISTOIRE

Dans cette dernière partie de l'histoire ecclésiastique, les faits sont ou contemporains ou très voisins de notre âge, et notre vie religieuse a tous à des rapports étroits et de plus d'une sorte avec l'objet de notre étude. Si l'intérêt en est augmenté, il l'est bien plus encore par les évènements extraordinaires, par les révolutions politiques et les transformations religieuses dont ces temps ont été fertiles, et qui offrent à l'historien une matière aussi riche que diverse. La connaissance exacte de l'état actuel de l'Église, de sa présente situation intérieure et extérieure, est particulièrement nécessaire au jeune théologien, s'il veut pouvoir un jour, appliqué au ministère des âmes, travailler à ranimer et à développer la vie religieuse et morale des peuples.

Ces considérations nous ont engagé à traiter cette partie avec un peu plus de détails. Quant à l'objection bien connue, qu'une époque si récente n'est pas encore mûre pour l'histoire, et qu'il y a plus d'un inconvénient à l'écrire, nous en tiendrons compte dans une juste mesure, en nous bornant à présenter sans commentaires, matériellement pour ainsi dire, tout événement encore incomplet qui attend de l'avenir son développement et sa signification providentielle, et, pour tout ce qui a trait à des personnages vivants, en ne touchant jamais que leurs actes.

Eusèbe, le père de l'histoire ecclésiastique, nous a d'ailleurs donné l'exemple; ce n'est point par hasard, mais avec intention, qu'il a écrit plus amplement l'histoire de son temps. (Préface du livre VIII).

TROISIÈME ÉPOQUE.

DE LA RÉVOLUTION FRANÇAISE

JUSQU'A NOS JOURS.

[1789-1872].

LUTTE DE L'ÉGLISE CATHOLIQUE CONTRE LES FAUSSES
THÉORIES POLITIQUES;

CARACTÈRE DE PLUS EN PLUS NÉGATIF DU PROTESTANTISME.

§ 387. — *Littérature générale.*

Bullarii Romani continuatio summorum pontificum Clementis XIII Pii VIII. Romæ, 1835-43, t. V et sq. *Huth*, Essai d'une Histoire ecclésiast. du XVIII° siècle, t. II. Augsb., 1809. Nouv. hist. de l'Eglise chrét. depuis l'avénement de Pie VII (1800) jusqu'à celui de Grégoire XVI (1833), traduite de l'italien et augmentée de plusieurs pièces; 2° édit., 1836. *Robiano*, Continuation de l'Hist. ecclésiast. de Bérauld-Bercastel (1721-1830). Paris, 1836, 4 vol. *Scharpf*, Cours d'hist. ecclés. contemp. Frib., 1852. *Saint-George*, le Christianisme au XIX° siècle. Paris, 1853.

Pour l'histoire politique : Hist. universelle, t. V et VI. Ratisb., 1842. *Boost*, Nouv. hist. de l'humanité, depuis le commencement de la révolution française jusqu'à nos jours, t. I, Ratisb., 1836. Hist. de France; 2° édition, 1843, t. II, Augsb., 1839. Hist. d'Autriche (Boost s'efforce de montrer que toujours les prétendues réformes de l'Eglise aboutissent à des révolutions politiques.) *Léo*, Précis d'hist. univ., t. IV, p. 558 jusqu'à la fin, et t. V. *Alison*, History of Europe since the first French revolution. *Louis Blanc*, Hist. de dix ans, 1830-40. Paris, 4 vol. (On en recommande les pièces, mais non l'esprit.) Parmi les journaux politiques, il faut surtout consulter le *Moniteur* et la Chronique du XIXe siècle, depuis 1801.

CHAPITRE PREMIER.

HISTOIRE DE L'ÉGLISE CATHOLIQUE.

Révolution française.

Barruel, Collection ecclésiastique, ou Recueil complet des ouvrages faits depuis l'ouverture des états généraux, relativement au clergé. 7 vol. *Idem,* Hist. du clergé de France pendant la révolution. Londres, 1794 et 1804. Hist. du clergé de France pendant la révolution, d'après *Barruel, Montjoie, Picot,* etc., par M. R***. Paris, 3 vol. *Carron,* les Confesseurs de la foi dans l'Eglise gallicane à la fin du XVIII° siècle. Paris, 1820, 4 vol. *Barruel,* Mémoires pour servir à l'histoire du Jacobinisme [1797 et 1803]. Lyon, 1818 et suiv., 4 vol. *Wachsmuth,* Hist. de France pendant la révolution. Hamb., 1840 et suiv., 2 vol. *Mazas,* Hist. de la révolution française. *Dalhmann,* Hist. de la révol. française. Leipzig, 1845. *Jager,* Hist. de l'Eglise de France pendant la révolution. Paris, 1852. *Burke,* Considérations sur la révol. française.

Hulot, Collectio brevium et instr. Pii VI ad præs. Gal. Ecclesiæ calamitates. Aug., 1796, 2 vol. *Baldassari,* Histoire de l'enlèvement et de la captivité de Pie VI.

§ 388. — *La Constituante* [1789-1791.].

On ne connut bien les conséquences de la réforme que lorsque ses principes passèrent du domaine religieux dans la sphère politique. Une de ces conséquences les plus manifestes fut, sans contredit, la révolution française, application rigoureuse des doctrines des premiers réformateurs (1). Ceux-ci, à savoir : Luther, François de Sickingen,

(1) Cette opinion gagne de jour en jour plus de consistance, même chez les protestants; elle a été particulièrement soutenue par Wolfg.

§ 388. — LA CONSTITUANTE.

Thomas Munzer, avaient commencé la révolution religieuse en attaquant et en renversant d'abord l'ordre politique existant, et avaient continué leur œuvre de destruction par la suppression violente des couvents, la confiscation des biens de l'Église, la sécularisation opérée au nom des princes. La destruction de l'autorité ecclésiastique par les réformateurs engendra celle de l'autorité politique. A l'immutabilité d'une religion divine, infaillible, règle de la foi et des mœurs, succéda une inévitable fluctuation dans les idées religieuses, d'où naquit, à son tour, le déisme anglais et la corruption générale des mœurs. Les idées de liberté et d'égalité absolues des jacobins français n'étaient pas neuves; elles avaient été proclamées, d'une manière assez positive, et sous toutes les formes, par les paysans révoltés de Munzer; et les clubistes français, dans leur mépris et leur haine de la royauté, trouvaient en Luther un éloquent modèle de parole et d'action. Les déistes et les philosophes matérialistes, imitateurs exagérés de ceux de l'Angleterre, avaient pu impunément réaliser leur plan, outrager et saper les principes de la religion et de la morale, favorisés qu'ils étaient par le dérèglement de la cour et l'irréligion des ministres. On n'écouta guère le cri de détresse jeté par le clergé, qui ne pressentait que trop où l'on allait en venir (1). Aux écrits irréligieux succédèrent bientôt des ouvrages où l'on traînait la royauté dans la boue (2).

Menzel, H. Léo et d'autres. Mazas se montre aussi de cet avis dans plusieurs endroits de son ouvrage. Cf. t. I, p. 115-201, et la préface de *Hœfler*, Feuilles hist. de Munich, t. IX, p. 332-3. Cf. *L. Blanc* dans son introduct. à l'Hist. de la révol. française.

(1) L'assemblée du clergé, dans son mémoire au roi du 20 juillet 1789, fit entendre ces paroles prophétiques : « Encore quelques années de silence, et l'ébranlement, devenu général, ne laissera plus apercevoir que des débris et des ruines. » *Robiano*, t. II, p. 53.

(2) A cette classe appartient l'Hist. philos. du commerce des deux Indes, par *Raynal*, qui parut en 1771. Il y dit formellement que le monde ne sera heureux que quand il sera débarrassé des prêtres et des rois. En 1781, il en parut une deuxième édition, où éclate encore plus violemment la haine de l'autorité et de la religion. Il faut ranger dans la même catégorie le Mariage de Figaro, par Beaumarchais, satire mordante de tous les pouvoirs, mais surtout de la noblesse, et enfin une foule de pamphlets sans nom d'auteur ni d'imprimeur.

Louis XV, voyant ce qui se passait, mourut (10 mai 1774) avec le triste pressentiment que la couronne de France aurait bien de la peine à demeurer sur la tête de son petit fils. Quelques années plus tard, le frivole Maurepas s'écriait, au milieu des progrès alarmants du désordre et devant une ruine imminente : « Pourvu que cela dure autant que nous. » Les passions une fois déchaînées de la sorte contre l'Église et la royauté, il est clair que les embarras financiers et les impôts onéreux, venus à la suite de la dilapidation des deniers publics et de l'abandon des intérêts matériels du pays, devaient provoquer le soulèvement du tiers état contre les immunités de la noblesse et du clergé, moins respectés qu'autrefois, mais toujours riches, et ne contribuant encore aux charges publiques que par des dons volontaires.

Les idées de liberté importées d'Amérique, l'enthousiasme qu'excitait l'émancipation de ce pays, obtenue par les armes et l'argent de la France, et que célébraient à l'envi tous les jeunes officiers revenus du nouveau monde, furent comme l'étincelle qui tombe sur un amas de matières inflammables. Grâce au caractère impressionnable et à l'esprit novateur et prompt du peuple français, elle alluma bientôt un vaste incendie. Toutes les mesures prises alors semblaient devoir hâter la crise, et la convocation des états généraux, consentie par le roi, et l'édit en vertu duquel, au mépris de l'ancien ordre de choses, le nombre des députés du tiers état devait être doublé, et le lieu même de la réunion des états, dont l'ouverture était fixée au 5 mai 1789, à Versailles, dans le voisinage de la capitale, déjà en proie à une effrayante fermentation, à la fin d'un hiver dont la rigueur avait démoralisé tout le monde (1). A peine les états furent-ils rassemblés, que les députés du tiers état résolurent d'appeler la noblesse et le clergé à se réunir à eux pour délibérer en commun. Cela s'était plusieurs fois pratiqué ainsi depuis Philippe le Bel ; mais les derniers états généraux, en 1614, s'étaient écartés de cette coutume et avaient délibéré séparément. La résistance opposée à

---

(1) Sur les causes qui préparèrent la révolution française, voyez Ancillon, qui tient le milieu entre les opinions extrêmes.

cette prétention par les deux ordres privilégiés ne fit qu'augmenter l'insistance des communes. Enfin, le 17 juin, après une séance orageuse qui s'était prolongée jusque dans la nuit, les communes se déclarèrent seule assemblée légitime, et prirent le nom d'Assemblée nationale, position que l'abbé Sieyès, vicaire général de Chartres et auteur du fameux écrit : *Qu'est-ce que le tiers état?* revendiquait depuis longtemps avec une audacieuse persévérance. Sieyès, repoussé par le clergé, avait, à grand'peine, été élu député du tiers par un collége de Paris. Neuf curés, parmi lesquels l'abbé Grégoire (1), se joignirent aussitôt au tiers état, et furent suivis par cent quarante-huit autres membres du clergé, parmi lesquels se trouvèrent les archevêques de Vienne et de Bordeaux, les évêques de Chartres, de Coutances et de Rodez, et l'évêque d'Autun, Talleyrand, principal coryphée de ce clergé défectionnaire. Le roi ayant enfin consenti à la réunion des trois ordres, l'orgueil révolutionnaire de la bourgeoisie, enivrée par le succès, ne connut plus de bornes, et provoqua bientôt par l'exemple les violences de la populace ameutée. Le 14 juillet, cinquante mille hommes prirent d'assaut la Bastille, et détruisirent cette vieille forteresse, bâtie au XIV° siècle, par le prévôt des marchands, dans l'intérêt du peuple. Le roi fut obligé de rappeler de l'exil le ministre Necker. L'Assemblée nationale ne tarda point à usurper le pouvoir politique; elle manifesta l'intention de dépouiller de ses biens le clergé et la noblesse. Cependant les deux ordres montrèrent le plus généreux empressement, dans l'orageuse séance de la nuit du 4 août, à souscrire aux mesures nécessaires au payement des dettes de l'État : la noblesse renonça à ses priviléges, le clergé offrit l'impôt des biens de l'Église, le rachat des dîmes, l'abandon des redevances et du casuel. Les jansénistes espéraient ainsi parvenir à la spiritualisation de l'Église. Lorsque, au 10 août, on discuta la loi relative à ces questions, l'archevêque de Paris, surnommé depuis dix ans le Père des pauvres, demanda, au nom de

---

(1) Mémoires de Grégoire [† 1831], précédés d'une notice historique sur l'auteur, par *M. H. Carnot*, Paris, 1837, 2 vol.; *Krüger*, Grégoire d'après ses Mémoires, avec une préface par *C. Hase*. Leipzig, 1838. Cf. la Revue trim. de Tub., 4° livr., p. 720-41.

tout le clergé, qu'en retour de l'abandon de la dîme, on subvînt d'une manière convenable à l'entretien du culte, on préposât aux églises des prêtres vertueux et zélés, on pourvût, comme par le passé, aux besoins des pauvres, et que, pour satisfaire à ces besoins, on ajournât la suppression de la dîme jusqu'au moment où le trésor public serait en état de remplacer le clergé dans l'accomplissement de ce devoir. A ces sages paroles on ne répondit que par de vagues promesses. Soixante-et-dix millions de francs de revenus annuels furent supprimés d'un seul coup; les ordres privilégiés furent soumis à l'impôt à partir du 1er avril 1789; on en excepta les curés et les vicaires n'ayant que le strict nécessaire (*portio congrua*). L'assemblée traita immédiatement après la question de la liberté religieuse, et décida, à la majorité des voix [26 août], que nul ne serait inquiété à l'avenir pour ses opinions, même religieuses, tant qu'il ne troublerait point, en les propageant, l'ordre public établi par les lois.

La détresse croissante exigea bientôt de nouveaux sacrifices. Le noble archevêque de Paris, s'appuyant sur des exemples antérieurs, proposa de fondre tous les vases sacrés qui ne seraient pas nécessaires à l'exercice du culte, et d'en consacrer le produit à l'allégement des charges publiques. Cette proposition embarrassa le parti révolutionnaire; car, en face de cette noble générosité, il semblait, pour ainsi dire, criminel de dépouiller le clergé de toutes ses possessions; et cependant c'était le but qu'on voulait atteindre pour mettre le clergé dans la complète dépendance de ses ennemis. L'évêque d'Autun sut mettre parfaitement à l'aise les consciences délicates ou timorées, en développant sa fameuse motion du 10 octobre, portant *qu'il fallait déclarer propriété nationale tous les biens du clergé, les confisquer et s'en servir pour éteindre la dette publique.* Ni les avis de Montesquiou, dictés par une sage modération, ni les ardentes paroles de Maury, ni le blâme de Sieyès lui-même, qui s'écriait dans l'assemblée : « Vous » voulez être libres, vous ne savez pas être justes, » rien ne put empêcher cette inique et dangereuse opération financière. Un décret de l'Assemblée nationale [2 novembre] mit tous les biens de l'Église à la disposition de la nation, promettant de pourvoir d'une façon convenable aux frais du culte, à l'entretien des prêtres et aux besoins des pauvres. Dès le 19 décembre on mit en vente pour 200 millions de biens du clergé, déclarés désormais biens nationaux.

La violence qui éclatait dans les séances de l'Assemblée nationale se manifestait plus vivement encore au dehors. Les hurlements de la rue faisaient écho aux délibérations tumultueuses des députés. Après la prise de la Bastille, plusieurs régiments firent défection. Le duc d'Orléans trahissait le trône. La populace criait par les rues : « Vive la déclaration des droits de l'homme! » Enfin, les 5 et 6 octobre, la populace en armes alla chercher le roi à Versailles et le ramena à Paris, où le suivit aussitôt l'Assemblée. Dès lors, la révolution devint inévitable ; la retraite d'environ trois cents députés, l'élite de l'Assemblée, qui, pour ne point participer aux crimes qu'ils prévoyaient, quittèrent Paris, en hâta le dénoûment. Les jacobins et les patriotes, qui n'avaient plus à couvrir leur œuvre du mystère don l'entouraient les athées et les illuminés d'Allemagne, purent dès lors réaliser sans crainte leurs plus audacieux projets. Le 13 février 1790, sur la proposition de Treilhard, ils abolirent les couvents ; on promit aux moines une faible pension, qui plus tard fut encore réduite des deux tiers et mal payée. On vit alors, comme au XVI° siècle, sous Luther, des bandes de moines se précipiter dans le tourbillon révolutionnaire, et plusieurs d'entre eux devenir les plus farouches terroristes (Fouché, Chabot). Le 14 avril, malgré les protestations de l'abbé Grégoire, on attribua aux autorités séculières l'administration de tous les biens de l'Église, en les chargeant de solder tous les membres du clergé : les curés, à raison de 1,200 livres, avec la jouissance d'une maison et d'un jardin. Mais, avant d'assurer aux ecclésiastiques l'indemnité promise, ou même les choses de première nécessité, on essaya de constituer le clergé [12 juillet 1792]. Comme on voulait *décatholiciser* la France, on ne pouvait se contenter de piller l'Église : il fallait la réformer de fond en comble. On décréta qu'en place des cent trente-six diocèses existants, il n'y en aurait plus désormais que quatre-vingt-trois (1), correspondant aux

---

(1) On trouvera dans *Mazas*, t. I, p. 67 et suiv., la liste des dix-

quatre-vingt-trois départements; les chapitres furent supprimés; tous les bénéfices, prieurés et abbayes, confisqués. Les évêques et les curés devaient être désormais choisis par les assemblées électorales des départements, composées de catholiques, de calvinistes et de juifs; les évêques ainsi élus devaient se passer de la confirmation pontificale, se faire confirmer par les métropolitains, et, en outre, avant d'être consacrés, prêter serment de fidélité au roi, à la loi et à la nation, en présence de la municipalité. L'évêque était le curé de sa cathédrale; les curés des autres églises constituaient son sénat, aux décisions duquel l'évêque était tenu de se conformer dans l'exercice de son autorité; enfin, il était interdit aux évêques étrangers de se mêler des affaires de l'Église de France, sans préjudice, cependant, de l'union avec le chef visible de l'Église, clause que Grégoire avait fait passer, non sans peine. Tel fut le décret qu'on nomma *Constitution civile du clergé*, comme s'il n'y avait été question que d'intérêts civils. Les évêques protestèrent contre cette constitution, et demandèrent avec instance la convocation d'un concile national ou provincial; mais, loin de faire droit à leur demande, on décréta que tous les fonctionnaires ecclésiastiques prêteraient serment à la constitution civile du clergé, sous peine d'être privés de leurs fonctions, et le faible Louis XVI fut contraint de ratifier ces décrets [27 décembre]. On décida, sur une motion du protestant Barnave [janvier 1791], que les évêques et les prêtres qui ne prêteraient pas serment à la constitution civile seraient destitués de leurs emplois, et que, s'ils continuaient à y vaquer, on les poursuivrait comme perturbateurs de la tranquillité publique. A peine le décret rendu, on le mit à exécution à l'égard des ecclésiastiques membres de l'Assemblée. Sur trois cents, il n'y en eut que quatre-vingts qui prêtèrent le serment, bien plus par intérêt que par conviction. Parmi ces quatre-vingts, il n'y avait qu'un archevêque et trois évêques : Loménie de Brienne,

---

huit archevêchés et des cent huit évêchés suffragants, qui existaient encore en 1789, dont cinq relevaient de Trèves et cinq autres formaient les diocèses de la Corse. Mazas donne également l'indication de leurs revenus primitifs. — Voir surtout *Dictionn. de statistique religieuse*, publié par M. Migne. Paris, Petit-Montrouge, 1851.

archevêque de Sens; Talleyrand, évêque d'Autun; Savines, évêque de Viviers; Jarente, évêque d'Orléans. Grégoire avait développé dans son discours les motifs du serment, et l'avait prêté le premier. Parmi les autres membres du clergé, il s'en trouva plus de cinquante mille qui eurent le courage de le refuser (insermentés). Dans le petit nombre de ceux qui s'étaient laissé séduire ou intimider (assermentés), il y en eut plusieurs qui se rétractèrent ou eurent recours à des interprétations évasives. Dès lors tout prêtre fut suspect; et quoiqu'on ne voulût point faire de martyrs, selon l'expression de Condorcet, la vie du prêtre était journellement menacée. Enfin, l'Assemblée, pour ne pas laisser le moindre doute sur ses opinions religieuses, transforma, par un décret du 4 avril, l'église Sainte-Geneviève en Panthéon, et y fit transférer en grande pompe les restes de Voltaire. Le clergé insermenté reçut l'ordre de céder partout la place au clergé constitutionnel, composé, en majeure partie, de moines infidèles, de révolutionnaires ardents ou de prêtres transfuges de Hollande et d'Allemagne. Vingt curés environ, qui avaient donné l'exemple du parjure au sein de l'Assemblée, en furent récompensés par des évêchés. Grégoire, entre autres, fut, du vivant même de l'évêque légitime, de Thémines, mis à la tête du diocèse de Blois. Il en témoigna sa gratitude en demandant, après la malheureuse tentative de Varennes, l'abolition de l'inviolabilité royale et le procès de Louis XVI. Il prit pour vicaire général l'ex-capucin Chabot, infâme personnage, plus cruel, pour ainsi dire, que Marat lui-même. Talleyrand sacra les premiers évêques constitutionnels, qui firent à leur tour de nouvelles consécrations, en se passant les uns et les autres de la confirmation et de l'institution du Saint-Siége.

Pie VI repoussa la constitution civile, déclara nulles les élections des nouveaux évêques, et suspendit ceux qui étaient déjà sacrés [13 avril 1791]. Plusieurs ecclésiastiques se rétractèrent, et, se soumettant au chef de l'Église, rentrèrent dans l'ordre, et échappèrent ainsi au mépris dont le peuple, plus fidèle qu'on ne le pouvait soupçonner, poursuivait les évêques et les curés constitutionnels. L'Assemblée nationale se vengea du pape en déclarant Avignon

et le comtat Venaissin annexés à la France [14 septembre].
Les habitants de ces provinces ressentirent aussitôt les bienfaits du régime nouveau : une foule d'hommes, de femmes et d'enfants furent de sang-froid égorgés à Avignon. A Paris, on brûla une figure du pape, qu'on avait d'abord promenée à travers la ville, assise sur un âne et tenant la bulle entre les mains.

Cependant les évêques et les prêtres constitutionnels n'étaient point d'accord entre eux. Les uns ne faisaient aucun cas des brefs pontificaux ; d'autres doutaient de leur existence ; d'autres encore persuadaient à leurs églises que la nouvelle constitution n'avait aucun rapport avec les vérités de la foi et avec la discipline ecclésiastique, qu'elle n'entravait en aucune façon la pratique de la religion, qu'on pouvait être assermenté et chrétien fidèle, prêtre orthodoxe, et qu'ils avaient prêté ce serment, non par haine de la religion ou du Saint-Siége, mais dans des intentions droites et loyales. Ces sophismes restèrent sans effet : les fidèles les reçurent comme de perfides échos des instructions adressées par l'Assemblée nationale au peuple sur la constitution civile [21 janvier 1791]. Dès lors on eut recours aux menaces et à la violence. Les catholiques orthodoxes furent persécutés ; les ecclésiastiques non assermentés, emprisonnés, expulsés de leurs diocèses, bannis de leur patrie.

§ 389. — *Assemblée législative* [1791-92]. *Convention nationale* [21 *septembre* 1792-26 *octobre* 1795]. *Directoire* [1796-99]. *Consulat* [9 *novembre* 1799]. *Les théophilanthropes.*

La Constituante, dissoute le 30 septembre 1791, fut remplacée par l'Assemblée législative. Celle-ci, d'une impiété et d'une logique effrayantes, dirigée par Robespierre, Marat et Danton, acheva l'œuvre révolutionnaire, interdit l'habit ecclésiastique, et condamna à la déportation les insermentés, qui avaient été persécutés, maltraités et emprisonnés depuis longtemps, par suite de leur héroïque résistance. Louis XVI refusa de sanctionner ce décret, et ne cessa point de repousser les prêtres constitutionnels de sa chapelle, tant qu'il eut la faculté de choisir son clergé. Le refus du roi excita une émeute populaire. Bientôt après, Louis XVI fut déposé, enfermé dans le Temple, et le décret contre les prêtres exécuté dans toute sa rigueur. La bande de Jourdan avait massacré six cents prêtres à Avignon, et les prêtres n'en continuaient pas moins à refuser le serment. On résolut, par conséquent, le jour même de l'emprisonnement du roi [13 août 1792], d'exterminer à Paris les prêtres catholiques. La municipalité les fit rechercher par toute la ville et enfermer dans diverses localités, sous prétexte de les déporter plus tard. Mais, aux sanglantes journées de septembre, trois cents ecclésiastiques, dont un archevêque et deux évêques, furent lâchement égorgés dans leurs prisons. Il en fut de même à Meaux, Châlons, Rennes et Lyon (1). Ceux qui échappèrent à ces massacres furent obligés de quitter leurs paroisses et de s'exiler de France. Cependant Dieu n'abandonna point ces émigrés : ils furent généreusement accueillis en Italie, en Espagne, en Suisse, sur les bords du Rhin, en Angleterre. Les législateurs de la Convention, après les persécutions ordonnées contre les prêtres, décrétèrent une subvention régulière aux femmes de mauvaise vie enceintes, autorisèrent le divorce, en vertu duquel, en deux ans, cinq mille neuf cents mariages furent dissous dans la seule ville de Paris.

La plupart des princes étrangers avaient d'abord favorisé la révolution française (2). Les uns étaient restés spectateurs indifférents de la violation des droits les plus sacrés ; les autres, anciens et ardents rivaux, s'attendaient à prendre leur part dans les partages qu'ils prévoyaient. Cependant l'empereur d'Autriche François Ier, et Frédéric-Guillaume, roi de Prusse, ayant publié un manifeste en faveur de Louis XVI, l'Assemblée législative, hardie jusqu'à l'extravagance et forte par son audace, n'hésita pas à leur déclarer la guerre [20 avril 1792], pour changer en fougue belliqueuse l'ardent mouvement du peuple

---

(1) Cf. l'écrit de l'abbé *Carron* sur les Confesseurs de la foi.
(2) Cf. *Mazas*, t. I, p. 244, et surtout l'appendice, p. 335-80.

vers la liberté, et prévenir la coalition de toute l'Europe.

D'après l'analogie qui règne entre la nature physique et la nature spirituelle, dit Boost, il semble que la loi de progression géométrique de la chute des corps se retrouve dans la décadence progressive de la morale et de la religion chez un peuple. Aussi, les Français se précipitèrent avec une fureur croissante dans les plus abominables excès, une fois qu'entraînés dans leur fausse route par les préceptes des prétendus philosophes et l'exemple des grands, ils eurent abandonné Dieu et l'Église. La révolution, tombée entre les mains de la plus vile populace, méconnut tout droit, viola tout ce qui était sacré, prétendit niveler toutes les conditions en les soumettant à son joug sanglant. La liberté et l'égalité, tant promises, ne se trouvèrent plus, pour les Français, que sur les champs de bataille, l'échafaud et dans la tombe; et la fraternité, qui devait embrasser tous les hommes en une seule famille, ne fut plus que l'exclusive association des clubistes, unis entre eux par leur commune haine contre le reste du genre humain La Convention réunie le 21 septembre abolit la royauté. Girondins et Jacobins s'entendirent pour condamner l'innocent et trop faible Louis XVI, qui monta sur l'échafaud le 21 janvier 1793. « Je pardonne, dit-il, en mourant, » aux auteurs de ma mort, et prie Dieu que le sang qu'ils » vont répandre ne retombe pas sur la France. » Ces nobles paroles resteront comme un éclatant témoignage de la magnanime et chrétienne résignation de ce prince infortuné. La mort du roi fut le signal d'une nouvelle et plus sanglante persécution des prêtres, d'une effroyable guerre civile, de la proscription successive de tout ce qui était grand, noble ou vertueux en France. Les tribunaux révolutionnaires, répandus sur la surface de la France, faisaient d'innombrables victimes. Le Christianisme ne pouvait échapper à la ruine générale. On le déclara une pure invention humaine, hostile d'ailleurs à la liberté. Une loi de 1792 avait décrété la liberté des cultes et dans le fait le Christianisme seul n'était pas toléré. Le peuple poussait à leurs dernières conséquences pratiques les maximes de la philosophie dont on l'avait imbu. Les prêtres persécutés et mis à mort; les églises profanées, pillées, renversées, vendues ou transformées en temples de la Raison; le vieux calendrier remplacé par les décades et les fêtes républicaines (1); le mariage déclaré un simple contrat civil; la religion catholique abolie en vertu d'un décret du 7 novembre 1793; le culte de la déesse Raison institué; l'existence de Dieu publiquement niée; les cimetières désolés et portant pour toute inscription : « La mort est le sommeil éternel : » tels furent les résultats rapides du mouvement révolutionnaire. Le clergé constitutionnel donna les plus déplorables exemples. Gobel, évêque constitutionnel de Paris, parut à la Convention à la tête de son clergé, et proclama qu'ils avaient jusqu'alors trompé le peuple et enseigné une religion à laquelle ils ne croyaient point eux-mêmes. « Le peuple, dit-il, ne veut plus d'autre culte » public et national que celui de la liberté et de l'égalité; » je me soumets à sa volonté et dépose ma crosse et mon » anneau sur l'autel de la patrie. » En disant ces mots, Gobel et son clergé foulèrent aux pieds les insignes de leurs fonctions, et l'indigne évêque, en place de la mitre, se mit un bonnet rouge sur la tête (2). Une grande partie du clergé constitutionnel se maria : un de ses membres alla même jusqu'à fouler aux pieds le crucifix, en s'écriant : » Il ne suffit pas d'anéantir le tyran des corps, écrasons » le tyran des âmes. » Enfin, le 20 brumaire, c'est-à-dire

---

(1) *Léo*, Manuel d'hist. univ., t. V, p. 88, et surtout p. 114-17.

(2) La justice divine ne tarda pas à le visiter; il mourut sur l'échafaud, le 13 avril 1794. Dans sa prison, il reçut encore une fois les grâces du Seigneur et fut atteint d'un repentir profond, comme le prouve la lettre suivante écrite à l'abbé Lothringer, un de ses grands vicaires : « Mon cher abbé, je suis à la veille de ma mort; je vous envoie ma confession par écrit. Dans peu de jours je vais expier, par la miséricorde de Dieu, tous mes crimes et mes scandales contre la sainte religion. J'ai toujours applaudi dans mon cœur à vos principes. Je vous demande pardon, cher abbé, si je vous ai induit en erreur. Je vous prie de ne me point refuser les derniers secours de votre ministère, en vous transportant à la porte de la Conciergerie sans vous compromettre, et, à ma sortie, de me donner l'absolution de mes péchés, sans oublier le préambule : *ab omni vinculo excommunicationis*. Adieu, mon cher abbé; priez Dieu pour mon âme, afin qu'elle trouve miséricorde devant lui. » J.-B. Gobel, évêque de Lydda. (*Feller*, Dictionnaire historique, voyez art. Gobel.)

le 10 novembre 1793, on célébra dans l'antique église de Notre-Dame de Paris la fête de la déesse Raison, représentée par une chanteuse de l'Opéra, qui fut processionnellement portée sur un char de triomphe, escortée par les législateurs et les philosophes jusque dans la cathédrale, où on l'assit sur l'autel, au milieu des vapeurs de l'encens et du chant des hymnes patriotiques. Les adversaires les plus fanatiques du culte des saints se montrèrent les plus ardents prosélytes du culte nouveau, et vénérèrent, comme de précieuses reliques, la perruque de Rousseau, l'épée de Mirabeau, les poils de la fourrure de Voltaire. Du schisme était née l'hérésie, qui avait promptement engendré l'athéisme et le paganisme. Cependant l'irréligion n'était pas générale en France : la Bretagne, l'Anjou, le Poitou, virent se lever une véritable race de géants, combattant avec une héroïque valeur pour leur roi et la religion de leurs pères. Les Vendéens succombèrent, mais non sans profit pour leur cause (1), car ils obtinrent une paix honorable et la liberté religieuse. Mais le règne de la terreur n'en fut que plus terrible dans les autres parties de la France, où une amende considérable frappait quiconque donnait asile aux prêtres, dont la tête était mise à prix.

Le triomphe de la déesse Raison fut de courte durée, et Robespierre fit décréter par la Convention nationale qu'elle reconnaissait l'existence de Dieu et l'immortalité de l'âme. On célébra pompeusement et ridiculement la fête de l'Être suprême [8 juillet 1794], et la folie succéda au blasphème. A la chute de Robespierre [28 juillet 1794], la Convention revint peu à peu à des sentiments plus modérés et plus sages. Lecointre avait hardiment déclaré à la tribune de la Convention « qu'un peuple sans religion, sans culte,
» sans Église, est un peuple sans patrie, et sans mœurs,
» qui s'expose nécessairement à la servitude; que le mé-
» pris de la religion avait ruiné la monarchie française, et
» que tel serait le sort de tout peuple dont la législation ne
» reposerait pas sur la base immuable de la morale et de
» la religion. » Un décret de 1795, qui autorisa l'exercice de la religion catholique dans les églises non aliénées, fut

---

(1) Cf. *Mazas*, t. II, p. 131 et suiv. « La guerre de la Vendée. »

accueilli par la partie saine de la nation comme un immense bienfait. On se reprit à respirer librement, après avoir dû comprimer, pendant les tristes jours de la terreur, les plus nobles et les plus impérieux sentiments de l'âme. « Que le Christianisme semble doux, dit Mercier, » après la morale d'un Robespierre, d'un Marat et de leurs » consorts! Combien nous avons besoin qu'on nous parle » du Dieu de la paix, après tant de scènes sanglantes et » effroyables! » On n'exigea plus alors des ecclésiastiques qu'une promesse de se soumettre aux lois de la république et de reconnaître le principe de la souveraineté du peuple, ce qui fut une occasion de persécutions nouvelles; car les terribles décrets de la justice divine qui avaient successivement frappé les auteurs et les moteurs de la révolution, le duc d'Orléans, Mirabeau, Danton, Marat, Robespierre, Chabot, Gobel, etc., n'avaient pas réveillé encore, parmi la majorité des Français, le désir de rentrer dans le sein de l'Église. L'irréligion, née du rejet du Christianisme, se développa sous une phase nouvelle. On vit apparaître, sous la tutelle du Directoire [1796], la secte des théophilanthropes (1), composée de prêtres mariés, d'anciens membres des clubs, de jacobins et d'orateurs des sections. La secte, formée d'abord de réunions partielles de cinq pères de famille, grandit, se plaça sous le patronage de La Réveillère-Lépaux, l'un des cinq membres du Directoire, s'empara peu à peu de dix paroisses de Paris, et fut favorablement accueillie dans quelques villes de province. Le pur déisme des sectaires ne put se soutenir vis-à-vis de l'indifférence des uns, en face du Christianisme sérieux des autres, et, poursuivie par les sarcasmes de l'opinion publique, la théophilantropie tomba, dès que l'attrait de la nouveauté eut disparu et que le premier consul [9 novembre 1799] eut défendu aux théophilanthropes d'exercer leur culte dans les églises [1802]. Malgré ce retour à la vérité, le clergé constitutionnel prédominait encore et disputait de toutes façons la juridiction au clergé orthodoxe et fidèle.

---

(1) Manuel des Théophilanthropes. Paris, 1797; Année religieuse des Théophilanthropes (recueil des discours). Paris, 1797; *Grégoire*, Histoire des Théophilanthropes.

Il tint à Paris [25 août 1797], sous la présidence de l'évêque Grégoire, un synode dont les décrets renouvelèrent en partie la constitution civile du clergé.

§ 390. — *République romaine.*

Pie VI avait condamné la constitution civile par la bulle *Caritas*, et défendu aux ecclésiastiques de prêter le serment exigé. Lorsque la guerre entre la France et les puissances étrangères eut éclaté, Pie VI leva une armée pour la défense des États pontificaux. Cet armement devint le prétexte de la guerre que les Français déclarèrent au Saint-Siége, après les victoires remportées par Bonaparte sur l'Autriche, la Sardaigne et Naples, dans la haute Italie, et Pie VI fut obligé d'accepter un armistice, conclu par l'intermédiaire du chevalier Azara, ambassadeur d'Espagne, qui enlevait au pape une partie de ses États et le frappait d'une contribution de 21 millions de francs [1796]. Bonaparte, ayant en même temps exigé le retrait de tous les décrets portés contre la France, déclara, sur le refus du pape, l'armistice rompu [1er février 1797], et contraignit, bientôt après, le souverain pontife à la paix de Tolentino [19 février 1797], en vertu de laquelle, outre le comtat laissé à la France, le Bolonais, le Ferrarrais et la Romagne cédés à la république cisalpine, Pie VI devait payer 30 millions de francs et livrer à la république française un grand nombre de manuscrits et d'objets d'art. La paix fut de courte durée. Le général Duphot ayant été tué à Rome dans une émeute, la France fit envahir les États du pape par le général Berthier et proclamer la république [1798]. Le parti démocratique se montra aussi servilement adulateur à l'égard du général, que lâche et cruel vis-à-vis de l'infortuné Pie VI. Il dressa, à l'entrée du pont Saint-Ange, une statue de la Liberté foulant aux pieds la tiare et les autres symboles de la religion. Les insignes de la papauté furent peints, par dérision, sur le rideau du théâtre Alberti ; les vases sacrés, enlevés aux autels, servirent aux infâmes orgies célébrées en l'honneur de la république nouvelle.

Ces excès rendaient la présence du chef de l'Église d'autant plus précieuse à la saine partie du peuple romain. Aussi, fidèle à son devoir, inébranlable dans sa mission, Pie VI (1) ne quitta Rome que lorsque, malgré son grand âge, le courageux octogénaire fut de vive force arraché du Vatican, mené à Sienne, et de là transféré au couvent des Chartreux de Florence. Les touchantes preuves de compassion et de respect qu'il y reçut excitèrent les jalouses inquiétudes des philosophes et du Directoire, et il fut résolu que l'auguste vieillard serait emmené en Espagne ou en Sardaigne. Mais la guerre empêcha la réalisation de ce projet, et l'on finit par transférer le pape à Valence, où une douce et sainte mort [29 août 1799] sauva Pie VI des tortures d'un nouvel exil.

On enleva aux fidèles serviteurs qui l'avaient suivi, et l'on vendit comme propriété nationale, les minces effets laissés par le pape, comme marques de souvenir et de gratitude, à ses amis. On n'osa pas même ensevelir les dépouilles du saint pontife avant d'avoir reçu des ordres supérieurs tant il y avait de pusillanimité dans l'exercice d'un pouvoir qui se prétendait libre et populaire. Ce ne fut que plusieurs mois après sa mort que Pie VI obtint la sépulture, en vertu d'un décret consulaire de Bonaparte [30 décembre 1799]. Deux ans après [17 février 1802], les précieux restes du pape furent transportés à Rome et solennellement déposés dans la basilique de Saint-Pierre, au milieu des marques d'un respect mêlé de joie et de douleur (2).

(1) « Combien Pie VI me parut grand, lorsque, contre l'opinion du plus grand nombre, il s'obstina à rester, quoiqu'il pût arriver près des tombeaux des apôtres, dans l'église-mère de la chrétienté! Dieu veuille seulement qu'il puisse y rester, le noble vieillard octogénaire, après ces vingt-deux ans de pontificat et les rudes épreuves auxquelles Dieu le soumet! » Mém. de *J. de Müller*, lettre du 4 mars 1797 (Œuvres, t. XXXI, p. 187). Cf. aussi les paroles remarquables de Saracin de Genève, qui rentra dans le sein de l'Église (Nouv. Histoire de l'Église chrét., 2ᵉ édit., t. I, p. 66-68).

(2) Cf. Nouv. Hist. de l'Église chrét., t. I, p. 152-156.

§ 391. — *Pontificat de Pie VII* [14 mars 1800-21 août 1823].

(Caprara) Concordat entre le gouvernement français et le pape. Paris, 1802. *Barruel*, du Pape et de ses droits relig. à l'occasion du Concordat. Paris, 1803. *De Pradt*, Les quatre Concordats. Paris, 1818, 2 vol. *Artaud*, Hist. du pape Pie VII. Paris, 1837. *Pacca*, Mémoires hist. sur Sa Sainteté Pie VII avant et pendant sa captivité. Cf. Nouv. Hist. de l'Eglise chrét., et *Gams*, Hist. de l'Eglise chrét. au XIXe siècle, t. I, p. 26 sq.

Lorsque Pie VI mourut, Rome était encore au pouvoir des Français. Trente-cinq cardinaux, accourus de l'exil et réunis en conclave à Venise, dans le couvent de Saint-George le Majeur [1er décembre 1799-14 mars 1800], élurent Grégoire Barnabé, des comtes de Chiaramonti, cardinal évêque d'Imola, qui prit le nom de Pie VII. Cette élection fut le signal des nouveaux triomphes de la religion catholique, et un solennel démenti donné aux oracles des clubs de Paris, annonçant qu'après Pie VI nul pape ne monterait plus sur le siége de saint Pierre.

Pie VII fut couronné, sans pompe, le 21 mars, jour de la fête de saint Benoît, dont il avait porté l'habit. Le couvent fut transformé en Quirinal; l'église Saint-George en Vatican. L'empereur d'Allemagne, François II, qui avait donné un libre et honorable asile au pape dans ses États, nomma, comme son ministre plénipotentiaire auprès du saint Père, le marquis Ghislieri, de Bologne. Pie VII reçut également les félicitations et les hommages des ambassadeurs de Sardaigne, de Naples et d'Espagne. Paul 1er, empereur de Russie, envoya, de son côté, un évêque pour rassurer le pape sur la protection que le czar accorderait aux provinces catholiques qui lui étaient échues par suite du partage de la Pologne [1794]. Les Romains eux-mêmes, quoique encore soumis à la domination française, mais pleins d'espoir dans la restauration de la puissance temporelle du pape, lui envoyèrent une députation chargée de leur respectueuse et fidèle soumission. En effet, peu de temps après son élection [3 juillet], Pie VII eut, par suite des événements de la guerre, le bonheur de rentrer dans Rome, dont le peuple l'accueillit avec un vif enthousiasme.

Après avoir rendu grâces au Seigneur devant l'autel du Saint-Sacrement, à S. Jean de Latran, le pape songea immédiatement à guérir les plaies dont la révolution avait frappé son peuple et l'Église. Une encyclique indiqua les moyens de réparer les maux dont on avait à gémir. L'autorité pontificale fut rétablie à Ancône et à Pérouse, le commerce des blés déclaré libre, Consalvi nommé prosecrétaire d'État. Le pape, en même temps, donna l'exemple de la plus stricte économie, pour payer les 50 millions de dettes, réduisit les revenus du palais pontifical de 150,000 à 36,000 écus, publia des édits pour la restauration des mœurs, et une amnistie politique dont les moteurs de la dernière révolution étaient seuls exclus (1). Mais de nouveaux événements apportèrent de nouvelles modifications dans l'administration pontificale. La bataille de Marengo [14 juin 1800] mit tout le nord de l'Italie au pouvoir des Français, amena le traité de paix de Lunéville [9 février 1801], qui borna par l'Adige les États autrichiens en Italie, reconnut la république cisalpine, et contraignit ainsi le pape à renoncer aux légations de Bologne, de Ferrare, de Forli et de Ravenne. Après le traité de Lunéville, le pape montra le plus vif empressement à rétablir l'harmonie entre le Saint-Siège et la France. Il avait antérieurement déjà témoigné son bon vouloir en déclarant que sa plus grande consolation serait de mourir pour le salut du peuple français. Bonaparte, premier consul [depuis le 15 décembre 1799], désirait également cette réconciliation, autant peut-être par politique que par religion ; car il avait reconnu que la haine des jacobins contre l'Église n'était point partagée par la masse de la nation ; il sentait qu'on ne peut régner sur un peuple sans religion, et que le rétablissement de la religion catho-

---

(1) Voyez Nouv. Hist. de l'Eglise chrét., t. I, p. 113-120. Cf. aussi le Discours de Pie VII sur les maux de l'Eglise, p. 10-16, et son Encyclique du 25 mai, *ibid.*, p. 46-52.

lique serait la condition de la restauration de l'ordre et du repos de l'État. Peut-être aussi calculait-il combien la gloire et l'autorité que lui assurerait la réalisation des désirs de plus en plus prononcés de la nation lui faciliterait le chemin du trône auquel il aspirait. Il fit donc supplier le pape, par l'entremise du cardinal de Martiniana, évêque de Verceil, d'envoyer en France des plénipotentiaires chargés de régler les affaires ecclésiastiques. Pie VII envoya, en effet, l'archevêque de Corinthe, Spina, et Caselli, plus tard général des Servites. Bonaparte désigna, de son côté, pour s'entendre avec les envoyés du pape, son frère Joseph Bonaparte, le conseiller d'État Crétet et l'abbé Bernier (1). M. Cacault fut envoyé comme ministre plénipotentiaire, avec ordre de traiter le pape avec tout le respect qui lui était dû (2). On rencontra d'abord de graves difficultés. La constitution civile du clergé avait, dès 1791, rompu le lien de l'unité; les évêques constitutionnels avaient usurpé tous les siéges de France du vivant des évêques légitimes; l'institution canonique était entre les mains des laïques, ainsi que les biens du clergé. Les plénipotentiaires ne pouvaient arriver à conclure un concordat, malgré le bon vouloir des deux partis et leur accord sur un grand nombre de points. Le pape, qui avait institué une congrégation *à latere* spéciale pour traiter l'affaire du concordat, expédia en toute hâte à Paris l'un des principaux membres de la congrégation, le cardinal Consalvi, chargé de faire, pour le plus grand bien de la religion, toutes les concessions compatibles avec la dignité du Saint-Siége. Le premier consul avait, au moment de l'arrivée du cardinal [22 juin 1801], réuni à Paris un concile composé des évêques et des curés constitutionnels, qui ne devait guère servir à terminer les négociations. Grégoire présidait ce pseudo-concile. Il l'ou-

---

(1) Pour ce qui suit, cf. *ibid.*, t. I, p. 127-140. Le texte latin du concordat se trouve dans *Robiano*, t. II, p. 459-69. La Bulla novæ circumscriptionis diœcesium. *ibid.*, p. 469-77 et p. 478-79. L'indication des nouvelles circonscriptions se trouve aussi dans *Mazas*, t. II, p. 273 et suiv.

(2) Sur la demande de Cacault comment il devait traiter le pape, Bonaparte répondit : « Traitez-le comme s'il avait 200,000 hommes, et rappelez-vous que j'aspire à l'honneur d'être non le destructeur, mais le sauveur du Saint-Siége. »

vrit [29 juin 1801] en faisant les propositions les plus extraordinaires. Ces intrigues démocratiques déplurent à Bonaparte, qui conclut avec Consalvi [15 juillet] un concordat réglant la restauration de l'Église catholique en France ; le soi-disant concile national était dissous (1). La grande et difficile question de la légitimité des évêques fut tranchée par un acte de la toute-puissance pontificale, dont, vu les circonstances extraordinaires et urgentes où se trouvait la France, le pape usa, tout en déplorant la rigueur de la mesure. Il demanda aux anciens évêques légitimes, dispersés par toute l'Europe, de renoncer à leurs siéges. La majorité des évêques reconnut la nécessité de cette mesure, seule capable de mettre fin au schisme et à la persécution religieuse. Des quatre-vingts prélats survivants, quarante-quatre se rendirent immédiatement à l'instante prière du pape ; les autres s'y refusèrent ; quatorze évêques, dont les diocèses se trouvaient annexés à la France par suite des victoires de la république, donnèrent leur démission. Quant aux cinquante-neuf évêques constitutionnels, le pape et le gouvernement français exigèrent qu'ils résignassent leur pouvoir entre les mains des consuls.

Le concordat contenait les principales dispositions suivantes :

« La religion catholique s'exercera librement et publiquement en France, en se conformant aux ordonnances de police rendues dans l'intérêt de la sûreté publique. Le Saint-Siége déterminera, d'accord avec le gouvernement français, une nouvelle circonscription des diocèses. Le pape engagera les évêques à résigner leur pouvoir ; en cas de refus, il passera outre, en vertu de son autorité suprême. Au premier consul appartiendra la nomination des nouveaux évêques et archevêques, ainsi que celle des évêchés qui seront vacants plus tard, et dont les titulaires devront être canoniquement institués par le pape. Les évêques prêteront, avant d'entrer en fonctions, le serment de fidélité entre les mains du premier consul, selon la forme ordinaire ; les ecclésiastiques du second rang, entre

---

(1) *Gams*, Hist. de l'Eglise chrét. au XIX° siècle, t. I, p. 130-141.

les mains des autorités civiles désignées par le gouvernement. Les évêques feront une nouvelle circonscription des cures de leurs diocèses, qui seront soumises à l'autorisation du gouvernement. Le pape promet de ne pas inquiéter les acquéreurs de biens ecclésiastiques vendus comme biens nationaux ; par contre, le gouvernement s'engage à donner aux évêques et aux curés un traitement convenable, et à autoriser les fondations nouvelles que les catholiques voudront faire en faveur de l'Église. Le premier consul a les mêmes prérogatives que l'ancien gouvernement. »

Lorsque les articles du concordat furent connus à Rome, deux partis se formèrent parmi les cardinaux. Pie VII, ayant pesé les raisons des uns et des autres, décida qu'il ratifierait le concordat, et exposa les motifs de sa décision souveraine dans un bref du 13 août. Dans un second bref [15 août], il adressa une touchante exhortation aux évêques français, pour les porter à sacrifier ce qu'on leur demandait dans l'intérêt et pour le salut de l'Église. Il chargea le cardinal Caprara, archevêque de Bologne, de pleins pouvoirs à Paris pour l'exécution du concordat. De son côté, le premier consul ratifia le concordat, malgré l'opposition qu'il rencontrait en France (1). Mais il y ajouta des articles dits *organiques*, qui devaient faire adopter plus facilement le concordat par le corps législatif [5 avril 1802] et dont la teneur portait :

« Aucune bulle, nul bref, rescrit ou mandat, nulle provision ou autre permission, émanés du Saint-Siége, quel qu'en soit le contenu, et quand ils ne concerneraient que des cas particuliers, ne pourront être admis, publiés, imprimés, mis à exécution sans l'autorisation du gouvernement. Les professeurs des séminaires enseigneront les quatre articles de la déclaration du clergé de France ; les évêques en enverront l'engagement au conseiller d'État chargé du culte. Nul concile n'aura lieu en France sans l'ordre du gouvernement. L'enseignement religieux ne sera donné que d'après un catéchisme approuvé par le gouvernement. Le métropolitain administrera les diocèses

---

(1) Cf. Nouv. Hist. de l'Eglise chrét., t. I, p. 143-52 et 175-90.

dont le siége sera vacant. Les vicaires généraux continueront l'exercice de leurs fonctions après la mort de l'évêque, jusqu'à l'installation du successeur. Les curés ne donneront la bénédiction nuptiale qu'à ceux qui auront prouvé que le mariage a été célébré devant l'autorité civile, etc. »

En vain le pape se plaignit de ces articles, qu'on ne lui avait point communiqués : le concordat n'en fut pas moins exécuté, et l'Église de France en célébra la promulgation par une fête solennelle [18 avril 1802] (1). Les démocrates et les compagnons d'armes du premier consul se moquèrent de ce qu'ils appelaient une comédie nouvelle, prétendant que jamais le drapeau français n'avait été plus glorieux que depuis qu'il n'était plus béni. Mais Napoléon n'en tint pas moins ferme, et il redisait encore à Sainte-Hélène : « Je n'ai jamais regretté d'avoir signé le concor- » dat. Il m'en fallait un, celui-là ou un autre. Si le pape » n'avait pas existé, il aurait fallu l'inventer. »

La réaction religieuse fut alors universelle. Elle se manifesta en maint écrit de l'époque. Et d'abord dans les ouvrages de Saint-Martin [† 1804], qui, s'attachant bien plus aux rêveries de Jacques Bœhm et de Pordage qu'aux enseignements de l'Église, eut, par là même, peu d'influence, malgré ses intentions droites et son intelligence peu commune. Saint-Martin revêtit de formes fantastiques les idées mystiques de Bœhm et de Pordage sur la nature, et en composa un système mystico-théosophique, qu'il propagea surtout parmi les francs-maçons initiés aux plus hauts grades (2). Martin Ducrey se rendit très-utile à la cause de Dieu par l'école qu'il fonda à Salanches [depuis 1800], et plus tard par sa chartreuse de Malan. Mais l'homme qui contribua le plus, à cette époque, à la restau-

---

(1) Le cardinal Caprara fut très-actif dans cette affaire. Pour sa nomination au poste de légat *à latere* et les autres pièces qui lui conféraient le droit d'établir de nouveaux évêques et d'accorder l'indulgence plénière sous forme de jubilé. cf. *Robiano*, t. II, p. 487-92.

(2) Des erreurs et de la vérité, 1775. Edimb., 1782, 2 vol.; l'Homme de désir. Lyon, 1790; Ecce Homo. Paris, 1792; Lipsiæ, 1819; de l'Esprit des choses. Paris, 1800, 2 vol.; Œuvres posthumes. Tours, 1807, 2 vol.

ration des choses religieuses, à la glorification du Christianisme, fut, sans contredit, Chateaubriand, dont l'éloquente plume remua toute la France en faveur d'une cause depuis longtemps abandonnée par les littérateurs en vogue.

La publication du concordat avait été précédée par une série d'articles de journaux qui avaient sondé et préparé l'opinion publique. Cependant il ne fallait pas tant d'artifices pour disposer la masse de la nation, qui avait toujours eu en horreur les excès de l'impiété, à revenir à la foi de ses pères. Bientôt il ne fut plus de bon ton, dans la haute société, de se moquer des choses religieuses ; on accueillit avec une sorte de passion la littérature chrétienne. Autant il avait été de mode de se moquer de l'Église, de sa doctrine et de ses formes, autant il paraissait désormais de mauvais goût de ne pas témoigner au moins du respect pour les dogmes et le culte catholiques. Le langage véritablement merveilleux de Chateaubriand, cette alliance qui parut nouvelle de la poésie et de la religion, contribuèrent puissamment, non pas seulement à élargir le cercle restreint dans lequel d'étroites règles tenaient captives la poésie et la langue française, mais encore à vaincre l'indifférence d'un peuple aussi léger que spirituel (1).

Les séminaires se rétablirent, surtout dans les métropoles et auprès des cathédrales. Les prêtres reprirent leur costume sur la demande du gouvernement ; la piété des fidèles vint au secours des institutions et des communautés fondées pour l'éducation de la jeunesse et le soin des malades. Chaque jour amenait quelque conversion éclatante. La Harpe, touché dans sa prison de la lecture de l'*Imitation* [1794], revint à la foi, et rétracta, dans un codicile de son testament, les erreurs de ses ouvrages [11 février 1803]. De nouveaux dignitaires rendirent à l'Église une partie de

---

(1) *Chateaubriand*, Atala, ou les Amours de deux sauvages. Paris (1801). Le Génie du Christianisme, ou Beautés de la religion chrétienne. Paris, 1802, 2 vol. ; les Martyrs, ou le Triomphe de la religion. Paris, 1803, 2 vol.; Itinéraire de Paris à Jérusalem. Paris, 1811, 2 vol. — Nouv. édit. avec toutes les notes de l'auteur, Paris, Sarlit, 14 vol. in-8.

son antique splendeur. Les archevêques Du Belloy, de Boisgelin, Cambacérès et Fesch furent créés cardinaux par Pie VII.

Le jubilé de 1804 [10 mars] vint, à son tour, favoriser le retour des esprits vers la pratique religieuse. Cependant le concordat rencontra quelques résistances partielles, qui obligèrent le cardinal-légat à adresser une circulaire aux évêques français. Les efforts du cardinal Caprara pour rétablir partout l'ordre et l'autorité de l'Église furent secondés par l'infatigable et pieux abbé Barruel. Le gouvernement, de son côté, reconnut dès lors et autorisa diverses congrégations, telles que celles des prêtres de la mission, des frères des écoles chrétiennes, des sœurs hospitalières et de la Charité, dont Napoléon se plaisait à reconnaître l'incontestable utilité. Le gouvernement soutint, plus particulièrement encore, de sa faveur et de son argent, la congrégation des missions étrangères, et lors de la paix avec la Porte Ottomane, conclue par le général Brune, la France recouvra le droit de protéger toutes les Églises du rite latin dans le Levant, droit que, d'après les ordres du gouvernement français, le général Sébastiani exerça fréquemment dans ses voyages en Égypte, en Syrie et dans les îles Ioniennes.

Napoléon, ayant été proclamé empereur en 1804 [8 mai], par un sénatus-consulte, invita en suppliant le pape à le couronner, et à consacrer ainsi par la religion un empire fondé sur la victoire. Pie VII, après d'assez longues hésitations, résolut, malgré les démarches contraires des grandes puissances de l'Europe et les solennelles protestations de Louis XVIII, de se rendre à Paris, parce qu'il voyait dans ce voyage, comme il le déclara en consistoire [29 octobre], les intérêts de la religion, dont il pouvait traiter verbalement avec l'empereur, prenant le Ciel à témoin qu'il ne se déterminait, dans cette occasion solennelle, qu'en vue de la gloire de Dieu, du salut des âmes et du progrès de la religion catholique (1). Le Saint-Père, accompagné de quatre cardinaux, de quatre évêques et de

---

(1) On peut voir par là la valeur de l'assertion de l'abbé de Pradt, qui soutint que le pape n'avait nullement en vue les intérêts de la

deux prélats, partit de Rome au milieu des larmes de son peuple, traversa les Alpes au cœur de l'hiver [2 novembre], et parcourut triomphalement la France. Partout on l'accueillit avec les plus vifs témoignages de respect, et les routes de France se couvrirent, comme celles de la Savoie, d'une foule dévote et empressée. Ému des manifestations du peuple de Lyon, qui, apercevant le Saint-Père au balcon de son hôtel, se précipita spontanément à genoux, Pie VII éleva les mains au Ciel, pour le remercier d'avoir conservé une si grande piété dans un pays où l'incrédulité avait été si puissante. Les Parisiens ne se montrèrent ni moins respectueux ni moins empressés, et déjouèrent les espérances que le parti anti-religieux avait conçues de leur légèreté, de leur indifférence et de leur cruel amour de la plaisanterie. La foule se pressait en toutes circonstances autour du pape, pour en recevoir la bénédiction apostolique (1). Les marques sincères de ce religieux et filial respect du peuple français ne diminuèrent point après le couronnement de l'empereur [2 décembre]. Le cardinal-archevêque de Paris se rendit l'éloquent interprète des sentiments du peuple : « En vain, dit-il, le nombre des ennemis de l'Église s'est multiplié ; leur nom s'est perdu dans la nuit des temps ; à peine retrouvons-nous les traces de leur existence... O sainte Église romaine ! tu as triomphé des siècles ; tu as constamment vaincu l'impiété, en conservant la pureté des mœurs, l'intégrité de la doctrine et l'uniformité de la discipline, que tu as reçues de ton divin fondateur et de ses apôtres. »

L'attention générale et respectueuse dont le pape était

religion, mais seulement ceux de la politique, et que son but unique était d'obtenir les trois légations.

(1) *A. Menzel*, Hist. contemporaine, t. II, p. 568 et suiv. (Hist. univers. de *Becker*;, t. XIII.) Les paroles adressées aux députés par Champagny, ministre de l'intérieur, sont parfaitement conformes à ce récit. « En même temps, dit-il, le pape traversait la France, et des rives du Pô à celles de la Seine, il a été partout l'objet d'un hommage religieux que lui a rendu avec amour et respect cette immense majorité, qui, fidèle à l'antique doctrine, voit un père commun et le centre de la commune croyance dans celui que toute l'Europe révère, comme un souverain élevé au trône par sa piété et ses vertus.

l'objet excita la jalousie de Napoléon, qui manifesta son mécontentement par des procédés beaucoup moins bienveillants à l'égard de son illustre hôt.. Le Saint-Père fut obligé, malgré lui, de passer l'hiver à Paris, et il n'y eut pas même la liberté de choisir le but de ses pieuses visites. Cependant à la suite de ses conférences avec l'empereur, il obtint pour les évêques le libre exercice de leur autorité; il parvint à aplanir les difficultés opposées jusqu'alors aux aspirants du sacerdoce; il provoqua diverses dispositions favorables à l'éducation chrétienne de la jeunesse, au salut spirituel des malades, des soldats, etc. Mais il réclama en vain, avec les plus grandes instances, la restitution des légations, la révocation des articles organiques, que l'empereur refusa constamment. Ce ne fut qu'au moment où Napoléon se rendit en Italie, pour y prendre la couronne de fer, que le pape put, en quelque sorte à sa suite, rentrer dans ses États [4 avril 1805]. Les honneurs qu'il reçut à Lyon et à Turin dépassèrent, pour ainsi dire, la magnificence des fêtes célébrées au passage de l'empereur (1). A ces honneurs s'ajoutèrent de plus saintes et de plus douces consolations; car, en passant à Turin, Pie VII obtint, par son intervention personnelle, la renonciation au siége épiscopal, qu'on avait en vain, jusqu'alors, réclamée de l'archevêque ; tandis qu'à Florence, Scipion Ricci, promoteur du synode de Pistoie, se réconcilia sincèrement avec l'Église. Arrivé à Rome, le souverain pontife reprit d'une main ferme les rênes de l'administration, se voua tout entier au gouvernement de l'Église universelle, en même temps qu'il s'appliqua à faire fleurir les arts dans ses États.

§ 392. — *Mésintelligence entre l'empereur et le pape.*

Fragments relatifs à l'histoire ecclés. des premières années du XIXe siècle. Paris, 1814. Correspondance authentique de la cour de Rome avec la France depuis l'invasion de l'État romain jusqu'à l'enlèvement du souverain pontife, 1809. Cf. *C.-A. Menzel*, Hist. des temps contemporains, liv. II et III (Hist. univ. de *Becker*, t. XIII et XIV.) Œuvres de *Pacca. Artaud*, liv. II. Voyez plus haut, § 391.

(1) Nouv. Hist. de l'Eglise chrét., l. II, p. 300-312.

Le mécontentement que l'empereur avait montré au pape durant son séjour à Paris, et qui ne prenait pas seulement sa source dans des impressions passagères, se fortifiait et se prononçait de plus en plus. Après avoir usé de l'influence du pape pour sanctionner son pouvoir aux yeux des peuples; après avoir introduit dans le nouveau catéchisme français que : « s'opposer à l'empereur consacré
» par le pape, c'était s'exposer à la damnation éternelle ;
» qu'un des premiers devoirs du chrétien était de se sou-
» mettre au service militaire pour celui qui avait rétabli
» l'autorité de l'Église, » l'empereur, embarrassé de l'existence d'un pouvoir supérieur au sien dans l'opinion des hommes, conçut la pensée de subjuguer la papauté, comme il avait soumis le sceptre des rois à son impériale suprématie. Il fallait pour cela entrer en hostilité ouverte avec le pape, et les occasions ne devaient pas manquer. L'empereur rendit en effet, aussitôt après le couronnement de Milan [26 mai 1805], plusieurs décrets défavorables à l'Église. Il institua une commission chargée d'appliquer à l'Italie le Code civil français, sans aucune modification, et nomma des évêques italiens, contrairement aux dispositions du concordat (1) conclu par la république cisalpine. Le pape leur refusa l'institution canonique, et l'affaire resta suspendue durant la campagne de 1805. Il rejeta de même la proposition de prononcer le divorce du frère de l'empereur, Jérôme, avec la femme qu'il avait épousée en Amérique. « Le roi d'Angleterre et l'empereur de Russie, di-
» sait Napoléon, sont bien seuls les maîtres chez eux : ils
» règlent d'une manière absolue et sans contrôle les affaires
» religieuses de leurs pays. » Il préludait ainsi au projet bien arrêté d'anéantir l'influence du Saint-Siége. Il continua l'exécution de son plan, en s'emparant du port et de la ville d'Ancône ; en violant, par conséquent, la neutralité du pape, reconnue par toutes les puissances, et en exposant par là même les États pontificaux aux représailles exercées contre la France, en demandant, plus tard, le renvoi de tous ceux qui lui déplaisaient dans le personnel des ambassades à Rome, et en exigeant enfin que le pape

---

(1) Nouv. hist. de l'Eglise chrét., liv. II, p. 261 et suiv.

IV.

fermât ses ports aux vaisseaux de l'Angleterre, sous peine de voir les troupes impériales occuper la Marche d'Ancône (1). « Vous êtes le souverain de Rome ; je suis l'em- » pereur ; mes ennemis doivent être les vôtres, » disait Napoléon avec une logique aussi hardie que nouvelle, dans une lettre adressée au pape le 13 février 1806. Le pape, repoussant une prétention qui aurait impliqué le père de la chrétienté dans toute espèce de guerres, selon le bon plaisir de l'empereur, déclara qu'il lui était impossible, sans flétrir son honneur, sans assumer la haine universelle de l'Europe, sans trahir son devoir et sa conscience, de s'exposer à devenir, par son alliance avec Napoléon, l'ennemi de tous les adversaires de l'empereur, le complice d'une guerre universelle et permanente ; qu'il ne pouvait ni ne voulait déclarer la guerre au gouvernement britannique, dont il n'avait reçu aucune offense. « Ministre de paix, disait-il, représentant du Dieu de la paix, bien loin de s'engager à ce qu'on lui demandait, il devait invoquer le Ciel et ne pas cesser de l'implorer pour obtenir la fin de la guerre et le retour de la concorde et du repos universel. » Napoléon, blessé de ce refus, répondit que le pape, malgré son impuissance, avait menacé l'empereur, comme s'il eût été un autre Grégoire VII, et qu'on s'imaginait sans doute, à Rome, en voyant une longanimité si contraire à ses habitudes et à son caractère, qu'il craignait les foudres du Vatican. Le pape, en réponse, refusa de reconnaître, sans condition, Joseph-Napoléon comme roi de Naples. « Si « Votre Majesté, écrivit-il à l'empereur, a la conscience de » sa puissance, nous savons qu'il y a au-dessus des mo- » narques de la terre un Dieu vengeur de la justice et de » l'innocence, auquel est soumise toute puissance hu- » maine. » Napoléon répliqua par six nouvelles demandes [7 janvier 1808], qui équivalaient à une déclaration de guerre (2). En effet, immédiatement après, le général Miollis demanda le libre passage à travers les États pontificaux, pour se rendre à Naples avec six mille hommes. Le pape l'y autorisa [février 1808] ; mais le général, non con-

---

(1) Ibid., liv. II, p. 339-47, avec la réponse du pape.
(2) Nouv. hist. de l'Eglise chrét., p. 397 et suiv.

tent de traverser les États de l'Église, entra dans Rome, s'empara de tous les postes, mit une garnison dans le château Saint-Ange, et fit braquer huit canons contre le Quirinal. Le pape protesta par une note remise aussitôt à tous les ambassadeurs présents à Rome. Les canons furent retirés ; mais les actes de violence n'en continuèrent pas moins. Les Français se saisirent de la poste et de toutes les imprimeries, incorporèrent les troupes papales dans l'armée impériale, et envoyèrent à Mantoue les officiers récalcitrants. Quatre cardinaux furent conduits à Naples comme des criminels d'État, dix autres bannis de Rome ; la garde suisse fut désarmée devant le palais pontifical, la garde noble enfermée dans le château Saint-Ange. Le secrétaire d'État du pape renouvela ses plaintes, que l'ambassadeur de France combattit en disant « qu'on subissait simplement les conséquences du refus fait à l'empereur, qui ne renoncerait jamais à réunir l'Italie tout entière en une ligue offensive et défensive, pour en bannir les désordres et la guerre : « Le Saint-Père, ajoutait-il, proteste par ce refus qu'il ne veut pas de guerre contre l'empereur, et en même temps il la lui déclare. Or la première conséquence de la guerre est la conquête, et la première conséquence de la conquête le changement de gouvernement dans les États conquis ; cependant ce changement ne le priverait pas de ses droits spirituels ; le pape continuerait à être évêque de Rome, comme ses prédécesseurs l'avaient été pendant les huit premiers siècles et sous Charlemagne ; l'empereur était peiné de voir l'œuvre du génie, de la politique et de la civilisation, détruite par la déraison, l'obstination et l'aveuglement. » Le pape répondit qu'il ne pouvait empêcher l'empereur d'être sourd à la voix de la justice, de s'emparer des États de l'Église par droit de conquête, d'en renverser le gouvernement ; mais il déclarait en même temps solennellement qu'il ne pouvait y avoir lieu à conquête, attendu qu'il vivait en paix avec le monde entier ; qu'ainsi il n'y aurait qu'une usurpation violente et inouïe. Au milieu de ces négociations, on s'en tint aux décrets de Napoléon, qui déclaraient les provinces d'Urbino, d'Ancône, de Macerata et de Camerino, irrévocablement et à jamais incorporées au royaume d'Italie, et qui ordonnaient à tous les cardinaux, prélats et serviteurs de la cour romaine, de rentrer dans le royaume d'Italie avant le 25 mai (1), sous peine de confiscation de leurs biens. Cette dernière mesure cachait l'intention de dissoudre complétement le collége des cardinaux, vingt-quatre d'entre eux ayant déjà été déportés. En vain le pape se plaignit de ce que le puissant monarque auquel il avait naguère confié, au pied des autels, le sceptre et la main de justice, en était venu à le dépouiller, au mépris de toute espèce de droits, de la meilleure partie de ses États : sa réclamation resta sans succès ; l'empereur persista dans ses mesures violentes. Le gouverneur de Rome, Calvachini, n'ayant pas montré assez de complaisance, fut envoyé à la forteresse de Fenestrelle ; le cardinal Gabrielli, secrétaire d'État, surpris à l'improviste dans le palais du gouvernement, vit ses armoires brisées, ses papiers d'État enlevés, et fut lui-même conduit dans son évêché de Sinigaglia ; le cardinal Pacca, nommé à sa place par le pape, fut à son tour arrêté. A cette nouvelle, le pape alla le trouver, et l'emmena au Quirinal, fermement résolu de partager la captivité de son ministre. Des postes furent, en effet, immédiatement placés autour du palais, et tous ceux qui entraient ou sortaient furent sévèrement fouillés. Une cour martiale fut instituée pour juger et condamner à mort les sujets pontificaux qui ne se soumettraient point à la loi française ; enfin, un décret daté de Vienne [17 mai 1809], annexa à l'empire français le reste des États de l'Église (2), statua que le pape recevrait une rente de deux millions de francs et conserverait ses propriétés et ses palais, et déclara Rome ville libre et impériale. L'exécution de ce décret eut lieu le 10 juin, et le pape signa aussitôt une protestation en langue italienne, qui fut affichée, dès la nuit suivante, dans Rome ; en même temps, toujours digne et inébranlable dans son devoir, il donna au cardinal Pacca les ordres nécessaires pour l'expédition de la bulle d'excommunication, recommandant la prudence à ceux qui devaient l'exécuter. Quelques heures après, la bulle était placardée en plein midi, aux portes des trois

---

(1) Nouv. hist. de l'Eglise chrét., liv. III, p. 436 et suiv.
(2) Nouv. hist. de l'Eglise chrét., liv. III, p. 482 et suiv.

églises principales de Rome (1). L'excommunication était prononcée contre tous ceux qui exerçaient des actes de violence dans les États de l'Église; mais, en même temps, il était interdit aux sujets pontificaux, ainsi qu'à tous les peuples chrétiens, de prendre cette excommunication pour motif ou pour prétexte d'attaquer, en quoi que ce fût, les biens ou les droits de ceux qu'elle concernait.

Napoléon, tout en se moquant de l'excommunication (2), empêcha la promulgation de la bulle qui excitait un mouvement considérable dans toute la chrétienté, et fit insérer dans le *Moniteur* une exposition des principes de l'Église gallicane, suivant lesquels on refusait au pape le droit d'excommunier un souverain, notamment celui de la France. Le pape s'était retiré dans l'intérieur du palais, dont il avait fait murer les principales entrées. Dans la nuit du 5 au 6 juillet, les Français y pénétrèrent de vive force. Un profond respect saisit le général Radet lorsque, s'approchant du Saint-Père, il le trouva revêtu de ses habits pontificaux, paisiblement assis dans un fauteuil, ayant à ses côtés les cardinaux Pacca et Despuig. « A cette vue, dit le géné-
» ral (3), je me sentis saisir d'un frisson, et un respect in-
» volontaire arrêta mes pas. » Conformément à ses instructions, Radet demanda que le pape renonçât définitivement à la souveraineté temporelle. Le pape lui répondit : « Je n'ai
« rien fait jusqu'à présent sans avoir invoqué les lumières
» du Saint-Esprit; je préfère mourir plutôt que d'abdi-
» quer. » Le général lui ayant alors déclaré que, faute d'obtenir de lui cette abdication, il avait l'ordre formel de l'emmener hors de Rome, le pontife garda le silence, espérant que les prières de la catholicité ne lui manqueraient pas plus que celles des premiers chrétiens n'avaient fait dé-

(1) Nouv. hist. de l'Eglise chrét., liv. III, p. 488, et les Mém. de *Pacca* sur S. S. Pie VII, liv. I, p. 78 et suiv., et p. 114 et suiv. le texte de la bulle.

(2) Dans une lettre au vice-roi d'Italie, il disait : « Ignore-t-il combien les temps sont changés? Me prend-il pour un Louis le Débonnaire, ou croit-il que ses excommunications feront tomber les armes des mains de mes soldats ? »

(3) Relation exacte et détaillée de l'enlèvement du pape Pie VII, faite par *Radet*. Cf. Nouv. hist., etc., p. 499 et suiv. *Pacca*, p. 93 et suiv.

faut à saint Pierre tant qu'il fut en prison. Prenant ensuite son bréviaire, il descendit l'escalier, soutenu par Radet lui-même. Le général lui ayant permis de confier ses objets précieux à la personne qu'il choisirait, le pape répondit que celui qui ne s'inquiète point de la vie s'inquiète moins encore des trésors de ce monde. Le cardinal Pacca entra avec le pape dans une voiture dont les stores étaient cloués et les portières fermées à clef. Sans perdre une minute, on traîna l'auguste et invincible vieillard à Florence, à Turin et à Grenoble, où l'on reçut l'ordre de le reconduire à Savone, à travers le Dauphiné et la Provence, après lui avoir fait parcourir la pénible route du Piémont. A Valence, Pie VII eut la consolation de bénir la tombe de son prédécesseur. Cependant, le cardinal Pacca avait été séparé du pape et conduit dans la forteresse de Fenestrelle, située dans les Alpes qui séparent le Piémont du Dauphiné (1). A Savone, le Saint-Père, étroitement gardé dans l'hôtel de la préfecture, ne pouvant donner audience à personne qu'en présence d'une garde, refusa tout l'appareil dont on voulait l'entourer, toutes les commodités de la vie qu'on lui avait préparées. Vivant de peu, assidu à la prière, espérant tout de Dieu, il déclara qu'il n'accepterait rien de la main de celui qui avait ravi les biens de l'Église, et qu'il préférerait vivre des aumônes des fidèles. Il repoussa avec la même énergie la proposition, plusieurs fois renouvelée, de renoncer au gouvernement de Rome, et d'aller, avec une pension de deux millions, demeurer à Paris, dans le palais archiépiscopal (2).

Le jour de l'enlèvement du pape fut celui de la bataille de Wagram, gagnée par Napoléon [6 juillet 1809], et qui lui valut la paix avec l'Autriche et la main de l'archiduchesse Marie-Louise. L'empereur, profitant de cette circonstance, demanda, dans une circulaire adressée aux évêques de France, qu'on célébrât par une solennité reli-

---

(1) *Pacca*, l. II, p. 18-120. Nouv. hist. de l'Egl. chrét., etc., l. III, p. 505 et s.

(2) Napoléon a lui-même avoué qu'un de ses projets favoris était d'enlever au pape la puissance temporelle et de le transférer à Paris. Il disait encore à Sainte-Hélène : « L'établissement de la cour romaine à Paris aurait eu des résultats importants pour la politique.

gieuse ce jour, où Dieu semblait avoir sanctionné sa conduite à l'égard du pape, en favorisant ses armes d'une manière si éclatante. Il rappelait aux évêques, pour justifier les mesures prises contre Pie VII, que Jésus-Christ, quoique issu de la maison de David, n'avait pas voulu de royaume en ce monde, et avait, au contraire, ordonné aux siens d'obéir, dans les choses temporelles, à César et à ses lois. En décembre 1809, l'empereur convoqua à Paris les cardinaux qui se trouvaient encore à Rome. Il y fit également transférer les archives des différentes administrations romaines, qu'on déposa à l'hôtel Soubise. Parmi les cardinaux nouvellement arrivés, treize ne tardèrent pas à encourir la disgrâce de l'empereur (1), qui leur défendit de porter les insignes du cardinalat, et leur prescrivit de ne se montrer désormais en public que vêtus de noir (les cardinaux rouges et noirs). Bientôt après, il les exila dans diverses villes de France. Ce fut à cette époque qu'ayant trouvé la lettre dans laquelle Louis XIV révoquait l'édit relatif aux quatre propositions de l'Église gallicane, de 1682, il la jeta au feu, en disant : « Ce tas de cendres ne troublera plus désormais » notre repos (2). » Pie VII, aussi ferme dans son exil que sur son trône, refusa, comme en Italie, l'institution canonique aux évêques nommés par Napoléon, parce que, dans sa captivité, il était privé du conseil des cardinaux. On imagina, pour éluder la difficulté et échapper au danger, un singulier expédient : on proposa au pape de donner aux évêques nommés par Napoléon l'institution canonique, sans faire mention de la nomination impériale et sans déclarer que l'institution était accordée de plein gré. Ce subterfuge

L'influence du pape sur l'Espagne, l'Italie, la confédération du Rhin et la Pologne aurait consolidé le lien fédératif du grand empire. L'influence du chef de la chrétienté sur les catholiques d'Angleterre, d'Irlande, de la Russie, de la Prusse, de l'Autriche, de la Hongrie et de la Bohême serait devenue l'héritage de la France. » Ces paroles nous font comprendre comment les choses en vinrent à une scission ouverte.

(1) Un des principaux motifs de cette disgrâce était qu'une partie des cardinaux refusa d'assister aux cérémonies du mariage de Napoléon et de Marie-Louise, ce qui leur fit interdire le droit de porter l'habit de cardinal.

(2) *De Pradt*, Histoire des quatre concordats, t. II, ch. 31. *Pacca*, II, p. 10 et suiv.

fut énergiquement repoussé par le Saint-Père [26 août 1809], ainsi que la proposition : considérer les évêques nommés comme vicaires capitulaires, chargés de l'administration. L'empereur, transporté de fureur, résolut de faire sentir au pape les effets de sa colère. On lui enleva les livres et les écrits qu'il avait, et jusqu'aux plumes et au papier. Le préfet de Montenotte lui signifia la défense de communiquer avec aucune église ni avec aucun sujet de l'empereur, sous peine d'être traités, lui, l'église et le sujet, comme coupables de révolte contre l'empereur. Pie VII sans se laisser intimider, répondit : « Je mettrai ces mena- » ces au pied de la croix, et j'abandonne à Dieu le soin de » venger ma cause, qui est la sienne. » L'empereur voyant que sa propre dignité et le repos de ses États seraient compromis, s'il ne réussissait à remettre l'ordre dans les affaires ecclésiastiques, si malencontreusement troublées par les actes violents et irréfléchis, institua un nouveau conseil ecclésiastique [16 novembre 1810], auquel il proposa les questions suivantes :

1° A qui faut-il s'adresser pour obtenir les dispenses nécessaires, quand toute communication a cessé entre les sujets de l'empereur et le pape ?

2° Quel est le moyen légal de procurer l'institution canonique aux évêques nommés par l'empereur, quand le pape refuse d'expédier les bulles nécessaires ?

Le conseil ecclésiastique, au lieu de montrer à l'empereur qu'il ne pouvait mettre un terme aux désordres enfantés par la rupture des communications qu'en mettant le pape en liberté, distingua entre les lois générales et les lois spéciales de l'Église. Il déclara que, quant aux premières, il n'existait aucun moyen d'obtenir les dispenses en question ; quant aux dernières, il assura que les fidèles pouvaient s'adresser à leurs évêques. En réponse à la seconde question, il blâma la conduite du pape, et proposa d'ajouter au concordat de 1801 une clause par laquelle le pape s'obligerait à donner toujours l'institution dans un délai déterminé. En cas de refus, on proposait de convoquer un concile national, après avoir toutefois instruit le pape de la situation des choses par une députation. L'empereur assembla les cardinaux et les évêques du conseil ecclésiastique, ainsi que les conseillers d'État et les dignitaires de la couronne, et prononça un discours violent contre le pape. L'abbé Émery osa seul déclarer ouvertement que le concile dont l'empereur méditait la convocation n'aurait pas la moindre autorité, s'il était séparé du pape ou désapprouvé par lui. L'empereur ne parut point s'offenser de cette franchise. Néanmoins, par une circulaire conçue dans le style impératif et laconique avec lequel il parlait à ses soldats, il convoqua à Paris [25 avril 1811] un concile national, composé d'évêques français et italiens (1). On fit partir en même temps pour Savone une députation d'évêques, qui déclara au pape que l'empereur voulait renouveler le concordat de 1801, à condition que le pape accorderait aux évêques déjà nommés l'institution canonique, et consentirait à l'addition d'une clause ainsi conçue : « Si le » pape, dans un délai de trois mois, n'a pas expédié la bulle » d'institution canonique, le métropolitain pourra donner » cette institution à son évêque suffragant, et récipro» quement celui-ci au métropolitain; » que le pape pourrait d'ailleurs retourner à Rome, s'il voulait prêter le serment de fidélité et d'obéissance à l'empereur, prescrit aux évêques par le concordat; que, s'il le refusait, il résiderait à Avignon avec un revenu de deux millions, serait traité comme un souverain, aurait auprès de lui des ambassadeurs de toutes les puissances chrétiennes, exercerait sans obstacles sa juridiction spirituelle, mais qu'il serait tenu de déclarer qu'il n'entreprendrait rien contre les quatre propositions de l'Église gallicane. Les évêques ayant présenté au Saint-Père un tableau effroyable des maux qui pourraient résulter de son refus, il promit enfin de donner l'institution canonique aux évêques nommés par Napoléon, d'étendre aux Églises de Toscane, de Parme et de Plaisance le concordat de 1801, et d'y ajouter la clause demandée, en portant toutefois à six mois le délai accordé pour l'institution, et en y ajoutant ces mots : « Si le pape refuse » par tout autre motif que celui de l'indignité personnelle » du sujet. » Les évêques, profitant de cet instant de faiblesse, rédigèrent la promesse, en quatre articles, en pré-

---

(1) Pacca., Mém., etc., liv. III, p. 34-42.

sence du pape, qui la reconnut comme émanée de lui, mais sans la signer. Les prélats, pleins de joie, repartirent pour Paris, et Pie VII demeura à Savone, livré à la plus amère tristesse (1). Il déclara, du reste, que les articles dont on était convenu n'étaient ni un traité ni un préliminaire de traité, et qu'on n'y devait voir qu'une preuve de son empressement à rétablir la concorde.

Le 17 juin de la même année, le cardinal Fesch ouvrit solennellement le concile à Paris, suivant le rite ordinaire. L'abbé de Boulogne, évêque de Troyes, prononça un discours, dont le sujet était l'influence de la religion catholique sur l'ordre social et la prospérité des États. Après la messe du Saint-Esprit, on lut le symbole, et l'on prêta le serment de fidélité au pape. Le message adressé par Napoléon au concile offrait une singulière contradiction avec ce serment. Les débats sur l'adresse, en réponse à la communication de l'empereur, excitèrent de graves et longs dissentiments. Quelques prélats demandaient qu'avant tout on le priât de mettre le pape en liberté. Gaspar Maximilien, baron de Droste-Vischering, coadjuteur de Munster, formula le premier cette demande (2), qu'appuyèrent l'évêque de Chambéry, Irénée de Solly, et l'archevêque de Turin. Les prélats de cour combattirent cette proposition, parce qu'elle serait, disaient-ils, désagréable à l'empereur. Ils furent à leur tour vivement combattus, lorsqu'ils voulurent, dans la séance du 27 juin, que l'adresse parlât de l'institution canonique et des quatre articles du clergé gallican. Comme on n'était point parvenu à s'entendre, l'adresse, au lieu d'être signée par tous les évêques, ne le fut que par le président et le secrétaire. Napoléon, mécontent, n'admit ni l'adresse ni la députation du 30 juin, chargée de la lui présenter. Après ces discussions préliminaires, le conseil devait passer à l'objet principal de sa convocation, et examiner par quel moyen on pourrait suppléer aux bul-

---

(1) *Pacca*, t. III, p. 42 et suiv. Nouv. histoire de l'Église chrét. liv. III, p. 542 et suiv. *Melchers*, le Concile national de Paris de 1811, accompagné de pièces authentiques. Munster, 1814.

(2) Voyez la déclaration même de *Gasp. Maximilien* (dans le *le Catholique*, 1825, t. XV, p. 352-55). *Lyonnet*, le Cardinal Fesch, etc. Lyon, 1841.

les pontificales relatives à l'institution canonique des évêques. La commission préparatoire, assemblée chez le cardinal Fesch, décida, tout d'abord à la majorité des voix, qu'il n'était pas de la compétence du concile de suppléer aux bulles pontificales, même provisoirement et en cas d'urgence. La commission déposa, dans la séance du 10 juillet, son rapport sur les motifs qui l'avaient déterminée à prononcer l'incompétence du concile. Les évêques dévoués à l'empereur le combattirent, et s'en référèrent aux concessions du pape à Savone; mais ils étaient en minorité, et ne purent faire prévaloir leur opinion, surtout parce que la signature du Saint-Père manquait à la promesse qu'on lui avait arrachée. L'assemblée se disposait donc à proclamer solennellement l'incompétence du concile, lorsque le président leva la séance. Napoléon, informé de ce qui se passait, suspendit l'assemblée, et envoya au donjon de Vincennes les évêques de Troyes, de Tournay et de Gand, qui avaient soutenu avec le plus d'énergie l'incompétence du concile. Il s'écria, dans le premier moment de sa mauvaise humeur, en voyant ses projets échouer: « Je passais sur un abîme » sans m'en apercevoir; la plus grande faute que j'aie ja» mais commise a été le concordat. »

Cependant l'empereur, avant de réunir de nouveau le concile, s'assura des dispositions de ses membres. Le ministre des cultes, Bigot de Préameneu, se rendit auprès de chaque évêque en particulier, pour le disposer convenablement, par des promesses, des flatteries, des menaces ou des reproches. Il parvint, en effet, à obtenir d'un grand nombre d'entre eux la signature du décret projeté, mais la plupart n'y souscrivirent que sous condition; quatorze des plus courageux refusèrent absolument de signer. Ces manœuvres accomplies, on convoqua les évêques à une séance générale [5 août], dans laquelle fut lu et adopté un décret basé sur les concessions de Savone. Une députation de cardinaux et d'évêques, qui s'étaient engagés (1) à seconder les vues du gouvernement, se rendit à Savone et obtint enfin un bref [20 septembre] par lequel le pape donnait son approbation au décret du concile, avec cette addition,

---

(1) *Pacca*, t. III, p. 52 et suiv.

toutefois, que le métropolitain, en donnant l'institution canonique, aurait toujours à la conférer au nom du pape, et serait obligé de transmettre à ce dernier toutes les pièces authentiques. On obtint en même temps du pape l'expédition des bulles d'institution pour plusieurs évêques. Ces résultats soi-disant heureux furent transmis à Paris par la voie du télégraphe; mais Napoléon ne partagea pas la satisfaction des prélats. Il renvoya le bref et ne fit point usage des bulles d'institution, au grand déplaisir de l'abbé de Pradt, qui, lors de leur expédition, s'était bien gardé d'oublier son archevêché de Malines. Quatre membres de la députation épiscopale reçurent à Turin l'ordre de retourner à Savone, pour décider le pape à consentir aux demandes ultérieures de l'empereur. Mais le Saint-Père s'y refusa avec une constance inébranlable, même après que le préfet de Montenotte lui eut déclaré, au nom de l'empereur, que, le bref du 20 septembre n'ayant pas eu la sanction impériale, l'empereur considérait le concordat comme révoqué, et que le pape ne pourrait plus désormais intervenir dans l'institution canonique. Les évêques assemblés à Paris furent, sans autre façon, congédiés par le ministre des cultes [20 octobre], et ce concile, inauguré avec tant de pompe et d'éclat, finit soudain, sans que le moindre acte religieux ou solennel en marquât la clôture.

Le Saint-Père, après plusieurs mois d'une pénible attente, fut tout à coup sommé [9 juin 1812] de se préparer à partir pour la France; on exigea qu'il dépouillât ses vêtements pontificaux, et entreprît le voyage dans le plus strict incognito. Après un long et pénible trajet, pendant les heures les plus brûlantes du jour, on arriva enfin à l'hospice des Cisterciens, sur le mont Cenis. Le pieux vieillard y tomba si gravement malade, que les officiers qui l'escortaient renvoyèrent à Turin demander de nouvelles instructions. On répondit qu'ils eussent à remplir leur mission; et le pape, bien que le matin même il eût reçu les derniers sacrements [14 juin], se vit forcé de se remettre en route pendant la nuit, et de voyager sans relâche jusqu'à Fontainebleau [20 juin]. Il y arriva dans un état tellement alarmant (1)

---

(1) *Pacca*, t. III, p. 60 et suiv.

qu'il fut obligé de garder le lit pendant plusieurs mois. Les cardinaux *rouges* et quelques évêques bien vus auprès de l'empereur eurent la permission de visiter le Saint-Père. Ils s'efforcèrent de l'effrayer par la peinture du triste état de l'Église, des dangers d'un schisme interminable, des intrigues ourdies par les sectes philosophiques ; ils cherchèrent à le toucher par le tableau de la dure captivité où gémissaient tant de cardinaux et de prélats. Cependant Napoléon, revenu de sa malheureuse campagne de Russie, avait hâte d'opérer avec le Saint-Père une réconciliation vraie ou simulée : car il commençait à s'apercevoir que le nombre des catholiques était plus grand qu'on ne le pensait, que ses querelles avec le pape, les durs traitements dont il l'avait poursuivi, lui aliénaient une partie de ses sujets, et que, en outre, les souverains étrangers en profitaient pour soulever leurs peuples contre la domination française. Au premier de l'an 1813, Napoléon fit complimenter le pape par ses chambellans, et s'informa de sa santé. Le pape, pour répondre aux politesses de l'empereur, envoya à Paris le cardinal Doria, avec lequel on convint de renouer les négociations. Lorsque les négociateurs s'aperçurent que le pape était, non-seulement ébranlé, mais disposé à accepter les offres faites, ils voulurent en laisser la gloire à l'empereur, qui parut inopinément à Fontainebleau avec l'impératrice, et demeura pendant cinq jours en pourparlers avec le Saint-Père. Dans un moment d'emportement, Napoléon poussa le mépris et l'irrévérence envers le Saint-Père jusqu'à lui reprocher de n'être pas assez versé dans les matières ecclésiastiques (1). Enfin, les négociations aboutirent aux malheureux *articles préliminaires* qui furent signés le 25 Janvier. Le pape promettait de donner, dans un délai de six mois, l'institution canonique aux évêques nommés par l'empereur, faute de quoi le métropolitain, ou à son défaut le plus ancien évêque de la province, serait investi du droit de l'accorder. En retour, le pape obtenait la nomination à dix évêchés en France ou en Italie. Les six évêchés suburbicaires devaient être réta-

---

(1) *Pacca*, l. cit., t. III, p. 66 sq. Nouv. hist. de l'Eglise chrétienne, t. III, p. 593 et suiv.

blis, et à la nomination du pape. Ce qui restait encore de la dotation serait restitué, et l'on prendrait des mesures pour le rachat des biens déjà vendus. Les domaines du Saint-Siége non aliénés jusqu'alors seraient administrés par le mandataire du pape ; ceux qui étaient vendus seraient remplacés jusqu'à concurrence de deux millions de francs de revenus ; le nombre des évêchés serait réduit en Toscane et dans le territoire de Gênes ; par contre, de nouveaux évêchés seraient institués en Hollande et dans les départements hanséatiques ; enfin, les cardinaux, évêques ou laïques, qui avaient, dans le cours des événements, encouru le déplaisir de l'empereur, devaient rentrer en grâce.

Pie VII, en signant ces articles dans un moment de faiblesse, s'était réservé de ne promulguer le concordat qu'après en avoir discuté les divers points en consistoire secret, comme le veut la constitution de l'Église. Mais Napoléon appela ces articles préliminaires *le concordat de Fontainebleau*, ordonna qu'on le promulguât sur-le-champ dans tout l'empire, et qu'on chantât le *Te Deum* dans toutes les églises (1). Aussitôt après le départ de l'empereur, Pie VII tomba dans une tristesse profonde. Le cardinal di Pietro, le premier auquel il put s'en ouvrir, appela son attention sur les conséquences désastreuses qu'aurait pour l'Église un concordat conclu sur de pareilles bases. Pacca et les autres cardinaux bientôt arrivés à Fontainebleau, partagèrent son sentiment, et le sacré collège fut d'avis que Pie VII rétractât, dans une lettre à l'empereur, ces articles préliminaires, les déclarant nuls et non avenus. Le cardinal Consalvi fut chargé d'en faire la proposition au Saint-Père, qui, reconnaissant qu'on l'avait amené à des concessions inadmissibles, donna son approbation au projet des cardinaux. Il en coûta beaucoup à Pie VII pour se décider à écrire de sa propre main cette lettre mémorable (2). Les cardinaux présents en reçurent une copie

---

(1) D'après Mme *de Staël* (Considérations sur les principaux événements de la révolution française, t. II, p. 275), Napoléon aurait dit alors à Cabanis, à propos du concordat : « Savez-vous ce que c'est que le concordat que je viens de signer? C'est *la vaccine de la religion* : dans cinquante ans *il n'y en aura plus* en France! »
(2) *Pacca*, t. III, p. 83-90, et p. 91-107.

et il les chargea de lire au sacré collège une courte allocution, qu'il ne se sentait pas la force de lui adresser de vive voix. Dès que Napoléon apprit que le pape, à la suite de son entretien avec le cardinal di Pietro, se montrait décidé à révoquer les articles préliminaires, il promulgua en toute hâte le concordat comme loi de l'État, et rendit, aussitôt après avoir reçu la lettre du Saint-Père, un décret qui déclarait, avec des menaces contre les contrevenants, le concordat obligatoire pour tous les archevêques, évêques et chapitres de l'empire. Le cardinal di Pietro fut arrêté et relégué à Auxonne, après avoir été privé des insignes de sa dignité [13 avril]. Les cardinaux Consalvi et Pacca furent chargés de donner au pape, pour motif de la peine dont était frappé le cardinal di Pietro, son hostilité flagrante envers l'État. De son côté, le pape fit parvenir, le 9 mai, aux cardinaux, un bref dans lequel il déclarait nulle l'institution des métropolitains, intrus les évêques ainsi institués, schismatiques les évêques consécrateurs. Cependant l'empereur sentit plus que jamais, après la fatale année de 1813, la nécessité de mettre un terme à ses déplorables différends avec le Saint-Siége. Il offrit donc au pape de retourner à Rome, et de lui restituer tout ce que l'avant-dernier décret impérial avait laissé subsister des États pontificaux. Pie VII refusa (1) de reprendre le patrimoine de Saint-Pierre, à moins qu'il ne fût restitué dans toute son intégrité [21 janvier 1814] Aussitôt il reçut l'ordre de partir. Il adressa, avant son départ, une dernière et touchante allocution aux cardinaux, en laissant ses instructions au cardinal doyen Mattei (2). Aucun cardinal ne put accompagner le Saint-Père, qui traversa la France au milieu des témoignages de respect les plus touchants, et rentra à Savone le 11 février. Quant aux cardinaux, ils partirent tous, accompagnés d'un officier de gendarmerie, et furent dis-

(1) *Pacca*, t. III, p. 133. "Dans le cours des négociations, le pape prononça ces paroles : « Il est possible que mes péchés ne me rendent pas digne de revoir Rome ; mais soyez sûrs que mes successeurs recouvreront tous les États qui leur appartiennent. »

(2) *Pacca*, t. III, p. 137-39. Nouv. hist. de l'Eglise chrétienne, liv. III, p. 623 et suiv.

persés dans différentes villes de l'empire. L'Italie tout entière était perdue, et la moitié de la France occupée par l'ennemi. Napoléon rendit au pape les départements de Rome et de Trasimène [10 mars], et envoya à Savone l'ordre de le mettre en liberté. Le Saint-Père arriva le 25 mars sur l'Arno, où il fut remis aux puissances alliées contre la France. Le 31 mars, jour de l'entrée des alliés à Paris, Pie VII arriva à Bologne. Tous ceux qui avaient été emprisonnés pour la cause de la religion furent alors mis en liberté. Consalvi rejoignit à Césène le Saint-Père (1), qui lui donna une nouvelle marque de sa confiance en le nommant pour la seconde fois secrétaire d'État. Enfin, le 24 mai 1814, Pie VII, éprouvé par de si cruelles adversités, rentra dans Rome, au milieu des fêtes les plus solennelles et aux cris de joie de son peuple. L'année suivante, le congrès de Vienne lui rendit les marches et les légations que le traité de Tolentino lui avait fait perdre.

§ 393. — *Malheurs de l'Église en Allemagne, en Italie et en Espagne.*

Au moment où l'aurore d'un nouvel avenir se levait sur l'Église de France, une violente tempête se déchaînait contre celle d'Allemagne. Les hommes d'État qui présidaient aux remaniements politiques de ce pays n'avaient en vue qu'une chose, compenser avec bénéfice, aux dépens des possessions de l'Église, les pertes essuyées par les princes héréditaires. C'est ainsi, que, d'après le traité de paix de Lunéville [1801] et les résolutions de la députation de l'Empire à Ratisbonne [1803], il fut décidé que les principautés ecclésiastiques et les possessions de l'Église seraient en partie abandonnées à la France, ou sécularisées (2)

---

(1) *Cenni*, Vie du cardinal Consalvi. Venise, 1824.
(2) Cf. Nouv. hist. de l'Eglise chrét., liv. II, p. 205-22; liv. III, p. 568. *Robiano*, t. III, p. 58 et suiv. Sur les diètes précédentes, voyez aussi *Pacca*, Mém. sur son séjour en Allemagne, de 1786-94. *Gams*, l'Eglise au XIX° siècle, t. I, p. 304. *Hart*, Nouv. changem. dans les Etats et l'Eglise d'Allem. Berl., 1804. *Thiers*, Hist. du Consulat et de l'Empire, t. IV, liv. XV (sécularisation). *Buss*, Hist. des Eglises nat. et territ. Schaff., 1851, p. 776.

pour indemniser les princes qui avaient éprouvé des pertes territoriales, par la cession de la rive gauche du Rhin. Déjà le traité de paix de Westphalie avait posé le principe que l'Église devait dédommager les princes séculiers de leurs pertes. D'après le § 35 des conclusions de la députation de l'Empire à Ratisbonne, on avait abandonné à la libre et entière disposition des princes « les biens des fondations, abbayes et couvents de leurs États, tant pour subvenir aux besoins du culte, de l'enseignement, et d'autres services publics que pour rétablir leurs propres finances. » L'iniquité, la cupidité, les plus odieuses passions avaient présidé à l'exécution de ces décrets, à la dispersion des trésors, des joyaux et des reliques des églises. En vain représenta-t-on que les droits des États ecclésiastiques, des chapitres, des abbayes, n'étaient pas moins sacrés que ceux des États laïques, et que les sacrifices nécessaires pour indemniser ces derniers devaient, en toute équité, être également supportés par tous les États de l'Empire ; on passa outre. Ainsi disparurent en Allemagne les trois électorats ecclésiastiques de Mayence, Cologne et Trèves, les évêchés, qui ne relevaient que de l'Empire, de Salzbourg, Liége, Passau, Trente, Brixen, Constance, Bamberg, Freisingen, Eichstœdt, Wurtzbourg, Munster, Hildesheim, Paderborn et Osnabrück, et un grand nombre d'abbayes et de couvents (1). Comme la plupart de ces territoires perdirent

---

(1) D'après les Considérations de Klüber sur les négociations du congrès de Vienne, t. II, p. 404, les pertes de l'Eglise cath. sur les deux rives du Rhin s'élèvent à 1,710 milles carrés, à 3,162,575 habitants et à 21,026,000 florins de revenus, non compris les couvents. Au t. III, p. 399, le même auteur dit : « On ne connaît pas, en général, autant que cela devrait l'être, comment toutes ces questions d'indemnités furent traitées au congrès de Rastadt, et surtout à Paris et à Ratisbonne en 1802 et en 1803 ; quels calculs on y fit ; quels rôles y jouèrent, sur le champ de bataille de la diplomatie, les intérêts des uns et des autres, une fois que le pouvoir temporel se mit à disposer des biens de l'Eglise. La postérité seule soulèvera ce voile. — Cf. aussi *Menzel*, t. XII, P. II, p. 307 sq. Du reste, les résultats de ces indemnités pour quelques princes en particulier sont assez remarquables. La Prusse obtint, pour une perte de 48 milles carrés avec 127,000 habitants et 1,400,000 florins de revenus annuels, une indemnité de 235 1/2 milles carrés avec 558,000 habitants et 3,800,000 florins de revenus (Eichsfeld, Munster, les évêchés de Hildesheim et de

leurs souverains catholiques et tombèrent sous le régime de princes protestants ou de gouvernements, dominés par l'esprit du XVIII° siècle ou par les idées césariennes, l'Église catholique y resta presque sans protection, sans défense, sans droit. Lorsque la Franconie tomba au pouvoir de la Bavière, on érigea, sous l'inspiration du ministre tout-puissant Montgelas, une faculté protestante à l'université de Wurtzbourg, et on y appela comme le théologien le plus digne de l'Allemagne, le socinien Paulus [1802]; les candidats de théologie et les séminaristes catholiques furent obligés de suivre, pendant quelque temps, le cours de théologie de ce même Paulus, faute de candidats protestants (1). L'archichancelier Charles Théodore de Dalberg, seul, sut conserver son éminente position ecclésiastique, faire transférer ses droits métropolitains de Mayence à Ratisbonne (1er fév. 1803), érigée en principauté en sa faveur (Aschaffenbourg, Ratisbonne et Wetzlar, maison de Compostelle à Francfort et octrois de la rive droite du Rhin), étendre sa juridiction spirituelle, comme primat d'Allemagne, sur la partie des anciennes provinces ecclésiastiques de Mayence, de Cologne et de Trèves, située sur la rive droite du Rhin, à l'exception des États du roi de Prusse et de la portion du Salzbourg cédée à la Bavière. Que si l'archichancelier Dalberg dut la conservation et l'accroissement de sa dignité à l'influence de Napoléon, il en montra sa reconnaissance en nommant de son autorité personnelle, sans consulter ni

---

Paderborn, avec les abbayes d'Herford, Elsen, Essen, Werden et Cappenberg). La Bavière palatine obtint, pour 225 milles carrés avec 800,000 habitants et 5 millions de revenus, une indemnité de 290 milles carrés avec 800,000 habitants et 6 millions de florins de revenus; le Wurtemberg, pour 7 milles carrés, 14,000 habitants 336,000 florins de revenus, une indemnité de 29 milles carrés, 110,000 habitants, 700,000 florins de revenus; Baden, pour 8 milles carrés, 25,000 habitants, 250,000 florins de revenus, une indemnitédé 59 3|4 milles carrés, 237,000 habitants et 1,540,000 florins de revenus; Hesse-Darmstadt, pour 13 milles carrés, 46,000 habitants, 390,000 florins de revenus, une indemnité de 95 1|2 milles carrés, 124,500 habitants, 753,000 florins de revenus; Hesse-Cassel, pour 3|4 milles carrés, 2,300 habitants, 30,008 florins de revenus, 4 1|2 milles carrés, 13,000 habitants, 60,000 florins de revenus, plus la dignité électorale.

(1) Cf. *Gams*, Hist. de l'Eglise, t. I, p. 472-509. *Menzel*, Nouv. hist. des Allem., t. II, P. II, p. 344.

pape ni chapitre, l'oncle de l'empereur, le cardinal Fesch, son coadjuteur. Après la bataille de Leipzig et la ruine du pouvoir de Napoléon en Allemagne, Dalberg renonça à ses droits et à ses possessions comme prince, et ne conserva que l'archevêché de Ratisbonne († 10 février 1817). En décrétant la sécularisation, on avait posé la condition que les chapitres conservés auraient un revenu fixe, et que les ecclésiastiques et les moines recevraient une pension annuelle. Mais cette allocation fut aussi faible que mal payée, et on ne pourvut nulle part à la dotation fixée pour les églises. D'un autre côté, le décès et la dispersion d'un grand nombre de chanoines laissèrent, en quelque sorte, les évêques sans chapitre; ils manquaient d'ailleurs des choses les plus nécessaires; de telle sorte que, les uns ayant résigné leur charge, les autres étant morts, en peu de temps, la plupart des églises d'Allemagne furent privées d'évêques. Dalberg, quoique primat d'Allemagne et très-influent, était trop imbu des idées libérales de son temps pour soutenir vigoureusement le nonce du pape della Genga, envoyé en 1803 en Allemagne pour rétablir l'Église dans ses droits imprescriptibles. En vain l'ancien prince électeur de Trèves, Clément Wenceslas, fit entendre sa voix. Le pape ne put pourvoir à l'administration des évêchés vacants, qu'en nommant des vicaires apostoliques ou des vicaires généraux, qui malheureusement manquaient trop souvent d'énergie, connaissaient peu les localités ou ne jouissaient pas de la confiance de leurs diocésains. Ceux enfin qui auraient pu utilement administrer leurs églises étaient, de mille manières, entravés dans l'exercice de leurs fonctions ou dans leurs communications avec le souverain pontife. Le gouvernement mettait la main partout, jusque dans le sanctuaire, soumettait l'Église à sa police tracassière, et prétendait réglementer les formules de prière, le bréviaire, l'administration des sacrements, la messe, les cierges et l'encens. A Breslau on institua même, par ordre du roi (8 juin 1812), un nouveau chapitre de la cathédrale, sans autorisation ni consentement du pape, ce qui mit cependant bientôt les nouveaux chanoines mal à l'aise. Il n'est pas étonnant d'après cela que la vie religieuse, déjà si refroidie, dans l'Église catholique d'Allemagne, à la fin du

XVIII⁰ siècle, allait s'éteignant et dépérissait de plus en plus. Cependant, au milieu de cette décadence générale, il y avait d'éclatantes exceptions : François de Fürstenberg (1) administrait avec une pieuse sagesse son diocèse de Münster : autour de lui Overberg, Gaspard Maximilien et Clément Auguste de Droste soutenaient et vivifiaient la foi catholique, et y attiraient par leurs exemples et leur parole de nobles esprits, comme la princesse de Gallitzin, le comte de Stolberg, Hemsterhuys. L'école théologique de Mayence exerçait aussi une influence bienfaisante, et conservait du moins un des foyers de la saine doctrine.

L'Italie et l'Espagne, soumises à la domination de la France, virent prendre chez elles les tristes mesures qui avaient ébranlé l'Église de cette contrée, savoir : la suppression des couvents, des congrégations, et la confiscation des biens de l'Église ; les empiétements journaliers sur la juridiction et l'administration ecclésiastiques ; la réduction du nombre des évêchés, consentie, à force d'obsessions, par le pape. Ainsi, en Piémont, le cardinal Caprara réduisit [bulle du 1ᵉʳ juillet 1803] le nombre des évêchés de dix-sept à huit. Dans les États pontificaux, on supprima dix-sept évêchés. Le concordat conclu avec la république italienne [16 septembre 1803] fut plus avantageux à l'Église que celui de la France (2) : les évêques continuèrent à jouir de la liberté de communiquer à leur gré avec le Saint-Siége. Mais ces avantages furent singulièrement diminués [février 1804] par un décret du président Melzi, qui donnait une fort grande extension aux articles favorables au gouvernement, et restreignait de beaucoup ceux qui touchaient à l'autorité légale de l'Église. L'Espagne, maltraitée comme l'Italie (3), vit réduire à un tiers le nombre de ses couvents, et, bientôt après, le clergé ayant pris part à l'insurrection des Espagnols contre les Français, Joseph

---

(1) *Esser*, Franc. de Furstenberg, sa vie, ses œuvres. Munst., 1842. *Katerkamp*, Mém. de la vie de la princ. de Gallitzin. Munst., 1828. *Nicolovius*, Fred. Leop., comte de Stolberg. Mayence, 1846. *Menzel*, t. XII, P. I.

(2) Nouvelle hist. de l'Eglise chrétienne, liv. II, p. 261 et suiv.; liv. III, p. 574 et suiv.

(3) Nouv. hist., etc., liv. III, p. 462 et suiv., 570 et suiv.

Bonaparte supprima tous les couvents réguliers et ceux des ordres mendiants, ainsi que les confréries du tiers ordre (Tertiaires), confisqua leurs biens et n'accorda aux religieux supprimés que des secours insuffisants. Les évêques et les chapitres furent invités à protester, par des adresses publiques, de leur attachement aux principes de l'Église-gallicane. Un petit nombre seulement se laissèrent séduire : c'était surtout des évêques français nommés par Napoléon à des diocèses espagnols ou italiens. Les prisons de l'Italie se remplirent alors de cardinaux, d'évêques et de prélats, uniquement coupables d'être restés fidèles aux principes de l'Église catholique, et soumis, dans leur captivité, à des traitements aussi cruels (1) que ceux dont, plus tard, leur persécuteur fut à son tour victime, quand, déchu du plus beau trône du monde, le puissant monarque qui avait tenu dans ses mains les destinées de l'Europe alla expier, sur un rocher au milieu de l'Océan, sa gloire et ses fautes. Là une lumière plus pure éclaira ce haut génie, si longtemps ébloui par la fortune, et réveilla dans l'âme de Napoléon la foi et l'attachement à la religion, qu'il avait eu le malheur de persécuter durant les dernières années de son règne (2).

§ 394. — *Restauration.*

Les terreurs de la révolution et les douleurs enfantées par les longues et sanglantes guerres qui la suivirent, avaient fait renaître dans tous les cœurs le besoin de la religion ; la foi reprit ses droits, la religion son empire, et la fausse philosophie céda pour un temps le terrain au Christianisme victorieux, à l'Église triomphante. Les princes comprirent que la religion est le plus ferme appui du trône, que l'un s'écroule avec l'autre, et ils rendirent leur faveur à l'Église, qu'ils avaient méconnue, abandonnée ou

---

(1) *Pacca*, Mém. sur Pie VII, t. II, p. 68 et suiv.
(2) Cf. Sentiment de Napoléon sur la divinité de Jésus-Christ ; pensées inédites, recueillies à Sainte-Hélène par M. le comte *de Montholon* et publiées par M. le chevalier *de Beauterne*, 2ᵉ édit. Paris, 1842

persécutée. Le 26 septembre 1815, ils formèrent à Paris une sainte-alliance ayant pour but, abstraction faite des divergences de culte, de reconstituer le droit public des nations et leur vie politique sur les bases du Christianisme (1). Mais cette alliance, contractée dans le premier enthousiasme d'une victoire si difficile et si chèrement achetée, renfermait en elle de tristes et inévitables germes de discorde. Elle se relâcha peu à peu, au point qu'en 1840, trois monarques chrétiens se chargèrent de conquérir la Terre-Sainte pour le compte des Turcs (2). Une entreprise plus noble et plus digne de l'esprit du plan primitif fut la répression de la traite des noirs sur les côtes de l'Afrique, et l'extinction de ce trafic barbare, si contraire à tous les principes du Christianisme [traités de 1818 et 1841]. Cependant, les ennemis de l'Église ne se tinrent nulle part pour battus, et la lutte entre les principes révolutionnaires et les idées religieuses continua, trop souvent au détriment des droits de l'Église et surtout des ordres religieux.

§ 395. — *Réintégration du pape. Rétablissement des Jésuites.*

Pie VII avait fait son entrée solennelle dans la ville sainte le 24 mai 1814, au milieu des acclamations du peuple romain ; il avait dû la quitter encore une fois lorsque, après la sortie de Napoléon de l'île d'Elbe [26 février 1815], Murat, plein de vues ambitieuses sur toute l'Italie, fit entrer ses troupes dans les États pontificaux. Le pape se retira à Gênes (3), et recueillit de nouveau les preuves du dévouement, de l'attachement et de la fidélité des peuples d'Italie. Deux mois après, Napoléon fut vaincu à Waterloo, et le pape rentra paisiblement dans sa ville fidèle pour ne plus la quitter. Le cardinal Consalvi, envoyé au congrès de Vienne, protesta, au nom du Saint-Père, contre toutes les décisions défavorables à l'Église romaine et à l'Église en

---

(1) Cf. Nouv. hist. de l'Eglise chrét., t. IV, p. 699 et suiv.
(2) Cf. « La Terre-Sainte et la Chrétienté, » dans la Feuille ecclésiast. de l'Allemagne mérid., 1841, n°ˢ 1 et 3.
(3) *Pacca*, Voyage de S. S. Pie VII à Gênes, au printemps de l'année 1815, et son retour à Rome.

général, telles que la cession des provinces situées sur le Pô, l'occupation de Ferrare par les Autrichiens, la perte d'Avignon et du comtat Venaissin, la sécularisation et la dissolution de l'empire germanique. Pie VII, quoique élevé par des maîtres ennemis des Jésuites, étonna l'Europe en rétablissant la Société de Jésus par sa bulle *Sollicitudo omnium ecclesiarum* [7 août 1814] (1), et en chargeant de l'exécution de cette bulle le cardinal Pacca, qui avait beaucoup étudié, dans sa jeunesse, les *Lettres provinciales* (2). Ce cardinal nous peint l'impression que fit sur le peuple le rétablissement de l'ordre, qui avait été accordé, d'après la déclaration du pape, sur la demande de la chrétienté tout entière. Déjà, d'après les désirs du roi Ferdinand, le bref *Per alios*, du 31 juillet 1814, avait rétabli les Jésuites dans le royaume des deux-Siciles. Cependant, ils ne recouvrèrent que la partie de leurs propriétés située dans les États pontificaux. Ailleurs, ils ne recueillirent pour héritage que la haine, la suspicion et les calomnies dont on avait persécuté leurs devanciers. Ils furent admis à Naples, en Belgique, en Irlande ; la Sardaigne les chargea de l'instruction de la jeunesse ; en France, ils furent tolérés jusqu'en 1828 ; en Angleterre, ils fondèrent plusieurs colléges, tels que ceux de Stonyhurst et d'Hodderhouse ; en Espagne, après être rentrés dans la possession de leurs biens, conformément aux ordres de Ferdinand VII, ils furent successivement expulsés par la révolution de 1820, rétablis par la restauration de 1823 ; Modène leur donna un collége [1815] ; le Valais les rappela ; le canton de Fribourg leur rendit leur ancien collége [15 septembre 1818] ; enfin, ils purent établir en liberté plusieurs colléges dans les États-Unis de l'Amérique du Nord. Par contre, on les chassa de Pétersbourg, et de Moscou [20 décembre 1815], et plus tard de toute la Russie [20 mai 1820]. L'Autriche les accueillit en Gallicie et leur accorda la faculté d'établir un collége à Tarnopol. Le pape rétablit également quelques autres ordres monastiques. L'Académie catholique fondée

---

(1) La bulle est dans *Robiano*, t. II, p. 494-498. Cf. Nouv. hist. de l'Eglise chrétienne, liv. IV, p. 661 et suiv.

(2) *Pacca*, Mém. sur Pie VII, t. III, p. 117 et suiv., et *Dallas-Kerz*, l'Ordre des Jésuites, p. 300 et suiv.

par Mgr Coppola, archevêque de Myre [1800], fut approuvée par un bref pontifical ; le collége Anglais, le collége Écossais, le collége Germanique, furent rétablis à Rome (8 septembre 1817], ainsi que la propagande, dont le cardinal Pedicini hâta les progrès, et qui, malheureusement, n'avait conservé dans sa bibliothèque que les plus anciens et les plus précieux manuscrits orientaux. Le pape, continuant son œuvre de restauration, créa plusieurs chaires nouvelles dans l'université de Rome, et eut la joie de voir l'Église catholique, si désorganisée en France, à Naples, en Sardaigne, en Bavière, en Prusse et dans d'autres contrées, rétablie et consolidée par des traités spéciaux conclus avec les différents gouvernements de ces pays. A ces consolations si douces pour le Père de la chrétienté, se mêla la triste nécessité pour lui d'élever une voix sévère contre les Carbonari (1), qui, sous le masque de la religion et du patriotisme, réveillèrent l'esprit révolutionnaire à peine endormi [13 septembre 1821]. D'un autre côté, l'auguste et généreux souverain de Rome, mû par un sentiment noble et chrétien, accorda un asile honorable dans ses États à la mère de Napoléon, et aux membres de la famille impériale, partout ailleurs repoussée et persécutée. Enfin, après un des règnes les plus longs et les plus agités de la papauté, après avoir assisté aux plus sanglantes persécutions et à l'éclatant triomphe de la religion et de l'Église, Pie VII mourut le 21 août 1823, à l'âge de quatre-vingt-deux ans, des suites d'une chute. La captivité, l'exil, les menaces, les mauvais traitements, rien n'avait pu abattre l'intrépide vieillard, qui défendit, jusqu'au dernier jour de sa longue vie, les droits de l'Église avec une inébranlable confiance et une admirable hardiesse. Seul, tandis que tous les souverains de l'Europe s'abaissaient devant le sceptre de Napoléon, le successeur de saint Pierre résista et soutint énergiquement son droit. Seul aussi, il adressa d'instantes prières au cabinet anglais, pour en obtenir quelque adoucissement au sort du prisonnier de Saint-Hélène.

---

(1) Nouv. hist. de l'Église chrét., liv. IV, p. 777.

§ 396. — *Réorganisation de l'Église catholique en Sardaigne et dans le royaume des Deux-Siciles.*

Le roi de Sardaigne, Victor-Emmanuel, ayant le ferme désir de faire refleurir la religion dans ses États, si diversement administrés, et par là même si profondément troublés sous les divers gouvernements qui s'y étaient succédé, envoya à Rome le comte Barbaroux pour y conclure un concordat [1817], en vertu duquel les diocèses, portés au nombre de 19, reçurent une circonscription nouvelle. Turin, Verceil et Gênes furent érigés en archevêchés. Ferdinand, roi de Naples, sentit la même nécessité, par suite des épreuves auxquelles son royaume avait été soumis depuis le commencement du siècle. Il conclut également avec le Saint-Siége un concordat [16 février 1818] qui, contenant dans ses trente-cinq articles presque toute la législation ecclésiastique, déclarait la religion catholique l'unique religion du royaume des Deux-Siciles ; réunissait quelques évêchés en deçà du phare, et en augmentait le nombre au delà (1) ; réservait la nomination aux abbayes et aux canonicats de libre collation dans les cathédrales et les chapitres collégiaux, au pape dans les six premiers mois de l'année, et aux évêques dans les six derniers ; laissait au Saint-Siége la nomination du premier dignitaire ; restituait à l'Église les biens ecclésiastiques non aliénés ; donnait toute garantie aux possesseurs des biens vendus ; maintenait à l'Église le droit d'acquérir de nouvelles propriétés foncières ; étendait la juridiction des évêques ; accordait au clergé et au peuple une liberté illimitée dans leurs rapports avec le Saint-Siége, concernant les affaires ecclésiastiques, et reconnaissait enfin au roi et à ses successeurs le droit de nommer à tous les évêchés vacants.

§ 397. — *L'Église catholique en France sous les Bourbons* (2).

Louis XVIII, se conformant aux pieuses traditions de ses

---

(1) Nouv. hist. de l'Eglise chrét., liv. IV, p. 755-60.
(2) Il est bien entendu que les traducteurs ne prennent en aucune

ancêtres, tout en proclamant la liberté des cultes par un article de la Charte [4 juillet 1814], déclara la religion catholique religion de l'État. L'espoir de trouver dans la religion le principal appui d'un pouvoir encore mal affermi, lui fit mettre tout en œuvre pour consolider l'Église de France, et raviver la foi et la pratique religieuse de ces Français qui, depuis cinquante ans, s'étaient montrés tour à tour enthousiastes politiques, amis des plaisirs, soldats intrépides, travailleurs industrieux, chrétiens par mode et bon ton (1), toujours impressionnables et aussi faciles à entraîner qu'à ramener.

Mais de nombreux obstacles s'opposaient à l'accomplissement de ce noble et louable dessein. Les missionnaires, chargés d'évangéliser le peuple, commirent quelques imprudences, se produisirent mal à propos dans certaines localités, suscitèrent contre eux une polémique pleine de sarcasmes, de fiel et de calomnies, donnèrent lieu à de nombreuses pétitions adressées contre eux aux chambres, et à de véritables émeutes à Brest et à Paris. La jeunesse, élevée au milieu des désolantes scènes de la révolution, ne goûtait guère d'autres lectures que celle des œuvres de Voltaire, de Diderot, de d'Alembert, d'Helvétius, de J.-J. Rousseau, dont Napoléon avait défendu la réimpression, et que, grâce à la liberté de la presse, on reproduisait sous mille formes, au plus bas prix, et de manière à les rendre accessibles à tout le monde. Une réaction salutaire fit, il est vrai, naître la Société catholique pour la propagation des bons livres, présidée par le duc Matthieu de Montmorency ; les évêques, dans une lettre adressée au pape [30 mai 1819], se plaignirent de leur côté. Mais il était difficile d'arrêter subitement le torrent.

Ce que l'Église de France réclamait avant tout, c'était qu'on pourvût aux évêchés vacants, et qu'on mît enfin un terme aux pénibles incertitudes nées du concordat de 1801. Le comte de Blacas, envoyé à Rome, entama les négocia-

---

façon la responsabilité des jugements que l'auteur porte sur les événements et les hommes de la France. (N. des T.)

(1) Cf. *Boost*, Nouv. Hist. de France, 1re édit., p. 322 et suiv.; Nouv. hist. de l'Église chrét., liv. IV, p. 655 et suiv.

tions relatives à un nouveau concordat. Deux difficultés entravaient la conclusion de l'affaire : le serment que les membres du clergé devaient prêter en vertu de la Charte, et le refus de plusieurs anciens évêques de renoncer à leurs évêchés. La première difficulté fut levée par le comte de Blacas, qui déclara que le serment n'avait rapport qu'à l'obéissance dans l'ordre civil, et n'engageait le clergé à aucune obligation contraire aux lois de Dieu et de l'Église. La seconde disparut devant la noble déclaration des évêques [Paris, 8 novembre 1816], qui consentirent à faire tout ce qui semblerait utile ou nécessaire au Saint-Père et au roi, pour le bien de l'Église de France (1). Le nouveau concordat [11 juillet 1817] rétablit celui qui avait été conclu jadis entre Léon X et François I*er*, et abroge celui de 1801. Les articles organiques sont rapportés en tout ce qui est contraire aux doctrines et aux lois de l'Église. Une partie des églises supprimées par la bulle du 29 novembre 1801 est rétablie, en même temps que les églises archiépiscopales et épiscopales instituées par cette bulle restent intactes avec leurs titres actuels. Une nouvelle circonscription, plus avantageuse, sera donnée aux diocèses anciens et nouveaux, avec le consentement des évêques, ou, en cas de vacance, avec celui des chapitres. Les églises seront dotées convenablement en biens-fonds, ou en rentes sur l'État, et un soin particulier sera apporté à l'organisation des séminaires. Le pape, empressé de mettre à exécution ce concordat si favorable à l'Église, allait publier la bulle relative à la nouvelle circonscription des évêchés, lorsque le concordat fut rejeté par les chambres, qui trouvèrent le nombre des évêchés trop considérable et plusieurs dispositions contraires aux libertés de l'Église gallicane. Plus tard toutefois [1822] il y eut entre le pape et le roi, avec l'approbation des chambres, un arrangement provisoire qui portait le nombre des évêchés à quatre-vingts. On organisa de même les chapitres des cathédrales, les grands et les petits séminaires, les facultés de théologie. On manquait toujours de prêtres, et

---

(1) Voyez cet écrit dans la Nouvelle hist. de l'Église chrét., l. IV, p. 714 et suiv., et le concordat de 1817. Cf. la pièce originale en latin dans *Robiano*, t. III, p. 403-20.

quoiqu'en 1823 le nombre des prêtres ordonnés dépassât de 200 celui des prêtres morts dans l'année, il aurait fallu encore 13,000 ecclésiastiques pour occuper toutes les places et pourvoir à toutes les fonctions vacantes. Le roi porta également son attention sur les revenus ecclésiastiques, et les chambres accordèrent un supplément de 3,900,000 francs, qui rendit la position du clergé plus supportable. M. de Chateaubriand, dans un discours chaleureux, et après une lutte vive, obtint pour le clergé le droit d'accepter des dons en biens-fonds, et ces dons en immeubles s'élevèrent, au bout de quelque temps, à la somme de 2 millions de francs. Le clergé, du reste, se montrait plein de zèle et de dévouement. Il recueillit et réunit dans un établissement spécial les petits Savoyards, jusque alors abandonnés à tous les vices et grandissant sans la moindre instruction religieuse. L'abbé Loewenbroek, Lorrain d'origine, se voua à l'instruction des ouvriers allemands, qui se trouvaient parfois jusqu'à vingt-cinq mille à Paris, et qui, jusque alors, avaient été privés de tous secours spirituels. L'abbé Arnoux fonda un établissement de pénitence et de correction pour les criminels. Les prêtres de la Mission, rendus à leur destination par une ordonnance du mois d'octobre 1816, se hâtèrent, ainsi que les prêtres de la Société du Saint-Esprit, de prêter leur assistance spirituelle, sous le contrôle des évêques, aux communes privées de leurs pasteurs. Les Trappistes revinrent en France, prendre possession de l'antique abbaye de la Meilleraye, et ranimer, par leur fidélité à une règle sévère, l'austérité des mœurs parmi leurs compatriotes. Les Frères des écoles chrétiennes et les Ursulines se chargèrent avec joie de l'instruction et de l'éducation de l'enfance. Les laïques pieux se réunirent à leur tour pour former de saintes associations, ayant pour but l'instruction de la jeunesse, la propagation des bons livres, la prospérité des missions, la visite des malades, etc., car le besoin religieux se prononçait de plus en plus. La plus importante de ces associations fut la Société de la Propagation de la Foi, créée à Lyon en 1822. On n'osait plus afficher, dans la société, l'incrédulité des temps passés. La littérature, de païenne et d'impie qu'elle était au XVIIIe siècle, était redevenue spiritualiste et chrétienne, dans les poésies de Lamartine (1), le poëte favori de la haute société ; dans les ouvrages de l'abbé de Lamennais (né en 1781) (2), éloquent défenseur de l'infaillibilité de l'Église, hardi et spirituel adversaire du gallicanisme ; dans les ouvrages de de Maistre (3), mâle génie et grand écrivain [† 1821] ; de Frayssinous, habile apologiste du Christianisme [† 31 mai 1841] (4) ; de Boulogne, évêque courageux, prédicateur célèbre [† 13 mai 1825].

Des écrivains, jusque alors ennemis de l'Église, rétractèrent leurs erreurs, et rendirent témoignage au Christianisme. Larcher, le fameux helléniste, désavoua les notes qu'il avait écrites sur Hérodote, de concert avec les prétendus philosophes, non pour rendre hommage à la vérité historique, mais pour saper les fondements de la religion chrétienne, en discréditant les bases de la chronologie des saintes Écritures. Le fameux J.-B. Robinet rétracta également [1820] son *Livre de la Nature*, dans lequel il avait cherché à détruire toute espèce de sentiment religieux.

Sous le règne de Charles X, qui succéda à son frère Louis XVIII [† le 19 septembre 1824], la lutte entre les royalistes et les constitutionnels éclata plus ardente que jamais. Les esprits les plus sages et les plus modérés se divisèrent sur la question de l'influence qu'il fallait laisser à l'Église. Charles X, résolu de faire prévaloir l'influence religieuse et rétrograder la révolution, chercha à obtenir des chambres la loi sur le sacrilége [1825], qui frappait de peines sévères tout attentat à la religion de l'État. D'un autre

---

(1) Méditations poétiques. Paris, 1820. Nouvelles Méditations. Paris. 1823. Harmonies poétiques et religieuses. Paris, 1830, 2 vol. Chant du Sacre. Paris, 1825.

(2) Essai sur l'indifférence en matière de religion. Paris, 1817 et suiv., 2 vol. Un peu plus tard avec la Défense de l'essai, 5 vol. Paris, 1827. De la Religion considérée dans ses rapports avec l'ordre politique et civil. Paris, 1825 ; 3° édit., 1826. Mélanges. Paris, 1826. Des Progrès de la révolution et de la guerre contre l'Eglise. Paris, 1829.

(3) Du Pape. Paris. 1820, 2 vol. De l'Eglise gallicane. Paris, 1821. Les Soirées de Saint-Pétersbourg, ou Entretiens sur le gouvernement temporel de la Providence. Paris, 1821, 2 vol.

(4) Notice sur la vie de Mgr Frayssinous, évêque d'Hermopolis, par le *baron Henrion*. *Frayssinous*, Défense du christianisme, ou Conférences sur la religion. Paris, 1830. *Boulogne*, Œuvres. Paris, 1826 et suiv., 8 vol.

côté, les opinions gallicanes ayant été vivement attaquées par un illustre écrivain, comme schismatiques et entachées d'hérésie, des cardinaux, des archevêques et des évêques français remirent au roi [3 avril 1826] une plainte, à laquelle soixante autres prélats donnèrent plus tard leur adhésion. Le ministre des cultes, M. Frayssinous, évêque d'Hermopolis [25-27 mai], repoussa, à la chambre des députés, les reproches d'ambition et d'ultramontanisme qu'on adressait à une partie du clergé, et fit clairement connaître les vues du souverain.

Quelque louables que pussent être ces tendances et les efforts de Charles X pour relever la religion dans ses États, il n'était pas l'homme qu'il fallait pour opérer la régénération de son peuple. Il se vit attaqué, en même temps que les Jésuites et les missionnaires, par l'esprit irréligieux du parti du mouvement, et l'esprit révolutionnaire de ceux que de sanglantes et continuelles guerres, l'absence de l'enseignement religieux, et la lecture des livres impies avaient profondément corrompus. Des symptômes alarmants éclatèrent dans plusieurs villes du royaume (1). Le parti qui, après avoir été, pendant la révolution, la terreur de la France et de l'Europe, avait expié, sous l'empire, dans l'une des huit bastilles impériales, la moindre tentative révolutionnaire, releva la tête sous le faible gouvernement des Bourbons, arbora la bannière de la liberté, tourna en dérision la religion et ses ministres, attaqua la morale par des sophismes mille fois répétés et mille fois réfutés, excita de toutes les manières les mécontents et les gens avides de nouveauté, toujours nombreux, s'empara de toutes les voix de la presse, faussa les faits, répandit des nouvelles controuvées, proclama les doctrines politiques les plus étranges, couvrit de ridicule et de mépris un gouvernement bien intentionné, mais faible, zélé pour le bien, mais incapable de le réaliser avec prudence et énergie, désireux de se maintenir, et, de concessions en concessions, perdant chaque jour du terrain. L'opposition, s'armant des priviléges de l'Université, fondée par l'empereur dans des vues fort peu libérales, réclama et obtint la fermeture des collé-

---

(1) *Boost*, Nouv. hist. de France; 1ʳᵉ édit., p. 330 et suiv.

ges des Jésuites (ordonn. royale du 16 juillet 1828). Plus hardie à mesure qu'on cédait davantage à ses exigences, elle étendit son influence de Paris sur tous les départements, dirigea les électeurs, se rendit maîtresse des élections par ses affiliations, et vit grossir de plus en plus ses rangs dans les chambres. La lutte éclata sous le ministère de M. de Martignac, qui sut ménager encore et conserver en partie la confiance publique. De nouvelles exigences excitèrent une résistance inaccoutumée, et Charles X, las de céder, déclara qu'il ne ferait plus aucune concession, et n'agirait désormais que dans l'intérêt du trône et de la religion. Affermi, encouragé dans ses idées par ceux qui entouraient sa personne, il renvoya le ministère Martignac, qui seul pouvait concilier les partis et maintenir la royauté chancelante. Des mesures nouvelles, prises dans le sens de la résistance, irritèrent tous les partis et les unirent contre le gouvernement royal. Les combinaisons ministérielles se succédèrent rapidement les unes aux autres, et vinrent aboutir à celle que le prince de Talleyrand nomma ironiquement le *ministère impossible*, présidé par le prince de Polignac. Ce ministère chercha à la fois à se concilier et à intimider l'opinion publique (expédition d'Alger, etc.); mais la presse, que rien n'arrêtait plus, continuait ses attaques, de jour en jour plus violentes et plus personnelles. L'adresse des 221 [2 mars 1830] fit ajourner les chambres. Une ordonnance du 16 mai prononça la dissolution de la chambre des députés; les 221 furent réélus, et alors parurent les fameuses ordonnances du 26 juillet. La lutte passa de la presse dans les rues [27 juillet], des paroles aux faits; le 29 juillet, Charles X perdit sa couronne, et la branche aînée fut remplacée par une dynastie nouvelle, dans la personne du duc d'Orléans, qui prit le nom de Louis-Philippe Ier.

Les protestants se hâtèrent de proclamer qu'une ère nouvelle commençait pour le protestantisme en France. Les faits, heureusement, ne confirmèrent pas leurs espérances prématurées.

§ 398. — *L'Église catholique en Allemagne.*

Organon, ou Courtes indications sur l'organisation ecclésiastique des cathol. en Allemagne. Augsb., 1830. Les concordats conclus ont été imprimés dans le Corpus juris Ecclesiæ catholicorum hodierni, ed. *Weiss*. Gissæ, 1833; et dans le Droit canon. de *Walter*, 8ᵉ édition. Bonn, 1839. *Schenkl*, Institut. jur. Eccl. germ., ed. X, emend. *Joann. Scheill.* Landish., 1830, 2 vol.; et dans l'Hist. de l'Eglise de *Droste*, t. I. *Phillips*, Droit can. t. III. Cf. Nouv. hist. de l'Egl. chrétienne, liv. IV, p. 674-77. *Bulau*, Hist. d'Allemagne de 1806 à 1830. Hamb., 1842.

La députation de l'Empire du 25 février 1803 avait formellement et solennellement déclaré à Ratisbonne (§§ 60-63), que, quant aux sécularisations, si injustement opérées (1), la constitution ecclésiastique des pays sécularisés demeurerait intacte, de même que leur constitution politique, et qu'aucune innovation n'aurait lieu dans les droits respectifs et les rapports de l'Église et de l'État. Néanmoins la juridiction ecclésiastique fut soumise, par suite de la sécularisation, à bien des restrictions arbitraires, auxquelles l'épiscopat opposait le plus souvent de respectueuses et stériles représentations, ou des réserves expresses pour le cas où un concordat serait conclu (2).

La dissolution de l'empire germanique [1806] rendit la situation de l'Église plus fâcheuse encore. Les anciens États de l'Empire, indépendants désormais quant à leur administration intérieure, fortifiés par l'accession de nouveaux territoires et la sujétion des villes et des principautés naguère libres, s'appuyant d'ailleurs sur l'article 2 de l'acte constitutif de la confédération du Rhin, qui annulait les lois de l'empire germanique, respectèrent fort peu les droits

---

(1) Hist. de la Prusse depuis la Paix de Hubertsbourg jusqu'à la seconde capitulation de Paris. 1819, t. II, p. 46-53. Baron *de Hormayr*, Hist. univ. des temps contemp., t. II, p. 205-218. *Gaspari*, Recès de députation, P. II, p. 106. *Kluber*, Coup d'œil sur le congrès de Vienne. 3ᵉ sect., p. 399.

(2) Considérations sur les relations de l'Eglise cathol. dans la Confédération du Rhin. Carlsruhe, 1818, p. 143. Cf. aussi Recherches sur les bases du catholicisme en Allemagne. Francf., 1816.

politiques de l'Église, consacrés par un long usage ou par les rescrits des diètes et des empereurs. En vertu de leur souveraineté, les gouvernements repoussèrent toutes les réclamations présentées, même par les publicistes protestants, pour la défense des droits ecclésiastiques. Quoique Napoléon eût garanti la liberté du culte catholique, en en faisant une condition d'admission dans la confédération pour les princes protestants, l'autorité de l'ordinaire n'en continuait pas moins à être limitée, resserrée, chaque jour méconnue par les fonctionnaires civils ; et les espérances que donnaient les négociations relatives à un concordat, restaient stériles.

En vain l'archevêque de Tyr, della Genga, parut, en 1807, à Munich et à Stuttgard, en qualité de nonce apostolique : les dispositions du ministre Montgelas ne laissaient espérer aucun accord tant soit peu satisfaisant pour l'Église. En vain Napoléon, ayant demandé, dans une note adressée par M. de Champagny [21 septembre 1807] au cardinal Caprara (1), qu'on ouvrît à Paris les négociations d'un concordat pour l'Allemagne, obtint le consentement du pape : on ne parvint point à s'entendre, même sur les points les plus nécessaires et les plus essentiels. Enfin, l'Église d'Allemagne devait, à la suite des événements de 1814 et de la reprise de la rive gauche du Rhin par les alliés, concevoir de nouvelles espérances, dont elle attendait la réalisation des travaux du

Congrès de Vienne.

Le congrès ne répondit point aux justes exigences de l'Église, aux légitimes besoins des peuples, à son importante et pacifique mission. L'Église catholique n'avait pas dans le congrès de représentants influents et zélés. L'archevêque de Ratisbonne, Dalberg, dont c'était le devoir avant tout, n'y parut point en personne, et ne s'intéressa pas d'ailleurs à ce qui se passait au congrès. Pas un prince

---

(1) Archives hist. et polit. Paris, 1819. Voyez *Organon*, p. 6 sq.

catholique, pas un homme d'État ne prit la parole pour soutenir les intérêts de l'Église, qui furent défendus, sans qu'ils parvinssent à faire admettre leurs réclamations et leurs propositions, par le cardinal Consalvi, légat du pape, le vicaire général de Constance Wessenberg, le baron de Wambold, doyen du chapitre de Worms, Helfferich, prébendier de la cathédrale de Spire, et par Schies, autrefois syndic de Saint-André à Worms, alors procureur à la cour supérieure de Manheim. En définitive, Consalvi ne put faire autre chose que déposer au congrès (14 juin 1815) une protestation, au nom du Saint-Siége, contre les décisions nuisibles à l'Église catholique. Les divers États de l'Allemagne furent obligés d'entrer alors directement en pourparlers (1) avec le chef de l'Église. Le roi de Würtemberg pourvut aux besoins spirituels de ses sujets catholiques en établissant un vicaire général à Ellwangen et en prenant diverses mesures utiles. La Bavière conclut, avant tous les autres États, avec le Saint-Siége, un concordat formel [5 juin 1817], dont l'exécution fut cependant retardée jusqu'au 8 septembre 1821. En Prusse, les affaires ecclésiastiques furent réglées par la bulle *De salute animarum* [16 juillet 1821], qui ne fut exécutée que deux ans plus tard. Le Hanovre eut son concordat en 1824, pour les diocèses de Hildesheim et d'Osnabruck, et la bulle *Impensa romanorum pontificum* s'appuyait sur une convention analogue à celle qui était intervenue entre le Saint-Siége et la Prusse. Les princes de Würtemberg, de Bade, de la Hesse-Électorale, de Hesse-Darmstadt, de Nassau et d'Oldenbourg, réunirent les efforts de leur politique, pensant obtenir par là un résultat plus prompt et plus satisfaisant, et instituèrent à Francfort un comité des concordats [1818], dont les négociations avec Rome eurent peu de succès. Cependant Pie VII publia la bulle *Provida solersque sollicitudo* [16 août 1821], qui érigea Fribourg en archevêché pour le pays de Bade, et lui donna pour évêchés suffragants, Rottenbourg dans le Würtemberg, Limbourg dans le pays de Nassau, Mayence en

---

(1) Cf. les notes du cardinal *Consalvi*, du 17 novembre 1814 et 11 juin 1815, et le Mémoire du vicaire général *de Wessenberg*, du 27 nov. 1814. Voyez *Organon*, p. 9 et sq.

Hesse-Darmstadt, Fulda dans la Hesse-Électorale (1). Enfin, la Hollande conclut à son tour un concordat avec le Saint-Siége [18 juin 1827]. La plupart de ces traités fixent la circonscription des diocèses suivant les limites politiques, statuent sur la dotation de l'Église en biens immeubles, constituent les chapitres et déterminent le mode de communication avec le siége apostolique, etc. Dans le grand-duché de Saxe-Weimar, on régla les affaires de l'Église et des écoles sans le concours des parties intéressées, ce qui motiva [1823] une protestation du vicaire général de Fulda (2). Le roi de Saxe se mit aussi à réglementer les affaires spirituelles de ses sujets catholiques par voie de mandats ou d'ordonnances [19 février 1827] (3).

§ 399. — *Pontificat de Léon XII* [1823-1829] *et de Pie VIII* [1829-1830].

Artaud, Hist. du pape Léon XII. Paris, 1843. *Robiano*, t. IV.

L'élévation du cardinal Annibal della Genga au trône pontifical, sous le nom de Léon XII, adoucit la douleur dont la perte de Pie VII avait affligé toute l'Église. Della Genga, après avoir montré, dans un grand nombre d'affaires délicates et importantes, un talent consommé et un zèle remarquable, avait été chargé récemment par la confiance de Pie VII, des fonctions de cardinal vicaire (4). Léon XII, répondant aux espérances que son avènement avait fait concevoir, et portant son attention sur les maux dont l'Église était plus spécialement menacée, exhorta vivement, dans son encyclique du 3 mai 1824, *Ut primum ad summi Pontificatus*, tous les évêques de la catholicité à prémunir les

---

(1) Les Nouvelles bases du système catholique, d'après les pièces et les notices originales. Stuttg., 1821. Conf. Le Catholique, 1825, t. XVIII, p. 257-302.

(2) Cf. La Revue trim. de Tubingue, 1825, p. 506 et suiv., et 727 et suiv. Le Catholique, 1825, t. XVI, p. 259 et suiv.

Cf. *Planck*, Considérations sur les derniers changements survenus dans l'Allemagne cath. Hanov., 1808.

(4) Cf. Nouv. Hist. de l'Eglise chrét., liv. IV, p. 793-833.

fidèles contre les deux ennemis les plus dangereux de l'époque : l'indifférence religieuse, qui mène promptement du déisme au matérialisme, et les sociétés bibliques, qui, sous le prétexte de répandre la connaissance des saintes Ecritures, en défigurent de mille manières le sens véritable. Cette encyclique, amèrement critiquée par les protestants, a été défendue par les hommes les plus doctes et les plus prudents, tels que Sacy (1) et Mezzofanti. Une autre mesure non moins opportune fut la bulle *Quo graviora* [13 mars 1826], contre les sociétés secrètes. Enfin, la bulle *Quod hoc ineunte sœculo* proclama solennellement le jubilé, qui n'avait pas pr être célébré en 1800 à cause des orages politiques de l'époque Le pape, poursuivant les sages mesures qui devaient amener la restauration de l'Église universelle, céda aux Jésuites le collége romain, appela des savants distingués aux chaires des autres universités, rétablit le collége Irlandais, consacra une attention particulière au collége Germanique, reconstitua l'ordre troublé dans un grand nombre d'églises. Les anciennes possessions espagnoles de l'Amérique du Sud, ayant secoué le joug de la métropole et adopté le régime républicain, s'adressèrent au Saint-Père pour le prier de leur donner des pasteurs légitimes. Léon XII obtempéra, dans un consistoire tenu en juin 1827, aux vœux des républiques de l'Amérique méridionale qui avaient rompu avec leur ancienne métropole et demandaient des évêques, pourvut également, sur la demande de don Pedro Ier, aux besoins spirituels du Brésil, et rattacha enfin à l'Église mère quelques églises schismatiques d'Asie. Mais son zèle apostolique et son amour paternel ne purent parvenir à éteindre les dernières lueurs du jansénisme dans les Pays-Bas. Une mort inattendue arrêta le pieux pontife au milieu de son active et sainte carrière [† le 10 février 1829]. Léon XII eut pour successeur le cardinal Castiglioni [31 mars], qui prit le nom de Pie VIII. Comme son prédécesseur, le nouveau Pontife prémunit les

---

(1) Journal des Savants, année 1824. Mezzofanti dit en parlant de ces bibles : « In quibus versionibus vix dici potest, quot monstra, quot portenta in lucem edantur, » et il ajoute que la propagation de ces traductions dans l'Orient est un obstacle à l'extension de l'Evangile. Voyez aussi les Feuilles hist.-polit., t. VII, p. 106.

fidèles, dans son encyclique du 29 mai, contre l'indifférence religieuse, les sociétés bibliques et les sociétés secrètes, notamment contre la franc-maçonnerie, qui favorise l'indifférence religieuse et détourne l'esprit des bases positives de l'enseignement et de la pratique de l'Église (1). Comme prince temporel, Pie VIII s'occupa surtout des classes pauvres, diminua les impôts et fournit du travail au peuple. Comme chef de l'Église universelle, il intervint, après la prise d'Andrinople et la paix conclue par les Russes avec la Porte, en faveur des Arméniens catholiques chassés de leur patrie, et obtint pour eux l'érection d'un archevêché arménien à Constantinople même, le rappel des bannis, la reconnaissance de leurs droits et la restitution de leurs biens. Il invita d'une manière pressante l'empereur du Brésil à abolir l'esclavage dans ses États, et don Pedro prêta l'oreille aux paroles du Père de la chrétienté. L'acte le plus important de son règne fut le bref *Litteris alteris abhinc*, qu'il adressa à l'archevêque de Cologne et à ses suffragants, à l'occasion des mariages mixtes. La nouvelle inopinée de l'émancipation de l'Irlande, accordée sous le ministère de sir Robert Peel [13 avril 1829], encouragea Pie VIII dès le commencement de son pontificat, et la conquête d'Alger par les Français [juin 1830], qui détruisit le repaire de pirates où pendant des siècles avaient gémi des milliers de victimes chrétiennes, adoucit la douleur que lui causa l'esprit de révolte qui éclatait de toutes parts. Chargé d'années et d'affliction, à la vue des malheurs qui menaçaient l'Église, Pie VIII fut rappelé de ce monde par la divine Providence le 30 novembre 1830.

(1) Cette encyclique est en latin dans le Catholique de 1829, t. XXXIII, p. 254-64. Conf. « La Franc-Maçonnerie, » dans les Feuilles hist.-polit., t. VIII, p. 65-78. Voyez aussi la Nouv. hist. de l'Eglise chrétienne, liv. IV, p. 834-45.

§ 400. — *Pontificat de Grégoire XVI [2 février 1831, 1ᵉʳ juin 1846.]*

Dizionario di erudizione autore *Gaetano Moroni*, t. XXXI, art. Grégoire. *Fréd. Bulau*, Hist. univ. des années 1830-38. Leipzig, 1838. *Rheinwald*, Acta historico-ecclesiastica, ann. 1835-37. Hamb., 1838-40.

Au moment de la mort de Pie VIII, l'Europe était profondément ébranlée par le retentissement qu'avait eu partout la révolution de Juillet. L'italie s'agitait plus que tout autre pays, par suite même de la mort du pape, et déjà la rébellion s'étendait de Bologne aux portes de Rome, quand le conclave, ouvert le 14 décembre 1830, élut, après cinquante jours d'attente, le cardinal Mauro Capellari [2 février], qui avait jadis célébré le triomphe du Saint-Siége (1). Une joie universelle salua l'avénement de Grégoire XVI, qui signala le commencement de son pontificat par des actes de bienfaisance et de fermeté. « Ce qui » nous fortifie, disait le nouveau pontife dans l'acte pu- » blié trois jours après son intronisation, c'est la pensée que » le Père céleste ne permettra pas que les épreuves qu'il » nous envoie excèdent nos forces. » Et il ne fallait, en effet, rien moins que cette confiance et cette volonté inébranlable pour prendre, dans ces temps de révolte et de désordre, les rênes du gouvernement spirituel et temporel de l'Église. Pie VIII, ayant en vain tenté de calmer par de paternelles exhortations la tempête qui avait éclaté dans les légations et qui menaçait Rome, avait été obligé, pour mettre un terme à la révolte, d'avoir recours aux armes de l'Autriche. Grégoire XVI, voyant éclater partout l'anarchie et le désordre, chercha à prémunir les archevêques de Pologne et de Belgique contre toute immixtion dans les affaires politiques, en leur rappelant leur ministère de paix et les devoirs imposés aux sujets envers leurs souve-

---

(1) Trionfo della Santa Sede. Roma, 1799. Ven., 1832. Cf. Nouv. hist. de l'Église chrét., liv. IV, p. 845 et suiv.

rains. C'en était fait alors, selon le dire de certaines gens, de la dignité, de la grandeur papales. Grégoire trompa ces sinistres prévisions. Dans l'encyclique qu'il adressa à l'épiscopat [15 août 1832] (1), en se déclarant ouvertement l'adversaire d'un faux et dangereux esprit d'innovation, il protesta solennellement de sa ferme résolution à conserver et à maintenir l'antique tradition apostolique. A peine la tranquillité fut-elle rétablie dans les États pontificaux, que le pape appliqua son énergique activité à réformer d'anciens abus et à en prévenir de nouveaux. Les universités, fermées pendant la révolution, rouvertes [automne 1833] et réorganisées (2) ; des économies considérables réalisées dans toutes les branches de l'administration ; de hauts fonctionnaires destitués pour cause d'infidélité ou d'oppression ; les recettes et les dépenses, depuis 1817, soumises à une révision nécessaire pour constater la légalité des priviléges, des pensions, des subsides accordés jusque alors ; une nouvelle collection des lois promulguée ; un nouveau code pénal soumis à l'examen des présidents de tous les tribunaux de l'État ; une répartition plus équitable

---

(1) Revue de philosophie et de théologie cathol. de Bonn, 3ᵉ livr., 197-208, où se trouve l'original latin.

(2) Pour la philosophie, nous rappelons le nom de *Pasquale Galuppi*, Saggio filosofico sulla critica della coscienza, qui fut suivi, en 1820 et 1827, de la Logique pure et mêlée, ainsi que de la Morale philosophique. Puis vinrent, en 1830, les Nouvelles recherches sur l'origine des idées, par *Ventura* (de Methodo philosophandi), *Orsi*, *Ant. Rosmini-Serbati*, *Bonelli*, mort à Rome, le 22 octobre 1840, et d'autres. Cf. « la Philosophie en Italie, » dans les Feuilles hist., t. VI. p. 243 et suiv., 298-306 ; t. XI, p. 294-305, 470-79, 542-53, 665-71, quatre articles écrits par un Italien. Cf. aussi les Archives théol. de Munich, 2ᵉ année, 1843, 4ᵉ liv, Bonelli composa Disquisitio historica præcipuorum philosophiæ systematum. Romæ, 1829 ; Institutiones logicæ et metaphysicæ. Romæ, 1833 ; ed. II, 1835. Les Institut. ont été adoptées pour l'enseignement dans plusieurs séminaires de France et d'Italie. Pour la dogmatique, citons *Perrone*, Prælectiones theologicæ, Romæ ; dans l'histoire sacrée, *Delsignore*, Institutiones historiæ ecclesiast., ed. Tizzani. Romæ, 1837. *Palma*, Prælect. hist. ecclesiast., Romæ, 1838 et sq. Pour l'exégèse, *Patritius*, S. J. De interpretatione script. sacr. Rom. III, ed. 1844. *Idem*, De evangeliis, libb. III, 2 t. in-4º. Dans l'hist. profane, l'ouvrage de Garzetti sur l'état et la constitution de l'Italie sous la domination romaine, édité par Marsilio. Milan, 1838, 3 vol. *Cesar Cantù*, Storia universale.

de l'impôt foncier, proposée aux députés convoqués de toutes les parties des États pontificaux (1); des tribunaux de commerce établis dans Rome, dans les villes de province et les ports de mer; les cours d'appel et les tribunaux criminels composés désormais de juges laïques; la justice la plus sévère exercée à l'égard de tous laïques ou prêtres (2); les arts et les sciences protégés avec autant de munificence que de goût; le musée étrusque fondé au Vatican; la basilique de Saint-Paul relevée des ruines de l'incendie du 15 juillet 1823 : tels furent les travaux des premières années du pontificat de Grégoire XVI, qui, sur le trône, continuait à vivre en simple moine, conformément à la règle austère des Camaldules (3), couchant sur la dure, mangeant peu, veillant tard, travaillant beaucoup, priant toujours. Grégoire XVI, s'entourant et se servant des hommes éminents de son temps, nomma le savant cardinal Lambruschini aux fonctions de secrétaire d'État, fit entrer dans le sacré collège, comme autrefois Léon X y avait introduit Bembo et Sadolet, le savant philologue Angelo Maï [† 1854], et le polyglotte Mezzofanti [† 1849] (4).

Le cœur paternel de Grégoire XVI fut mis à de rudes épreuves, lorsqu'à peine consolé de la pacification des affaires de France, de Belgique, de Suisse et de Pologne, il vit l'Espagne, à son tour, agitée par la guerre civile, bouleversée dans sa constitution, ébranlée dans sa foi et son antique attachement à l'Eglise romaine; lorsqu'il vit un des plus éloquents défenseurs du Christianisme et de

---

(1) *Tournon* (Etudes statistiques sur Rome. Paris, 1831) dit : « Il n'y a peut-être aucun État dans lequel il soit plus difficile d'accomplir des réformes que dans celui de l'Eglise; car nulle part il n'y a autant de précautions à prendre, nulle part il n'est si facile de commettre des erreurs qui augmenteraient plutôt qu'elles ne diminueraient les abus. » Et il ajoute que sous les formes du gouvernement le plus absolu, on y trouve dans la réalité la plus grande humanité et l'administration la plus douce. Tournon était préfet de Rome sous Napoléon, de 1810 à 1814,

(2) Le 4 oct. 1843, le prêtre piémontais Dominique Abo fut décapité au château Saint-Ange.

(3) Conf. *Géramb*, Voyage de la Trappe à Rome, p. 127. Aix-la-Chapelle, 1839.

(4) Sur Mezzofanti, conf. Feuilles hist., t. X, p. 200-208 et 271-281.

l'Église allumer au feu sacré de l'autel les torches de la révolte, et abuser des paroles mêmes de l'Évangile pour prêcher le mépris de l'autorité, la haine des rois, l'insurrection et tous les crimes qu'elle enfante; lorsqu'il vit le vénérable Clément, archevêque de Cologne, et le pieux archevêque de Gnesen et de Posen, arrachés violemment de leurs siéges, tandis que les moyens les plus odieux et les plus atroces séparaient de nouveau de la communion romaine les Grecs, jadis unis sous le pontificat de Clément VIII. Grégoire, ne négligeant aucun de ses devoirs, prémunit les fidèles contre les systèmes erronés d'Hermès et de l'abbé Bautain, contre les tendances dangereuses et criminelles de l'abbé de Lamennais, protesta solennellement contre la violation des droits de l'épiscopat par le roi de Prusse, réclama, mais en vain, auprès de l'empereur de Russie, et publia une allocution adressée aux cardinaux [22 juillet 1842], dans laquelle, dévoilant les violences du czar (1), il déplorait amèrement le triste état de l'Église catholique en Russie, et répondait par là même aux calomnies des ennemis du Saint-Siége, qui prétendaient que le pape avait fermé les yeux sur l'infortune de ces peuples. Il ne craignit pas, dans l'audience du 13 décembre 1845, d'adresser au Czar lui-même de sévères avertissements. Grégoire, par la fermeté, la constance et la sagesse qu'il montra au milieu des tempêtes soulevées contre lui au nord, à l'est et à l'ouest, s'est fait dans l'histoire une place immortelle, et la postérité reconnaîtra un jour le mérite éclatant de cet illustre successeur de saint Pierre [† 1er juin 1846].

---

(1) L'allocution et les principaux faits se trouvent dans la brochure intitulée : le Czar et le successeur de saint Pierre, par *Sauzen*. Mayence, 1843. Persécutions et souffrances de l'Eglise catholique en Russie, ouvrage appuyé de documents inédits, par un ancien conseiller d'Etat de Russie, etc. Paris, 1842. Cf. *Theiner*, Situation de l'Eglise catholique des deux rites en Pologne et en Russie, depuis Catherine II jusqu'à nos jours. Coup d'œil sur l'hist. de Russie, dans les Feuilles hist., t. V, p. 4-16, 98 et suiv., 129 et suiv.; t. IX, p. 698 t suiv. Rapports de l'Eglise russe avec Constantinople et son asservissement à l'autocratie du czar; ibid., t. X, p. 768 et suiv.; t. XI, p. 120 et suiv. Grégoire XVI et l'empereur de toutes les Russies; ibid., t. X, p. 455-91, 583 et suiv., 647 et suiv.

§ 401. — *L'Église catholique en Espagne.*

Ferdinand VII, de retour dans ses États, annula la constitution des cortès [1814], qui déplaisait au clergé, et rétablit l'ancien ordre de choses. Mais l'Espagne n'était plus unie. D'un côté, les apostoliques défendaient l'Église ; de l'autre, les libéraux combattaient au nom de la liberté. Ceux-ci triomphèrent, contraignirent Ferdinand à accepter une nouvelle constitution [7 mars 1821]. En 1823, le parti royaliste se releva, et détermina l'intervention des Français, qui rétablit le pouvoir de Ferdinand. Les partisans de la constitution furent à leur tour opprimés et persécutés. Cependant le roi, n'adhérant pas entièrement aux vues du parti apostolique, montra sa prédilection pour le gouvernement monarchique absolu, tel que l'avaient entendu les Bourbons, ses prédécesseurs. Les apostoliques, mécontents, méditèrent de renverser Ferdinand, et de porter sur le trône son frère, don Carlos. De là les troubles de la Catalogne, qui furent bientôt comprimés. Ferdinand, plus que jamais détaché du parti apostolique, épousa, après la mort de la reine Josèphe, Marie-Christine de Naples, sa cousine [1829], abolit, par un décret royal du 29 mars 1830, la loi salique dans ses États, et rétablit l'ancien ordre de successibilité castillane, d'après lequel les filles et les petites-filles du roi ont la priorité sur ses frères et ses autres collatéraux. De ce mariage naquit, le 10 octobre 1830, la princesse Isabelle, qui fut proclamée reine d'Espagne à la mort de son père [29 septembre 1833]. Le parti apostolique s'insurgea aussitôt ; la révolte éclata dans les provinces basques et dans l'Aragon, et la reine mère Christine, livrée aux libéraux, ne put se maintenir qu'en faisant chaque jour de nouvelles concessions. Cependant le choléra éclate à Madrid [1834] ; on répand dans le peuple le bruit que les puits sont empoisonnés, que les moines sont les auteurs de ce crime. Une populace furieuse s'empare de plusieurs couvents et en massacre les paisibles habitants. La démoralisation et l'irréligion augmentent de jour en jour. On traduit en espagnol les plus mauvais livres français (1) ; un déchaînement général se déclare contre les couvents et les religieux. La loi du 25 juin 1835 supprime neuf cents couvents, et destine le prix de la vente de leurs biens et de ceux de l'Inquisition, déjà confisqués, au payement des dettes de l'État. Une insurrection éclate à Madrid [15 août 1835]. On demande la constitution de 1812 ; des députés se rendent à Aranjuez et réclament de la reine la suppression de tous les couvents restants. Le ministre réussit encore cette fois à détourner le coup ; mais, sous le ministère de Mendizabal, la suppression devient presque générale ; on pille ce qui reste d'objets précieux, de tableaux estimés dans les couvents abolis ; on vend les vases sacrés pour couvrir les frais de la guerre entre les christinos constitutionnels et les carlistes royalistes (2) ; les biens de l'Église sont déclarés propriété nationale ; la dîme est abolie par les cortès, qui ne veulent pas rester en arrière de la Convention nationale, leur modèle [1837]. En même temps, elles constituent un comité chargé d'élaborer un plan de réforme et de réorganisation du clergé. On appelle dans ce comité des ecclésiastiques qui professent les principes jansénistes et tiennent pour le système épiscopalien. Le comité propose la suppression de dix-sept évêchés anciens, l'érection de cinq nouveaux, la suppression de dix-huit églises cathédrales, et l'entretien aux frais de l'État du culte et du clergé. L'article XI de la nouvelle constitution de 1837 avait déjà déclaré que la nation ne s'engageait à entretenir que le culte et les prêtres de l'Église catholique, à laquelle appartient toute la masse de la nation espagnole.

Grégoire XVI, dans son impartialité, ne voulut point reconnaître, pendant la durée de la guerre civile, la reine Isabelle ; cependant, il ne se prononça en aucune façon contre le nouvel ordre de choses, espérant ainsi ménager les inté-

---

(1) Cf. l'article important intitulé : « l'Eglise d'Espagne depuis la mort de Ferdinand VII, » extrait de la Gazette d'Etat de Prusse, dans le Sion, 1841, n° 128, 24 octobre, supplément. Voyez aussi les Feuilles historiques, t. VII, p. 488-98.

(2) Lutte de la monarchie et de la révolution en Espagne sous don Carlos et Marie-Christine, dans les Feuilles hist., t. III, p. 194-315. Cf. aussi t. IV, p. 641 et suiv., 705 et suiv.

rêts de l'Église. Mais une partie du clergé, moins prudente que le pape, se déclara hautement en faveur de don Carlos, et il en résulta que divers diocèses restèrent sans pasteurs ; que les moines et les religieuses ne reçurent point leurs pensions ; que les sommes indispensables pour les besoins du culte ne furent point payées ; que les curés eux-mêmes se virent réduits à la plus extrême détresse (1). D'un autre côté, le gouvernement nomma des archevêques que le Saint-Siége ne put reconnaître et instituer, et, qu'en attendant les arrangements définitifs à intervenir, le gouvernement fit élire par les chapitres-administrateurs des diocèses. Enfin le gouvernement reconnut, sous le ministère du comte d'Ofalia, l'absolue nécessité de prendre en considération l'état déplorable de l'Église ; une commission fut nommée pour délibérer sur les moyens de rétablir les relations entre le gouvernement espagnol et le Saint-Siége (2). L'agent politique envoyé à Rome, don Julien Villalba, y déploya une grande activité, et fut appuyé par la France. Une conclusion était urgente ; déjà vingt-deux siéges épiscopaux vaquaient en Espagne et dans les colonies (3). La guerre civile s'apaisa peu à peu après la convention de Vergara, entre Espartero et Maroto. Les Espagnols, fatigués de si rudes épreuves, tournèrent de nouveau leurs regards vers le Ciel et vers l'Église ; la foi et la pratique religieuse semblèrent renaître avec la paix du dehors. De toutes parts s'élevèrent des organes de la réaction catholique. On vit paraître alors les journaux *la Religion*, *le Catholique*, *el Profeta*, qui défendirent à la fois les intérêts de l'Église et de l'État. Malheureusement, le mouvement de septembre 1840, qui eut pour but et pour résultat l'abdication de la reine Christine, renouvela les in-

---

(1) On écrivait alors dans une lettre de Madrid : « L'archevêque d'Albaracin vient de mourir : jamais ecclésiastique espagnol n'avait eu à subir une aussi profonde misère que ce prélat au moment de sa mort. » Gaz. ecclésiast. publiée par *Hœninghaus*. 1840, n° 2. Et encore : « La duchesse de Goa vient de faire un appel au public pour venir en aide aux religieuses qui meurent de faim. » Ibid., 1839, n° 86.

(2) Cf. Gazette ecclésiastique, 1839, n° 31.

(3) Ibid., 1840, n°ˢ 27 et 45, et la Gazette d'Augsb., 1840, n° 222.

quiétudes et les dangers de l'Église d'Espagne. Les juntes insurrectionnelles des provinces se livrèrent aux plus odieuses violences envers les membres du clergé, chassèrent de leurs siéges les évêques et les curés, et instituèrent à leur place des prêtres dits libéraux. La junto de Madrid alla même jusqu'à suspendre la plupart des assesseurs du tribunal ecclésiastique *(Rota de la nunciatura apostolica)*, qui existait depuis Clément XIV [26 mars 1771]. Le nonce apostolique Ramirez de Arellano ayant fait ses réserves au nom et pour les droits de l'Église, contre ces actes de violence, le gouvernement provisoire d'Espartero le fit conduire à la frontière [29 décembre 1840].

L'hostilité de l'Espagne contre l'Église et la cour de Rome parvint ainsi à son apogée, malgré l'allocution prononcée par le Saint-Père, en date du 1er février 1836, et la nouvelle allocution du 1er mars 1841, dans laquelle Grégoire éleva la voix pour repousser, en présence du Dieu tout-puissant, les outrages dont le gouvernement espagnol accablait l'Église (1). Le gouvernement révolutionnaire d'Espagne opposa à l'allocution du pape le manifeste du 30 juillet, dans lequel, avec une rare perfidie, dénaturant le caractère purement religieux de l'allocution, il la considère comme une déclaration de guerre, comme un acte émané, non du chef de l'Église, mais du souverain temporel de Rome, offensant pour l'honneur de la nation espagnole intéressée à se venger de ces outrages gratuits. En conséquence, le gouvernement prit sur-le-champ les mesures les plus violentes contre les ecclésiastiques disposés à propager l'allocution pontificale. Enfin, pour achever d'asservir l'Église, le ministre de justice et de grâce, Alonzo, renouvela une expérience fréquemment tentée, en rompant de fait les rapports entre l'Église et son chef, et en instituant de vive force les évêques nommés par le gouvernement et non reconnus par le Saint-Siége. Mais alors les prélats mêmes qui appartenaient au parti du mouvement s'élevèrent contre l'asservissement de l'Église. Ainsi l'archevêque de Tolède, primat d'Espagne, Vallejo, naguère persécuté comme libéral

---

(1) Voyez le jugement porté sur la réponse du ministère espagnol dans les Feuilles hist. t VIII, p. 467-71.

sous Ferdinand VII, abdiqua sa dignité, en déclarant au régent que lui et Alonzo ne pouvaient entrer dans le même sac. Il eut pour imitateurs Posadas, archevêque de Valence ; Ortigosa, archevêque de Burgos et administrateur de Malaga, renommé d'ailleurs par son zèle libéral. Les évêques de Calahorra, de Pampelune, d'Urgel, de Palencia et les archevêques de Séville, de Saragosse, de Cordoue, protestèrent également contre les violences du gouvernement, et expièrent leur opposition par le bannissement ou l'expulsion de leurs siéges. Les chapitres de Daroco, d'Oviédo, de Tolède, de Lugo, de Saragosse, et beaucoup d'ecclésiastiques isolés ressentirent aussi pour leur part les effets de la colère du régent. Dans cette extrémité, le pape Grégoire envoya à toute l'Église une encyclique qui invitait les fidèles à concourir par des prières publiques au salut de l'Église d'Espagne (1). La catholicité, douloureusement émue, obéit à l'appel du Saint-Père, répondit par des prières universelles, confiante dans l'antique piété et l'avenir d'une nation qui, après avoir vaincu l'islamisme, saurait surmonter les dangers de sa situation présente, et devenir libre sans être infidèle. Alors parurent en effet des évêques d'un courage héroïque, des écrivains pleins de foi et de talent, comme Balmès [† 1848], des hommes d'État habiles et chrétiens comme Donoso Cortès [† 1851] (2).

» Nous sommes certains, disaient les organes de la partie
» saine de la nation, que l'Église ne sortira pas de ces
» épreuves sans en avoir grandement profité. Vous prêchez
» la liberté : eh bien, c'est la liberté que nous voulons,
» pour nous et pour l'Église. La religion catholique est une
» loi sacrée, gravée sur les tables de nos libertés natio-

---

(1) L'original latin dans le Catholique. 1841, avril, suppl., p. xvj et suiv. Le gouvernement espagnol prit encore des mesures contre 'exécution de cette encyclique.

(2) Les nombreux écrits de Balmès sont politiques, philosophiques et théologiques ; ils ont été traduits en français, en allemand. Nous indiquons ici : « Observations sociales, politiques et économiques sur les biens du clergé. — Le protestantisme comparé au catholicisme dans ses rapports avec la civilisation européenne. — Lettres à un sceptique. — Voie de la vérité. — Compendium des clameurs de a philosophie. » — Les écrits politiques de Donoso Cortès ont été publiés ensemble à Madrid.

» nales. C'est dans notre foi et dans sa puissance divine que
» nous puiserons la persévérance nécessaire pour sauver
» notre indépendance, à travers les abominations dont
» nous sommes témoins. » « Voyez, ajoutaient-ils en s'a-
» dressant au jeune clergé, voyez, jeunes prêtres, le siècle
» vous appartient, car c'est la jeunesse qui est appelée,
» dans les époques de bouleversement, à conserver la tradi-
» tion sacrée. Apprenez donc la sagesse au pied de la croix,
» afin que la patrie, qui met en vous son espérance, ob-
» tienne un jour la paix et retrouve le bonheur, sous la
» protection de la foi renaissante. »

Les persécuteurs de l'Église ne tardèrent pas à subir leur destinée : le ministère fut renversé, le régent Espartero expulsé du royaume, Isabelle II déclarée majeure et appelée au gouvernement [octobre 1843]. La nouvelle administration débuta par quelques actes de justice envers l'Église, en permettant aux évêques exilés de rentrer en Espagne, en affranchissant l'épiscopat de la tutelle politique (1), et en rétablissant la *rote de la nonciature apostolique*, sans revenir cependant sur la vente des biens de l'Église (2). Après de longues négociations, la reine put, en ouvrant les cortès [15 décembre 1848], annoncer que les rapports avec le Saint-Siége étaient rétablis : on négociait encore quand, en juillet 1854, il éclata une révolution nouvelle qu'Espartero, rappelé, eut la mission d'apaiser.

§ 402. — *L'Église catholique en Portugal.*

En Portugal, après la mort de Maria, arrivée le 26 mars 1816, son fils Jean VI devint roi ; il ne quitta point toutefois le Brésil. Les Anglais occupaient toujours le pays. Les Portugais, excités par les troubles qui agitaient l'Espagne, se soulevèrent contre l'étranger (1820). A Lisbonne et à

---

(1) Le Catholique, 1844, n. 15 et 16. L'Espagne depuis la chute d'Espartero, dans les Feuilles hist.-polit., t. XIV, p. 209-229.

(2) *Jacques Balmès*, le Protestantisme comparé au catholicisme dans ses rapports avec la civilisationn européenne. Paris, 1844, 3 vol. in-8.

Oporto, le peuple demanda l'éloignement des Anglais et la formation de juntes. Les Cortès furent convoquées et décrétèrent une constitution semblable à celle de l'Espagne. Le roi Jean, qui se décida enfin à revenir du Brésil, fit serment de l'observer [1ᵉʳ octobre 1822]. Le gouvernement des Cortès ayant été aboli en Espagne, une réaction eut également lieu en Portugal contre la constitution. La reine Charlotte, sœur de Ferdinand VII, et le prince don Miguel travaillèrent activement au rétablissement de l'autorité royale, et le roi à la suite du soulèvement du 27 mai 1823, auquel prirent part le peuple et l'armée, abolit la constitution. Son caractère faible et indécis porta don Miguel à se révolter contre son père [23 avril 1824]; mais il fut battu.

Jean VI mourut le 10 mars 1826. Le prince royal don Pedro, qui était empereur constitutionnel du Brésil depuis 1822, époque où ce pays s'était détaché du Portugal, ne pouvant point sur-le-champ succéder à son père, confia le gouvernement de la monarchie portugaise à sa fille encore mineure, Dona Maria da Gloria, sous la tutelle de sa sœur Isabelle Maria, qui dut accepter une charte libérale. Mais don Miguel se présenta comme prétendant au trône et fut proclamé roi par les Cortès. Alors commença entre don Miguel et don Pedro qui était accouru au secours de sa sœur, une guerre qui dura deux ans [1832-1834].

Le peuple et le clergé étaient pour don Miguel, qui prit, contre les Cortès, la défense des droits et des biens de l'Église. Quant à don Pedro, c'était au nom de la liberté qu'il voulait remettre sa fille sur le trône, et ce fut lui qui l'emporta avec l'aide de l'Angleterre et de la France. Don Miguel fut contraint de renoncer à la lutte; il mourut à Wertheim, dans le Grand-Duché de Bade, le 14 novembre 1866. Alors les malheureux temps de Pombal semblèrent renaître pour l'Église. Don Pedro ordonna, en effet, par un de ses premiers décrets, [28 mai 1834], la suppression des ordres militaires et religieux, des hospices, et la confiscation de leurs biens, comme il avait déjà antérieurement déclaré vacantes toutes les prélatures dont les titulaires avaient été nommés par Rome, sur la présentation de don Miguel; il supprima les dîmes et réduisit à une extrême détresse les curés, auxquels le gouvernement ne payait pas le traitement promis, et qui demeurèrent à la charge des communes. Le pape déplora, dans l'allocution du 1ᵉʳ août 1834, la triste condition où l'on avait réduit l'Église catholique en Portugal, et menaça des censures prononcées par le concile de Trente contre les spoliateurs de l'Église, les ennemis de la liberté et du pouvoir spirituel (1); ce qui n'empêcha point le patriarche de Lisbonne de se montrer disposé à sacrer les évêques nommés par don Pedro. Après la mort de ce prince [24 septembre 1834], le Portugal, gouverné par sa fille Dona Maria, tomba presque entièrement sous la dépendance de l'Angleterre, en même temps qu'il reçut une constitution pour laquelle le peuple ne paraissait guère mûr encore, tant il s'y montra indifférent. Cette constitution ne fit qu'augmenter les divisions qui affligeaient l'Église du Portugal, dont tout un parti refusait de reconnaître les évêques nommés par don Pedro sans être confirmés par le souverain pontife. On parvint enfin à s'entendre avec le Saint-Siége, à la suite des négociations ouvertes [1841] à Lisbonne par l'habile internonce Cappacini, qui, en retour des avances faites par le cabinet portugais, reconnut formellement la reine, au nom du pape, en lui remettant, selon l'usage, la rose d'or [mars 1842]. Les concessions accordées par l'internonce, notamment en ce qui concernait les biens des ordres religieux, permirent de s'entendre sur les bases d'un futur concordat. Aussi, dès le 3 avril 1843, le pape confirma les nominations du patriarche de Lisbonne, de l'archevêque de Braga et de l'évêque de Leiria : la cause des autres prélats fut déclarée pendante par Cappacini, et tout annonçait la conclusion du concordat, qui, malgré la sagesse et l'esprit conciliateur du Saint-Père et la condescendance de l'internonce, n'est pas encore définitivement arrêté. Lorsque la reine mourut le 15 novembre 1853, elle eut pour successeur don Pedro, toutefois, le roi Ferdinand, père de la princesse, gouverna le royaume pendant sa minorité, jusqu'au 16 septembre 1855.

(1) L'original latin est dans le Catholique, 1834, octobre, suppl., p. viij et suiv.

§ 403. — *L'Église catholique en France, sous Louis-Philippe.*

Cf. *Boost*, Nouv. hist. de France, 5ᵉ période, p. 344 et suiv. *L. Blanc*, Hist. de Dix ans, ch. 18.

L'Église de France ne resta point à l'abri de la tempête qui renversa le trône des Bourbons en 1830. La nouvelle Charte déclara la religion catholique, non plus religion de l'État, mais seulement religion de la majorité des Français. Quoique le pape, sur la demande de M. de Quélen, archevêque de Paris, eût déclaré que les évêques devaient se soumettre au nouveau gouvernement et ordonner pour le roi Louis-Philippe les prières d'usage, la malveillance des libéraux tint longtemps le clergé en suspicion. Le 14 février 1831, pendant que les légitimistes assistaient, dans Saint-Germain-l'Auxerrois, à un service funèbre célébré en mémoire du duc de Berri, une multitude poussée par quelques fanatiques et enivrée par les excès du carnaval, envahit l'église et en dévasta l'intérieur. Le lendemain, le palais de l'archevêque eut le même sort. Durant deux jours, la multitude furieuse parcourut la ville, effaçant partout les lis de l'écusson de France, et se disposant à dévaster de nouvelles églises, lorsque la garde nationale arrêta le tumulte. A ces effrayants scandales s'ajoutèrent d'autres malheurs. Les premières nominations d'évêques, après la révolution de Juillet, ne furent pas très-heureuses. L'abbé de Lamennais fonda, avec MM. Gerbet, Lacordaire et de Montalembert, un journal, sous le titre significatif l'*Avenir*, et se crut appelé à exercer une grande influence sur l'avenir politique et religieux de la France. Il poussa jusqu'à ses dernières limites le principe de l'indépendance de l'Église et de la non-intervention de l'État dans les affaires spirituelles, et prétendit que le clergé ne devait plus accepter de salaire du gouvernement; que, rendue à sa pauvreté primitive, l'Église n'aurait plus à recourir à aucun autre pouvoir qu'à celui de son chef unique. A ces points de discipline se joignirent bientôt des points de doctrine tout à fait erronés, comme, par exemple, que la certitude n'a pas sa base subjective dans la raison de chacun, mais bien dans ce qu'il appelle la raison générale ou le sens commun. Cette doctrine d'une séparation complète entre l'Église et l'État, tout comme celle dite du sens commun, fut repoussée par Grégoire XVI dans son encyclique du 15 août 1832. La lecture de l'*Avenir* fut défendue dans tous les diocèses. Le journal cessa de paraître. La rétractation que fit M. de Lamennais ne parut point sincère au souverain pontife, et ses craintes ne tardèrent pas à être justifiées par la publication de deux brochures d'une effrayante éloquence (les *Paroles d'un croyant* et le *Livre du peuple* (1). L'auteur, confondant les idées les plus simples, partait de l'Évangile pour prêcher le meurtre des rois, mettre le clergé à la tête des insurrections populaires, et faire de la croix l'étendard universel des nations déchaînées. Sa parole est, en apparence, celle de l'Évangile ; dans le fait, elle en est une odieuse parodie, car elle provoque au crime. Aussi l'auteur, ne pouvant soutenir plus longtemps cette hypocrisie sacerdotale, jeta le masque, et l'abbé de Lamennais ne fut plus qu'un jacobin ordinaire. Lorsqu'il se sépara volontairement de l'Église, à laquelle il avait semblé vouloir incarner la révolution, il ne fut suivi d'aucun des hommes qui avaient participé à ses travaux et à ses premiers efforts, et l'abbé Gerbet eut la douleur de combattre, en celui qui fut l'ami de sa jeunesse, l'ennemi de tout ce qui lui était le plus cher (2). Un autre prétendu,

(1) Paroles d'un Croyant. Paris, 1833. *Bautain*, Réponse d'un chrétien aux Paroles d'un Croyant. Strasb. et Paris. 1834. Paroles d'un voyant à M. de Lamennais, par *Ch. Faider*. Brux., 1834. Paroles d'un croyant, par l'abbé de Lamennais quand il était croyant. Brux., 1838. *Baumgarten-Crusius*, Réflexions sur quelques écrits de Lamennais, Iéna, 1834. *Carové*, Critique des Pèlerins de Mickiewicz, des Paroles d'un croyant par Lamennais, des Réponses de Bautain, Faider, etc. Conf. la revue qu'en a faite le Dr *Hock*. Revue de Bonn, 20e livr., p. 103-126. Conf. ibid., 10e livr., p. 145-165, et 11e livr., p. 192 et suiv.

(2) L'abbé Gerbet écrivit à ce sujet les lignes suivantes : « On sent tout ce que ces paroles me coûtent. Celui qui déclare une guerre ouverte à l'Église, qui prophétise sa ruine, qui, dans les dernières pages de l'écrit qu'il vient de publier, n'a pas craint d'outrager par le plus brutal sarcasme l'auguste vieillard que la chrétienté salue du nom de Père, a eu en moi un ancien ami qui l'aimait d'une amitié née au pied des autels, et qui avait pour lui autant de dévouement, je crois, qu'aucun des amis nouveaux qui sont venus courtiser sa révolte. A ce souvenir, je tombe à genoux, offrant pour lui à Dieu des prières dans lesquelles il n'a plus foi ; et je ne me relève que pour combattre *dans l'ami de ma jeunesse l'ennemi de tout ce que j'aime d'un éternel amour.* » (Université cathol., recueil philosoph., scientif. et litt., t. III et IV. Paris, 1837.)

réformateur, l'abbé Châtel, marcha vers son but d'une manière beaucoup plus nette ; il crut l'époque de la révolution de Juillet favorable à l'établissement d'une Église catholique française [août 1830]. Quelque temps après la révolution, il fit imprimer son symbole, et loua dans le faubourg Saint-Denis, à Paris, un local pour le culte qu'y devait célébrer le primat de la nouvelle Église. Il n'eut pas plus de succès que tant d'autres réformateurs déçus ; il ne parvint jamais à déterminer bien nettement les principes de sa réforme, et réfuta successivement plusieurs des dogmes qu'il avait antérieurement défendus, tels que la divinité du Christ. Sa principale réforme, si ce nom convient à un système antichrétien du rationalisme le plus mesquin, consista à se servir, dans la liturgie, de la langue française. Il prêchait sur les sujets les moins religieux, mêlant la politique au dogme, le blasphème au ridicule, annonçant un jour, par exemple, qu'il parlerait de la dignité des femmes, et qu'après le sermon il distribuerait des bouquets à toutes les dames (1) ; un autre jour, que le service divin serait célébré en l'honneur de Napoléon, qu'il plaçait parmi les saints de son nouveau calendrier ; enseignant dans son catéchisme (2) que la mort du Christ n'est sublime que parce que le Christ fut un martyr de la vérité, mort pour la défense de la loi naturelle, qui comprend toute religion. L'influence de l'abbé Châtel fut toujours fort restreinte, et il ne resta bientôt plus rien d'une secte dont le prétendu temple fut fermé, par ordre du gouvernement, en 1842. Un de ses principaux adhérents, l'abbé Auzou, se réconcilia avec l'Église, et supplia ceux qu'il avait égarés d'imiter son exemple. Les Templiers, qui, comme Châtel, avaient cru la révolution de Juillet une époque favorable pour se montrer au jour, disparurent comme l'Église française, après avoir excité plus de curiosité que d'intérêt.

---

(1) *Géramb*, Voyage à Rome, p. 50.
(2) *Fr. Kunstmann*, la Secte de l'abbé Châtel (Revue théol. de Frib., t. III, 1re liv., p. 57 et suiv.). Catéchisme à l'usage de l'Égl. cat. franç., par l'abbé *Châtel*. Paris, 1837. Réforme radicale. Nouvel Eucologe à l'usage de l'Église cathol. ; 3e édit. Paris, 1839.

Le gouvernement de Juillet, averti d'un côté par ces symptômes alarmants, agissant de l'autre peut-être dans l'intérêt de son existence et de sa consolidation, se rapprocha de l'Église catholique et dirigea principalement son attention vers l'instruction populaire, à laquelle le clergé se consacrait avec zèle et activité, et dans laquelle se distinguaient particulièrement les Frères des écoles chrétiennes, ceux de Saint-Joseph (1), les Ursulines et les dames du Sacré-Cœur pour l'éducation des femmes. Peu à peu, le clergé se rapprocha à son tour du gouvernement. Il eut la sagesse de s'abstenir des affaires politiques et de vouer toute son activité et toutes ses forces aux devoirs de son auguste ministère. Il se signala partout par un zèle sincère, par une tenue sévère et par une haute dignité morale. Ses ennemis mêmes rendirent hommage à sa moralité. De son côté, l'épiscopat de France, si digne et si remarquable, s'efforçait, par des retraites annuelles et de pieux exercices, d'entretenir la ferveur nécessaire à la vocation du prêtre. Le jansénisme et le gallicanisme, qui divisaient autrefois le clergé français, disparurent presque entièrement, et le gouvernement prêta volontiers la main à un rapprochement de plus en plus intime avec le Saint-Siége. On travailla également, par deux voies différentes, à développer la culture intellectuelle du clergé. D'une part, MM. Didot, Gaume, Caillau, Migne (2), etc., publièrent, à très-bon marché, de nouvelles éditions des Pères de l'Église et des principaux commentateurs catholiques de l'Écriture, afin d'encourager les ecclésiastiques à l'étude des Pères et de la Bible ; d'autre part, des hommes tels que

---

(1) Cf. sur les établissements religieux de la France, le Catholique de 1841, octobre, p. 1-19; 1842, janvier, p. 26-46; mars, p. 231-254. Suivant le Constitutionnel du 14 décembre 1843, il y avait en France 1,329 hospices pour les malades et les pauvres ; 6,275 bureaux de charité donnaient des secours à 695,932 personnes; les congrégations religieuses de femmes soignaient 1,200,000 malades et fournissaient 10,371 maîtresses pour élever 620,950 enfants; les Frères de la doctrine chrétienne étaient au nombre de 2,136, et faisaient l'éducation de 150,000 enfants.

(2) *Caillau*, Introductio ad SS. Patrum lectionem, qua corum tempora vita, opera, operumque precipuæ editiones et concionandi modus, etc., describuntur. Mediol., 1830, 2 vol. Plusieurs Pères ont été

MM. Gerbet (1), Bautain (2), de Montalembert (3), Lacordaire (4), Rio, Marcel de Serres, Blanc Saint-Bonnet, Debreyne, Siguier, Doney, Receveur, Rohrbacher, Glaire, Gousset (5), Nicolas, D. Pierre, Dupanloup, etc., travaillèrent à donner à la théologie une tendance plus spéculative et plus profonde. L'*Ami de la religion*, journal religieux rédigé par M. Picot [† en 1840], l'*Université catholique*, l'*Union catholique*, l'*Univers*, etc., exercèrent une influence active sur le clergé. Grâce à tous ces efforts, l'esprit religieux fit de notables progrès après la révolution de 1830, malgré les odieux attentats qui, trop souvent, menacèrent l'ordre temporel aussi bien que l'ordre spirituel. Ainsi, à Paris, le retour vers les choses religieuses fut bien marqué : les églises furent plus fréquentées, les stations de l'Avent et du Carême très-suivies. L'Académie française elle-même

---

publiés complétement dans l'original, tels que SS. Augustin et Chrysostome ; d'autres ont paru dans un grand nombre de volumes d'une façon moins satisfaisante, par extraits et seulement en latin. Une édition complète des Pères grecs et latins en 300 volumes in-4, a été publiée par M. Migne. Pour l'exégèse et la dogmatique, on peut citer le prospectus suivant d'ouvrages déjà édités : Sacræ Scripturæ et Theologiæ Cursus completus ex tractatibus omnium perfectissimis ubique habitis, etc., 56 vol. in-4. Paris, ed. Migne.

(1) *Gerbet*, Considérations sur le dogme fondamental de la piété chrétienne ; l'enseignement philosophique de Descartes ; Coup d'œil sur la controverse chrétienne depuis le premier siècle jusqu'à nos jours. L'auteur a retiré ces deux derniers ouvrages.

(2) *Bautain*, l'Enseignement de la philosophie en France au XIX° siècle ; Philosophie du Christianisme ; Philosophie morale. *Marcel de Serres*, (professeur de minéralogie, etc.), de la Cosmogonie de Moïse comparée aux faits géologiques. Paris, 1838. *Debreyne*, Essai sur la théologie morale considérée dans ses rapports avec la physiologie et la médecine. Paris, 1842. *Blanc Saint-Bonnet*, de l'Unité spirituelle de la société et de son but au delà du temps. Paris, 1841, 3 vol. in-8. (Tentative fort remarquable pour faire accorder un système de philosophie avec la doctrine catholique.) *Siguier*, Grandeurs du catholicisme. Abbé *Védrine*, Coup d'œil sur les souffrances et les espérances de l'Église dans sa lutte contre l'oppression de la conscience et les maux du XIX° siècle.

(3) Vie de sainte Élisabeth de Hongrie. — Du Vandalisme dans l'art.

(4) *Lacordaire*, le Saint-Siége. — Les ordres religieux de notre temps. Vie de saint Dominique. Paris. 1841.

(5) *Gousset*, archevêque de Reims : Théologie morale. Paris, 1844, 2 vol. in-8. Théologie dogmatique. Paris, 1848, 2 vol. in-8.

retentit de paroles sincèrement chrétiennes ; des hommes d'État influents, tels que MM. Molé, Pasquier, y proclamèrent publiquement et avec chaleur leurs convictions religieuses. Malheureusement, les réclamations de l'épiscopat pour la liberté d'enseignement et contre le monopole universitaire ne furent pas écoutées, quoique vivement soutenues dans la presse et à la chambre des pairs par le comte de Montalembert. Cependant, la foi réveillée était vivement entretenue dans la chaire chrétienne par la parole du P. de Ravignan, du P. Lacordaire, de l'abbé Bautain, et, ailleurs, par la réimpression fréquente et soignée de l'Écriture sainte, de l'Imitation, des livres de prières ; par les éditions nouvelles des œuvres de Bossuet, Fénelon, Massillon, Bourdaloue, etc. Elle se manifestait par l'intérêt vif et soutenu des fidèles pour les missions étrangères (1), auxquelles la France contribue plus que toutes les nations chrétiennes ensemble ; par la multitude d'associations de bienfaisance qui se formèrent, telles que la Société de Saint-François Régis, de Saint-Vincent de Paul, les écoles dites du dimanche, pour les ouvriers (2) ; par l'estime et l'admiration que tout le monde accordait aux sœurs de charité, chargées du soin de presque tous les hôpitaux, des maisons centrales de correction, de détention [ordonnance ministérielle du 22 mai 1841] ; enfin, par les mesures plus efficaces prises dans l'intérêt religieux des soldats, notamment dans les colonies, et par l'érection, si importante pour l'avenir, de l'évêché d'Alger.

(1) Annales de la propagation de la foi.
(2) Cf. Feuilles hist., t. X, p. 549-64, et le Catholique de 1843, février, supplément, p. 30 et suiv. Société de Saint-Vincent de Paul, rapport général de l'année 1843. Paris, 1844. Conférences de Paris, ibid., 1844.

§ 404. — *Les Saint-Simoniens.*

Saint-Simon, Lettres d'un habitant de Genève. 1802. Introduction aux travaux scientifiques du XIX° siècle. Paris. 1807, 2 vol. in-4. Réorganisation de la société européenne. 1814. Catéchisme des industriels. Paris, 1824. Le Nouveau Christianisme. Paris, 1825. — Doctrine de Saint-Simon (Paris, 1825) ; 3e édition, 1831, t. I. *Lechevalier*, Enseignement central. Paris, 1831. Religion saint-simonienne, association universelle. Paris, 1831. Procès en police correctionnelle. Paris, 1832. *Mœlher*, le Saint-Simonisme (Mélanges, t. II, p. 33-53), que nous suivons ici.

La révolution de 1830, qui remua tant de passions, d'intérêts, d'ambitions et de sectes diverses, porta aussi les Saint-Simoniens à se réunir en un corps de société qui, bien que de courte durée, excita quelque temps l'attention publique. Henri de Saint-Simon, chef du saint-simonisme, naquit, en 1760, d'une noble et ancienne famille, fut élevé dans les principes de la philosophie du XVIII° siècle, se distingua, en Amérique, sous les ordres de Washington et de Bouillé, dans la guerre de l'Indépendance, abandonna de bonne heure la carrière militaire, et s'adonna à l'étude de la politique et de l'administration des nouvelles républiques américaines. A son retour en France, il trouva tout en fermentation, ne prit aucune part extérieure à la révolution, dont il approuvait d'ailleurs l'esprit et le but, et qu'il espérait être l'ère d'une régénération non-seulement politique, mais morale et religieuse. Pour aider et hâter le mouvement, il conçut le projet de réorganiser les sciences et l'ordre social, se lia avec les professeurs de l'École polytechnique, les artistes et les physiologues, voyagea en Angleterre, en Suisse et en Allemagne, publia sous l'empire, à l'occasion d'une question mise au concours par Napoléon, son *Introduction* et plusieurs ouvrages qui furent peu goûtés. Mais tous ses plans échouèrent : il se ruina, tomba dans la misère, essaya de se suicider, et, deux ans après, mourut entre les bras de quelques disciples [29 mai 1825]. Saint-Simon prétendait que le Christianisme est une religion désolante ; que le principe : *Rendez à César ce qui est à César*, partage l'humanité en deux classes inégales, et, par là même, répartit inégalement le bonheur et les peines parmi les hommes. C'est, dit-il, ce contraste entre la vie idéale et la vie réelle des hommes, cette opposition entre le monde d'en deçà et la sphère d'au delà de la tombe, que les immenses efforts de l'industrie moderne rendent plus frappants encore, qui fait de la terre une vallée de douleurs et de larmes. Il en conclut que le Christianisme a désormais accompli sa mission, et doit céder la place à une autre puissance et à une sagesse nouvelle, capables de mettre un terme à ce contraste et de procurer aux hommes un bonheur réel, non pas seulement dans la vie future, comme le promet l'Évangile, mais dès cette vie, comme le réclame le cœur de l'homme. Le protestantisme a accompli sa tâche, purement négative, en abolissant et détruisant le catholicisme, et partant le Christianisme. Mais l'accomplissement de la partie positive, l'inauguration de l'âge d'or sur la terre, est réservé au saint-simonisme, Évangile éternel. La révélation apportée par Saint-Simon embrasse à la fois, disent ses disciples, l'esprit et le corps, unit Dieu et le monde, présente tout ensemble les vérités du spiritualisme catholique et celles du matérialisme philosophique, engendre enfin cette félicité et cette fraternité éternelles que le Christianisme avait promises sans les réaliser. Désormais, tous ont des droits égaux à la propriété, qui n'appartient qu'à Dieu, et qu'il a donnée en fief à l'humanité; la loi de l'hérédité est abolie; avec le temps, il y aura communauté de biens. Désormais nulle famille n'est exclusivement vouée à la culture du sol ou aux fonctions inférieures de la société. Chacun est rétribué selon sa capacité ; la société tout entière est placée sous la direction des ministres de Dieu. La hiérarchie se compose de prêtres, de théologiens et de diacres. Au point de vue religieux, la forme du gouvernement saint-simonien est théocratique ; au point de vue de l'unité, elle est monarchique; en raison des talents, des vertus et du mérite des chefs, elle est aristocratique ; mais, vu son but, qui est le bonheur de la majorité, elle est démocratique. Parmi les prédicateurs les plus ardents et les plus éloquents de la secte se distinguaient MM. Olinde Rodrigues, Michel Chevalier et Lherminier. Des prédications nombreuses, des missions fréquentes, des brochures sans cesse renouvelées, servaient à la propagation de la société saint-simonienne, qui resta unie jusqu'au moment où l'un des chefs, le Père Enfantin, exerçant de préférence son apostolat parmi les femmes, qu'il considérait comme la manifestation la plus sublime de la Divinité, prétendit établir la polygamie mahométane parmi ses adeptes, dont plusieurs étaient mariés ; il y eut commencement de schisme [1831], et le Père Rodrigue signala la doctrine d'Enfantin comme une désertion des principes de Saint-Simon. Enfin, les saint-simoniens ayant provoqué des troubles parmi les ouvriers de Lyon, on ferma la salle où se tenaient leurs assemblées, et plusieurs de leurs chefs furent condamnés en police correctionnelle [1832]. Depuis cette époque, ils n'osèrent plus se montrer en public ; le ridicule s'attacha à leurs œuvres et à leurs paroles ; beaucoup d'entre eux abandonnèrent la doctrine qui avait un moment excité leur enthousiasme ; un petit nombre seulement restèrent fidèles à ses principes, et passèrent en Égypte pour y dépenser une activité paralysée en France. La rédactrice du journal « la *Femme libre*, » Marie-Reine, devenue le chef des saint-simoniens, mit fin à ses jours en se noyant dans la Seine, le 29 juin 1836.

§ 405. — *Renaissance de l'Église catholique dans la Grande-Bretagne.*

Discussion amicale sur l'Eglise anglicane et en général sur la réforme, dédiée au clergé de toutes les communions protestantes, rédigée en forme de lettres, par M. l'évêque de Strasbourg (le Pape de Trévern) ; 4ᵉ édition. Paris, 1835, 2 vol. Cf. *Weber*, Situation de la relig. en Angleterre (*Pletz*, Nouv. Rev. théol., 13ᵉ année, 4ᵉ livr.).

Nous avons déjà vu que l'oppression sous laquelle le gouvernement protestant d'Angleterre fit, pendant des siècles, gémir les catholiques de la Grande-Bretagne, et notamment ceux d'Irlande, commença à s'alléger à l'époque de la guerre de l'Indépendance et de la Révolution française, qui jeta au delà de la Manche de nombreux

prêtres (1), dont la piété, le savoir et l'éducation détruisi
rent bien des préjugés. Antérieurement déjà, la guerre de
l'indépendance des États-Unis et la perte des colonies an
glaises de l'Amérique avaient contribué à affaiblir le joug.
En 1793, le parlement fit quelques concessions aux Irlan
dais catholiques : on leur accorda la liberté d'assister aux
offices divins sans être gênés, de s'absenter des offices de
l'Église établie sans payer d'amende ; mais on ne leur con-
céda encore aucun droit civil ni politique. Cependant, en
1794, les catholiques de Dublin réclamèrent hautement la
jouissance de ces droits. En même temps, il se forma un
parti révolutionnaire parmi les protestants d'Irlande, auxquels, après une longue résistance, s'unirent beaucoup de
catholiques séduits par l'espérance de l'affranchissement
prochain ou entraînés par la crainte de leurs compatriotes.
La révolution éclata en 1798, engendra une cruelle guerre
civile qui priva l'Irlande de son indépendance politique.
Elle fut dès lors, comme nous l'avons déjà dit, et resta
unie à l'Angeleterre [1801]. Enfin, après de nombreux et
infructueux essais pour arriver à l'émancipation tant dé-
sirée, O'Connell [1809] se mit à la tête du peuple irlandais,
et entreprit avec un courage, une constance et un talent
prodigieux, la libération de sa patrie, en la tenant à la fois
dans la stricte voie de la légalité et dans une perpétuelle
agitation (2). Cependant, une division née parmi les catholiques d'Irlande et d'Angleterre au sujet du véto réservé
au roi dans l'élection des évêques, et auquel était liée l'é-
mancipation elle-même, entrava ces progrès. En 1817, les
Irlandais réclamèrent de nouveau la liberté que la chambre des pairs refusa de nouveau avec une opiniâtreté sans
exemple [mai 1824]. O'Connell, loin de se laisser abattre,
exalta au contraire l'héroïque courage et la noble résis-

---

(1) Dès les mois de septembre et d'octobre 1792, l'Angleterre avait
vu arriver 6,000 prêtres français, dont le nombre s'éleva bientôt à
8,000. La famille royale mit le palais de Winchester à leur disposition, et 660 y trouvèrent une noble hospitalité. Le peuple anglais, de
son côté, ouvrit une souscription en leur faveur : elle avait déjà, au
mois d'août 1793, produit 67,000 liv. sterl., qui servirent au soulagement de 4,800 réfugiés.

(2) *Wyse*, History of the catholic association. Lond., 1829, 2 vol.

tance de ses compatriotes, si bien qu'enfin la crainte et la politique obtinrent des torys des concessions si longtemps demandées au nom du droit et de la justice. Le duc de Wellington se prononça pour l'émancipation, et en porta le bill à la chambre haute, le jour même de l'élection de Pie VIII [31 mars 1829]; le discours énergique de sir Robert Peel le fit adopter par le Parlement, et, dès le 13 avril 1829, il reçut la sanction royale (1). Cette loi, abolissant l'ancien *Test*, prescrivit un serment civil compatible avec la foi romaine, et accorda aux catholiques le droit d'entrer au Parlement et d'occuper la plupart des fonctions publiques. L'année 1829, disait le cardinal Wiseman, fut pour nous ce que la sortie des catacombes a été pour les premiers chrétiens. Mais cette première concession, arrachée au mauvais vouloir des protestants, bien qu'elle rendît la position des catholiques plus indépendante, était insuffisante pour calmer leurs esprits; car, comme le dit alors lord Russell lui-même dans le Parlement, l'émancipation avait tiré les catholiques d'un cachot souterrain pour les jeter dans un cachot situé sur le sol. Ne voyait-on pas 700,000 protestants anglicans posséder en Irlande toutes les propriétés foncières, consacrées jadis par la pieuse libéralité des fidèles à l'entretien des églises, des couvents, des hospices et des colléges; bien plus, les catholiques n'étaient-ils pas forcés de payer au clergé de l'Église épiscopale la dîme de toutes les productions du pays, de sorte que 2,000 ministres, dont les cures n'avaient souvent pas une seule ouaille anglicane, se partageaient chaque année un revenu de 60 millions de francs (2)? Cette criante injustice provoqua, en 1831, un refus général de payer la dîme qui, toujours réclamée et toujours refusée, ne fut perçue qu'au moyen de procédures sans termes, au

---

(1) Liste des pairs et des baronnets catholiques de la Grande-Bretagne dans la Gazette cathol. et ecclésiast., 1841, n° 9.

(2) Le comté de Kilkenny, dans le sud de l'Irlande, renferme 380,000 catholiques et 1,000 anglicans; cependant les premiers payent un évêque anglican et soixante-quatre ministres, dont le revenu, assuré par la dîme légale, égale six fois celui que touche le clergé catholique par suite de dons volontaires. (Le Catholique, 1831, t. XLI, p. 57-81. Gazette de Cologne, 23 juin 1843.)

milieu des scènes les plus sanglantes, et de telle sorte que les frais de la perception en dépassèrent les produits. Lord J. Russell obtint de la chambre des communes [7 avril 1835] que l'excédant des véritables besoins de l'Église épiscopale serait attribué aux fonds nécessaires à l'enseignement populaire catholique; mais la chambre des lords rejeta cette proposition [24 août]. Cependant, au milieu de ces luttes continuelles, l'enthousiasme des Irlandais pour l'Église de leurs pères ne se refroidit pas un instant, et une activité merveilleuse se manifesta, surtout au moment où le grand agitateur arbora le drapeau du rappel, pour mettre un terme à l'union désastreuse de l'Irlande et de l'Angleterre. Ces efforts patriotiques parurent au gouvernement une excitation flagrante à la haine et à la révolte; il raya de la liste du jury tous les catholiques électeurs, et douze jurés protestants de Dublin prononcèrent contre O'Connell un verdict de condamnation [mars 1844] qui fut annulé en appel (O'Connell, † 15 mai 1847).

Quant à l'Angleterre, pays classique de la publicité, s'il est étonnant d'y voir l'oppression et le mépris peser, comme en Irlande, sur les catholiques et leurs institutions, il faut l'attribuer à ce que, d'une part, ils y étaient trop appauvris pour disposer des organes nécessaires à la revendication de leurs droits, au redressement de leurs griefs, au rétablissement de la vérité; et à ce que, d'une autre part, l'abaissement politique faisait mépriser leur religion même, plus que partout ailleurs. Les Irlandais ont donc été à la fois victimes de l'ignorance religieuse et des antipathies politiques, qui datent du temps de Henri VIII. Ce n'est qu'après l'émancipation de la presse catholique, après la discussion publique et journalière des dogmes et des institutions de l'Église romaine, que la haine et le mépris ont enfin cédé à des sentiments plus vrais et plus équitables. C'est certainement à l'action de la presse qu'est dû le mouvement si marqué qui éclate aujourd'hui, en Angleterre, en faveur de Église romaine. Gother et Challoner (1) combattirent avec le plus grand succès, et détruisirent, du moins parmi les esprits droits et généreux,

---

(1) *Challoner*, le vrai Catholique et le Catholique méconnu.

les préjugés les plus saillants répandus contre elle. Le vicaire apostolique J. Milner (1), Baines, Fletcher, Butler, Howard, Mac-Hale, Combe, défendirent la cause catholique avec le même zèle; Cobbet, quoique protestant, mit à nu, avec beaucoup d'esprit, avec une rare adresse et une parfaite connaissance des choses, les parties vulnérables du protestantisme, et dénonça d'une manière éclatante et formidable à toute l'Europe les violences exercées contre les catholiques; Dallas, anglican zélé, prit avec chaleur la défense des Jésuites, si honteusement calomniés; l'historien catholique J. Lingard fit connaître par des études consciencieuses, avec une impartialité sévère qui ne ménage personne, et imprime à son livre un caractère de véracité inattaquable et incontesté (2), la véritable histoire de l'Angleterre; Lanigan publia une histoire ecclésiastique de l'Irlande jusqu'au XIII° siècle; l'Irlandais Thomas Moore, l'ami de lord Byron, fit l'apologie de l'Église de Rome; Wiseman (3), mit à la portée de tout le monde, par une exposition claire, méthodique, et dans un langage éloquent et populaire, les idées les plus profondes de la science et du culte catholique; et miss Agnew conquit plus d'un cœur à l'Église par son célèbre roman de Géraldine (4). Un auteur qui ne se nomme pas, a raconté, dans l'excellent ouvrage *Mores catholici*, les merveilleux progrès que le catholicisme a fait faire à la science, à l'art et à la civilisation pendant le moyen âge, dans les siècles de foi.

---

(1) *Milner*, Lettres à un bénéficiaire, en réponse aux observations de Sturgis sur la papauté. Le but et la fin de toute controverse religieuse, ou Correspondance entre des protestants et un théologien catholique. *Baines*, Defence of the Catholic religion. *Fletcher*, Book of the Church. *Howard*, Remarks of the erroneous notions entertained respective the catholic religion. *Mac-Hall*, Evidence and doctrines of the cath. Church. *Coomb*, Essence of religious controversy.

(2) Vie de Lingard, dans la Revue de Bonn, 9° livr., p. 100-115.

(3) Horæ Syriacæ; Stérilité des missions du protestantisme, Augsb., 1835. Explication des principales doctrines et usages de l'Église catholique. Douze discours sur les rapports de la science avec la révélation. La chapelle papale et la liturgie adoptée pour la semaine sainte.

(4) Géraldine, ou Histoire de la conduite d'une âme. — Mores catholici or the ages of faith. Lond., 1831, 8 vol. — *Macaulay*, Histoire d'Angleterre.

Après lui Macaulay a supérieurement traité le même sujet. La littérature périodique apporta sa part d'action et d'influence dans ce mouvement de retour vers des idées proscrites jusqu'alors, et les travaux du *Catholic Magazine*, du *Tablet*, dirigé par Lucas, ancien quaker, et de la société des traités catholiques de Londres, qui, en 1842, en avait déjà distribué 162,000, contribuèrent au succès commun. Tel fut aussi l'effet de la fameuse déclaration des évêques, des vicaires apostoliques et de leurs coadjuteurs (1), publiée depuis 1826, à Londres, en trois éditions successives.

Les onze chapitres de cette docte et énergique exposition des dogmes attaqués le plus vivement par les protestants, traitent successivement du caractère général de la doctrine catholique, de la sainte Écriture, du reproche d'idolâtrie et de superstition, de la confession, des indulgences, de la soumission au souverain et de l'obéissance au pape. Ce document important se termine ainsi : « Nous
» nous sommes efforcés, dans les articles qui précèdent,
» d'exposer dans leur simplicité les points de doctrine de
» notre Église les plus exposés, dans ce pays, à être mé-
» connus et défigurés ; nous espérons donc que tous nos
» compatriotes recevront dans un esprit de vérité et de
» charité notre déclaration et nos explications, et que
» ceux qui, jusqu'à ce jour, ont ignoré ou méconnu nos
» croyances, nous rendront cette justice que nous ne sou-
» tenons, comme catholiques, aucun principe religieux,
» ni aucune idée qui ne soit parfaitement compatible
» avec nos devoirs de chrétiens et de sujets britanniques. »
En mai 1838, les quatre vicaires apostoliques d'Angleterre se réunirent en concile, et décrétèrent des mesures obligatoires pour tous les prêtres catholiques dans les missions des quatre districts d'Angleterre.

Cette activité des écrivains et des prêtres catholiques excita dans tous les rangs de la société un zèle admirable en faveur de la vieille Église, et chaque jour vit grossir le nombre des anglicans revenus au catholicisme (2). On fit revivre les anciennes institutions exclusivement catholiques,

(1) Revue de Bonn, 17e livr., p. 203-222.
(2) Parmi beaucoup de beaux écrits de ce genre, il faut surtout citer le Dr *Sibthorp*, « Mon retour au Catholicisme. »

tels que des couvents de femmes. En 1838, un institut catholique (1) se fonde à Londres, sous la présidence du comte de Shrewsbury, avec trois instituts secondaires. En même temps il se forme, sous la direction de la marquise de Wellesly, une société de dames pour l'entretien, en ornements et en vases sacrés, des chapelles indigentes. Londres compte dans son sein onze associations pour des écoles gratuites, et quatre associations destinées à soigner et à secourir les malades nécessiteux. Le nombre des chapelles et des églises s'accrut en proportion. Les catholiques construisirent à Londres une grande cathédrale, et York vit s'élever également, en face de sa fameuse abbaye, une magnifique église catholique (2). Liverpool, compta, dit-on, près de cent mille catholiques ; Manchester, environ trente mille, l'Angleterre plus de deux millions. Les méthodistes revinrent en assez grand nombre à l'Église mère. L'université protestante d'Oxford, et notamment l'école du célèbre Pusey, manifestait depuis longtemps une réaction favorable à l'Église romaine (3). Depuis 1843, un grand nombre de puseistes, parmi lesquels plusieurs membres du clergé, revinrent au catholicisme. On remarqua surtout parmi eux Newman (4), qui restaura l'ordre de l'Oratoire en Angleterre [1847]. Cette tendance au catholicisme se montra aussi dans la secte écossaise et presbytérienne du prédicateur Irwing [† 1834], dont les partisans prétendaient jouir du don des langues ($\gamma\lambda\omega\sigma\sigma\alpha\iota\varsigma\ \lambda\alpha\lambda\epsilon\tilde{\iota}\nu$), et qui ont trouvé un habile et éloquent défenseur en Allemagne dans le pro-

---

(1) Gazette ecclésiast. de *Hœninghaus*, 1839, n° 31. Cf. n° 91.
(2) Gazette d'Augsb., n° 147, 27 mai 1842.
(3) Sur les tendances catholiques qui se sont récemment manifestées dans le sein de l'Église anglicane, tendances qu'ont annoncées avec joie toutes les feuilles publiques et Grégoire XVI, cf. les Feuilles hist., t. VIII, p. 688-701 ; t. IX, p. 65-79 ; — sur le puséysme, voyez surtout t. X, p. 693-696 ; t. XI, p. 329 et suiv., et la Feuille ecclésiast. de l'Allemagne mérid., 1842, n° 36, p. 285 et suiv. *Pusey*, la Sainte Cène, la consolation des pénitents ; sermon prêché à Oxford. *J. Gondon*, du Mouvement religieux en Angleterre. Paris, 1844. 1 vol. in-8. Le même, Conversion de cent cinquante ministres anglicans. 1 vol. in-18.
(4) *Newmann*. Justification de son retour à l'Église cathol. — Situation actuelle des cathol. d'Angleterre. Ratisbonne, 1852.

fesseur de théologie de Marbourg, Thiersch. L'éducation devint également l'objet de soins assidus. La reine accorda au collége de Sainte-Marie, près de Birmingham, et au collége des Jésuites de Stonyhurst, tous les priviléges des colléges universitaires. Ce mouvement religieux de l'Angleterre intéressa à sa régénération complète toute l'Europe catholique. Tandis que le docteur Wiseman annonçait à Rome que les hommes les plus éclairés de la Grande-Bretagne se dépouillaient de leurs préventions contre l'Église, lord Spencer parcourait la France pour lui demander des prières en faveur de la conversion de sa patrie; Grégoire XVI, pour en hâter le moment, divisait en huit districts l'Église d'Angleterre [11 mai 1840]; et Pie IX, dans sa bulle du 24 septembre 1850, substitua aux anciens vicaires apostoliques, un certain nombre d'évêques et d'archevêques catholiques. En 1852, 92 membres de l'université d'Oxford, et 43 de l'université de Cambridge, étaient rentrés dans le sein de l'Église catholique. On comptait parmi les premiers 63 ecclésiastiques et 19 parmi les seconds.

En Écosse, la vie spirituelle n'a jamais défailli, et le catholicisme renaît peu à peu de ses antiques ruines. On n'y comptait, en 1829, que cinquante et une églises catholiques; en 1839, il y en avait soixante-dix-huit, et 87 en 1848. Une grande association catholique s'est créée à Édimbourg; on y a fondé, pour l'instruction du peuple, la Revue catholique (*Catholic Review*), le Magasin catholique et le *Penny Orthodox Journal*. On y tient des conférences publiques, et les efforts des ministres protestants pour défigurer les dogmes de l'Église romaine ont précisément pour résultat d'inspirer à ceux qui les ignorent le désir de connaître ces principes tant décriés. L'éducation est dirigée principalement par le clergé de Sainte-Marie, à Blairs. Le nombre des catholiques s'accroît considérablement.

L'Irlande avec ses sept millions de catholiques, ses quatre archevêchés et ses vingt-deux évêchés, continuait, comme autrefois sous Grattan (1) et Curran, à combattre glorieusement pour la foi et la liberté sous son illustre

---

(1) Memoirs of the life and times of Henry Grattan. London, 1842.

chef, Daniel O'Connell (1). A ses côtés agissaient des hommes pieux, actifs, intelligents, tels que le docteur Doyle (2), évêque de Kildare [† le 15 juin 1834], champion aussi célèbre de l'émancipation qu'écrivain et professeur illustre au collége de Carlow; Thomas Kelly, primat de l'Église catholique d'Irlande [† le 14 juin 1835]; Thomas Moore, le poëte généreux et enthousiaste, auteur du *Voyage d'un gentilhomme à la recherche d'une religion*. En même temps, le clergé se montrait si actif et si dévoué à son ministère, que l'anglican Steele [août 1841], attestait publiquement que « depuis que le monde est monde, jamais on ne vit d'u- » nion morale si admirable entre des hommes, que celle » des prêtres catholiques d'Irlande. » L'Église d'Irlande est tout élective. Les curés choisissent dans leurs propres rangs, ou dans le reste du clergé irlandais, l'évêque du diocèse; d'autres fois, le pape le choisit parmi trois candidats. Le gouvernement anglais ayant offert en 1831 une espèce d'émancipation, à condition qu'on lui accorderait le *veto* dans la nomination des évêques, cette offre fut repoussée avec indignation, malgré les représentations de quelques laïques catholiques et tous les efforts des partisans protestants de l'émancipation. Ce fut encore ainsi que les évêques refusèrent d'une commune voix la dotation proposée par le gouvernement [1837]. Ils aimèrent mieux rester pauvres, mais libres. Les catholiques irlandais sont d'ailleurs toujours prêts à nourrir leurs pasteurs. De tous les côtés du pays s'élevèrent, sous la direction du clergé, de nouvelles églises, telles que l'église de Saint-Pierre, à Little-Bray [1838], et les dons apportés chaque semaine par les classes inférieures servirent à fonder et à bâtir de magnifiques cathédrales. Parmi les journaux les plus importants de l'Irlande, nul ne l'emportait sur le *Dublin Review*, dirigé par O'Connell, le docteur Wiseman et le docteur Michael. La moralisation et le bien-être temporel du peuple irlandais furent aussi très-redevables aux efforts de l'infatigable promoteur des sociétés de tempérance, le P. Mathew, de Cork.

---

(1) Cf. Entretiens par lettres sur l'Irlande et O'Connell (Feuilles hist.-polit., t. XIII, p. 547 et suiv.).

(2) Mémoires du capitaine Rock; Voyages d'un Irlandais, etc.; Hist. de l'Irlande.

§ 406. — *L'Église catholique en Belgique et en Hollande*

De Ram (Synodicum Belgicum), nova et absoluta collectio Synodorum tam provincialium quam diœcesanar. Archiepiscopatus Mechlin., t. I. Mechl., 1828 ; t. II, 1833 ; t. III, Antv. et t. IV, Gandav. Lettres écrites de la Belgique (Feuilles hist., t. VII, p. 627 et suiv., t. VIII, p. 45 et s. 210 et suiv., 411 et suiv., 501 et suiv., 731 et suiv. ; t. IX, p. 783 et suiv.).

Le cardinal archevêque de Malines, Frankenberg [† en 1804], avait combattu avec un zèle héroïque les tentatives faites en Belgique pour y introduire les principes Joséphistes et en désorganiser l'Église. Sa déclaration doctrinale [26 juin 1789] sur le séminaire général de Louvain, dirigée contre la création des séminaires généraux institués par Joseph, est une preuve de la constance du clergé belge en face des tentatives des illuminés et des joséphistes. On se ressentit des effets de son zèle et de son activité jusqu'à la fin de la domination française, qui n'influa que médiocrement sur l'esprit religieux du pays. Sous la domination hollandaise, la Belgique eut à soutenir des luttes pareilles pour la conservation de sa foi et la liberté de l'Église. Lorsque Guillaume, stathouder de Hollande, prit le titre de roi des Pays-Bas [16 mars 1815] et donna une constitution au pays [15 juillet 1815], il y promit d'une manière générale la liberté de l'Église catholique. Mais divers paragraphes de l'acte constitutionnel restreignaient singulièrement cette liberté et provoquèrent les réclamations des évêques et des vicaires généraux. Loin d'y faire droit, la partialité, la violence et l'oppression ne firent qu'augmenter à l'égard des catholiques. On supprima leurs colléges et leurs universités, et on obligea les étudiants en théologie à fréquenter les cours du collége philosophique de Louvain, fondé en 1825. Le mécontentement qui en résulta devint si menaçant, que le roi Guillaume fut obligé d'en venir à un concordat [1827]. Les négociations traînèrent en longueur, et, pendant que le gouvernement relevait les candidats du sacerdoce de l'obligation de fréquenter le collége de Louvain, il faisait paraître d'autres mesures restrictives de la liberté des évêques et des étudiants, rendait la langue hollandaise obligatoire, violait de plus en plus les coutumes et les mœurs nationales, et déterminait la violente séparation de la Belgique et de la Hollande [1830], révolution à laquelle le clergé belge, calme et soumis, ne prit aucune part active. Depuis lors, on vit se développer de plus en plus, en Belgique, l'esprit catholique, dominant l'opinion publique et l'éducation, dirigée par des ecclésiastiques zélés, parmi lesquels se distinguent le cardinal Sterckx, archevêque de Malines, et M. Van Bommel, évêque de Liége. Les couvents se relevèrent. Après les débats de tout genre et les expériences nombreuses dont le collége philosophique de Louvain fut l'objet (1), on créa, à l'aide de fondations pieuses et de contributions volontaires régulièrement fournies par les catholiques, l'Université catholique libre de Malines (2), transférée plus tard à Louvain, et inaugurée solennellement le 1ᵉʳ décembre 1835. Opposée à l'Université libérale de Bruxelles, cette institution, une des plus importantes créations catholiques de notre époque, devint l'établissement d'instruction publique le plus fréquenté de la Belgique. L'Église belge, comprenant sa situation, ne négligea rien pour se réconcilier avec les idées utiles du siècle et pour les ennoblir. La Société pour la propagation des bons livres exerça une action salutaire sur le peuple. Ce fut, après la France et la Bavière, la Belgique qui se distingua le plus par son zèle pour les missions étrangères (3). En vain l'abbé Helsen (4), suspendu par suite de l'irrégularité de ses mœurs, prétendit fonder une Église soi-disant catholique et apostolique, loua, à cet

---

(1) On trouve sur ce sujet plusieurs travaux en sens contraire dans le Catholique de 1825, déc., suppl., p. XXXIII et s., et 1826, janv., p. 83-101, et suppl., p. 1 et suiv. Revue trim. de Tubingue, 1826, p. 77 et suiv. *Smets*, Revue cathol. de Cologne, t. I et II. Par suite de ces diverses critiques, le roi de Hollande rendit, en 1829, deux ordonnances qui abrogèrent, en apparence seulement, les mesures de 1825. Voy. le Catholique, août 1829, suppl., p. XXIV et suiv., et octobre, p. 47 et suiv.

(2) Pour la circulaire de l'archevêque de Malines, des évêques de Tournay, Gand, Liége, Namur, Bruges, dans le but de fonder l'université par actions, voyez les journaux du temps.

(3) Cf. Gazette ecclésiast. de *Hœninghaus*. année 1839, n° 72.

(4) Voy. Revue de Bonn, 9ᵉ livr., p. 187-189.

effet, un local dans la loge des francs-maçons de Bruxelles, et dit la messe en français et en flamand, après avoir reçu de Fabre Palaprat la consécration épiscopale. Il s'épuisa en déclamations contre la prétendue démoralisation du clergé, lassa la curiosité publique, fut repoussé par la chambre, qui l'assimila à Châtel et aux autres histrions politico-religieux, et son parti se fondit tout aussi promptement que celui du sectaire français, ne laissant après lui que quelques révolutionnaires exaltés et quelques républicains mécontents. Helsen, cependant, touché de la grâce, revint à la vérité [14 novembre 1842], et mourut, quelque temps après, dans le giron de l'Église. Contre toute attente, les ordres monastiques prirent un essor extraordinaire. En 1829, la Belgique ne comptait que 280 maisons d'hommes et de femmes ; dès 1846, elle en avait 779, où l'on se livrait à la contemplation, à l'instruction, au soin des malades et aux autres besoins sociaux, malgré l'opposition haineuse des francs-maçons qui, nulle part en Europe, n'ont montré autant d'acharnement qu'en Belgique contre les institutions religieuses.

L'Église catholique de Hollande a résisté à la haine invétérée des calvinistes, à l'action dissolvante du jansénisme, aux mesures plus récentes et tout hostiles du gouvernement. Suivant les documents officiels, il y avait en janvier 1840, parmi les 2,860,450 habitants du royaume, 1,100,616 catholiques (1). Malheureusement le schisme janséniste d'Utrecht s'est perpétué jusqu'à nos jours ; en 1821, outre l'archevêque d'Utrecht, 24 curés et 2,520 schismatiques, on comptait encore l'évêque janséniste suffragant de Harlem, avec 20 curés et 2,438 âmes, et l'évêque de Deventer, sans curés ni troupeau. Tous ces prélats ont été excommuniés par Rome, et, sans les secours qui leur arrivent de France, on aurait vu, depuis longtemps, tomber le séminaire janséniste d'Utrecht et le schisme qu'il entretient. Les catholiques ont formé jusque dans les derniers temps la mission hollandaise, administrée par un vicaire apostolique, et comprenant sept archiprêtres, dans les provinces de Hollande, Zeeland, Utrecht, Frise,

---

(1) Cf. le Catholique, févr. 1825, suppl., p. XVII-XXVII.

Groeningue, Ober-Yssel et Salland, partagées elles-mêmes en décanats et 403 stations ou paroisses. Le cardinal Brancadoro, archevêque de Nisibie, arriva en Hollande en qualité de supérieur de la mission hollandaise, et donna le sacrement de la confirmation, au milieu des témoignages visibles de l'attachement du peuple pour le pape. Plus tard, ce fut le vice-supérieur Ciamberlani qui fut chargé du soin de la mission et qui, établi à Munster, accorda les pouvoirs et les dispenses nécessaires. Ciamberlani dirigea également, sous le règne de Louis Bonaparte et de son successeur, la mission de Hollande; mais le gouvernement protestant restauré en 1815 le fit inopinément arrêter à Malines [1815] et conduire hors des frontières, malgré l'indignation manifestée par les catholiques. Ce ne fut qu'en 1823 qu'on revint sur cet acte de violence, et qu'on autorisa de nouveau Ciamberlani à s'occuper de la mission hollandaise. Son premier acte fut la consécration de la chapelle et du séminaire de Warmond, près de Leyde (1), dus aux sacrifices du clergé et des fidèles [1819]. L'Église et le clergé hollandais ont conservé le souvenir de l'abbé Raynal, aumônier de l'ambassade espagnole à la Haye [+ le 6 juillet 1822], qui, chassé de l'évêché de Cahors par la révolution française, se retira dans les Pays-Bas, et rendit, dans ces circonstances critiques, les plus grands services à l'Église catholique hollandaise, par son zèle, son action bienfaisante sur le clergé et sa vie édifiante. D'après le concordat dont nous avons parlé plus haut, et que le roi Guillaume avait conclu avec le Saint-Siége, pour les Pays-Bas, deux évêchés suffragants devaient être érigés en Hollande : l'un à Amsterdam, l'autre à Bois-le-Duc (2). Cet

---

(1) En 1825, il y avait dans les anciens États de la Hollande quatre grands séminaires, entre autres ceux de St Herrenberg, près d'Emmerich, dans le pays de Gueldre, de Hœwen, près de Breda, et de Warmond; et trois petits, à Guilemberg, près Utrecht, à Hagewald, etc., et dont l'existence était indispensable après la suppression de l'Université de Louvain.

(2) Il est dit dans le concordat : « (Habebit) Ecclesia *Amstelodamensis* provincias Hollandiæ septentrionalis, Hollandiæ orientalis, Ultrajecti, Overhysellii, Frisiæ, Groninguæ et Drenthæ;... Ecclesia *Boscoducensis* provincias Brabantiæ septentrionalis, Gueldriæ et Seelandiæ. »

article ne fut point réalisé. Le gouvernement fit dominer partout le principe protestant, et ne craignit point de heurter, quelquefois d'une manière violente, les principes de l'Église catholique.

Le sérieux avertissement donné par la révolution de Belgique en 1830 ne valut point encore à l'Église catholique de Hollande sa pleine liberté, quoique, depuis l'avénement de Guillaume II (7 octobre 1840), on eût pu fonder quelque espoir sur les négociations entamées par le nonce Capaccini. Le calvinisme prouva de nouveau son intolérance par d'odieuses démonstrations, qui restèrent heureusement sans suite, lorsque Pie IX (7 mars 1853) rétablit la hiérarchie épiscopale en Hollande, dans l'archevêché d'Utrecht et les évêchés suffragants de Harlem, Bois-le-Duc, Bréda et Rœrmonde. Le Luxembourg, soumis à Guillaume II, fut comme grand-duché confié à la direction spirituelle d'un digne évêque, M. Laurent, qui, renvoyé de Hambourg, où il avait rempli les fonctions de vicaire apostolique pour l'Allemagne septentrionale, retrouva les mêmes hostilités et ne put résider dans son diocèse. Lorsque, en 1848, le principe de la liberté de conscience fut inscrit dans la constitution, les Jésuites purent eux-mêmes s'établir solidement en Hollande.

§ 407. — *L'Église catholique en Suisse.*

Les pièces se trouvent surtout dans la Revue trim. de Tubingue, 1819 et années suiv. *Rheinwald*, Acta hist. ecclesiast., ann. 1835, p. 31 et sq.; ann. 1836, p. 58 et sq.; ann. 1837, p. 82 et sq. *L. Snell*, Récit authent. des changem. survenus dans la Suisse cathol. Surs., 1834. Pour les temps les plus récents, voyez la Gazette ecclésiast. de la Suisse depuis 1832. *Fr. Hurter*, des attaques faites contre l'Eglise cathol. en Suisse depuis 1834, 4° sect. Schaffouse, 1842-43.

La Suisse était autrefois dépendante des métropolitains de Besançon, de Mayence et de Milan. En 1797, les promesses pompeuses des Français, qui venaient, disaient-ils, apporter la liberté aux descendants de Guillaume Tell, les affranchir d'un gouvernement oligarchique, et les réintégrer dans la jouissance des droits de l'homme, se réalisèrent, comme en France, par le renversement de l'ordre et l'ébranlement de l'Église catholique. Le lien qui rattachait la Suisse occidentale à l'Église gallicane fut rompu. Lorsque l'ordre politique fut rétabli, dès 1803, les cantons catholiques, placés en partie sous la juridiction de l'évêque de Constance, réclamèrent du Saint-Père l'institution d'un évêché national. En 1814, ils renouvelèrent leur demande et prièrent de chef de l'Église de les séparer des diocèses, alors en voie de dissolution, et d'ériger un évêché spécial pour leur pays. Dès le 7 octobre suivant, Pie VII accorda la séparation réclamée. Le nonce, en communiquant à la diète le bref pontifical, annonça en même temps que Sa Sainteté avait nommé vicaire apostolique de ces cantons le prieur de l'antique abbaye de Saint-Michel de Béromunster, Gœldlin de Tiefenau. Cette nomination fut généralement approuvée (1). Le principe du nouvel évêché admis et résolu, il ne fut pas aussi facile de le réaliser : chaque canton avait ses intérêts, chaque membre de la diète ses opinions ; on avait peine à s'entendre, quand le malheur voulut que Gœldlin mourût à la fleur de l'âge [1818]. Son successeur, Charles-Rodolphe de Buol Schauenstein, prince-évêque de Coire, ne fut pas accueilli aussi favorablement que Gœldlin ; le canton d'Argovie, entre autres, demanda à être provisoirement remis sous l'autorité de l'évêque de Constance. Mais Pie VII hâta la solution dépendante de la réorganisation de l'évêché de Bâle, auquel devait être incorporés les cantons séparés de celui de Constance, en nommant le prieur Glutz Ruchti, de la collégiale de Soleure, suffragant et coadjuteur de l'évêque de Bâle, alors résidant à Offenbourg, dans le pays de Bade. Des négociations ultérieures réunirent les populations catholiques des cantons de Bâle, de Lucerne, de Berne, de Soleure et d'Argovie. Pie VII termina aussi heureusement la discussion relative à l'abbaye de Saint-Gall, en érigeant celle-ci en église épiscopale [2 juillet 1823], et en donnant ainsi à l'évêque Charles-Rodolphe le double titre d'évêque de Coire et de Saint-Gall. En 1836, ce double évêché fut de nouveau divisé (2). D'un autre côté, le pape rejeta le projet de con-

---

(1) Cf. *Hurter*, l. cit., p. 45-49. Revue trim. de Tubingue, 1820, p. 734-41 ; 1821, p. 164-71.

(2) Revue trim. de Tubingue, 1824, p. 317-333 ; 1826, p. 728-31.

cordat qui devait unir les trois cantons primitifs d'Uri, de Schwitz et d'Unterwalden à l'évêché de Coire [7 janvier 1823]. Enfin le canton de Genève lui-même, antique foyer du calvinisme, pria Pie VII de lui désigner un évêque pour les catholiques du canton. Pie VII (bulle *Inter multiplices*) confia les catholiques de Genève à l'évêque de Lausanne, résidant à Fribourg (1).

Ces dispositions particulières préparèrent les voies, et les affaires catholiques de la Suisse purent bientôt être définitivement réglées par le concordat conclu avec le pape Léon XII, et proclamé par la bulle *Inter præcipua nostri apostolatus munia* [mai 1828]. Aux termes de ce concordat, les populations catholiques des cantons de Lucerne, de Soleure, de Berne, d'Argovie, de Bâle, de Zug et de Thurgovie, forment l'évêché de Bâle, dont le siége est transféré à Soleure. A l'évêque titulaire sont adjoints un chapitre de vingt et un chanoines, trois dignitaires nommés, l'un par l'évêque, un autre par le gouvernement, et le troisième par le pape (2). Les chanoines ont le droit d'élire le nouvel évêque, auquel le pape donne l'institution canonique, etc. Ces dispositions furent désapprouvées par plusieurs des cantons au nom desquels on les avait arrêtées. Il fallut en venir à une nouvelle convention (3) entre Lucerne, Berne, Soleure, Zug, et l'internonce Gizzi au nom de Léon XII, à laquelle l'Argovie et la Thurgovie adhérèrent en 1830 sous Pie VIII (4). Enfin, à la suite de négociations subséquentes, les 882,859 catholiques de la Suisse, qui compte en outre [1841] 1,292,871 protestants de diverses confessions et 1,755 juifs, sont répartis en six évêchés : 1° l'évêché de Bâle, pour les cantons de Lucerne, de Zug, de Soleure (résidence de l'évêque), d'Argovie, de Thurgovie, de Bâle, de Zurich, de Berne (Jura); 2° celui de Lausanne et Genève, pour les cantons de Fribourg, de Genève, de Vaud, de Neufchâtel et de Berne, (jusqu'à

---

(1) Revue trim. de Tubingue, 1820, p. 346-55. Cf. p. 726-34; p. 741-44; 1821, p. 363-66.
(2) Ibid., 1828, p. 556-68.
(3) Ibid., 1829, p. 154-83.
(4) Ibid., 1830, p. 603-10. Pour les raisons du refus, voyez *Hurter*, p. 49-56.

l'Aar); 3° celui de Sion, pour le Valais; 4° celui de Coire-Saint-Gall pour Uri, Schwytz, Unterwalden, Glaris, les Grisons, Appenzell, Schaffouse, Saint-Gall, qui a de nouveau été érigé en évêché, par le concordat du 7 novembre 1845 ; les 5° et 6° évêchés se composent des catholiques de la langue italienne qui habitent le canton du Tessin, et sont confiés aux soins de l'évêque de Côme et de l'archevêque de Milan (1). A défaut d'archevêque national, tous les évêques de la Suisse relevèrent immédiatement du chef de l'Église, qui facilite la marche des affaires ecclésiastiques en entretenant à Lucerne un nonce apostolique.

Nulle part, peut-être, les principes du libéralisme moderne ne sont établis et exprimés sous des formes plus diverses et plus divergentes que dans la confédération helvétique; mais il faut dire aussi que nulle part, malgré leurs dissensions, les mille nuances de ce parti ne se sont plus étroitement confondues dans leur commune haine contre l'Église catholique, surtout depuis les derniers événements de 1830 et de 1831. Le radicalisme le plus absolu règne dans ce pays de prétendue liberté; la presse y déverse chaque jour les plus infâmes calomnies sur les prêtres catholiques, les couvents, les Jésuites, sur le pape et le nonce, sur l'Église et ses institutions. Les catholiques, pour se défendre contre des attaques si déloyales, avaient fondé, en 1832, le *Journal ecclésiastique de la Suisse*, qui devait réveiller et vivifier le sens religieux du peuple, soutenir les droits de la religion et de l'Église, rectifier les assertions fausses et repousser les calomnies. Mais la trahison pénétra parmi les défenseurs mêmes de l'Église ; des théologiens catholiques de l'école de Paul Sarpi et de l'indifférence moderne, créèrent, en opposition avec le *Journal ecclésiastique de la Suisse*, la *Gazette religieuse pour l'Allemagne et la Suisse*, dirigée par Fischer, théologien décrié, partageant en partie les tendances de la presse radicale,

---

(1) La situation réelle de la religion dans certains évêchés se trouve exposée complètement dans le Catholique de 1834, t. LIII, p. 306-22; t. LIV, p. 8-44; 1836, t. LXI, p. 21-46, 149-69; t. LXII, p. 36-57, 156-73; et dans *Hurter*, l. cit., sur Zurich, p. 361-69, 639 et suiv.; — sur Lucerne, p. 407 et suiv.; — sur Glaris, p. 481 et suiv.

et proclamant, comme le plus grand bonheur pour l'Église catholique, sa séparation d'avec Rome. Encouragée par cette perfidie, la presse radicale répandit avec plus d'audace et d'ardeur que jamais ses calendriers impies, ses almanachs irréligieux, ses pamphlets athées, ses dissertations historiques et sacriléges, ses nouvelles immorales. Sous l'inspiration de cette esprit antireligieux, les cantons du parti du mouvement se réunirent enfin à Baden en 1834, et, sans s'inquiéter des rapports établis et des garanties légales existantes, rédigèrent de prétendus *articles de conférence* qui ravalaient complétement l'Église à la condition de servante de l'État. Grégoire XVI, pénétré du sentiment de son devoir, s'éleva aussitôt contre ces articles, et les condamna (1), dans une encyclique adressée à tout le clergé suisse [17 mai 1835]. Mais, en dépit de sa protestation, les articles furent mis en vigueur, par le pouvoir civil, dans plusieurs cantons. Les appréhensions des familles catholiques fidèles à leur culte devaient nécessairement s'accroître; encouragées par les heureux résultats obtenus à Fribourg, elles fondèrent un collége de Jésuites à Schwytz (2). Les Jésuites avaient obtenu un plein succès, depuis leur rentrée [1818] dans le collége fondé par l'illustre Canisius à Fribourg, grâce au tact pédagogique qui les distingue. Le libéralisme des écoles de Lucerne et de Soleure les fit déserter par les familles catholiques; la jeunesse afflua bientôt, de toutes les parties de la Suisse et des pays étrangers, au collége des Jésuites de Fribourg (3), tandis que la maison d'éducation fondée à Montet, dans le même canton, et dirigée par les dames du Sacré-Cœur, y attira de nombreuses jeunes filles. L'acte le plus hostile

---

(1) Les articles de la conférence en quatorze paragraphes, ou un nouveau genre de pragmatique religieuse, dans le Catholique, 1834, mai, p. 40 et suiv.; dans *Hurter*, p. 274 et suiv. Voyez l'encyclique du pape dans le Catholique, 1836, janv., suppl., p. IX et suiv. Revue trim. de Tubingue, 1835, p. 743-58.

(2) Le Catholique, 1836, t. LXII, p. 58 et suiv.

(3) Ibid., t. LXII, 1836, sur le collége de Schwytz; — sur celui de Fribourg, ibid., 1834, t. LIV, p. 33-44. *Hurter*, loco cit., p. 507 et sq. Feuilles hist., t. VI, p. 38 et suiv.; 210 et sq. *Piccolomini*, Quelques mots sur les pensionnats et les colléges des Jésuites en Suisse. Ratisb., 1843.

peut-être à l'Église fut celui du grand conseil du canton d'Argovie, qui, à la suite d'une série de coups d'État et au mépris de la lettre expresse du pacte fédéral [§ 12] (1) du 7 août 1815, supprima, par une décision arbitraire et tyrannique, prise le 20 janvier 1841, tous les couvents de l'Argovie, dont la fondation remontait aux premiers temps de l'histoire helvétique. Le nonce apostolique Gizzi et l'ambassadeur d'Autriche, comte de Bombelles, protestèrent aussitôt contre cette mesure, dont le *Journal des Débats* dit [9 août], peu de jours après : « Il ne s'agit pas de l'exis-
» tence de quelques couvents, mais du principe même de
» la liberté religieuse, du maintien du pacte fédéral. Le
» grand conseil, par la suppression des couvents, a violé
» l'article 12 du pacte fédéral; il froisse la liberté reli-
» gieuse, en renversant, par la suppression des couvents,
» une institution catholique. » Le mécontentement général (2) obligea le Vorort [février 1843] de déclarer nulles toutes les ventes de biens monastiques effectuées depuis la résolution de la diète d'avril 1841, de sommer le canton d'Argovie de les résilier, et de rapporter quelques autres mesures contraires au *statu quo ;* faute de quoi, le Vorort se réservait de prendre les mesures conformes aux principes de la confédération. Au milieu de ces violences du radicalisme, la nouvelle constitution du canton de Lucerne, décrétée par une majorité surprenante et dans l'esprit du catholicisme [mars 1842], vint réjouir et consoler les enfants fidèles de l'Église (3). Quant aux religieuses des cou-

---

(1) D'après le § 12 : « Le maintien des monastères et des chapitres, ainsi que la sûreté de leurs propriétés, sera sauvegardé par les gouvernements cantonaux ; leurs biens, comme toute autre fortune privée, sont soumis aux impôts et aux contributions. » Cf. les Catholiques d'Argovie et le Radicalisme (Mémoire) 1843.

(2) Cf. Empiétements du gouvernement de l'Argovie sur les catholiques (Feuilles hist., t. II, p. 179 et suiv., 214 et suiv., 295 et suiv.). Les dernières attaques contre les monastères en Suisse (ibid., t. IV, p. 204 et suiv., 281 et suiv.; t. VII, p. 422 et suiv.). La Gazette d'État de l'Argovie (ibid., t. VII, p. 532 et suiv.; t. VIII, p. 224 et suiv., 337 et suiv., 440 et suiv.). Voyez aussi la Feuille ecclésiast. de l'Allemagne méridionale, 1839, n° 2, 4 et 6.

(3) Le troisième article est ainsi conçu : « La religion catholique, apostolique et romaine est la religion de tout le peuple de Lucerne, et, comme telle, est la religion de l'État. Les autorités ne devront

vents de Fahr, de Hermetschwil, de Gnadenthal et de Baden, supprimées en 1841, il fut arrêté, après bien des assemblées et des conférences, qu'elles rentreraient dans leurs cellules [janvier 1844]. Le prélat de Muri fut absous de toute accusation, déchargé de toute peine, et l'État condamné à tous les dépens (1). Les radicaux ne se tinrent pas pour battus. Ils réunirent une nombreuse armée, l'amenèrent contre Lucerne, sous prétexte de renverser la domination des Jésuites. Lucerne et les cantons catholiques se défendirent avec courage, dissipèrent les corps francs qui prirent honteusement la fuite. Dès lors, à l'oppression des radicaux succéda le désir de la vengeance. Ils firent d'abord traîtreusement assassiner Joseph Leu, d'Ebersol, l'âme de toutes les entreprises des catholiques suisses, par la main d'un des leurs, Jacques Muller, qui avoua son crime et fut décapité [31 janvier 1846]. Enfin, ils déclarèrent une guerre impie et fratricide aux confédérés catholiques du Sonderbund; ceux-ci succombèrent, soit qu'ils eussent eu trop de confiance en la légitimité de leur cause, soit que leurs chefs eussent pris de fausses mesures, soit qu'ils eussent été trahis. Fribourg, Lucerne, et bientôt après le reste des cantons catholiques, tombèrent sous la tyrannie des colléges radicaux [novembre 1847]. De lourdes indemnités de guerre, la suppression de la plupart des couvents, la perte de toute liberté religieuse, l'exil de l'évêque de Lausanne et de Genève, tels furent les résultats de cette guerre désastreuse pour la Suisse catholique ; mais on verra plus loin que ces mesures violentes provoquèrent une réaction qui communiqua une vie nouvelle au catholicisme dans ces contrées.

donc, en aucune façon, soit médiate ou immédiate, gêner, limiter ou empêcher les rapports des prêtres, des citoyens ou des communes avec les autorités et les fonctionnaires de l'Eglise catholique romaine, tels que les évêques et le pape, dans les choses religieuses et ecclésiastiques. Toutefois les ordonnances et règlements ecclésiastiques devront être communiqués au gouvernement avant d'être publiés. Les rapports entre l'Eglise et l'Etat devront être arrêtés par un arrangement amiable des deux pouvoirs. L'Etat garantit l'inviolabilité des fondations et des biens ecclésiastiques. »

(1) Le Catholique, 1844, n° 11.

§ 408. — *L'Église catholique en Autriche.*

Cf. *Boost*, Nouv. Hist. de l'Autriche (1789-1839). Augsb., 1839, surtout p. 101 et suiv. *Beidtel*, Recherches sur la situation de l'Eglise dans les Etats autrichiens. Vienne, 1849. *Gams*, Hist. de l'Eglise chrét. au XIXᵉ siècle, t. I, p. 509-561.

Léopold II [empereur depuis le 12 mars 1790], averti par les symptômes révolutionnaires, fruit des funestes mesures de son frère Joseph II, résista aux tendances libérales et philosophiques qu'on avait imprimées à l'Autriche, comme malgré elle, et, grâce à l'abrogation de quelques lois impopulaires de son prédécesseur, réussit à calmer la sourde fermentation qui agitait l'empire. Il abrogea, surtout en pratique, celles des lois de Joseph II qui paralysaient d'une manière si fatale l'organisation ecclésiastique, licencia les séminaires généraux, rendit aux évêques le droit d'élever *leur clergé* dans leurs séminaires, autorisa l'usage de la langue latine dans la liturgie, reconnut les droits du souverain pontife en ce qui concerne les dispenses de mariage. Il satisfit aussi aux réclamations et aux prétentions des protestants en faisant incorporer dans les vingt-six articles des lois de 1791 les édits de 1608, 1647 et 1648, qui assuraient aux luthériens et aux calvinistes de Hongrie le libre exercice de leur culte. Enfin, il força les Turcs à conclure un traité de paix qui rétablissait le *statu quo* tel qu'il était le 9 février 1788 avant la déclaration de guerre. Son successeur, l'empereur François II [depuis mars 1792-1835], se souvint, dans les conditions fâcheuses où se trouva bientôt le chef de l'Église, de l'exemple, non de ses prédécesseurs immédiats, mais de plusieurs de ses plus illustres aïeux, et se montra réellement le protecteur de l'Église catholique et du Saint-Siège. Aussi Pie VII s'estima-t-il heureux, en élevant l'archiduc Rodolphe au siége archiépiscopal d'Olmutz et au cardinalat, de pouvoir donner à l'empereur François, alors à Rome [1819], une preuve de ses sentiments envers lui et son illutre maison, comme le fit, en 1842, Grégoire XVI, en conférant les mêmes dignités au prince de Schwarzenberg, prince-évêque de

Salzbourg. Si, d'ailleurs, les affaires ecclésiastiques restèrent longtemps soumises en Autriche au système joséphiste, si l'Église continua à y être régie par l'État, ce fut autant la faute des évêques que la volonté du gouvernement. Beaucoup de prélats, naguère conseillers ecclésiastiques ou référendaires au nom de l'État dans les affaires de l'Église, avaient conservé de leur ancienne position la conviction que l'Église ne pouvait être autrement gouvernée et maintenue. De fâcheuses expériences firent prendre des mesures qui, quelque bonnes qu'elles pussent être, étaient de véritables empiétements du pouvoir temporel, sinon sur les principes, du moins sur l'administration. Ainsi, en 1802 « la Chancellerie impériale » publia deux décrets en faveur de l'augmentation du clergé séculier et de la restauration de la discipline dans les couvents, sans la coopération de l'épiscopat. En 1804, parurent de nouvelles ordonnances sur les écoles populaires qui, devant être placées sous la surveillance du clergé, le furent non sous celle des évêques, mais sous celle des consistoires, parce que ceux-ci étaient subordonnés à l'État, et ne réalisaient que les plans impériaux concernant les méthodes d'enseignement, les livres classiques, les examens et les modes de surveillance. En 1810, on introduisit en place du droit ecclésiastique de Péhem celui de Rechberger, qui renfermait toujours le système gouvernemental en vigueur, quoique traitant d'ailleurs l'Église un peu moins comme une pure institution de l'État. On avait cependant, dès 1808, accordé une plus grande part d'influence aux évêques dans tout ce qui concernait les écoles, les établissements théologiques, la surveillance de l'orthodoxie et de l'esprit ecclésiastique des étudiants. Toutes ces mesures, jointes à la restauration des séminaires et des facultés de théologie catholiques, contribuèrent à la publication d'excellents ouvrages, dont l'influence se répandit au loin, notamment sur la pastorale (Powondra, Reichenberger, Zenner, etc.) et sur l'histoire ecclésiastique (Dannenmayer, Klein, Rauscher, Ruttenstock).

L'empereur François eut soin aussi, dans le choix des évêques, de ne confier les diocèses qu'à des hommes éclairés, distingués par leur savoir, donnant aux fidèles l'exem-

ple d'une vie sainte et pure (1), consacrant leurs soins et leur zèle aux écoles élémentaires, à l'instruction publique de tous les degrés, et particulièrement à l'enseignement du clergé dans les séminaires. Tels furent Sigismond, comte de Hohenwarth, archevêque de Vienne depuis 1803; Wenceslas-Léopold Chlumczansky, évêque de Leitmeritz depuis 1802 et prince-évêque de Prague depuis 1814; Léopold-Maximilien, comte de Firmian, archevêque de Salzbourg, et depuis 1822 de Vienne; Jacques Frint, évêque de Saint-Pœlten; François-Salms, évêque de Gurk-Klagenfurth (+ 1822), qui accueillit avec une généreuse bienveillance les pieux et savants moines de Saint-Blaise, chassés de leur couvent. Pour opposer une digue à l'esprit destructeur du siècle et donner à la jeunesse une éducation sérieuse, solide, également éloignée des phrases sonores et creuses du philosophisme et de la stérile immobilité des ennemis du progrès, on rétablit (1820) dans l'Empire l'ordre des Jésuites, si longtemps méconnu. Les membres de la Compagnie rentrèrent à Vérone, à Inspruck, à Linz, à Lemberg, à Tarnopol; les Rédemptoristes étaient déjà établis à Ravenne en 1816. Les ordres religieux ne furent pas les seuls, du reste, à combattre pour l'Évangile et l'Église. Frédéric Schlegel, associé à quelques écrivains partageant ses convictions, lutta avec vigueur et adresse contre l'envahissement des idées protestantes, dans le *Musée Germanique*, l'*Observateur autrichien* et dans ses autres ouvrages. Ses efforts réveillèrent l'esprit catholique, surtout dans les classes élevées. En Hongrie, où le principe protestant est plus enraciné que dans aucune autre province de la monarchie autrichienne, l'archevêque de Gran, primat de Hongrie, assembla, le 8 septembre 1822, avec le consentement de l'empereur, un concile national, dont le but était « d'arrê-
» ter la décadence des mœurs, de détourner les maux dont
» le fléau de l'impiété menaçait l'Église et l'État, et de ré-
» tablir l'ancienne discipline ecclésiastique dans le clergé,
» le peuple et les écoles (1). » Dans les autres parties de l'empire autrichien, de langue allemande, les questions

---

(1) Voyez la liste des évêchés autrichiens dans le Catholique, 1825, t. XV, p. 375 et suiv. *Gams*, l. cit. p. 509-533.

ecclésiastiques et théologiques à l'ordre du jour furent débattues dans le *Journal théologique de Frint* [depuis 1808] et dans la continuation de cette feuille par Pletz [depuis 1828]. La disparition de ce journal rendit d'autant plus utile et plus importante la société des Méchitaristes pour la propagation des bons livres catholiques, et l'association léopoldine pour la propagation du Christianisme. On vit naître plusieurs autres feuilles périodiques, telles que la *Gazette ecclésiastique de Vienne*, par Brumer [depuis 1848]; la *Gazette de théologie catholique de Vienne* [depuis 1850], par Scheiner et Hausle. La Hongrie et la Bohême, où le clergé manifesta une activité semblable, eurent leurs feuilles religieuses en langue nationale (*Journal de Sion*, etc.). Les évêques hongrois déployèrent, à l'occasion de la question des mariages mixtes (1), à l'exemple de Ziegler, évêque de Linz [1838], une rare activité, mêlée à une grande prudence. Après avoir adressé au clergé une lettre pastorale et une instruction générale à ce sujet, ils envoyèrent à Rome l'évêque Lonovics, pour obtenir du Saint-Siège un bref qui déterminât les mesures spéciales nécessaires à prendre en Hongrie à cette occasion, l'instruction du pape pour les États autrichiens (2) paraissant ne pas pouvoir s'appliquer généralement en Hongrie. L'empereur, pour mettre un terme aux réclamations contraires des partis, décréta, par une décision du 5 juillet 1843 et du 25 mars 1844, que l'éducation religieuse des enfants nés de mariages mixtes serait laissée au choix des parents, mais que les membres du clergé catholique ne pourraient être contraints à aucun acte religieux relatif à la célébration de ces mariages (3)

L'Église catholique serait certainement parvenue à un état beaucoup plus prospère en Autriche, si le gouverne-

---

(1) Cf. le Sion, 1841, n°° 127-130; la Circulaire du corps épiscopal est dans le Catholique, 1841, févr., suppl. p. LIX et suiv.; et la lettre du primat Jos. Kopacsy aux États du comitat de Pesth qui avaient menacé d'une amende de 600 florins le prêtre qui refuserait de bénir un mariage mixte (Sion. n° 7, suppl.). Cf. encore le Catholique, 1842, janv., suppl., p. IV; mars suppl., p. CXIX et suiv.

(2) Le Catholique, 1841, déc., suppl., p. LXXXV et suiv., avec l'instruction archiépiscopale, 1842, fév., p. LXIV et suiv. *Mailath*, Les troubles religieux de la Hongrie. Ratisb. 1845. 3 vol.

(3) Gazette d'Augsb., 1844, n° 139, suppl.

ment de l'empereur François et celui de son successeur Ferdinand 1ᵉʳ [1ᵉʳ mars 1835-1840] n'avaient mis maintes entraves à son libre développement par une perpétuelle méfiance et par l'application rigoureuse du régime bureaucratique. Quoique le catholicisme soit la religion de l'État, le gouvernement autrichien donna une preuve de tolérance envers les protestants, en leur accordant, en 1821, l'établissement à Vienne d'une école théologique pour les confessions d'Augsbourg et de Suisse.

§ 409. — *L'Église catholique en Bavière.*

Concordat et serm. constit. des catholiques en Bavière, Augsb., 1847. Remarques sur le nouveau concordat de Bav. comparé aux concordats récents de France et autres anciens concord. bavar. de 1807, écrites en janv. 1818. Gams, l. cit., t. I, p. 472-509.

Peu de pays ont été, autant que la Bavière, atteints de la contagion philosophique et de la folie des Illuminés depuis la fin du dernier siècle et le commencement de celui-ci. Nous en avons vu la preuve plus haut. Dès le commencement du règne de Maximilien-Joseph [16 février 1799] on imagina, sous l'influence toute puissante du ministre Montgelas, la sécularisation de plus de soixante-dix fondations et abbayes ; bientôt après on ferma et détruisit quatre cents couvents, on profana et dissipa les trésors de l'Église, on réglementa son culte, on porta une main frivole et sacrilége sur les choses les plus saintes. Cependant Montgelas était au moment, en 1807, après bien des tergiversations, de conclure un concordat avec le Saint-Siége, par l'entremise du nonce della Genga, lorsque Napoléon intervint pour l'empêcher et faire sentir au pape que l'Église ne pouvait être maintenue sans lui. Cette négociation importante ayant été retardée jusqu'en 1816, les institutions de l'Église furent réduites à un si triste état que Pie VII en versa des larmes amères. Le concordat repris fut retardé encore. Le gouvernement prétendait prendre possession de tous les bénéfices, même paroissiaux. Enfin, le 24 octobre 1817, le pacte fut conclu, le concordat signé. Quoique le Saint-Siége eût fait les plus larges concessions, les ennemis de l'Église, mécontents, s'opposèrent à la publication du concordat jusqu'à la promulgation de la constitution, qui contenait non-seulement quelques paragraphes contraires au concordat, mais encore tout l'édit plus protestant que catholique de 1804. Aussi les évêques et un certain nombre de curés refusèrent-ils le serment, jusqu'au moment [15 sept. 1821] où le roi déclara que le serment prêté à la constitution n'avait rapport qu'aux obligations civiles, et ne pouvait en aucune façon impliquer quelque chose de contraire aux lois de l'Église catholique. Ce qui n'empêcha pas naturellement les hommes d'État d'agir avec le plus grand arbitraire et de s'immiscer de plus en plus, au détriment de l'Église, dans son administration. Ces circonstances ajoutaient une gravité toute particulière à l'avertissement solennel donné par Maximilien au roi Louis, lors de son élévation au trône [1825] : « Sois le gardien et le protecteur de la foi, disait-il, et que la Bavière redevienne ce qu'elle était avant qu'on l'eût fait mentir à sa vocation, le bouclier de la religion, la pierre angulaire de l'Église d'Allemagne. Affranchis l'Église de la servitude dans laquelle la tient une vaine méfiance. Honore le sacerdoce afin que le peuple l'écoute et que son enseignement profite. Que ton règne ne soit ni celui des prêtres ni celui des libertins, qu'il ne soit ni le théâtre d'inutiles parades ni l'arène d'une démocratie destructive (1). » Docile à cet esprit de ses héroïques et dévots ancêtres de la guerre de Trente-Ans, le roi Louis fit élever la statue équestre de Maximilien 1er dans Munich (2), comme signe de la fidélité avec laquelle il remplissait sa royale mission ; il éleva une voix pieuse et puissante dans les affaires de l'archevêque de Cologne [dep. 1837] ; fit fleurir la science catholique en encourageant et récompensant les travaux des Gœrres [✝ 1848] des Philipps, Moy, Mœhler, Klée, Dœllinger, Haneberg, Reithmayr et de tant d'autres écrivains solides et brillants.

(1) Voyez l'écrit remarquable intitulé : Le prince électeur Maximilien au roi Louis de Bavière au moment de son avènement au trône, dans le Catholique de 1825, t. XVIII, p. 219-240.

(1) Cf. La Statue équestre du prince électeur Maximilien, dans les Feuilles historiques et politiques, t. IV, p. 449-454 ; et le Prince électeur Maximilien et son père Dominique, dans le Sion, 1839, n° 133.

C'est sous le règne du roi Louis, dont les heureux commencements faisaient espérer une fin plus consolante, que se forma la société pour la propagation des bons livres catholiques, qui opposa aux œuvres futiles et dangereuses de la littérature moderne des ouvrages capables de récréer l'esprit sans le pervertir, d'échauffer le cœur sans le corrompre; qu'on vit renaître l'art catholique, héritier des antiques traditions, grave, sérieux et digne, restaurant les vieilles cathédrales, terminant les dômes inachevés (Ratisbonne, Bamberg, Spire), édifiant des églises nouvelles qui rivalisent avec les chefs-d'œuvre du moyen âge (basilique de Saint-Boniface, églises de Saint-Louis, de tous les Saints), rappelant les triomphes de la peinture ancienne, et réalisant, comme elle, l'idéal divin sous les formes les plus belles et les plus pures, renouvelant l'éternelle alliance des arts et de l'Église, leur divine mère (Overbeck); que se perpétuèrent, dans un épiscopat vigilant, actif, et dévoué, les nobles et saints exemples des prélats qui glorifièrent le siége épiscopal de Ratisbonne (Sailer, Wittmann, Schwæbl); que se rétablirent, avec une liberté absolue, les rapports de l'épiscopat et de la cour de Rome (1); que furent rappelés, restaurés, conformément aux promesses royales faites lors du concordat (art. 7), divers couvents de Capucins, de Franciscains, de Carmes, et l'ordre des frères de la Miséricorde, des Augustins et des Rédemptoristes [dep. 1842], des sœurs de la Charité, des Servites et des Bénédictins (2), des sœurs des Écoles, des dames du Bon-Pasteur (3); que furent reconstitués, richement dotés, les séminaires que dirigent les hommes les plus éminents par leur science théologique et leurs vertus sacerdotales (4);

---

(1) Sur les libres communications de la Bavière avec Rome, voyez les Feuilles hist.-polit., t. VII, p. 593-627.
(2) Les pièces concernant la fondation des établissements bénédictins dans l'évêché d'Augsbourg, sont dans *Rheinwald*, Acta historico-ecclesiastica, anno 1835, page 204 et sq. Voyez Revue de Bonn., 14ᵉ livrais., p. 238; 18ᵉ livrais., p. 202.
(3) Sur l'établissement de cet ordre dans le diocèse de Munich, voyez le Sion, 1839, n° 64; suppl., et les statuts de l'ordre, dans le Sion, 1840, n° 134, suppl.
(4) Cf. *Wolf*, Vie et influence de Louis Iᵉʳ, roi de Bavière. de 1786-1841, Augsb., 1841.

qu'enfin fut encouragée par la sanction et la faveur royale l'association formée pour la conversion des idolâtres de l'Asie et de l'Amérique du Nord (*Ludwigs Verein*) (1) [dep. 1839]. Tel fut le spectacle consolant qu'offrit aux yeux de la foi un État aussi libéral que fidèle, aussi sincèrement tolérant que profondément catholique, qui sut accueillir et récompenser le bien partout où il se trouvait, parmi les protestants comme parmi les catholiques (2), et mettre en évidence, sans faire acception de croyance, tous ceux que leur science désignait aux suffrages de leurs contemporains, tels que les Puchta, les Sthal, les Rückert, les Schelling (3).

§ 410. — *L'Église catholique en Prusse.*

Theiner, Situation de l'Église cathol. en Silésie. Ratisb., 1852. 2 vol. *Gams*, l. cit., t. I, p. 561, *Menzel*, Nouv. hist. de l'Allemagne, t. XI.

A côté de la Bavière catholique, une dans sa science, ses arts, ses institutions, l'histoire moderne nous montre, en Prusse, la lutte permanente du protestantisme et du catholicisme. Protectrice née du luthéranisme, héritière des traditions de la maison de Brandebourg, la Prusse, en cessant d'être exclusivement protestante par l'accession des provinces catholiques acquises sous Frédéric II, n'en est pas moins restée l'adversaire du catholicisme, cherchant à l'absorber ou à le façonner à sa guise, excluant les

---

(1) Les statuts sont dans le Sion, 1839, n° 11. Circulaire adressée à la société, ibid., n° 64; Propositions faites à la société, ibid., 1841, n° 29; Projet de fondation d'une maison de missions en Allemagne (Feuilles cath. du dimanche, de Mayence. 1843, n° 6).

(2) La lettre de l'évêque Schwæbl à Éberhard est dans la Gazette cath. et ecclésiast. de *Hœninghaus*, 1841, n° 47, 10 juin, et la réponse astucieuse d'Éberhard dans le n° du 18 juillet. Pour le nouveau grief des protestants, élevé à propos de la génuflexion faite par les militaires devant le Saint Sacrement, voyez *Dœllinger*, Lettre à un député, Munich, 1843.

(3) *Ruland*, Series et vitæ professorum SS. Theol. qui Wirceburgi a fundata academia (anno 1582) usque ad annum 1834 docuerunt, etc.; accedunt analecta ad hist. ejusd. SS. Facultatis in quibus statuta antiqua divi Juli nondum edita. Wirceb., 1835.

catholiques de tous les emplois publics, grands ou petits, entravant la liberté des élections des évêques, des prélats et des abbés dans les chapitres et les couvents, introduisant par force ou par ruse l'esprit protestant dans les écoles, exigeant que les enfants nés d'un mariage mixte fussent élevés dans le protestantisme, prouvant en un mot, et en toute circonstances, que la fameuse parole de Frédéric II : « Dans mes États, chacun peut se sauver à sa guise, » n'était qu'une phrase sonore sans sincérité (1).

C'est dans cet esprit que régna Frédéric-Guillaume III, [1797-1840] appliquant en outre, dans ses rapports avec l'Église, les théories de Hégel sur l'omnipotence du pouvoir politique (2) pour réaliser ses plans, atteindre son but et substituer partout l'esprit et les formes du protestantisme aux formes et à l'esprit des institutions catholiques.

Cette longue et perfide oppression, qui produisait peu à peu une assez profonde indifférence parmi les vrais fidèles, finit néanmoins par exciter une réaction contraire et par ranimer la foi endormie. Hardenberg conclut rapidement, en 1821, les négociations entamées avec Rome, et la bulle *De salute animarum*, qui en fut le résultat, ouvrit une ère nouvelle aux catholiques. Une des conséquences les plus immédiates de cette bulle importante, qui constituait un véritable concordat, fut l'organisation de l'archevêché de Cologne et des évêchés des provinces rhénanes, de l'archevêché de Gnesen et de Posen, de l'évêché d'Ermeland, et la dotation des chapitres prussiens. A son tour, Niebuhr, quoique prévenu contre la cour de Rome, et per-

---

(1) Cf. Rapports de Frédéric le Grand avec l'Église catholique (Feuilles hist.-polit., t. I, p. 321-38). Cf. en outre la lettre de Frédéric-Guillaume III à sa parente, la duchesse de Kœthen, à l'occasion de son retour et de celui de son mari à l'Église catholique, ainsi que plusieurs autres déclarations hostiles au catholicisme. Cf. le Catholique, 1826, t. XXI, p. 1-22; t. XXII, p. 206 et suiv., et 1826, janv., suppl., p. XIV; avril, suppl., p. XI, etc.

(2) La Gazette d'Augsbourg, 1841, 7 août; le Hégélianisme et le Christianisme en Prusse (Feuilles hist.-polit., t. VI, p. 81-91); et Lettres allemandes (*ibid.*, t. X, p. 1 et suiv., etc., et surtout n° 5); Relations de la Prusse avec l'Église dans le passé et le présent (*ibid.*, t. X, p. 665-81); *Guill. de Schütz*, le Droit canon dans les provinces rhénanes. Würzb., 1811; *Laspeyres*, Histoire et organisation actuelle du catholicisme en Prusse, t. I. Halle, 1839.

suadé que le catholicisme était par essence en conflit avec l'État qu'il représentait, fit taire ses préjugés, et parvint, durant son ambassade à Rome, à arranger d'une manière adroite et honorable des différends qui, réveillés plus tard, furent bien difficilement apaisés par le chevalier Bunsen, chargé d'affaires de Prusse à Rome (1). Les discussions religieuses élevées en Prusse, propagées de là dans toute l'Allemagne et jusqu'au delà des mers, s'expliquent : 1° par la nature même du catholicisme et du protestantisme, toujours radicalement opposés ; 2° par les prétentions de l'autorité civile et des rois absolus, contre lesquels lutte et luttera toujours l'Église, qui veut et doit être indépendante dans son gouvernement intérieur (2); 3° par l'influence qu'a exercée sur la foi et la conscience des catholiques la Symbolique de Mœhler, si vigoureusement opposée à la prépondérance qu'ont acquise les idées protestantes depuis le jubilé de la réformation [1817], et à la négation si essentiellement inhérente au protestantisme. La bulle *De salute* eut encore d'autres conséquences pour l'Église catholique de Prusse. Ainsi les provinces rhénanes obtinrent, par l'érection de la nouvelle université de Bonn, une faculté de théologie catholique. Le lycée Hosien fut rouvert dans le diocèse d'Ermeland. Dans d'autres diocèses, on fonda des séminaires catholiques. L'académie de Münster rentra dans l'usage des anciens privilèges accordés par les empereurs et les papes, et put récompenser le mérite par les dignités dont elle dispose [1834].

Cependant les provinces nouvellement unies à la Prusse, fort peu attachées au régime nouveau, réclamèrent contre l'organisation militaire et ecclésiastique, contre la partialité du gouvernement, qui négligeait les catholiques dans les nominations aux fonctions universitaires et judiciaires. Ces plaintes, publiées par les journaux, augmentèrent la

---

(1) Cf. la correspondance de Niebuhr. Hamb., 1839. Voyez aussi Niebuhr et Bunsen comme diplomates à Rome (Feuilles hist.-polit. t. V, p. 270 et suiv., 397 et suiv., 531 et suiv.).

(2) Cf. les Tendances du pouvoir temporel à empiéter sur le gouvernement de l'Église, dans la Revue trim. de Tubingue, 1831, p. 1-43; État du catholicisme en Prusse (Feuilles hist.-polit., t. IV, p. 239 et suiv., 291 et suiv.).

méfiance des catholiques. Elles furent réunies sous le titre innocent de *Documents pour servir à l'histoire ecclésiastique du XIX° siècle* (1), auxquels on ajouta une consultation que Claessen, prieur de la collégiale d'Aix-la-Chapelle, avait rédigée sur l'exécution du bref adressé par Pie VIII aux évêques du Rhin, relativement aux mariages mixtes. Ce mémoire, qui reprochait, entre autres, au gouvernement prussien d'avoir influencé les élections des évêques, résumait tous les griefs des catholiques et devait avoir des résultats assez importants.

L'élévation à l'archevêché de Cologne de Clément-Auguste de Droste, qui avait déjà eu, en sa qualité de vicaire général de Munster, un conflit sérieux avec le gouvernement prussien, relativement aux études ecclésiastiques (2), coïncida avec des événements graves et compliqués. Son prédécesseur, le comte Ferdinand Spiegel, avait favorisé la doctrine hermésienne, condamnée par le Saint-Père [26 septembre 1835], à cause de sa tendance rationaliste et pélagienne, et de la manière erronée dont plusieurs dogmes catholiques y sont exposés. L'archevêque Clément-Auguste de Droste, depuis longtemps adversaire déclaré du système hermésien, se crut doublement obligé d'en arrêter la propagation parmi le jeune clergé, et soumit aux prêtres nouvellement ordonnés, ainsi qu'à quelques chapelains qui devaient être promus à des cures, dix-huit propositions, dirigées en partie contre la doctrine hermésienne, et qu'ils devaient accepter et signer avant leur nomination ou leur ordination. Poursuivant sa réaction contre l'hermésianisme, l'archevêque avait suspendu ou interdit plusieurs professeurs de Bonn et du séminaire de Cologne. Le gouvernement se crut lésé dans ses droits par les mesures que l'archevêque avait prises sans sa participation, et notamment par le contenu de la dix-huitième proposition (3). Après avoir consulté sur la nature des propo-

---

(1) Essais sur l'hist. ecclés. du XIX° siècle. Augsb., 1835, et appelés ordinairement le *Livre rouge*. Voyez la réponse intitulée : l'Église catholique dans les provinces prussiennes du Rhin et l'archevêque Clément-Auguste de Cologne. Francf., 1838.

(2) Voyez les pièces dans la Revue trimest. de Tubingue, 1820, p. 511 et suiv.

(3) « Je promets d'obéir à mon archevêque en tout ce qui concerne

sitions l'opinion de quelques ecclésiastiques, pour la plupart hermésiens, intéressés dans la question (1), le gouvernement tâcha, par des remontrances et des menaces, de faire revenir l'archevêque sur sa résolution. Puis il parut céder quant à la question hermésienne. Il fit entrevoir qu'il consentirait au désir de l'archevêque, pouvu que les formes et les procédés fussent modifiés de manière à pouvoir être admis, ajoutant que ce serait d'ailleurs un moyen bien plus sûr d'atteindre le but proposé. Mais il exigeait, en retour, une condescendance analogue de la part de l'archevêque sur la question des mariages mixtes, à laquelle il attachait bien plus d'importance. Le prédécesseur de Clément-Auguste, le comte Ferdinand Spiegel, avait tristement compromis la gloire que lui avaient acquise les services rendus au diocèse de Cologne, en adressant aux vicaires généraux du diocèse une convention, accompagnée d'une instruction sur les mariages mixtes [1834], tout à fait opposée au contenu du bref de Pie VIII, quoiqu'on le présentât à Clément-Auguste comme conforme au bref pontifical (2). En effet, Pie VIII, dans son bref *Venerabiles fratres*, s'était plaint de ne pouvoir lever la difficulté où se trouvaient les évêques des provinces rhénanes, de concilier les règlements ecclésiastiques touchant les mariages mixtes avec le décret royal de 1825, relatif à l'éducation des enfants, et cependant l'instruction de Spiegel déclarait la discipline de l'Église sur les mariages mixtes tellement mitigée, que rien n'empêchait de se conformer

---

le dogme et la discipline, de lui montrer mon respect et mon obéissance sans aucune réserve mentale, et m'engage à n'en appeler de la décision de mon archevêque qu'au pape, chef de l'Église entière, comme le veut la hiérarchie catholique. »

(1) On imprima quelques-unes de ces opinions, par exemple celle qui porte ce titre : Responsum sexdecim prioribus earum thesium, quæ sub titulo : « Theses neoapprobandis et aliis presbyteris Archid. Colon. ad subscribendum propositæ » innotuerunt, in serm. latin. conversum edendum curavit P. Q. Darmst., 1837.

(2) On doit se rappeler qu'avant l'occupation de la Silésie par la Prusse, la question des mariages mixtes y avait déjà été soulevée. Cf. l'essai intitulé : Conduite des archevêques et des vicaires généraux de Breslau à l'égard des mariages mixtes de 1709 à 1743 (Sion, 1841, n° 114, 19 sept., suppl.). Ce travail renferme des documents importants,

à l'ordre du cabinet de 1825. L'archevêque Spiegel avait signé la convention purement et simplement, sans aucune réserve relative à la ratification du souverain pontife, tandis que le chevalier Bunsen, fondé de pouvoirs du roi de Prusse, ne l'avait signé que sous la réserve expresse de l'approbation royale. Clément de Droste, après un examen approfondi de la convention et de l'instruction, ne les trouva conformes ni l'une ni l'autre au bref, déclara qu'il s'en tiendrait au bref dans tous les points où l'instruction de son prédécesseur s'en écarterait, parce qu'il ne voulait pas se mettre dans le cas, comme l'évêque de Trèves, de rétracter sur son lit de mort ce qu'il aurait fait pendant sa vie. Après des explications aussi catégoriques, un accommodement n'était plus possible. La fidélité de l'archevêque et l'opiniâtreté du gouvernement amenèrent la catastrophe, et le courageux pasteur de Cologne fut arraché de vive force de son siége archiépiscopal, le 20 novembre 1837. Cet acte de violence causa à tous les catholiques une douleur profonde, qu'augmentèrent les calomnies dirigées contre l'archevêque, accusé d'entretenir des relations avec deux partis révolutionnaires.

Le pape, loin d'être ébranlé par ces actes de persécution d'un autre âge, comme beaucoup de gens s'y attendaient, se montra plus ferme et plus digne que jamais; il éleva, avec une douce et sereine vigueur, sa voix paternelle, prit l'Europe entière à témoin des violences des ennemis de l'Église [10 décembre 1837], et termina par ces paroles : « Nous déclarons aujourd'hui d'une manière solennelle et » publique ce que nous n'avons cessé de faire en silence » et en particulier, à savoir : que nous désapprouvons et » condamnons toute pratique introduite dans le royaume » de Prusse, en tant qu'elle sera contraire au sens vérita- » ble de la déclaration de notre prédécesseur sur les ma- « riages mixtes. » Ces paroles durent faire une vive impression sur Martin de Dunin (1), archevêque de Gnesen et de Posen, qui, dès le mois de janvier 1837, et sans aucune connaissance de ce qui se passait à Cologne, avait soumis

---

(1) *Pohl*, Martin de Dunin, archev. de Gnesen et de Posen. Esquisse biographique. Marienbourg, 1843.

au ministère ses scrupules sur l'usage observé en matière de mariages mixtes, et avait sollicité la publication dans son diocèse du bref de Pie VIII aux évêques rhénans, ou l'observation de la bulle, toujours en vigueur, de Benoît XIV : *Magnæ nobis admirationi*. Le ministère ayant énergiquement repoussé cette demande, l'archevêque adressa une requête directe au roi [21 octobre 1837], qui la rejeta également, en donnant son approbation à la décision ministérielle [30 décembre]; le prélat fut averti que, malgré l'allocution du 10 décembre, on ne voulait ni ne pouvait rien changer à l'usage adopté. L'archevêque, dans ce conflit pénible entre les instructions du pape et les ordres du roi, crut, en conscience, devoir obéir de préférence au Saint-Père, et adressa à son clergé, contre la volonté du roi, une lettre pastorale sévère, dans le sens de la bulle de Benoît XIV. Pour expier cette désobéissance aux lois du royaume et aux ordres du souverain, il fut condamné par le tribunal supérieur de Posen, dont il avait refusé de reconnaître la compétence, à perdre son emploi et à être enfermé pendant six mois dans une forteresse. Après de nouveaux pourparlers qui ne purent amener une conciliation, M. de Dunin, étant rentré dans son diocèse malgré la défense du roi, se vit conduit à la forteresse de Colberg. La persécution qui frappa ces deux illustres vieillards excita en Allemagne, non-seulement un intérêt général, mais elle provoqua un nouveau retour vers l'Église, une adhésion plus ferme à ses principes, un zèle et un enthousiasme religieux plus fervents qu'on ne les avait vus depuis longtemps. Le clergé du diocèse de Gnesen et de Posen donna une preuve de son dévouement à l'Église et à son archevêque en protestant unanimement contre les règlements de l'autorité civile en matière spirituelle, et contre les procédés dont le gouvernement avait usé envers le chef du diocèse. Les douze évêques américains, assemblés à Baltimore, de l'autre côté de l'Océan, touchés de la constance des deux prélats, leur adressèrent une lettre de condoléance qui exprimait leur haute vénération pour ces dignes confesseurs de la foi (1). Quant aux évêques de

---

(1) Cf. le Sion, 1840, juillet, p. 874, pour l'original latin.

Prusse, ils avaient tous adopté depuis longtemps l'avis des deux archevêques, sauf, toutefois, le prince-évêque de Breslau, qui se vit forcé de renoncer à l'administration de son diocèse [août 1840] (1).

L'avénement de Frédéric-Guillaume IV [7 juin 1840] au trône de Prusse ranima les espérances des catholiques, qui comptaient que le nouveau roi mettrait promptement fin à ce malheureux conflit. En effet, Frédéric-Guillaume, sans se laisser égarer par les clameurs et les sophismes de la presse, envisagea la question du véritable point de vue, et concilia les intérêts de l'État et de l'Église en autorisant le retour de Mgr Dunin dans son diocèse [29 juillet 1840] (2). Aussitôt arrivé, l'archevêque adressa une lettre pastorale à son clergé [27 août 1840], l'exhortant à vivre en paix avec les non-catholiques, et lui recommandant, puisque la loi temporelle défendait de demander des garanties pour l'éducation des enfants, lors de la conclusion des mariages mixtes, de s'abstenir du moins de tout acte approbateur

---

(1) Exposition de la conduite du gouvernement prussien à l'égard de l'archevêque de Cologne, par *de Moy*, 1838, Berlin. Ce travail envisage la conduite du gouvernement sous le point de vue du droit, de l'histoire et de la politique ; Mémoire romain du 4 mars 1838, émané du secrétariat d'Etat; *J.-J. Gœrres*, Athanase. Ratisb., 1838, in-4. Peu après parurent successivement : l'Emprisonnement de l'archevêque de Cologne, par un jurisconsulte (*Lieber*). Franc.-sur-le-Mein, 1837-38; *J.-J. Dœllinger*, les Mariages mixtes. Ratisb., 1838, dont il y eut cinq éditions; *J.-J. Gœrres*. La triade, H. Léo, Marheinecke et le docteur Bruno. Ratisb., 1838, *Joël Jacoby*, une Voix de Berlin, 1838; *J.-J. Ritter*, Irenicon. Lipsiæ, 1840; *Kunstmann* et *Kutsschker*, les Mariages mixtes, p. 1019, note 2 ; deuxième allocution du pape du 13 sept. 1838; la réponse dans la Gazette d'État de Prusse, du 31 décembre 1838; réponse de l'archevêque de Posen, du 5 janv. 1839 (Gazette polit. de Munich, 1" févr. 1839) ; Mémoires d'État, publiés à Rome en réponse à la Gazette prussienne du 31 décembre 1838. Cf. les Consultations légales et défenses de l'archevêque de Posen, par *Guill. de Schütz* et *Rintel*, et plusieurs travaux de *G. Gœrres* et de *Philipps* dans les Feuilles hist.-polit. *C. Hase*, les Deux archevêques, fragment de l'hist. ecclés. contemporaine. Leipzig, 1839; *Bretschneider*, le baron de Sandau, ou les Mariages mixtes; 3° édit. Halle, 1839; *Gœtz*, le baron de Wiesau, contre-partie du baron de Sandau. Ratisbonne, 1839. Voyez aussi d'autres travaux dans *Rheinwald*, Répertoire, 1838 et 1839.

(2) Retour de l'archevêque de Gnesen à Posen (Feuilles hist.-polit., t. VI, p. 428-42).

de ces unions. Plus tard [mars 1842], il engagea les prêtres, ministres d'un Dieu de paix, venu, non pour perdre les âmes, mais pour les sauver, à s'abstenir de toute excommunication publique, et à prêter une oreille favorable à ceux qui, engagés dans les liens d'un mariage mixte, s'approcheraient du tribunal de la pénitence, ou, en cas de maladie, demanderaient les sacrements pour se réconcilier avec Dieu, dont la miséricorde dépasse l'iniquité des hommes (1).

Le pieux archevêque [† 26 décembre 1842] montrait d'autant plus volontiers cette indulgence éclairée, que le roi donnait chaque jour de nouvelles preuves de sa bienveillance envers l'Église et de son respect pour la liberté. Une série d'actes royaux vint confirmer cette confiance de l'archevêque. Un décret du 1er janvier 1841 permit aux évêques de correspondre librement avec Rome ; un autre décret, du 12 février suivant, créa, aux ministères des cultes et de l'instruction publique, une division spéciale pour les affaires catholiques, sous la direction du conseiller intime M. de Duesberg.

L'affaire de Cologne fut également terminée, grâce à la volonté persévérante du roi, d'une manière satisfaisante pour les deux parties (2). A la suite des négociations entamées et dirigées à Rome par le comte Bruhl, le roi de Bavière autorisa Mgr de Geissel, évêque de Spire, administrateur à la fois ferme et conciliant, de quitter ses États et d'accepter la coadjutorerie de Cologne. De son côté, le roi de Prusse déclara publiquement n'avoir jamais admis que l'archevêque de Cologne eût pris part à des intrigues politiques et révolutionnaires. La proclamation injurieuse publiée lors de l'enlèvement de l'archevêque de Cologne et de sa translation à Minden, fut publiquement désavouée par M. de Bodelschwingh, premier président. A la suite de ces satisfactions honorables, Clément-Auguste renonça

---

(1) La première lettre pastorale est dans le Sion, 1840, n° 11, en latin et en allemand, 117 ; sur la seconde, voyez le Catholique, 1842, juin, suppl., p. CIX et suiv.

(2) *J.-J. Gœrres*, l'Église et l'État, d'après les derniers errements de Cologne. Weissenb., 1842. En même temps parut l'écrit intitulé : la Paix de l'Église et de l'État, d'après l'affaire de Berlin, par *Clém.-Aug. baron Droste de Vischering*. Munster, 1843.

à l'administration du diocèse. « Désormais, dit-il dans une
» touchante lettre d'adieu (1) adressée aux fidèles de son
» diocèse, et jusqu'au jour de ma mort, je n'aurai plus
» qu'à lever les mains vers le ciel, comme autrefois Moïse,
» pour attirer sur mon peuple, par l'ardeur de mes
» prières, les grâces du Tout-Puissant [† 19 octobre
» 1845]. » Le roi continua à donner d'éclatants témoignages de sa bienveillance envers l'Église de Cologne, en contribuant par des sommes considérables, et par un appel fait à toute la chrétienté (2), à l'achèvement de sa magnifique cathédrale.

§ 412. — *Province ecclésiastique du Haut-Rhin.*

Essais sur l'histoire contemporaine du catholicisme en Allemagne, par *J. M. L. R....* Strasbourg, 1823. *Longner*, des Rapports des évêques, sous le point de vue légal, dans les diocèses du Haut-Rhin. Tubingue, 1840. Situation du catholicisme dans le duché de Bade. Ratisbonne, 1841-43, 2 part. *Mack*, Catholica, ou Communications sur le catholicisme du Wurtemberg. Augsb., 1841. Cf. les Feuilles hist.-polit., t. VIII, p. 1-16; 138 et suiv., 294 et suiv., 358 et suiv., 545 et suiv. Réflexions sur la situation religieuse et politique du duché de Bade; Lettres du Haut-Rhin, dans le Catholique de 1843. *Gams*, l. cit., t. I, p. 405-472.

Le nombre des catholiques conquis par les gouvernements protestants du Wurtemberg et de Bade, à la suite de la sécularisation, était si considérable, qu'ils formèrent ici les deux tiers, là le tiers de la population totale. Les droits des catholiques n'en furent pas plus respectés ; l'Église fut soumise, comme en Prusse et en Bavière, par des édits de religion et des ordonnances spéciales à la surveillance inquiète de la bureaucratie de l'État. Ainsi, le 20 mars 1803, le gouvernement du Wurtemberg ordonna « que désormais

---

(1) La lettre du roi de Prusse à Clément-Auguste (Catholique, 1842, févr.; suppl. p. LXX et suiv.). Adieux de Clément-Auguste (Catholique, 1842, mai, suppl., p. LXIII et suiv.). Lettre pastorale du coadjuteur, dans le Sion 1842, mars, n° 327.

(2) Sur une association formée à Mexico pour la continuation de la cathédrale de Cologne, après l'appel du roi de Prusse, voyez la Feuille *la Cathédrale de Cologne*, 1843, n° 43.

toute publication ecclésiastique imprimée porterait en tête : *par autorisation royale*, afin d'épargner par là toute incertitude au clergé, » ordonnance qu'il renouvela (11 juin 1803) et fortifia par des menaces de châtiment en cas d'infraction. Bientôt après, le 2 mars 1805, il décréta « que les dispenses de jeûne données par l'évêque devaient avoir, comme tout autre acte, le *placet* du gouvernement, qu'aucune fête, aucun office divin, même accidentel, ne pourrait être célébré dans l'église en dehors du dimanche ; qu'il fallait substituer le travail à la fréquentation des églises. » La nomination des bénéfices ecclésiastiques fut subordonnée au droit de patronage seigneurial, et dépendit du conseil ecclésiastique et royal par lequel les aspirants seraient jugés à la suite d'un concours. Ce conseil eut aussi la haute main sur les études ; enfin il devait connaître de toutes les demandes de dispenses pour les mariages. — Les biens meubles et immeubles des couvents furent, ici comme ailleurs, dévastés et dispersés, les religieux souvent maltraités, et les catholiques si invariablement exclus de toutes les charges publiques, qu'une vive fermentation se manifesta dans l'Oberland badois, qu'elle appela l'attention de Napoléon, en sa qualité de protecteur de la Confédération du Rhin, et le détermina à envoyer une note menaçante au gouvernement de Bade, contre le système en vigueur, et d'après lequel « on excluait les catholiques et les habitants des pays nouvellement unis à Bade, de toute participation aux affaires et aux emplois de l'État. On privait Mannheim, Fribourg et d'autres villes importantes de tous les établissements qui pouvaient contribuer à leur bien-être et à leur splendeur. » Cette note produisit un prompt effet : le grand-duc Charles-Frédéric nomma le baron d'Andlaw, catholique zélé, ministre de l'intérieur (mars 1810). L'administration ecclésiastique de Bade, pour les catholiques nouvellement conquis, résidait à Constance, Würzbourg et Bruchsal. Le vicaire général de Wessemberg résidait à Constance, dont plus tard l'archevêque Dalberg le nomma coadjuteur ; il prit, à côté de quelques mesures fort bonnes, une voie tout à fait déplorable et contraire aux intérêts de l'Église, dont non-seulement le pape témoigna son mécontement (fév. 1810), mais dont le gouvernement de Fribourg et le roi de Wurtemberg lui-même se plaignirent. Le roi fit plus, car, pour entraver l'influence de Wessemberg dans son royaume, il ordonna (1811), « vu que l'arbitraire introduit par le bas clergé dans le culte divin en abolissant la langue latine propageait la discorde de village en village, détruisait l'uniformité du culte et troublait les consciences, que la langue latine serait conservée ou rétablie partout où elle avait été en usage, et qu'on ne ferait pas le moindre changement dans les rites anciens et les coutumes traditionnelles. » Par contre, l'influence de Wessemberg dominait la commission catholique établie à Carlsruhe [1803 devenue plus tard la division des cultes [1812], et dans laquelle fonctionnaient, comme membres ecclésiastiques, Brunner, un prétendu catholique éclairé, et Hœberlin, l'adversaire du célibat des prêtres. Après la mort du prince-évêque de Würtzbourg, Georges-Charles de Fechembach, l'archevêque Dalberg soumit la partie badoise de son diocèse à la juridiction du vicariat de Bruchsal [1808]. Cependant, ici comme en Bavière, Napoléon empêchait secrètement l'érection des nouveaux évêchés, qu'avaient sincèrement entreprise les gouvernements de Bade et de Wurtemberg [1807-1808] : il ne voulut point tolérer en Allemagne la présence du nonce della Genga, que le pape fut obligé d'envoyer à Paris. Dès le 21 septembre 1807, le comte de Champagny, ministre de l'empereur, avait remis au cardinal Caprara une note catégorique qui portait « qu'en sa qualité de protecteur de la Confédération du Rhin, l'empereur devait s'intéresser à la religion de ce grand pays ; — qu'il désirait en conséquence que le concordat de l'Allemagne fût négocié sous ses yeux, à Paris : — l'empereur se plaignait d'ailleurs hypocritement « de ce que le pape n'avait donné aucune attention aux plaintes des Églises d'Allemagne, et les avait négligées depuis dix ans. » — Ce qui était vrai, c'était que, grâce à l'omnipotence de l'État, au protestantisme des hommes chargés de la direction des affaires et à l'influence anti-ecclésiastique de Wessemberg, l'Église catholique était foncièrement ruinée dans le grand-duché de Bade. — Dans le Wurtemberg, la sollicitude du roi Frédéric avait fait ériger un vicariat général à Ellwangen, à la tête duquel était placé l'ancien coadjuteur d'Augsbourg, François-Charles, prince de Hohenlohe, évêque de Tempé [1812]. L'archevêque Dalberg avait consenti à séparer de son ressort la partie wurtembergoise du diocèse d'Augsbourg, ce qui ne fut approuvé que beaucoup plus tard par le Saint-Siége [21 mars 1816]. A la même époque, c'est-à-dire dès le 30 octobre 1812, une université catholique fut érigée à Elwangen. Les étudiants de théologie catholique du Wurtemberg devaient seuls la fréquenter. Plus tard, en 1817, elle fut incorporée comme faculté de théologie catholique à l'université de Tubingue, et le vicariat général tranféré à Rottenbourg.

La mort du prince-primat Charles-Théodore de Dalberg, archevêque de Ratisbonne [10 février 1817], entraînant la vacance des évêchés de Constance et de Worms, suscita de nouvelles difficultés aux catholiques du grand duché de Bade et du royaume de Wurtemberg, subordonnés à ces évêchés. Cependant on voulut mettre un terme aux incertitudes de cette situation. En conséquence, les envoyés des princes protestants (Wurtemberg, Bade, les deux Hesse, Nassau, Mecklenbourg, les duchés saxons, Oldenbourg, Waldeck, Lubeck, Brême, Francfort et Hambourg) se réunirent, le 24 mars 1818, à Francfort-sur-le-Mein, pour y poser les bases d'une convention avec le Saint-Siége. Les catholiques augurèrent mal des résultats de l'assemblée, lorsqu'ils reconnurent, dans le discours d'ouverture de l'envoyé de Wurtemberg, baron de Wangenheim, la manière dont les princes protestants se posaient vis-à-vis du pape. Leurs appréhensions furent promptement justifiées; car les membres de la conférence établirent pour bases de la négociation les principes de la punctation d'Ems, et la pensée d'une église nationale d'Allemagne. Aussi les envoyés du Wurtemberg et de Bade ne purent-ils faire agréer par Rome les propositions qu'ils présentaient, au nom de la Confédération, sous le titre de *Magna charta libertatis Ecclesiæ catholicæ romanæ*. De nouvelles négociations furent reprises à Francfort, et de nouvelles communications avec Rome eurent d'abord pour résultat la publication de la bulle de Pie VII *Provida solersque* [16 août 1821], érigeant l'archevêché de Fribourg et les évêchés suffragants de

Rottenbourg, de Mayence, de Fulde et de Limbourg (1). Le pape espérait de la sagesse des princes intéressés qu'on s'entendrait sur les questions encore en litige. Son espoir fut trompé d'abord ; car il lui fut impossible de donner l'institution canonique aux évêques désignés par les princes protestants pour occuper les nouveaux siéges, notamment au baron de Wessenberg (2), qui, après avoir été coadjuteur du prince de Dalberg, à Constance, avait été élu vicaire capitulaire après la mort du prince-primat, et avait été repoussé par le Saint-Siége pour de graves et légitimes motifs [15 mars 1817]. Le pape avait appris, en effet, que ces évêques s'étaient engagés, d'une manière générale, à adhérer aux principes établis par l'État, dans une prétendue pragmatique ecclésiastique (3), condamnée par Rome en 1819. Les négociations ainsi interrompues ne furent reprises que sous Léon XII, qui, ayant égard aux conditions locales, régla, par la bulle *Ad Dominici gregis custodiam* [11 avril 1827], ce qui concernait le mode futur d'élection, le procès d'information, la constitution des chapitres, la nomination de leurs membres, les séminaires, la liberté de communication avec Rome et l'exercice des droits épiscopaux (4). En conséquence de cette bulle, le 21 octobre 1827, le premier archevêque et métropolitain de la province ecclésiastique du Haut-Rhin, Bernard Boll,

(1) La bulle se trouve dans les ouvrages cités en tête du § 399. *Walter*, Droit canon ; 8ᵉ édit., p. 723 et suiv.

(2) Le Saint-Siége avait pour raison principale de ce refus les soupçons qu'il avait conçus sur les vraies dispositions du prélat à l'égard de l'Église, par suite de plusieurs mesures que celui-ci avait prises en sa qualité de coadjuteur du diocèse de Constance. Et s'il fallait une preuve éclatante de la justice de ces soupçons, on la trouverait dans un ouvrage de M. de Wessenberg lui-même, et qui porte le titre de Histoire des des conciles du XIVᵉ et du XVᵉ siècle. Voyez la critique, de cet écrit par *Héfele*, dans la Feuille ecclés. de l'Allemagne mérid., 1841, nᵒˢ 32, 33, 38. Même quand on donnerait à ses idées la meilleure interprétation possible, toujours est-il que l'auteur reproche aux Jésuites d'avoir confondu le christianisme avec l'Église, d'où il suit qu'il paraîtrait préférer un christianisme sans Église. Voyez son ouvrage, t. IV, p. 377. Pour l'histoire de son épiscopat, voyez le travail sur le catholicisme dans le duché de Bade, p. 30 et suiv.

(3) Pragmatique ecclés. pour les provinces cathol. du Haut-Rhin, avec des notes par *Laurent Wolf*. Wurtzbourg, 1823.

(4) La bulle est dans *Walter*, Droit canon, 8ᵉ édit., p. 735.

premier évêque de Fribourg (substitué à Constance), entra solennellement dans la majestueuse cathédrale de Fribourg. Dix-huit mois plus tard [19 mai 1829), l'évêque de Rottenbourg fut installé à son tour. Cependant les gouvernements intéressés, qui devaient régler d'un commun accord les rapports de l'État et de l'Église, déterminer le mode d'action, de surveillance, de protection à exercer par l'un sur l'autre, ne voulurent publier ce règlement qu'après avoir vu le pape nommer aux cinq siéges épiscopaux encore vacants. Ces nominations faites, après de longs débats, et l'engagement pris de part et d'autre d'exécuter les résolutions arrêtées, on publia, le 30 janvier 1830 (1), un règlement en trente-neuf paragraphes, qui, n'étant au fond que la reproduction de la pragmatique précédemment rejetée par le pape, privait l'Église de toute liberté réelle et soumettait tous ses actes au *placet* de la police. Le baron de Hornstien s'éleva avec vigueur contre ce règlement, dans les chambres de Wurtemberg, et démontra clairement combien plusieurs de ces paragraphes blessaient la justice et les droits de l'Église. Le pape Pie VIII se plaignit à son tour, accusant les évêques de la province ecclésiastique du Haut-Rhin d'avoir gardé le silence, alors qu'il eût été de leur devoir d'élever la voix, et de déclarer, comme les apôtres, qu'il faut obéir à Dieu plutôt qu'aux hommes (2). Les craintes des catholiques et du souverain pontife étaient d'autant plus fondées, qu'on chargea de l'exécution du règlement ceux-là mêmes qui

---

(1) *Walter*, p. 738 et suiv., et Revue trimestr. de Tubingue, 1830, p. 162 et suiv.

(2) Dans le bref adressé aux évêques des provinces du Haut-Rhin, il est dit : Vestrum enim omnino erat, ea sedulo præstare, quæ tanta verborum gravitate Paulus apost. Timotheo discipulo suo et ejus persona episcopis omnibus inculcat, quum ait : « Prædica verbum, » insta opportune, importune, argue, obsecra, increpa in omni pa-
» tientia et doctrina, etc... Tu vero vigila, in omnibus labora, opus » fac evangelistæ, ministerium tuum imple. » Vestrum erat vocem tollere pastoralem, ita ut errantium castigatio esset simul fræno ac timori vacillantibus, juxta illud ejusdem apostoli : « Peccantes co-
» ram omnibus argue, ut et cæteri timorem habeant. » Denique vestrum erat, exemplum imitari apostolorum, qui silentium indicentibus evangelica libertate responderunt : « Obedire oportet Deo ma-
» gis quam hominibus. »

avaient préparé et conduit toute l'affaire. L'Église devint, en quelque sorte, une branche du ministère de l'intérieur et des cultes, et les autorités ecclésiastiques ne furent plus pour ainsi dire, que des fonctionnaires dépendants de l'autorité civile et administrative. Ainsi, l'église de la province ecclésiastique du Rhin fut réellement privée de toute liberté, de toute indépendance. La tutelle de l'État devint pour l'Église un vrai despotisme, qui obligea, dans les dernières années de sa vie, le plus pacifique et le plus tolérant des hommes, l'archevêque Boll, à renoncer à l'administration de son diocèse, dont il n'avait pu, malgré ses vives instances auprès des Chambres, renvoyer le professeur Reichling-Meldegg, qui avait osé nier la divinité de Jésus-Christ, dans ses cours de théologie catholique à l'université de Fribourg.

La discussion religieuse soulevée en Prusse [1837], et qui avait vivement ému toute la catholicité, devait avoir du retentissement dans un pays dont la foi catholique avait été si noblement défendue par les travaux de l'immortel Mœhler. Le Wurtemberg, dont la situation, quant aux mariages mixtes et à la liberté de l'Église catholique, était encore pire que celle de la Prusse, vit, surtout parmi le jeune clergé, se manifester une réaction générale contre l'exercice du *jus in sacra*, usurpé par le gouvernement. L'évêque de Rottenbourg crut de son devoir de présenter, dans la deuxième chambre, une motion dans laquelle il réclamait en faveur de l'autonomie de l'Église, garantie par la constitution (1). En vain l'évêque fit valoir les mo-

(1) Les principaux points de la motion de l'évêque nous font comprendre quelle était la persécution qu'on faisait peser sur l'Église. (Le Catholique 1842, févr., suppl., p. XC et suiv.) Il demande pour le maintien de la liberté religieuse : 1° qu'on laisse exclusivement à l'évêque la haute direction et la surveillance du clergé. Cependant, d'après un projet de règlement administratif présenté par l'officialité de l'évêque, cette direction est limitée et l'objet d'une jalouse surveillance. La suspension des ecclésiastiques est d'abord prononcée par le conseil ecclésiastique ; *celle de l'ordinaire ne vient qu'ensuite*; 2° aucun autre pays ne tient si peu de compte des principes de l'Église dans la question des bénéfices ; 3° d'après le droit canon, l'évêque doit avoir l'administration des biens ecclésiastiques, dans lesquels rentrent également les fonds intercalaires ; mais les empiétements du conseil ecclésiastique ont réduit cette direction à sa plus simple expression ; 4° la visite des

tifs les plus sérieux; il trouva si peu d'assentiment parmi les hommes chargés de la défense des droits garantis à tous, que l'un des membres de la chambre, connu par l'exagération de son libéralisme ecclésiastique, Carové, crut devoir reprocher à ses collègues d'avoir méconnu, en cette circonstance, la justice et le véritable esprit du siècle. L'évêque de Rottenbourg [† le 17 octobre 1845], n'eut pas plus de succès lorsqu'il réclama contre la mesure violente qui éloignait de l'université de Tubingue l'orthodoxe professeur Mack, et renvoyait du collége de Guillaume les répétiteurs animés de l'esprit du maître. Les ennemis de l'Église trouvèrent ce moyen de réfutation facile et commode. On imposa silence, en les destituant, aux hommes influents de diverses universités du cercle du Rhin. Ainsi le docteur Riffel, professeur de théologie catholique à l'université de Giessen (grand duché de Hesse), ayant exposé l'histoire des commencements de la réformation, fut, non pas scientifiquement réfuté, mais administrativement mis à la retraite (1).

doyennés par l'évêque ou par des commissaires délégués par lui est un des droits les plus essentiels de l'épiscopat. Or, dans le pays de Bade, on adjoint un commissaire du gouvernement à celui de l'évêque; 5° l'Église catholique, non plus que l'Église protestante n'a jamais vu de bon œil les mariages mixtes; néanmoins elle les tolère et ne les regarde pas comme non valides. Mais prendre des mesures acerbes contre tout prêtre qui refuse de les bénir, par délicatesse de conscience et par des motifs qui ont leur source dans un profond respect pour la religion, c'est attaquer la liberté religieuse et la constitution tout à la fois; 6° l'évêque ne peut reconnaître au conseil ecclésiastique aucun droit inquisitorial sur les membres du clergé, ni le laisser confirmer par l'autorité supérieure, sans avoir préalablement communiqué l'affaire à l'officialité diocésaine pour être approfondie par elle; 7° l'autonomie de l'Église assure à l'évêque la pleine direction du séminaire diocésain et ne lui impose aucune entrave quand il s'agit de l'ordination; 8° la censure des livres de théologie est considérée par le corps du clergé et par tout le public lettré comme une oppression honteuse. La presse devrait être libre pour les catholiques comme pour les protestants. La mauvaise presse catholique ne tarderait pas à trouver des adversaires et se tuerait elle-même. 9° L'évêque a le droit de se convaincre par lui-même de la capacité des candidats pour les fonctions de prédicateur, en leur faisant subir, au siége même de l'Évêché, un examen public qui permette de leur conférer les bénéfices de l'Église.

(1) Cf. le Catholique, 1841, déc., suppl., p. XCII et suiv.; 1842,

Cependant la première chambre de Wurtemberg se montra plus juste, en votant, le 6 juin 1842, une adresse au roi pour le prier de régler, d'une manière plus nette et par les voies convenables, la position de l'Église catholique vis-à-vis du pouvoir politique (1). Mais ici aussi la justice se fit attendre de la part du gouvernement, et il fallut de nouveaux événements pour lui arracher de nouvelles concessions.

Les affaires de Bade ne marchaient pas mieux. En vain, après la mort de l'archevêque Boll, ses successeurs Demeler et Mgr de Vicari firent de fréquentes réclamations. A l'oppression de la bureaucratie gouvernementale se joignait l'influence des chambres, qui, dans l'excentricité de leur libéralisme, favorisaient le clergé hostile au célibat. C'est ainsi que Dominique Kuenzer, doyen de l'église de l'Hôpital à Constance, mis en demeure par l'ordinaire épiscopal de quitter une association, ayant pour but l'abolition du célibat et de diverses autres institutions ecclésiastiques, put chercher et trouver de l'appui auprès de la division des cultes de Carlsruhe et menacer le clergé de la colère des chambres (1839). La bienveillance personnelle du grand-duc Léopold ne pouvait atténuer cette hostilité que par des actes privés, comme l'appel d'hommes dévoués à l'Église, à la faculté de théologie de l'université de Fribourg, l'érection du séminaire supérieur pour les théologiens [1842]; encore le gouvernement parvenait-il la plupart du temps à annuler ces bonnes dispositions. Aussi les chambres repoussèrent-elles les motions faites en 1846 par Buss, en 1850 par Hirscher, pour l'abrogation des lois et des institutions contraires à la liberté de l'Église (2). Enfin, lorsque la catastrophe de 1848 eut porté ses fruits les plus amers pour l'État comme pour l'Église, précisément dans le pays de Bade, l'archevêque de Fribourg, Hermann de Vicari, crut devoir revendiquer l'autonomie

---

janv., suppl., p. XXXVII et suiv.; le Sion, 1842, avril, n° 46 et suiv., et le Droit du libre examen, dans les Feuilles hist.-polit., t. IX, p. 158-68.

(1) Voyez la Circulaire du Vieux de la Montagne, qui prit une place importante dans les débats des Chambres.

(2) Motion du député Kirscher sur la question religieuse. Frib. 1850.

et les droits de l'Église sans lesquels ne prospèrent véritablement ni l'État ni la société [21 mars 1848]. Mais au moment où, après les plus pénibles expériences, la Prusse, le plus grand État protestant de l'Allemagne, avait cru devoir accorder à l'Église l'extension de ses droits et de sa liberté, au moment où tout en Allemagne poussait à l'union et à l'unité, dans la législation, les monnaies, les poids et mesures, les octrois, le gouvernement crut pouvoir encore refuser aux catholiques, prépondérants par leur nombre dans le pays de Bade, la liberté de leur Église. Il s'entendit à Carlsruhe avec les commissaires des autres souverains de la province ecclésiastique du Haut-Rhin, dont les évêques avaient joint dans un mémoire leurs réclamations à celles de l'archevêque de Fribourg [1851]. La décision se faisait attendre, malgré les pressantes instances des évêques. Alors le métropolitain (1) réunit ses suffragants de Mayence, Rottembourg, Limbourg et Fulde, dans une conférence à Fribourg [février 1853], dont le résultat fut notifié aux divers gouvernements par les évêques, qui déclarèrent qu'après qu'ils auraient motivé dans un second mémoire détaillé toutes leurs demandes, ils passeraient outre et agiraient comme si on avait fait droit à leurs justes demandes. Les gouvernements les repoussèrent pour la plupart [5 mars 1853], avant même d'avoir reçu le mémoire, qu'en effet les évêques, réunis de nouveau à Fribourg, rédigèrent et remirent le 18 juin 1853, « bien
» persuadés d'ailleurs, disaient-ils, qu'on ne voudrait pas
» violenter leur conscience d'une manière inouïe et les
» contraindre d'exposer le salut de leur âme immor-
» telle, en interdisant dans leurs diocèses, comme incon-
» ciliable avec les droits de l'État, l'usage des droits qui
» sont d'une nécessité absolue pour maintenir l'Église
» conformément à la doctrine et aux préceptes du Fils de
» Dieu, droits qui ont toujours été exercés en Allemagne
» sans contestation, qui ont été stipulés clairement dans
» les bulles *Provida solersque*, et *Ad Dominici gregis custo-*
» *diam*, qui sont reconnus dans un des États de la province

---

(1) *Mast*, Essai histor. et dogmatique sur la position légale des archevêques. Frib. 1847.

» ecclésiastique du Haut-Rhin (la Hesse électorale), des
» droits qui portent en eux-mêmes leur justification, et qui
» sont tellement fondés en vérité, qu'il est impossible de
» les contester et de les interdire plus longtemps. » — Les
évêques revendiquaient : 1° le droit d'élever et d'instituer
librement leurs prêtres et d'imposer aux prêtres et aux
laïques la discipline catholique ; 2° de posséder et d'ériger
des écoles catholiques ; 3° de faire fleurir la religion catholique par toutes les institutions et les associations en usage
dans l'Église catholique ; 4° d'administrer librement les
biens appartenant à l'Église catholique, et garantis par le
traité de paix de Westphalie et les résolutions de la députation de l'Empire à Ratisbonne. — Le gouvernement répondit qu'on en resterait aux concessions faites le 3 mars
1853, et menaça de réprimer et de punir toute tentative d'aller
au delà. Ces menaces n'effrayèrent pas le vieil archevêque
Hermann et ne l'empêchèrent pas de sommer les membres
du conseil supérieur ecclésiastique (ancienne division des
cultes) d'agir conformément aux demandes du mémoire,
ou de renoncer à leurs fonctions, les menaçant, en cas de
refus, de l'excommunication, et de faire les examens et le
concours des candidats du séminaire sans les commissaires
du gouvernement. Celui-ci donna, à son tour, plein pouvoir au directeur de la ville de Fribourg, Burger [7 novembre 1853], chargé d'apposer sa signature à tout acte
archiépiscopal, sous peine de nullité, de poursuivre tout ecclésiastique qui obéirait aux ordonnances de l'évêque non-contre-signées. L'excommunication dont le prélat avait
menacé fut en effet prononcée publiquement en chaire
contre les commissaires et les membres du conseil supérieur ecclésiastique, et on y lut en même temps une lettre
pastorale dans laquelle il protestait contre les empiétements de l'État. Bientôt après, il nomma aux cures vacantes, et qui n'étaient ni sous le patronage de l'État ni
sous celui d'un particulier, et fit expliquer et justifier
l'exercice légitime de ses droits par le clergé, dans quatre
prédications suivies, qui suppléèrent au silence des journaux du pays, auxquels le gouvernement avait défendu
de prendre sa défense, pendant qu'il arrêtait et confisquait les journaux étrangers qui l'avaient entreprise. Le

gouvernement donna alors suite aux menaces du 7 novembre, fit emprisonner les ecclésiastiques qui, fidèles à leur devoir, avaient obéi aux ordres de l'archevêque. Mais la presque totalité des ecclésiastiques ayant, au grand étonnement du gouvernement, obéi à l'évêque, et leur emprisonnement devant interrompre tout exercice du culte, on changea la prison en amendes pécuniaires ou en retenues d'appointements. Cette conduite du gouvernement fut hautement désapprouvée dans deux allocutions du pape Pie IX [19 décembre 1853 et 9 janvier 1854] et dans de nombreuses adresses de félicitations signées par presque tous les évêques d'Europe et d'Amérique, par beaucoup de savants, d'ecclésiastiques et d'associations pieuses de divers diocèses. De nombreuses souscriptions furent aussi recueillies et envoyées à l'archevêque de Fribourg pour son clergé persécuté. Le gouvernement, persévérant dans sa voie, porta plus directement encore la main dans l'administration des biens de l'Église par ses arrêtés du 18 avril et des 6 et 18 mai; l'archevêque y répondit par une ordonnance du 5 mai 1854, chargeant un avocat assermenté d'administrer les biens de l'Église, dans chaque localité, conformément aux prescriptions du droit canon. Les communes catholiques furent plus profondément agitées qu'elles ne l'avaient été jusqu'alors. Les unes, en grand nombre, prirent parti pour l'archevêque, d'autres pour le gouvernement. Dans l'Odenwald on craignit une opposition ouverte; des troupes furent envoyées dans les localités rebelles et augmentèrent par leur présence les rigueurs d'un temps de cherté. L'archevêque, poursuivi criminellement pour avoir, alléguait-on, violé la fidélité jurée au souverain et l'obéissance aux lois, fut gardé à vue dans son palais par des gendarmes [23-30 mai]. A cette nouvelle, les cloches et les orgues se turent dans la plupart des églises du diocèse; mais, de toutes parts, retentirent des prières pour la liberté de l'Église et de son chef. Rendu à la liberté quelques jours après, l'archevêque se justifia de nouveau dans une lettre pastorale lue aux fidèles pendant le service divin [3 juin 1854] contre l'accusation dont on avait osé charger le pasteur octogénaire, qui, aux portes du tombeau, protestait que, dans des temps de décadence et de rébellion presque générale, il était resté toujours fidèle à l'État et le lui avait prouvé. Cependant le gouvernement avait envoyé à Rome, pour y entrer en négociation, le comte Leiningen et le conseiller Brunner : les évêques du Haut-Rhin avaient depuis longtemps déclaré, à la suite de leur mémoire, « qu'ils étaient prêts à obéir à tous les ordres du saint Père, dans le cas où le gouvernement trouverait bon de le consulter. » Enfin, après de longues et pénibles négociations, on stipula à Rome [17 juin et 7 septembre] des *articles préliminaires*, d'après lesquels le procès intenté à l'archevêque devait être annulé, les amendes prononcées contre le clergé restituées, l'administration des biens de l'Église remise en l'état antérieur à la discussion actuelle, l'archevêque laissé libre dans l'exercice des droits contestés, des administrateurs nommés provisoirement aux cures vacantes, avec les émoluments ordinaires. La publication de ces articles fut faite par le ministère et l'ordinaire ecclésiastique dans la seconde moitié de novembre 1854 (1).

(1) Les actes et les écrits les plus importants sur cette controverse sont : Restauration du droit canon dans la province du Haut-Rhin. par un homme d'État. Stuttg., 1853 ; Mémoire de l'épiscopat du Haut-Rhin. Frib., 1853 ; Réponse de l'archev de Frib. aux décisions du gouvernement grand-ducal de Bade au 5 mars 1853. Frib., 1853 ; Explications et décisions des administrations de la province du Haut-Rhin, relatives au mémoire des évêques du mois de mars 1851. Schaff., 1853; le Droit de l'église dans la controverse ecclés. de Bade ; Justification des excommunications. Mayence, 1853; De quoi s'agit-il dans la controverse de Bade ? Mayence, 1854; les Empiétements du gouvern. de Bade. Mayence, 1854; Mémoire des évêques badois aux deux chambres. Ratisb., 1854; *Isidor Kaïm*, Éclaircissements sur la controv. badoise. Leipz., 1854; *Hirscher*, Orientation dans la controv. actuelle. Frib., 1854; *Lieber*, Affaires de la province eccles. du Haut-Rhin. Frib., 1853; *Ketteler*, évêque de Mayence, le Droit canon et l'Église cathol. en Allemagne. Mayence, 1854; *Riancey*, la Liberté de l'Église et la persécution relig. dans le grand-duché de Bade. Paris, 1853; *Seitz*, les Vrais rapports des évêques cathol. allemands avec les gouvernements al. Mayence, 1854; Exposition d'après les actes de la controv. dans la Revue trim. allem. de 1854, p. 65, 66 et 68 ; Explications et discussions du droit et du fait dans les Feuilles hist. de 1853 et 1854; dans la *Volkshalle* de Cologne ; dans la Feuille pop. de Stuttgart ; dans le Journal de Mayence dans le Pèlerin chrét. de Spire ; dans l'Ami de la religion et l'Univers 1853-54; Adresses à l'archev. de Frib. Herm. de Vicari, des diffé-

§ 412. — *Pontificat de Pie IX.*

Pie IX, pontif. max. Acta, Romæ, 3 t. (6-8 déc. 1864. *Riancey*, Recueil des actes de N. S. P. le pape Pie IX, comprenant le texte et la traduction de tous les documents officiels. Paris, 1853 sq. *Margotti*, les Victoires de l'Église pendant les dix premières années du pontificat de Pie IX, 1857. Pie IX pape et roi, d'après les actes de son pontificat. Vienne, 1865. *Louis Veuillot*, Pie IX.

Ce fut au milieu d'une incessante activité pour les intérêts de l'Église que Grégoire XVI mourut le 1er juin 1846. Autant son élection avait été extraordinairement longue, autant celle de son successeur fut soudaine. Elle eut lieu après un conclave qui ne dura que trois jours (du 14 au 16 juin) le plus court depuis près de trois cents ans. Les cinquante cardinaux présents au conclave, portèrent la majorité de leurs voix sur le cardinal comte Mastai Ferretti, né le 13 mai 1792, à Sinigaglia dans les États de l'Église. Mastai Ferretti avait exercé les fonctions de nonce au Chili, sous Léon XII, puis avait été nommé évêque d'Imola, et créé cardinal le 14 décembre 1840. Au moment où il fut élu pape, il était à peu près le plus jeune des cardinaux ; il se fit proclamer sous le nom de Pie IX, et le peuple romain accueillit cette élection avec une une joie non équivoque.

Le jour de son couronnement, (21 juin) Pie IX dit : « Oggi comincia la persecuzione. » Ce fut là une parole prophétique. Son pontificat qui, dans sa durée de 26 ans (1), se range parmi les plus longs, n'est pas seulement des plus riches en événements les plus divers, mais il est surtout très-fécond en douleurs et en persécutions de toute sortes ; il est une lutte continuelle contre les principes ou les ma-

---

rentes parties de la chrétienté. Mayence, 1854, 4 vol. Les écrits adverses dans *Wärnkœnig*, Sur le conflit de l'épiscopat et le gouvernement du Haut-Rhin. Erlangen, 1853 ; dans une brochure publiée à Carlsruhe, 1854, sur l'Orientation dans la controverse ; Souveraineté de l'État et pouvoir de l'Église, lettre à Hirscher. Darmst., 1854 ; Vérité et apparence (contre Hirscher). Carlsr., 1854 ; l'Archev. H. de Vicari et le gouv. de Bade. Leipzig, 1854 ; la Lutte épiscop. du Rhin. Francf., 1854 ; *Venedey*, la Pataria aux XIe et XIXe siècles. Aarau, 1854.

(1) L'auteur écrivait en 1872.

chinations de la Révolution. Nous pourrions diviser ce pontificat en trois parties : la première du 16 juin 1846 au 12 avril 1850, comprend l'amnistie et les réformes introduites dans les États de l'Église, la Révolution de 1848, la fuite du pape à Gaëte, et son retour à Rome. La deuxième, de 1850 à 1859, renferme ce que le pape a fait de grand et d'utile pour l'Église, sur tous les points du globe; dans la troisième partie qui commence avec l'usurpation des provinces romaines par le Piémont, tandis que, d'une part, la persécution et l'oppression de la papauté atteignent un haut degré d'acharnement et d'extension, d'autre part, et comme conséquence de ces oppressions et de ces douleurs, il se produit au sein du catholicisme un travail de réparation. Dans tous les pays du monde, les hommes sincères et décidés consolent le pape et l'Église par une inébranlable fidélité et un dévouement sans bornes. Quant aux autres, il devient chaque jour évident qu'ils n'appartiennent plus du fond de l'âme à l'Église catholique. Bientôt même, ils s'en séparent ouvertement, en se joignant à ses persécuteurs.

Comme Grégoire XVI n'avait pas accompli dans ses États les réformes politiques et sociales que, dans leur *memorandum* de 1831, les grandes puissances lui avaient recommandées, Pie IX crut devoir s'occuper de cette œuvre, afin de conjurer les périls qui menaçaient le Saint-Siége. Il porta donc de préférence et tout d'abord, son attention sur cette branche de l'administration pontificale depuis longtemps peu cultivée. Sa grande bonté, comme sa mission de souverain pontife, le fit débuter par une amnistie telle que depuis longtemps on n'en avait vu d'aussi étendue, édictée par un semblable esprit de conciliation. Quelques milliers de prisonniers furent ainsi rendus à leurs familles et à leurs travaux. Immédiatement après, se succédèrent, avec une rapidité que plusieurs regardèrent comme dangereuse, des concessions libérales émanant d'un cœur paternel. Elles renfermaient en germe tout ce qui constitue un gouvernement constitutionnel et démocratique. Des commissions furent nommées pour épurer l'administration et améliorer les lois ; un nouveau conseil fut composé de jeunes prélats, et le cardinal Gizzi, qui passait pour libéral, nommé secrétaire. Un plus grand nombre de laïques furent appelés aux emplois publics, la presse eut ses coudées plus franches. Des autorisations furent accordées pour la construction de voies ferrées. Ces réformes causèrent quelques inquiétudes aux esprits sérieux ; cependant le pape fut acclamé par toute l'Italie, et l'Europe protestante se joignit elle-même à ce concert de louanges.

Toutefois, ces concessions faites si généreusement par Pie IX, furent loin de réconcilier et de pacifier les esprits. Les radicaux sortis de prison ou revenus de l'exil, attaquèrent toutes les colonnes de l'ordre dans l'État aussi bien que dans l'Église. Lorsque, au commencement de 1848, après les événements de France, des soulèvements se firent dans presque toute l'Italie, de la Lombardie à la Sicile, ils crurent le moment favorable pour agir aussi à Rome. Ils animèrent et fanatisèrent le peuple par des démonstrations sans fin, et pressèrent avec importunité le pape, qu'ils venaient d'acclamer, de leur accorder des concessions plus larges encore. Comme par exemple d'éloigner les Jésuites de Rome. Sous le masque du respect, ils voulaient faire du pape un instrument des Mazziniens, et le forcer à déclarer la guerre à l'Autriche ; ils le sollicitèrent d'appeler toute l'Italie à « une croisade ». Ce n'était pas assez pour les mécontents qu'une constitution leur eût été donnée le 14 mars 1848, qu'un ministère réformateur eût été établi et deux chambres créées pour le vote des impôts et la confection des lois, ils excitèrent de nouveaux soulèvements et exploitèrent le refus du pape de faire la guerre à l'Autriche, de manière à lui enlever tout pouvoir et à lui imposer le révolutionnaire Mamiani pour ministre.

Vainement Pie IX recommanda (31 mars) aux Italiens la modération ; vainement il leur rappela dans son allocution du 29 avril « qu'en sa qualité de père de tous les catholiques, il ne pouvait prendre part aux factions politiques, mais uniquement souhaiter la paix au monde entier, et surtout à l'Italie. » Le premier enthousiasme des démagogues se changea bientôt en froideur et en haine contre Pie IX.

Le pape dut congédier le ministère Mamiani. Après plusieurs combinaisons de ministères qui ne réussirent point, il confia la conduite du gouvernement au comte Rossi, qui était décidé à prendre des mesures énergiques pour rétablir l'ordre et la tranquillité. Mais, le 15 nov. 1848, comme le nouveau ministre allait faire l'ouverture de la chambre des députés, et qu'il en montait les degrés, il tomba sous le fer d'un assassin vendu au parti révolutionnaire (1). Alors des députations menaçantes se rendirent auprès du pape, et réclamèrent impérieusement un ministère démocratique, la reconnaissance de la nationalité italienne, la continuation de la guerre contre l'Autriche et la convocation d'une assemblée nationale constituante.

Le pape, profondément affligé, et complétement désabusé, et ne pouvant plus se méprendre sur les intentions criminelles des mécontents, réussit, avec l'aide du comte Spaur, ambassadeur de Bavière, à quitter Rome et à se réfugier à Gaëte [24 novembre 1848]. La plupart des cardinaux l'avaient déjà précédé dans sa fuite; le terrorisme les avait déjà poussés à s'éloigner de Rome.

La république romaine fut alors proclamée par les Mazziniens et les Garibaldiens, le peuple fut soumis à un régime de terreur par les anarchistes de tous les pays, les propriétés ecclésiastiques et privées furent dévastées, la religion et les prêtres honnis. La constituante, appelée par la junte provisoire, déposa le pape comme chef temporel, [9 février 1849] et porta le 18 février une loi qui déclara propriété de l'État tous les biens de main-morte. Bientôt, au lieu de l'ordre promis, on put contempler la plus complète anarchie. La victoire remportée par Radetzki sur les Piémontais à Novare, le 23 mars, ôta à la république romaine tout espoir de stabilité.

Le pape, retiré à Gaëte, sollicita l'appui des puissances catholiques, et même de la république française. Celle-ci envoya une armée considérable sous la conduite du général Oudinot, qui s'empara [3 juillet] de Rome, défendue par Garibaldi, tandis que les Autrichiens entraient dans les Légations. Une commission composée des trois cardinaux Della Genga, Vomicelli et Alfieri, fut envoyée par le pape pour gouverner ses États sous la protection des Français.

---

1) *Hurter*, Histoire de l'assassinat du comte Pérégrin Rossi. Insprück, 1855.

Le 12 septembre, Pie IX promit de Gaëte des réformes dans les finances et l'administration, et, le 18 du même mois, il publia un décret d'amnistie. Quoique trompé dans ses plus chères espérances, et profondément affecté de tant d'ingratitude, le pape, lors de son retour à Rome [12 avril 1850], ne fit paraître aucune aigreur, il ne montra que de la clémence. Bientôt tout le territoire pontifical eut recouvré sa tranquillité passée. Un ministère complet fut constitué au mois de septembre; il eut pour président le prudent et habile cardinal Antonelli, sous l'ancien titre de secrétaire d'État. Les jésuites furent rappelés et remis à la tête de l'instruction publique. Quoique déjà durant l'occupation de Rome par les Français, de Bologne et d'Ancône par les Autrichiens, plusieurs améliorations eussent été introduites dans l'administration, l'agriculture et le commerce, on n'en vit pas moins reparaître les accusations haineuses et stéréotypées d'incapacité et d'absolutisme en tout genre du gouvernement des prêtres. L'ambassadeur français, le comte de Rayneval, eut beau attester lui-même dans un rapport impartial et appuyé sur les documents les plus authentiques, que le peuple romain n'avait nullement à redouter de la part de son gouvernement d'être lésé dans ses véritables intérêts, il réussit bien peu à attirer l'attention (1). L'agitation s'accrut encore lorsque le comte de Cavour, ministre piémontais, se mit à la tête de la révolution, provoqua l'Autriche à la guerre, fit ouvrir une souscription pour acheter cent canons, qui du haut des remparts d'Alexandrie devaient tonner contre les barbares. Les maisons des diplomates, consuls et agents piémontais furent partout le rendez-vous des mécontents. Une convention secrète qui eut lieu entre Cavour et l'empereur Napoléon, arrêta le plan hypocrite qui devait être exécuté en 1859. L'empereur, dans sa réponse aux souhaits que les ambassadeurs lui adressèrent, selon l'usage, le jour de l'an, manifesta ses intentions hostiles envers l'Autriche et ses vues au sujet de l'Italie.

La guerre éclata entre l'Autriche et la Sardaigne que sou-

(1) Mémoire de M. Maguire, membre du Parlement anglais : Rome et ses conquérants, son administration et ses établissements publics. *Hergenrother*, les Etats de l'Eglise depuis la Révolution française. Frib., 1860.

tenaient les armées françaises. Les Autrichiens perdirent les batailles de Magenta et de Solférino ; et, lorsque leurs troupes se retirèrent de Bologne, d'Ancone et de la Romagne sur le Mincio, ces pays furent occupés par l'armée ennemie, qui chassa les fonctionnaires pontificaux. L'Émilie et les Légations furent officiellement annexées à la Sardaigne (18 mars). Le même sort était réservé à la Toscane, à Naples et à la Sicile. En outre, le nouveau royaume d'Italie s'agrandit encore de la Lombardie au traité de Zurich, tandis que Napoléon, pour prix de ses services, stipulait que la Savoie et Nice seraient réunies à la France.

Alors Victor-Emmanuel, le roi d'Italie, convoita encore deux autres provinces des États de l'Église, les Marches et l'Ombrie, et l'empereur Napoléon laissa cette usurpation s'accomplir sous les yeux de l'armée qu'il entretenait à Rome pour protéger le pape. La petite armée pontificale, commandée par les braves généraux Lamoricière et Pimodan, fut écrasée par le nombre et la trahison à Castelfidardo [octobre 1860]. Pie IX se trouva alors dépouillé des quatre cinquièmes de ses États. Rome seule lui restait avec son territoire et environ 700,000 habitants. Outre les 11 millions d'écus romains que coûta cette double invasion, le trésor pontifical était encore chargé de toutes les dettes publiques, que le pape devait acquitter avec les revenus de ce qui lui restait du *patrimonium Petri*. Mais les catholiques, avec un touchant empressement, sont venus en aide à la détresse du chef de l'Église. En souscrivant de la manière la plus désintéressée à son emprunt, et surtout en contribuant largement à l'œuvre du denier de Saint-Pierre, ils lui procurèrent des ressources suffisantes pour faire face à tous ses engagements.

La propagande révolutionnaire continua à menacer les pays qui restaient au pape : elle réclamait Rome pour capitale du royaume d'Italie, en faisant sans cesse retentir ce cri : Rome ou la mort ! Toutefois, l'empereur Napoléon et le roi Victor-Emmanuel conclurent, le 15 septembre 1864, une convention en vertu de laquelle Florence est devenue la capitale de l'Italie, et le roi s'est engagé à respecter ce qui restait au pape de ses anciens États. En échange de cet engagement, la garnison française dut quitter Rome, qu'elle quitta en effet le 15 décembre 1866. Le patrimoine de saint Pierre ne fut plus protégé, depuis 1867, que par une petite armée de 10,000 hommes.

Les défaites essuyées par les Autrichiens en Bohême, dans la guerre contre la Prusse [juin et juillet 1866] furent encore, pour le royaume d'Italie, une occasion de s'agrandir. L'Autriche fut contrainte de lui céder la Vénétie.

Toutefois ce royaume, avec ses agrandissements et son apparente unité, malgré les immenses ressources qu'il a trouvées dans l'usurpation des biens ecclésiastiques, se trouva dans la plus misérable situation. Il fut menacé d'une énorme banqueroute, et la vente des biens ecclésiastiques [juillet 1867] fut votée par le parlement, bien qu'elle parût insuffisante à l'en garantir. On ne voyait dans toutes les branches de l'administration que désordre, incapacité, abus et corruption. Le mariage civil, qui a été décrété et rendu obligatoire le 1er janvier 1865, n'est guère de nature à relever le niveau des mœurs.

En vain Pie IX, dans les allocutions du 26 septembre 1859, du 13 juin et du 17 décembre 1860, ainsi que du 30 septembre 1861, éleva la voix pour faire entendre des plaintes et des menaces : « Les vierges consacrées à Dieu, dit-il, sont obligées de mendier leur pain, les temples de Dieu sont pillés et changés en cavernes de voleurs, les biens de l'Église sont la proie des ravisseurs, la puissance et la juridiction ecclésiastiques sont méconnues et usurpées, les lois de l'Église sont méprisées et foulées aux pieds (1). » La persécution suivit son cours. Le roi Victor-Emmanuel tenta bien de se réconcilier avec le siège apostolique, en envoyant à Rome Vegezzi, en 1864, et Tonello, en 1867. Ses démarches demeurèrent sans résultat. Il y eut seulement une apparence d'entente au sujet de la réduction des évêchés. Tandis que, dans les États de l'Église seule, on comptait 82 évêchés, il ne devait plus y en avoir que 80 dans toute l'Italie. Le clergé, dans la longue persécution dont il fut l'objet, s'épura et se ranima. Il s'associa volontiers à cette noble maxime politique du Saint-Père : « Je puis être la victime de la révolution, mais je

(1) Voir La Parole de Pie IX, 1 vol. in-8, Paris, Sarlit, 2ᵉ édit.

ne serai jamais son complice. » Quelques-uns de ses membres seulement, entre autres le cardinal d'Andréa, l'évêque Caputo et le P. Passaglia entrèrent dans les rangs des ennemis de l'Église. L'*Armonia* et l'*Unita cattolica* de Turin, et la *Civilta cattolica* de Rome combattirent avec intrépidité et constance pour la défense des droits de l'Église, et mirent les fidèles en garde contre la promesse menteuse « de l'Église libre dans l'État libre. »

§ 413. — *Zèle de Pie IX pour le gouvernement de l'Église.*

Au milieu de ces luttes et de ces persécutions politiques qui agitaient son règne, Pie IX ne cessait point de déployer, par toute la terre, le plus grand zèle pour le gouvernement de l'Église. Il adressa d'abord [9 novembre 1846] à tous les patriarches, primats, archevêques et évêques de la catholicité, une encyclique dans laquelle il exposait toutes les plaies du siècle, que l'Église seule a mission et pouvoir de guérir, si ses pasteurs sont vigilants et dévoués. Il s'occupa aussi d'une meilleure organisation des circonscriptions ecclésiastiques : treize sièges épiscopaux furent érigés en archevêchés ; quatre archevêchés, quatre-vingt-seize évêchés, quinze vicariats apostoliques, une délégation et six préfectures furent créés ; la création de plusieurs nouveaux diocèses en Amérique fut aussi décidée en principe. Pie IX donna dans de nombreux documents une attention particulière aux Églises du rit oriental.

Par sa bulle du 24 septembre 1850, il rétablit l'épiscopat catholique et la hiérarchie en Angleterre, où il n'y avait eu jusque-là que des vicariats apostoliques. Par une autre bulle du 19 novembre suivant, il chargea les neuf nouveaux évêques, ainsi que l'archevêque de Westminster, d'ériger des chapitres dans leurs diocèses respectifs. Il fit de même pour la Hollande, à la date du 7 mars 1853. Par une bulle du 23 juillet 1847, il avait rétabli le patriarcat latin de Jérusalem et prescrit au titulaire de résider dans cette ville.

Pie IX fondait de grandes espérances sur les conventions qu'il fit avec la Russie en 1847, avec la Toscane et l'Espagne en 1851, avec les républiques de Costa-Rica et de Guatémala en 1852, avec l'Autriche en 1855, avec le Wurtemberg en 1857, avec le grand duché de Bade en 1859, avec les républiques de Nicaragua et de San-Salvador en 1861 ; mais la plupart de ces conventions ne furent point exécutées ou restèrent sans résultat (1).

Le pape appela aussi au cardinalat plusieurs métropolitains et prélats éminents de France, d'Espagne et d'autres pays : en Allemagne, le prince-évêque de Breslau, Melchior Diépenbrok, l'archevêque de Cologne, Jean de Geissel, l'archevêque d'Olmütz, de Sommereau-Beckh, l'archevêque de Gran, Jean de Scitowski, l'archevêque de Vienne, Othmar de Rauscher, l'archevêque de Munich, Charles de Reisach et l'archevêque d'Agram, Georges Haulik. En Angleterre, Wiseman, archevêque de Westminster, et, en Irlande, l'archevêque et primat Cullen furent également nommés cardinaux.

Lorsqu'il eut connaissance des persécutions dont le catholicisme était l'objet dans la Nouvelle-Grenade, à Mexico, en Espagne, en Suisse, en Russie, en Pologne et ailleurs, il fit entendre sa parole grave et sympathique dans de nombreuses allocutions. Dans la discussion élevée en France par Gaume et l'*Univers*, au sujet des classiques païens, il se prononça sagement pour le maintien des classiques. Il censura les doctrines erronées de Gunther à Vienne, de Froschammer à Munich et d'Ubagh à Louvain. Dans des documents nombreux, il condamna les erreurs capitales du temps dans le domaine scientifique, politique et social. Et, pour donner plus de force à ces condamnations, il les réunit sous dix paragraphes dans le *Syllabus*, qu'il adressa, le 8 décembre 1864, avec une encyclique, à tous ceux qui sont à la tête de l'Église (1). Les propositions condamnées se rapportent : 1° au panthéisme, au naturalisme et au rationalisme absolu ; 2° au rationalisme modéré ; 3° à l'indifférence ; 4° au socialisme, au communisme, aux Sociétés secrètes ; 5° aux erreurs sur l'Église et ses droits ; 6° aux erreurs sur la Société civile, soit en elle-même, soit dans ses rapports avec l'Église ; 7° sur la morale naturelle et chrétienne ; 8° sur le mariage ; 9° sur

---

(1) Voir le livre intitulé : Pie IX pape et roi.

le pouvoir temporel du pape, et 10° aux erreurs qui se rapportent au libéralisme de nos jours (1).

Pie IX se montra aussi plein de sollicitude pour les questions liturgiques. Il maintint les liturgies orientales [9 novembre 1846]; il fit de la Visitation de la sainte Vierge une fête double de seconde classe [31 mai 1850]; dans un décret du 18 mai 1854, il prescrivit que les fêtes de saint Timothée, de saint Tite, de saint Polycarpe, évêque de Smyrne, et de saint Ignace, évêque d'Antioche, fussent célébrées dans toute l'Église sous le rit double mineur; il mit saint Hilaire de Poitiers et saint Liguori au rang des docteurs de l'Église [1851 et 1871]. Il béatifia et canonisa plus de saints qu'aucun de ses prédécesseurs (2). Il recommanda instamment à tous les prêtres d'honorer dignement le Très-Saint-Sacrement [3 mai 1848] et aux évêques d'observer ponctuellement dans leurs fonctions les prescriptions du Pontifical [5 nov. 1855, dans l'encyclique, *Optime noscitis*, aux évêques d'Autriche]. Par la bulle *Quod*

---

(1) Sanct. D. N. Pie IX, ep. encyclica die VIII dec. 1864, unà cum syllabo præcipuorum ætatis nostræ errorum et actis Pontificis, ex quibus excerptus est syllabus. Ratisb., 1865. Parmi les commentaires du Syllabus, nous signalons seulement *Dupanloup*, la Convention du 15 septembre et l'Encyclique du 8 décembre. — Le Pape et les idées modernes. Vienne, chez Sartori. 1864. — Voix de Maria-Laach, par les PP. *Flor. Riess, Roh, Rattinger* et *Schneemann*. Frib., chez Herder, 1865-67, 8 cahiers.

(2) Ont été béatifiés : Pierre Claver, S.-J.; la bienheuse Maria-Anna de Paredes; Jean de Britto; Jean Grande, de l'ordre des frères de la Miséricorde; Paul de la Croix, fondateur des Passionistes; la vén. Germaine Cousin; André Bobola, S. J.; Benoît-Joseph Labre; Jean Léonardi, fondateur de la congr. des clercs de la Mère de Dieu; Pierre Canisius, S. J.; Marguerite-Marie Alacoque, de l'ordre de la Visitation; Marie des Anges; Jean Berchmans, S. J.; Benoît d'Urbin; 205 martyrs du Japon leur ont été adjoints en 1867. Ont été canonisés : 26 martyrs du Japon (23 Franciscains et 3 Jésuites), et le confesseur Michel de Santis, de l'ordre des Trinitaires; les saints canonisés le 29 juin 1867, savoir : le martyr Josaphat, archevêque de Poloczk; le martyr Pierre d'Arbuez, inquisiteur d'Aragon; les 19 martyrs de Gorcum, en Hollande; Paul de la Croix; Léonard de Port-Maurice; Marie-Françoise, de l'ordre de Saint-Pierre d'Alcantara, et Germaine Cousin. Voyez *Hausherr*, S. J., la Grande solennité de Saint-Pierre de Rome, le 29 juin 1867. Mayence, 1867. La Biographie d'*Estius* sur les martyrs de Gorcum. *Laforêt*, recteur de l'université de Louvain, les Martyrs de Gorcum.

jam pridem, du 25 septembre 1863, il prescrivit un nouvel office et une nouvelle messe de l'Immaculée Conception. Quatre fois Pie IX a invité les évêques catholiques à se rendre à Rome, et, le 2 décembre 1854, plus de 200 répondirent à son appel ; le 9 juin 1862, ils étaient plus de 300, et, le 29 juin 1867, près de 500 : la première convocation avait pour but la proclamation du dogme de l'Immaculée Conception de la sainte Vierge Marie, mère de Dieu. Déjà, le 1 février 1849, le pape avait adressé à tous les évêques de la catholicité l'encyclique *ubi primum*, pour leur demander quels étaient leurs sentiments et leurs désirs à ce sujet, et pour solliciter les prières de tous les fidèles. Le 1er août 1854, fut ouvert un jubilé, et le pape proclama solennellement ce dogme au milieu des cardinaux et des évêques assemblés autour de lui, par la bulle *Ineffabilis Deus* (1). Le peuple catholique témoigna sa joie de cette proclamation, en élevant partout des statues et des églises à Marie immaculée.

Les évêques se réunirent la seconde fois aux fêtes de la Pentecôte [1862], pour assister à la canonisation des martyrs japonais [v. § 349] et pour aviser aux moyens de s'opposer à l'envahissement des États de l'Église. Avant cette réunion, de nombreuses adresses, couvertes de milliers de signatures, avaient été envoyées au pape, de tous les points du monde catholique, pour réclamer l'intégrité des États pontificaux et protester contre toute violation dont ils seraient l'objet (2). Les évêques réunis à Rome rédigè-

---

(1) Cette définition a beaucoup de rapports avec la bulle d'Alexandre VII (v. § 351), la voici : « Declaramus, pronuntiamus et definimus doctrinam quæ tenet Beatissimam Virginem Mariam in primo instanti suæ Conceptionis fuisse, singulari omnipotentis Dei gratiâ et privilegio, intuitu meritorum Christi Jesu Salvatoris humani generis, ab omni originalis culpæ præservatam immunem, esse a Deo revelatam, atque idcirco ab omnibus fidelibus firmiter contanterque credendam (Pii IX, P. M., Acta, t. I, p. 616). Cf. De Immaculato B. V. M Conceptu, an dogmatico decreto definiri possit, ed. *Perrone*, S. J. Rom., 1853.

(2) Cf. *Scræhdl*, le Vœu du catholicisme et l'accord de tout l'univers catholique sur l'importance et la nécessité du pouvoir temporel et la souveraineté du Saint-Siége. Frib., 1867. Histoire de la formation des Etats de l'Eglise, 2e partie. *Wiseman*, Rome et l'épiscopat catholique aux fêtes de la Pentecôte de 1862. — *A. Niedermayer*, la Fête de la Pentecôte à Rome. Frib., 1862.

rent également une chaleureuse adresse dans laquelle ils remerciaient le pape, au nom de tous les catholiques, du courage inébranlable qu'il opposait à la violence ; ils reconnaissaient que le pouvoir temporel était nécessaire au Saint-Siége et lui avait été visiblement départi par la divine Providence, et ils n'hésitaient pas à déclarer que, dans les circonstances actuelles, le pouvoir temporel était un besoin pour le libre gouvernement de l'Église et des âmes ; que le chef de l'Église ne pouvait être le sujet d'un prince quel qu'il fût, mais qu'il devait jouir, sur son propre territoire et dans ses propres États, de l'indépendance la plus entière, afin de protéger et défendre la foi catholique, conduire et gouverner toute la chrétienté. Comme souvenir de cette mémorable assemblée, le pape fit don à chaque évêque des premiers volumes de cet ouvrage, monument grandiose de l'unité catholique, où sont consignées les protestations unanimes venues de l'Italie, de la France, de la Belgique et de la Suisse ; de l'Autriche, de l'Allemagne et de la Hollande ; de l'Espagne, du Portugal et des colonies ; de l'Angleterre, de l'Écosse, de l'Irlande et de l'Amérique du Nord ; de la Turquie, de la Pologne, des Indes, de la Chine et de l'Océanie. (*La sovranità temporale Dei Romani Pontefici, propugnata nella sua integrità dal suffragio dell'orbe cattolico, regnante Pio IX*. Roma, 1860 sq.)

Enfin l'épiscopat catholique se réunit une troisième fois, en plus grand nombre encore, autour de Pie IX, pour célébrer le dix-huitième anniversaire séculaire du martyre des apôtres saint Pierre et saint Paul, le 29 juin 1867, et pour être témoins de la canonisation des martyrs que nous avons notés précédemment. Ne pouvant contenir la joie qui remplissait son cœur à la vue d'un si grand nombre d'évêques qui s'étaient rendus avec tant d'empressement à son appel de toutes les parties du monde, le pape s'écria : « Rien n'est plus beau que cette assemblée où l'univers catholique tout entier est représenté à ce dix-huitième centenaire du martyre des Princes des Apôtres ; rien n'est plus digne d'éloges que ce spectacle de l'unité de l'Église à l'occasion de la canonisation de ces martyrs qui ont donné leur vie pour la défense du Saint-Siége et de la foi catholique. En voyant cette unité, les ennemis de la religion doivent comprendre combien est grande la vigueur de l'Église catholique, et reconnaître qu'ils se trompent étrangement ceux qui la représentent comme décrépite. Cette union des évêques avec le vicaire de Jésus-Christ ne peut que fortifier de plus en plus l'Église. Mon vœu le plus ardent est de pouvoir vous réunir encore pour un concile œcuménique. »

Le Saint-Père réunit aussi, dans la grande salle consistoriale du Vatican, les dix mille prêtres qui étaient venus à Rome à l'occasion de ces fêtes, et leur tint le plus touchant langage. Il leur recommanda de ne jamais perdre de vue la haute dignité sacerdotale dont ils étaient revêtus, d'offrir chaque jour dignement le très-saint sacrifice pour leur salut et pour le salut du monde, de se faire toujours remarquer par la sévérité de leurs mœurs, la pureté de leur vie, par leur chasteté et surtout par la connaissance des sciences sacrées, afin de pouvoir lutter vigoureusement contre les ennemis de l'humanité, procurer la plus grande gloire de Dieu et le salut des âmes, et se montrer de bons soldats de Jésus-Christ sous la conduite de leurs savants évêques. Il leur donna sa bénédiction et les chargea de la répandre également en son nom sur leurs ouailles.

Une députation nombreuse de cent villes d'Italie fut aussi admise en sa présence. Elle lui offrit un riche album, et l'assura que le peuple italien, loin de sentir de l'aversion ou de l'hostilité pour lui, était rempli à son égard de respect et de dévouement, et reconnaissait, dans sa courageuse résistance à ses ennemis la fermeté du vicaire de Jésus-Christ. Le pape répondit : « Ici, sur ce rocher (il montrait le château Saint-Ange), je vois un ange. C'est le vainqueur des démons; il a le glaive dans le fourreau; c'est ainsi qu'il annonça jadis, en ce même jour, au peuple que le fléau allait cesser. Je le vois aujourd'hui encore, sur l'ordre de Dieu, mettre son glaive dans le fourreau, car, aujourd'hui, commence l'heure de la miséricorde. Au commencement de ce siècle, à pareil jour, l'un de mes prédécesseurs fut détrôné et dut partir pour l'exil; les ennemis qui le persécutaient étaient les mêmes qui, aujourd'hui, sous le prétexte de l'agrandissement de la patrie, voudraient arracher des cœurs notre sainte religion. A pareil jour donc, — car il a commencé la veille même de sa fête, — une armée libératrice entra dans la ville sainte et mit en déroute les ennemis de Dieu et de son Église qui voulaient détruire, dans Rome même, le centre du catholicisme, le règne du Christ. On regardait ce jour comme funeste à Rome ; je dis que l'heure du triomphe a commencé. Ils ont dit que je hais l'Italie. Non, je ne la hais point, je l'ai toujours aimée ; je l'ai bénie ; j'ai désiré son bonheur, et Dieu sait que de fois j'ai prié pour elle. Oui, prions, je dois le dire, pour cette infortunée nation. Une nation qui repose sur l'égoïsme n'est point unie ; elle n'apporte point de bénédictions, l'unité qui détruit la charité et la justice, l'unité qui foule aux pieds les droits d'autrui, les droits des serviteurs de Dieu et ceux des fidèles ; une telle unité a tout le monde pour ennemis, tous se lèvent contre elle, car Dieu lui-même est contre elle. L'heure a commencé, le triomphe ne peut tarder ; s'il devait toutefois se faire attendre encore, nous continuerions à souffrir avec patience les coups de la justice de Dieu. »

Les évêques assemblés à Rome déclarèrent dans une adresse au pape, qu'ils s'étaient volontiers rendus à son invitation, pour vénérer ses vertus et le consoler, mais aussi pour fortifier leurs cœurs, au milieu des angoisses de l'Église, par la vue de ses traits paternels. Ce centenaire de saint Pierre leur permettait de constater la fermeté de ce roc inébranlable, sur lequel notre Seigneur et Sauveur a établi le grand, l'impérissable édifice de son Église. Depuis dix-huit siècles, malgré les attaques continuelles de ses ennemis, la chaire de saint Pierre a toujours été l'organe de la vérité, le centre de l'unité et le boulevard de la liberté ; toujours elle est restée immuable et intacte, pendant que les trônes des rois et des empereurs étaient tous brisés et renversés les uns après les autres. Aussi ils venaient, comme ils avaient fait cinq ans auparavant, sous l'impression de ces sentiments et de cette foi, lui offrir le témoignage bien mérité de leur vénération, et exprimer publiquement les vœux qu'ils formaient pour le maintien de son pouvoir temporel, pour la cause sacrée de l'Église et de la justice dont il était l'intrépide défenseur. Le devoir le plus cher et le plus sacré à leurs yeux était : **de croire** et d'enseigner ce qu'il croyait et enseignait lui-même, de rejeter les erreurs qu'il rejetait, de marcher à sa suite, de combattre à ses côtés, prêts à affronter, avec lui, les dangers, les épreuves et les contradictions. Déjà ils apercevaient des signes avant-coureurs d'un meilleur avenir : ces témoignages non équivoques d'attachement qui arrivaient de toutes parts au Saint-Siége, ces marques d'affectueuse sympathie du peuple chrétien, qu'ils voulaient continuer à diriger par la parole et par l'exemple, la fidélité des Romains, dont ils étaient les témoins heureux, et leur soumission envers leur chef spirituel et temporel. Dans la convocation du concile œcuménique qu'il leur annonçait, ils voyaient avec Paul IV « le meilleur moyen de conjurer les grands périls que courait la société chrétienne. »

Dans sa réponse, Pie IX se dit consolé de ce que les évêques, par cette assemblée, ont resserré les liens de mutuelle charité qui unissent toutes les Églises du monde. Il a la certitude que, après s'être remplis de l'esprit évangélique au tombeau de saint Pierre, prince des Apôtres, et de saint Paul, le docteur des nations, ils vont repartir plus forts pour rompre les rangs de l'ennemi, pour protéger les droits de la religion, et porter encore davantage vers l'unité les peuples qui leur sont confiés. Comme eux, il est convaincu qu'aux grandes calamités de ce temps on ne peut opposer que la force divine de l'Église, laquelle se manifeste surtout lorsque les évêques, convoqués par le pape, se réunissent sous sa présidence, pour traiter des affaires de l'Église.

Ces sentiments de foi catholique furent connus en même temps dans toutes les églises de la chrétienté. Partout les fidèles s'y associèrent par des solennités religieuses ; et la pensée de l'existence dix-huit fois centenaire du catholicisme, ainsi que l'imposant spectacle de l'unité de leur foi au tombeau et autour de la chaire de saint Pierre, éveilla en eux une grande confiance dans le triomphe prochain de l'Église (1).

(1) Cf. *P.-Charles Brandes*, Saint Pierre à Rome et Rome sans Pierre, récit de la fête du 18ᵉ anniversaire séculaire des princes des apôtres. Einsiedeln, 1867. Les lettres pastorales de *Herman*, archev. de Fribourg : La Papauté dans l'histoire, et de *Martin*, évêque de

Tout en s'occupant ainsi activement des intérêts de la catholicité, Pie IX venait en aide à toutes les calamités de quelque nature qu'elles fussent. L'anglais Maguire a tracé un tableau magnifique de cette charité qui s'exerce partout où son œil paternel aperçoit un besoin, une souffrance : « Comme lui, ses prédécesseurs, sur la chaire de saint Pierre, ont toujours montré le plus grand zèle à soulager de toute manière le peuple chrétien. Mais, aussi, à qui cette paternelle sollicitude pourrait-elle mieux convenir qu'à ceux qui, comme l'enseigne la foi catholique, sont les Pères et les Docteurs de tous les chrétiens? » Pie IX se montra digne de ce bel éloge. Il éleva la voix en faveur de l'Irlande pour demander de lui venir en aide dans sa détresse par des quêtes et des prières [26 mars 1847]; dans la guerre entre l'Autriche et l'Italie pour le rétablissement de la paix [27 avril 1859]; au sujet du massacre des Maronites [29 juillet 1860], et de la guerre sanglante qui désola les États-Unis [18 octobre 1862].

Enfin, Pie IX fut pour les arts un protecteur éclairé et généreux (1). Il fit publier les œuvres précieuses de de Rossi (*Roma sotterranea; Inscriptiones christianæ*); il favorisa puissamment les études archéologiques de Garucci, Cavedoni, Visconti et Borghèse. Les autres sciences furent aussi cultivées par des hommes remarquables : la philosophie par Liberatore, Tongiorgi, San-Severino, Taparelli et Kleutgen, qui combattirent les systèmes ontologistes ou traditionalistes de Rosmini et de Gioberti; la dogmatique par Perrone; la morale par Scavini; l'exégèse par Patrizi, Pianciani et Vercellone; l'histoire ecclésiastique par Theiner et Tosti; l'éloquence de la chaire par Ventura et Audisio.

§ 414. — *Renouvellement de l'esprit religieux dans différents pays depuis 1846. — En Portugal et en Espagne.*

L'activité du chef de l'Église a, de tout temps, passé dans tous ses membres. Cette loi, conforme à la nature,

Paderborn : Le Christianisme et la papauté. P. *Pie Gams*, l'Année du martyre des apôtres saint Pierre et saint Paul. Ratisb., 1867.

(1) Dr *Sighart*, Reliques de Rome. Augsb., 1865.

s'est aussi accomplie pour Pie IX ; son zèle s'est communiqué à la plupart des pays catholiques, et y a produit un renouvellement de vie religieuse (1).

Ce renouvellement s'est fait sentir moins qu'ailleurs en Portugal et en Espagne, à cause des séditions et des luttes de partis qui agitent sans cesse ces deux royaumes.

Le Portugal compte près de 4 millions d'habitants, tous catholiques. Ils sont répartis en trois provinces ecclésiastiques, ayant chacune à sa tête un archevêque. L'archevêque de Lisbonne porte le titre de patriarche ; il a pour suffragants les évêques de Castelbianco, de Guarda, de Lamego, de Leira, de Portalègre, des Açores, d'Angola, d'Angra, de Funchal, de Santiago, du Cap-Vert et de Saint-Thomas. De l'archevêque et primat de Braga dépendent les évêques d'Aveiro, de Bragance, de Miranda, de Coïmbre, de Porto, de Pinhel et de Vizno. De l'archevêché d'Évora relèvent les évêchés de Béja, d'Elvas et de Faro. Comme dans d'autres pays catholiques, les évêques sont désignés par le roi. En 1856, quelques difficultés, qui survinrent au sujet de la nomination aux évêchés de l'Inde, donnèrent lieu à un compromis avec Rome, le gouvernement portugais s'étant toujours refusé à un concordat.

Le 3 juillet 1862, Pie IX adressa, aux évêques de Portugal, un bref dans lequel il les exhorte instamment à remplir leurs devoirs avec un zèle tout particulier dans la triste situation où se trouve l'Église portugaise, de veiller avec soin sur la conduite du clergé, de se préoccuper de la bonne éducation des aspirants au sacerdoce, et de ne permettre pour l'étude de la théologie que des livres approuvés par l'Église. Il attire également leur attention sur le rétablissement de la discipline dans les monastères, sur l'éducation religieuse de la jeunesse, sur la nécessité d'instruire et d'édifier le peuple. En terminant, il se plaint de ce que les évêques de Portugal n'ont pas paru à Rome aux fêtes de la canonisation, le 8 juin 1862, ni, du moins, écrit pour faire connaître qu'ils s'y associaient.

Au reste, bien difficile est la position de l'épiscopat et

---

(1) A. *Niedermayer*, Luttes et progrès de l'Eglise de nos jours. Frib., 1862.

§ 414. — RENOUVELLEMENT DE L'ESPRIT RELIGIEUX du clergé portugais vis-à-vis d'un gouvernement hostile à l'Église. Soutenu par le parti libéral qui domine, il ne cesse d'entraver l'exercice de la religion catholique, de léser ses intérêts, de nuire à ses institutions. Dans la question romaine, il a pris parti pour les ennemis du Saint-Siége, et le mariage du jeune roi Louis avec une fille de Victor-Emmanuel n'a pu que l'affermir dans ces sentiments. Ce qu'il y a surtout de déplorable, c'est le manque de prêtres. Pas plus dans la mère patrie que dans les colonies, ils ne suffisent aux fonctions les plus pressantes du ministère sacerdotal. En maintes circonstances, les baptêmes et les mariages doivent être faits par des laïques. Les monastères d'hommes ont tout à fait disparu ; le nombre des monastères de femmes est petit, et ceux qui existent menacent de s'éteindre, car, depuis 1834, on n'a pu admettre aucune novice. Quelques sœurs de la Charité, la plupart françaises, ont été elles-mêmes, en 1858, chassées de Lisbonne par la force brutale, et ont dû invoquer la protection de la France.

Les journaux catholiques qui paraissent en Portugal sont : la *Nação*, à Lisbonne, organe des légitimistes, dont le rédacteur, Eugenio de Locio, a envoyé, en octobre 1860, à Pie IX, une adresse couverte de 58,994 signatures ; le *Dirito*, à Porto ; la feuille hebdomadaire *Uniao catholica*, à Braga ; encore à Lisbonne, le *Bem publico*, qui paraît tous les huit jours, et la *Fe catholica* tous les quinze jours ; enfin, à Porto, une autre feuille hebdomadaire, *Os Filhos de Maria*. Ces journaux luttent souvent avec succès contre la mauvaise presse.

Pie IX porte le plus grand intérêt à l'Espagne. Il ne cache point ses sympathies pour une nation jadis si éminemment catholique. Dès 1847, il y envoya un légat pour s'entendre sur les moyens de faire cesser la vacance de plusieurs siéges épiscopaux. Un compromis eut lieu en 1848 avec Rome ; après avoir rencontré toutes sortes d'obstacles, il fut ratifié en 1859, mais il ne devint loi de l'État qu'en 1861. Le nouvel évêché de Vittoria fut érigé par la bulle *in celsissima* du 26 septembre 1861 ; d'autres évêchés furent créés à Madrid et à Ciudad-Réal, Valladolid devint un archevêché, et on fit une nouvelle division des diocèses. La province ecclésiastique de Burgos eut six évêchés, Compostelle en eut cinq, Grenade cinq, Saragosse cinq, Séville quatre, Tarragone sept, Tolède six, Valence cinq, et Valladolid cinq. Tous ces évêques, aidés de 40,000 prêtres, administrent 16 millions de catholiques. La nomination des curés se fait par la reine, sur trois candidats que lui présente l'évêque. La reine elle-même propose au pape trois candidats pour chaque évêché vacant. Par suite de la sécularisation et du gaspillage des biens ecclésiastiques, le manque de prêtres commence aussi à se faire sentir en Espagne; l'un dans l'autre, chaque curé et deux vicaires ont présentement 10,000 âmes à diriger.

Pas plus qu'en Portugal, le libéralisme ne veut en Espagne de monastère d'hommes. Toutefois, en fait de congrégations d'hommes, l'Espagne renfermait en 1864 : les Piaristes avec 34 maisons et 610 membres; 65 Lazaristes en 4 maisons; 31 oratoriens en 3 maisons; 86 Augustins Récolets en 1 maison; 271 Dominicains en 2 maisons; 72 Franciscains Déchaussés en 1 maison, et 139 Jésuites en 4 colléges. Bien plus grand est le nombre des religieuses qui s'accroît sans cesse, tandis que celui des religieux diminue. En 1861, on comptait 1,746 religieux, et en 1864 ils n'étaient plus que 1,258. Au contraire, on compte en 1867 plus de 15,000 religieuses cloîtrées et 2,000 sœurs de la charité non cloîtrées.

Quoique la science du clergé et l'instruction du peuple laissent beaucoup à désirer, les Espagnols ont conservé leur vieille réputation de bonne moralité et de fidèle attachement au Saint-Siége. La reine Isablle, dans son discours du trône, à l'ouverture des Chambres, fait volontiers entendre une parole affectueuse pour le Saint-Père, et les ministres, ainsi que les Chambres, se sont souvent prononcés en faveur des droits du chef de la chrétienté. Ceci eut lieu en particulier lors de la discussion des affaires d'Italie [mars 1861]. Martinez de la Rosa entre autres, le libéral président des cortès, critiqua vertement la politique de Cavour, et termina son brillant discours en réclamant le maintien du pouvoir temporel du pape.

Après le célèbre publiciste Donoso Cortès, et surtout le vigoureux apologiste Balmès, enlevés tous deux par une mort prématurée, nous ne voyons plus, en fait d'écrivains influents, à citer que Leo Carbonero y Sol et cette digne Espagnole (Bœhl de Faber) qui, sous le pseudonyme de Fernan Caballero, s'efforça, par des romans et des nouvelles, de ramener le peuple à un esprit véritablement national et religieux. Parmi les nombreux journaux qui défendent la cause de l'Église, nous devons mentionner la *Revue catholique* de Barcelone, *la Epoca* et *la Regeneracion* de Madrid, le *Diario* de Barcelone, l'*Union* de Valence et les *Brochures catholiques* qui paraissent à Barcelone depuis 1848. La société, qui a été fondée pour cette dernière publication, a, depuis 1864, déjà publié 114 grands ouvrages, 80 de moindre importance et 50 classes de traités. Malgré les pronunciamentos, les émeutes et les changements de ministères si fréquents en Espagne, ces efforts pour conserver et accroître dans ce pays la vie catholique, ont obtenu d'excellents résultats ; ils ont, toutefois, été bien dépassés par ce que nous avons à dire de la France.

§ 415. — *En France.*

Napoléon III et l'Eglise catholique en France (Feuilles historiques et politiques), 1861. *Hettinger*, la Situation religieuse et sociale de Paris. Mayence, 1852.

De toutes les nations catholiques, aucune ne possède une aussi grande richesse d'établissements ecclésiastiques, de congrégations religieuses et d'œuvres considérables que la France. Le mouvement politique qui partit de là en 1848, ne fut pas sans influence sur l'Église elle-même. Bientôt la République, sous la présidence de Louis-Napoléon, supprima, par une loi du 27 mars 1850, le monopole si rigoureux de l'Université, et accorda la liberté d'enseignement. Ce beau résultat fut dû, surtout, aux nobles efforts du ministre Falloux, l'ami du comte de Montalembert. Lorsque le président renversa la République et se fit proclamer empereur sous le nom de Napoléon III [2 déc. 1852], il n'abolit point sans doute les lois organiques qui étaient une entrave à la vie du catholicisme, il laissa toutefois, à l'Église, une plus grande liberté d'action. Le Panthéon de Paris, auquel se rattachaient tant de souvenirs, fut rendu à sa destination première et est devenu, sous le nom d'église de Sainte-Geneviève, un lieu de dévotion très-fréquenté. Il montra mieux encore l'intérêt qu'il portait à la religion en faisant construire de nouvelles églises (Sainte-Clotilde) ou restaurer les anciennes (les restaurations importantes de Notre-Dame de Paris, de Saint-Denis, de Reims, d'Amiens, de Chartres, de Sens, etc.), en fondant de nouveaux évêchés en France et en Algérie, en organisant dans l'armée un service religieux. Le mérite qu'il s'acquit ainsi fut compromis par sa conduite envers le pape. L'armée qu'il entretenait à Rome laissa s'accomplir les tristes événements qui, en 1860, affligèrent l'Église, et il finit même par la rappeler en décembre 1866. Cet abandon du pape lui aliéna Louis Veuillot et le parti de *l'Univers*, qui, avec la majorité du clergé, lui avaient accordé toute leur confiance après le coup d'État de 1852. Quant au parti libéral dirigé par Montalembert, Lenormand, Cochin, de Broglie, Foisset et autres collaborateurs du *Correspondant*, il s'était tout d'abord éloigné de lui. Ce sentiment de répulsion était plus profond encore dans le parti légitimiste qui avait à sa tête Poujoulat, Capefigue, Laurentie, Henri de Riancey, et surtout Berryer.

A cette France si changée au point de vue politique et religieux, Pie IX consacra plusieurs allocutions, encycliques et lettres apostoliques. Dans son allocution du 11 septembre 1848, il déplora la mort de Denis Affre, archevêque de Paris, qui fut tué sur les barricades où il s'était généreusement rendu pour arrêter l'effusion du sang et rétablir la paix. Dans un bref du 24 mars 1853, le pape loua les évêques français de leur dévouement pour le siége apostolique, et de leur zèle à tenir des conciles provinciaux et à rétablir la liturgie romaine dans leurs diocèses. Par la bulle *Ubi primum* du 3 janvier, il avait érigé l'évêché de Rennes en archevêché et lui avait donné pour suffragants : Quimper, Vannes et Saint-Brieuc. Les évêchés de Laval et de la Réunion furent créés ; et à Alger érigé en archevêché en 1866, furent adjoints en 1867, les nouveaux évêchés d'Oran et de Constantine. Par la réunion de Nice et de la Savoie, la France acquit l'archevêché de Chambéry et ses trois suffragants, ainsi que l'évêché de Nice, de sorte qu'elle possédait alors 17 provinces ecclésiastiques, et plus de 36 millions de catholiques. Ses évêques sont tous dignes, extrêmement actifs, plusieurs d'un esprit supérieur et se distinguant par de grands talents, par leur éloquence et leur courage inébranlable. Le gallicanisme qui régnait parmi eux sous le gouvernement de Juillet, a graduellement disparu. A leurs côtés se tient un clergé d'une moralité remarquable, ayant le sentiment de sa dignité, plein de zèle pour le salut des âmes, et jouissant d'une grande considération auprès du peuple.

Un nombre très-considérable de personnes des deux sexes remplissent en France les maisons religieuses. Outre d'innombrables ordres de femmes, on y voit des Bénédictins, des Dominicains, des Jésuites, des Capucins, des Chartreux et des Trappistes. Plus nombreuses sont encore les congrégations religieuses, dont plusieurs sont approuvées par l'État, comme les Lazaristes, les Sulpiciens et les Frères de la doctrine chrétienne. En 1854, les écoles des Frères de la doctrine chrétienne furent fréquentées par 243,699 élèves, et celles des Frères des autres congrégations, par 77,600 élèves. En l'année 1866, le nombre des écoles dirigées par des religieux, s'est accru de 500, de sorte qu'il atteint aujourd'hui le chiffre de 3,100. La France, en 1860, avant même l'annexion de la Savoie et de Nice, possédait 2,972 maisons tenues par des religieuses reconnues par l'État ; 553 de ces maisons sont consacrées à l'instruction, au soin des malades ; 2,101 à la fois, à l'instruction et aux soins des malades ; 16 à la contemplation et 17 à l'adoration perpétuelle du très-saint sacrement. Près des deux tiers des jeunes filles de ce grand pays sont élevées par des religieuses, et cette éducation affermit et entretient en France la vie chrétienne. Les dames du Sacré-Cœur et les Ursulines distribuent avec le plus grand succès l'instruction supérieure.

Une œuvre qui contribue beaucoup à la conservation des mœurs chrétiennes, c'est *la Société de Saint-Vincent-de-Paul*. Répandue par toute la France, elle a des conférences dans toutes les villes et un grand nombre de localités moins importantes, sous la direction d'un président général qui réside à Paris. *La Société de Saint-François-Régis* fait aussi un bien immense. Elle a pour but de régulariser au point de vue civil et religieux les unions illicites, de légitimer les enfants, de rendre à leurs parents les enfants trouvés, de réconcilier la famille avec la société civile et religieuse, et de les arracher ainsi à une dépravation certaine. *La Société de protection pour les malheureuses jeunes filles dont la vertue est exposée*, se montre également animée du plus grand zèle, en leur procurant les moyens de retourner dans leurs familles éloignées, tandis que les *Dames du Bon-Pasteur* et les *Sœurs de l'Immaculée Conception* se dévouent avec une admirable abnégation à la pénible tâche de sauver celles dont la vertu a fait le plus triste naufrage.

Les nombreuses congrégations et associations qui ont pour but l'exercice de la charité chrétienne, font preuve aussi du dévouement le plus pur et le plus touchant. A leur tête, aujourd'hui comme toujours, se présentent les sœurs de charité, de Saint-Charles-Borromée et de Saint-Vincent-de-Paul, qui excellent à soigner les malades et qui apparaissent partout où il y a une peine, une douleur à adoucir. Dans les guerres de Crimée, d'Italie et du Mexique, elles se sont conduites comme des héros. Les sœurs de Saint-Charles-Borromée, de Nancy, ont spécialement fait, depuis vingt ans, un bien considérable aux Allemands, qui sont si nombreux à Paris (1). *Les Frères du Saint-Esprit* dirigent les maisons de correction ; *les Frères de Saint-Gabriel* instruisent les sourds-muets ; *ceux de Saint-Joseph* se chargent des enfants vagabonds ; *les Sœurs de Saint-Paul*, de Paris, presque toutes aveugles, font l'éducation des jeunes aveugles. *Les Sœurs de Nazareth et de Bethléem* remplissent de la bonne odeur de leurs vertus les saints lieux dont elles ont pris le nom.

La Société de la Sainte-Enfance, fondée par Janson, évêque de Nancy, a pour mission de rechercher les enfants exposés en Chine, de les baptiser et de les élever chrétien-

---

(1) *A. Niedermayer*, les Allemands de Paris, Frib., 1862.

nement, de même que les *Écoles d'Orient*, créées par le baron Cauchy, s'occupent de la jeunesse abandonnée des pays musulmans.

Comme contraste avec ces œuvres excellentes, inspirées par la foi, avec ces manifestations sublimes de la vie catholique, avec ces témoignages magnifiques de la charité, dont Paris surtout est si riche, on rencontre dans plusieurs classes de la société, la démoralisation, la frivolité et l'impiété, avec tous leurs caractères les plus repoussants. La France est également grande en bien et en mal. Tandis que Hettinger (1) nous dépeint avec amour le côté ravissant, de frivoles touristes et romanciers s'attachent aux vices et aux scandales, et exposent à tous les regards, avec un cynisme sans égal, dans des tableaux séducteurs, les mystères de la moderne Babylone (Paris).

La France ne se borne pas à faire éclore et prospérer sur son sol les associations les plus bienfaisantes. Cette catholique nation fournit encore les secours les plus riches et la coopération la plus active pour la conversion des peuples idolâtres. Seule elle verse chaque année 4 millions de francs dans la caisse de l'Œuvre de la Propagation de la foi, et ses missionnaires sont plus nombreux que ceux de tous les autres pays de l'Europe ensemble.

Ce que nous avons à dire de son activité scientifique, n'est pas moins capable de réjouir un cœur chrétien. D'intelligents et éloquents prédicateurs : Bautain, Lacordaire, et Ravignan réussirent à ramener l'opinion publique vers le catholicisme, en montrant avec une clarté saisissante, dans leurs spirituelles conférences, que toutes les justes aspirations de ce temps : — liberté, sciences, arts, progrès social, régénération de l'Europe, — ne pouvaient être réalisées d'une manière durable que par l'Église. Ils eurent de dignes continuateurs dans le P. Félix [1853-67, *Sur le progrès par le christianisme*], le P. Minjard, Monsabré et autres. Plusieurs évêques se firent aussi remarquer dans la chaire sacrée par leur éloquence. A leur tête nous placerons Dupanloup, évêque d'Orléans, l'écrivain si connu, dont tout le monde admire le talent et le goût. A eux nous joindrons l'abbé de Ségur, le juriste Nicolas, *Études sur*

---

(3) *Hettinger*, Dixième lettre.

le christianisme, Keller, *l'Église et les principes de 1789*, et aussi le célèbre protestant Guizot, l'ancien ministre de Louis-Philippe, qui eut également sa part d'influence sur les esprits *(Méditations chrétiennes; l'Église et la société chrétienne.)*

Tout différent était le but de l'orientaliste Renan. Après plusieurs autres qui ont disparu sans laisser de traces, il tenta, dans sa *Vie de Jésus et des Apôtres*, d'enlever au Christianisme son caractère de religion révélée, à son fondateur sa divinité, et aux témoignages du Nouveau Testament, surtout par rapport aux miracles, tout titre de créance. D'excellents apologistes, Monseig. Freppel, le P. Gratry, Darboy, archevêque de Paris, Meignan, évêque de Châlons, et le théologien protestant Pressensé, se présentèrent pour le réfuter. Le maréchal Canrobert lui-même déclara en plein sénat que l'on ne devait point dans une telle assemblée prononcer la moindre parole en faveur de celui qui osait nier la divinité du Christ, et qui se posait comme l'adversaire acharné de la religion de nos pères, laquelle est toujours la religion de la majorité des Français. Il ajouta qu'il protestait formellement contre ce coupable enseignement.

Après les écrits de Bautain, de Bonald et de Bonnetty, qui n'eurent qu'une médiocre influence, l'Oratorien Gratry (1) appliqua aux études philosophiques une méthode plus sévère. Toutefois, il ne réussit point lui-même à séparer nettement les éléments théologiques des éléments philosophiques. Le traditionalisme imaginé par Lamennais, et présenté sous une forme adoucie par Bautain, Bonnetty et le jésuite Chastel, peut être aujourd'hui considéré comme vaincu.

Quant aux sciences théologiques, sous l'impulsion du P. Lacordaire, on revint, pour la dogmatique, à saint Thomas. La morale rencontra deux théologiens éminents: Carrière qui fut longtemps supérieur de la congrégation de Saint-Sulpice, et le cardinal Gousset, qui, en s'appuyant sur Liguori, battit en brèche les traditions rigoristes et jansénistes qui ont régné en France jusque dans ces derniers

---

(1) Ses écrits philosophiques sont : De la connaissance de l'âme ; De la connaissance de Dieu ; De la connaissance de l'homme dans sa faculté de penser.

temps. Le droit ecclésiastique fut remis en honneur par Bouix. (*De principiis juris* can. Par. 1852 et *Revue des sciences ecclésiastiques*). L'histoire générale de l'Église fut écrite par Rohrbacher, Blanc, Darras, etc. Mais un certain nombre de monographies faisant connaître d'une manière spéciale une époque, un personnage, un ordre religieux, un pays, et ayant pour auteurs Poujoulat, Jager, Montalembert, Crétineau-Joly, Albert de Broglie, Capefigue, l'abbé Prat, ont été plus utiles à cette science.

La littérature exégétique et l'étude des textes primitifs hébreu et grec, doivent beaucoup au P. de Valroger (*Introduction aux livres du N. T.*), à le Hir, à l'abbé Bargès de la Sorbonne, à l'abbé Gainet et à Meignan, évêque de Châlons.

Un prêtre plein de résolution et de persévérance, l'abbé Migne, publia d'abord une édition des Pères de l'Église latine jusqu'à Innocent III [1215] en 217 volumes in-4°, puis une édition des Pères grecs allant jusqu'au XVI° siècle en 162 volumes. Il rendit ainsi beaucoup plus facile l'étude de la littérature ecclésiastique, bien que les textes de ses éditions ne répondent plus à toutes les exigences de la science actuelle (1). Le même jugement peut être porté sur l'édition de quelques Pères de l'Église que les frères Gaume avaient publiée précédemment. Il n'en est pas de même du bénédictin dom Pitra, qui a rendu de grands services par son *Spicilegium Solesmense*. Nous pouvons adresser le même éloge aux *Origines de Rome* et aux *Écrits liturgiques* de dom Guéranger, autres publications que nous devons également à la nouvelle congrégation des Bénédictins. D'autres savants encore se livrent avec succès aux études patrologiques, Caillau et Guillon, Cruice évêque de Marseille, l'abbé Freppel. Villemain et Charpentier s'efforcèrent de répandre autour d'eux le goût de la littérature des Pères de l'Église. Les travaux inachevés des Bénédictins du siècle dernier ont trouvé des continuateurs qui ont repris la publication du *Gallia Christiana* et de l'*Histoire littéraire de la*

---

(1) Appréciation détaillée des publications de Migne, par *Hergenræther*, Feuille de littérature théologique, 1867 n° 10 et 13.

France interrrompue par la Révolution. Il paraît une nouvelle édition des Bollandistes. L'étude du moyen âge chrétien est fortement encouragée par l'*École des Chartes* et par les éditeurs de la *Bibliothèque* de cette école, entre autres par de Wailly, Delisle, Quicherat et Boutaric.

Des travaux très importants ont été faits sur les *Antiquités chrétiennes* par Raoul-Rochette, Ch. et Fr. Lenormant, Greppo, Labus, Perret [*Catacombes de Rome*], Martigny [*Dictionnaire des antiquités chrétiennes*], et Didron [*Annales archéologiques*] ; sur l'*Épigraphie chrétienne* par Texier, Renier et surtout Leblant; sur l'*Histoire de l'architecture religieuse, la sculpture et la peinture* par Gailhabaud, les jésuites Martin et Cahours, de Caumont, Rio [*de l'Art chrétien*] et Viollet-Leduc, qui a contribué à faire revenir au gothique. Lambillotte mérite une mention spéciale pour ses ouvrages de musique religieuse.

Pour les différentes branches de la science archéologique, la France a plusieurs journaux remarquables : *les Études religieuses, historiques et littéraires* fondées par les jésuites Daniel et Gagarin, *la Revue des sciences ecclésiastiques*, *le Correspondant* du comte de Montalembert. Les principaux journaux politiques qui défendent les divers intérêts catholiques sont : *le Monde*, *l'Union* de Henri de Riancey, le *Journal des Villes et Campagnes*, et *l'Univers* rédigé par Louis Veuillot, qui a surtout montré son dévouement et son admiration pour la Ville éternelle dans son *Parfum de Rome*, la *Revue catholique de l'Alsace*.

§. 416. — *En Belgique et en Hollande*.

La Belgique, qui est française par le langage et le caractère, l'est aussi par les manifestations de la vie catholique. Comme la France, elle est riche en associations de charité, elle possède de nombreuses maisons religieuses, elle contribue largement à l'œuvre des missions étrangères. Nous avons dit plus haut que le nombre de ses établissements religieux qui était de 280 en 1829, s'élevait à 779 en 1846; depuis cette époque, il s'est encore considérablement accru. Comme en France aussi, existe en Belgique, en opposition avec le plus beau développement de la vie religieuse, une corruption extrême qui puise, dans une plus grande liberté de la presse, une hostilité plus acharnée encore contre l'Église catholique, les prêtres, les religieux, et qui voudrait détruire jusqu'au moindre souvenir du Christianisme. Aux libéraux (!) et aux 4,000 Francs-maçons, que dévore ce zèle infernal, s'est jointe la secte des *solidaires*, qui s'engagent à ne point laisser approcher un prêtre de leur lit de mort, ni de celui d'un affilié à la secte. Dans un congrès qu'ils tinrent à Liége en 1866, des étudiants proclamèrent l'athéisme, le naturalisme et le communisme le plus grossier, tellement que le gouvernement français se vit contraint de sévir contre ceux de ces étudiants qui appartenaient à la France. A l'occasion de la loi *sur la bienfaisance* (1), la populace, poussée par des meneurs, se porta aux excès les plus odieux contre les églises et les maisons religieuses, et elle les aurait renouvelés en 1864, lors du scandaleux *procès de Buck* (2), sans l'intervention énergique de l'autorité civile. Les francs-maçons de leur côté, assistèrent en grande cérémonie à l'enterrement du F. Verhaegen avec leurs tabliers et leurs autres insignes.

Ceux qui eurent le plus à souffrir de ces émeutes furent les Jésuites qui, dans douze maisons d'éducation, instruisent 2,000 jeunes gens des meilleures familles, et s'efforcent d'en faire à la fois de bons catholiques et de bons citoyens. Ceci ne fait point l'affaire des Loges, dont le but final est *la destruction du catholicisme et même de l'idée chrétienne*, et qui font serment de regarder *les rois et les charlatans religieux* comme les fléaux de la société et du monde, et de les poursuivre d'une haine éternelle.

Mais la Belgique ne renferme pas que des ennemis et des agitateurs de l'Église, sa population est essentiellement conservatrice et religieuse. La foi et les œuvres qui en découlent y sont entretenues et vivifiées par le zèle d'un clergé honorable et des ordres religieux florissants. Un parti catholique également zélé, tient tête dans les chambres au parti libéral. A l'action destructive d'une presse sans

---

(1) Feuille ecclésiastique de Fribourg, 1857, n° 5 et 6.
(2) Le procès de Buck, à Bruxelles, devant le tribunal de la vérité. Frib., 1865.

frein, s'oppose avec énergie et talent une presse catholique parfaitement organisée. Parmi les journaux catholiques nous mentionnerons surtout le *Journal de Bruxelles* et le *Journal d'Anvers*, la *Patrie de Bruges*, le *Bien public de Gand*, le *Moniteur de Louvain*, l'*Ami de l'Ordre*, le *Courrier de la Sambre*, l'*Union de Charleroi* et le *Nouvelliste de Verviers*.

En fait d'établissements scientifiques, une mention spéciale est due à l'université catholique qui est dans une voie de prospérité toujours croissante. Commencée en 1835, avec 86 étudiants, elle a vu, sous les rectorats de de Ram [1865] et de Laforêt, ce nombre arriver en peu d'années à 800. Son enseignement scientifique, qui est, chaque année, consigné dans un rapport, se produit aussi dans la *Revue Catholique de Louvain* (1) qui fait paraître les travaux les plus variés dus à la plume des professeurs.

Une nouvelle impulsion fut donnée à l'activité religieuse de la Belgique par le *Congrès catholique* de Malines, qui eut lieu pour la 1re fois en 1863, et réunit les catholiques les plus notables, non-seulement de la France, de l'Espagne et du Portugal, mais encore de l'Angleterre et de l'Allemagne (2). Ce premier Congrès compta 4,000 membres, tandis que les assemblées du même genre qui se font en Allemagne depuis 1848 n'en ont jamais compté plus de 1,500 et souvent beaucoup moins. Bien que ce congrès dût être surtout une réunion laïque, tout l'épiscopat belge y assista avec un clergé nombreux. Les discours pleins d'éloquence et de feu de Dupanloup évêque d'Orléans, du cardinal anglais Wiseman et du comte de Montalembert, qui parla de *la liberté religieuse*, donnèrent au congrès de 1863, un éclat tout particulier. Après plusieurs questions brûlantes, relatives à l'art, à la science et à l'éducation, on traita avec beaucoup d'énergie la question *de la presse du jour*, l'une de celles qui intéressent le plus les catholiques

---

(1) L'Annuaire de l'Université catholique contient, outre la nomenclature des cours, la statistique des maîtres et des élèves, les promotions survenues, des articles nécrologiques sur les professeurs décédés, etc.

(2) *A. Niedermayer*, Malines et Wurzbourg, esquisses et descriptions empruntées aux assemblées catholiques de Belgique et d'Allemagne.

actuels. Ce congrès, en se renouvelant tous les ans ou à des époques périodiques, éclairera les catholiques de la Belgique sur leur véritable situation, et suggérera les moyens les plus propres à sauver l'Église et la société.

Moins retentissants, mais aussi réels sont les progrès du catholicisme en Hollande. Ils ont été puissamment activés, en 1853, par le rétablissement de la hiérarchie ecclésiastique, que Pie IX accomplit avec une fermeté inébranlable, malgré les récriminations haineuses des Calvinistes et des Jansénistes, qui essayèrent d'exciter le peuple et le gouvernement, malgré les réclamations du gouvernement lui-même, qui, cédant à leurs instances, fit demander à Rome par son ambassadeur, que le pape revînt sur cette mesure. Les catholiques eurent un archevêque à Utrecht, au siége épiscopal même du jansénisme, et des évêques à Harlem, Bois-le-Duc, Bréda et Ruremonde. L'esprit pratique des habitants de ce pays, se montra alors chez les catholiques. Ils surent tirer parti du principe de *la liberté de conscience*, inscrit dans la Constitution de 1848, et de la loi libérale sur l'éducation qui en fut la suite, pour accroître parmi eux le nombre des ordres religieux et leur confier leurs écoles. L'évêque de Ruremonde, outre son grand séminaire de Rolduk, fonda encore un petit séminaire où il eut 30 élèves. Les ordres et les établissements religieux, qui ne reparurent dans cette contrée qu'en 1830, comptaient en 1862, 38 maisons d'hommes (entre autres les Jésuites depuis 1848), et 137 de femmes, parmi lesquelles les Ursulines de Tildonk et les sœurs de la charité de Tilburg qui se vouent surtout à l'éducation des jeunes filles. Contre ce zèle qui déplaît tant aux protestants, et contre ces écoles privées établies légalement, on demanda, mais en vain, l'école obligatoire et gratuite; les inspecteurs eux mêmes, tentèrent d'élever toutes sortes d'obstacles. Mais les évêques, ainsi que le clergé séculier et régulier, se montrent pleins de vigilance et d'activité pour déjouer toutes ces tentatives. Les catholiques se servent aussi avantageusement de la publicité; leurs écrits populaires, leurs journaux et leurs calendriers pour le peuple augmentent sans cesse en nombre et en importance. La littérature théologique doit au Franciscain Van de Velde un ouvrage de grande valeur, sa *Theologia moralis*. Le véridique et savant Alberdingk Thijm a traité aussi avec talent plusieurs siècles de l'histoire de l'Église et de l'histoire profane (Willibrord, Charlemagne, etc.) Grâce à cette activité, près de la moitié des 3,700,000 habitants dont se compose la Hollande est maintenant catholique.

L'Église catholique fait aussi des progrès et reprend une nouvelle vie dans une partie du grand duché de Luxembourg, malgré les efforts de la franc-maçonnerie qui y est venue de Belgique. Dans le grand séminaire de Luxembourg, on se livre à de fortes études théologiques, on s'y occupe également d'archéologie et de musique religieuses. *La voix du Luxembourg*, et d'autres journaux y défendent les intérêts catholiques.

§. 417 *En Grande-Bretagne.*

Dr. *Moufang*, Le cardinal Wiseman et les services qu'il a rendus à la science et à l'Eglise. Mayence, 1865. *Dr. Newmann*, Histoire de mes convictions religieuses.

La prophétique parole prononcée par le clairvoyant Bossuet (1), à une époque où l'Église anglicane montrait le plus d'hostilité et de haine contre le catholicisme : « Une nation si savante ne demeurera pas longtemps dans cet éblouissement : le respect qu'elle professe pour les Pères, et ses curieuses et continuelles recherches sur l'antiquité la ramèneront à la doctrine des premiers siècles, » commence à s'accomplir de nos jours. Un ecclésiastique anglican, qui jouissait d'une grande estime, disait avant sa mort : « Croyez-moi, le temps viendra où les grandes vérités qui sont maintenant enfouies seront remises à la lumière, et alors leur effet sera terrible. »

Nicolas Wiseman et Jean Henri Newman, ont plus qu'aucun de leurs contemporains, contribué à ce résultat.

A côté de l'agitation à la fois politique et religieuse du *Rappel* excitée par Daniel O'Connel, agitation qui avait

---

(1) *Bossuet*, Histoire des variations des églises protestantes, liv. VII, chap. civ., 2 vol. in-12, Paris, Sarlit.

pour but d'améliorer la dure situation des catholiques d'Irlande, mais qui ne fut point non plus sans influence sur l'Angleterre elle-même, il s'en prépara, au sein du monde théologique, une autre qui fut désignée sous le nom de Puséisme ou Tractarianisme. Cette dernière agitation se produisit, sous le souffle d'en haut, parmi des hommes de positions diverses, et de résidences éloignées, tels que les dignitaires de la haute Église Hook et Churton, Parceval, le représentant de l'aristocratie, Keble, Palmer, le docteur Pusey, qui revenait des universités allemandes, l'exégète Dodsworth, Oakeley, Newman et l'archevêque Whately (1). C'est à Oxford qu'elle fit le plus de progrès et qu'elle finit par trouver son centre d'unité. Pour remédier à l'incertitude de doctrine et à la faiblesse de discipline qui se faisaient sentir dans l'Église anglicane, ces savants, conformément à l'art. 34 de leur livre symbolique, se livrèrent avec ardeur à l'étude des premiers âges de l'Église et des saints Pères. Leurs recherches portèrent principalement sur les dogmes de la justification et de l'Eucharistie. Comme fruits de ces études, parurent, dès 1833, des traités (*tracts for the times*), dans lesquels la succession apostolique était revendiquée comme la marque unique de l'assistance du Saint-Esprit, et la tradition ecclésiastique comme source de foi avec la sainte Écriture et comme nécessaire au maintien des vérités révélées. Les auteurs de ces traités seraient demeurés plus longtemps fidèles aux 39 articles de la haute Église anglicane, qu'ils considéraient comme un milieu raisonnable entre le catholicisme et le protestantisme, si le quatre-vingt-dixième traité de Newman n'était venu, en 1841, provoquer un changement. Dans ce traité, il cherchait à montrer que l'Église anglicane est une fraction de la grande Église catholique et que les 39 articles s'accordaient avec la doctrine catholique. Les évêques s'opposèrent à la continuation des traités ; Newman, qui était

---

(1) Newmann fait à ce sujet cette réflexion : « Où peut-il être question ici d'un chef de secte? Quel échange d'opinions pourrait-on signaler entre ces savants ? Ah! plutôt ils seront tous, chacun de son côté, les propagateurs d'une seule et même idée qui s'est manifestée d'une manière mystérieuse en même temps dans des lieux divers. (*Newmann*, Histoire de mes opinions religieuses, p. 116). »

alors curé de l'Église Sainte-Marie à Oxford, se sentit surtout atteint par cette mesure. Il donna sa démission en 1843 et se retira dans une solitude à Litlemore. Dans son livre *du développement doctrinal* il combattit victorieusement l'assertion mensongère que l'anglicanisme est une branche de la seule véritable Église ; puis il passa au catholicisme et fit son abjuration entre les mains du passioniste P. Dominique [8 nov. 1845]. Un grand nombre de membres du clergé et de l'aristocratie suivirent son exemple. On compta bientôt 867 convertis de distinction, parmi lesquels 243 ecclésiastiques. Le docteur Pusey n'a point encore fait cette démarche, quoiqu'il ait pris ouvertement la défense de son ami Newman à l'occasion de son 90º traité. Il n'a pu sortir encore de ces principes contradictoires : « Il est possible de prouver que l'on peut être catholique de cœur, et protestant de corps ; l'Église anglicane doit se détacher du protestantisme, et pourtant ses enfants ne doivent point la quitter. » Jusqu'ici l'anglicanisme n'a pu être pour lui, comme pour Newman, un pont pour passer au catholicisme (1). Le docteur Nicolas Wiseman, dans le vicariat duquel se trouvait Oxford, engagea Newman à entrer dans le collège catholique d'Oscott, puis il l'envoya à Rome et enfin le plaça à Birmingham. En 1847, Newman entra dans l'ordre de l'Oratoire, et se dévoua à l'Église d'Angleterre ; il organisa [1850] et dirigea peu de temps l'université catholique de Dublin. Il essaya aussi de fonder un collège catholique à Oxford.

Wiseman prit aussi la part la plus active à ce mouvement vers le catholicisme. Né le 2 août 1802, à Séville, d'une famille irlandaise catholique, il passa son enfance en Irlande, et fit ses études au collége anglais de Saint-Cuthbert à Ushaw. Décidé à embrasser l'état ecclésiastique, il se rendit à Rome en 1818, et entra avec cinq autres

---

(1) Dans l'ouvrage cité plus haut, p. 346, Newmann dit : « L'Eglise anglicane a été la main dont s'est servie la Providence pour m'accorder de grands bienfaits. Si j'étais né païen, je n'aurais peut-être jamais été baptisé ; si j'avais été presbytérien, il aurait pu se faire que je n'aie jamais cru en la divinité de Jésus-Christ ; si je n'étais venu à Oxford, peut-être n'aurais-je jamais entendu parler d'une Eglise visible, de la tradition et des autres dogmes catholiques. Je suis redevable de tous ces biens à l'Eglise anglicane. »

jeunes gens au collége anglais qui s'y trouve et qui, depuis bien des années, était presque désert. Il y resta 22 ans, et il y acquit une science universelle, dont il fit ensuite l'usage le plus brillant et le plus utile. Les écrits apologétiques si pleins de vigueur et d'une douceur persuasive qu'il publia étant recteur du collége anglais à Rome, et sa collaboration à la revue de Dublin exercèrent la plus grande influence sur ses compatriotes. Ses discours sur les rapports entre les découvertes scientifiques et la religion révélée, — sur les principaux points de doctrine qui divisent les anglicans et les catholiques, — et sur les dogmes et les usages les plus importants du catholicisme furent surtout favorablement accueillis, et se répandirent au loin.

Lorsque le pape Grégoire XVI voulut fortifier le mouvement parti d'Oxford, et favoriser le développement de l'Église catholique en Angleterre en doublant le nombre des vicaires apostoliques qui n'était que de quatre, Wiseman fut l'un des nouveaux élus [1840]. Devenu évêque, il s'occupa d'abord du grand établissement d'éducation que les catholiques possèdent à Oscott près de Birmingham, et s'attira ainsi la reconnaissance d'un grand nombre de personnes qui y reçurent la meilleure éducation. Il s'efforça aussi en toutes circonstances, de persuader les catholiques d'Angleterre que l'on ne doit point seulement croire les dogmes et observer les commandements, mais encore se soumettre aux usages de l'Église. Il insiste fortement là-dessus dans sa lettre pastorale de 1849. Tandis que le catholicisme prenait ainsi de la force et de l'accroissement, le pape Pie IX, se rendant aux désirs des vicaires apostoliques, rétablissait la hiérarchie épiscopale en Angleterre, après une interruption de trois siècles ; il érigeait douze évêchés et l'archevêché de Westminster, dont le titulaire ne fut autre que Wiseman [1850].

Cette nouvelle organisation ecclésiastique réveilla aussitôt l'ancienne haine contre les catholiques. La tempête éclata avec une violence extrême. Sarcasmes, railleries, satires, raisonnements théologiques et juridiques pleins de subtilité, déclamations furibondes, accusations perfides répandues dans les discours et les journaux, tout fut mis en œuvre ; la populace elle-même fut soulevée au cri de : *No*

Popery. Le ministère présenta au parlement des bills contre les titres, les vêtements et les couvents, qui interdisaient aux évêques de prendre pour titre le nom d'une ville d'Angleterre, aux ecclésiastiques et aux religieux de paraître en public avec leur costume spécial ; on prescrivit de faire, dans les maisons religieuses, une enquête sévère pour s'assurer si ceux qui les habitaient n'y étaient point entrés par contrainte. Inaccessible à la peur et plein du sentiment de sa dignité apostolique, le cardinal Wiseman publia un « Manifeste au peuple anglais, » et annonça des controverses dans sa cathédrale, tandis que milord Reynold s'écriait en plein parlement : « L'agitation contre les papistes est montée à un tel point dans le pays, qu'il y a lieu de s'étonner que le cardinal n'ait été brûlé qu'en effigie, et non en personne. » L'archevêque vint à bout néanmoins en peu de temps de dompter cet orage terrible. Alors eurent lieu des conversions plus nombreuses que jamais. En 1851, 33 ecclésiastiques, parmi lesquels Manning, l'un des hommes les plus distingués du clergé anglican, ainsi que Henri et Robert Wilberforce, frères de Samuel Wilberforce évêque d'Oxford, se firent catholiques. A l'occasion du concordat autrichien, les esprits s'étant de nouveau surexcités, il les calma par quatre discours qu'il publia. Voulant organiser sa province, il convoqua en 1852 un concile provincial à Oscott, ce qu'il fit deux autres fois encore pendant sa vie active. Les nombreux discours qu'il prononça sur différents sujets, sur les rapports de la science et de l'art, sur des questions intéressant les Anglais et sur Shakespeare, mais surtout sa Fabiola, où il expose, avec un talent incomparable, les persécutions de l'Église dans les premiers temps du christianisme, ont fait de lui l'un des écrivains les plus aimés de l'Angleterre et de l'étranger. Newman fit paraître également un ouvrage dans le genre de Fabiola, c'est sa Callista. Ces deux ouvrages inspirèrent d'autres écrits populaires qui firent mieux connaître le catholicisme dans les temps anciens et modernes et qui détruisirent une foule de préjugés hostiles aux institutions et aux personnages catholiques. Ces écrits sont dus principalement à Spencer-Northcote (*les Catacombes de Rome*), à Maguire, (*Rome et les Papes*), et à Lady Fullerton. Parmi les pères de l'Oratoire, qui se composent en grande partie de convertis, le P. Faber, supérieur de l'ordre en Angleterre, a publié plusieurs livres ascétiques qui sont très-goûtés et font partout beaucoup de bien (1). Le cardinal Wiseman, dans le magnifique discours qu'il prononça au second congrès de Malines se plut à constater les résultats de ces vaillants efforts, en faisant connaître les grands progrès que le catholicisme avait faits en Angleterre. Sur son lit de mort il disait : « J'ai toujours laissé faire aux autres tout le bien qu'ils voulaient, jamais je ne m'y suis opposé, et Dieu a béni ma manière de faire. » Ces paroles de satisfaction lui étaient inspirées par la fondation récente du journal hebdomadaire le *Tablet*, qui suivait une ligne moyenne entre les opinions extrêmes de la *Revue de Dublin* rédigée par le converti Ward, et la *Home and foreign review* plus indépendante de sir Acton. A l'excellent *Weekly register* est venu se joindre, au commencement de 1867, la *Westminster Gazette*, qui traite sans doute les questions du jour, mais qui publie surtout des articles raisonnés sur les rapports de l'Église et de l'État, des appréciations des livres qui paraissent, et des correspondances des autres pays.

Smith O'Brien, qui remplaça dignement O'Connel dans la défense des droits de l'Irlande, était mort [juin 1864]. Le cardinal Wiseman le suivit de près dans la tombe [15 février 1865]. L'Église catholique perdit en lui l'un des évêques les plus zélés et les plus saints de ce temps, qui unissait à de rares connaissances classiques et théologiques une fermeté, une bonté et une prudence admirables.

Le catholicisme fonde toujours de grandes espérances sur le mouvement ritualiste parti d'Oxford et appuyé par le docteur Pusey. Les partisans du ritualisme pensent que la situation actuelle de la religion et de la société ne peut

---

(1) Voici les titres des principaux ouvrages du docteur *Frédéric William Faber* : Le Très-saint sacrement de l'autel ; — Tout pour Jésus, ou les Voies faciles de l'amour de Dieu ; — Le Créateur et la créature ;—Le Progrès de l'âme dans la vie spirituelle ; — Le *P. Philpin*, de l'oratoire, a publié la Piété envers l'Eglise ; — l'Union de Marie au fidèle, et du fidèle à Marie, etc.

s'améliorer qu'en revenant aux rites, aux vêtements et aux institutions repoussés par le protestantisme au XVIe siècle. Par son *Eirénikon*, Pusey a communiqué une nouvelle impulsion à ces efforts tentés pour rendre les rites anglicans conformes à ceux de l'ancienne Église (1). Pusey et le révérend M. Humble, veulent que l'on reconnaisse la pénitence comme sacrement avec une accusation spéciale des péchés. Tandis que celui-ci voit, dans le rétablissement de la confession auriculaire, le moyen le plus puissant pour combattre l'infanticide, le docteur Pusey y aperçoit le remède le plus efficace aux vices qui souillent la jeunesse. La confession est l'un des grands bienfaits sociaux du Christianisme. Les ritualistes sont encore de chaleureux défenseurs de la vie monastique. « Toute l'œuvre des missions de l'Église catholique romaine, dit M. Makenzie Wallcot, a été fondée par des ordres de missionnaires qui pratiquaient l'abnégation jusqu'à l'héroïsme. L'insuccès de notre système, qui veut tout faire par des prêtres séculiers, est la meilleure preuve qu'il a besoin d'une nouvelle organisation. La conversion de toute l'Europe par les ordres monastiques, montre quels grands résultats peuvent produire des hommes qui unissent leurs efforts par les liens les plus sacrés. » Le docteur Meadow, partageant ces sentiments, recommande avec chaleur d'introduire dans les hôpitaux et les workhouses des femmes appartenant à des communautés religieuses. Le zèle que déploie l'archevêque Manning, le successeur du cardinal Wiseman, ne peut que seconder puissamment ce retour à la religion catholique.

§ 418. — *En Allemagne et en Suisse.*

Beda Weber, Cartons de la vie de l'Église en Allemagne, Mayence, 1858.

Après le traité de Westphalie, le protestantisme avait acquis une influence prédominante ; il opprima en Alle-

---

(1) L'état actuel du mouvement vers le catholicisme dans la haute Église d'Angleterre. Aix-la-Chapelle, 1867.

magne l'Église catholique. Le rationalisme vint joindre son action malfaisante à celle du protestantisme et favorisa extrêmement la propagation de l'indifférence. Les funestes conséquences de la Révolution française se faisaient encore sentir. Les biens ecclésiastiques avaient été volés, l'organisation extérieure de l'Église avait été détruite par la suppression d'un grand nombre d'évêchés, de chapitres et de couvents, son autonomie lui avait été ravie. Les concordats qui furent conclus avec Rome n'apportèrent que bien peu d'amélioration à ce triste état de choses. Les catholiques n'osaient se produire ; leurs travaux scientifiques et théologiques étaient à peu près nuls.

Les faits que nous allons énumérer contribuèrent à les tirer de cette apathie, et à leur donner, avec un vif attachement à l'Église catholique, de l'énergie pour la défendre.

1° D'illustres convertis (1), dont la série commence avec le XIX° siècle par le comte Frédéric-Léopold de Stolberg, et se continue par Frédéric Schlégel, Charles-Louis Haller Adam Muller, Beckedorf, Jarke, Phillips, les deux Mœhler, Herbst, l'infatigable Louis Clarus (Volk), Hurter, Gfrœrer, Ida Hahn, Daumer et Laemmer s'éprirent d'amour et de dévouement pour le catholicisme, en étudièrent et en firent resplendir les multiples beautés.

2° Après avoir déversé sur Stolberg et d'autres convertis, les plus ignobles calomnies, les protestants célébrèrent, à partir de 1817 qui était la trois centième année de la révolte de Luther, jusqu'en 1846 qui rappelait la date de sa mort, les anniversaires de l'introduction du protestantisme dans les différents États, par des fêtes jubilaires. La haine ardente qui se manifesta alors contre les catholiques et les insultes qu'on leur prodigua à l'occasion de ces honneurs extraordinaires rendus à Luther (2), réveillèrent en eux l'esprit religieux qu'entretinrent et développèrent d'excellents journaux qui parurent alors, *le Catholique* de Mayence, et *la Revue trimestrielle* de Tubingue.

(1) *Rosenthal*, les Convertis du XIX° siècle. Schaffhouse, 1865.
(2) *Constantin Christ* (pseudonyme), Appréciation des sermons des réformateurs actuels, invitation à la tolérance du XIX° siècle.

3° Dans le cours de ces fêtes de la Réforme, immédiatement après la célébration de l'anniversaire de la Diète d'Augsbourg et de l'apparition de la confession luthérienne, apparut la symbolique de Mœhler. Le savant professeur de théologie de Tubingue y met en regard les dogmes catholiques et les dogmes protestants d'après leurs professions de foi respectives. L'apparition de ce livre produisit sur les esprits l'effet d'une étincelle électrique. La croyance catholique y est mise en parallèle avec la doctrine du luthéranisme et de l'Église réformée d'une manière si lucide et si victorieuse que les théologiens protestants, qui jusque-là se vantaient de ne pas même lire les écrits catholiques, firent paraître de nombreuses critiques de ce livre ; dans plusieurs universités, on alla jusqu'à en faire l'objet de conférences où l'on s'efforçait de le réfuter. Sur la tombe de ce grand écrivain, qui mourut bien trop tôt à Munich, on grava ces mots : « *Defensor fidei, litterarum decus, ecclesiæ solamen.* » Cette épitaphe dira aux générations futures de quelle valeur était cet homme pour l'Église catholique, surtout en Allemagne.

4° A l'impression profonde produite par ce livre vint se joindre la Catastrophe, nommée aussi l'Événement de Cologne pour en exprimer toute l'importance et la haute portée (1). Alors furent fondées les *Feuilles historiques-politiques*. En outre, au milieu de ce conflit, Joseph de Gœrres, dans son *Athanase* et sa *Triade* plaida avec tant de hardiesse, d'éloquence et de succès, la cause du catholicisme, il en montra si bien la grandeur et la puissance, qu'en cette circonstance, comme au temps où il écrivait *le Mercure rhénan* contre le despotisme de Napoléon Ier qui pesait si lourdement sur l'Allemagne, il fut qualifié de « cinquième grande puissance. » La parole remarquable qu'il prononça en mourant : « L'État gouverne, l'Église proteste, » a été une prophétie qui s'est réalisée.

5° Un auxiliaire qu'elle était loin de vouloir et d'attendre, vint encore à l'Église catholique si longtemps persécutée. Ce fut le Rongianisme qui se nommait aussi le

---

(2) Voyez page 118.

catholicisme allemand. Nous ferons connaître plus loin (§ 421) l'origine et l'histoire de cette secte.

6° Peu de temps après, les événements mémorables de l'année 1848 contribuèrent également à améliorer la situation du Catholicisme en Allemagne. La révolution qui éclata alors en France, eut son contre-coup dans presque tous les États européens. Les souverains allemands furent contraints d'accorder à leurs sujets des libertés et des droits plus étendus. Cette agitation se fit aussi profondément sentir au sein du catholicisme. Mais, tandis que les trônes chancelaient et cédaient à l'orage, l'Église catholique, grâce à sa solide constitution, tint bon, comme à la chute de l'empire romain en Occident. Il fut facile de voir qu'elle a en elle un principe impérissable de conservation. Le moment parut favorable à l'épiscopat, pour revendiquer, en faveur du Catholicisme, les droits sans lesquels il ne peut remplir sa haute mission. Sur l'invitation de l'archevêque de Cologne, Jean de Geissel, les évêques d'Allemagne se réunirent à Wurzbourg [du 21 octobre au 16 novembre 1848] afin d'aviser aux moyens, en réunissant leurs communs efforts, de faire cesser l'oppression qui pesait sur l'Église.

Le résultat de leurs longues et sérieuses délibérations fut : 1° une lettre pastorale au peuple catholique ; 2° une exhortation instante au clergé ; et 3° un mémoire aux différents souverains allemands que chaque évêque se chargea de faire parvenir officiellement à son gouvernement respectif. Ils y disaient : « Les évêques d'Allemagne ne veulent point de la séparation de l'Église et de l'État, ils réclament seulement la liberté la plus grande et l'indépendance pour l'Église. A l'égard de ceux dont la croyance diffère de la leur, ils se montreront toujours pleins de cette charité et de cette équité qui assurent la concorde entre les citoyens à quelque religion qu'ils appartiennent, sans toutefois favoriser l'indifférence également funeste à tous. Ils revendiquent, comme inhérente à la mission d'enseigner qu'ils ont reçue de Dieu, la liberté la plus entière d'enseignement et d'éducation, ainsi que le droit de fonder et de diriger des établissements ayant cette destination, de surveiller leurs écoles, de gérer les fonds affectés à ces écoles, de désigner les livres de religion, de pourvoir à l'enseignement religieux dans les écoles primaires et supérieures, enfin ils récusent toute immixtion séculière dans la direction de leurs séminaires. Ils disaient à ce sujet que l'ingérence de l'État *dans les examens* que l'on fait subir à ceux qui veulent entrer dans l'état ecclésiastique pour les admettre dans les séminaires, ainsi que *dans les concours paroissiaux*, était une grave atteinte à la liberté de l'Église et aux droits des évêques. Car aux évêques seuls appartient le droit d'apprécier la science et la conduite de ceux qui demandent à faire partie du corps clérical. L'Église veut aussi être la bienfaitrice des peuples relativement à leurs besoins corporels, et réclame la liberté qui lui est nécessaire à cet égard. Il est un droit que revendiquent surtout les évêques, c'est celui que l'on ne peut leur dénier, de régler les choses du culte sans que la puissance séculière puisse s'en mêler et y apporter des entraves; ainsi que de former des associations religieuses et de fonder des couvents, en les soumettant toutefois aux lois qui régissent tous les citoyens. Ils réclament encore le droit d'administrer les biens de leurs églises. En terminant, ils protestent contre cette accusation banale que leurs relations avec Rome sont un crime contre la nationalité allemande et un danger contre la patrie. Ils vont jusqu'à prétendre que cette défiance à l'égard des rapports entre le pasteur et les brebis est contraire au caractère allemand, et ils profitent de l'occasion pour affirmer leur dévouement envers le chef de l'Église, centre et gage de l'unité catholique. C'est pourquoi ils regardent comme attentatoire aux droits imprescriptibles de l'Église et à la pleine jouissance de la vraie liberté, la nécessité d'un *placet* pour la publication des rescrits pontificaux. » De retour dans leurs diocèses, les évêques songèrent à exécuter leurs promesses ; ceux de Prusse, d'Autriche, de Bavière et de la province ecclésiastique du Haut-Rhin se concertèrent entre eux, et adressèrent des mémoires à leurs gouvernements.

Ces efforts ne furent pas vains. La nouvelle constitution prussienne tint compte des réclamations des évêques dans ses articles 12, 13 et 15. L'article 12 porte : « l'Église évangélique et l'Église catholique romaine ainsi que les autres sociétés religieuses organisent et administrent elles-mêmes leurs affaires ; elles ont la possession et la jouissance de toutes les maisons, fondations et propriétés ayant pour objet le culte, l'instruction et la bienfaisance. » D'après l'article 13, les sociétés religieuses peuvent communiquer librement avec leurs chefs ; la publicité de leurs ordonnances n'est soumise à d'autres restrictions que celles qui sont imposées à toute publication. L'article 15 ôte à l'État le droit, dont il était jusqu'alors en possession, de proposer et de choisir les sujets pour les postes ecclésiastiques (en tant que ce droit n'est pas attaché à un patronat ou à un titre spécial).

La voix des évêques pénétra aussi en Autriche ; elle y tira l'Église de l'assoupissement où elle était plongée et lui rendit cette activité que Frédéric Schlégel et l'évêque Frint lui avaient communiquée à une époque antérieure. Après avoir dompté la révolution en Hongrie et dans ses pays allemands, l'empereur François-Joseph fit droit aux réclamations des évêques qui s'étaient réunis à Vienne le 15 juillet 1849. Il supprima le placet impérial, il leur permit de communiquer librement avec Rome et d'organiser à leur guise tout ce qui concerne le culte et la discipline ecclésiastique. Dans le concordat conclu le 18 août 1855 entre François-Joseph et Pie IX, furent fixés définitivement les rapports de l'Église et de l'État, et l'empereur témoigna ainsi qu'il réprouvait les principes du Joséphisme qui avaient si longtemps et si durement pesé sur l'Église catholique. « Mon désir et mes efforts, dit François-Joseph aux évêques qui étaient venus à ce sujet lui adresser leurs remerciements, ont pour but de procurer à mes sujets les biens temporels, sans les priver des biens éternels. » Bien que l'empereur eût accordé aux protestants des libertés plus grandes que celles dont ils jouissaient dans n'importe quel pays protestant, les ennemis de l'Église se levèrent en Autriche et ailleurs contre ce concordat, comme ils s'étaient levés contre les conventions conclues avec le Wurtemberg et le grand duché de Bade, et ils s'efforcèrent, comme ils avaient fait pour ces dernières, d'en empêcher l'exécution ou même d'en obtenir la suppression. Au reste, depuis douze ans, ce concordat a été bien peu observé ; les premières mesures qu'il a inspirées ont dénoté peu de tact et d'intelligence; elles concernaient la réglementation des cimetières. On s'occupait des morts avant de s'occuper des vivants.

La liberté et la vie ainsi rendues à l'Église se manifestent depuis 1848, par une foule d'œuvres très-consolantes, qui forment, avec le commencement de ce siècle, un contraste bien frappant. On ne voyait alors que destruction et que ruines. On s'opposait à tout développement de la vie catholique et on favorisait ainsi la tiédeur et l'indifférence ; la science était sans vigueur et sans dignité, n'osant se produire et se pliant servilement aux caprices du souverain. Les choses ont maintenant, à peu près partout, changé de face. Les intérêts catholiques sont défendus avec talent par de nombreux journaux et brochures, inconnus jadis, bien que la presse hostile l'emporte encore en ressources et en moyens de publicité (1). Partout apparaissent des fidèles zélés, le respect humain a fait place à des convictions qui ne craignent point de se montrer. Loin d'avoir l'air de méconnaître le catholicisme et de le prendre en pitié, les protestants s'inquiètent de ses nouveaux développements, au point qu'ils ressaisissent parfois contre lui les armes rouillées de leur ancienne polémique. « Les catholiques ne menacent point, mais ne craignent point non plus *(nec terremus nec timemus)*, » a dit saint Ambroise.

Cette résurrection du catholicisme, lorsqu'il eut enfin obtenu une liberté plus grande et une action moins entravée, se voit en particulier dans le spectacle que nous offre l'épiscopat. Au lieu de l'indifférence et même de l'esprit d'opposition qu'il montrait pour le chef de l'Église à la fin du siècle dernier, et au commencement du siècle actuel, il professe maintenant pour lui le dévouement le plus entier et il prend la part la plus sympathique à ses épreuves.

---

(1) La presse catholique d'Allemagne comprend : 1° des journaux politiques ; 2° des feuilles purement religieuses ; 3° des publications scientifiques, littéraires et artistiques; 4° des journaux traitant des questions sociales et politiques, pédagogiques et littéraires. Comme brochures, nous pouvons citer : La grande puissance de la presse. Une parole pour notre temps. Ratisbonne, 1866. *Molitor*, l'Organisation de la presse catholique. Spire, 1867.

A l'exemple des deux archevêques Clément-Auguste de Droste et Martin de Dunin (1), Melchior de Diepenbrock, Jean de Geissel, Ottmar de Rauscher (2), Herman de Vicari et plusieurs évêques combattent pour les droits de l'Église catholique et déploient dans leurs diocèses respectifs, une activité telle que l'on n'en avait point vu depuis longtemps en Allemagne. Conformément à ce qui se faisait déjà dans d'autres pays, ils rétablirent les conciles provinciaux et les synodes diocésains, après une bien longue interruption (3). Les lettres pastorales qu'ils publient toutes les fois qu'une nécessité l'exige, rappellent celles des évêques des premiers temps du christianisme. Plusieurs d'entre eux, à l'imitation des Pères de l'Église, font paraître des écrits aussi élégants que persuasifs où ils traitent des intérêts de l'Église et des grandes questions sociales. Afin de renouveler et de fortifier dans le clergé l'esprit sacerdotal, ils le convoquent chaque année à des exercices spirituels, et à l'occasion du onze-centième anniversaire de la mort de saint Boniface qu'ils célébrèrent en 1855, ils promirent de se réunir eux-mêmes tous les ans à Fulda, auprès du tombeau de ce saint, pour se procurer les mêmes avantages.

L'Église tira aussi tout le parti possible du droit d'association qui venait de lui être reconnu. Elle fonda un grand nombre de ces instituts religieux qui contribuent tant au développement de l'esprit chrétien et seront toujours un besoin pour la société elle-même (4). Napoléon Iᵉʳ en avait jugé ainsi et il le déclarait à l'occasion du concordat de 1801 : « J'ai besoin des couvents pour les grands crimes, les grandes vertus et les grands malheurs. » Et ces instituts, à l'égard desquels on s'était montré si haineux ou si indifférent au commencement de ce siècle, furent partout accueillis avec faveur. Aussi ne se contentèrent-ils point de

---

(1) Voyez page 117 et suiv.
(2) Cardinal *de Rauscher*, Lettres pastorales, sermons, allocutions. Vienne, 1860.
(3) Voyez la deuxième table chronologique à la fin du volume.
(4) Voyez la Feuille ecclésiastique de Fribourg, n° 23 à 25 de l'année 1858. Le beau discours du docteur Moufang dans la 11ᵉ assemblée générale des catholiques à Fribourg, en 1859.

réveiller l'esprit religieux, en offrant dans l'intérieur de leurs maisons, l'exemple de la prière, et en donnant partout des missions au peuple ; ils se dévouèrent encore de grand cœur, avec l'abnégation la plus entière et les plus consolants succès, au soulagement des douleurs et des besoins de toutes les classes de la société. De même que les sœurs de charité françaises dans la guerre de Crimée, les religieuses allemandes ont paru dans la guerre du Schleswig-Holstein en 1864 et dans la guerre fratricide de 1866 sur les champs de bataille, avec une héroïque intrépidité comme autant d'anges de salut. Elles y ont soigné, consolé et réconforté avec le plus tendre amour, les vivants et les mourants.

L'esprit d'association s'est aussi communiqué aux laïques et a produit parmi eux les meilleurs résultats. C'est à Mayence, la métropole de saint Boniface, dans l'association de Pie IX que se trouve le centre de ces œuvres qui ont toutes pour but commun la justice, la piété et la charité. Dans la première assemblée générale qu'elles tinrent dans cette ville du 3 au 5 octobre 1848, sous la présidence de Buss de Fribourg, l'un des plus vaillants champions du catholicisme (1), il fut décidé qu'elles porteraient toutes le nom d'Association catholique d'Allemagne, qu'elles ne seraient nullement un parti politique, mais une association purement religieuse subordonnée au chef de l'Église, à l'épiscopat et au clergé, qu'elles tiendraient périodiquement des assemblées générales, dont le lieu et l'époque seraient déterminés dans la précédente assemblée. Le but de l'association était d'obtenir et de conserver toutes les libertés nécessaires à l'Église catholique, de travailler à l'éducation religieuse et morale du peuple par l'enseignement et par l'exemple, et d'adoucir les maux de la société en se livrant surtout aux œuvres de la charité chrétienne. A peine constituée ainsi, cette association fut hautement aprouvée par les évêques réunis à Wurzbourg le 13 novembre 1848, et le 10 février suivant Pie IX lui envoyait

---

(1) *Werner*, Histoire de la théologie catholique depuis le concile de Trente, pages 513 à 516.

§ 118. — RENOUVELLEMEMT DE L'ESPRIT RELIGIEUX

de Gaëte ses félicitations et la bénédiction apostolique (1).

A partir de cette époque les assemblées générales eurent lieu chaque année dans les principales villes d'Allemagne (2). Des enfants fidèles de l'Église, laïques et prêtres, y viennent chaque fois en grand nombre vivifier le catholicisme par leur parole puissante et convaincue, et ils ne se séparent point sans décréter la fondation d'œuvres nouvelles qui opèrent le plus grand bien. Dès la première assemblée, ils établirent parmi eux la société de Saint-Vincent-de-Paul et celle de Sainte-Élisabeth. Dans les suivantes, ils fondèrent *l'Association de Saint-Boniface*, qui procura de si précieuses ressources aux missions catholiques dans les pays protestants ; *l'Association du compagnonnage*, si importante au point de vue social, à l'établissement de laquelle ont tant contribué Adolphe Kolping, si bien au courant des misères du peuple, à Cologne, Alban Stolz, l'écrivain populaire si goûté, à Fribourg, et Gruscha à Vienne ; *l'Association pour l'art catholique ; la Gazette littéraire de Vienne*. Ils y exprimèrent aussi des vœux pour la création d'une université catholique libre, pour venir en aide aux savants catholiques, pour procurer les secours spirituels aux catholiques allemands disséminés dans les capitales d'Europe, pour organiser l'émigration catholique à Hambourg et au Havre, pour propager les congrégations de la sainte Vierge dans toutes les classes, surtout parmi les jeunes gens qui se destinent au commerce, pour publier des brochures pleines d'actualité en réponse aux calomnies et aux préjugés odieux qu'une presse hostile répand contre le catholicisme, pour aviser aux moyens de résoudre la question ouvrière et de s'opposer à ce que l'école soit enlevée à l'Église. En outre, ils y firent en-

---

(1) Notions spéciales sur l'origine et les œuvres des associations. Rapport officiel de la 11° assemblée générale à Fribourg.
(2) Les assemblées générales se tinrent successivement dans les villes de Mayence, 1848 ; Breslau, 1849 ; Ratisbonne, Linz, Mayence, Munster, Vienne, Linz, Salzbourg, Cologne, 1858 ; Fribourg, Prague, Munich, Aix-la-Chapelle, Francfort-sur-le-Mein, Wurzbourg, Trèves, 1865 (il y eut en 1866 une interruption causée par la guerre entre l'Autriche et la Prusse) ; Inspruck, 1867, et chaque fois fut publié un rapport officiel.

tendre de solennelles protestations contre l'envahissement et l'usurpation sacrilége des États de l'Église par Victor-Emmanuel, contre l'oppression des catholiques en Pologne, en Irlande, dans le Mecklembourg et le Schleswig-Holstein, ainsi que contre l'inobservation de la *parité* garantie par les lois dans les États allemands (1).

Par suite de ces vœux, qui étaient toujours accompagnés de secours pécuniaires abondants, un grand nombre de nouvelles paroisses ont été créées, plusieurs églises ont été bâties d'après les règles de la belle architecture gothique, d'autres restaurées ou achevées. Toutes les parties de ces édifices, à l'intérieur aussi bien qu'à l'extérieur, reçurent des ornements symboliques en l'honneur de la Sainte-Trinité et des saints. Les fidèles aussi s'y pressèrent plus nombreux et plus fervents. Les sacrements de pénitence et d'eucharistie sont maintenant plus fréquentés ; on remarque également un plus grand concours aux fêtes religieuses et aux lieux de pèlerinage. Ajoutez à cela que l'on prend goût à l'ancien chant ecclésiastique, si grave et si digne, et que l'on revient aux vieilles formules de prières dont on sent plus que jamais la bienfaisante influence sur l'esprit et le cœur. L'un des plus dévoués fils de l'Église, Beda Weber, se réjouissait peu de temps avant sa mort, de voir l'Allemagne redevenue franchement catholique, et dans ses cartons, il a tracé, de cette contrée, un tableau ravissant.

Il y a malheureusement des ombres à ce tableau. A côté de ces catholiques si pleins de foi et de zèle, il s'en trouve qui ne le sont que de nom. Plongés dans le matérialisme, l'égoïsme et les jouissances du siècle, ils ont perdu tout principe et tout caractère ; l'Église et le Christianisme les trouvent indifférents, ils ne manifestent aucun besoin de religion ; parfois même, prêtant l'oreille à des déclamations mensongères, ils deviennent les ennemis déclarés du Catholicisme. Jamais, il faut que tout le monde le sache, l'Église et le christianisme n'ont compté autant de défections que de nos jours. « Jamais peut-être l'Église catho-

---

(1) Mémoire sur la parité à l'université de Bonn, et Renseignements sur la parité en Prusse dans les écoles moyennes et supérieures. Fribourg, 1862.

lique n'a eu à soutenir un si terrible assaut. Lorsque le christianisme commença sa marche victorieuse à travers le monde, il rencontra sans doute une humanité qui se mourait épuisée par le matérialisme ; mais le poison se trouvait alors dans un corps étranger, tandis qu'aujourd'hui il s'insinue dans le corps même de l'Église (1). »

L'histoire du Catholicisme en Suisse se présente à nous avec les mêmes alternatives de bien et de mal. (Voyez le § 405.) Grâce au zèle actif des évêques, parmi lesquels le docteur Greith, évêque de Saint-Gall, se fit surtout remarquer comme écrivain, grâce aussi à l'esprit d'association si naturel aux Suisses, qui permit d'établir facilement, parmi les laïques, les associations de bienfaisance, celles de Pie IX, d'étudiants et d'artistes, l'Église catholique eut bientôt réparé les maux que lui avaient causés la suppression des couvents en Argovie et la guerre malheureuse du Sonderbund. Lorsque la lutte recommença, en Argovie, contre l'évêque de Bâle-Soleure et le nonce pontifical, à l'occasion des mariages mixtes, et, dans le canton de Saint-Gall, contre l'école catholique, la presse dévouée au catholicisme reçut une meilleure organisation (2). A Genève, le parti Facy, favorable à l'Église, et ses adhérents étant arrivés au pouvoir, l'évêque Marilley, si rudement éprouvé, put revenir de l'exil, et, le 8 septembre 1859, dans la Rome calviniste, où, jusqu'en 1793, il était défendu, sous peine de mort, à tout prêtre de dire la messe, il consacrait une magnifique église gothique dédiée à la sainte Vierge, en présence de quatre évêques et de cent cinquante prêtres, tant séculiers que réguliers. Au vénérable confesseur de la foi, a succédé l'évêque Mermillod, éloquent prédicateur et administrateur actif ; aussi, le nombre et l'influence des catholiques se sont-ils considérablement accrus dans la ville même de Calvin. En 1866, les catholiques se sont

---

(1) Ces paroles sont empruntées au discours prononcé par le prince-évêque Vincent de Brixen dans la 18ᵉ assemblée générale des associations catholiques de l'Allemagne, tenue à Inspruck en 1867.

(2) La Gazette de Suisse, la Gazette ecclésiastique de la Suisse, à Soleure, les feuilles littéraires et artistiques de Lucerne, le Journal des écoles catholiques de la Suisse, les Feuilles historiques de la Suisse, etc.

concertés et ont contribué à faire rejeter les réformes qu'on voulait leur imposer. Le réveil de la vie religieuse et de l'enseignement scientifique fut principalement l'œuvre de l'antique monastère des Bénédictins d'Einsiedeln ; les Pères Gallus Morel, Charles Brandes et autres, se sont acquis, comme écrivains, une réputation méritée. Bien que le canton de Zurich ait supprimé, en 1862, le monastère de Rheinau, qui comptait onze cents ans d'existence, et que le canton d'Argovie ait fait fermer, en 1867, à Baden, son dernier couvent de femmes, la Suisse catholique possède présentement plus de couvents et d'établissements religieux qu'elle n'en avait avant la guerre du Sonderbund.

Personne n'a plus contribué à ces heureux résultats que le capucin Théodose Florentini (1), décédé vicaire général de Coire le 15 février 1865. Cet enfant des montagnes exerçait un grand ascendant par sa mâle constitution et ses solides connaissances en philosophie et en théologie ; il avait un jugement éminemment pratique et un cœur extrêmement sensible aux besoins spirituels et corporels de ses semblables ; peu d'hommes l'ont surpassé en dévouement, en activité et en confiance en Dieu. Ce qu'il fit dans les carrières si diverses qu'il parcourut, comme maître d'école, comme professeur, comme curé, comme industriel et comme vicaire général, est vraiment prodigieux. Il fonda des écoles et des pensionnats nombreux pour les jeunes gens et les jeunes filles, et il mit à leur tête d'habiles maîtres ; il ouvrit aussi des hôpitaux pour les malades et des asiles pour les orphelins. Pour faire disparaître la pauvreté, il introduisit en divers endroits de la Suisse le tissage de la soie, le tricotage, l'art de tresser la paille, le tissage du coton, et, jusque dans la lointaine Bohême, la fabrication du calicot. Mais les couvents et l'instruction religieuse attirèrent surtout son attention. Après avoir donné aux couvents qui existaient une meilleure organisation et une direction mieux appropriée à leur genre de travaux, il fonda, à Schwitz, le collège de Marie-Auxiliatrice, avec un lycée, un gymnase, un petit séminaire et une école normale, à la tête desquels il mit

---

(1) Courte biographie du P. Théodose Florentini. Coire, 1865.

onze professeurs ecclésiastiques et huit séculiers. Sa plus belle création fut l'hôpital de la Croix, qu'il établit à Coire, et auquel il adjoignit un noviciat de sœurs de charité, jusqu'à ce qu'il eût trouvé, à Ingenbohl, un point central d'où le dévouement de cet ordre précieux pût rayonner partout. Cette congrégation des sœurs de charité, dite de la Sainte-Croix, destinée aux emplois les plus divers, se répandit promptement dans la plupart des cantons de la Suisse, en Autriche, dans le grand-duché de Bade et en Prusse. Les millions dont le Père Théodore eut besoin pour créer ces nombreux établissements, sa charité si inventive sut les lui faire trouver. Lorsqu'il s'agissait de venir en aide à l'humanité, il prenait son bâton de voyageur, il parcourait l'Italie depuis la Lombardie jusqu'à Naples, prêchant partout et recueillant des aumônes pour ses œuvres si chères ; il parcourut également, dans le même but, la Suisse, la Bavière, le grand-duché de Bade et surtout l'Autriche. Sa condescendance et sa douceur envers ceux qui appartenaient à une religion différente étaient connues et approuvées de tous. Les dernières lignes qu'il traça en sont une autre preuve frappante. Il se trouvait, la veille de sa mort, à Heiden, dans le canton d'Appenzel, dans la société de quelques amis. L'une des personnes présentes lui ayant demandé un souvenir, il écrivit sur un carnet cette vieille devise catholique : *In necessariis unitas, in dubiis libertas, in omnibus caritas.*

§ 419. *La littérature catholique en Allemagne depuis le commencement du XIX° siècle.*

Thesaurus librorum rei cathol. Manuel de bibliographie cathol., Wurzb., 1848-50, 2 vol. *Hulskamp* et *Kump*, Guide littéraire, 1862-1866, avec une table des matières fort utile. *Charles Werner*, Hist. de la théologie cathol. en Allemagne depuis le concile de Trente. Munich, 1866. Du même, Hist. de la littérature apologétique, t. V, Schaffh., 1867. Hist. de l'apologétique chrétienne dans ces derniers temps.

La littérature religieuse de l'Allemagne resta animée de l'esprit étroit porté par Joseph II dans toutes les réformes ecclésiastiques, jusqu'au moment où, victorieuse des terribles orages qui l'avaient assaillie, l'Église trouva, même dans les rangs de ses ennemis, des hommes d'intelligence et de cœur capables de comprendre la vérité et de la défendre avec cette largeur de vues, cette noblesse de sentiments, cette onction de langage que l'esprit de Dieu seul inspire (1). De ce nombre furent les illustres convertis dont nous avons parlé plus haut (page 172). Ils traitèrent la théologie de la manière la plus large et la plus désintéressée, et ils exposèrent ses dogmes avec cette dignité qui convient à la plus sublime des sciences. Stolberg se livra à une étude plus approfondie de l'histoire en général et de celle de l'Église en particulier, tandis que Schlégel donnait à la presse périodique catholique, le mouvement qu'elle a suivi depuis lors. Le musée germanique qu'il fonda lui-même, *l'Europe*, *l'Athénée*, *l'Observateur autrichien* et d'autres journaux répandirent la lumière de la doctrine catholique sur toutes les branches des connaissances humaines : théologie, histoire ecclésiastique, économie politique, philosophie, philologie, poésie et beaux-arts (2). En revenant au catholicisme, Schlégel perdit la plupart de ses collaborateurs et de ses amis de l'école romantique [1829]. Adam Muller envisagea la politique au point de vue catholique, dans son savant journal *Deutsche Staatsanzeige* (3). Iarke et Phillips continuèrent à défendre les mêmes idées dans *la Semaine politique de Berlin* (4) et

(1) Qu'il nous soit permis de consigner ici le beau témoignage rendu à l'Église catholique par Henri Heine : « Je connaissais trop bien l'histoire pour ne pas remarquer la solidité de ce monument gigantesque qui s'appelle l'Église catholique. Appelez-la la bastille de l'esprit; dites, si vous le voulez, qu'elle est défendue par des invalides; il n'en est pas moins vrai que cette bastille n'est point facile à prendre, et que plus d'un assiégeant se cassera encore le cou dans ses retranchements. Comme penseur et comme métaphysicien, je devais payer un tribut d'admiration à l'enchaînement de ses dogmes; je le devais aussi comme poëte. »

(2) *Guillaume de Schutz*, L'Anti-Celse, revue trimestr., 1842, 1re livr. *Staudenmaier*, Souvenir de Fréd. Schlegel (Revue trim. de Tub., 1832, p. 607-650). Premiers ouvrages de Schlégel. Vienne, 1822-25, 10 vol.; ainsi que ses Leçons d'hist. moderne. Vienne, 1811. Philos. de l'hist., Vienne, 1829, 2 vol. Philosophie de la vie, 1827. Philosophie du langage et de la parole, 1830. Ses Œuvres posth. ont été éditées par *Windischmann*, Bonn, 1836-37, 2 vol.

(3) *Adam Muller*, ses Œuvres complètes. Munich, 1839.

(4) *Jarke*, Mélanges, Munich, 1839, 3 vol. *Phillips*, Mélanges, Ratisb., 3 vol.

préparèrent ainsi la voie aux journaux purement religieux et théologiques dont nous parlerons plus loin.

A l'époque où les droits de l'Église catholique étaient méconnus et sa doctrine méprisée, se levèrent pour sa défense les apologistes Kastner, l'abbé Prechtl, Brenner et Geiger, qui repoussèrent avec talent les attaques dont elle était l'objet, pendant que Bintorim, avec une science historique remarquable et un zèle à toute épreuve, luttait pour la même cause, durant un demi-siècle [†1855]. Onymus, Ildéphonse Schwarz, Sambuga, Schwarzhueber, Widmer et l'évêque Frint exposèrent la doctrine catholique dans des écrits à la portée du peuple. Mais celui qui attira surtout l'attention fut le saint et spirituel archevêque de Ratisbonne, Sailer. Dans ses *Dogmes fondamentaux de la religion,* il inspira à la jeunesse studieuse le plus grand respect pour le Christianisme et lui montra que la religion élève l'homme à sa véritable dignité. Sa traduction de lettres empruntées à tous les siècles ramena aussi à la vérité bien des esprits que la fausse science avait séduits. « Au milieu des vagues montantes de l'incrédulité rationaliste, il apparut comme un phare solitaire, vers lequel jetaient des regards pleins d'espérance tous ceux qui avaient conservé la foi au Christ et au salut qu'il était venu nous apporter (1). »

Quant à la dogmatique, Galura, Hagel et Waibel la traitèrent avec la plus rigoureuse exactitude, sans atteindre cependant à la clarté de Liebermann, auquel se joignirent dans ces derniers temps Prunyi, Penka et Schwetz. Oberthur s'attacha principalement au côté biblique (2). Hermès, marchant sur les traces de Stattler, chercha, par opposition au Kantisme, à donner à la dogmatique une base philosophique, et à établir d'une manière plus logique les rapports qui existent entre ses dogmes.

---

(1) *Aichinger,* dans sa préface de la Vie de Jean-Michel Sailer, archevêque de Ratisbonne. Frib., 1865.
(2) *Fr. Liebermann,* Institut. théolog., Mayence. *Prunyi,* Theol. dogmatica christiano-catholica. *Penka,* Prælectiones ex theologia dogmat. exaratæ. *Schwetz,* Theologia dogmatica catholica. *Oberthur,* Idea biblica Ecclesiæ Dei.

Zimmer (1) et Seber (2) après lui, essayèrent de la systématiser, d'après la philosophie de Schelling. Dobmayer (3), Brenner (4) et Bittner l'appuyèrent sur l'idée de la cité de Dieu, sans toutefois donner à ce plan tous ses développements (5). Drey, qui a si bien mérité de la théologie catholique, fit paraître une excellente apologétique (6). François Baader, à l'imitation de Dobmayer, a traité de préférence le côté spéculatif de la dogmatique, mais sa philosophie suivant trop servilement le système théosophique de Jacques Bœhm (III, 181) est souvent en opposition avec le dogme catholique. François Hoffmann (7), l'élève de Baader, a éclairci bien des points obscurs de la doctrine de son maître. La théologie spéculative a été exposée avec plus de précision par Gunther (8), Pabst (9), Veith (10) de Vienne, Klee (11), Staudenmaier (12),

(1) *Zimmer*, Veritas christ. religionis seu Theol. christ. dogm., 2ᵉ part. *Aug. Vindelic*, 1789-90. Theol. christ. specialis ac theoret. Landish., 1802-1806. Philosophie de la religion. Lands., 1805.

(2) *Seber*, Religion et théologie. Cologn., 1823.

(3) *Dobmayer*, Systema theolog. cath. opus posthum. cur. Senestrey, 8 vol. Solisb., 1807-1819. In Compendium redact. ab *E. Salomon*, 2 vol. Solisb., 1818.

(4) *Brenner*, Exposé de la théol. d'après l'idée de la Cité de Dieu. Bamb., 1817-19, 3 vol. Nouveau travail sur le système de la théol. spécul. cathol. Ratisbonne, 1838.

(5) *Franc. Bittneri*, Posn. doctoris et professoris theologi, de Civitate divina commentarii. Mogunt., 1845 (Compend. dogm. complet.).

(6) *De Drey*, Apologétique, ou Démonstration scientifique de la divinité du Christianisme. Mayence, 1838, 3 vol.

(7) *F. Hoffmann*, Introd. à l'enseign. spécul. de Beader. Aschaffenb., 1836. Introd. à la théol. et à la philos. 1836. Edition des œuvres de Beader.

(8) *Gunther* [† 1863], Prolégomènes de théol. spéculative. Les Lumières du sud et du nord à l'horizon de la théol. spéculative. Le Festin de Pérégrin. Eurysthée et Héraclée. *Thomas a Scupulis*, avec la collaboration de *Papst*. Les Têtes de Janus pour la philos. et la théol. Le Dernier symbolique. Juste-Milieu, avec Veith. *Lydia*, petit livre de philosophie.

(9) *Papst*, Y a-t-il une philosophie du christian. positif? Cologne, 1832. L'homme et son histoire. Vienne, 1830. De l'extase. Cologne, 1833. Adam et le Christ.

(10) *Veith*, Le Pater. Vienne, 1831, 3ᵉ édit. 1842. Homélies, 5 vol.

(11) *Klee*, Syst. de la dogm. cath. Bonn., 1831. Dogmatique. May., 1830, 3 vol. Hist. du dogme. May., 1837, 2 vol. Essai de morale cath May., 1843.

(12) *Staudenmaier* [† 1856], Hist. de l'élection des évêques. Tub.,

Baltzer, Kuhn, (1), Berlage, Dieringer, Oswald, Zukrigl et Denzinger. Ce dernier se livra en même temps à une revue attentive des décisions théologiques ; de concert avec Scheeben, il revint à la scolastique et chercha à vivifier la dogmatique par le mysticisme (2). Mais le théologien qui a combattu avec le plus de talent et d'énergie l'indifférence du siècle et les doctrines négatives, fut Jean-Adam Mœhler (3), par son œuvre magistrale. *la Symbolique* (page 173). Il appuya ses idées théologiques des recherches les plus profondes dans le domaine de l'histoire de l'Église et de la patristique, de sorte que son ouvrage, revêtant ainsi la physionomie des premiers siècles, produisit l'impression la plus vive et la plus favorable au catholicisme sur ses contemporains, théologiens aussi bien que laïques [† 12 avril 1838]. A une époque plus récente, de nouveaux apologistes s'opposèrent

---

1830. Pragmatisme des dons de l'esprit (Revue trim. de Tub., 1835). Scot Erigène, Francf., 1833. Encyclopédie des sciences théologiques. May., 1834 et 1840. Les universités et l'organisat. int. de l'enseign. scientif. Frib., 1839. Phil. du christ., ou Métaphysique de la sainte Ecriture. Giessen, 1840, t. I. Esprit du christ. May., 1835, 7ᵉ éd., 1860, 2 vol. L'Essence de l'Egl. cath. Frib., 1845. De la Pacification relig. de l'avenir. Frib., 1846. Dogmat chrét. 1844. La Mission relig. du présent, 1848. Dictionn. ecclés. de Frib., t. XII, p. 1151 et suiv.

(1) *Kuhn*, Jacobi et la philos. de son temps. May., 1834. Dogmatique catholique. Tub., 1846, 2ᵉ éd., 1859.

(2) *Berlage*, Apologétique de l'Eglise. Munster, 1834. Introd. à la dogmat. catholique. Muns., 1834, 6 vol. *Dieringer*, Système des faits divins du christ., 2ᵉ édit., May., 1857. Manuel de la dogm. cath., 5ᵉ édit., May., 1865. Catéchisme pour les laïques. May., 1865. Oswald, Enseign. dogmat. des sacrements, 2ᵉ édit., Munst., 1864. *Zukrigl*, Justification scientif. du dogme chrét. de la sainte Trinité. Vienne, 1846. *Denzinger*, Quatre livres de connaissances religieuses. Wurzb., 1856, 2 vol., et Enchiridion symbolorum et definitionum de rebus fidei et morum. Wirceb., ed. IV, 1865. *Scheeben*, Les Mystères du christian. Frib., 1865.

(3) *Mœhler*, L'Unité de l'Eglise, 2ᵉ éd., 1847. Saint Athanase le Grand et l'Eglise de son temps. May., 2ᵉ éd., 1844. Symbolique, ou Exposition des dogmes controversés entre les catholiques et les protestants. May., 1833, 6ᵉ éd., 1843. Nouvelles recherches sur les points de dogme controversés entre les cath. et les protest., 2ᵉ éd., May., 1835. Mélanges édités par *Dœllinger*. Ratisb., 1839, 2 vol. Voir le Dictionnaire ecclés. de Fribourg, t. VII, p. 159 et suiv. « Wœrner-Gams, Jean-Adam Mœhler. » Ratisb., 1866.

aux progrès sans cesse croissants de l'incrédulité tout en défendant les dogmes les plus attaqués. Tels furent Reinerding, Ehrlich, Vosen et Hettinger (1). De Ketteler, évêque de Mayence, et Conrad Martin, évêque de Paderborn, publièrent des écrits apologétiques pleins de science et de talent, dans lesquels ils s'élevèrent avec force contre les préjugés et les erreurs dont l'Église catholique est l'objet (2).

L'Histoire de la dogmatique, qui avait été négligée depuis Petau et Thomassin, fut reprise avec amour et succès par Klee, Wœrter, Schwane et Zobl. La théologie biblique donna également lieu à d'importants travaux (3).

La théologie morale fournit aussi, dans ces derniers temps, matière à des études plus développées de la part de Geishuttner, Reyberger, Schenkl, Wanker et Riegler. Toutefois la plupart de ces théologiens s'attachèrent trop aux systèmes philosophiques en vogue, de sorte que leur morale était elle-même plus philosophique que chrétienne. Leurs travaux furent supplantés par la *Théologie morale* de Sailer [1817], et par la *Morale chrétienne* de Stapf (4). Tous ces travaux ainsi que ceux que firent, dans la suite, paraître

---

(1) *Reinerding*, Theologia fundamentalis. Munster, 1864. *Ehrlich*, Théologie fondamentale. Prague, 1859. *Vosen*, Le Christianisme et les aveux de ses adversaires, 2º éd., Frib., 1864. *Hettinger*, Apologie du christianisme, 2º édit., Frib., 1867. Voir le Guide littéraire, nº 32 p. 54 et suiv.

(2) *De Ketteler*, Le Droit de l'Egl. cath. et ses défenseurs. La Liberté, l'autorité et l'Eglise. La Question du travail et le christianisme. Un chrétien qui a la foi peut-il être franc-maçon? De l'Enseignement de la religion dans les écoles. Notre situation en Allemagne après la guerre de 1866. *Conrad Martin*, La Science des choses divines, instructions pour les classes éclairées. Un mot d'un évêque aux protestants d'Allemagne, etc.

(3) *Klee*, Histoire de la dogmatique, 1837. *Wœrter*, Les Rapports entre la liberté et la grâce jusqu'à saint Augustin. Frib., 1856, 2 vol. Le Pélagianisme, Frib., 1866. *Schwane*, Hist. des dogmes. Munst., 1862, 2 vol. *Zobl*, Hist. des dogmes de l'Egl. cath. Inspruck, 1865. Ont surtout fait paraître des travaux sur la théologie biblique : Bade, Kœnig et *Scholz*.

(4) Œuvres complètes de Sailer, revues, augmentées et éditées par *Widmer*. Salzb., 1830-41, en 40 parties. Services rendus par Sailer à la science catholique (le Catholique, 1848, sept., p. 247-264). *Stapf*, Morale chrétienne. Inspr., 1841, 2 vol.

Braun et Vogelsang de l'école d'Hermès, furent plus ou moins éclipsés par les écrits de Hirscher (1).

Hirscher, qui, dès le début de sa carrière théologique, préféra l'exposition simple et nette de l'Évangile aux procédés subtils d'une scolastique dégénérée, a, par sa morale chrétienne, introduit ses contemporains dans les profondeurs de la cité de Dieu, et fortifié leur foi et leur espérance. Sa *Catéchésique* et son *Catéchisme* ont contribué, avec les ouvrages de Mœhler, à donner à l'instruction religieuse de la jeunesse une direction ferme, et ont eu la plus grande influence sur les progrès des études théologiques [† 4 septembre 1865]. La morale, ainsi revenue à son caractère chrétien et à sa pureté primitive, vit éclore un grand nombre de traités de théologie faits un peu trop à la hâte par Probst (1848), Martin, Rietter (1848), Werner [1850 et *Enchiridion theol. moralis* 1863], Fuchs, [1851], Elger [1852], Jocham [1852], Dieckhoff [1853], Bittner et Hachnlein [1855], Simar [1866], dont les uns voulaient donner à cette science une couleur encore plus positive et ecclésiastique, tandis que les autres reprenaient la vieille méthode scolastique, et surchargeaient leurs travaux de casuistique et de droit canon (2).

L'interprétation des saintes Écritures et les sciences qui s'y rapportent n'ont point été non plus négligées de nos jours. On estime généralement les publications des savants professeurs Jahn de Vienne *(Introduction à l'Ancien Testament; Archéologie biblique)*, et Hug de Fribourg *(Introd. au Nouveau Testament* † 1847]. Ils eurent pour continuateurs Feilmoser *(Introduction au Nouveau Testament)*, Unterkircher *(Introduction au Nouveau Testament)*, Herbst-

---

(1) *Hirscher*, Des Rapports de l'Evangile avec la théol. scolastique de notre temps. Tub., 1823. Réflexions sur les Evangiles de Carême et de l'année ecclésiastique. L'Art de faire le catéchisme, 4ᵉ édit., Tub., 1840. La Morale chrétienne, 3 vol. Tub., 1835. Vie de Jésus. Grand et petit catéchisme. Réponses aux grandes questions du jour. Frib., 1846 Vie de Marie. Principaux articles de foi catholique. Réflexions sur les épitres des dimanches. Ses appréhensions relatives à la convenance de notre enseignement religieux. Frib., 1863. Des Illusions. Frib., 1865. *Wœrter*, Panégyrique de J.-B. Hirscher. Frib., 1866.

(2) Guide littéraire, n° 56-59, 1867.

Welte *(Introduction à l'Ancien Testament)*, Movers, Scholz de Bonn, Friedlieb, Haneberg, Reusch, Danko, Scholz de Breslau, Maier et Reithmayr (1), Lutterbeck (2). Jahn, Arigler, Gerhauser, Alber, Unterkircher, Ranolder, Lœhnis, Schmitter, Lomb, Guntner, Kohlgruber et Wilke (*Lexicon græco latinum in Novum Testamentum*) ont écrit sur l'herméneutique. Schnappinger, Kistemaker et Massl ont expliqué le Nouveau-Testament dans un style populaire. Braun, Brentano, Dereser-Scholz, Allioli, et de concert Loch et Reischl ont commenté toute la sainte Écriture.

Gugler, Léopold Schmid, Welte, Schegg, Reinke, Bade, Kœnig, Thalhofer, Reusch, Klee, Mack, Stengel, A. Maier de Fribourg et Mayer de Bamberg, Windischmann, Reithmayr, Stern, Bisping, Beelen, Arnoldi et Langen ont donné des commentaires plus approfondis encore de l'Ancien et du Nouveau Testament (3). Le récit de la Genèse sur la création a été mis en regard des nombreux progrès

(1) *Scholz*, Introd. aux livres de l'Anc. et du Nouv. Test. Cologne, 1845. Archéologie biblique. Bonn, 1834. Novum Testam. græce. Lips., 1830, 2 vol. *Haneberg*, Essai d'une hist. de la révél. biblique comme introd. à l'Anc. et au Nouv. Testam., 3ᵉ édit. Ratisbonne, 1852. *Messmer*, Hist. de la révélat. Frib., 1857, 2 vol. *Reusch*, Introd. élément. à l'Anc. Test. Frib., 2ᵉ édit., 1864. *Danko,* Historia revelationis div. Vet. et Nov. Testam. Viennæ, 1862-67, 3 vol. *Scholz*, Manuel de la théol. de l'Anc. Test. Ratisb., 1861, 2 vol.

(2) *Lutterbeck*, La Doctrine du N. Test., May., 1852, 2 vol.

(3) *Gugler*, Explication des saintes Ecritures par elles-mêmes. Lucerne, 1817, 2 vol. *Schmid*, Explicat. de la Genèse. Munst., 1834. *Welte*, Le Livre de Job. *Schegg*, Explic. des psaumes d'Isaïe, des petits prophètes et des Evangiles. *Reinke*, De Messià expiatore, passuro et morituro. Prophétie touchant la Vierge et l'Emmanuel. La Bénédiction de Jacob. Explicat. abrégée de l'Anc. Test. Psaumes messian. La Royauté de l'Anc. Test. *Bade*, Christologie de l'Anc. T. Munst., 2 vol. *Kœnig*, Théol des Psaumes. Frib., 1857. L'Idée de l'immortalité dans le livre de Job. Frib., 1855. *Thalhofer*, Explic. des psaumes. Ratisb., 1857. *Reusch*, Explic. des livres de Baruch et de Tobie. Frib., 1853. *Klee*, Expl. de l'Evangile de saint Jean et des épîtres aux Romains et aux Hébreux. *Mack*, Comment. sur les épîtres pastor. de l'ap. saint Paul. Tub., 1836. *Stengel*, Explic. de l'ép. aux Romains. 2 vol., Frib., 1836. *Adalb. Maier*, Introd. aux livres du N. Test. Frib , 1852. Comment. de saint Jean. Frib., 1843. De l'ép. aux Romains, 1847; de la 1ᵉʳ et de la 2ᵉ ép. aux Corinth.; de l'ép. aux Hébreux. *Reithmayr* (de Munich), Intr. aux livres canon. du N. Test. Ratisb., 1852. Comment. sur l'ép. aux Romains, 1845; aux Gal. 1865. **Windischmann, Expl. de l'ép. aux Galat. May., 1843.**

des sciences naturelles et excellemment vengé par Reusch, Bosizio, Veith, Baltzer et Michelis (1).

Aux travaux historiques qui ont été mentionnés dans notre introduction, nous pouvons joindre ici les remarquables monographies de Héfélé, Scharpff, Kunstmann, Dux, Schwab, Gfrœrer, Charles Werner, l'écrivain si fécond et si habile, Damberger, Hergenrother, Reinkens, Gams, Hagemann, Friedrich, Pichler, Hulskamp et Rump. D'excellents travaux sur le droit canon sont dus aussi à Sauter, Frey, Schenkl, Pelka, Walter, de Droste, Cherier, Muller, Phillips, Permaneder, Buss, Gitzler, Beidtel, Pachmann, Rosshirt, Seitz, de Moy et Vering, Maassen, Hüffer, Schulte, Kober, Schœpf et Kunstmann. La théologie catholique a aussi retiré les plus grands avantages des études sérieuses auxquelles on se livre depuis quelque temps sur la patrologie et sur l'histoire de la littérature chrétienne. Ce fut Mœhler (2), qui, s'aidant des élucubrations patrologiques insuffisantes de Winter, Wiest, Busse, Goldwitzer, Locherer et Annegarn, a donné la plus vive impulsion à ces études. Permaneder et Fessler, Deutinger et Alzog, ont commencé à faire paraître de nouveaux ouvrages sur la patrologie, les premiers en latin et les seconds en allemand (3).

La théologie pastorale, qui précédemment n'était cultivée qu'en Autriche, est en ce moment partout l'objet de

Stern, Comment. sur l'Apocalypse. Schaffh., 1854. *Bisping*, Manuel d'exégèse pour les ép. de saint Paul, les Evangiles et les Actes des apôtres. 4 vol., 9° édit., Munst., 1855. *Beelen*, Commentar. in acta apostolorum, in ep. ad Philipp., ad Romanos, grammatica N. Test. *Arnoldi*, Comment. sur saint Matthieu. Trèves, 1856. *Langen*, Les Derniers jours de Jésus, essai historique et bibl. Frib., 1864. L'Etat des Juifs en Palestine au temps de Jésus-Christ. Frib., 1866

(1) *Reusch*, Bible et natur. 2° éd., Frib., 1866. *Bosizio*, L'Hexameron et la géologie. May., 1865. *Veith*, les Origines de l'humanité. Vienne, 1865. *Baltzer*, le Récit de la création par Moïse. Leipz., 1866. *Michelis*, dans le journal Nature et Révélation.

(2) La Patrologie de *Mœhler*, éditée par Reithmayr., t. I, Ratisb., 1840.

(3) *Permaneder*, Bibliotheca patristica. Landish., 1841, 3 vol. (les trois premiers siècles). *Fessler*, Institutiones patrol. Œnipont, 1850-51 (jusqu'au pape Grégoire le Grand, 604). *Deutinger*, Esprit de la tradition chrétienne. Ratisb., 1830, 2 vol. *Alzog*, Esquisse de patrologie. Frib., 2° éd., 1868.

travaux d'une valeur réelle. Sailer ouvrit la marche. A sa suite vinrent Schwarzel, Powondra, Reichenberger, Hinterberger, Zenner, Gollowitz, Brockmann, Herzog, Widmer, Zwickenpflug et Amberger, de Pohl de Breslau, Kerschbaumer de S. Hippolyte et Schuch de Kremsmunster. Les écrivains qui s'occupèrent spécialement de l'homélie et du catéchisme furent nombreux (1). On remarque surtout les catéchismes de Hirscher et de Muller, de Stolz, de Schuster, de Deharbe-Wilmers et de Jacob Schmitt, ainsi que les homélies de Jarbl, de Laberentz et de Fluck. La liturgie a été traitée par Schmid, Luft, Fluck et Kœssing.

Un des traits caractéristiques de ce temps, c'est l'importance que l'on attache avec raison à l'éducation religieuse du peuple : prêtres et laïques s'y dévouent à l'envi. Bernard Overberg, de Munster, ce simple et digne prêtre, cédant aux conseils de Sailer, ne se contenta pas de tracer par écrit le plan d'une école modèle, il en fonda et il en dirigea une avec un noble désintéressement et un véritable succès [† 9 novembre 1826]. De semblables, mais moins heureux essais furent tentés par Braun en Bavière, Werkmeister en Wurtemberg et Demeter dans le pays de Bade. Stapf, Milde, Hergenrœther et surtout Dursch, écrivirent sur la pédagogie ; mais le pédagogue le plus estimé c'est le conseiller d'État et d'enseignement Kellner (2), dont les écrits font le plus grand bien. Après Jais et Christophe Schmid, qui ont fait les plus louables efforts pour instruire et intéresser le peuple et l'enfance, Alban Stolz, de Fribourg, s'est acquis une réputation à laquelle peu d'écrivains sont parvenus (3). Comme fruit de tous ces

---

(1) *Graf*, Exposé critique de l'état actuel de la théol. pratique. Tub., 1841.

(2) *B. Overberg*, Quelques observations sur une bonne direction dans l'enseignement, 6ᵉ édit. Munster, 1825. Hist de l'Anc. et du Nouv. Test., 2 vol. Manuel de religion, 2 vol. Grand et petit Catéchisme (œuvres complètes pour les écoles. Munster, 1825-33, 6 vol.). Vie et œuvres d'Overberg, racontées par un de ses parents. Munst., 1829. *Krabbe*, Vie d'Overberg. Munst., 1835. *Kellner*, Ecoles pour le peuple, 5ᵉ édit. Essen, 1862. Esquisses et portraits tirés de l'hist. de l'enseign. 1862, 3 vol. Livre de lecture et d'éducation, 3ᵉ édit. Frib., 1864.

(3) Calendrier pour le temps et l'éternité (dep. 1843). Légende

labeurs, apparut l'excellente *Encyclopédie d'éducation et d'enseignement* rédigée d'après les principes catholiques par deux prêtres, le docteur Rolfus de Bade, et Plister du Wurtemberg [May., 1863-66 en 4 vol.]. De grands services furent aussi rendus à l'éducation populaire par la congrégation des Méchitaristes de Vienne pour la propagation des bons livres catholiques, par la société du même genre fondée en Bavière, et surtout par l'association de S. Charles Borromée établie à Bonn. Silbert de Vienne se proposa le même but en traduisant les meilleures œuvres ascétiques des siècles passés et du temps présent. Ces exemples eurent des imitateurs en Bohême, à Munster, à Aix-la-Chapelle, à Ratisbonne, à Cologne, à Schaffhouse et à Mayence où les ouvrages populaires de tous les siècles parfaitement traduits, furent répandus à profusion. Le plus ardent propagateur fut le converti Ludwig Clarus. Nous ne devons pas omettre de nombreux essais poétiques inspirés pour la plupart par un véritable esprit religieux, ni la traduction élégante des vieilles hymnes de l'Église, ainsi que la vie des saints personnages des siècles antérieurs. L'enfance elle-même ne fut pas oubliée. Nommons avant tous les autres Frédéric Schlégel, Wessenberg, Clément Brentano, Schlosser (*l'Église dans ses chants*), Diepenbrock, Ed. de Schenk, de Eichendorf, Jean Bapt, Rousseau, Guido Gœrres, Kœnigsfeld, Simrock, le comte Pocci, Édouard Vogt, Beda Weber, Pie Zingerle, Ladislas Pyrker, Christophe Schmid, Gallus Morel, Oscar de Redwitz, le P. Zeil, Gédéon de la Lande, Ida Hahn-Hahn, Anette de Droste et Émilie Ringseis. Des catholiques (Eichendorf et Lindemann) écrivirent l'histoire de la littérature allemande, d'autres l'histoire politique (v. t. I, p. 26 note 3) et l'histoire de l'art chrétien, avec beaucoup de talent et de succès. Nous devons également de la reconnaissance au P. Charles de Saint-Aloys, à Schulte et à Neher pour avoir enrichi la littérature catholique d'intéressants travaux de statistique ecclésiastique.

Cette activité religieuse et ce mouvement scientifique

(de 1853). L'espagnol pour les gens instruits. Visite à **Sem, Cham et Japhet**. **Sainte Elisabeth**. **Les Agitations de mon âme.**

sont dus en grande partie au courage et à la persévérance de la presse périodique de l'Allemagne catholique (1). Aux journaux théologiques assez peu importants, qui existaient il y a cinquante ans, sont venus se joindre, grâce à l'initiative et à la puissante coopération de Frédéric Schlégel, deux revues qui ont exercé une immense influence sur l'opinion publique et les préjugés généralement répandus contre le Catholicisme. *La Revue théologique* de Tubingue, fondée en 1819, surtout à l'époque où Mœhler fit partie de sa rédaction, démontra, avec autant de force que d'habileté, que le Catholicisme repose sur des bases solides, et qu'il soutient la critique scientifique aussi bien que l'épreuve de la vie pratique et réelle. Bientôt après, en 1821, parut *le Catholique*. Fidèle à sa devise: *Christianus mihi nomen, catholicus cognomen*, il réveilla la conscience des Catholiques, leur rendit le sentiment de leur dignité, au moment où l'indifférence religieuse devenait plus générale que jamais, où la doctrine catholique semblait effacée de l'esprit de la multitude, et où la négation protestante et le rationalisme philosophique paraissaient victorieux. Depuis 1859, *le Catholique* s'est changé, entre les mains de Heinrich et de Moufang, en une revue de science catholique et de vie ecclésiastique qui s'occupe de préférence de la théologie du moyen âge. L'exemple une fois donné, de nouvelles feuilles rédigées dans le même esprit parurent. D'après leur caractère dominant, on peut les ranger en trois classes : 1° les journaux scientifiques se rattachant plus particulièrement à *la Revue de Tubingue*, tels que *le Nouveau journal théologique*, de Vienne, rédigé par Pletz [dep. 1840], *la Gazette de Hug*, pour le clergé de l'archevêché de Fribourg [dep. 1828], *le Journal de philosophie et de théologie catholiques*, publié à Bonn par les disciples de Hermès [dep. 1833], *les Annales de théologie et de philosophie chrétiennes*, qui paraissent à Giessen [dep. 1834], *le Journal de théologie*, de Fribourg, [dep. 1839], *les Archives de littérature théologique*, publiées à Munich [dep. 1842], *la Revue catholique des sciences et des arts*, fondée par Dieringer, *l'Organe de l'art chrétien*, rédigé par Baudri de Cologne,

---

(1) Le Catholique, 1843, janv., p. 1-17.

la Décoration des églises, par Laib et Schwarz de Stuttgard, *le Journal de droit canon et de pastorale*, par le docteur Seitz, *Nature et Révélation de Munster* [dep. 1855], pour concilier les découvertes des sciences naturelles avec la foi ; *les Archives de droit canon*, par Moy et Véring [dep. 1857]. Plusieurs de ces publications disparurent, mais d'autres prirent leurs places, ce sont : *le Journal de littérature catholique*, de Vienne [dep. 1854], *le Guide littéraire de Hulskamp et de Rump*, à Munster [dep. 1862], qui réunit en volumes ou insère dans ses colonnes les publications littéraires de l'Allemagne et de l'étranger, les apprécie et publie des notices estimées sur les personnes et les ouvrages ; *le Journal critique des feuilles littéraires et théologiques*, rédigé par Reusch de Bonn [dep. 1866]. Ce journal patronné par tous les savants catholiques est arrivé en peu de temps à une publicité surprenante. Il faut encore ajouter à tous ces journaux, *les Feuilles historiques et politiques*, de Munich, créées en 1838 à l'occasion des événements de Cologne. Ces feuilles, rédigées par les hommes les plus savants et les plus habiles, s'efforent de faire pénétrer les idées catholiques dans la science, dans la politique et dans la vie religieuse, réfutent les allégations erronées des historiens protestants, et surtout s'appliquent à montrer la fausseté des théories politiques modernes, ainsi que les dangers du libéralisme. Tous les travaux de ce genre, et principalement ceux qui paraissent à l'étranger, sont traduits et publiés par le docteur Huttler, d'Augsbourg, dans ses *Études catholiques*, qui embrassent depuis 1865, date de leur fondation, toutes les questions de religion, d'histoire, de sciences, et de politique. 2° Les journaux ayant rapport au ministère pastoral, tels que *la Revue mensuelle de théologie pratique*, qui paraît à Linz et qui, au temps de sa plus grande prospérité, avait quatre éditions, *les Archives pastorales de Constance*, *l'Athanasia de Benkert*, *le Pasteur* de Zarbl, *les Archives pour les conférences pastorales du diocèse d'Augsbourg*, par Merkle [dep. 1848], *les Feuilles pastorales* de Munich, de Cologne, de Munster et de Paderborn. 3° Les journaux quotidiens ou hebdomadaires, à l'usage des prêtres et laïques catholiques, tels que *l'Ami de la Religion*, *le Sion*, *le Journal catholique* de Francfort, de Passau, de Suisse et de Vienne, par le docteur Brunnel, *le Journal ecclésiastique* de Silésie, celui de l'Allemagne méridionale, puis de Francfort, celui du Rhin et de Rottembourg ; *les Feuilles dominicales* des diocèses de Mayence, de Munster, de Munich, d'Hildesheim, de Salzbourg et de Linz, ainsi que plusieurs journaux fondés depuis 1848, qui apprécient les résultats de la science moderne et spécialement des recherches historiques, publient des articles sur les vérités religieuses et les institutions ecclésiastiques, et font connaître les principaux événements du monde religieux. En outre, depuis 1844, on a vu paraître plusieurs journaux politiques pénétrés de l'esprit catholique ; *la Gazette des postes*, d'Augsbourg, *la Gazette du Sud de l'Allemagne, le Messager du peuple*, de Munich ; *le Journal de Mayence, le Magasin du peuple* (Volkshalle), de Cologne ; *la Feuille du peuple*, de Stuttgard ; *le Mercure de Westphalie, l'Écho du présent*, d'Aix-la-Chapelle ; *l'Ami du peuple autrichien*, de Vienne ; *l'Observateur*, de Bade, et plusieurs feuilles hebdomadaires illustrées

§ 420. — *Mouvements théologiques parmi les catholiques allemands.*

Al. Schmid, Variantes scientifiques parmi les catholiques. Munich, 1862. *C. Werner,* Hist. de la théol. cath., p. 405 et suiv.

La reprise de l'étude de la philosophie et son immixtion dans la théologie, donnèrent lieu à des mouvements littéraires d'une grande importance. La philosophie de Kant, de Fichte, de Schelling et de Hégel était incompatible avec la théologie catholique. Frédéric Schlegel, Molitor (1), Beader et d'autres théologiens s'ingénièrent à trouver une philosophie qui, loin de nuire à la foi, servît à l'affermir et à la défendre contre les ennemis nombreux qui l'attaquaient. Parmi les travaux divers inspirés par

---

(1) *Molitor*, Philosophie de l'histoire ou de la tradition. Francfort et Munster, 1828, 2 parties.

cette idée, mentionnons ceux de Hermès, Esser, Elvenich, de Droste, Braun, Achterfeld et Baltzer, d'une part; de Gunther, Papst, Veith, Hock et Knood de l'autre. Nous pouvons leur adjoindre Sengler, de Fribourg; Schmitt, de Bamberg; Léopold Schmid, de Giessen; Deutinger, de Munich; Volkmuth, Massmann, Schenach, Katzenberger, Denzinger, de Wurzbourg; Huber, Oischinger, Suing, Uschold, Becker, Kaulich et Charles Werner de Saint-Hippolyte, qui traitèrent différentes questions spéculatives de philosophie et de théologie. Frohschammer, professeur à Munich, s'étant fait le défenseur de théories philosophiques opposées à la croyance catholique, Clément et Stœckl, de Munster, Plassmann, de Paderborn, de Schaezler et Scheeben, unissant leurs efforts à ceux du père Kleutgen de Rome, demandèrent à grands cris, dans *le Catholique* de Mayence, que l'on revînt à la philosophie scolastique d'Aristote et de saint Thomas, tandis que Michelis de Braunsberg soutenait énergiquement la nécessité de la philosophie de Platon, rendue à sa pureté primitive (1). Nous allons nous arrêter sur ces trois mouvements principaux, en commençant par celui auquel donna naissance Hermès, professeur à Munster, puis à Bonn.

Georges Hermès, mort à Bonn le 26 mars 1831, méritait bien la couronne que l'on déposa sur son tombeau, et cette épitaphe que l'on y grava : « Dès sa plus tendre enfance, cet homme vraiment grand sacrifia toutes les jouissances de la vie à la soif qu'il éprouvait pour la science sacrée, et au zèle dont il était dévoré pour la religion chrétienne ; jamais maître ne sut inspirer plus de reconnaissance, d'attachement et de vénération à ses nombreux élèves. » Et nous pouvons ajouter, jamais non plus un maître ne sut donner à ses élèves, pour leur conduite, aussi bien que pour leurs études, une direction plus ferme et plus sûre.

---

(1) P. *Kleutgen*, La Théologie des temps passés. Munster, 1853, 3 vol. Philosophie des temps passés. 1860, 2 vol. *Michelis*, Observations sur la philosophie des temps passés, défendue par le P. Kleutgen. Fribourg, 1865. La Philosophie de Platon dans ses rapports intimes avec les vérités révélées. Munster, 1859, 2 part. Dr *Becker*, Le Syst. philos. de Platon dans ses rapports avec les dogmes chrétiens, envisagé d'un point de vue tout différent. Frib., 1862.

Toutefois, trop plein de confiance dans sa manière de voir (1), Hermès ne pouvait souffrir un autre système à côté du sien, et cet esprit exclusif devait, à son insu, l'empêcher de concevoir la doctrine de l'Église dans toute sa vérité. Aussi Rome condamna la doctrine hermésienne [26 sept. 1835], et rien n'a mieux justifié cette condamnation (2) que le professeur Baltzer lui même, le plus indépendant des disciples de Hermès, tirant formellement des doctrines de son maître les principes du semi-rationalisme et du semi-pélagianisme (3).

Après la publication du bref de condamnation, les Hermésiens obstinés, à l'imitation des Jansénistes (t. III, 306), prétendirent que les doctrines condamnées par le pape n'étaient pas celles qu'avait enseignées Hermès et n'étaient pas contenues dans ses écrits. Deux d'entre eux, Elvenich, professeur à Breslau, et Braun, professeur à Bonn, entreprirent, après des pourparlers préalables, de justifier eux-mêmes en personne cette prétention devant le Saint-Siége; mais Rome, sans s'engager dans une discussion inutile, rompit les négociations et exigea une soumission pure et

(1) *Esser*, Souvenirs de Georges Hermès. Cologne, 1832, p. 135 et 136. Ecrits d'Hermès : Sur la vérité intrinsèque du Christianisme. Munst., 1805. Introd. philos. à la théol. cath. Munst., 1819. Introd. positive. 1829. Dogmatique cath., éditée par de Achterfeld, 1831, 3 vol.

(2) Pro memoria dans l'affaire de l'hermésianisme. May., 1837. *Meckel*, Les Doctrines d'Hermès par rapport à la condamnation du pape. May., 1837. *Berlage*, Intr. à la dogmat. cath. au point de vue du jugem. du Saint-Siége sur la doctr. d'Hermès. Munst., 1839. On trouve un exposé assez complet de cette controverse dans *Niedner*, Philosophiæ Hermesii Bonnensis novar. rer. in theol. exordii explicatio et existimatio. Lips., 1839. *Niedner* résume en ces termes : « Hermès est bien éloigné d'avoir affermi les bases de la révélation par sa philosophie. » Les premières attaques contre Hermès (par Windischmann) dans le Catholique, 1825, oct., p. 1 et suiv., et surtout nov., p. 156 et suiv. Les Répliques (de *Droste ?*) dans la Revue mensuelle cathol. de *Smets*. Cologne, 1825, t. I, p. 81 et suiv.; t. II, p. 101 à 107. *Kreuzhage*, Des Rapports du système hermésien avec la science chrétienne. Munster, 1838, note 1, et Feuilles politiques et historiques, t. VII, p. 658 et suiv. *Myletor*, L'Hermésianisme expliqué au point de vue dogmatique. Ratisb., 1845.

(3) *Baltzer*, Tentative pour aider à porter un jugement impartial sur le catholicisme et le protestantisme. 2ᵉ livrais., p. 156 et 264, dans les notes. Breslau, 1840.

simple au bref de condamnation (1). Alors plusieurs professeurs hermésiens du séminaire de Trêves remirent généreusement, entre les mains de leur évêque et du pape, l'acte de leur soumission absolue et sans réserve à la sentence du Saint-Siége. Cette démarche fut blâmée par les disciples d'Hermès qui persistèrent dans leurs erreurs, et il en résulta une division momentanée, notamment parmi le clergé du Rhin et de la Westphalie.

Pendant qu'Hermès attribuait à la raison une part trop forte dans la connaissance des vérités révélées, l'abbé Bautain, professeur de philosophie à Strasbourg, semblait tomber dans l'excès contraire, et refuser à la raison sa part d'action légitime. L'évêque de Strasbourg condamna son système, et obtint du Saint-Père un bref qui approuva pleinement sa conduite (2). Braun, de Bonn, s'appuyant sur ce bref, prétendit que le pape, en réprouvant la doctrine anti-rationaliste de Bautain, avait par là même approuvé la doctrine hermésienne, comme s'il n'y avait point de moyen terme entre le rationalisme d'Hermès et le spiritualisme de Bautain. Braun et ses amis n'ayant point voulu reconaître leurs torts, une plainte fut envoyée à Rome (3) Quant à Bautain et à ses disciples, ils se soumirent humblement et sincèrement à la décision du pape (4). Les professeurs de Bonn, Achterfeld et Braun, ayant persisté à ne pas vouloir signer sans restriction le bref pontifical qui condamnait les écrits d'Hermès, l'archevêque coadjuteur de Cologne retira l'approbation qui leur avait été donnée

---

(1) *Braun* et *Elvenich*, Acta romana. Lips., 1838. Feuilles hist. et politiques, t. II, p. 526 543. *Braun* et *Elvenich*, Meletemata theologica. Lips., 1838. L'ouvrage allemand : Etudes théol., avec des annotations. Cologne, 1839.

(2) Rapport à Mgr l'évêque de Strasb. sur les écrits de M. l'abbé Bautain. Paris, 1838. *Mœhler*, Lettre à M. Bautain, dans ses Mélanges, t. II, p. 141-164. Courts éclaircissements sur la théorie de M. Bautain, dans le Catholique de 1835, t. LVII, p. 125 et suiv., 286 et suiv. et plusieurs articles dans la Revue de Bonn.

(3) *Braun*, La Doctrine de l'hermésianisme, etc. Bonn, 1835. Laocoon, ou Hermès et Perrone, par *Daniel Bernhardi* (Braun). Cologne, 1840. L'ouvrage latin Laocoon sive Hermesius et Perronius. Latine conversus et variis additamentis auctus. Bonnæ, 1842.

(4) Le Catholique, 1841, févr., supplém. Revue trimestr. de Tub. 1841, p. 371 et suiv.

en leur qualité de professeurs de l'université, et l'État les mit en disponibilité [1844], en leur laissant toutefois leur traitement (1). Leur sincère attachement à l'Église catholique les a empêchés de rompre ouvertement avec son chef, dans lequel ils reconnaissent toujours, de bouche et de fait, le successeur de saint Pierre. Toutefois les invitations paternelles que Pie IX leur a adressées dans une encyclique spéciale, ne purent les ramener. Aussi Pie IX se crut-il obligé de renouveler la censure que le pape Grégoire XVI avait prononcée contre les doctrines hermésiennes (2).

Une dispute semblable s'engagea à l'occcasion de certaines idées émises par Antoine Gunther, prêtre séculier de Vienne. Ses adversaires l'accusèrent de fausser le dogme, d'avoir une trop haute idée de sa science et de faire peu de cas de l'autorité doctrinale de l'Église [1850]. Après une polémique assez vive, les deux partis soumirent les points en litige au jugement du Saint-Siége (3). Un bref, en date du 26 février 1857, condamna Gunther qui s'inclina avec respect devant la décision du pontife (*Ingenue, religiose ac*

---

(1) Les explications données par les professeurs Braun et Achterfeld sur les motifs de leur refus de se soumettre à la sentence du pape, dans la Revue de Bonn, nouv. série, 4ᵉ année, 4ᵉ livr.; quelques numéros du Catholique de 1844.

(2) Le Catholique, 1847, sept. Le Journal de phil. et de théol. cath., par *Achterfeld* et *Braun*, 64ᵒ livr. Bonn.

(3) Discussion pour et contre Gunther dans l'ancienne et la nouvelle Sion, dans la Gazette des postes d'Augsbourg, dans la Revue hebdomaire catholique de Wurzbourg. *Mattes*, Gunther et ses points de rapprochement de la nouvelle école théol. (Revue de Tubingue, 1844, 3ᵉ liv., p. 347). *Clement*, la Théol. spéculative de Gunther et la doctrine catholique, col. 1853. *Baltzer*, Nouvelles lettres théolog. du docteur Ant. Gunther, Bresl. 1853, deux séries. *Knoodt*, Lettres de Gunther et de Clement, Vienne, 1853. *Clement*, Opposit. entre la spécul. de Gunther et la doctr. cath., par le prof. Knoodt, col. 1853. *Oischinger*, la Philos. de Gunther, Schaffh, 1852. *Michelis*, Crit. de la phil. de Gunther, Munst., 1854. *Zukrigl*, Rech. crit. sur l'essence de l'âme raisonn. et la nature psycho-corporelle de l'homme, Ratisb., 1854. *Hitzfelder*, Discuss. les plus récentes sur la théol. spécul. de Gunther et de son école (Tub., Revue, 1854, 1ᵉʳ liv.). La théol. et la polémique des partisans de Gunther (Tub., Revue, 1854, 4ᵉ livr.). Réponse de Gunther dans la Lydia de 1854. Ant. Gunther et la discussion sur sa philosophie, par un théol. cathol. Gazette d'Augsbourg, nᵒ 189, supplém. du 8 juillet.

laudabiliter se subjecit, dit Pie IX tout joyeux de cette noble soumission). Il mourut le 4 février 1863. Il faut avouer que Gunther, de même que Beader, a rendu de grands services à la science catholique, qu'il s'est opposé, avec plus de logique et de vigueur que Beader lui-même, à la philosophie protestante, et qu'il était était fermement convaincu qu'il établissait sa propre philosophie sur la base inébranlable de la doctrine de l'Église. Il eut, comme Hermès, le tort d'ouvrir à la pensée un horizon par trop rationnel, il voulut établir dans la pensée une distinction entre le formalisme et le réalisme, et distinguer la pensée elle-même de l'idée, toutes notions qui manquent de clarté ; il en vint à admettre des erreurs sur les dogmes de la Trinité et de la création, et à s'égarer dans la recherche des rapports qui existent entre l'empirie et l'idée, entre la foi et la science, entre l'âme et le corps. Il ne fut pas plus heureux dans l'étude à laquelle il se livra sur la nature divine et la nature humaine (1). Il lui restera du moins le mérite d'avoir, plus que tout autre, contribué au réveil de la science théologique en Autriche.

Un écrivain fécond, Frohschammer, professeur à Munich, imagina et développa, jusque dans ses dernières conséquences, sa théorie du traducianisme ou générationisme sur l'origine de l'âme. Il fit encore paraître un autre écrit où il réclamait énergiquement et sans réserve la séparation absolue de la philosophie et de la théologie. Ces deux ouvrages renfermaient un grand nombre de principes erronés ; ils furent condamnés à Rome le 11 décembre 1862 (2). Une pareille condamnation étant survenue à l'égard de deux autres professeurs de l'université de Munich, Huber, à cause des erreurs contenues dans son *Scot Erigène*, et Pichler parce que, en faussant l'histoire, il dé-

---

(1) Le bref pontifical dans l'ouvrage qui a pour titre : Pie IX pape et roi, p. 117.

(2) *Frohschammer*, De l'Origine de l'âme humaine. Munich, 1854. Introd. à la philosophie, 1858. De la Liberté de la science. Plusieurs articles dans le journal l'Athénée. Des Droits de la philosophie et de la scolastique. Munich, 1863. Dr *Becker*, La Liberté et les droits de la philosophie nouvelle, par *Frohschammer*. Spire, 1863, et dans le Catholique de 1863, t. I, p. 355-407, et t, II : Frohschammer et le siége apostolique, » 3 articles.

nigrait l'Église romaine au profit du schisme grec, on vit éclore de tous côtés des dissertations sur l'autorité de la congrégation de l'Index et sur les effets de ses décisions (1).

Beaucoup de théologiens crurent trouver la cause de ces erreurs dans l'abandon de la vieille méthode scolastique. Ils formèrent le parti des nouveaux scolastiques qui s'élevèrent avec force même contre les meilleurs procédés des écoles modernes, et, oubliant la devise si catholique : *In dubiis libertas, in omnibus caritas*, allèrent quelquefois jusqu'à exclure de l'Église leurs adversaires. Cette conduite était d'autant plus étrange, que les défenseurs de la nouvelle méthode scientifique ne témoignaient pas le moindre mépris pour la scolastique ; ils reconnaissaient même volontiers l'élan qu'elle communiquait à l'esprit, l'énergie qu'elle inspirait aux études et les services qu'elle rendait à la science, au point que l'un d'entre eux, Charles Werner, a choisi pour objet de ses études les deux théologiens scolastiques les plus éminents, saint Thomas d'Aquin et Suarez, dont il a admirablement dépeint la vie, les travaux et l'influence. Ils s'opposaient seulement à cette prétention que l'on trouve surtout formulée dans un ouvrage de Plassmann (*l'École de saint Thomas*, 5 vol.), et qui veut imposer à la science actuelle une méthode complétement en désaccord avec celles qui sont suivies déjà dans les autres systèmes d'études théologiques et philosophiques, comme si l'exemple de saint Thomas d'Aquin lui-même, si plein de tolérance pour les idées des autres, ne protestait point formellement contre ces exigences. Ce serait en outre agir contre le conseil de saint Mathieu (IX, 16), que d'abandonner la méthode moderne mieux appropriée à l'organisation actuelle de la science et des écoles, pour revenir à l'ancienne méthode péripatéticienne et scolastique.

Après quelques escarmouches dirigées contre les nouveaux scolastiques par Mattes, Oischinger et Deutinger (2),

---

(1) La congrégation romaine de l'Index et son pouvoir. Dans un esprit opposé : Justification, objets et organes de la congrég. de l'Index ; Histoire de la congrég. de l'Index ; Autorité de cette congrégation. Ces trois articles ont paru dans le Catholique de 1864, t. I.

(2) Mattes, La Vieille et la nouvelle scolastique (Tub., Revue de),

la controverse prit une physionomie plus accentuée entre Clément, professeur à Munster (*Philosophia ancilla theologiæ* 1865), et Kuhn, professeur à Tubingue (*Des rapports qui unissent la théologie à la philosophie*). Chacun d'eux appuyait ses raisonnements sur les relations qui existent entre le naturel et le surnaturel. Bien qu'il proclamât que la philosophie était indépendante de la théologie, Clément admettait une philosophie théologique (1), pour laquelle la révélation divine n'était toutefois qu'une autorité extérieure qu'une règle destinée à la guider. Kuhn, de son côté, disait que, si l'on voulait rester fidèle aux principes catholiques et ne pas professer, avec les luthériens que la nature humaine est incapable de connaître la vérité, il fallait admettre que la philosophie commence, se développe et se complète avec les conceptions purement naturelles de l'esprit, sans le secours d'une révélation surnaturelle et d'une foi positive.

Après la mort de Clément [24 févr. 1862] et même déjà de son vivant, la controverse, avec les rédacteurs du *Catholique de Mayence* et surtout Schéeben ainsi que le docteur Schaezler, dans *les Feuilles historiques et politiques*, s'attacha à préciser davantage la signification du surnaturel et se concentra dans la définition scientifique des idées de liberté, de nature, de personnalité et de grâce. Celle-ci était pour Schaezler, un supplément et un complément de la nature humaine, et, pour Khun, un perfectionnement de l'homme comme être personnel (2). La controverse prenait la tournure des interminables disputes qui eurent lieu jadis entre les Thomistes et les Scotistes, puis entre les Dominicains et les Jésuites à l'époque du Jansé-

---

1844 et 1845. *Deutinger*, Principe de la nouv. philos. et la science chrétienne, 1857. Le Catholique de 1866, t. I, p. 603 et suiv.

(1) *Clément*, Notre point de vue dans la philosophie (continuation du eCatholique de 1859, en deux articles). De Scholasticorum sententia philosophiam esse theologiæ ancillam (Monast., 1865). *Kuhn*, Discussion sur la philosophie de la théologie. Tub., 1860. Les Feuilles hist. et polit. sur une université cathol. libre en Allemagne. Tub., 1863. Le Naturel et le surnaturel, réponse aux attaques des Feuilles hist. politiques.

(2) *Scheeben*, Nature et grâce. May., 1861. *De Schaczler*, Naturel et surnaturel, critique de la théologie de Kuhn. May., 1866.

nisme ; des deux côtés on retrouvait les mêmes raisonnements vagues et obscurs ; aussi la congrégation *de auxiliis* s'est-elle, pour de bonnes raisons, abstenue de trancher le différend.

Au milieu de tous ces débats, intervint, avec beaucoup d'intelligence et de bonne volonté, A. Schmid, professeur à Dillingen, puis à Munich, afin de rapprocher les deux partis. Sa tentative de conciliation n'eut pas le succès qu'elle méritait (1). Une réunion de savants de l'une et l'autre opinion fut convoquée à Munich par Dœllinger, Haneberg et Alzog (2). Elle aurait pu amener le résultat qu'on en attendait, si elle n'avait point été tout d'abord l'objet de regrettables soupçons. On fut contraint de l'interrompre. Toutefois quelques nouveaux scolastiques eux-mêmes ont reconnu la droiture de ses intentions et les services qu'elle était appelée à rendre (3).

De récents travaux philosophiques ont été entrepris pour aplanir ces difficultés survenues entre la philosophie et la théologie d'une part, et la philosophie scolastique de l'autre. Charles Werner leur a ainsi tracé la voie : « Rechercher si un chrétien peut, avec une véritable liberté d'esprit, se livrer à l'étude de la philosophie sans porter atteinte aux dogmes catholiques ou mettre de côté la théologie et l'Église (4).

Puissent les deux partis rentrer en eux-mêmes et faire réflexion que la contradiction qui existe entre eux, à en juger d'après les travaux qu'ils ont fait paraître jusqu'ici, n'est pas, à beaucoup près, aussi grande que celle qui di-

(1) Opinions scientifiques et examen de l'écrit de *de Schaezler*, dans la revue théolog. et littéraire de Reusch, 1866, n° 18-22.

(2) Travaux de l'assemblée des savants cathol. à Munich, du 28 septembre au 1er octobre 1863. Ratisb., 1863.

(3) L'assemblée des savants cath. (dans le Catholique de 1864, t. II, p. 95-111 et 196-221). *Michelis*, Eglise ou parti? Un mot à l'épiscopat allemand. Munster, 1864. *Hergenrœther*, Eglise et non parti. Wurzbourg, 1865. L'Exposé hostile des travaux de l'assemblée des savants, dans la Civilta cattolica traduit en allemand. Le Passé et le Présent de la théologie. May., 1864. Cet exposé a été en partie réfuté par le Catholique de 1864, t. II, p. 109.

(4) *Werner*, Manière de s'entendre sur la nature et l'objet de la théol. chrétienne à l'époque présente. Schaffh., 1867. De l'essence et de l'idée de l'âme humaine, 2e édit. Brixen, 1868.

visait les écoles du moyen âge ; qu'ils aient les uns et les autres, un égal amour pour l'Église et conservent la même ardeur pour la science ! Alors, comme les théologiens célèbres des premiers siècles et du moyen âge, ils ranimeront dans le clergé la vie intellectuelle et avanceront la solution des plus difficiles problèmes.

§ 421. — *Sectes en Allemagne.*

A l'époque de la domination despotique de Napoléon et des troubles qu'il causa dans l'Église, plusieurs sectes de faux mystiques prirent naissance en Autriche. D'abord un prêtre nommé Martin Boos se laissa aller à des rêveries étranges, et, dans un langage incohérent, il se mit à enseigner la doctrine luthérienne de la justification par la foi seule. Il fut poursuivi et jeté en prison ; néanmoins il se fit quelques partisans parmi le clergé du diocèse de Linz, dont il avait été chassé, et il mourut [1825] curé de Sayn, non loin de Neuwied. Dans le même diocèse, Thomas Pœschl, né en Bohême, fonda une secte plus fanatique encore. Ceux qui en faisaient partie prétendaient que Dieu et la sainte Vierge leur apparaissaient et leur ordonnaient de se purifier. Cette purification s'opérait à l'aide d'une poudre qu'ils prenaient et qui chassait le démon de leur corps. Napoléon était, à leurs yeux, le précurseur de l'antéchrist et du règne de mille ans. Dans la Semaine sainte de 1817, ils poussèrent le fanatisme jusqu'à immoler une victime humaine. Ils furent condamnés par le tribunal de Salzbourg et incarcérés, ce qui leur ôta tout moyen de nuire. Pœschl mourut, à Vienne, dans l'hospice des prêtres malades [1837]. Un autre prêtre, du nom de Hagleitner, fonda la secte des Manharters dans la vallée de Brixen, au diocèse de Salzbourg. Ces sectaires s'élevaient surtout contre les prêtres qui avaient prêté serment de fidélité à Napoléon et qui, par là, disaient-ils, étaient tombés sous l'anathème prononcé contre l'usurpateur. Mangl et Mair, deux d'entre eux, étant allés à Rome en 1825, furent admis aux sacrements, après avoir été convertis, avec la plupart des leurs, par le moine Mauro Capellari, qui devint plus tard le pape Grégoire XVI (1).

La secte à la fois politique et religieuse des Salpéters a plus d'un lien de parenté avec la précédente. Née en 1764, au sud-ouest de la Forêt-Noire, cette secte résista ouvertement aux injonctions de l'abbé de Saint-Blaise, ainsi qu'aux mesures que prirent contre elle les gouvernements d'Autriche et de Bade ; elle suscita des querelles à Demeter, archevêque de Fribourg, et à son clergé qu'elle refusait de reconnaître comme catholiques romains. Ces sectaires n'allaient point à l'église et n'envoyaient point leurs enfants à l'école : ils préféraient payer l'amende. Ils en appelèrent à Rome et s'y rendirent même en personne, mais inutilement. Ils avaient presque complétement disparu en 1838 (2).

Une agitation qui dura davantage et s'étendit plus loin fut celle des catholiques éclairés ou libres-penseurs, appelés plus tard catholiques allemands : se laissant influencer par la littérature et les principes protestants qui étaient alors prédominants et qui s'insinuaient jusqu'au sein du Catholicisme, ils voulurent bouleverser toute l'économie de l'Église catholique. Prêtres aussi bien que laïques, ils demandaient que le latin fût banni des offices, les cérémonies simplifiées et appropriées à l'esprit moderne, le célibat aboli et que l'on créât une Église nationale indépendante de Rome. Ces idées furent propagées par les nombreux écrits de Wessenberg, par *l'Annuaire d'Ulm, les Feuilles libérales de Pflanz, les Feuilles catholiques de Fischer, le Gardien canonique d'Alexander Muller;* par MM. Carové, Fridolin Hubert, Reichlin-Meldegg et Schreiber, dont la plupart s'étaient depuis longtemps détachés intérieurement du Catholicisme et n'y conservaient plus quelques attaches extérieures que pour des motifs d'intérêt (3). Leur prosély-

---

(1) Dictionnaire ecclésiastique de Fribourg, t. IX, p. 829 et suiv., au mot Rêveries.

(2) D* *Hansjacob*, Recherches sur les salpéters et leur histoire. 2* édit. Waldshut, 1867.

(3) Pourquoi les libéraux restent encore dans l'Egl. cath. (Revue de Bonn, 1 livr., p. 190). *Philalèthès* (Reisach). Qu'avons-nous à attendre des réformateurs d'Offenbach et de Saint-Gall ? dialogue entre un curé et ses paroissiens. May., 1835. **La Réforme de l'Église,** dans

tisme s'exerça surtout dans le duché de Bade, le Wurtemberg, la Suisse et la Saxe. Les frères Theiner répandirent ces idées en Silésie (1). Cependant, le plus jeune, Augustin Theiner, après avoir parcouru l'Angleterre et la France, se fixa à Rome, renonça à cette triste secte, et il a rendu depuis de véritables services au catholicisme par ses excellents travaux historiques (2). Il n'en fut pas de même de Fischer, prêtre catholique et professeur de morale à Lucerne, qui poussa le libéralisme jusqu'à se marier et à inviter publiquement ses amis à l'enterrement de l'un de ses enfants.

Tous ces hommes devaient en arriver à une séparation définitive. Ce n'étaient plus que des catholiques de nom, dépourvus de toute conviction religieuse, dont la position devenait de plus en plus difficile et inconciliable avec l'Église, à mesure que la foi se ravivait, que la littérature religieuse prenait un plus puissant essor, que les fidèles se rattachaient plus profondément à la doctrine et aux lois de l'Église, et que les événements politiques eux-mêmes dessinaient plus nettement les divers partis religieux. Il ne fallait qu'une occasion ; elle leur fut donnée par un prêtre silésien, suspendu de ses fonctions, nommé Jean Ronge qui, au moment où les fidèles accouraient en foule à Trèves (18 août-6 oct. 1844), pour y vénérer la sainte robe du Sauveur (3), adressa à Arnoldi, évêque de cette ville

le Catholique, 1833, janv., p. 84 et suiv., et l'Eglise catholique et les réformateurs, 1841, janv., févr., avr., juill., oct. et nov., ainsi que la Feuille ecclésiast. du sud de l'Allem., 1841, n° 34.

(1) *Theiner*, L'Eglise cathol. en Silésie. Altemb., 1826. Le Célibat forcé des prêtres catholiques, Altenb., 1828, 3 vol. De Pseudo-Isidoriana, canonum collectione. Vratisl., 1827. *Braun*, Des écrits du prof. Ant. Theiner. Bonn, 1829. D' *Franke*, Esquisse d'un grand réformateur, ou Ant. Theiner dépeint au point de vue de la science et de sa vie. Glatz, 1845.

(2) *Aug. Theiner*, Hist. des institutions catholiques. Mayence, 1835. La Suède et ses rapports avec le Saint-Siége. Situation nouvelle de l'Eglise cath. en Pologne et en Russie. Hist. de la conversion des maisons régnantes de Brunswick et de Saxe. Le pape Clément XIV. Continuation des annales de Baronius. Hungaria sacra. Monuments histor. de Russie. Rome, 1859, 2 vol.

(3) *Marx*, prof. d'hist. ecclés., Hist. de la sainte robe. Trèves, 1844. *J. de Gœrres*, Le Pèlerinage de Trèves. Ratisb., 1845. Contre l'écrit de Gildemeister et Sybel : La Sainte robe de Trèves et les vingt

[† 9 janv. 1864], une lettre d'une audacieuse impiété. La presse libérâtre et protestante de Saxe et de Silésie, s'empara bientôt de ce honteux libelle, donna libre carrière à sa vieille haine contre le catholicisme, outragea le pape, l'appelant le tyran des consciences et la honte de l'Allemagne, jeta à la face du clergé les plus odieuses injures, tira de l'arsenal d'une polémique surannée de vieux symboles, d'anciennes formules d'abjuration dont la fausseté avait été mille fois démontrée, répandit les plus plats mensonges contre les évêques et provoqua enfin les prêtres et les laïques à se séparer de l'Église (1). De ce Ronge, qui n'avait ni la science religieuse, ni la culture profane, ni le caractère moral, ni le véritable enthousiasme nécessaire pour exercer de l'influence sur les hommes, on faisait un réformateur de l'Église catholique ; on le forçait d'accepter un rôle dont il était étonné lui-même, on le proclamait un second Luther, dont le souvenir passerait à la postérité la plus reculée. Ronge se prit alors au sérieux, se crut en effet appelé à réformer l'Église, et fonda à Breslau une sorte de paroisse prétendue catholique qui ne reconnaissait que deux sacrements, véritable parodie, si fade et si plate, que « les amis de la lumière » eux-mêmes en furent déconcertés.

A la suite de Ronge vint un autre prêtre qui cherchait à couvrir le scandale de ses mœurs d'une apparence de légalité, et qui trouva dans le Rongisme ce qu'il cherchait. Czerski, averti avec une extrême indulgence par ses supérieurs ecclésiastiques, pour avoir violé la loi du célibat, fonda à Schneide-Mühl, dans le grand duché de Posen, une secte protestante de principe et de doctrine, catho-

---

autres robes sans couture. *Clement* publia : la Sainte robe de Trèves et la critique protestante. Coblentz, 1845 ; et la Sainte robe de Trèves, et nulle autre, ou les Tailleurs critiques de Bonn, par un pèlerin de Coblentz. 1845. D' *Hansen*, médecin cantonal à Trèves, Récits et documents relatifs aux guérisons miraculeuses opérées lors de l'exposition de la sainte robe de Trèves en 1844. Trèves, 1845.

(1) *Baltzer*, Liberté de la presse et censure à propos du pèlerinage de Trèves. Bresl., 1845. *Christ*, Eclaircissements sur les nouvelles prédications de la réforme et la littérature anti catholique. Ratisb., 1845. L'exposition de l'industrie de Berlin et l'exposition de la sainte robe de Trèves. Lettre d'un protestant de Berlin. Munster, 1845.

lique seulement de nom (1). Malgré cette apparence de catholicisme, qu'il gardait au point de conserver tous les sacrements, Czerski assista au soi-disant concile de Leipzig [Pâques 1845] et y adhéra à un symbole absolument nihiliste au point de vue chrétien (2). Ainsi fut constitué ce qu'on osa nommer « le catholicisme allemand » et même « l'Église chrétienne catholique et apostolique » quoique, selon la remarque judicieuse du protestant Ullmann lui-même, les fondateurs de cette secte n'eussent rien de commun avec le Catholicisme et n'eussent pas le moindre droit de porter le nom de catholiques (3). Les vrais fidèles en furent indignés; mais leur douleur fut à son comble lorsqu'ils virent les gouvernements appeler ces sectaires déhontés « des catholiques dissidents. »

Différents motifs portèrent le roi de Prusse à laisser cet apostolat de l'incrédulité, cette propagande antichrétienne s'exercer librement dans toute la monarchie, s'y attaquer, par la parole et par la plume, à toutes les institutions de l'Église et y poursuivre les catholiques d'outrages et de calomnies, malgré les promesses solennelles qui leur avaient été faites de défendre leurs droits et de respecter leur croyance. Mais bientôt il fut amèrement trompé dans ses prévisions et ses espérances. Car l'action dissolvante des sectaires, après avoir enlevé à l'Église catholique le petit nombre de membres qui ne lui appartenaient plus que de nom, se répandit dans l'Église protestante elle-même où elle avait sa vraie racine. Alors les « amis de la lumière, » les libres penseurs protestants s'enhardirent ; ils revendiquèrent pour eux la liberté que

---

(1) Eclaircissements sur la secte de Schneidemühl. Posen, décembre 1844. Lettre à Czerski, par un prêtre cath. romain séculier (et camarade d'études de Czerski). Posen, 1845. Lettre aux cathol. rom., au sujet de la justification de Czerski, par *Jurek*. Lissa, 1845.

(2) Symbole de Leipzig : « Je crois en Dieu le Père, qui, par sa parole toute-puissante, a créé le monde et le gouverne dans la vérité, la justice et l'amour. Je crois au Saint-Esprit, à l'Église chrétienne, sainte et universelle, à la rémission des péchés et à la vie éternelle. Amen.

(3) *Ullmann*, Pensées sur le mouvement des catholiques allemands Etudes et critiques théologiques, 1845, livr. IV).

l'on accordait aux apostats catholiques (1). « Le schisme, disaient des théologiens protestants, pénètre davantage dans le protestantisme que dans l'Église romaine (2). »

Bientôt l'agitation, purement religieuse en apparence, devint, avec Dowiat, politique et révolutionnaire. Ce ne fut plus l'Église mais l'État, l'autel mais le trône, le symbole mais les fondements mêmes de la société, que les masses, mises en ébullition, attaquèrent avec une audace et un ensemble qu'avaient été loin de prévoir ceux qui, comme Gervinus (3), avaient excité et encouragé le mouvement dans ses principes. Le gouvernement prussien fut donc obligé, comme l'avaient fait déjà ceux de Hanovre, de Hesse-Cassel et d'Autriche, de prendre des mesures sévères contre les prétendus dissidents catholiques. Du reste, ceux-ci ne purent gagner à leur cause aucun homme vraiment considérable par sa science, sa piété ou sa position. Antoine Theiner, qui leur appartint un moment, se sépara d'eux avec éclat (4). Ils ne furent pas plus heureux dans la fondation de la *Revue mensuelle de Berlin* « Réforme de l'Église catholique » qui disparut bien vite, et dont les tristes articles rappelèrent ce mot de Lessing dans une lettre datée de 1769 : « Ne me parlez point de votre liberté de Berlin. Elle se réduit à la liberté de porter au marché autant de sottises contre la religion qu'on peut en inventer, si bien que l'honnête homme rougit de s'en servir. »

Par contre, les théologiens et les laïques catholiques ont profité de ces dures épreuves pour publier toutes sortes d'ouvrages, qui rendirent plus populaires les idées profondes du Catholicisme jusqu'alors presque uniquement renfermées dans de savants écrits, et rattachèrent maint catholique indécis à une doctrine mieux connue, à une Église mieux appréciée (5). De nos jours encore les chefs

(1) Les protestants, dit Ronge dans une lettre, viennent à nous, car ils veulent la liberté, et ils ne sentent d'en haut qu'oppression et tyrannie.
(2) *Kœhler* et *Klopsch*, Répertoire de l'histoire ecclésiastique. Glogau, 1845, p. 345.
(3) Mission des cathol. allemands. Heidelb., 1845.
(4) Voir l'écrit du Dr *Franke*, vers la fin (plus haut, p. 208, note 1)·
(5) *Staudenmaier*, L'Essence de l'Eglise cathol. opposée à ses adversaires. Frib., 1845. *Idem*, De la paix religieuse de l'avenir. Frib.,

des « catholiques allemands » mettent tout en œuvre dans le dessein de fonder une « religion de l'avenir » pour l'humanité pure et régénérée. Ils se dédommagent de leur insuccès en propageant contre l'Église des préjugés surannés, les accusations les plus odieuses et les plus mensongères.

§ 422. *L'Église catholique en Russie et en Pologne.*

Persécutions et souffrances de l'Eglise catholique en Russie, etc. Paris, 1832. — *Aug. Theiner*, Situation de l'Eglise catholique des deux rites en Pologne et en Russie, depuis Catherine II jusqu'en 1841. — Coup d'œil sur l'histoire de la Russie, dans les Feuilles histor. et polit., t. V, IX, X et XI. — *Héfélé*, L'Eglise russe.

L'impératrice Catherine II [1762-1796] avait pris les Jésuites sous sa protection, après l'abolition de l'ordre par Clément XIV ; elle avait laissé subsister leur collége dans la Russie Blanche ; car, dans les provinces situées à l'est de la Dwina et du Dniéper, qui lui avaient été attribuées après le premier partage de la Pologne, la politique qui lui avait inspiré cette bienveillance ne la rendit pas aussi juste envers ses autres sujets catholiques qu'elle persécuta avec persévérance, en commençant par leur enlever le siége métropolitain de Kiew, qu'elle donna aux Grecs schismatiques, en opprimant les évêchés du rit grec uni, en supprimant les couvents des Basiliens, etc.

1846, 3 parties. *Hirscher*, Recherches sur les grandes questions religieuses du temps présent, dédiées aux classes hautes et moyennes, avec explication de la motion faite dans la seconde chambre du duché de Bade, par le député Zittel, relativement à l'égalité civile de ceux qui abandonnent leur Eglise. Frib., 1846. *Scharpff*, Le Catholicisme et les penseurs qui ont la foi. Tub., 1845. *Linde*, Considérations sur les événements récents de l'Eglise au point de vue du droit et de la politique. May., 1845. *Idem*, Eglise d'Etat, liberté de conscience et sociétés religieuses, 1845. *Sporschil*, Pensées pratiques contre la tentative d'une prétendue Eglise catholique allemande, et deux autres écrits du même. Leipz., 1845. Pierre et Paul, Revue mensuelle des intérêts de l'Eglise catholique au milieu des troubles du temps, rédigée par le Dr Hast, à Berlin, et le Recueil de tous les écrits du temps concernant la défense de l'Eglise cathol., et surtout les Feuilles hist. polit., t. XV-XVIII, ann. 1845-46.

Au second partage de la **Pologne** [1793] la Russie obtint presque tous les évêchés grecs unis. L'impératrice avait promis, par l'article VIII du traité de partage, qu'elle accorderait appui et protection aux Catholiques romains des deux rites. Mais, à peine en possession de ses conquêtes nouvelles, elle songea aux moyens de ramener promptement les Grecs unis de l'ancien royaume de Pologne à l'Église orthodoxe russe, et à sa mort, elle était parvenue à arracher à l'Église romaine plus de 7 millions de Grecs unis. Son successeur, Paul Ier [1796-1801], fut plus juste. Secondé par le nonce apostolique Litta, il donna à l'Église catholique en Russie une organisation nouvelle, qui fut confirmée par une bulle de Pie VI, du 15 novembre 1798. Mohilew fut érigé en siége métropolitain de tous les Catholiques latins de Russie. Les persécutions antérieures contre les Grecs unis cessèrent, et leur Église fut également organisée par la même bulle; Plock devint métropole, Luck et Brecsz églises épiscopales. — L'empereur Alexandre Ier [1801-1825] se montra aussi bienveillant envers l'Église catholique. Sous son règne le collège ecclésiastique romain de Saint-Pétersbourg fut augmenté; on y adjoignit quatre assesseurs de l'Église grecque unie. La bienveillance de l'empereur favorisa l'extension de l'Église catholique qui vit notablement s'augmenter le nombre des fidèles des deux rites. — Il en fut tout autrement à dater du règne de l'empereur Nicolas [1825-1855]. Le czar, dès qu'il fut monté au trône, remit en vigueur les maximes de persécution de Catherine II. Le premier acte d'intolérance fut un édit sur la vente des livres de piété pour les Grecs unis. L'ukase du 22 avril 1828 ruina l'organisation de l'Église unie, qu'il eut la fatale idée de placer sous la surveillance du ministre des cultes. Le pouvoir du métropolitain fut aboli et remplacé par un collège ecclésiastique nommé par l'empereur. L'évêché de Luck fut détruit ainsi qu'une partie des couvents des Basiliens; d'autres furent sécularisés et changés en cures; l'ordre entier fut anéanti par l'ukase du 19 juillet 1832. Cinq autres ukases enlevèrent toute indépendance à l'Église grecque, et les moyens les plus perfides de ruse, de violence furent employés pour amener l'apostasie de trois évêques, Joseph Siemazko à leur tête, et treize cent cinq ecclésiastiques à leur suite, qui demandèrent hypocritement à l'empereur et au saint synode la grâce d'être admis dans l'Église orthodoxe [12 février 1839]. Ni les plaintes hautement exprimées par le pape Grégoire XVI, ni les apostoliques paroles qu'il adressa à l'empereur Nicolas dans l'audience qu'il lui donna à Rome, ni les négociations entreprises par Pie IX ne purent arrêter le czar dans ses mesures oppressives contre les Catholiques grecs et latins. Néanmoins, en 1854, l'empereur Nicolas provoquait une guerre terrible sous prétexte de délivrer les Grecs de l'oppression religieuse des Turcs. Cette guerre, par suite des efforts réunis des armées française, anglaise et sarde, eut, pour les Russes, une issue humiliante.

La persécution commencée sous l'empereur Nicolas s'est encore aggravée sous son successeur, Alexandre II, malgré les espérances qu'avait fait naître une constitution plus libérale (1). Après le jubilé séculaire de l'empire en 1862, à l'occasion duquel Tischendorf fit paraître une magnifique édition du vieux texte grec de l'Écriture sainte du codex sinaiticus, et après le soulèvement de la Pologne en 1863, cette persécution fut poussée systématiquement (2). Le Catholicisme, religion nationale de la Pologne devait disparaître avec l'anéantissement de la nationalité polonaise, car il n'y a point de pays où la religion se mêle plus intimement à la vie civile qu'en Pologne. Lorsque la résistance de ce peuple héroïque eut été étouffée dans le sang, un grand nombre de prêtres et de moines furent fusillés, étranglés ou déportés en Sibérie. Le 28 novembre 1864, cent quatre couvents furent encore supprimés; les religieux qui les habitaient avaient été, la nuit précédente, surpris dans leur sommeil et traînés en exil. Des popes grecs furent mis à la place des prêtres catholiques, et les fidèles contraints, par les mesures les plus cruelles, à assister aux offices des russes, à recevoir la communion et à laisser baptiser leurs enfants de la main des popes. Néanmoins *la Gazette d'Augsbourg*, dans son numéro du 22 septembre 1867, rapportait les faits suivants : « Dans le gouverne-

---

(1) *Haxthausen*, La Constitution de la Russie et les lois de 1861. Leipzig, 1866.

(2) *Montalembert*, l'Insurrection polonaise. Paris, 1863.

ment de Siedlce, les paysans continuent à se tenir éloignés des offices célébrés par les prêtres russes, à se réunir le dimanche dans des endroits secrets pour y faire leurs dévotions, et à cacher leurs enfants aux popes. Les autorités russes cherchent à gagner par la persuasion les paysans récalcitrants, ils en ont même arrêté quelques-uns des plus influents, mais ils les ont relâchés, en voyant les paysans s'ameuter et faire mine de délivrer de force les prisonniers. »

Afin d'asservir entièrement le Catholicisme, le czar lui a enlevé tout moyen matériel, en le dépouillant de ses biens et en allouant un traitement à ses prêtres afin de les mettre par là sous la dépendance du pouvoir civil. Le pape Pie IX a élevé, contre ces violences, d'énergiques réclamations (1) qui sont restées sans résultat. L'ambassadeur russe alla même, à l'occasion des souhaits du nouvel an (1866), jusqu'à insulter dans ses appartements le pape, qui dut lui ordonner de sortir sur-le-champ. Les relations diplomatiques entre la Russie et le Saint-Siége furent alors rompues, et des mesures plus violentes encore furent prises contre les Catholiques de Russie et de Pologne. Rien de plus éloquent que les plaintes exhalées à ce sujet par Dupanloup, évêque d'Orléans, dans son compte rendu des fêtes du centenaire :

« En ce moment, où toutes les Églises du monde, représentées par ces cinq cents évêques, se pressent autour du Père commun, il en est une qui nous est particulièrement chère à cause de sa fidélité, de son héroïsme et de ses épreuves, et que nous n'apercevons point ici. O chère Église de Pologne ! en vain nous avons cherché un seul de tes évêques pour lui baiser la main, comme on fait aux martyrs ! Pas un seul n'était là ! — Ah ! quand cessera-t-on enfin de t'arracher sanglante du sein de l'Église romaine, ta mère, ô Pologne ! comme elle est la nôtre? »

(1) Aux documents officiels de l'année 1842, sous Grégoire XVI, comprenant 9 actes, sont venues se joindre les plaintes plus étendues de Pie IX à Noël 1866, 368 pages in-4° : Esposizione documentata sulle costanti cure del sommo Pontifice Pio IX, a riparo de' mali che soffre la chiesa cattolica nei dominii di Russia e di Polonia.

§ 423. — *Les missions de l'Église catholique.*

Choix de Lettres édifiantes jusqu'à 1808, continuées jusqu'en 1820 dans les Nouvelles Lettres édifiantes, auxquelles se lient les Annales de la propagation de la foi. Coup d'œil sur l'histoire et statistique des missions catholiques des quarante dernières années, dans l'Univers, 13 sept. 1839. Sion, 1839, oct. et janv. 1840. Nouveau coup d'œil, parmi les volumes de la prop. de la foi ; 1857. Le P. Charles de Saint-Aloyse, l'Église catholique dans son extension actuelle sur la terre. Ratisb. 1845. *Wittmann*, Beauté de l'Église dans ses missions, Gams. 3. vol., pages 595 à 759 avec pièces justific. *Henrion*, Missions catholiques, 4° vol., p. 703 à 802. *Hahn*, Hist. des missions cath. depuis J.-C. jusqu'à nos jours, Cologne 1858. *Marschall*, les Missions chrétiennes et leurs apôtres. *Margraf*, l'Église et l'esclavage depuis la découverte de l'Amérique, Tubingue 1865. *Kalkar*, Histoire des missions cath. rom., Erlangen, 1867. *R. de Wedell*, Atlas historique, géographique, 6° livr. f. 34.

Fidèle au commandement du Sauveur, qui lui avait ordonné d'annoncer l'Évangile à tous les peuples de la terre (S. Math. XXVIII, 19 ; XXIV, 14), l'Église catholique a peu à peu envoyé ses missionnaires par tout le globe avec un zèle qui ne s'est jamais démenti (1). Malheureusement, depuis l'origine du protestantisme, et principalement depuis la défection et le schisme des grandes nations maritimes, deux sortes de missions opposées, ennemies, se neutralisant trop souvent l'une l'autre, se sont rencontrées presque par toute la surface de la terre. Et cependant, en dépit d'obstacles nombreux, la religion catholique s'est victorieusement propagée jusqu'aux extrémités du monde, et, plus que jamais, depuis le commencement du siècle, elle poursuit avec succès cette grande entreprise, vers laquelle saint François-Xavier, le premier, dirigea les efforts des temps modernes. Les missions comprennent actuellement cinq grandes circonscriptions géographiques : 1° les missions du Levant, qui embrassent l'Archipel grec, Constantinople, la Syrie, l'Arménie, la Crimée, l'Éthiopie, la Perse et l'Égypte ; 2° les missions de l'Inde, qui s'éten-

---

(1) Un mot sur les missions de l'Église catholique, dans la Revue rim. de Tubingue 1825.

dent jusqu'à Manille et aux Nouvelles-Philippines ; 3° les missions de Chine, auxquelles se joignent celles de Siam, de Cochinchine et du Tonquin ; 4° les missions américaines, commençant à la baie d'Hudson, et s'étendant, par le Canada, la Louisiane, les Antilles et la Guyane, jusqu'aux tribus du Paraguay ; 5° les missions de l'Océanie, qui comprennent l'Australie. La congrégation de la Propagande à Rome a la direction générale des missions. Les Jésuites travaillent surtout en Syrie, au Maduré et dans le Bengale. Les prêtres du séminaire des missions étrangères à Paris et les Lazaristes déploient aussi un grand zèle. Les Dominicains et les Franciscains d'Espagne fournissaient, avant le XVI° siècle, de nombreux missionnaires ; aujourd'hui les Dominicains seuls travaillent encore aux missions du Tonquin oriental et de la province de Fo-kien, en Chine. Les Lazaristes portugais, dont la congrégation a été supprimée par le gouvernement de Dona Maria, dirigeaient les missions des évêchés et archevêchés de la Chine et de l'Inde, à Goa, à Macao, à Nankin, à Pékin, à Travancore, à Cochin, à Méliapour et à Malacca. Mais c'est en France que les institutions relatives aux missions se sont plus puissamment développées : telles sont, à Paris, la maison de Saint-Lazare pour le Levant, la Chine (dep. 1784) et les missions plus récentes de l'Abyssinie ; le séminaire du Saint-Esprit, fondé en 1663 pour l'Asie centrale ; la société de Picpus (depuis 1830) pour l'Océanie orientale ; à Lyon, les Maristes pour l'Océanie occidentale (dep. 1835) ; la société de la Propagation de la Foi depuis 1822, qui recueillait déjà, en 1839, une somme de 1,895,682 francs et, en 1855, une somme de 4,124,452 francs. A ces œuvres s'est jointe, en 1846, l'association de la Sainte-Enfance de Jésus, composée principalement d'enfants, laquelle, en 1856, a recueilli 1,063,000 francs. La Grande-Bretagne et l'Irlande pourvoient la mission de Madras de prêtres irlandais et entretiennent trois vicariats à Maurice, au cap de Bonne-Espérance et en Australie. Grâce au développement que prend aujourd'hui en Angleterre l'esprit catholique, on peut espérer que les missions y trouveront de plus en plus des ressources et des ouvriers. En Allemagne, la Propagation de la Foi et les Missions sont secondées par la société Léopoldine, en Autriche ; la société de Louis, en Bavière, et celle de Xavier, créée, en 1841, à Aix-la-Chapelle, dans l'archidiocèse de Cologne. Ce zèle et ces institutions font honneur à la sainte Église. Les merveilleux résultats qu'ils produisent se multiplient sans cesse, de telle sorte que *l'annuaire pontifical* peut, chaque année, enregistrer plusieurs nouveaux évêchés ou vicariats apostoliques.

Dans le nouveau royaume de Grèce, où le schisme possède dix ou douze évêques, le Catholicisme compte déjà un archevêché à Naxos et trois évêchés à Syra, Tinos et Santorin (1). En 1820, il y avait, dans ces quatre diocèses, cent prêtres et vingt-trois mille fidèles. L'évêque de Syra, Alois Maria Blancis, est reconnu par le gouvernement comme légat apostolique. Le nombre des Catholiques, grâce au zèle des Jésuites, a triplé. On a construit de nouvelles églises au Pirée et à Patras, des paroisses catholiques se sont formées à Nauplie, Navarin et Héraclée: dès 1838, on comptait à Athènes mille deux cent cinquante-neuf catholiques.

L'Église catholique est répandue dans toutes les parties de la Turquie, aussi bien en Europe qu'en Asie et en Afrique. Elle y possède soixante-six archevêchés et évêchés (dont deux archevêchés et dix évêchés dans la Turquie d'Europe), onze vicariats et deux préfectures apostoliques. Elle a un patriarche résidant à Constantinople, huit évêchés en Bulgarie, en Valachie, en Moldavie, en Servie, en Macédoine, en Albanie, en Bosnie et dans l'Herzegovine, ainsi que cinq vicariats apostoliques où les Lazaristes, les Minimes et les Capucins font sans cesse de nouvelles conquêtes, malgré les ruses du schisme, les violences du mahométisme et les intrigues de la Russie. Le nombre des chrétiens latins s'élevait, en 1856, dans la Turquie d'Europe seule, à six cent quarante mille âmes, parmi lesquels cinq cent cinq mille indigènes. Toutefois leur situation était assez précaire.

En montant sur le trône, Abdul-Meschid, cédant aux réclamations des grandes puissances, avait, dans le Hatti-

---

(1) *Aschbach*, Lexique ecclésiastique, 3ᵉ vol., p. 146-148, et *Gams*, 1ᵉʳ vol., p. 173.

schérif de Gulhanié [3 novembre 1839], promis d'améliorer le sort des chrétiens; le fanatisme des Turcs l'empêcha de tenir sa promesse. Le hatti-humayum [édit de tolérance de 1856], publié à la fin de la guerre contre les Russes, accorda aux sujets chrétiens du sultan les mêmes droits qu'aux musulmans, entre autres, le droit de porter les armes et l'égalité devant la justice (1); mais, en réalité, la situation des chrétiens s'est fort peu améliorée, et ces lois n'ont pu, en juillet 1860, empêcher le massacre des chrétiens du Liban. Le dévouement admirable avec lequel les sœurs de charité ont soigné les soldats blessés dans la guerre de Crimée [1855], leur a concilié, même à Constantinople, une sympathique admiration. Néanmoins, il faut singulièrement rabattre des éloges que l'on a prodigués, dans ces derniers temps, à la tolérance turque et l'événement a trompé les espérances qu'on avait conçues pour la civilisation de la Turquie et l'émancipation des chrétiens, lors du voyage entrepris par le sultan, dans l'été de 1867, à l'occasion de l'exposition universelle de Paris, et des visites qu'il rendit ensuite aux cours de Londres, de Vienne et de Berlin. Ce sont les Lazaristes, les Sœurs de charité et les Frères de la doctrine chrétienne qui, par les écoles qu'ils ouvrent partout, travaillent le plus activement à cet avenir de la Turquie : les écoles de Pera et de Galata comptaient, en 1849, six cents enfants et celles des Frères étaient fréquentées par huit cent soixante élèves. C'est sur ce besoin d'éducation régulière que les Turcs éprouvent pour leurs enfants que reposent les espérances des chrétiens.

Mais c'est surtout dans cette partie de la Turquie d'Asie, appelée le Levant (le littoral de Constantinople à Alexandrie), que s'exerce, avec le plus grand succès, l'activité des Lazaristes, soutenus par la France et l'Autriche. Ici encore les écoles sont leur principal moyen d'influence. A leurs côtés travaillent les Jésuites et les Franciscains. Tandis que les Capucins fondaient une maison d'éducation dans le vicariat apostolique d'Alep, les Sœurs de charité exerçaient de la manière la plus fructueuse leur pieux

---

(1) *Pitzipios-Bey*, L'Orient, les écoles byzantines, Paris, 1863.

ministère à Smyrne, et les Jésuites créaient de nouvelles missions en Syrie (1). Les pèlerinages aux Saints-Lieux que favorisent et facilitent la France et l'Autriche, ainsi que l'hospice fondé à Jérusalem pour les pèlerins, par la munificence de la famille impériale des Habsbourg, ont ranimé la dévotion au berceau du Christianisme. De nouveaux couvents et établissements religieux, auxquels des ressources arrivent de toutes parts, s'élèvent en Palestine, en Syrie et en Égypte là où précédemment les vingt-deux couvents des Franciscains préposés à la garde des lieux saints étaient souvent dans le besoin (2). Lorsque l'Égypte [1837] et l'Abyssinie [1843] furent détachées du vicariat apostolique d'Alep, les Capucins ouvrirent aussi une maison d'éducation. C'est ainsi que, insensiblement et sans bruit, s'opère le retour des sectes de l'Orient à l'Église romaine à laquelle elles furent redevables de leur splendeur passée.

« On ne peut nier, écrit un protestant américain, le docteur Durbin, que c'est par leur union avec l'Église catholique que ces contrées remontent au niveau de la civilisation (3). »

En face de ce zèle et de ces succès consolants des missions catholiques en Palestine, mettons l'évêché anglo-prussien de Saint-Jacques de Jérusalem (4). Fondé à grands frais et doté d'une rente de 120,000 florins, cet évêché est encore à la recherche de sa première paroisse. En outre, la famille de l'évêque et les employés de la mission demeurent dans un isolement remarquable : aussi l'entreprise paraît-elle, aux protestants eux-mêmes, un « luxe religieux. » La situation du Catholicisme dans l'île de Chypre est moins belle ; au lieu des trois cents églises qu'elle y avait jadis, elle n'y compte plus que quatre mille fidèles. Le Levant,

---

(1) Le P. *Charles de Saint-Aloyse*, p. 72 à 103.
(2) A Cologne se forma, le 30 juin 1855, l'association pour le tombeau du Sauveur, dont le but est de soutenir les intérêts catholiques dans la Terre-Sainte. Elle fait paraître sans interruption, depuis 1857, un journal qui a pour titre : « La Terre-Sainte ».
(3) Observations in the East II, 287, by John P. Durbin II, 527.
(4) *Héfélé*, documents pour l'hist. de l'Église, 1 vol., p. 477 ; *Dr. Braun*, Jérusalem, Frib. 1867, p. 215.

ainsi que la Palestine, est, de la part de l'Église catholique, l'objet d'une attention toute spéciale. « Elle veille sur ces contrées où elle a ses plus chers souvenirs. Elle ne peut oublier ni les montagnes de la Judée, ni la grotte de Patmos, ni les grands noms d'Antioche, de Smyrne et d'Éphèse, qui remplissent les annales des premiers siècles du Christianisme. Un intervalle de dix-huit cents ans n'a point affaibli ses espérances. » (Scholz, voyage à Alexandrie et en Syrie, Leipzig, 1822, p. 203). Ce besoin de retour vers l'Église mère se fait aussi sentir parmi les schismatiques d'Orient. Ceux qui travaillent le plus à ce retour sont le patriarche des Maronites, le patriarche des Grecs Melchites, le patriarche des Syriens, le patriarche des Arméniens de Cilicie et le patriarche des Chaldéens.

Le shah de Perse accorda, en 1834, un firman de sûreté au Père Deuberia, supérieur de la mission arménienne (1). A Tauris, dans la Perse orientale, a été fondé, par Eugène Boré, qui a rendu tant de services à ce pays, à l'aide de secours envoyés de Lyon, un collége des missions étrangères. Les catholiques de Perse ont aussi obtenu, grâce à l'influence de la France, la restitution de leurs églises. Une bien petite, mais bien fidèle chrétienté, s'est bâtie une église à Kérak, en Arabie [1848].

L'évêché de Goa (2) est le premier qui ait été créé dans les Indes [1534]; il a été érigé en archevêché en 1557 : de lui dépendent les évêchés de Cochin, de Cranganor et de Saint-Thomas de Méliapour, dans l'Hindoustan, et ceux de Malacca et de Macao dans l'Indo-Chine. Comme il a été dit plus haut (§ 350), les luttes qui eurent lieu au sujet du système d'accommodement, entre les Jésuites et les Franciscains, les avaient forcés de travailler à part, sans que, pour cela, les succès des premiers en eussent été amoindris. Jean de Britto, fils du vice-roi du Brésil [1673], marcha sur les traces de saint François-Xaxier; à lui aussi et à ses compagnons, Dieu accorda le don des miracles. François Lainez, dans un apostolat qui dépassa trente ans, convertit plus de cinquante mille idolâtres. La mission des

---

(1) *Hœninghaus*, Gaz. de l'hist. eccl., n° 80 et le texte de la lettre n° 88.

(2) *Gams*, 3° v. p. 608.

Indes fut florissante jusqu'en 1760, époque où le gouvernement portugais lui porta un coup mortel, en en éloignant les Jésuites, et en supprimant les secours qu'il lui allouait, au point que l'evêque de Cochin et l'archevêque de Cranganor durent vivre d'aumônes. Lorsque la majeure partie de ces contrées cessa d'appartenir aux Portugais, les papes Alexandre VII et Innocent XII y envoyèrent des vicaires apostoliques. La compagnie anglaise des Indes défendit (2 août 1791) à l'archevêque de Goa de s'occuper des catholiques du ressort de Bombay. Les évêchés des pays enlevés au Portugal, restèrent vacants. Le Portugal lui-même ne remplissait plus aucun de ses engagements, et en particulier il ne payait plus aux prêtres les sommes qu'il leur avait allouées précédemment. De fait son patronage avait cessé d'exister. En 1832, Rome lui fit demander de satisfaire à ses engagements ou de renoncer formellement à ses droits. La cour de Lisbonne n'ayant point donné de réponse, Grégoire XVI, d'accord avec le gouvernement anglais, supprima les constitutions antérieures et institua (de 1834 à 1837) les quatre vicariats apostoliques de Calcutta, de Madras, de Ceylan et du Maduré. Le chapitre de Goa protesta; il interdit même, sous peine d'excommunication, tout rapport avec les délégués du Saint-Siége. Des prêtres de Goa s'opposèrent aux travaux des missionnaires; bientôt un schisme se déclara. Joseph de Sylva y Torres, que Grégoire XVI, trompé par ses protestations de dévouement, accepta pour archevêque de Goa, devait l'accroître encore.

Cet indigne prélat, se faisant l'instrument du clergé schismatique et le défenseur du patronage portugais, éleva aussitôt au sacerdoce huit cents hommes sans leur demander la moindre préparation ; ceux-ci, se répandant par les vicariats apostoliques, entraînèrent au schisme deux cent quarante mille catholiques. Ce ne fut qu'après de longues négociations que Pie IX obtint le rappel de Sylva y Torres. Ce rappel ne mit pas fin au schisme. Malgré l'allocution du pape (17 févr. 1851), les Indes continuèrent à être agitées par un certain Antoine-Maria Suarez, qui s'intitulait vicaire général de l'archevêque de Goa à Bombay, auquel se joignit da Matta, évêque de Macao. Anastase Hartmann, évêque de Derbe, vicaire apostolique de Patna et administrateur de Bombay, s'opposa fortement aux efforts de ce dernier ; il courut le danger (du 13 au 20 mars 1853) de périr de faim dans une église, où on le tenait assiégé. Pie IX ayant alors menacé l'évêque de Macao des censures ecclésiastiques, les membres de la Chambre portugaise poussèrent de telles clameurs contre Rome que le nonce du pape voulut quitter le pays. Les négociations qui furent alors entamées entre Rome et le Portugal n'aboutirent à une entente définitive qu'en 1859.

Ces fâcheux événements, ainsi que le soulèvement qui eut lieu, en 1857, contre les Anglais, furent un obstacle aux progrès du Catholicisme, dans ces contrées où il compte vingt vicariats apostoliques érigés, en 1854, avec sept cent quatre-vingt-six prêtres et plus d'un million de fidèles. Cependant la semence jetée par les Jésuites n'est pas demeurée totalement infructueuse. Dans ces derniers temps on découvrit, en beaucoup d'endroits, des familles chrétiennes qui, sans prêtre aucun, avaient conservé la connaissance des vérités religieuses et prouvaient ainsi que l'esprit chrétien avait profondément pénétré dans leur vie. Il y a encore là, en ce moment, trente-quatre Jésuites qui fondent des colléges et des écoles où se forment les prêtres, les catéchistes et les maîtres qui se répandent ensuite par toutes les Indes.

Dans l'Indo-Chine (Birmanie, Siam, Annam avec le Tonquin, la Cochinchine, etc.) fut créé, en 1744, pour l'empire Birman, le vicariat apostolique de Pégu et d'Ava. Il fut longtemps vacant à cause du manque de missionnaires ; enfin Pie VII envoya un nouveau vicaire et confia la mission à la congrégation des Oblats de Marie, de Turin. En 1848, on comptait à peine, dans la Birmanie, quatre mille chrétiens sur une population de neuf millions d'habitants. Tout récemment fut créé le vicariat apostolique du Siam occidental, auquel on réunit quelques parties de celui de Pégu et d'Ava.

Le royaume de Siam est, depuis longtemps, le théâtre ou zèle du vicaire apostolique Pallegois, évêque de Mallos ; il a toute la confiance du roi actuel. Sans doute, les habitants montrent assez peu d'empressement à embrasser le

Christianisme ; ils laissent, toutefois, les chrétiens pratiquer tranquillement leur religion. Ces derniers sont au nombre de sept mille.

La mission du Siam oriental possède, à Bangkok, un séminaire où sont élevés des jeunes gens et formés des prêtres. En 1854, cet établissement comptait environ trente élèves, dont quelques-uns étudiaient la théologie. Cette mission a, en outre, plusieurs écoles élémentaires, ainsi que quatre couvents habités par « les Servantes de la mère de Dieu, » qui se vouent à l'instruction des jeunes filles et des catéchumènes de leur sexe.

Plus riches d'avenir sont les missions d'Annam, où les chrétiens montrèrent le plus admirable héroïsme dans la persécution du roi Min-Menh, l'une des plus cruelles qui aient jamais existé ; aussi, pendant les trente ans que dura cette persécution, leur nombre s'accrut-il de cent mille. Le pape Grégoire XVI fit part de ces événements, à la fois si tristes et si consolants, au monde catholique, dans son allocution du 7 avril 1840. Tien-Tri, successeur de Min-Menh laissa, pendant son court règne [† 1847], la persécution se ralentir : il avait peur des canons européens qui bombardaient les côtes de la Chine et du commandant La-pierre qui, en une heure, avait anéanti la flotte cochinchinoise. Sous Tu-Duc, qui vint après lui, la persécution recommença. Le 1ᵉʳ mars 1851, fut martyrisé le prêtre Schæffler, du diocèse de Nancy, et, le 1ᵉʳ mai de l'année suivante, le missionnaire Bonnard. Le choléra de 1854, qui fit neuf mille cinq cents victimes parmi les chrétiens, n'empêcha point leur nombre de s'accroître. Malheureusement, un navire de guerre français, qui parut, en 1857, dans la baie de Tourane, ne servit qu'à inspirer au roi de la défiance à l'égard des chrétiens, et fut cause que, après son départ, éclata une persécution générale [1858]. A peine quelques habitations de chrétiens restèrent debout ; toutes les écoles, les séminaires, les couvents et les maisons religieuses furent détruits. Toutefois, les missionnaires ne s'éloignèrent point, et le nombre des baptêmes d'adultes alla toujours croissant. On espère que le sort des chrétiens va s'améliorer, grâce au commerce européen, dont les navires remontent déjà ces fleuves inconnus jusqu'alors, grâce aussi aux traités qui se négocient.

Au Thibet, le capucin Horace della Penna (III, 359) avait obtenu de bons résultats. Lorsque les religieux de son ordre furent chassés du pays [1744], ils se retirèrent aux Indes, dans les États du Grand-Mongol. En 1808, fut créé le vicariat apostolique du Thibet et de Gyra, dont les titulaires furent des Capucins. Les Lazaristes Huc et Gabet réussirent à rentrer au Thibet [1844-1848] et à faire, à Lassa, quelques prosélytes. Le représentant de la Chine éleva des réclamations, et le régent dut renvoyer les *Jésuites*. Une nouvelle tentative pour pénétrer au Thibet, du côté de l'Inde, par les monts Himalaya, n'eut d'autre résultat que de procurer aux missionnaires la couronne du martyre [1851-1852].

En Chine, la situation du Christianisme a été subordonnée aux idées de l'empereur régnant. Kienlong [1735-1795], dans les dernières années de son règne, protégea les missionnaires. Kiaking [1795-1820] ne se montra point d'abord trop hostile aux chrétiens ; mais les mandarins l'ayant excité contre eux, il les persécuta ouvertement. « Des milliers de catholiques périrent de la main du bourreau. » Ce témoignage est du missionnaire protestant Gutzlaw [†1851]. Le plus fort de la persécution eut lieu en 1815. Le vicaire apostolique Dufresse, qui était en Chine depuis 1776, périt en héros [14 sept. 1815], et Pie VII, dans son allocution du 23 septembre 1816, fit son éloge. Une multitude d'autres martyrs suivirent son exemple, entre autres le lazariste Clet, vieillard de 72 ans, le prêtre chinois Chen et un grand nombre de laïques. Sous Tao-Kuang [1820-1850], les chrétiens, à quelques vexations près, furent tranquilles jusqu'en 1839. A cette époque, se déclara, dans la province du Houpé, une persécution dans laquelle le missionnaire français Perboyre fut étranglé après avoir enduré des supplices affreux et vu cinq chrétiens décapités sous ses yeux. Les trois frères du missionnaire, restés dans la patrie, soupiraient aussi après la couronne du martyre ; ils passèrent bientôt en Chine. Sur ces entrefaites, arriva la première guerre entre les Anglais et les Chinois ; cette guerre se termina par le traité de Nankin [1842], que le Fils du Ciel fut contraint de conclure avec les barbares

(Anglais). Il prenait, entre autres, l'engagement d'ouvrir aux étrangers, pour y faire commerce et s'y établir, les ports de Canton, d'Amoy, de Foutsheou, de Ning-po et de Schangaï. D'autres conventions eurent lieu avec les États-Unis et la France. Cette dernière stipula que les indigènes catholiques seraient libres de pratiquer leur religion, que les étrangers pourraient bâtir des églises et des chapelles dans les cinq villes qui leur étaient ouvertes, et que les missionnaires catholiques qui seraient saisis dans l'intérieur de l'empire seraient remis au consulat français le plus rapproché, sans qu'on leur fît essuyer le moindre mauvais traitement. La muraille de la Chine était enfin renversée.

Cependant, à l'avénement du nouvel empereur Hienfond [25 fév. 1850], le vieux parti chinois essaya d'éluder le traité de Nankin et d'obtenir que l'on traitât moins favorablement les étrangers. Après de longues chicanes, la guerre recommença entre la Chine et l'Angleterre [oct. 1856]. La France, irritée de la mauvaise foi des Chinois, qui avaient masssacré l'un de ses enfants, le Père Chapdelaine, s'unit à l'Angleterre. Bientôt Canton fut pris sans résistance. Les alliés, montés sur de légers vaisseaux de guerre, pénétrèrent dans l'intérieur du pays. L'empereur de la Chine dut signer la paix. Le commissaire français, le baron Gros, en transmit à Paris, le 19 juillet 1858, les conditions principales en ces termes : « Le vaste empire de la Chine s'ouvre au Christianisme et presque entièrement au commerce et à l'industrie de l'Occident. Nos agents diplomatiques résideront de temps en temps à Pékin, nos missionnaires pourront pénétrer partout. Un ambassadeur chinois se rendra à Paris, les lois contre le Christianisme sont abrogées. » Mais, bien qu'accompagné de toutes sortes de formalités, ce traité ne reçut aucune exécution. Alors la France et l'Angleterre [déc. 1859] envoyèrent contre la Chine une nouvelle expédition qui eut pour résultat la prise de Pékin et la confirmation du traité de Tien-Tsin [24 oct. 1860]. La France eut une grande influence dans ce traité, et des concessions nouvelles furent ajoutées à celles qui avaient été faites précédemment aux chrétiens. Les Catholiques, non-seulement recouvrèrent leur cathédrale et quatre autres églises à Pékin, mais ils purent encore en construire une à Canton, dont la première pierre fut apportée de Jérusalem. Il est vrai que les persécutions n'ont point cessé dans les provinces, mais elles sont le fait des fonctionnaires, et le gouvernement les réprime. C'est ainsi qu'un haut fonctionnaire fut destitué en 1862, pour avoir pris part au meurtre de l'abbé Niel, missionnaire dans le Kouitscheou. Le nombre des chrétiens de la Chine est d'environ huit cent mille, répartis entre trois évêchés (Pékin, Nankin et Macao), et neuf vicariats apostoliques.

On compte, en Chine, quatre-vingt-quatre missionnaires européens et cent-trente-cinq prêtres indigènes, qui ont la direction de quatorze séminaires et trois cent vingt-six églises et chapelles. Une œuvre qui fait ici le plus grand bien, c'est celle de la Sainte-Enfance, fondée par Forbin-Janson, évêque de Nancy. En 1857, cette œuvre avait déjà procuré le baptême à trois cent cinquante-neuf mille trois cent quatre-vingt-huit petits Chinois. Parmi ces enfants, neuf mille cent soixante-huit avaient été achetés et six mille élevés dans les séminaires.

La Corée, contrée très-peu connue encore, forme un vicariat apostolique qui ne contient guère que dix mille fidèles. C'est le pays où l'Église catholique compte le plus de martyrs. Alexis Hoang-the-Young, soupçonné d'avoir dressé le plan qui devait faciliter aux missionnaires l'entrée de la Corée, fut soumis à d'horribles supplices [21 mai 1801]. Sa dernière parole fut : « Je meurs pour la religion du Maître du ciel. » N'ayant presque plus de prêtres, les chrétiens de la Corée adressèrent à Pie VII et aux évêques catholiques les plus touchantes prières : « Par les mérites de nos martyrs, nous espérons que vous nous enverrez bientôt des prêtres ; nous vous en demandons avec des larmes de sang. » En même temps qu'en Chine, une persécution éclata en Corée. Dans les huit mois qui s'écoulèrent d'avril à décembre 1839, fut martyrisé l'évêque français Imbert, ainsi que deux de ses frères. Avec eux furent mis à mort cent chrétiens des deux sexes, de sorte que ce pays compta, en quarante ans, trois cents martyrs. Les missionnaires jouirent ensuite d'un peu de tranquillité ; ils en profitèrent pour accroître le nombre des chrétiens. En

1857, il y en avait quinze mille, et, en 1858, furent formées sept nouvelles chrétientés ; mais, en 1866, partit du palais un signal pour une nouvelle persécution.

Le Japon a vu commencer, en 1596, une persécution sanglante qui s'est continuée, presque sans interruption, durant cinquante ans, et qui a fait souffrir aux martyrs des supplices bien autrement cruels que ceux que rapportent les actes des martyrs des premiers siècles. La défiance qui subsista après cette persécution ferma presque totalement aux Européens l'entrée du pays. Les Hollandais seuls, se soumettant par cupidité à des conditions infâmes, eurent la permission d'établir une factorerie sur l'île de Décima, près de la ville de Nangasaki. Ce n'est qu'en 1858, après l'expédition envoyée par les États-Unis, que fut conclu, avec cette puissance et l'Angleterre, un traité qui leur permettait l'entrée de Nangasaki et de deux autres villes moins importantes, Simode et Hakadadi. Depuis cette époque, le préfet apostolique Gérard réussit à bâtir une église à Yokohama [1862]. La visite qu'une ambassade japonaise vient de faire dans les capitales de l'Europe est d'un bon augure pour l'avenir du christianisme.

Une nouvelle aurore se lève également sur l'Afrique, qui fut jadis le berceau de tant d'illustres docteurs. L'évêché d'Alger, fondé en 1838, a eu pour premier évêque Dupuch, sous lequel la religion commença à grandir. Son successeur, l'évêque Pavy, a publié [1854] un mémoire qui a considérablement hâté les progrès du catholicisme. Le pape Grégoire XVI, pour faire revivre les grands souvenirs des anciens jours, a fait don à l'évêque Dupuch d'une précieuse relique de saint Augustin, qui fut transférée, le 25 octobre 1842, de Toulon à Hippone et déposée dans cette église illustrée par le saint. Une imposante cérémonie eut lieu à cette occasion ; sept évêques français la rehaussèrent de leur présence. Au mois de janvier 1867, Alger fut érigé en archevêché, et on lui donna pour évêchés suffragants ceux d'Oran et de Constantine, que l'on créa alors. L'évêché de Ceuta (Maroc) renferme quatorze mille catholiques, dont huit mille à Ceuta même, où réside l'évêque.

L'Égypte et l'Arabie, qui appartenaient à la *custodia*

Terræ Sanctæ, furent séparées, en 1837, du vicariat d'Alep. Elles eurent leur vicariat particulier, dont le siége fut à Alexandrie et dont le premier évêque fut Perpétue Guasco. Le zèle des Franciscains, qui ont des couvents au Caire, à Rosette, à Damiette, à Fiume, à Alexandrie et dans d'autres endroits, réussit à rattacher à la communion romaine un grand nombre de Cophtes. On compte, dans tout le vicariat, quinze mille catholiques, dont sept mille à Alexandrie. Les Franciscains sont aidés, dans cette mission, par les Lazaristes, les sœurs de Charité et les dames du Bon-Pasteur, qui dirigent les écoles, les ouvroirs et les maisons de refuge, avec un zèle que ne peuvent rebuter ni les plus grandes privations, ni les épidémies qui visitent souvent ces pays.

Il y a, en Abyssinie, une préfecture apostolique et des missions très-prospères, grâce aux Lazaristes et à la protection de la France. Depuis 1847, les catholiques de cette contrée ont, pour évêque, le pieux et savant Justin de Jacobis, mais « l'Abyssinie boit la sueur des missionnaires sans porter encore de fruits de salut. » Grégoire XVI, peu de temps avant sa mort, institua aussi, pour l'Afrique centrale, un vicariat apostolique, dont le polonais Ryllo avait dressé le plan. Il mourut en 1848 et le d' Knoblecher le remplaça, en qualité de provicaire apostolique (1). Cet ouvrier infatigable, que protégeait l'Autriche, vit ses efforts couronnés de succès. Bientôt la mission eut des stations à Chartum, à Gondokoro et à Angweyn ou Sainte-Croix. Il succomba prématurément [1858], ainsi que son successeur Gostner, victime comme lui de l'influence funeste du climat.

La mission de Madagascar n'exige pas moins de fatigues, mais elle présente moins de consolations. Les Jésuites ont fondé, sur l'île de la Réunion, deux maisons de refuge, dans lesquelles de jeunes Madécasses sont préparés au sacerdoce. La mission des îles Séchelles fut reprise en 1853, et le Père Théophile, capucin, lui fut donné pour préfet apostolique. Les Catholiques du cap de Bonne-Espérance étaient placés sous l'autorité du vicaire apostolique de l'île

---

(1) Sur la vie de Knoblecher, voir la Feuille cathol. de Frib. 1858, p. 154. — Sur les trois stations, les feuilles polit. histor. 39° v. p. 601.

Maurice. Ils ont, depuis 1837, un vicariat particulier confié à l'évêque Griffiths. Ce zélé missionnaire a obtenu de si grands succès que l'on jugea à propos, en 1851, de fonder un second vicariat. La mission de la Guinée et de la Sénégambie est restée presque aussi stérile que celle de Madagascar. Sur soixante-quinze missionnaires qui, dans l'espace de onze ans, furent envoyés en Guinée, quarante-deux succombèrent bientôt ou furent rendus, par la maladie, incapables de continuer leur ministère. On n'espère plus pouvoir évangéliser ces contrées qu'à l'aide de prêtres indigènes. En 1854, un séminaire fut ouvert à Lyon dans le but de former des prêtres pour la côte occidentale d'Afrique, et un vicariat apostolique fut érigé au Sénégal. Les évêchés de Fungal, dans l'île de Madère, d'Angra, dans celle de Terceires, des Canaries, de Saint-Thomas, de Saint-Jacques, etc., sont dans une situation florissante.

Si nous tournons nos regards vers l'Amérique, nous y verrons l'Église, pleine de vie, y remporter les plus beaux triomphes. Déjà elle y compte plus de quatre-vingts évêchés ou vicariats apostoliques, et environ trente millions de fidèles, malgré les malheurs qui l'affligèrent dans le siècle dernier (1). En 1831, les chefs des Algonquins et des Iroquois, convertis au Catholicisme, envoyèrent au Saint-Père, une cravate et des sandales fabriquées de leurs mains avec cette lettre touchante : « Pasteur de tous les fidèles, tu nous as enseigné à connaître Jésus-Christ. Tu nous as envoyé l'homme à la robe noire. Tu lui as dit : Va trouver les Indiens, ce sont mes fils, cours et assiste-les ! Tu es notre père, nous n'en reconnaîtrons jamais d'autre. Si nos descendants t'oubliaient et tombaient dans l'erreur, montre-leur cette cravate et ils reviendront à toi. » Les Indiens du Bas-Canada sont tous catholiques, malgré les difficultés qui résultent, pour la religion, de la domination Anglaise, et parmi les sauvages du Haut-Canada, il se trouve des chrétientés assez importantes. Les évêques, les vicaires apostoliques et les missionnaires avaient déployé un zèle si fructueux que Grégoire XVI

---

(1) *Wittmann*, 1ᵉʳ v., p. 18 à 253. Gams, 3ᵉ v., p. 644 à 674. *Lembke*, Vie et travaux du prince Gallitzin, pour servir à l'hist. des missions cath. de l'Amér. sept., (1799 à 1840). Munster 1861.

jugea à propos, par une bulle du 12 juillet 1844, de réunir tous les diocèses du Haut et du Bas-Canada en une province ecclésiastique comprenant l'archevêché de Québec et les évêchés suffragants de Montréal, de Kingston et de Toronto, auxquels on adjoignit, en 1847, ceux de Bytown sur Ottawa, de Saint-Boniface pour le fleuve Rouge et les pays de la baie d'Hudson, et ceux des Trois-Rivières, de Saint-Hyacinthe, de Londres et d'Hamilton. Dans la Nouvelle-Écosse, Burke [† 1827] avait 20 ans travaillé à la propagation du Christianisme. William Frazer [1821-1840] et William Walsh lui succédèrent à Halifax, qui devint évêché en 1842, et archevêché en 1852. Les évêchés qui lui sont subordonnés sont ceux de Charlottetown, d'Archiat, transféré depuis 1844 à Mac-Kinnan, de Fredéricktown (Saint-Jean dans le nouveau Brunswick) et de New-Foundland (1).

Dans le Nouveau Mexique (qui fait partie des États-Unis depuis 1848), les catholiques possèdent l'évêché de Santa-Fe. Leur nombre s'y accroît prodigieusement malgré la pénurie de prêtres. Les nombreuses missions de la Vieille et de la Nouvelle-Calédonie, que dirigent les Jésuites et les Franciscains, promettent beaucoup pour l'avenir, quand auront disparu les traces des persécutions suscitées par l'ancien gouvernement et des ravages causés par les chercheurs d'or. Outre l'archevêché de San Francisco et l'évêché de Monterey, il y a dans ce pays un grand nombre de stations et d'autres établissements religieux. La mission de la Floride a jusqu'ici donné peu de résultats.

Rien de plus consolant et de plus étonnant que les succès du Catholicisme aux États-Unis. Ici règne une multitude de sectes protestantes et l'immoralité la plus effrayante (2).

---

(1) *Gams*, 3ᵉ v. p. 644 et suiv.

(2) Lettre à M. de Beckedorf, sur la situation actuelle du catholicisme dans les États-Unis, surtout dans ses rapports avec la liberté et le protestantisme, Ratisb. 1842. La Gazette d'Augsb. 1841. n° 221 s'exprime ainsi : « Tandis que le protestantisme se divise de plus en plus en sectes innombrables, le nombre des chrétiens augmente de jour en jour, parce que l'unité de leur doctrine leur sert de point d'appui au milieu des fluctuations de toutes ces sectes. D'ailleurs les Américains eux-mêmes sont fatigués de la damnation éternelle dont les menacent sans cesse le Puritanisme et le Presbytérianisme; ils se sont jetés avec joie dans les bras d'une Eglise où ils

Cette décomposition du protestantisme devait faire ressortir davantage l'unité, la dignité et la gravité de l'Église catholique. En 1789, lorsque ces pays, jadis colonies anglaises, s'étaient, depuis plusieurs années déjà, séparés de la mère patrie, les États-Unis ne comptaient que dix-huit mille catholiques avec un évêque et trente prêtres; en 1843, ce nombre s'était élevé à un million et demi, soumis à une organisation ecclésiastique régulière (1). Par un bref du 8 avril 1808, le Pape Pie VII érigea en archevêché l'évêché de Baltimore, qui est situé à peu près au centre de la république américaine, et lui donna pour suffragants les évêchés de la Nouvelle-Orléans, de New-York, de Philadelphie, de Pittsbourg, de Boston et de Bardstown. La Louisiane, entièrement catholique et annexée à l'Union en 1803, reçut également un évêque en 1815. Les Jésuites, rétablis en 1814, accoururent à Georgetown, dans le Maryland, et y fondèrent un noviciat et une maison d'éducation; ils ouvrirent encore un nouveau noviciat à Witt-Marsch, près de Washington. Dès 1823, on dut créer un grand nombre d'autres évêchés. Tous les trois ans, ces évêques se conformant aux prescriptions du concile de Trente, (sess. XXIV, ch. II *de ref.*), se réunissent en concile provincial, où ils traitent des intérêts spirituels de leurs diocèses, ainsi que de l'érection de nouveaux siéges épiscopaux. A la première assemblée, tenue à Baltimore en 1831, il n'y avait que six évêques, un délégué épiscopal et onze docteurs. Dans le concile qui eut lieu en 1852, les évêques proposèrent de nouveaux évêchés. Le pape Pie IX agréa leur demande, de sorte qu'en 1853 les États-Unis comptaient sept archevêchés, quarante-trois évêchés et cinq vicariats apostoliques. Les métropoles sont : Baltimore, New-York, la Nouvelle-Orléans, Cincinnati, Saint-

---

trouvent pardon et espérance. Parmi les Indiens, les missionnaires catholiques sont les seuls qui fassent un bien réel, parce que leur vie est plus conforme à leurs doctrines, et ainsi l'Indien, meilleur juge à cet égard que l'Européen, demeure convaincu de leur sincérité. Je ne puis en établir ici les raisons diverses, mais Henri Clay lui-même a reconnu la vérité de ce fait qui est devenu proverbial en ces contrées. »

(1) *Vogt*, l'Église catholique dans les États-Unis, Revue trim. de Tub. 1841, p. 191-223. *Gams*, 3ᵉ v. p. 650-667.

Louis, Orégon-City et San Francisco en Californie. Un décret pontifical du 25 juillet 1858 a décerné à l'archevêque de Baltimore la présidence de tous les conciles, synodes et autres assemblées ecclésiastiques, ainsi que la prééminence sur tous les archevêques des États-Unis.

Un deuxième concile national a été tenu, en 1866 (du 7 au 21 octobre), à Baltimore. Sept archevêques, trente-six évêques, quatre abbés mitrés ainsi qu'un grand nombre de docteurs et de prêtres réguliers y assistaient. Les décisions qui y ont été prises, ont trait principalement à l'uniformité de la discipline ecclésiastique, aux jours de fêtes et de jeûne, à la tenue des synodes, à l'éducation d'un clergé indigène, à l'admission des prêtres étrangers, à la défense des intérêts catholiques et aux soins à donner aux nègres devenus libres. On y décida aussi de proposer à Pie IX la création de plusieurs nouveaux évêchés et vicariats apostoliques (1).

La mission du Texas a été rétablie en 1840, et un vicariat apostolique y a été alors érigé. Il y a 150 ans, des Franciscains y avaient pénétré pour en convertir et civiliser les tribus sauvages; mais ils furent expulsés en 1812, et, lorsque la mission fut rétablie, sur une population de 130,000 âmes, il ne se trouva plus que 10,000 Catholiques. En 1847, le vicariat apostolique du Texas a été réuni à l'évêché de Galveston. Le nouvel évêque Odin a fait, en Europe, plusieurs voyages dans l'intérêt de son diocèse, et il en a ramené des collaborateurs; il a réussi également à obtenir du gouvernement la restitution des biens ayant appartenu aux catholiques. Bientôt de nouvelles églises furent bâties et les missions du Jésuite Weninger produisirent le plus grand bien. Outre des Lazaristes et des Oblats de Marie Immaculée de Marseille, il y a au Texas des Bénédictins de Saint-Vincent qui s'y sont établis pour procurer aux Allemands les secours spirituels. Les frères de Marie, les sœurs de l'Incarnation et les Ursulines de la Nouvelle-Orléans dirigent les écoles et les pensionnats. Le nombre des prêtres n'était, en 1856, que de quarante et un. Depuis cette époque un grand séminaire a été fondé.

(1) *Niedermayer*, Le concile de Baltimore, 7-21 oct. 1866, ou tableau de la vie catholique en Amérique, Francf. sur le M. 1867.

Le Mexique, qui s'est séparé de l'Espagne par une guerre longue et acharnée [1806-1824], qui s'est ensuite divisé en une multitude de républiques et est tombée en pleine anarchie, a dû son salut au catholicisme qui l'a relevé et raffermi, malgré les épreuves et les persécutions cruelles qu'il eut lui-même à endurer. Outre l'archevêché de Mexico, il possède, depuis 1848, les évêchés de Puebla. Chiapa, Durango, Guadalaxara, Méchoacan, Nueva Reyna de Léon, Oaxaca, Sonora, Tlascala et Yucatan, dans lesquels 1852 prêtres avaient, en 1857, le soin d'une population d'environ deux millions de catholiques. On comptait trente sept maisons d'éducation dirigées par des ecclésiastiques, trente-neuf couvents d'hommes et deux cent trente-six de femmes. Le clergé avait également la direction d'une université (Saint-Louis) et de trente-cinq colléges. Le cardinal-archevêque de Mexico, Francesco Antonio de Lorenzana, d'origine espagnole, mort le premier avril 1804, a rendu de grands services à l'Église mexicaine (1). Il y a quelques années, le président Comonfort, qui s'est montré l'un des plus ardents persécuteurs du catholicisme, a été renversé. Zuloaga, qui fut mis à sa place, écrivit, le 31 janvier 1858 au pape Pie IX, cette lettre si chrétienne et si consolante (2) : « Les Mexicains ont, de tout temps, regardé comme leur premier et plus sacré devoir, l'attachement au Saint-Siége apostolique. Aujourd'hui qu'ils sont revenus à un état plus régulier, ils regrettent amèrement ces tristes jours où l'Église a été si durement persécutée parmi eux. Les lois qui ont été portées alors contre les biens et la liberté de l'Église ont pu faire croire à Votre Sainteté qu'il y a, au Mexique, une foule de gens qui ont abandonné la foi de leurs pères et sont devenus les ennemis du Saint-Siége. Je puis affirmer à Votre Sainteté, que la nation entière lui est aussi dévouée que ferme dans la foi. Les nouveaux décrets du gouvernement ont été accueillis par le peuple avec de sincères démonstrations de joie ; ils seront, pour Votre Sainteté, une preuve convain-

---

(1) *Wittmann*, 1er v. p. 191-212. *Gams*, 2e vol., p. 49-56. 3e vol. p. 674.

(2) Feuille ecclés. de Fribourg 1858, p. 157.

cante de la bonne intelligence qui règne de nouveau entre le gouvernement et l'Église. »

Les espérances des Catholiques s'accrurent encore, lorsque l'archiduc Maximilien, appelé au trône du Mexique par la fraction catholique, aborda à la Veracruz le 20 mai 1864, et fit son entrée à Mexico le 12 juin suivant. Les excellentes intentions de ce prince ne purent se réaliser, car doublement trahi, il fut fusillé le 19 juin 1867 par l'ordre du président républicain Juarès. Sa mort tragique a jeté de sombres nuages sur la situation religieuse de ce peuple si agité.

L'Amérique centrale, située au sud du Mexique, outre sa lutte opiniâtre pour se rendre indépendante de l'Espagne [1815-1821], a eu à supporter une terrible guerre civile entre les monarchistes et les républicains, pendant laquelle l'Église catholique eut beaucoup à souffrir. En 1839, Carrera fut élu dictateur de Guatemala, la plus importante des cinq républiques dont se compose l'Amérique centrale. Bientôt [juillet 1843] les Jésuites qui avaient laissé dans le pays les meilleurs souvenirs, furent rappelés par le congrès; le zèle qu'ils déploient présage de nouveaux succès pour l'avenir. Un grand nombre de couvents furent rétablis, et un concordat [1852] fut conclu avec Rome. La république de Costarica voulut aussi avoir un concordat, et elle obtint qu'un évêché fut érigé à San-José. Les choses ne vont pas aussi bien dans l'Etat et évêché de Nicaragua, dans l'évêché de Comayagua de l'État de Honduras. La cathédrale de San-Salvador, dans l'état du même nom, a été détruite le 16 avril 1854, ainsi que la majeure partie de la capitale par un tremblement de terre.

Dans la Nouvelle-Grenade, jadis gouvernée par un vice-roi, aujourd'hui partagée en trois républiques, celles de la Nouvelle-Grenade, de Vénézuéla et de l'Équateur, la situation de l'Église est assez triste. Léon XII avait réuni, en provinces ecclésiastiques, les archevêchés de Santa-Fe, de Bogota et de Caracas ainsi que plusieurs évêchés; un septième évêché, celui de la Nouvelle-Pampelune y avait été ajouté par Grégoire XVI, et l'on fondait sur le rappel des Jésuites, les plus belles espérances, lorsque éclata dans la Nouvelle-Grenade, la plus violente persécution. D'abord les Jésuites furent de nouveau chassés, les couvents et les biens des églises confisqués, les évêques dépossédés de leurs siéges. Le président Lopez, fit prononcer la séparation de l'Église et de l'État. Le chef suprême de la catholicité, le Pape Pie IX éleva alors la voix dans une allocution du 27 sept. 1852 ; il fit surtout l'éloge de l'archevêque Mosquera, qui s'était opposé comme un mur aux impies, fut ensuite envoyé en exil et mourut à Marseille, en se rendant à Rome [10 déc. 1853]. Une constitution politique élaborée par une démocratie des plus radicales est le principal obstacle que rencontre l'action de l'Église dans la Nouvelle-Grenade. Une presse sans pudeur et sans frein y répand aussi des doctrines irréligieuses et antisociales, et les attentats à la vie des personnes y sont à l'ordre du jour. La république de l'Équateur a également chassé les Jésuites après les avoir rappelés. Quito, qui en est la capitale, est le siége d'un archevêché et il y a des évêchés à Cuença et à Guayaquil. La religion est loin d'y fleurir (1).

Dans la république de Bolivie se trouve l'archevêché de Charcas, dont le siége est à Chuquisaca (autrefois la Plata), avec les évêchés de La Paz de Ayamcho, de Santa Cruz de la Sierra à Miske Pocona, S. Juan de Cejo et Cochambamba. A l'archevêché de Charcas appartiennent aussi les évêchés de Buenos-Ayres, de la Nouvelle-Cordoue et de Tucuman, où l'Église fut entièrement paralysée sous la dictature de Rosas [1835-1852]. Lorsque ce dictateur eut été renversé, on noua des négociations avec Rome. En Guyane, les missionnaires ont travaillé avec fruit dans ces derniers temps (2). Le P. Lombard avait donné, vers le milieu du siècle dernier, dans la Guyane française, l'exemple d'un rare dévouement. La confiance qu'il avait su se concilier, prépara la voie aux travaux et aux succès des missionnaires Besson, Carnave, Tourrée, Autilhac et Huberlant dans la préfecture apostolique de Cayenne. Dans la Guyane hollandaise, le généreux P. Grove fit preuve, à l'occasion d'une affreuse épidémie, d'un dévouement vraiment catholique et de la plus admirable confiance en Dieu. Dans la Guyane anglaise, le P. Hynks, dominicain,

---

(1) *Gams*, 3º vol. p. 700 et suiv.
(2) *Wittmann*, 1ᵉʳ vol. p. 136 et suiv.

travailla avec bonheur, depuis 1825, au salut des nègres. Au Brésil, les œuvres de conversion furent détruites par la persécution que Pombal suscita contre les Jésuites. Ces religieux furent arrachés, avec de mauvais traitements, aux Brésiliens qui les pleuraient et expédiés en Portugal.

Le Paraguay, qui avait été si admirablement organisé (III, 242), vit s'évanouir le bien que les Jésuites y avaient fait. Les Lazaristes se montrèrent au Brésil leurs dignes successeurs. Le peuple brésilien est resté sincèrement attaché à Rome, il l'a prouvé lors de l'hostilité que le gouvernement fit au pape, en refusant de sanctionner le choix que celui-ci avait fait pour le siége épiscopal de Rio Janeiro. Il y a, pour tout l'empire, l'archevêché de Bahia ou San Salvador, et huit évêchés : Rio Janeiro ou Saint-Sébastien, Bélam ou Para, Cubaba, Olinda ou Pernambouc, Goyas, Saint-Louis de Maranhas, Marianne, Saint-Paul et Saint-Pierre dans la province de Rio Grande di Sul. Tous ces diocèses comptaient, en 1852, une population de 6,300,000 catholiques. Au Chili et au Pérou, le catholicisme est resté plus vivant que dans les autres États formés des débris de l'ancienne monarchie espagnole, surtout au Pérou où la capitale a donné naissance à Sainte Rose de Lima et a eu pour archevêque le vénérable Turibius. Cependant de longues guerres civiles et le manque de prêtres ont beaucoup nui ici encore au développement de la vie catholique. Les Jésuites travaillent de nouveau au Chili avec un gand succès. Un grand nombre de maisons religieuses renferment des écoles où l'instruction est donnée gratuitement, et Santiago possède une école normale où se forment des maîtres pour la province. La république du Pérou a un archevêque à Lima et des évêques à Aréquipa, Cuzco, Truxillo, Maynas ou Chachapoyas, Guamancha ou Ayachucho. Au Chili se trouve l'archevêché de Santiago, avec les évêchés de La Conception, Serena, Carlo di Ancuo. Dans les Antilles, la situation religieuse est très-diverse. L'île d'Haïti, habitée par des nègres, se montre toujours, malgré les tentatives de Grégoire XVI et de Pie IX, rebelle au zèle religieux, depuis que les protestants y ont semé cette agitation haineuse qui a trouvé de l'écho en Europe (V. plus loin p.284). Aussi les efforts tentés pour établir solidement le catholicisme à Port-au-Prince la capitale, ont-ils échoué, et ses progrès à Saint-Domingue, l'ancienne capitale et la résidence d'un archevêque, ne sont pas bien remarquables. La religion catholique est plus florissante dans l'île de Cuba qui appartient à l'Espagne, et qui a un archevêque à Santiago et un évêché à la Havane, ainsi que dans l'île de Porto Rico, qui a un évêque à San-Juan et dans la colonie anglaise de la Jamaïque qui possède un vicariat apostolique. Le catholicisme est plus prospère encore dans les petites Antilles dont la Trinidad occupe le centre. Port-d'Espagne, la capitale de cette île, possède un vicariat apostolique qui a été érigé en archevêché [1850]; il a pour suffragant l'évêché de Roseau sur la Dominique. Le protestant Talbot a fait le plus grand éloge de la moralité des Catholiques de Sainte-Lucie. Les deux préfectures apostoliques de la Martinique et de la Guadeloupe embrassent toutes les Antilles françaises et renferment 140,000 catholiques.

L'Océanie (1), où les efforts des Méthodistes s'opposent aux travaux des missionnaires catholiques, compte d'abord, dans le groupe des Philippines, l'archevêché de Manille [1621, évêché 1525], avec les évêchés florissants de Néo-Caceres, Cebu ou Saint-Nom-de-Jésus et de la Nouvelle-Ségovie. La mission d'Australie (Nouvelle-Hollande, terre de Van-Diémen, île Norfolk), possède, depuis 1835, à Sidney, un vicariat apostolique, dont le titulaire est le docteur Polding (2), bénédictin anglais. C'est ici que la Grande-Bretagne déporte ses malfaiteurs. La Providence se montra pour eux bien clémente; ils demandèrent eux-mêmes avec instance des missionnaires. Cette mission, à laquelle le gouvernement britannique s'opposa d'abord, ne remonte pas au-delà de 1818. Elle comptait déjà, en 1840,

---

(1) Le *P. Charles de Saint-Aloyse*, p. 104-107.
(2) Les missions catholiques en Australie, (Feuilles hist. polit., t. IV, dans trois articles). *Michelis*, Les peuples de la mer du sud et les missions protestantes et catholiques. Munster, 1847. Le catholique, 1848. La Feuille des missions, n°ˢ 18, 21, 22, 25, 27, 28, 29, 30, 52 et 53. *Ganis*, 3ᵉ vol. p. 745-758.

vingt-trois prêtres dont trois sur la terre de Van Diémen, et deux sur l'île de Norfolk. Ces criminels repentants et les émigrants formèrent des colonies florissantes, qui s'agrandirent d'année en année. Le nombre des Catholiques s'y accrut rapidement, grâce au zèle du docteur Polding et de l'infatigable missionnaire Ullathorne. En 1842, Sidney devint archevêché et les nouveaux évêchés d'Adélaïde (capitale de l'Australie méridionale) et de Hobbertown (terre de Van Diémen), lui furent adjoints comme suffragants. En 1845, le catholicisme avait, dans ce pays, cinquante-six missionnaires, trente et une écoles et vingt-huit églises ou chapelles. Des 65,000 habitants que comptait Sidney en 1855, 20,000 étaient catholiques. Ils possédaient, pour l'éducation de la jeunesse, quatorze écoles primaires, une institution dirigée par des Bénédictines donnant aux jeunes filles une instruction plus élevée et une école supérieure pour les jeunes gens. Un évêché fut érigé à Perth [1845], et d'autres à Melbourne [1847] et à Victoria (1). Les vicariats apostoliques de l'Océanie occidentale, de l'Océanie orientale et de l'Océanie centrale, établis dès 1833 pour les autres îles, s'occupent surtout des indigènes.

Les missions de la Nouvelle-Zélande, de Wallis et de Futuna, méritent une mention particulière. La première possède les évêchés de Wellington et d'Auckland. La mission entreprise avec succès par la société de Picpus, aux îles Gambier (Mangareva, Akena, Akamarou et Taravaï) semble devoir être un point d'appui solide pour le zèle des missionnaires catholiques ; déjà elle a étendu sa bienfaisante influence sur les îles Marquises et sur les îles Sandwich (2). Ainsi l'Océanie s'ouvre peu à peu à la diffusion de la vraie foi. Le sang des martyrs, qui en a déjà arrosé le sol, sera ici aussi une semence de nouveaux chrétiens. Dans l'île de Wallis le Père Chanel périt de la main du cruel Muru-Muru [28 mai 1841]. Sur l'île d'Isabelle, fut assassiné par les sauvages l'évêque missionnaire Épale, et, en 1856, ces farouches insulaires mirent encore à

---

(1) Sion, 1842, n° 84.
(2) Sur l'activité des missionnaires dans les Marianes et les Carolines; *Wittmann*, t. I, p. 300-330. Lexique ecclésiast. de Frib. t. I, » Australie ».

mort le Père Mozzuconi avec dix-huit matelots de *la Gazelle*. Le gouverneur anglais de Sidney s'offrit d'envoyer un vaisseau de guerre pour punir les meurtriers. Les missionnaires refusèrent cette offre. « Nous n'avons point l'habitude, répondirent-ils, de venger nos martyrs, mais de prier pour les meurtriers. » Ces pieux missionnaires n'ont pas à endurer que ce martyre sanglant. Ils ont encore à souffrir en voyant les mœurs dissolues des sauvages, l'anthropophagie qui règne parmi eux, les périls de mort sans cesse suspendus sur leurs têtes, les préjugés de ces infortunés qui les regardent comme les auxiliaires et l'avant-garde des armées conquérantes de l'Europe, sans parler des privations et de l'amère solitude dans lesquelles se passse leur vie (1).

Un des principaux caractères de l'histoire de notre siècle, c'est le prosélytisme de l'Europe qui ne néglige aucun sacrifice pour transplanter et propager sa civilisation et sa culture intellectuelle dans les autres parties du monde. L'Église se voit donc, plus que jamais, dans l'heureuse nécessité de hâter l'accomplissement de sa sublime mission, en s'associant aux efforts des nations européennes, et en portant aux peuples idolâtres, avec le nom et la foi du Christ, l'unique gage de la puissance et de la durée de la civilisation moderne. Les rapides progrès des missions nous font espérer le prochain accomplissement de cette prophétie : « Sa domination s'étendra de la mer aux extrémités de la terre. »

---

(1) *Kalkar*, Hist. des missions cathol. rom., p. 305.

CHAPITRE II

HISTOIRE DU PROTESTANTISME

Voir les sources en tête du § 381. *Gieseler*, Coup d'œil sur les tendances théologiques des cinquante dernières années. *Gœtting*, 1837. Du même, Manuel de l'hist. ecclés. de 1814 à nos jours, 5 vol. Bonn, 1855. *Schwarz*, Pour servir à l'hist. de la théol. actuelle, Leipz, 3ᵉ édit. 1864. *Vilmar*, la Théologie des faits opposée à la théologie de la rhétorique, 2ᵉ édit. Marb. 1856. *Bauer*, Hist. ecclés. du 19ᵉ siècle, 5 vol.; *Dorner*, Hist. de la théologie protestante, p. 741 et suiv. *Kahnis*, Marche intérieure du protestantisme allemand depuis le milieu du siècle dernier, Leipz. 1860. *Rippold*, Manuel de l'hist. ecclés. moderne, p. 213. — Dissolution intérieure du protestantisme, Schaffh. 1843, surtout le 2ᵉ vol. *Jœrg*, Histoire du protestantisme dans les dernières années, Frib. 1858, 2 vol. *Ritter*, Manuel de l'hist. eccl. t. II, p. 575-601.

1ʳᵉ Section. — Histoire de la théologie et de l'Église allemandes.

§ 424. — *Vaines tentatives pour le maintien du Protestantisme symbolique.*

Pour arrêter les funestes progrès que, depuis les écrits de Bahrdt (III, 371), les doctrines nouvelles faisaient parmi le peuple, une Société, pour la propagation de la saine doctrine et de la vraie félicité, avait été fondée [1775] par le pasteur Ulsperger, d'abord à Augsbourg, puis à Bâle. Une autre s'était formée à la Haye [1786] pour la défense de la religion. La censure prohiba, en Saxe, les lettres de Krug sur la perfectibilité de la religion révélée et les écrits dans lesquels Eck prétend expliquer, par des causes naturelles, les miracles du Nouveau Testament. Frédéric-Guillaume II de Prusse prit, à l'instigation de son ministre

Wœllner, une mesure plus décisive pour la défense du Protestantisme évangélique ; il fit promulguer [9 juill. 1788] un édit de religion contre les doctrines philosophiques patronnées par Frédéric II, en tant qu'on les enseignerait au peuple du haut de la chaire. On défendit [1790] aux consistoires de nommer aucun candidat qui professerait des erreurs sur les vérités fondamentales du Christianisme et qui n'adopterait point le catéchisme national. Le pasteur Hermès et le professeur Hilmer de Breslau, ayant été adjoints à Wœllner pour l'exécution de ces ordres, on forma, dans le consistoire supérieur de Berlin, un comité d'examen qui exigeait de tous les pasteurs, professeurs et maîtres d'école, une déclaration écrite, à leur entrée en fonctions. Le procès et la destitution du pasteur Schulz, à Gielsdorf [1791], produisirent une grande sensation. Les écrits nombreux (1), qui parurent à l'occasion de cet édit, portaient principalement sur la valeur obligatoire des symboles et le droit des princes en matière religieuse. Mais à peine Frédéric-Guillaume III fut-il monté sur le trône [1797], qu'il supprima le comité d'examen et déclara qu'aucun moyen de contrainte ne devait être employé dans les choses de religion.

Kant [† 1804], partant d'un tout autre point de vue, s'était élevé, de son côté, contre la théologie superficielle de son siècle, et notamment contre l'affaiblissement du principe moral. Se posant tout d'abord en adversaire de la philosophie populaire de Steinbart, qui ne faisait de la vertu qu'un simple moyen de bonheur, il voulut rendre au principe moral sa valeur véritable. Ses travaux devinrent le point de départ et la base philosophique de presque tous les théologiens rationalistes de l'Allemagne. Après avoir essayé d'établir, dans sa critique de la raison pure, que la raison de l'homme est impuissante à démontrer, d'une manière apodictique, les plus hautes vérités, Kant admet, dans sa critique de la raison pratique, la conscience

---

(1) *Henke*, Critique de tous les écrits auxquels l'édit de religion de Prusse a donné naissance. Kiel, 1793. Voir surtout les Mélanges de *Tholuck*, 2⁰ partie. pag. 125 et suiv. *Volkmar*, Procès du pasteur Schulz de Gielsdorf, ami de la lumière au 18⁰ siècle, d'après les pièces. Leipz. 1846.

morale comme la véritable base de la conviction que nous pouvons acquérir de la réalité objective d'une loi morale suprême et d'un bien souverain, terme de l'accomplissement de cette loi. Dans l'ouvrage intitulé : *De la Religion dans les limites de la raison*, il applique à la religion et à l'Église chrétienne sa théorie religieuse, exclusivement fondée sur la philosophie morale, en dehors de toute métaphysique. La religion n'est, à ses yeux, qu'un auxiliaire de la morale, et le Christianisme n'est qu'une simple école de mœurs. La raison pratique est la source unique de la religion, comme l'unique interprétation possible est, non l'interprétation dogmatique, mais l'interprétation morale, ainsi appelée parce que la seule explication généralement valable est celle qui est conforme aux vérités morales fondées en raison.

La raison théorique, ainsi attaquée par Kant, protesta vivement. Flatt (1), parmi les théologiens, et Jacobi [† 1819], parmi les philosophes (2), s'en firent les vigoureux interprètes. Diamétralement opposée à celle de Kant, la philosophie de Jacobi part d'une révélation immédiate et intérieure de la raison, qu'elle déclare source unique de la science des choses divines. Jacobi et, plus tard, Fries, par sa théorie des idées esthétiques, qui tient le milieu entre le système de Kant et celui de Jacobi, exercèrent une grande influence sur la théologie. Cependant, c'est aux idées de Kant que se rattache, comme à sa véritable source, le système théologique qui, depuis Reinhard, a reçu le nom de rationalisme, et qui n'admet, pour loi unique et suprême, que la raison, ou les données générales et logiques du simple sens commun, considérées comme une révélation naturelle de Dieu. Après Eckermann, Teller,

---

(1) *Flatt*, Essai d'une théorie qui détermine l'idée et le principe de la causalité et fonde la théologie naturelle, comparée à la philosophie de *Kant*, Leipz, 1788. Lettres sur le fondement moral de la connaissance de la religion comparée à la philosophie de *Kant*, Tub. 1789. Observationes quædam ad comparandam Kantianam disciplinam cum christ. doctrinâ pertinentes, Tub. 1792.

(2) *Jacobi*, Des choses divines et de leur révélation. Leipz. 1822. Œuvres complètes. Leipz. 1812. 6 vol. Correspondance. Leipz. 1825, 2 vol. *Kuhn*, Jacobi et la philosophie de son temps. May. 1834. *Staudenmaier*, Philos. du christianisme, t. I. p. 755 et suiv.

Henke et Tieftrunk, se sont présentés, pour défendre ce système, Rœhr (1), surintendant général à Weimar, comme écrivain populaire; Wegscheider (2), professeur à Halle, comme apologiste dogmatique ; et Paulus (3), professeur à Iéna, puis à Heidelberg, comme exégète. Se posant en champions de la science et de la liberté, ces hommes érudits, mais superficiels, en négligeant complétement le caractère historique de la révélation divine, et en traitant les saintes Écritures avec une légèreté et une mauvaise foi insignes, ont montré encore une fois où conduit la raison, quand, dans son orgueil, elle prétend se substituer seule à toute autorité légitime. Leur rationalisme plat et vulgaire, qui veut tout expliquer et n'admettre que ce qui tombe sous le sens commun, ôte par là même toute profondeur au Christianisme et ne peut plus satisfaire ni l'intelligence avide des vérités qui ne passent pas, ni l'âme désireuse d'une autre lumière que celle de ce monde. « Ce n'est plus connaître le Christianisme, c'est le méconnaître, dit Schelling (4), que de le traiter avec cette légèreté. Puis il ajoute en parlant des rationalistes modernes : « Ils ont peu d'esprit et sont incrédules, sans piété et pourtant fins et sérieux, semblables à ces malheureux placés par le Dante dans le vestibule de l'enfer, qui ne sont ni rebelles, ni fidèles et que le ciel repousse sans que l'enfer les reçoive. Leur saine exégèse, leur psychologie éclairée et leur morale tolérante n'ont laissé au Christianisme ni profondeur spéculative, ni certitude dogmatique. Sa divinité n'est plus qu'un fait qui dépend d'une démonstration empirico-historique, et sa doctrine révèle un miracle qui doit s'expliquer comme les miracles de l'ordre sensible. Or, comme les choses divines ne peuvent, de leur nature, être ni reconnues, ni démontrées d'une manière empirique, les

---

(1) *Rœhr*, Lettres sur le rationalisme, Aix-la-Chapelle, 1813, et Bibliothèque critique des prédicateurs depuis 1820. Dogmes fondamentaux de l'Église évangélique, Neustadt, 1834.
(2) *Wegscheider*, Instit. theol. christ. dogm. Hal. 1815, ed. VII, 1833.
(3) *Paulus*, Commentaires sur les trois premiers évangiles, Leipz, 1804, 3 vol. Vie de Jésus, Heidelberg 1828, 2 vol.
(4) *Schelling*, Leçons sur la méthode dans les études universitaires, 2ᵉ édit. p. 198 et suiv.

partisans du naturalisme ont beau jeu. » Il n'avait point le droit de tenir ce langage, lui, panthéiste déclaré, qui ne rougissait point d'écrire : « On ne peut s'empêcher de penser que les livres bibliques ont été un grand obstacle au perfectionnement du Christianisme. En fait de doctrines religieuses, ils ne peuvent soutenir la moindre comparaison avec beaucoup de livres anciens et modernes, surtout avec des livres indiens. »

Les Heures dévotes d'Aarau (1) furent l'expression la plus complète de l'exégèse rationaliste mise à la portée des simples fidèles, et l'immense succès qui les accueillit fut une triste preuve de l'indifférence devenue presque universelle. La justification par la foi, enseignée par Luther, y est remplacée par une prétendue rectitude dans les œuvres, basée sur le témoignage intéressé de l'amour-propre. La réaction ne se fit point attendre, et l'on opposa bientôt, au naturalisme religieux, le supernaturalisme qui admet une révélation surnaturelle dans les saintes Écritures, mais en s'attachant plus ou moins, pour l'expliquer, à la doctrine de l'Église. Les principaux auteurs et défenseurs du supernaturalisme furent Reinhard [† 1812], Storr [† 1805], Schwarz, Schott, Knapp, Tittmann, Steudel et presque toute l'ancienne école de Tubingue : Hahn, Tholuck, etc. Ce dernier s'est surtout fait remarquer par la science et le côté pratique de ses écrits, ainsi que par son influence personnelle. Ces écrivains admettaient les livres historiques du Christianisme comme le produit de la révélation divine. Par leur intelligence plus profonde et plus saine de la doctrine chrétienne, ils rendirent des services bien plus réels que les rationalistes (2). D'autres théologiens, comme

---

(1) Critique des Heures dévotes, Vienne, 1824. *Iven*, Tendances antichrétiennes des Heures dévotes, Cologne, 1827. Les Heures dévotes, une œuvre de Satan, par le D*Christlich*, Soleure, 1818. Feuille ecclés. de Fribourg, 1857, n°* 5-9.

(2) *Storr*, Dogmatique chrétienne éditée par *Flatt*, Stuttg. 1803. 2 vol. *Reinhard*, Cours de dogmatique édité par *Berger*, 1801, par *Reinhard* lui-même 1806, et par *Schott* 1808. *Schwarz*, Esquisse de dogmatique protestante, 1816. *Knapp*, Leçons sur les dogmes chrétiens, d'après la doctr. de l'Église évangéliste, 1827. *Hahn*, Manuel de la foi chrétienne. Leipz., 1828, *Steudel*, Dogmes de l'Église évangélique protestante. Tub., 1834. *Tholuck*, Doctrine du péché et

Tzschirner [† 1828] et Bretschneider, cherchèrent à concilier les deux tendances et prétendirent que « le rationalisme et le supernaturalisme peuvent fort bien subsister ensemble dans le Protestantisme. » C'était enseigner nettement l'indifférence dogmatique.

§ 425. — *Influence de la philosophie moderne.*

Les systèmes philosophiques de Jacobi et de Schelling [† 1854], d'ailleurs plus panthéistes que chrétiens (1), exercèrent une grande influence sur la marche des études théologiques. Une forte et durable impulsion leur fut aussi donnée par le théologien et philosophe Schleiermacher [† 1834], élevé chez les Herrnhuters, auteur du système du sentiment religieux. On lui attribue, non sans raison, cette parole : « Les divers systèmes de philosophie religieuse : orthodoxie, piétisme et rationalisme, ont tous leur raison d'être (2), » De Wette (3) se joignit à lui, mais sans adopter toutes ses idées. La doctrine de ces théologiens fut en général rationaliste ; ils restèrent toutefois en opposition avec les rationalistes proprement dits, qui leur reprochaient d'admettre des dogmes évidemment irrationnels et de n'être que des panthéistes déguisés. Ceux-ci, à leur tour, répliquaient aux rationalistes : « Vous prétendez trouver la loi suprême dans la raison, et vous n'avez point pu encore nous dire ce qu'est la raison et comment elle se comporte à l'égard de la religion. » A leur suite, en se rapprochant plus ou moins de la doctrine de l'Église, marchèrent Twesten et Nitzsch à Berlin, Charles Hase et Baumgarten-Crusius à Iéna, Ullmann à Heidelberg, et

---

de l'expiation, 1823, commentaires bibliques ; Caractère de la polémique rationaliste, *Halle*, 1840. Œuvres diverses, *Gotha*, 1839, 2 vol. Ses œuvres, 4 vol. 1862.

(1) *Ritter*, Hist. de la philos., t. XII. Journal de théol. Frib. t. VIII. Feuilles hist. pol., t. IX et X.

(2) *Schleiermacher*, La foi chrét. d'après les principes de l'Égl. évang., Berlin, 1830, 2 vol. *Rippold*, Nouvelle hist. de l'Égl. p. 213-239, avec une étude sur Schleiermacher.

(3) *De Wette*, Développement hist. de la dogmatique chrét. Berl. 1821, 2 vol.

Jules Muller à Halle (1), tandis que Marheineke, professeur à Berlin [† 1846], Daub et Rothe à Heidelberg (2), ainsi que Baur à Tubingue, subissaient surtout l'influence de Hégel (3). Ceux-ci s'applaudissaient de ce que la philosophie hégélienne, dont la terminologie a un coloris biblique, admettait et professait « que la religion est en elle-même ce qu'il y a de plus important, que la connaître dans son essence est le but de toute sagesse, que la religion chrétienne a, dans sa constitution ecclésiastique, une signification historique plus profonde que ne l'admettent les rationalistes. » Ainsi, chose étrange ! on en était venu à méconnaître le Christianisme, au point que l'on pensait en retrouver le véritable esprit dans le système de Hégel. L'on sait que Dieu, pour Hégel, n'est que la raison impersonsonnelle n'arrivant à la conscience d'elle-même que dans l'intelligence de l'homme ; et, en détruisant à la fois la liberté divine et la liberté humaine, il ramenait l'humanité des brillantes clartés de l'Évangile dans les ténèbres du paganisme, et évoquait de ce chaos, comme arbitre suprême de toutes choses, la cruelle nécessité ($\dot{\alpha}\nu\dot{\alpha}\gamma\chi\eta$). Le mal est à ses yeux une manifestation nécessaire de l'esprit prenant possession de lui-même, et son apothéose de l'État est évidemment emprunté au paganisme (4). L'opposition de la doctrine hégélienne avec le Christianisme se manifesta clairement à la mort de Hégel. Ses disciples se divisèrent en deux partis, dont l'un nia positivement les faits de l'histoire sainte et prétendit que notre mort serait éternelle, tandis que l'autre prit la défense de certaines vérités religieuses comme expression du sentiment de Hégel.

(1) *Twesten*, Leçons sur le dogme d'après le compend. de *de Wette*. 4ᵉ édit., 1838, 2 vol. *Nitzsch*, Système de la doctr. chrét. Bonn, 1829. *Hase*, Manuel de dogmat. évang. 1826, 2ᵉ édit. Leipz. 1838. *Ullmann*, L'impeccabilité de Jésus, 6ᵉ éd. Hamb. 1853. *J. Muller*, la Doctr. du péché 1839.

(2) *Rothe*, Les commencements de l'Égl. et son organis. Wittemb. 1843; Ethique théolog. 1818, 3 vol.

(3) Leçons sur la philos. de la relig., publiées par *Marheineke*, Berl. 1832, 2 vol.

(4) *Staudenmaier*, Exposition et critique du système hégélien, Mayence, 1844.

Au premier parti appartenait David Strauss, de Tubingue, sorti de l'école théologique de Baur et de l'école philosophique de Hégel. Il poussa la critique historique jusqu'à ses dernières limites, dans sa fameuse *Vie de Jésus*, où il ne voit que des mythes dans les récits du Nouveau Testament (1). Cette négation audacieuse, écrite avec une dialectique éblouissante, à l'aide d'arguments déjà vieux et tirés de l'arsenal du frivole Édelmann (III, 370), émut les plus grands théologiens du temps et leur mit la plume à la main pour venger le Christ historique. Mais plusieurs d'entre eux avaient des principes qui rendaient la défense difficile. On commençait à craindre que cet enseignement subversif de tout Christianisme n'exerçât une influence funeste sur le peuple encore croyant, lorsque l'opposition publique, que rencontra la nomination du docteur Strauss à la chaire de dogmatique chrétienne de Zurich, le força de quitter l'université de cette ville et le dépouilla de tout prestige (2). L'œuvre de Strauss semble être le dernier mot des hérésies relatives au Christ, car elle prouve qu'il est impossible de produire désormais quelque chose de nouveau à cet égard. Les arguments de Strauss n'ont absolument rien d'original, ils ne sont que la reproduction des assertions bien vieilles du juif Philon sur le Christ et le Verbe, de sorte que le cycle des hérésies se termine comme il a commencé, il y a dix-huit siècles (3).

Tandis que l'on s'écartait ainsi de plus en plus de la vérité chrétienne, on vit tout à coup surgir le présomptueux

---

(1) La Revue de Bonn, 17e livr. p. 250 et suiv. Les écrits sur la vie de Jésus de *Strauss* dans le répertoire de Reinwald, art. I et II de la livr. de Nov. 1838. *Dorner*, Hist. de la théologie protestante p. 826-842.

(2) Appel du *Dr Strauss* à Zurich. (Feuilles hist. polit. t. III, p. 321-349). *Gelzer*, Strauss repoussé de Zurich en 1839, Pour servir à l'hist. du protestantisme, Hamb. 1843.

(3) *Strauss*, la Doctr. chrét. considérée dans son développement histor. et dans son opposition avec la science moderne, Tub. et Sttug. 1840, 2 vol. suiv. *Strauss*, C'est l'espèce humaine qui est le Verbe, idée déjà formulée par *Philon*, quand il dit : σύμπαν ἀνθρώπων γένος. De somniis lib. II, (opp. ed. Mang. t. I, p. 683). *Staudenmaier*, Philosophie du Christianisme, t. I, p. 810-19.

parti de la jeune Allemagne (1) qui fit, de l'erreur hégélienne sur le développement de Dieu dans l'histoire, une sorte de théorie sociale et révolutionnaire, et, professant le plus grossier panthéisme, prêcha, en opposition avec le spiritualisme chrétien, l'émancipation de la chair. Combattu et bientôt vaincu, ce parti matérialiste céda le terrain à d'autres disciples de Hégel, qui se créèrent un organe périodique dans *l'Annuaire de Halle*, puis dans *l'Annuaire allemand*, d'Arnold Ruge [1840], et professèrent, avec une logique effrayante, une doctrine qui se rattache à la théologie de Strauss et foule aux pieds les prétendues ruines du Christianisme à jamais renversé. Ils prétendaient que la mission de l'Église protestante est de déraciner la foi au Christianisme évangélique, que Luther n'a été que le précurseur du grand Hégel, que le Protestantisme peut exister sans la Bible, depuis longtemps vieillie et remplie d'erreurs sur les questions les plus importantes de la vie, et remplacer efficacement, à l'aide de la science et de la civilisation, toute discipline morale. Et lorsque Feuerbach (2) et Bruno Bauer (3), marchant à la suite de Strauss, eurent, en peu de temps, tout renversé sur le terrain religieux, Ruge, abordant franchement la question politique et sociale, déclara, notamment dans son programme de 1843, que le libéralisme vieux et usé devait faire place à la démocratie et au communisme ! Le poëte Herwegh, de Stuttgard, poussa l'audace jusqu'à crier au peuple : « Arrachez les croix du sol et faites-en des glaives ! »

Lorsque cette agitation, qui se couvrait du manteau de la philosophie et de la politique, eut été comprimée, l'école du rationalisme vulgaire, tenue par Vegscheider à Halle, David Schulz à Breslau, Rœhr à Weimar, et Paulus à Heidelberg, vit éclore dans son sein un nouveau parti qui inscrivit sur son enseigne le nom séduisant « d'Amis

---

(1) *Heine, Gutzkow, Laube* et autres dans le répert. de Rheinwald, 1834, n° 5.
(2) *Feuerbach*, L'essence du christianisme. Leipz. 1841. Journal théolog. de Fribourg, 1842, t. VIII, p. 151 et suiv.
(3) *Bruno Bauer*, L'Eglise nationale évangélique de Prusse et la science, 2ᵉ édit. Leipz. 1842.

de la lumière. » Il chercha par la voie des journaux et des réunions publiques à regagner, parmi les masses et cs « éclairés, » le terrain que les travaux plus sérieux et plus profonds de la théologie protestante lui avaient fait perdre au point de vue scientifique. Il sut profiter habilement du trouble causé parmi les Catholiques par le Rongianisme, dont les doctrines avaient, avec les siennes, une entière ressemblance. Les pasteurs Rupp à Kœnisberg, Uhlich à Magdebourg, Wislicenus à Halle et Krause à Breslau, recrutèrent de nombreux adhérents à leur exégèse superficielle et à leur plat rationalisme. Ceux-ci formèrent de nouvelles sociétés religieuses, qui nièrent, non-seulement les symboles luthériens ou calvinistes, mais tout ce qui rappelle le Christianisme. Pour s'en convaincre il suffit de citer les prédications de ces apôtres, le mémoire présenté par le docteur Rupp à une assemblée convoquée à Kœnisgberg et cette déclaration, adoptée à la majorité des voix, que le baptême ne devait plus être administré avec l'ancienne formule et au nom de la Sainte-Trinité, mais au nom de Dieu et de la communauté.

§ 426. — *Libre interprétation des saintes Écritures dans ses dernières conséquences.*

Semler, sans tenir aucun compte de l'inspiration des auteurs sacrés et de la doctrine ecclésiastique, avait introduit la libre interprétation des saintes Écritures. Ce funeste exemple, encouragé par l'esprit de la philosophie moderne, inspira aux libres penseurs Griesbach [1785], Lachmann [1831] et Tischendorf [1840], leurs travaux critiques sur le Nouveau Testament. C'est surtout dans leurs introductions de l'Ancien et du Nouveau Testament qu'ils attaquèrent avec une rare légèreté et une critique exagérée l'authenticité d'un grand nombre de livres saints; toutefois l'Ancien Testament fut encore le plus indignement traité. Les livres du Nouveau Testament, attaqués par de Wette dans son introduction, et par la nouvelle école de Tubingue, furent défendus par Guerike, Ébrard, Thiersch, Reus de Strasbourg et Bleek (1); Hengstenberg (2), Haevernick, **Kurtz**, Oehler, Bleek, Delitzsch et les philologues Umbreit, Hupfeld et Hitrig prirent aussi la défense des livres de l'Ancien Testament.

Cette exégèse de plus en plus arbitraire, que Paulus d'Heidelberg poussa à l'extrême par la négation radicale de tout miracle, rencontra de rudes adversaires dans Winer (3), Fritzche (4), Meyer de Hanovre, ainsi que dans de Wette et Bleek. Ces savants étudièrent avec soin l'idiome primitif, et, en s'appuyant sur les règles d'interprétation, recherchèrent le sens réel des écrivains sacrés, sans se préoccuper de démontrer la vérité des faits miraculeux, laissant ce soin aux théologiens. De leur côté, Usteri (5), Rückert et Baumgarten-Crusius s'efforçaient d'expliquer et de justifier les idées bibliques en exposant l'ensemble des saintes

---

(1) *Guerike*, Essai d'introduction au Nouv. Test. Hal histor. et critiq, au Nouv. Test. Halle 1843. *Thiersch*, Essai de critiq. du Nouveau Testament au vrai point de vue historique, Erlangen, 1845; et quelques mots sur l'authenticité des livres du Nouveau Testament contre l'écrit de *Baur* intitulé : Le critique et le fanatique. Erlang. 1845. *Reuss*, Hist. des liv. du Nouv. Test. 4ᵉ édit. Brunswick, 1864. *Bleek* (prof. à Bonn 1859), Introd. au Nouv. Test., Berlin, 1862.

(2) *Hengstenberg*, Essai d'introd. à l'Anc. Test., Berlin, 1831; sur le Pentateuque, les Psaumes, etc. Berlin 1854, 3 vol. et les prophéties d'Ezéchiel 1867. *Hævernick*, Manuel d'introd. hist. et crit de l'Anc. Test., Erl. 1836, 3 vol. *Kurtz*, Hist. de l'anc. Alliance. Berl. 1853, 2 vol. *Ranke*, Recherches sur le Pentateuque, Erl. 1834, 2 vol. *OEhler*, Prolégomènes pour la théologie de l'Ancien Test. Bleek, Introd. à l'Anc. Test. Berlin, 1865. *Delitzch*, la Théologie des prophéties de la Bible, Leip., 1845, de la Genèse 2ᵉ édit. Leipz., 1853, du Cantique des Cantiques et des Psaumes, Leipz. 1859.

(3) Grammaire de l'idiome primitif de la Bible, Leipz., 6ᵉ édit., 1855. *Buttmann*, Gramm. de l'idiome prim. du Nouv. Test. Berlin, 1859.

(4) *Fritzsche*, Évang. Matth, et *Marci* rec. c. comment. Leipz., 1826 sq. t. I-II. Comment. in ep. ad Roman. *Meyer*, Comment. crit. du Nouv. Test. Gœtt. 1846. *De Wette*, Manuel abrégé d'exég. pour le Nouv. Test., Leipz. 1836. *Bleek*, Comm. de l'ép. aux Hébr. 3 vol. Explic. synopt. des trois premiers Evangiles, 2 vol.

(5) *Usteri*, Comment. de l'ép. aux Galat. 1833; Doctrine de l'apôtre St. Paul. *Ruckert*, Comment. de l'ép. aux Romains, — aux Corinth. — aux Galates. Parmi les œuvres posthumes de *Baumgarten-Crusius* voir ses explications de presque tous les livres du Nouv. Test. Iéna, 1845, 4 vol.

Ecritures. L'exégèse a gagné en sérieux et en vérité, grâce aux éclaircissements que Lucke, Tholuck, Olshausen et Delitzsch (1) ont puisés dans les Pères de l'Église, et à une connaissance plus approfondie du texte original. Heureusement on ne tint point compte de cette observation de Billroth (2) : « Si l'exégèse veut franchir avec honneur sa troisième stade, il ne faut pas qu'elle ignore la nouvelle philosophie (de Hégel). » Le chevalier Bunsen, à la fois diplomate et théologien, commença en 1858, sous les plus heureux auspices, ses *Récits bibliques*, qu'il ne put achever et qui manquèrent totalement le but qu'il s'était proposé, d'en faire un livre de piété et d'instruction populaire. Il n'a point su mettre les faits à la portée du peuple, ni se borner aux points essentiels et incontestés. Malgré sa valeur réelle, ce livre a un défaut que ne peuvent cacher la haute critique et la science philosophique dont se vante l'auteur, celui d'envisager les faits bibliques avec les idées modernes [† 1860].

§ 427. *La théologie conciliatrice et la théologie libérale.*

Au milieu de ces débats théologiques, quelques hommes, pleins de talent et animés des meilleures intentions, voulurent tenter une théologie de conciliation. A leur tête était le savant et conciliant Ullmann à Heidelberg, puis, à Carlsruhe, marchèrent sur ses traces Nitzsch à Bonn et à Berlin, dans son système de la doctrine chrétienne, Jules Muller dans son traité du péché, Albert Liebner dans ses explications historiques et dogmatiques sur la personne du Christ, Lange dans sa dogmatique chrétienne, et l'évêque Martensen, de Copenhague, dans un ouvrage également intitulé *Dogmatique chrétienne*, [1858].

Ullmann, poursuivant son but pacificateur, envisagea le Christianisme au point de vue de Schleiermacher, non comme doctrine, mais comme vie et comme principe de

---

(1) *Lucke*, Comment. des écrits de St. Jean, Bonn, 1820, 3 vol. *Tholuck*, Comm. de l'Evang. selon St Jean, des épîtres aux Romains, aux Hébreux et du serm. sur la mont. — *Olshausen*, Du comm. du N. T. jusqu'à l'ép. aux Corinth. inclus. Kœnigsb. 1836. Continuat. par Ebrard 1854. *Delitzsch*, Comm. de l'ép. aux Hébreux, Leipz., 1857.

(2) *Billroth*, Comment. sur les ép. aux Corinthiens. Leipz., 1833, X.

vie. Il regarda le Christ, qui en est le centre, comme Homme-Dieu, d'où il déduisit cette formule (1) : « Le Christianisme est divin dans son essence et humain dans sa forme ; il est divin dans son origine et humain dans sa diffusion. » Il se mettait en opposition avec le supernaturalisme qui ne voit dans le Christianisme rien que de divin, de surhumain, de miraculeux et d'inexplicable au point de vue historique.

Ces idées ne trouvèrent point auprès de ses partisans eux-mêmes une complète adhésion ; mais le rationaliste Baur les traita de phraséologie creuse, qui laisse tout sans solution et sans réponse, qui est plutôt nuisible qu'utile et qui ne repose sur rien de solide (2). Schwarz les jugea plus sévèrement encore. Elles n'étaient à ses yeux que des demi-vérités, que de vaines concessions, et même qu'un supernaturalisme honteux, réellement hostile aux miracles et rejetant tout fait miraculeux pris isolément, sans oser repousser la notion générale du miracle. Il n'y voyait donc qu'un éclectisme philosophique, lequel éclectisme trahit sa faiblesse et son impuissance à créer un système (3).

La théologie du cœur *(Pectus est quod theologum facit)* du savant Néander fut l'objet de critiques plus acerbes encore, s'il se peut, de la part des rationalistes. *La Vie de Jésus*, qu'il écrivit en réponse à celle de Strauss, se débat péniblement entre la foi et la critique. Les faits surnaturels qu'il conserva dans son *Histoire de l'Église* furent jugés tout au plus dignes de figurer dans un « Recueil d'anecdotes. »

Bientôt les théologiens de conciliation, qui, à cause du reste de foi qu'ils avaient gardé et de leurs sentiments pacifiques, étaient de préférence appelés aux chaires académiques et aux emplois ecclésiastiques, eurent à essuyer une vive opposition de la part des Luthériens orthodoxes. Les plus attaqués furent ceux des facultés de théologie de Gœttingue et de Halle. A Carlsruhe, le prélat Ullmann fut con-

---

(1) *Ullmann*, Essence du Christianisme, 4ᵉ éd., Gotha, 1854.
(2) *Baur*, Hist. eccl., t. V (le XIXᵉ siècle), p. 405 et suiv.
(3) *Schwarz*, Pour servir à l'Hist. de la théol. moderne. 3ᵉ éd., p. 371-372.

traint par les savants libéraux de Heidelberg de résigner sa charge [1860], parce que, en sa qualité de président du haut conseil ecclésiastique, on lui attribuait une nouvelle liturgie qui avait une tendance trop catholique et une constitution religieuse votée dans le synode général de 1855. Il mourut de chagrin en 1865, après avoir vu échouer tous ses efforts (1).

D'autres savants, que cette théologie conciliatrice ne satisfaisait pas, essayèrent de lui donner une physionomie un peu plus libérale. Celui qui contribua principalement à lui imprimer cette nouvelle direction fut Rich. Rothe de Heidelberg, [† 1867] dans son *Éthique théologique*, qui au reste est plutôt une dogmatique qu'une éthique, un système méthodique de théologie fortement coloré de mysticisme. Il se proposait surtout d'opposer des principes déistes aux doctrines panthéistiques de Schleiermacher et de Hégel. Ses thèses sur le « Christianisme inconscient » et sur « l'absorption de l'Église dans l'État, » théorie déjà exposée dans ses *Commencements de l'Église chrétienne*, soulevèrent de tous côtés des réclamations. H. Fichte de Tubingue dans sa *Théologie spéculative* [1846], et Weisse de Leipzig, dans sa *Dogmatique philosophique* [1855-60, 2 vol.], se firent les défenseurs de ses idées, mais sans l'égaler en talent spéculatif ni en clarté d'exposition.

Les efforts de Rothe pour empêcher que l'on revînt à l'horizon étroit du seizième et du dix-septième siècle, et que le vieux système de la sainte Écriture et de son inspiration, la doctrine de saint Athanase sur la Trinité et les décrets du concile de Chalcédoine sur la « communicatio idiomatum » dans la personne du Christ, les enseignements de saint Anselme sur la satisfaction, et le dogme des effets magiques (sic) des sacrements fussent admis par les gens éclairés, furent énergiquement secondés par Baur avec la nouvelle école de Tubingue et par Schenkel de Heidelberg.

Baur, dont la tendance fut suivie par Bruno, Bauer,

(1) *Beyschlag*, Souvenirs du Dr Charles Ullmann. Gotha, 1867.

Zeller, et Schwegler (1), dénia toute authencité aux livres canoniques du Nouveau Testament, et les relégua dans la littérature de la fin du premier siècle et de la première moitié du deuxième. Montrer à grands frais d'érudition et avec les arguties de la sophistique, que le Christianisme et ses dogmes ont une origine purement humaine, telle est la mission que s'est donnée ce maître à qui ses élèves (2) ont assigné le premier rang après Schleiermacher. Ce n'est point sa faute si le Christianisme n'apparaît point à tous, dépouillé de son caractère divin [† 1860]. Marchant sur les traces de Philostrate, le biographe d'Apollonius de Tyane, il ne rougit point de comparer ce magicien à Jésus-Christ (*Le Christ et Apoll. de Tyane*, Tubing. 1832), mais sa tentative eut aussi peu de succès que celle de son prédécesseur.

Daniel Schenkel, Suisse de naissance et élève de de Wette, se montra, dans sa première production littéraire (*De l'essence du protestantisme*, 1847; 2° édit. 1862), partisan de la théologie de la conciliation, et dut à ce titre et à l'appui d'Ullmann d'être appelé à l'Université de Heidelberg. L'écrit de Bunsen intitulé : *Les Signes du temps* et la tentative de Stahl, juriste à Berlin, pour l'établissement d'une hiérarchie qui se rapprochât de celle qui existe parmi le clergé catholique, le détachèrent du parti de la conciliation et en firent le champion du protestantisme libéral. « Entre l'oppression de ma conscience, sous le joug de l'autorité et d'un symbole obligatoire, et son affranchissement, mon choix ne saurait être douteux (3). » Il prétendit alors que ses convictions théologiques étaient toujours les mêmes, qu'il n'avait fait que changer de parti, et, pour le prouver, il fit paraître un second ouvrage : *La Dogmatique chrétienne* [1858-59] en deux volumes, où

---

(1) *Bruno Bauer*, Critique de l'hist. évangél. des synoptiques. Leipz., 1841, 2 vol. Annales théol. de Zeller. Annales contemporaines de Schwegler. *Du même*, Histoire du montanisme (1841), et les Temps postérieurs aux apôtres (1846, 2 vol.).

(2) *Schwarz*, pour servir à l'hist. de la théologie moderne, 3ᵉ éd., p. 148 et suiv., où il est aussi fait mention des principaux écrits de Baur.

(3) *Schenkel*, l'Indépendance protestante dans sa lutte actuelle contre la réaction religieuse.

il part de ce vague principe : « Du point de vue de la conscience » qu'il avait emprunté à son antagoniste Bunsen. Plusieurs théologiens trouvèrent que son ouvrage n'était pas de tout point conforme à ce principe, mais qu'on y rencontrait des assertions dogmatiques, en opposition avec cette indépendance de la conscience qu'il patronnait, et appartenant bien plutôt à cette théologie dont il condamnait les vues étroites et asservissantes. Pour se soustraire à ce reproche, Schenkel fit paraître sous ce Titre : *De l'éducation des théologiens évangéliques* [1863], un troisième ouvrage dans lequel il déclare ouvertement que l'Église protestante ne veut point de prêtres, et que la communauté moderne ne comporte plus la vieille distinction de laïques et d'ecclésiastiques. Par conséquent dans l'éducation que l'on donne aux théologiens, on doit avoir en vue de faire d'eux, non point des dispensateurs de grâces, mais des prédicateurs de l'Évangile, des instituteurs de la jeunesse, des bienfaiteurs des pauvres et de tous les nécessiteux.

La voie était dès lors ouverte à toutes les productions de la libre pensée. Schenkel pouvait faire paraître son *Essai biblique* sur le caractère historique de Jésus, digne de figurer à côté de la *Vie de Jésus* par Renan qui l'avait précédé. Toutefois, bien qu'il nie clairement la divinité du Christ, il diffère de Renan et de Strauss, en ce qu'il conserve une certaine croyance au miracle.. « Ici je me sépare du docteur Strauss. Je connais un point où s'arrête
» la pensée (!) mais non les rapports avec les puissances
» célestes. C'est là que commence la foi ; aussi je me garde
» bien de rejeter les miracles. » Mais il soumet chacun des récits miraculeux de l'histoire évangélique au jugement inexorable de sa critique. D'après lui, le changement merveilleux de l'eau en vin aux noces de Cana, signifie que Jésus, par sa présence a changé l'eau des conversations communes et triviales en vin d'un langage noble et plein de feu ! La résurrection du Sauveur n'est autre à ses yeux que sa transformation en un être d'une nature supérieure et exerçant sur ses disciples une influence irrésistible. Cent dix-neuf ecclésiastiques badois, auxquels se joignit la partie croyante du clergé protestant de toute

l'Allemagne, s'élevèrent contre ces idées nouvelles, et demandèrent que Schenkel fut renvoyé d'une maison, où l'on formait des ministres évangéliques, avec d'autant plus de raison, que lui-même, pour un motif tout à fait semblable, avait fait expulser de l'université de Heidelberg le professeur Kuno Fischer; on ne tint aucun compte de leurs réclamations. Le haut conseil ecclésiastique et le synode général de Carlsruhe déclarèrent que les idées de Schenkel pouvaient impunément se produire au sein du protestantisme. C'était avouer que le protestantisme est une porte ouverte à toutes les hérésies, aux divagations les plus étranges de l'esprit humain. Enfin la philosophie équivoque de Schenkel succomba sous les coups d'une critique « inexorable ». David Strauss, qui venait de donner une nouvelle édition de sa *Vie populaire de Jésus* [Leipz. 1864] dirigea contre lui le violent pamphlet « *Les entiers et les demis.* »

§ 428. — *Le nouveau Luthéranisme et l'Orthodoxie moderne.*

Ces doctrines dissolvantes provoquèrent, d'abord dans la pratique, puis dans la science, une réaction. Le sentiment religieux se réveilla et sentit le besoin de se rattacher à Luther. Ce réveil ne se fit pas seulement en Allemagne, mais aussi en Hollande, en Danemark et en Suisse, ainsi qu'en Angleterre et en France.

Au milieu des grands bouleversements politiques qui troublèrent les peuples au commencement de ce siècle, Schleiermacher (1) ranima dans bien des cœurs la ferveur religieuse. Après lui, les poëmes romantiques des deux Schlégel, de Tieck et de Novalis remirent en honneur la

(1) Discours sur la religion aux gens instruits pour les fortifier contre leurs détracteurs. Berlin, 1799. Monologues, ou Présent du nouvel an pour les gens instruits. Berlin, 1800, 4° éd., 1829. Avec ces deux écrits contrastent singulièrement ses Lettres confidentielles sur Lucinde (roman de *Frédéric Schlegel*), qui produisirent une grande sensation et furent jugées bien diversement. Dans sa Solennité de Noël, qu'il fit ensuite paraître (1805), il manifesta de l'éloignement pour le panthéisme de Spinosa, et adopta les idées théologiques qu'il consigna plus tard dans la *Doctrine de la Foi*, Berlin, 1821.

piété du moyen âge, et le souvenir des beaux exemples laissés par 'es nobles victimes des guerres de l'indépendance ranima, parmi le peuple allemand, la f' amme presque éteinte de la religion. Les fêtes jubilaires de la Réforme, qui commencèrent en 1847, rappelèrent plus vivement encore à la foi et à la piété des ancêtres. Celui qui contribua le plus à ce réveil religieux fut le célèbre Nicolas Harms, pasteur à Kiel [† 1855]. « La religion découlait de ses lèvres avec l'abondance et la pureté de la source qui sort du rocher. » Disciple fidèle de Luther, il publia, lors du jubilé, quatre-vingt-quinze thèses qui ne renouvelaient pas seulement la doctrine protestante sur la corruption de l'homme après la faute originelle et sur la foi comme unique moyen de salut, mais qui contenaient encore de fortes plaintes contre l'indifférence religieuse des Protestants et insistaient sur la nécessité de revenir à la doctrine de Luther. « J'écrirais sur l'ongle de mon pouce, disait-il avec une amère ironie, tous les dogmes qui sont encore généralement crus parmi nous. » La soixante-quinzième thèse mettait en garde contre l'union des Luthériens et des Réformés, imaginée par la cour de Prusse, qui établit même, en 1821, une liturgie particulière avec un rite « neutre » pour l'Eucharistie. « On propose à l'Église luthérienne, comme à une vierge pauvre, de l'enrichir par une union coupable. Gardez-vous d'un tel acte sur la tombe où reposent les os de Luther ! Il en sortirait, et, alors, malheur à vous ! »

Le plan était nettement tracé : « Il fallait du rationalisme revenir directement à l'ancienne croyance, du désert de la philosophie libérale rentrer dans la terre promise du premier âge de la Réforme. » Ceux qui travaillèrent à la réalisation de ce plan furent, en Allemagne, Scheibel, professeur à l'université de Breslau, les pasteurs silésiens Kellner et Wehrhan, qui firent, à leurs convictions luthériennes, le sacrifice de leurs emplois, Heubner de Wittenberg, Sartorius de Kœnigsberg, et Harless, professeur à Erlangen, puis surintendant général pour la Bavière, qui exerça une grande influence sur les esprits par ses travaux sur l'éthique et l'épître aux Éphésiens, par son Encyclopédie théologique, par la fondation du journal : *Pour le Protes-*

tantisme et l'Église, » et aussi par la haute position qu'il occupait. Ces efforts furent puissamment secondés par le journal : *Pour toute la religion luthérienne,* que fondèrent Guérike et Rudelbach. Ils trouvèrent également, parmi les laïques, de zélés auxiliaires, tels que le juriste Huschke et le philosophe Steffens. Par un heureux hasard, les Facultés théologiques des universités d'Erlangen, de Rostock et de Dorpat étaient alors entièrement luthériennes. Dans le Danemark, Grundtwig travaillait, dès 1825, avec une égale ardeur, à la restauration du Luthéranisme, et il avait, avec le professeur Clausen (1), une vive discussion, qui agita singulièrement les Églises protestantes d'Allemagne.

En face de ces vieux Luthériens, qui voulaient revenir à l'orthodoxie primitive et reprendre le symbole même de Luther, s'éleva le parti des nouveaux orthodoxes qui n'étaient point opposés au rétablissement du Luthéranisme, mais qui désiraient avant tout la prédominance d'une religion et d'une théologie d'État. Comme cette théologie était subordonnée au gré des princes et aux vues politiques, les nouveaux orthodoxes devaient se soumettre à des variations continuelles. Le principal représentant de ce système religieux fut Hengstenberg. S'étant tout à coup « éveillé, » dans un conventicule à Bâle [1823], il se rendit à Berlin, et, en 1828, il devint, avec Schleiermacher et Néander, professeur officiel à la Faculté de théologie de cette ville. Le parti piétiste, qui s'y réunit autour de lui, joignit bientôt, à l'esprit intolérant de Luther, la piété mystique de Spener et acquit une grande influence auprès des plus grands personnages. Quoique Hengstenberg ne s'appuyât point sur un symbole bien défini, il se donna, dans la *Gazette de l'Église évangélique,* qu'il rédigeait depuis 1827, comme le champion de l'orthodoxie, et contrairement au principe du protestantisme, anathématisait toute tendance différente. D'abord il dénonça les théologiens rationalistes Wegscheider et Gésénius, de Halle, ainsi que David Schulz, de Breslau. Au reproche, qu'on lui adressait de toutes parts, d'ébranler ainsi la confiance

---

(1) *Grundtwig,* Revue mensuelle de théologie. *Clausen,* Du catholicisme et du protestantisme. Copenh., 1825. *Jœrg,* Hist. du protest., t. II, p. 314-356.

qui doit exister entre les maîtres et les élèves, il répondit que la confiance d'un élève dans un maître rationaliste n'était point un devoir, mais un péché. Mais lorsqu'en 1835, il abandonna ses alliés les vieux luthériens, pour devenir le défenseur décidé de l'*Union prussienne*, sous prétexte que : « la différence qui existe entre les doctrines luthérienne et calviniste sur la Cène est sans importance, — qu'il ne faut point mêler à la foi trop de théologie, ni se remplir le cœur de choses secondaires, parce que les choses principales n'y trouveraient plus de places, — qu'on ne devait plus séparer ce que Dieu avait uni, » on reprocha avec raison à Hengstenberg que ce rôle de prophète qu'il avait pris n'était autre chose qu'une fluctuation méprisable entre le servilisme politique et la démagogie religieuse (1). Il faut toutefois convenir que Hengstenberg, ainsi que les laïques savants qui l'entouraient et qui manifestèrent souvent des tendances catholiques, parmi lesquels nous pouvons mentionner Gœschel, Henri Leo, Gerlach, Huber et Stahl, a beaucoup contribué à conserver au catholicisme son caractère divin et ses principaux dogmes, à maintenir la morale chrétienne et à réveiller la vie religieuse. Ils ont aussi vigoureusement combattu la funeste influence des libres-penseurs et des francs-maçons.

Pour s'opposer aux conséquences extrêmes auxquelles se laissèrent aller des Luthériens « officiels et autoritaires, » comme Vilmar, dans la Hesse électorale, et Klieford, dans le Mecklembourg, se levèrent d'autres Luthériens, qui voulaient que l'on fît une plus large part à la théologie nouvelle et au principe fondamental du protestantisme : le libre examen. Les principaux représentants de ces idées furent : de Hofmann d'Erlangen, dans les écrits *Prophétie et Réalisation* [1841-1844] et *Démonstration Scripturaire* [1852-1855, 3 vol.]; Kahnis de Leipzig [*De la marche intérieure du Protestantisme*, 2º édit., 1860 ; *Dogmatique*, 1861], et Baumgarten, de Rostock, d'abord disciple de Hengstenberg, puis attiré vers de Hofmann par

---

(1) *Schwarz*, pour servir à l'hist. de la théologie moderne, 3º édit., p. 88.

sa propension au mysticisme. Cette doctrine fut plus ou moins partagée par le savant exégète Delitzsch, Luthardt, de Leipzig, et Kurtz de Dorpat.

De Hofmann, par son emploi arbitraire et abusif des idées bibliques, et par sa théorie de l'expiation, qui est en contradiction avec les livres symboliques, s'attira des critiques acerbes ; mais la défection de Kahnis, qui quitta le Luthéranisme, produisit une sensation plus profonde et fut l'objet d'une persécution plus acharnée encore. Hengstenberg exhala, à son sujet, ces plaintes dans son journal [1er janvier 1862] : « Il a osé élever, contre l'authenticité, la véracité et l'inspiration des livres saints, des doutes inconnus jusqu'ici dans le monde théologique ; il a porté atteinte à la Trinité et la doctrine luthérienne sur la Cène ; il a retiré des balayures du rationalisme des grains qu'il a crus bons ; si cette pauvre tête fait parmi nous des recrues, c'en est fait de nous. » Baumgarten, bien qu'il se fût beaucoup moins écarté du dogme protestant, fut privé de sa charge (1).

§ 429. — *Mouvements religieux les plus importants en Allemagne.*

1° En Prusse.

I. Le danger sans cesse croissant qui résultait, pour le protestantisme, de cette divergence d'idées sur la règle de foi et les dogmes fondamentaux, rendait les désirs d'union encore plus pressants. Ce fut la maison royale de Prusse qui, à trois reprises différentes, de 1798 à 1817, de 1817 à 1829, et, depuis lors, chercha à réaliser cette union entre

---

(1) OBSERVATION. — On trouvera un aperçu des travaux littéraires et théologiques sur l'exégèse, l'hist. de la religion, la dogmatique, l'éthique, les écoles primaires et supérieures, les fonctions ecclésiastiques, poésie et chant sacrés, dans *Niedner*, Man. d'hist. eccl. Augsb., 1866, p. 898-904, et dans *Dœrner*, Hist. de la théol. prat., p. 861-87. Si l'on veut plus de détails sur la littérature histor. et ecclésiast. de 1825 à 1850, que l'on consulte *Engelhardt*, et, pour la période de 1850 à 1860, *Uhlhorn*, dans le Journal de théol. histor., fondé par *Illgen*, continué par *Niedner*, et maintenant par *Kahnis*, années 1852 et 1861.

les Luthériens et les Réformés. Un ordre du cabinet, du 18 juillet 1798, exprima l'espoir de réunir les deux confessions dans une même liturgie, nonobstant la différence des doctrines. Les événements politiques et l'opposition ardente des théologiens firent avorter le projet. Un édit du roi Frédéric Guillaume III, prescrivant la célébration du jubilé de la Réforme, en 1817, adressé à tous les consistoires, synodes et surintendants, prétendit que l'union était dans la pensée de la Réforme et dans l'esprit du protestantisme. « Il ne s'agit pas, y disait-on, de transformer l'Église réformée en Église luthérienne, ni celle-ci en celle-là, mais de fondre les deux en une Église évangélique renouvelée dans l'esprit de son fondateur. »

Quoiqu'on ne trouvât pas une formule assez indifférente pour embrasser, sans les détruire, les croyances opposées, l'union se répandit peu à peu du clergé de Berlin dans le Wurtemberg [1820], le pays de Bade [1821] et la Bavière rhénane [1819]. Le roi Frédéric-Guillaume III publia une liturgie pour la chapelle de la cour et la cathédrale de Berlin [1822]. Il en recommanda à tous l'adoption, et, ainsi que le constata un ordre du cabinet du 28 mai 1825, sur sept mille sept cent quatre-vingt-deux églises, cinq mille trois cent quarante-trois l'avaient adoptée. Mais bientôt la liturgie fut attaquée, sous prétexte que la politique s'était mêlée aux choses de l'Église, que la forme et le fond de cette liturgie étaient trop anciens, respiraient trop le catholicisme. Il s'éleva une vive discussion, qu'animèrent encore des publicistes qui prétendaient servir les vues du gouvernement (1). Les uns soutenaient que l'union devait être l'effet du temps et non l'œuvre arbitraire des hommes. Schleiermacher, dans son *Exposition de la foi*, se fit le défenseur de ce sentiment. Les autres faisaient remarquer la

---

(1) Formulaires pour les églises protestantes et les chapelles de la cour. Berlin, 1822. *Augusti*, Critique des formulaires prussiens. Francf., 1823, et Explications sur les droits de Sa Majesté dans les choses ecclésiastiques. Francf., 1825, avec un supplém., Bonn, 1826. *Marheineke*, La Vraie position du droit liturgique, Berl., 1825. *Ammon*, Éclaircissements historiques et ecclésiastiques sur l'établissement des formulaires prussiens. Dresde, 1825. *Schleiermacher*, le Droit liturgique des princes évangéliques. Gœttingue, 1824. *Scheibel*, a Liturgie de Luther et la litt. pruss. Leipz., 1836.

différence toujours subsistante des dogmes de la Cène et de la prédestination et nommaient l'union un acte extérieur, superficiel, fondé sur la base creuse et fragile de l'indifférence. Néanmoins, la discussion cessa pour un temps, par suite d'une révision de la liturgie, qui commença à paraître, en 1828, avec des modifications relatives à des particularités locales, pour la Poméranie, le Brandebourg, la Saxe et la Silésie.

Cependant, la lutte, commencée par Nicolas Harms, contre l'union, fut continuée en Silésie par Scheibel, Kellner, Wehrhan, et, en Saxe, par Guerike, Rudelbach et autres. Il fallut employer, pour la faire cesser, la force armée, dirigée par l'orthodoxe docteur Hahn, devenu surintendant général. Alors le professeur Hengstenberg reprocha à ses anciens partisans de renfermer le Luthéranisme dans des limites trop exclusives, les comparant à des hommes endormis depuis trois cents ans. La désunion qui s'introduisait parmi les Luthériens orthodoxes et les mesures de rigueur prises par Frédéric Guillaume III contre les « rebelles » ranimèrent la querelle. Le roi n'en vit pas la fin. Il mourut « dans le trouble, » en 1840, après avoir fait sentir tout le poids de son absolutisme aux Protestants aussi bien qu'aux Catholiques.

II. Les deux Églises persécutées attendaient de meilleurs jours du nouveau roi Frédéric Guillaume IV. Leur attente ne fut point trompée. Les sentiments personnels du monarque et l'échec de la tentative concertée entre lui et l'archevêque de Cantorbéry [1840] de fonder l'évêché anglo-prussien de Saint-Jacques à Jérusalem, tentative que l'on avait généralement blâmée en Allemagne, tournèrent à l'avantage des Luthériens. Les deux archevêques de Cologne et de Posen, qui avaient été mis en prison par son père, ainsi que les vieux Luthériens également incarcérés furent rendus à la liberté. Peu après, le roi fit proclamer qu'il voulait que l'Église protestante, dont la direction suprême avait été, par les réformateurs, confiée à la couronne, s'administrât désormais elle-même. Alors reparut le « Confessionalisme luthérien » qui avait été jusque-là tenu à l'écart, et un grand nombre d'Églises séparées se constituèrent avec l'assentiment royal [23 juill. 1845].

Voulant réaliser sa promesse de « laisser l'Église s'administrer elle-même, » le roi convoqua, en synode général à Berlin, les notables de l'Église et de l'État. Trente-sept ecclésiastiques et trente-huit laïques y assistèrent, sous la présidence du ministre des cultes [du 2 juin au 29 août 1846]. Les projets, qui furent partagés entre huit commissions, puis débattus dans soixante assemblées générales, concernaient :

1° La question d'union, dont le rapporteur fut Jules Muller de Halle. Il fut décidé que, pour faire partie d'une Église évangélique, il suffit d'admettre le *Consensus fidei*.

2° La question de la profession de foi, que l'on devait exiger des ecclésiastiques avant leur admission aux ordres. Le rapporteur Nitsch de Bonn, proposa, pour l'avenir, un formulaire composé de paroles empruntées à l'Écriture sainte, mais sans aucune précision de dogmes, et sa proposition fut votée.

3° La constitution de l'Église. Le rapporteur Stahl fit adopter la résolution suivante : Les conseils presbytéraux et les consistoires seraient composés de membres laïques et de membres ecclésiastiques, et, à côté du consistoire permanent, il y aurait un synode général où les deux éléments seraient représentés en nombre égal.

Ces décisions rencontrèrent, en dehors du synode et surtout dans la *Gazette ecclésiastique de Hengstenberg*, une puissante opposition. Les membres de l'assemblée furent traités de dépositaires infidèles, de renégats du Christ, et on réussit à empêcher d'exécuter les décisions prises par la majorité.

III. Contre le parti orthodoxe et piétiste des « hommes de ténèbres, » qui allait sans cesse grandissant et se fortifiant, se levèrent les « amis de la lumière, » esprits remuants et frondeurs, qui fondèrent, à Kœnigsberg, à Magdebourg et en Thuringe, trois communautés d'une religion indépendante, sous la direction de Rupp, Wislicenus et Uhlich. Ils surent profiter de l'agitation que causèrent longtemps les soi-disant catholiques allemands, avant que le gouvernement y mît ordre. (p. 209). Ils affichaient un Christianisme pratique fondé sur l'interprétation rationnelle de la Bible accommodée aux progrès du dix-neuvième siècle. D'après leurs idées, ainsi que d'après les élucubrations scientifiques de la nouvelle école de Tubingue, les travaux des missionnaires chrétiens et de l'Église catholique ont été des hors-d'œuvre. La marche du temps et la sagesse des écoles païennes auraient aussi bien et même mieux fait les choses que la religion chrétienne.

IV. Tout autres furent les tendances mystiques et piétistes des sectes multiples dont nous parlerons plus loin.

2° Hors la Prusse.

Dans les pays allemands, autres que la Prusse, se produisirent aussi des mouvements religieux qui revêtirent des caractères particuliers selon les chefs qui en eurent la haute direction. De grands et persévérants efforts furent tentés, malgré quelques divergences d'idées, pour la restauration du dogme, du culte et de la discipline, dans le Mecklembourg, sous l'impulsion des zélés luthériens Kliefoth et Mejer, et en Bavière, par Harless, avec l'aide de la Faculté de théologie luthérienne d'Erlangen. Aussi, le savant et estimé professeur Thomasius (1) se plaisait-il à constater le « réveil de la vie évangélique dans l'Église luthérienne de Bavière » (fragment de *l'Histoire ecclésiastique du sud de l'Allemagne*, Erlangen). Toutefois, le zèle ardent d'Ébrard, pour le retour à l'ancien symbole, n'eut point de prise sur les réformés de la Bavière rhénane. Le peuple se réunit, protesta contre les décisions des synodes généraux de 1853 et de 1857, repoussa le nouveau catéchisme et le nouveau recueil de cantiques, et réclama le maintien de l'union, qui ne lui imposait pas de profession de foi. Le roi Maximilien, qui « voulait avoir la paix avec son peuple, » se garda bien de le contraindre.

Le prélat Ullmann rencontra la même opposition dans le grand-duché de Bade, lorsque après avoir condamné *l'Histoire biblique* de Hébel, il voulut faire reparaître, sous un titre nouveau, le catéchisme luthérien d'Heidelberg, et

---

(1) *Thomasius, Origènes,* pour servir à l'hist. du dogme. Nuremb., 1837. Dogmatique luthérienne évangélique. 1857, 3 vol.

introduire une liturgie rédigée dans le même esprit. Les tentatives réitérées faites dans les duchés d'Altembourg (p. 242) et de Hesse, pour obliger les prédicateurs à prendre les livres symboliques ou au moins le livre intitulé : *Christianisme positif*, comme guide dans l'éducation de la jeunesse et l'instruction du peuple, n'eurent point de succès (1). Dans la Hesse électorale, on se disputa vivement pour savoir si le pays devait appartenir au Luthéranisme ou au Calvinisme. Un ouvrage récent de Dorner (2) paraît devoir contribuer puissamment à calmer ces violentes discussions et à faciliter la réalisation des projets d'union de la Prusse.

§ 430. — *Associations de religion et de bienfaisance.*

Lorsque ces tentatives d'union, appuyées de la science des théologiens et de la diplomatie des princes, eurent échoué, elles furent reprises sur un terrain plus pratique et suivies de meilleurs résultats.

1. La conférence évangélique réunie en 1846 à Berlin, à l'instigation du Wurtemberg et de la Prusse, suivit les errements des précédentes tentatives. Elle se contenta de décider vaguement qu'il faut maintenir la sainte Écriture comme moyen de reconnaître la véritable et salutaire doctrine et conserver le dogme de la justification par la foi. La conférence ecclésiastique qui lui succéda et qui se tint, à la Pentecôte, d'abord tous les ans, puis tous les deux ans à Eisenach, au pied de la Wartbourg, se posa des questions plus spéciales : comme de réunir des notices sur la statistique des Églises, des cantiques substantiels, de revoir et d'approprier au temps les traductions luthériennes de la Bible.

2. En même temps, les Anglais, inquiets des progrès du catholicisme dans leur pays, tenaient une réunion prépa-

---

(1) *Baltzer*, Tentatives de rapprochement, 2° cahier, p. 73-95. *Bretschneider*, Insuffisance de la contrainte pour faire adopter le Symbole dans l'Eglise évangélique, prouvée par les livres symboliques eux-mêmes. Leipz., 1841.

(2) *Hagemann*, Hist. de la théol. protest. considérée à la lumière de la critique. Bonn, 1867.

ratoire à Liverpool [1845], puis formaient, à Londres, une alliance évangélique (*evangelical Alliance*) en neuf articles. Ceux qui en faisaient partie devaient, tout en conservant leurs doctrines personnelles, se reconnaître comme des « chrétiens évangéliques. » Bien que les premiers essais de cette alliance n'eussent point réussi, le roi Frédéric-Guillaume IV la patrona et en invita les membres à une assemblée qui eut lieu à Berlin [1857]. Le parti orthodoxe excité par Krummacher trouva fort mauvais que Bunsen, d'après l'esprit des neuf articles, embrassât publiquement le génevois Merle d'Aubigné. Dans une autre assemblée, qui se tint à Genève même [1862], l'esprit méthodiste anglais, qui avait le rationalisme en horreur, se montra tout à coup et se mit en lutte ouverte avec le protestantisme allemand.

3. La « pauvre maison » que Wichern fonda à Hambourg, en 1833, pour y recueillir les enfants abandonnés, eut plus de succès. Elle trouva, dans le synode allemand de 1848, dont nous parlerons plus bas, un appui mérité, et depuis elle a fait beaucoup de bien.

4. Le prédicateur Fliedner a vu aussi prospérer la maison de Diaconesses qu'il fonda, à Kaiserswerth, sur le modèle des sœurs de charité catholiques [1836]. Bientôt elles se répandirent par toute l'Allemagne, puis elles passèrent jusqu'en Amérique et aussi jusqu'à Jérusalem, Smyrne et Alexandrie. Elles donnèrent des soins charitables aux malades, aux prisonniers, aux filles repenties et aux aliénés. On les vit même, sur les champs de bataille du Schleswig-Holstein et de Bohême, soigner les blessés de concert avec les Johannites rétablis par Frédéric-Guillaume IV.

5. Une vaste association a été formée pour venir en aide aux protestants disséminés au milieu des populations catholiques. On lui a donné le nom peu tolérant de Gustave-Adolphe, parce que sa formation remonte à la fête que l'Allemagne célébra à l'occasion de l'anniversaire deux fois séculaire de la mort de ce roi de Suède [1832], défenseur suspect de l'Allemagne. Cette association, établie par Grossmann à Leipzig et par Zimmermann à Darmstadt, poursuit ardemment le but qu'elle s'est proposé. Bien qu'elle ait un nom peu patriotique, les catholiques

auraient consenti à la regarder comme le pendant de leur Société de Saint-Boniface, si ceux qui la dirigent ne faisaient preuve en toute occasion, et surtout dans le calendrier de Gustave-Adolphe, de la plus grande intolérance. Cette association reçut partout le meilleur accueil : des fonds abondants lui furent envoyés. Jusqu'à ce jour, elle a distribué dans la Prusse rhénane 220,000 thalers, en Hongrie 157,000, en Bohême 142,000, dans l'Autriche proprement dite 120,000, en Moravie, en Carinthie et en Styrie 124,000, pour la construction de nouvelles églises et la propagation du protestantisme.

Enfin, en 1848, des prédicateurs attachés à leur foi firent décider à Francfort et fondèrent, dans la chapelle du château de Wittenberg, une association religieuse qui devait être un asile pour la foi dans ces temps de défaillance universelle. Elle a pour organes des réunions qui se tiennent tous les deux ans, presque toujours sous la présidence des juristes Bethmann-Holweg et Stahl. Ces réunions se sont tenues successivement à Wittenberg, Stuttgard, Elberfeld, Brême, Berlin, Francfort, Lubeck, Hambourg, Barmen, Brandebourg, Altenbourg, Neustadt [1867]. Elles ont commencé par l'affirmation d'une foi positive, mais bientôt s'y est fait jour la division profonde qui ronge l'Église protestante, laquelle n'est unie que dans ses attaques contre le catholicisme. Enfin, sous la présidence de Bluntschli et sur la proposition du professeur Holzmann de Heidelberg, elles ont déclaré que les doctrines du protestant Schenkel étaient les leurs, et qu'ainsi elles approuvaient les décisions du synode général de Carlsruhe et condamnaient les protestations des ecclésiastiques du grand-duché de Bade et de l'Allemagne.

2ᵐᵉ Section. — Histoire du protestantisme en dehors de l'Allemagne.

Littérature spéciale à ces pays dans l'hist. eccl. élément de *Niedner*, Augsb., 1866, p. 921-929. Hist. eccl. élément. de *Hase*, p. 622-645, 9ᵉ édit.

---

§ 431. — *Le protestantisme en Suède, en Suisse, en Hollande, en France, en Grande-Bretagne et en Amérique.*

L'influence de la théologie allemande se fit d'abord sentir en Danemark, où Clausen, élève de Schleiermacher à la fois théologien, député et ministre, les évêques Munter [1830], Martensen et Mynster contribuèrent à la répandre. Grundtvig, ayant dénoncé le premier comme fauteur d'idolâtrie, fut traduit en jugement et condamné ; il se démit alors de sa charge, mais il n'en fut que plus ardent à provoquer des réunions religieuses. Il réussit, avec l'aide de Kierkegard, à fonder une Église, du sein de laquelle il fit une opposition acharnée à tout ce qui venait de l'Allemagne ainsi qu'au clergé de l'église luthérienne danoise. La liberté de conscience fut accordée à ses efforts. On ne fut plus contraint d'assister aux offices, ni de recevoir le baptême de la religion d'État [1855-1857]. Le catholicisme se ressentit également de cette mesure.

L'Eglise de Suède présente un aspect tout différent. Ici la théologie allemande a eu bien moins d'influence ; elle s'est renfermée dans les limites de l'école. On observa rigoureusement à l'égard des dissidents (Læsars, *les liseurs* piétistes), aussi bien que des catholiques, l'odieuse législation de 1686, dont l'une des dispositions portait le bannissement contre quiconque passait au catholicisme. On alla jusqu'à enlever leurs rennes à de pauvres enthousiastes de la Finlande. Cependant dans l'application de ces lois, on usait parfois de ménagements, on fermait un peu les yeux. L'évêque Tegner s'y est fait un nom comme poëte.

La Suisse allemande a entretenu avec l'Allemagne les rapports les plus intimes. Des théologiens allemands professèrent dans les universités de Bâle, Berne et Zurich, et des théologiens suisses remplirent les mêmes fonctions en Allemagne. Qu'il nous suffise de citer parmi les premiers, de Wette à Bâle, Othon, Fridolin, Fritzsche et Keim à Zurich, Gelpke à Berne, et parmi les seconds, Gelzer à Berlin, Herzog à Erlangen et Schenkel à Heidelberg ; d'autres restèrent dans leur patrie, comme Hagenbach à Bâle, Alexandre Schweitzer, Bœhringer, H. Lang, et Hirzel à Zurich. Tous ces théologiens se firent, non sans gloire, les défenseurs de la théologie libre ou conciliatrice. La constitution républicaine, le choix des curés par les paroisses et la liberté de vivre sans être astreint à un symbole de foi, ouvrirent libre carrière aux opinions les plus extrêmes. Aussi trouve-t-on ici, dans l'enseignement, ainsi que dans la pratique religieuse, une division plus prononcée que partout ailleurs, qui a permis d'appeler David Strauss à Zurich [1839], et Zeller à Berne [1847]. C'est de la riche ville de Bâle, le siége de la société biblique, que le piétisme moderne s'est répandu sur l'Allemagne avec ses fabricants de traités. Ici encore se sont montrées les tendances les plus séparatistes, comme nous le verrons dans le paragraphe suivant.

Une parenté étroite semble relier ensemble la Suisse allemande et la Hollande, le pays des Alpes et celui de la mer, la source et l'embouchure de ce fleuve puissant qui se nomme le Rhin.

Dans ces deux contrées où domine la Réforme, on rencontre le même immuable attachement aux symboles de foi, et la même facilité à adopter une théologie sans frein. Cette dernière propension a été singulièrement favorisée en Hollande par les *Voix du temps* qui paraissent en Suisse depuis 1859. Les poëtes Bilderdyk et Isaac de Cosca sollicitèrent fortement leurs compatriotes de revenir à leur foi primitive ; alors un jeune membre du clergé, Henri de Cock [1833], prit chaleureusement la défense des articles du fameux synode de Dordrecht (1), menaçant de se

---

(1) Voyez t. III, p. 190.

séparer de l'Église nationale avec plusieurs autres qui partageaient son sentiment. Il fut déposé de sa charge, mais les conseils synodaux déclarèrent eux-mêmes, qu'il n'y avait aucune obligation à se soumettre aux symboles de la foi. On cessa donc de condamner les sectaires à l'amende et à la prison. Enfin le roi permit de fonder des « paroisses séparées » [1839]. Par suite des grands changements introduits en 1848 dans les lois fondamentales du royaume, la liberté religieuse fut accordée. Alors s'organisa un nouveau système synodal, en vertu duquel des délégués des synodes provinciaux et des trois facultés de théologie de Leyde, d'Utrecht et de Groningue se réunissent chaque année à la Haye, en synode général pour régler toutes les affaires ecclésiastiques. A partir de ce moment, les théologiens ont manifesté une tendance plus biblique et plus indépendante. Outre la propagande séparatiste de de Cock, nous devons encore mentionner le rétablissement de l'Église luthérienne à Amsterdam en 1791 et la fondation de la société du « Christo sacrum » à Delft entre 1797 et 1801.

L'histoire de la Suisse Française et celle de la fraction calviniste de la France offrent de grandes analogies qui s'expliquent par leur commune origine religieuse et par leur parenté de langage et de mœurs.

A Genève, le centre du calvinisme, l'influence de J. J. Rousseau avait porté atteinte aux principes, si rigoureusement maintenus jusqu'alors, de la morale chrétienne. Cependant, au commencement des fêtes de la réforme, une « vénérable compagnie » de prédicateurs zélés prit la défense des dogmes fondamentaux de l'orthodoxie calviniste. Des méthodistes anglais, ayant à leur tête la piétiste Madame de Krudner, célèbre par son esprit et la protection des princes, rassemblèrent la secte des « momiers ». Le peuple et les gouvernements s'opposèrent à leur zèle misanthrope, et la révolution de 1830 qui survint favorisa les idées libérales. Pour réagir contre ces idées, parut en 1831, la « société évangélique » qui, sous la direction du savant et zélé Merle d'Aubigné, avait pour but de former des ministres vraiment orthodoxes. Grâce à ce zèle, on put célébrer avec pompe en 1835 la fête jubilaire de l'introduction de la réforme à Genève. La révolution de 1846 vint ruiner l'influence de ces ardents calvinistes. L'influence de Vinet à Lausanne [† 1847] et « l'église libre du canton de Vaud », que fondèrent dans cette ville des pasteurs libéraux, abolirent toute fonction ecclésiastique et achevèrent de dépouiller de tout prestige l'Église officielle (1). Lorsqu'on voulut, en 1864, fêter le troisième anniversaire séculaire de la mort de Calvin, le réformateur ne fut plus proclamé héros national, et on protesta avec éclat contre le despotisme de sa religion. (t. III, 93).

En France, grâce aux deux révolutions de 1830 et de 1848, grâce surtout au règne des idées modernes, la position des protestants s'était beaucoup améliorée, leur nombre s'était considérablement accru, et ils se livraient publiquement à un prosélytisme qui ne rencontrait point d'entraves. Déjà ils osaient pousser ce cri : « Il faut évangéliser la France. » Malheureusement, à côté de ces succès se préparaient de nombreuses scissions. Nous citerons entre autres la société évangélique fondée à Paris en 1832. Patronnée par le journal le *Semeur* et par l'influent Vinet de Lausanne, elle recruta beaucoup d'adhérents, mais elle fut un moment poursuivie par la police, à cause de son colportage de Bibles et de traités calomnieux. Nous pouvons citer également l'Union des églises évangéliques de France que fondèrent en 1848 de Gasparin et Monod avec un symbole de foi composé de formules empruntées à S. Jean et à S. Paul, et qui fit une opposition acharnée à l'Église salariée par l'État. D'autres partis moins importants se formèrent avec des tendances aux idées méthodistes et baptistes. A un point de vue tout différent se plaça le parti ultrarationaliste dont les chefs furent Pécaut, Réville et le jeune Coquerel, auxquels se joignirent Edmond Schérer et Colani. Marchant sur les traces de Baur et de l'école de Tubingue, ils nièrent l'origine surnaturelle du Christianisme, et rejetèrent tous les faits miraculeux qui s'y rapportent. Ils auraient volontiers signé la *Vie de Jésus* par Renan. Ceux qui les combattirent avec le plus d'avantages, furent de Pressensé (2) et l'ancien ministre

(1) Encyclopédie de *Herzog*, t. XVII « Vinet » p. 766-820.
(2) *Edm. de Pressensé*, Histoire des trois premiers siècles de l'Église,

Guizot (*Méditations,* — *Église et société chrétienne*) Le protestantisme offre des résultats plus consolants sur le terrain pratique de la charité chrétienne. Il s'efforce de rivaliser avec le catholicisme en fondant des associations charitables pour venir en aide aux différents besoins de l'humanité.

Parmi les facultés de théologie, on remarque la faculté calviniste orthodoxe de Montauban, et la faculté luthérienne de Strasbourg qui doit à ses relations scientifiques avec l'Allemagne d'avoir produit des œuvres remarquables. Les travaux de Matter, de Schmidt, de Baum, et surtout de Reuss sont très-estimés au delà du Rhin (1).

L'Église d'Angleterre et d'Écosse s'est montrée pleine de vie et d'activité. Les évêques de l'Église officielle, tenant au confortable que leur procuraient leurs gros revenus, et forts de l'appui des membres de la haute aristocratie, s'opposèrent trop longtemps aux réclamations des dissidents et aux avertissements de l'autorité qui les pressaient de consentir à des réformes que les temps rendaient nécessaires. Cette résistance opiniâtre ne fit que surexciter davantage l'ardeur des partis adverses (High church party et Low church ou evangelical party), qui se mirent à déclamer et à lancer les plus grossières et les plus injustes accusations contre le double élément catholique et protestant de l'Église d'Angleterre. Cependant à la tête du parti de la haute église, se placèrent en 1833, les théologiens d'Oxford, Pusey, Newman, Kemble et autres. Nous avons déjà vu que leur œuvre du tractarianisme (nommé aussi puséisme et ritualisme) a déterminé de nombreux retours au catholicisme. (p. 165-169).

Le parti évangélique, qui se forma alors et qui naquit de l'agitation méthodiste, éleva des réclamations plus énergiques encore, et força les évêques à faire quelques concessions. Les pasteurs furent mieux rétribués, il fut défendu

---

Paris 1861. L'école critique et Jésus-Christ, Par. 1863, Jésus-Christ, son temps, sa vie, son œuvre, Par. 1865. Revue chrétienne avec bulletin théologique.

(1) *Reuss,* Histoire des écrits du Nouv. Test. (en 1864, paraissait déjà à Brunswig la 4ᵉ éd. de cet ouvrage). La science théologique parmi les prot. franc. (Études de théol. et crit. 1844).

d'administrer les paroisses par des mercenaires, on eut plus de souci du salut des ouailles. Ces luttes n'empêchaient pas les différents partis de contribuer, par des dons généreux, à la diffusion du Christianisme et de la Bible, à la construction de nombreuses églises, au soulagement des nécessités de toute espèce. On se préoccupa aussi beaucoup du maintien de la morale chrétienne que rendait plus que jamais nécessaire la corruption sans cesse croissante, et de la stricte observation du dimanche à laquelle l'indifférence générale menaçait de porter atteinte. Entre les deux partis extrêmes de la Haute-Église à qui l'établissement ecclésiastique était tout, et de la Basse-Église, qui faisait passer avant tout la personne même du fidèle, il s'en forma un troisième sous le nom de Broad church party, qui voulait répandre, dans le peuple anglais, des idées plus libérales, et élargir les bornes de la vie chrétienne (1). L'alliance évangélique [1845], qui s'attachait plutôt au Christianisme qu'à l'Église établie, s'opposait à la fois et à la tiédeur de l'Église officielle et aux tendances catholiques du puséisme, ainsi qu'à l'indifférence religieuse des masses.

Le puséisme a rendu de grands services à la science théologique en relevant les études patristiques, et l'esprit de spéculation, que les Anglais portent en toutes choses, a découvert de nouveaux écrits de l'antiquité ecclésiastique qui ont été publiés par le savant linguiste Cureton [1864] (2). En outre, on se passionna pour l'exégèse et surtout pour l'apologétique (*evidences*). Tandis que les autres sciences théologiques se renfermaient presque toutes dans les bornes du Christianisme, parurent à Oxford, en 1860, dans les *Essays and Reviews*, des articles émanant de sept savants distingués, parmi lesquels se trouvaient des dignitaires anglicans. Au grand scandale de tous, ces savants niaient l'action de Dieu dans l'éducation de l'homme, l'inspiration, le péché originel, la rédemption, la divinité, l'incarnation, et rejetaient les miracles. La haute cour de justice leur infligea un « blâme officiel »

---

(1) *Dorner*, histoire de la théologie protestante, p. 904-910.
(2) Corpus Ignatianum, Londres, 1849 ; Spicilegium Syriacum, Londr. 1855 ; Athanas. epist. festales, Lond. 1848 ; Hist. eccles. Joannis episc., Ephes. Oxford, 1853.

dont ils tinrent peu compte. L'adoption de la nouvelle critique rationaliste par l'évêque Colenso dans son ouvrage sur le Pentateuque, fut l'objet de poursuites plus sérieuses (1). Son métropolitain du cap de Bonne-Espérance le déposa et l'excommunia, mais le haut tribunal ecclésiastique cassa ce jugement pour défaut de formes.

En Écosse, il est une question toujours pendante depuis 1707, époque de l'union politique de ce pays avec l'Angleterre, c'est celle de savoir si le droit d'élire les pasteurs appartient aux paroisses ou bien au Seigneur du lieu en qualité de patron. Lorsque, dans ces derniers temps, le sentiment religieux se réveilla aussi parmi les Écossais, le vieil esprit puritain reparut et prit la défense de l'indépendance des paroisses. Bientôt, à l'instigation de Thomas Chalmers, prédicateur à Glascow [1815-1847], se forma le evangelical party des non-intrusionistes pour s'opposer à ce que les prédicateurs fussent choisis par les patrons, et le parti des « Moderates ». Les premiers l'ayant emporté sur ceux-ci dans le synode qu'ils tiennent chaque année depuis 1830, ils firent passer, en 1834, le droit de « veto », qui permet aux paroisses de refuser tout ministre qui ne leur convient point. Les tribunaux annulèrent ce vote. Alors deux cents ecclésiastiques se séparèrent [1843] de l'Established church, avec un grand nombre d'adhérents, et fondèrent une église libre (free church). En peu de temps ils eurent sept cents paroisses et vingt synodes qui s'empressèrent de prendre part à une souscription extraordinaire, dans le but de venir en aide aux missions et aux sociétés bibliques, de bâtir des Églises et de créer une faculté de théologie. A leur exemple devaient s'opérer de nouvelles scissions et se former de nouvelles sectes, en particulier celle des Irvingiens, les prédicateurs de l'Église de l'avenir.

Aux États-Unis, le protestantisme revêtit une physionomie toute particulière due à la grande diversité qui se rencontre dans sa population, et au principe de la séparation de l'Église et de l'État qui y est si strictement observé que l'État n'y voit dans l'Église que des sociétés civiles. Toutes

---

(1) *Dorner*, Hist. de la théologie protest. p. 910-915.

les religions anciennes et nouvelles y sont en présence, et à chaque instant on y voit surgir de nouvelles sectes de piétistes, d'illuminés, voire même de superstitieux mettant leur confiance la plus entière dans les tables tournantes et les esprits frappeurs. Ces sectes innombrables ont une existence trop agitée pour pouvoir se livrer à des travaux scientifiques; c'est l'Angleterre, l'Écosse et surtout l'Allemagne qui leur en transmettent tout adaptés à leurs différentes nuances. Un disciple de Néander, Schaaf, professeur à Mercesbourg en Pensylvanie, et Nevin, savant également recommandable, ont travaillé avec succès à la diffusion de la théologie protestante dans la population Allemande (1). Ce sont les presbytériens, les méthodistes et les baptistes qui ont le plus contribué au réveil de l'esprit religieux. C'est en partie grâce à leurs efforts et à la liberté politique dont ils jouissent que les Américains, malgré l'ardeur avec laquelle ils se livrent à l'industrie et au commerce, font à la religion une si large place dans leur existence. L'indifférence et l'incrédulité ont sans doute parmi eux des partisans, mais à côté d'eux s'offre le spectacle consolant de nombreux séminaires, journaux religieux et feuilles populaires, ainsi que d'une foule d'œuvres excellentes dues à l'esprit d'association. Mais il faut déplorer l'essai, tenté en ce moment par l'État, de fonder des écoles populaires, indépendantes de toute confession.

§ 432. — *Sectes nouvelles ou renouvelées.*

1. Les Baptistes ou Rebaptisants, nombreux en Angleterre et aux États-Unis, réussirent à rentrer en Allemagne, grâce aux prédications du missionnaire américain Onken [1834]. Un grand nombre de personnes se firent rebaptiser en Prusse, dans le Wurtemberg et en Suisse (2). Les synodes protestants et l'alliance évangélique, pas plus que jadis Melanchton et Luther, ne surent réfuter d'une manière satisfaisante, cette doctrine piétiste.

(1) *Dorner*, ouvrage cité ci-dessus, p. 915-918. *Schaaf*, l'Amérique, situation politique, sociale et religieuse des États-Unis, surtout en ce qui concerne la population allemande. Berlin, 1864.

(2) *Jœrg*, Hist. du protestantisme, t. II, p. 16 et suiv.

2. De même que les Baptistes, les Unitaires rationalistes, qui rejetaient la Trinité et l'Incarnation du Fils de Dieu, recrutèrent, dans ces dernières années, de nombreux adhérents en Amérique et en Angleterre. Le prédicateur Channing de Boston fut le principal apôtre de ce froid rationalisme.

3. Deux sectes d'un tout autre esprit, les Hernhuters et les méthodistes, ont aussi conservé l'ardeur de leur foi et de leur désintéressement; ils ont beaucoup contribué à réveiller et à entretenir la vie religieuse en Europe et en Amérique.

4. Le piétisme extrême se montra, dans le Wurtemberg, sous un aspect nouveau et digne d'être signalé. L'un de ses adeptes, Hoffmann, bourgmestre et notaire à Léonberg, obtint du gouvernement l'autorisation de former, à Kornthal [1818], sur le modèle de l'église apostolique, une société religieuse dont les membres, persuadés que les grands bouleversements qui doivent précéder le dernier avénement du Sauveur, allaient arriver, voulaient à tout prix échapper à la colère de Dieu. Bengel, le savant exégète du Wurtemberg, alla jusqu'à assigner à ces événements la date de 1830. Christophe Hoffmann, inspecteur de l'école évangélique de Louisbourg, le candidat préféré à David Strauss lors de l'élection d'un député au parlement de Francfort (1), voulut réaliser les projets de son père. Désespérant de l'état politique et religieux de l'Europe, il donna rendez-vous auprès de Marbourg [1856], à tous ceux qui voudraient faire partie du peuple de Dieu. Son dessein était d'aller avec eux s'établir en Palestine, où, selon que l'avaient prédit les prophètes, pouvait seulement renaître à une vie vraiment chrétienne le peuple privilégié. A Wildenspuch, dans le canton de Zurich, Marguerite Peter poussa le piétisme jusqu'au crucifiement. Elle était la fille d'un paysan. Ses rapports avec des « *ressuscités* » et la lecture des livres mystiques lui firent croire à l'arrivée très-prochaine de grands événements. Elle n'en montrait que plus de zèle pour son salut et celui des personnes qui l'entouraient. Bien qu'elle fut reconnue comme adultère, elle

---

(1) *Jœrg*, Hist. du protestantisme, t. II, p. 203-280.

n'en exerça pas moins une grande influence dans une assemblée religieuse qui eut lieu alors. Des remords de conscience, et plus encore un fol orgueil religieux la portèrent à sévir contre elle-même de la manière la plus cruelle. « Dieu, disait-elle, le lui avait ordonné. » Sous prétexte de s'adjoindre des auxiliaires pour terrasser le diable et d'offrir à Jésus-Christ des victimes qui lui fussent agréables, elle fit fouetter jusqu'au sang son frère et d'autres personnes, puis elle tua sa sœur Elisabeth à coups de massue, et enfin elle se fit elle-même crucifier. Elle avait promis de ressusciter au bout de trois jours ; inutile de dire que sa promesse ne se réalisa point (1).

Dans la Prusse orientale et le Wupperthal les réunions piétistes offraient un odieux mélange de dévotion, d'ascétisme et d'immoralité. Le pasteur Stéphan qui donnait ses soins aux bohémiens établis à Dresde, qui en avait entraîné un grand nombre au luthéranisme le plus pur, et qui en avait engagé d'autres à émigrer en Amérique, fut convaincu devant les tribunaux d'avoir séduit des femmes et des jeunes filles.

De semblables désordres eurent également lieu parmi les mormons établis [1827] par Joseph Smith dans l'Amérique septentrionale (2). Ces sectaires se nomment encore les saints des derniers jours de l'Église de Jésus-Christ. Smith prétendait avoir reçu le 27 septembre 1827, d'un ange de Dieu, des plaques de métal sur lesquelles était gravée l'histoire d'un patriarche Juif nommé Héli, qui était sorti de Jérusalem avec sa famille, du temps du roi Sédécias, et qui, après avoir longtemps voyagé, était enfin arrivé en Amérique. Le Christ aussi était venu à eux et leur avait annoncé l'Évangile. Mais peu à peu ils avaient perdu la crainte de Dieu et leur ferveur première, lorsque Mormon, un pieux chrétien et un vaillant guerrier, avait paru parmi eux en triomphateur. Ce fut à l'ouest de l'État du Missouri, près d'Indépendance, que Smith bâtit un premier temple pour les « saints ». Mais il en fut bientôt chassé par

---

(1) *L. Meyer*, scènes horribles à Wildenspuch, Zurich 1824. *Jarke*, les horribles scènes de Wildenspuch (Mélanges, Munich, 1839).
(2) Book of Mormon. Book of convenants. *Jœrg*, hist. du prot. 1. II p. 444 à 603. Encyclopédie de Herzog, t. X p. 1-17.

une émeute, jeté en prison et mis à mort [1844]. Sa doctrine prescrit la communauté des biens et des femmes, ou permet du moins la polygamie ; aussi est-ce avec raison qu'on l'a comparée au mahométisme.

D'un côté comme de l'autre on a imaginé des révélations pour légitimer les plus mauvais penchants du cœur. Ses adhérents nomment leur association « Théo-Démocratie » parce que leur gouvernement est théocratique. Il se compose d'un président, de deux conseillers, d'un patriarche et de deux magistrats inférieurs. Les mormons ont fondé, dans l'Utah, auprès du lac Salé, une ville florissante, et ont fait beaucoup de prosélytes. Ils envoient maintenant partout des missionnaires pour baptiser les saints des derniers jours, et les rassembler dans la nouvelle Sion, près du lac Salé. On vient de prendre des mesures pour extirper la secte.

5. L'écossais presbytérien Irving, prédicateur à Londres [†1834] fonda une secte d'une espèce particulière. Il parlait le langage des prophètes avec les accents de Shakspeare et de Byron ; aussi était-il recherché de la haute société. Quand il vit que son étoile pâlissait, il n'en mit que plus d'ardeur à solliciter du Saint-Esprit les dons qu'il avait répandus sur les apôtres, dans la prévision du prochain avénement de Jésus-Christ. Lorsqu'il s'imagina les avoir reçus, il fit entendre comme jadis à Corinthe, des discours incompréhensibles et se laissa aller à des ravissements extatiques ($\gamma\lambda\omega\sigma\sigma\alpha\iota\varsigma\ \lambda\alpha\lambda\epsilon\tilde{\iota}\nu$).

Privé de sa charge de prédicateur, et retranché du clergé par le synode général, il fonda, sur le modèle de celle des apôtres, une Église dont les chefs se nommaient des « Anges. » La nouvelle Église de l'avenir fut mieux accueillie à Genève et en Allemagne où Thiersch, le pieux théologien de Marbourg, se déclara en sa faveur. Des prêtres catholiques, entre autres Lutz, devinrent aussi ses adeptes (1).

(1) *Jœrg*, Hist du protestantisme, t. II, p. 77-203. — *Lutz*, adieux à ma paroisse de Oberrtoh, 1857. L'œuvre de Dieu dans ces derniers temps, Ulm, 1857.

§ 433. — *Missions protestantes et sociétés bibliques.*

Blumhardt, Magasin pour servir à l'histoire moderne des missions évangéliques et des sociétés bibliques, Bâle, 1816. Les rapports annuels de Londres, Edimbourg, Bâle, Halle et Berlin, sur les résultats donnés par les sociétés bibliques et les progrès des missions évangéliques dans le premier quart du XIX· siècle. Berlin, 1828. — *Steger*, les missions protestantes, 1814. Continuation pour les années 1830-41. Hof, 1842. — *Wiggers*, Hist. des missions évangéliques Hamb. 1845, 2 vol., nouvelles des missions de l'Indo-Chine, Halle, 1819 et suiv., — Kalkar, Hist. des mis. évang. Copenhague 1857. — Une belle carte géogr. indiquant les stations des missions protest. par *Théophile Kœnig*, Berlin 1851. — *Wiseman*, Stérilité des missions protest.; même jugement porté par un missionnaire protestant dans le journal l'Étranger, 1840, n°· 119-120· — *Marschall*, les missions chrétiennes.

Nous avons dit plus haut que le seizième et le dix-septième siècle offrent peu de traces de missions protestantes.

Depuis 1714, le collége des Missions de Copenhague dirige les missions Danoises, et envoie des ouvriers évangéliques dans le Groenland. A une époque plus récente, des sociétés particulières entreprirent de propager le protestantisme parmi les paysans. Ce sont : la grande société des missions de Londres [depuis 1795]; une société presbytérienne à Édimbourg, [1796]; une société néerlandaise [1792]; les sociétés de Boston, [1810], de Bâle,]1816], de Berlin, [1823]; la Société des Missions de l'Église réformée française [1823], et celle des missions de Chine [1816], Barmen, [1828] Dresde, [1836], et Halle, [1849], qui dépensent annuellement plus de 18 millions de francs. Il est à remarquer, que le rationalisme n'a que du dédain pour l'œuvre des Missions, parce que les missionnaires ne répandent point parmi les païens les principes rationalistes, mais une doctrine dont la diffusion lui paraît peu désirable. Aveugle qui ne voit point qu'il est dépourvu de toute vitalité, qu'il est incapable de produire quelque chose de grand, et que, pour ne parler que des missions, il n'a jamais pu trouver de missionnaires qui aient réussi à propager ses principes. Les luthériens de Bavière nommèrent les cotisations pour la société des missions de Nuremberg, « l'argent de péché » jusqu'en 1852 où elles reçurent un nom et un caractère essentiellement luthériens.

A côté des sociétés des missions, se sont fondées les sociétés bibliques qui ont pour but de propager la parole de Dieu dans toutes les langues, et qui agissent de concert avec les premières. La société biblique anglaise et étrangère de Londres [1804] est le centre auquel se rattachent les ramifications qui s'étendent dans tous les pays protestants. Elles poursuivent leur but avec un grand zèle et d'immenses ressources pécuniaires. Malheureusement leurs traductions des saintes Écritures sont souvent défectueuses [depuis 1831 on a supprimé les livres deutéro-canoniques]; la plupart des peuples païens ne sont nullement préparés à une nourriture aussi forte. De là de graves et fréquents abus, qui, trop souvent, empêchent le succès des missions. En outre, entre les missionnaires des diverses sectes existent des divergences d'opinion, divergences fatales dans une œuvre qui, avant tout, demande de l'unité et de la concorde parmi ses ministres. Pour entretenir du moins une unité apparente, les sociétés allemandes tiennent des assemblées générales d'une manière périodique [1846] dans des localités qui changent à chaque réunion.

Les missionnaires protestants obtiennent quelques succès dans les îles de la mer Pacifique, à Taïti [dep. 1797]. Les mœurs douces des indigènes les prédisposent au Christianisme (1). On leur a appris à cultiver leurs champs; la première imprimerie fondée parmi eux remonte à 1817. La plupart des îles de la Société et de Sandwich, ont adopté le Christianisme méthodiste. L'Afrique, peuplée de 100 millions d'infidèles, ne compte encore qu'un petit nombre de missionnaires protestants. L'Australie en manque également, et la lutte des missionnaires protestants et des missionnaires catholiques nuit à leurs succès. Le roi des îles Sandwich, à l'instigation des sociétés bibliques anglaises, en a proscrit les catholiques. Aidé d'un petit nombre de missionnaires, l'infatigable Gutzlaff, disciple de Jaenicke,

---

(1) V. l'Étranger, 1842, n° 316 à 328 ; 1843, n° 121.

a évangélisé la Chine et a pénétré jusqu'au Japon [1803-51]. L'Inde qui possède à Calcutta un évêque anglican [dep. 1815], avec deux suffragants à Bombay et à Madras, [dep. 1833], doit beaucoup, pour les missions protestantes, aux lords-évêques Héber, qui mourut en 1826, et Wilson, qui supprima la distinction des castes indiennes parmi les chrétiens. Néanmoins le Christianisme s'y propage lentement, quoique l'on compte, parmi les indigènes, des personnages remarquables, tels que le fameux Rammahoun-Roy. On retrouve des missionnaires protestants sur la côte méridionale de l'Afrique; ils y prêchent avec succès parmi les nègres. Une église protestante fut aussi fondée à Alger en 1839. Dans l'Amérique du Nord, ce sont surtout les méthodistes, et les baptistes, qui s'occupent des missions avec un succès momentané. Les luthériens allemands y font également de grands progrès.

Les missions protestantes, d'après les statistiques les plus récentes, comptent 5000 missionnaires établis sur 1580 points de la terre. Toutefois, privées d'un centre d'union, divisées et subdivisées en sociétés particulières, et destituées de l'esprit d'abnégation qui caractérise le véritable prêtre (1), elles n'ont rien qui ressemble à l'organisation grandiose des missions catholiques. Le zèle pour les missions n'en est pas moins l'un des plus beaux côtés du protestantisme (2).

§. 434. *Situation respective des catholiques et des protestants.*

La polémique entre les catholiques et les protestants eut peu d'éclat pendant la période qui précéda et suivit la ré-

---

(1) La société des missions d'Angleterre paye à chaque missionnaires un salaire annuel de 6,000 fr., 1,000 pour sa femme et 500 fr. pour chaque enfant mineur. D'après la gazette ecclés. de Rheinwald 1840, n° 68, on évalue à 14,000,000 francs, la dépense des missions protestantes. La société des missions catholiques, qui est seule cependant pour toute l'Église, ne dépensa, en 1839, que la neuvième partie de cette somme.

(2) Les protestants ont établi, pour la formation de leurs missionnaires, des écoles à Gosport en Angleterre (1801), à Andover et à Princeton (1807) en Amérique, à Berkel, à Rotterdam (1810), à Bâle (1806), à Edimbourg, (1820), à Calcutta (1821), à Paris (1824), à Londres (1825), à Barmen (1825), à Berlin (1829).

volution française. L'indifférence générale (1), le déisme des uns et l'athéisme des autres suspendirent les luttes religieuses. Le peuple ne comprenait plus, pour ainsi dire, les différences qui pouvaient exister entre les croyances, et les hommes instruits dédaignaient de s'inquiéter des institutions catholiques. Si l'on songeait à attaquer l'Église, c'était plutôt en partant du point de vue révolutionnaire que sous un point de vue dogmatique et confessionnel, ou encore en s'en prenant à quelque institution particulière, en butte depuis longtemps à la haine des partis, comme les Jésuites. Le vieux Planck (2), qui était resté presque étranger aux révolutions de son temps, reprochait avec raison aux protestants même les plus éclairés, de ne pas étudier le catholicisme, de n'en connaître que de véritables parodies, de s'en tenir, à son égard, à des mensonges traditionnels, de ne pas aller au fond des choses, en consultant sur le catholicisme, non ses ennemis, mais ses symboles, sources uniques et véritables de sa doctrine. Marheineke tenait le même langage. Ce que Planck et Marheineke disaient alors, n'est encore que trop vrai de nos jours. Constamment le catholicisme est dénaturé, faussé et altéré dans les livres religieux et les catéchismes protestants, parmi lesquels nous nous contenterons de citer le catéchisme que le Synode de Duisbourg fit publier en 1843 sur les points de doctrine qui divisent les catholiques et les protestants (3).

(1) *Gengler*, le catholicisme et le protestantisme, ou de l'espoir qu'ils tomberont dans l'indifférence, (Revue trim. de Tubingue, 1832, p. 203 et suiv.). Voyez aussi les considérations sur l'indifférence, dans les Feuilles hist. polit. t. VIII, p. 751 et suiv.

(2) *Planck*, Esquisse d'une exposition historique et comparative des systèmes dogmatiques. 3ᵉ édit. Gœtt. 1822, p. 77-83. *Brenner*, ignorance et déloyauté des théologiens protestants, 2ᵉ édition, Bamb. 1830.

(3) Amour de la vérité et impartialité des manuels protestants, dans le catholique, août, 1841, supplém. Le clergé catholique de Crefeld opposa, au catéchisme de Duisbourg, un catéchisme sur les points qui divisent, etc. Créfel, 1844. Explication du catéchisme de Duisbourg par un prêtre catholique. Dusseldorf, 1844. La vérité et sa parodie, ou la doctrine catholique opposée à la défense du catéchisme de Duisbourg, par Grœber, Emmerich, 1845. *Baltzer*, le Dogme chrétien de la béatitude éternelle. May., 1844. *Idem*, Lettres théolog. May., 1844.

Ainsi encore, presque toutes les facultés de théologie de la Prusse, dans leurs appréciations sur Bruno Bauer, ont été aveuglées par leur zèle évangélique jusqu'à confondre le catholicisme avec le déisme et le naturalisme (1) Le professeur Harless, d'Erlangen, l'un des coryphées du protestantisme, n'a pas rougi d'appeler, dans son journal [juillet 1843], l'Église catholique la prostituée de Babylone, et de prétendre que l'introduction du papisme à Taïti ne se faisait que par le meurtre et le libertinage. « Prions donc, ajoute-t-il, prions le Seigneur d'anéantir, d'un souffle de sa bouche, une institution qui corrompt et perd ainsi les âmes ! »

La lutte entre les protestants et les catholiques cessa, presque généralement, non-seulement durant les guerres de l'empire, et au moment où les peuples d'Allemagne se soulevèrent contre la domination française, mais encore à l'époque du congrès de Vienne, alors que toutes les nations germaniques semblaient ne tendre qu'à un même but et ne faire qu'un peuple. Cependant la manière, dont furent reçues au congrès les réclamations présentées au nom de l'Église catholique, annonçait déjà les conflits qui devaient naître plus tard ; et, quoique les princes catholiques et protestants se fussent réunis pour former la confédération germanique, et que l'article 16 de l'acte fédéral garantît aux membres des deux cultes l'égalité des droits (2), les catholiques eurent à se plaindre de la conduite que l'on tint à leur égard dans plusieurs pays, et l'assemblée fédérale, à laquelle ils soumirent leurs griefs, se déclara incompétente (3) !

Le jubilé de la Réforme, célébré en 1817 avec une sorte d'ivresse, fut le signal d'une polémique pleine de fiel et de haine dirigée contre le catholicisme, du haut de la chaire,

---

(1) Opinion des facultés prot. de théol. de Prusse sur le licencié Bruno Bauer. Berlin, 1842. Une vive réponse à ces opinions. Zurich, 1843. Appréciations au point de vue catholique. Revue trim. de Tubingue, 1842. Le catholique, 1844.

(2) L'art. 16 est conçu dans ces termes : « La différence de religion ne peut donner lieu à aucune différence dans la jouissance des droits civils et politiques par toute la confédération allemande. »

(3) Sur l'affaire de Kettenburg, voy. le Catholique, juin 1853. Voir aussi plus haut, p. 181, note , les écrits « sur la parité en Prusse. »

par des prédicateurs intolérants, et dans les écrits de quelques auteurs ultraprotestants. Cette polémique finit par prendre une certaine importance historique en ce qu'elle fortifia chez les catholiques le sentiment de leurs droits politiques, et ranima leur foi et leur amour pour l'Église. La Saxe, toujours prompte à saisir les motifs de querelle entre les deux Églises, n'a rien trouvé de mieux pour ranimer la guerre, que de mettre les catholiques en suspicion (1). Les évêques d'Angleterre se sont énergiquement exprimés à ce sujet en 1826 (v. p. 90-94). Malheureusement ces hostilités se sont renouvelées avec plus d'acharnement encore dans la funeste guerre civile de 1866, au point que le conseil supérieur protestant de Bade se trouva gravement compromis. En vain un Suisse clairvoyant, dans une circonstance solennelle, fit entendre cet avertissement aux Allemands réunis à Francfort en 1862 : « Cessez vos luttes confessionnelles, elles sont le tombeau du protestantisme, et la mort de vos tentatives d'unité. »

Mentionnons, entre autres, l'attaque déloyale et grossière que Voss (2) dirigea contre Stolberg (3), et qui provoqua de la part de l'écrivain catholique une réplique de nature, comme tout ce qui sortait d'ailleurs de sa plume, à ranimer l'ardeur des catholiques pour la défense de leur Église. La polémique religieuse portée pendant quelque temps sur le terrain des personnalités par la presse périodique qui vit facilement de scandales, après avoir cherché à ridiculiser aux yeux des masses, dans des romans (4), les nou-

---

(1) *Tzschirner*, le Protestantisme et le Catholicisme au point de vue politique. 4ᵉ édit. Leipzig, 1824. L'abbé M. Prechtl y répondit par ses Éclaircissements sur la brochure de Tzschirner. Saltzb., 1823. Remarques d'un protestant prussien sur les attaques de Tzschirner contre l'Église catholique. Offenb., 1824. D'autres éclaircissements, par Guill. de Schütz, 1827.

(2) *Voss*, Comme quoi Stolberg est un esclave. Sophronizon, 1819, t. III. Correspondance entre Voss et Jean Paul. Feuilles eccl. de Frib., t. XII, p. 1055.

(3) *Stolberg*, Réponse aux injures de M. le conseiller Voss. Hamb., 1820. Stolberg et le docteur Paulus à Heidelberg, par Fr. Geiger. Mayence, 1820. Stolberg et Sophronizon, ou la bonne foi du docteur Paulus. May. 1821. *Hafert*, Étais-je un suppôt de Satan lorsque j'étais catholique ? Bunzlau, 1854.

(4) *Bretschneider*, Henri et Antonio. L'auteur d'une brochure ‑

veaux convertis, quitta cette voie indigne et peu conforme aux habitudes graves et sérieuses du peuple allemand. Elle rentra donc dans le domaine exclusivement scientifique. C'est de ce moment que datent les discussions sur la symbolique, c'est-à-dire, l'exposition historique des divers systèmes et formules de foi. Marheineke (1) assura « qu'il n'avait été déterminé à la publication de sa Symbolique que par la profonde et lamentable ignorance, non-seulement des laïques protestants, mais même de certains théologiens et canonistes, à l'égard du catholicisme, et par la manière absurde dont on le dénature. » Malgré cette louable intention, Marheineke lui-même dénatura plusieurs points de la doctrine catholique. On peut en dire autant de Winer (2), de Guerike et de Marsh; Planck, Kœllner, Thiersh, et Bœhmer encourent moins ce reproche. Lorsque ensuite Hase, à l'étonnement de tous, quitta cette voie, et, négligeant de recourir aux sources, renouvela, dans sa *Polémique*, les vieilles haines, il ne put point se plaindre des vertes réponses qu'il s'attira (3).

Quant aux Catholiques, après quelques essais de moin-

---

titulée : « Le baron de Sandau replacé sur le terrain de la saine critique, » fait observer avec raison que de tels livres faussent le jugement de la nombreuse foule des demi-penseurs et des demi-savants pendant un demi-siècle.

(1) *Planck*, Esquisse d'une explication historique et comparative des systèmes dogmatiques, 8° édit. Gœtt., 1822. *Marheineke*, Système du catholicisme, ou Exposition comparative de la doctrine (ou symbolique), 3° part. Heidelb., 1810-14.

(2) *Winer*, Exposition, compar. de la doctrine des différentes communions chrétiennes. Leipz., 1824. *Klausen*, Constitutions et Rites du catholicisme et du protestantisme, traduit du Danois. 1828, 2 vol. *Guerike*, Symbolique générale du Christianisme. Leipz., 1839. *Marsh*, Exposit. compar. des Églises anglaise et romaine, trad. de l'Anglais. *Kœllner*, Symbolique des confessions chrétiennes. Hamb., 1837-44, 2 vol. *Thiersh*, Cours sur le catholicisme et le protestantisme. Erlang., 1846. *Matthes*, Symbolique compar. de toutes les confessions chrétiennes. Leipz., 1854. *Baier*, Symbolique des Conf. chr., Greifow. et Leipz. 1854. *Bœhmer*, les Différences de doctr. entre le Cath. et l'Égl. évang. Berlin, 1857.

(3) *Hase*, Manuel de l'Égl. prot. contre l'Égl. rom. 2° édit. Leipz., 1865. Réponses à la « Lettre épiscopale » de Conrad, év. de Paderborn, dans le catholique, 1864. Gazette littér. génér. de Vienne, 1865. *peil*, les Doctrines cath. opposées aux doctr. prot. Frib., 1865.

dre importance (p. 187); ils prirent vigoureusement l'offensive avec Mœhler, dont nous avons déjà raconté les succès et l'influence si décisive pour la science et le développement du catholicisme. Le grand polémiste eut quelquefois de la peine « à ne pas abandonner le langage pacifique de la science pour parler celui de l'indignation (1). » Avec de telles dispositions dans les deux partis, la déplorable catastrophe de Cologne ne pouvait point ne pas provoquer entre catholiques et protestants, une polémique violente qui pénétra jusque dans l'intérieur des familles. Tandis que, d'une part, on renouvelait contre les catholiques les vieilles calomnies, adressées à leur Église et à leurs institutions religieuses, et qu'on leur reprochait notamment leur intolérance, les catholiques, de leur côté, accusaient le protestantisme d'avoir trop souvent fait dégénérer des discussions scientifiques en mouvements révolutionnaires, d'inspirer des lois d'oppression contre le catholicisme, comme en Danemark et en Suède (2), d'interdire aux catholiques, dans les cantons de Zurich et de Bâle, l'usage de leurs cloches, tandis qu'eux mêmes l'accordaient aux Calvinistes dans le canton de Soleure. Au moment où l'on crut que le roi de Hollande allait cesser de rechercher la main de la comtesse d'Oultremont, qui était catholique, le *Handelsblad*, un des principaux journaux du pays, oublia la tolérance dont se vantent les protestants au point de s'écrier avec un accent de triomphe (3) : « Le roi s'est vaincu lui-même ! Réjouissez-vous, Néerlandais, d'une victoire que si peu de héros ont remportée, parmi ceux dont le nom remplit le monde ! » Un fait plus odieux encore s'accomplit dans la métropole catholique de Fribourg au

(1) *Mœhler*, Sa Symbolique, p. 188. Ses adversaires étaient Baur Nitzsch, Marheineke. Après Mœhler, le champ de la symbolique fut cultivé par Hilgers, théol. symb. Bonn., 1841. *Buchmann*, Symbolique populaire. May., 1843, Paris, 1845. *Thomas Moore*, Voyages d'un gentilhomme irlandais à la recherche de la vraie religion, traduit de l'Anglais.

(2) Emprunts curieux faits au « Faedrelandet, » par la Gazette universelle d'Augsb. 1840, n° 96. Gaz ecclés., d'Hœninghaus, 1840, n° 34. Sur la Suède, voy. cette même gaz. 1840, n°s 34, 37, 56 et Sion, 1841, n° 57.

(3) Du 21 mars 1840. Gaz. eccl. d'Hœn. 1840, n° 35.

grand-duché de Bade. Le jour de la Fête-Dieu, le pasteur et conseiller Eisenlohr, contrairement à toute coutume existante, réunit ses paroissiens dans l'église, et annonça du haut de la chaire qu'il les avait convoqués pour les tenir éloignés de l'idolâtrie catholique. Nous ne ferons que rappeler la polémique amère dirigée contre Mr Laurent qui allait être envoyé à Hambourg comme évêque, contre la reine Victoria à propos de quelques concessions insignifiantes faites aux catholiques, et aussi à propos du rétablissement de la hiérarchie catholique en Angleterre [1850] et en Hollande [1853], contre la décision dogmatique de l'Immaculée-Conception; celle des soi-disant collègues du président Hurter (1), les émeutes populaires de Philadelphie (2), les outrages faits au Pape et aux vrais catholiques pendant les parades du rongisme, les suppositions de symboles et de formules d'abjuration, l'oppression systématique des catholiques en Suisse, les calomnies odieuses répétées aux synodes ecclésiastiques de Berlin, Wiesbaden, Brême, Francfort, Stuttgard, etc.

Bien des choses dures et amères ont été dites et faites des deux côtés. Puisse une tenue plus digne, une conduite plus modérée prévaloir également dans les discussions scientifiques et les rapports sociaux, même au milieu des luttes inévitables entre deux principes contraires ! En présence des efforts tentés de toutes parts pour faire disparaître l'élément surnaturel de l'histoire et des dogmes de la religion chrétienne, ainsi que de toute religion, les protestants et les catholiques, qui ont gardé la foi, devraient s'entendre et se donner la main, pour sauver le trésor précieux des vérités révélées. Puisse aussi le jeune clergé être plus que jamais convaincu que sa mission est de démontrer la vérité, la grandeur et la force de son Église, en faisant voir que, partout où elle est libre, elle répond aux besoins du peuple et sait les satisfaire! C'est le plus sûr moyen de ramener au catholicisme les esprits qui en sont éloignés et de rétablir l'unité dans l'Église de Jésus-

---

(1) Le président Hurter de Schaffhouse et ses collègues. Schaffhouse, 1840.

(2) L'émeute de Philadelphie (feuilles hist., polit. t. XLII, p. 837 et suiv.).

Christ (1), selon la louable invitation que Stark adresse à tous dans son *Festin de Théodule.*

Cette division des croyances est loin de satisfaire tous les esprits. Les uns reviennent franchement au Catholicisme (2), ou du moins se nourrissent de la doctrine catholique (3). De là les suffrages nombreux que Brenner (4) et Hœninghaus (5) trouvèrent dans des pays essentiellement protestants. Une chose digne de remarque c'est la faveur avec laquelle des protestants de mérite recommandent les ouvrages catholiques aux ecclésiastiques et aux laïques comme très-propres à exciter et à entretenir l'esprit religieux. Non contents de les recommander, ils en font eux-mêmes usage. C'est ainsi qu'ils ont publié, pour leur coreligionnaires, des éditions de Thomas-à-Kempis, des voix spirituelles du moyen âge (6), des confé-

---

(1) D'après une notice statistique de la Gazette ecclésiastique de Vienne de l'année 1853, la chrétienté est divisée comme il suit : 194,500,000 Catholiques latins, 4,500,000 Grecs, 200,000 Arméniens, 530,000 maronites, 35,000 Syriaques (jacobites unis), 20,000 Chaldéens (nestoriens unis), 15,000 Coptes, 200,000 Syro-Chaldéens (chrétiens de Saint-Thomas unis) ensemble 200,000,000 catholiques; 64,000,000 Grecs schismatiques, 3,000,000 arméniens, 1,800,000 Abyssiniens, 500,000 Syriens, 200,000 Coptes monophysites, 100,000 Syro-Chaldéens, 500,000 Chaldéens nestoriens et 5,000,000 Roskolnikes en 30 sectes, ensemble : 75,100,000 chrétiens orientaux non-catholiques. Les protestants sont divisés en 40 grandes sectes et plus de 110 petites, dont 18,000,000 Luthériens, 15,000,000 Anglicans, 12,000,000 Évangéliques unis (Luthériens et Calvinistes), 7,000,000 Calvinistes allemands, hollandais et suisses, 6,000,000 Méthodistes, 5,000,000 Presbytériens et Baptistes calvinistes, et 12,000,000 d'autres sectes, ensemble : 80,000,000 chrétiens protestants, et, d'après des calculs plus récents, 89,000,000. Nouvelle statistique de *Braumers.* L'annuario pontificio de Rome. *Neher,* géogr. et statist. de l'Église, Ratisb. 1865 et suiv. 2 vol.

(2) *Arendt* (professeur privé à la fac. prot. de Bonn), Exposé des motifs de ma Conversion au catholicisme, Spire, 1832.

(3) *Stark,* Le festin de de Théodule ou réunion des diff. comm. chrét. Francf. 1827. Correspondance 1828.

(4) Concessions des protestants en faveur de la vérité, Bamb. 1830.

(5) *Hœninghaus,* Résultat de mes courses sur le territoire protestant, Aschaffenb. 1837.

(6) *Galle,* Voix spirituelles du moyen âge, Halle 1841.

rences de Massillon sur les devoirs des ecclésiastiques (1), des *Pensées* de Pascal (2), des sermons du franciscain Berthold, de Jean Tauler (3), etc. Ainsi se répand de plus en plus la conviction de cette vérité, que l'Église catholique a toujours compris le Christianisme d'une manière large et grandiose, et que le Catholicisme n'est pas tel que le représentent les préjugés invétérés de ses adversaires. Louis de Beckedorf a développé cette pensée avec dignité et une grande force de persuasion (4). Déjà les esprits les plus nobles et les plus religieux que possède le Protestantisme se prennent à songer, comme l'enfant prodigue, à tous les biens dont ils auraient joui dans la maison maternelle de l'Église catholique. Ce qu'ils envient surtout, c'est le chant, les offices religieux, les usages catholiques concernant le baptême, la communion, la confirmation, le mariage, la confession et les sépultures (5). Et pendant que, dans beaucoup de lieux, on replace sans bruit des images dans les églises, et que l'on revient à l'usage de sonner l'Angelus, s'élève çà et là une lutte ardente pour ou contre l'introduction d'offices religieux accompagnés de cérémonies liturgiques, de la confession auriculaire et du sacrement de l'Extrême-Onction.

Nous rappelons volontiers ici les œuvres sur lesquelles se sont exercés à la fois le zèle des Catholiques et celui des Protestants : la propagation du Christianisme, l'abolition de l'esclavage, le soin des malades et des pauvres par les ordres religieux catholiques et les diaconesses protestantes, le perfectionnement de l'art chrétien dans toutes ses parties. Si les Catholiques se sont montrés généreux et intelligents dans la restauration des cathédrales de Ratisbonne, de Bamberg, de Spire, de Cologne, etc., les Protestants méritent également des éloges pour les

---

(1) Massillon, Conférences et discours synodaux sur les principaux devoirs des prêtres.
(2) *Pascal*, ses Pensées.
(3) Ci-dessus, t. II, p. 591, note 1.
(4) Louis de Beckedorf, quelques mots de paix et de réconciliation 3e édit. Ratisb. 1852.
(5) Gazettte ecclés. évangél. de Hengstenberg du 29 oct. 1856. Avec plus de développements dans l'Hist. du protest. de Jœrg, t. I p. 445-555.

travaux qu'ils ont fait exécuter à l'église Sainte-Élisabeth de Marbourg, à celle de la Sainte-Vierge d'Esslingen et à la cathédrale de Bâle. Ajoutons que, de toutes parts, les uns et les autres ont érigé un grand nombre d'églises.

CHAPITRE III (1)

LE CONCILE DU VATICAN, 20° ŒCUMÉNIQUE, ET SES PREMIÈRES CONSÉQUENCES.

Acta et decreta S. S. et œcumenici concilii Vaticani, Frib. Brisg. 1870 sq. fasc. I : acta publica quibus conc. præparatum est; fasc. II : acta publica ipsius conc. Additum est lexicon geogr. diœceseon residentialium et abbatiarum nullius et catalogus Prœlatorum eccles. cathol. Le Concile Œcuménique (Voix de Maria Laach, nouv. série), Fribourg, 1869 sq. Documenta ad illustrandum conc. Vatic. ed. *Friedrich*. Nord I. 1871, 2 parties (reproduit beaucoup d'écrits des évêques opposés à la définition de l'infaillibilité). *Mgr Fessler* (secrétaire du concile), Le Concile du Vatican, son histoire et ses résultats, Vienne, 1871. *Lord Acton*, sur l'histoire du concile du Vatican, Munich, 1871. Acta et decreta S. S. œcumenici concilii Vaticani, Rom. 1872, ex typographia Vaticana (2).

---

(1) Ce chapitre est nouvellement traduit de la dernière édition allemande. Quoique l'auteur y ait suivi une méthode tout « objective », en se bornant à mettre devant les yeux du lecteur la série des faits, il ne pouvait point ne pas confesser sa foi, et tout le monde admirera les accents énergiques et émus qu'il a trouvés pour condamner le schisme des vieux catholiques (§ 440). On doit considérer ces pages comme un testament, et le laborieux et consciencieux historien n'en pouvait laisser de plus beau à ses nombreux disciples que ce *Credo* à l'infaillibilité pontificale, clef de voûte devenue à jamais inébranlable de l'Église catholique. S'il paraît çà et là sur des faits secondaires émettre des appréciations contestables, le lecteur les remarquera de lui-même, sans que nous ayons besoin de renouveler nos modestes réserves. Aux sources et aux travaux sur le concile, indiqués en tête ou dans le cours de ce chapitre, nous ajouterons l'*Histoire du Concile du Vatican* par Mgr Manning, avec une introduction de M. Chantrel.
(*Note du Traducteur.*)

(2) La littérature sur le Concile, tant en Angleterre et en Allemagne qu'en France et en Italie, est déjà immense. Elle est indiquée avec beaucoup de soin, incomplètement toutefois, dans *Friedberg*, Collection des actes relatifs au 1er concile du Vatican, avec une esquisse de son histoire, Tubing. 1871.

§ 435. — *Convocation du Concile.*

Ce fut en 1864, après la publication du Syllabus et de l'Encyclique *Quanta Cura*, qu'on commença à parler de la convocation d'un concile œcuménique ; plusieurs publicistes ont mis en lumière la connexité de ces deux événements (1). L'annonce du concile fut généralement accueillie avec une joyeuse espérance ; elle excita cependant, dans quelques esprits, des inquiétudes et des craintes diverses, et ce fut le cas de plusieurs évêques français, quoique les prélats de cette nation eussent été pour beaucoup dans la prière respectueuse que l'épiscopat, réuni à Rome en 1867, adressa au Pape, pour la célébration d'un concile universel, « remède souverain dans les grands dangers de la société chrétienne » (2). Pie IX avait promis de se rendre à ce désir.

Le 29 juin 1868, en la fête des SS. Apôtres Pierre et Paul, parut la bulle *Æterni Patris*, convoquant le saint, œcuménique et universel concile, dans la basilique du Vatican, pour la fête de l'Immaculée-Conception, 8 décembre 1869. Le Souverain Pontife veut et ordonne que ses vénérables frères, les patriarches, archevêques et évêques, de tous pays, et ses chers fils, les abbés et tous ceux qui ont le droit et le privilège d'assister aux conciles généraux, se rendent à Rome pour le terme marqué ; faute de quoi ils se verraient frapper des peines d'usage. Il espère que Dieu, qui tient dans ses mains les cœurs des hommes, disposera de telle sorte tous les princes et chefs des peuples, surtout les catholiques, qu'ils n'empêcheront point les prélats convoqués de se rendre au Concile.

La bulle par laquelle Paul III convoqua, en 1542, le concile de Trente avait servi de modèle à celle-ci, qui est en tout semblable ; mais elle ne propose pas avec la même précision l'objet du concile.

---

(1) Le concile œcuménique, préface, dans les *Voix de Maria Laach*. nouv. série, 1ʳᵉ livraison. Aussi le P. Pachtler S. J. a-t-il mis l'Encyclique et le Syllabus en tête de la collection des Actes conciliaires.
(2) Voir supra p. 149.

« Ce concile œcuménique, y est-il dit, devra examiner avec le plus grand soin et décréter tout ce qui est expédient, en ces temps très difficiles, pour la plus grande gloire de Dieu, l'intégrité de la foi, le salut éternel des hommes, la discipline de l'un et de l'autre clergé et son instruction salutaire et solide; pour l'observance des lois ecclésiastiques, la réforme des mœurs, l'éducation chrétienne de la jeunesse, la paix commune et la concorde universelle. Il faudra travailler aussi de toutes nos forces, avec l'aide de Dieu, à ôter tout mal de l'Église et de la société civile, à ramener les errants dans le droit sentier de la vérité, de la justice et du salut, à abolir les vices et les erreurs, afin que notre auguste religion et sa doctrine salutaire acquière partout une nouvelle vigueur, qu'elle se propage et qu'elle domine toujours de plus en plus, et qu'ainsi la piété, l'honnêteté, la justice, la charité et toutes les vertus chrétiennes, se fortifient et fleurissent, au très grand avantage de la société humaine. Car nul ne pourra jamais nier que l'influence de l'Eglise catholique et de sa doctrine, outre le salut éternel qu'elle procure aux hommes, ne soit utile aussi au bien temporel des peuples et à leur prospérité véritable, à l'ordre et à la tranquillité, ainsi qu'au progrès solide des sciences humaines, comme le prouvent avec évidence, par des faits lumineux et constants, les annales de l'histoire sacrée et profane (1). »

Le 8 septembre de la même année, Pie IX publia la lettre apostolique *Arcano Divinæ Providentiæ*, adressée à tous les évêques des Églises du rit oriental, hors de la communion du siège apostolique. Comme héritier, dit-il, du Prince des Apôtres, rocher inébranlable sur lequel le Sauveur a bâti son Église, il est animé d'un désir très ardent d'étendre ses soins à tous ceux qui, dans le monde entier, portent le nom de chrétiens, et de les recevoir tous dans les bras de sa charité paternelle. Il tourne particulièrement ses regards vers ces Églises, qui, unies autrefois au siège apostolique, brillaient si glorieusement par la sainteté et la céleste doctrine, et portaient des

---

(1) Litt. Ap. *Æterni Patris*. Voir à la fin du volume document I.

fruits abondants pour la gloire de Dieu et le salut des âmes, et qui maintenant, par suite d'un schisme pernicieux, demeurent séparées de l'Église répandue par tout le monde. Ayant convoqué un concile œcuménique, il les conjure, exhorte et supplie, d'imiter leurs Pères des conciles de Lyon (1274) et de Florence (1439), et de venir au concile du Vatican, « afin que l'ancienne charité se renouvelle, que la paix revive, et que la nuit sombre et triste des longues divisions se retire enfin devant la sereine lumière d'une union souhaitée de tous » (1).

Dans l'isolement et la léthargie où gît depuis des siècles l'Orient schismatique, ce touchant appel ne fut point entendu ; mais les peuples ne s'associèrent pas non plus à ce prêtre grec de Céos en Bithynie, qui demandait, plein d'une indignation affectée, qu'on repoussât avec mépris « la prétention papale ». Seule, la nation arménienne manifesta des dispositions favorables à l'union, et ce mouvement trouvait un point d'appui dans le patriarche arménien catholique de Constantinople ; mais la ruse et la violence réussirent à le comprimer (2).

Enfin Pie IX, dans sa lettre *Jam vos omnes* du 13 septembre, adressa des paroles mémorables aux protestants, qui, confessant le même Sauveur Jésus-Christ, n'ont pas la vraie foi de Jésus-Christ, et ne suivent pas la communion de l'Église : Il vient, dit-il avec toute l'ardeur de son zèle et de sa charité, les avertir, les exhorter, les conjurer, qu'ils veuillent bien examiner sérieusement, s'ils se trouvent dans la voie du salut, tracée par le Sauveur. Cette voie est l'Église, une, sainte, catholique, apostolique, fondée sur Pierre, dans laquelle la foi chrétienne s'est conservée entière et inviolable, et la même chez toutes les nations ; tandis que, dans les confessions séparées de l'Église, la foi paraît toujours changeante et chancelante. La cause en est dans l'absence d'une autorité divinement établie, pour instruire les hommes, principalement dans la foi et dans les mœurs, et les conduire au salut éternel ;

---

(1) Litt. Ap. *Arcano Divinæ Providentiæ*. Voir document II.
(2) Cf. *Voix de Maria Laach*, 1869, 1re livraison, p. 40 sqq et 3e livr. p. 31 sqq ; *Friedberg*, p. 12.

si bien qu'elles vont se divisant en sectes sans nombre, au grand détriment de l'État et de l'Eglise. Puissent-ils donc profiter de ce concile, où l'Eglise va manifester de nouveau sa profonde unité et sa vitalité indéfectible ! qu'ils offrent à Dieu de ferventes prières, pour qu'il jette bas le mur de séparation, qu'il dissipe les ténèbres de l'erreur et les ramène dans le sein de la Sainte Mère l'Eglise, où leurs pères trouvaient le pain de la vie, la vraie doctrine du Christ et les sacrements de la grâce céleste (1)!

L'attitude des protestants fut diverse : les uns opposèrent à la lettre pontificale de frivoles plaisanteries ou le dédain d'une ignorance affectée ; c'était la classe trop nombreuse des protestants tombés dans l'indifférence religieuse. Les zélés et les croyants, notamment les consistoires de quelques États et plusieurs conseils supérieurs, pensant être en possession de la pure doctrine de l'Evangile, tinrent la démarche du pape pour offensante, et répondirent par d'aigres refus, où se mêlaient les plus graves accusations contre l'Eglise catholique et la papauté. Un petit nombre seulement, mais les plus sérieux et les plus clairvoyants, ne méconnurent ni le bon droit ni les bonnes intentions du père de la chrétienté. Il faut nommer surtout Baumstark en Allemagne, Guizot en France, le docteur Pusey en Angleterre (2).

§436. — *Préparation du Concile : commissions de consulteurs ; le règlement.*

Pour attirer avant tout sur l'auguste assemblée, les bénédictions célestes le Saint Père employait l'arme de la prière. « Nous invoquons sans cesse, disait-il, le Père de la lumière et de la grâce, source de tout bien, pourqu'il envoie la sagesse, afin qu'elle soit avec nous et travaille

---

(1) Litt. Ap. *Jam vos omnes.* Voir Document III.
(2) *Friedberg*, p. 12-16. *Voix de Maria Laach*, 4ᵉ liv. p. 92 sqq. *Baumstark*, Pensées d'un protestant sur l'appel du pape pour la réunion avec l'Eglise romaine, Ratisb., 1868 sqq. Cf. Acta et decreta, fasc. I., p. 63-68.

avec nous. » Et en accordant, le 11 avril 1869, l'indulgence jubilaire, il excitait la piété de tous les fidèles à « unir leurs prières aux siennes, et à obtenir du Tout-Puissant la lumière céleste, pour décider dans ce concile tout ce qui contribuera le plus au bien commun du peuple chrétien, à l'utilité et à la glorification de l'Église catholique, à sa prospérité et à sa paix (1). »

Durant l'hiver de 1868-69, un grand nombre de théologiens d'Italie, de France, de Belgique, d'Allemagne, d'Espagne et de l'Amérique septentrionale, furent appelés à Rome, pour élaborer les matières qui devaient être soumises au Concile. Ils étaient répartis en sept commissions, dont chacune était présidée par un cardinal, et qui avaient respectivement pour objet : le règlement, — les rites et les cérémonies, — le droit public, — les missions et les Églises d'Orient, — les ordres religieux, — le dogme, — la discipline. On imposa à tous les consulteurs le *Silentium pontificium* (2).

Les évêques ne furent pas tenus au courant de ces travaux préparatoires; ils n'avaient reçu qu'une circulaire du cardinal Caterini (6 juin 1867), proposant 17 questions, sur lesquelles on désirait leur avis. Elles regardaient l'exclusion des non catholiques comme parrains dans le baptême, le règlement des affaires matrimoniales, la méthode de prédication la plus fructueuse, l'éducation de la jeunesse, la formation graduelle des jeunes clercs et leur instruction solide, la fondation de communautés religieuses nouvelles, le concours pour les cures, les moyens d'augmenter dans le clergé la soumission envers les évêques, les inconvénients pour les familles catholiques de domestiques qui ne le sont pas, enfin l'abolition de certains abus relatifs aux cimetières (3).

D'innombrables écrits avaient paru déjà sur l'objet, l'importance, les conséquences éventuelles du concile, lorsque, tout à coup, en février 1869, pendant que la com-

---

(1) *Voix de Maria Laach*, 1869, 4ᵉ liv. p. 5-12.
(2) Voir document IV, composition de ces commissions, et document V, tableau des projets élaborés par elles.
(3) Voir Acta et decreta conc. vat. fasc. I, p. 22, et Voix de Maria Laach, 1869, 2ᵉ livr. p. 7-10.

mission dogmatique discutait le schema sur l'infaillibilité pontificale, une correspondance française de la *Civiltà Cattolica* concentra sur ce seul point l'attention générale : « Le concile, annonçait-on hardiment, sera de courte durée ; car c'est le désir des catholiques que les évêques adoptent les doctrines du Syllabus et l'infaillibilité du pape par acclamation. » *Le Catholique de Mayence* crut devoir rassurer les esprits : « Il est notoire, disait-il, que la *Civiltà* a été désavouée de tous côtés. A Rome, les plus hautes autorités, le général des jésuites lui-même, ont vu l'article avec peine. Ce serait une grossière confusion de prendre ces inventions de quelques écrivains pour les pensées du monde catholique(1). »

Il s'éleva alors dans les principaux pays de l'Europe (2) une vive discussion scientifique, qui mit un instant la diplomatie elle-même en mouvement. En Allemagne, les laïques les plus fidèles et les plus considérés (3) conçurent des inquiétudes, qu'ils crurent devoir soumettre, dans une adresse respectueuse, à leurs évêques réunis à Fulde. Ceux-ci publièrent au tombeau de saint Boniface une lettre pastorale pour tranquilliser les âmes et dissiper bien des craintes : « Jamais, disaient-ils, non jamais un concile œcuménique ne proclamera, il ne peut proclamer, une doctrine nouvelle, non contenue dans l'Écriture sainte ou dans la tradition apostolique. Lorsque l'Église prononce dans les choses de la foi, elle ne publie pas de nouvelles doctrines, mais elle met en lumière et défend contre des erreurs nouvelles l'antique et originelle vérité. Jamais non plus un concile œcuménique ne définira des doctrines blessant les principes de la justice, les droits des États, les vrais intérêts de la science, la liberté légitime ou la

---

(1) *Le Catholique*, 1869. t. I. p. 727.
(2) En Allemagne le signal fut donné par le mémoire : « Le Concile et la Civiltà », publié dans la *Gazette Générale d'Augsbourg*, n° du 10 mars 1869, supplément. Voir Acton, l. c. p. 18 sqq : « Attitude des hommes d'État avant l'ouverture du Concile. »
(3) Ils se trouvaient en ce moment au parlement douanier de Berlin. Leur adresse a été publiée depuis dans les feuilles historiques et politiques, tome LXIX, livraison II, 1872 et dans la *Gazette d'Augsbourg*, supplément au n° du 6 juin 1872.

prospérité des peuples. C'est pourquoi personne ne doit craindre que, sans nécessité, par irréflexion ou par précipitation, les évêques prennent des mesures en opposition avec l'état présent et les besoins de notre société, ou qu'ils veuillent ramener parmi nous les conceptions, les mœurs ou les institutions d'un autre âge. Tout aussi peu fondé et tout à fait injuste, serait le soupçon que l'on puisse porter atteinte à la liberté des débats conciliaires ; nous savons au contraire très positivement que c'est la volonté déclarée du Saint Père que la liberté de la discussion y soit entière et que la durée n'en soit pas limitée (1). » Les évêques de France et d'Autriche-Hongrie donnèrent aux fidèles, en partant pour le concile, des assurances semblables. Dans sa lettre pastorale sur l'agitation en faveur de la définition de l'infaillibilité pontificale, Mgr Dupanloup disait : « Cette France se laisse aujourd'hui emporter si loin par son enthousiasme pour le centre de l'unité, que les opinions excessives partent de France pour franchir les Alpes, tandis que la modération, la sagesse et la réserve viennent de Rome. C'est Rome qui tient tête à la *furia francese*, et refuse de transformer des exagérations en dogmes. C'est pourquoi, mes frères, rassurez-vous ! hommes de foi, ne craignez pas ! »

L'intervalle de près d'un an et demi entre la bulle de convocation (29 juin 1868) et l'ouverture du concile (8 décembre 1869), avec la facilité actuelle des communications, avait permis aux prélats les plus éloignés d'arriver à temps : les évêques du Mexique et de la Californie, du Brésil, du Pérou, du Chili et de la Nouvelle-Grenade, des Philippines et de l'Australie, se trouvèrent au rendez-vous, ainsi que les vicaires apostoliques des Indes Orientales, de Siam, du Ton-Kin, de la Chine et du Japon. A ceux qui manquaient de ressources, Pie IX, avec sa sollicitude et sa générosité habituelles, fournit une habitation convenable et il ne cessa pas de pourvoir à leurs besoins. Le nombre des Pères présents dépassa 700, à la mi-décembre,

---

(1) Cette lettre pastorale, signée par 21 évêques ou délégués d'évêques, se trouve dans les *Voix de Maria Laach* 1869, livr. 5-10, avec plusieurs lettres analogues.

pour descendre par suite des décès et des congés, à 667, lors de la 3° session (24 avril 1870). On comptait parmi eux 43 cardinaux, 9 patriarches, 8 primats, 107 archevêques, 456 évêques, 1 administrateur apostolique, 20 abbés, 23 supérieurs généraux d'ordres religieux (1). Les quatre sessions publiques furent présidées par le pape lui-même; pour la présidence des *congrégations générales* (réunions générales, mais non publiques, où l'on discute les décrets à publier dans les *sessions*), il avait délégué d'abord le cardinal comte de Reisach, assisté des cardinaux de Luca, Bizzari, Bilio et Capalti. Mais le cardinal premier président, tombé gravement malade sur ces entrefaites, mourut loin de Rome, le 23 décembre, et fut remplacé par le cardinal de Angelis. Longtemps avant l'ouverture, le Saint Père avait nommé secrétaire du concile l'évêque de Saint-Hippolyte, le savant théologien Fessler.

La bulle *Multiplices inter*, en date du 27 novembre, prescrivit le règlement conciliaire (2). Nous ne pouvons dissi-

(1) Cf. document X. Voir la classification par nationalités dans *Fessler*, le Concile du Vatican, p. 15-20. Des 107 archevêques, il y avait 23 grecs et orientaux (8 arméniens, 5 chaldéens, 4 maronites, 3 syriens, 1 grec, 1 grec melchite et 1 roumain); 23 italiens; 46 des autres pays (dont 10 français, 10 de l'Amérique du Nord, 6 de l'Amérique du Sud, 5 de l'Espagne, 4 de Turquie et de Grèce, 3 autrichiens, 3 allemands, 2 irlandais, 1 belge, 1 hollandais, 1 anglais); enfin 15 archevêques *in partibus*. Des 456 évêques, 297 appartiennent à l'Europe, savoir 122 à l'Italie, 61 à la France, 31 à l'Espagne, 18 à l'Autriche-Hongrie, 16 à l'Irlande, 15 à l'Allemagne, 11 à l'Angleterre et à l'Écosse, 9 à la Turquie et à la Grèce, 7 à la Suisse (dont les coadjuteurs de Genève, de Coïre et de l'abbaye de Saint-Maurice en Valais), 5 à la Belgique et à la Hollande et 2 au Portugal.

(2) Voir document VI. Cf. *Fessler*, le Concile du Vatic. p. 33-42. Ce règlement est divisé en 10 sections : I. de modo vivendi in concilio; II. de jure et modo proponendi; III. de secreto servando in concilio; IV. ordre des préséances : cardinaux, patriarches, primats, archevêques, évêques, abbés, généraux d'ordre; V. des juges des excuses (chargés d'examiner les raisons et des évêques absents ou qui demandent à s'absenter) et des juges des conflits; VI. Des officiers du concile : secrétaire et sous-secrétaire avec deux aides; scrutateurs; deux avocats (*promotores*); maîtres de cérémonies; VII. Des congrégations générales; VIII. Des sessions publiques, manière d'y procéder et d'y voter, par oui (*placet*) ou non (*non placet*), tandis que dans les congrégations générales on peut voter encore par placet *juxta modum*,

muler la peine qu'elle causa à bien des évêques : ils regrettaient qu'on s'écartât, sans aucune raison, pensaient-ils, de la pratique consacrée à Trente, en imposant d'autorité ce que ce concile avait réglé librement. A Trente, en effet, les Pères avaient fait eux-mêmes le règlement, fixé l'ordre des matières et les formes à suivre (1). Ils ne revinrent pas de cette impression défavorable lorsque, le concile étant ouvert déjà, la bulle *Apostolicæ sedis moderamini*, pour la limitation des censures, signée dès le 12 octobre, au lieu d'être proposée aux délibérations des Pères, fut promulguée dans les formes ordinaires et distribuée aux évêques le 14 décembre, ou lorsque, dans la première congrégation générale (10 décembre), un évêque adressant des critiques au règlement, le cardinal président lui ôta la parole, en déclarant que c'était là une question décidée par le pape lui-même, et qui n'était point soumise au concile.

§ 437. — *De la 1re à la 3e session publique : modification du règlement ; postulatum pour la définition de l'infaillibilité ; décret contre les erreurs du rationalisme.*

Le 2 décembre, le Saint-Père avait invité les nombreux évêques déjà présents à Rome à une réunion préliminaire (*congregatio prosynodalis*) dans la chapelle Six-

---

adhésion liée à une ou plusieurs conditions, lesquelles doivent être remises par écrit; IX. Défense de quitter le concile sans l'autorisation du pape; X. Permission à tous les Pères ou officiers du concile, pour la durée du concile, de percevoir les revenus de leurs bénéfices, quoique ne résidant pas.

(1) Ce règlement du concile de Trente avait été jusqu'ici, sans grande raison, semble-t-il, soustrait à la publicité. Il a été publié dernièrement, avec beaucoup de notes hostiles au Saint-Siège et en partie non fondées : *Friedrich*, ordo et modus in celebratione sacri et œcumenici concilio tridentimi servatus, extrait du codex latin 813 de la bibl. royale de Munich; comparaison avec le règlement du concile du Vatican, dans les Documenta ad illustrandum concil. vatic. 1re partie. Règlement du concile de Trente, 1re édit. complète, d'après un manuscrit des archives du Vatican, texte latin, Vienne, 1871 ; texte allemand, avec un parallèle entre le concile de Trente et le concile du Vatican, Vienne, 1871.

tine. Il leur avait adressé une courte allocution (1) sur la grandeur et l'importance de l'œuvre à laquelle ils allaient concourir, et reçu le serment des officiers majeurs du concile.

Le 8 décembre, dans la salle synodale qui avait été construite au sein de l'immense basilique, eut lieu la PREMIÈRE SESSION PUBLIQUE et l'ouverture du concile, avec les prières solennelles et ces hymnes saisissants, qui appellent l'Esprit-Saint et semblent rendre sensible l'élément surnaturel des conciles œcuméniques. Le discours sacré fut prononcé par Mgr Puecher-Passavalli, archevêque d'Iconium et vicaire de Saint-Pierre (2). Après la prestation de l'acte d'obéissance par les Pères du concile et le chant des litanies, Pie IX, d'une voix émue, adressa lui-même à l'auguste assemblée de touchantes paroles : « Notre cœur tressaille dans le Seigneur, disait-il, et il est rempli d'une consolation indicible, en vous voyant, pour la seconde fois (3) en cette glorieuse fête, mais plus nombreux aujourd'hui, réunis [dans cette capitale de la religion catholique. Vous êtes assemblés, vénérables Frères, pour enseigner avec nous à tous les hommes la voie de Dieu dans la vérité (Matth. XXII, 16), pour juger avec nous sur les opinions contradictoires d'une fausse science (I Tim. VI, 20), sous la conduite de l'Esprit-Saint (Act. XV, 19). Vous savez assez quelles furieuses attaques l'antique ennemi ne cesse de diriger contre la maison de Dieu, dont la sainteté est l'ornement. Mais rien n'est plus puissant que l'Eglise, disait S. Jean Chrysostome ; elle est plus forte que le ciel même : car le ciel et la terre passeront, mais les paroles du Fils de Dieu ne passeront pas… Il nous semble, à votre aspect, voir ici présente devant nous toute la famille du peuple catholique, enfants qui nous sont bien chers ; nous nous rappelons tant de gages d'amour reçus d'eux, et notre âme est émue de la plus vive gratitude. Nous nous souvenons aussi de la triste condition de tant

---

(1) Voir document VII.

(2) Voir ce discours dans les Acta et decreta conc. Vat. fasc. II et dans les *Voix de Maria Laach* 1869-1870, liv. 6° p 24-42.

(3) Voir suprà p. 142.

d'hommes, égarés des sentiers de la vérité, de la justice et du bonheur, et nous sentons le plus ardent désir de venir à leur secours, nous rappelant la parole, de notre divin Sauveur et Maître, qui est venu chercher ceux qui avait péri... Courage donc, Vénérables Frères, soyez forts dans le Seigneur, et, au nom de la Trinité Très Sainte, sanctifiés dans la vérité et revêtus des armes de lumière, enseignez, avec nous la voie, la vérité et la vie ; efforcez-vous avec nous de rendre la paix aux royaumes, la loi aux barbares, la tranquillité aux monastères, l'ordre aux Églises, la discipline aux clercs et à Dieu un peuple fidèle (1). »

Après cette mémorable allocution et le chant du *Veni Creator* qui la suivit, le Saint Père demanda aux prélats s'il leur plaisait qu'en l'honneur et à la gloire de la Trinité divine, pour la propagation et l'exaltation de la foi et de la religion catholique, pour l'extirpation des erreurs règnantes, pour l'amendement des mœurs dans le peuple et dans le clergé, le concile œcuménique du Vatican commençât et fût déclaré ouvert. Sur le *placet* unanime des Pères, il sanctionna le décret d'ouverture, ainsi qu'un autre décret fixant la deuxième session publique à la fête de l'Épiphanie (6 janvier 1870).

Elle fut préparée par quatre congrégations générales, les 10, 14, 20 et 28 décembre. Dans la première, on fit connaître d'abord les 26 prélats (2) désignés par le pape pour former la congrégation d'initiative, chargée de l'examen préliminaire des propositions que chaque évêque pourrait présenter ; puis les Pères élurent eux-mêmes, conformément au règlement conciliaire (§ 5), cinq juges des excuses et cinq des controverses, ces derniers pour aplanir les difficultés qui pourraient surgir au sujet des préséances. On distribua un premier travail de la commission préparatoire des consulteurs pour le dogme, traitant, en 141 pages, de la doctrine catholique contre les nombreuses erreurs issues de rationalisme, et on communiqua au concile une constitution apostolique du 4 décembre,

---

(1) Voir document VIII.
(2) Voir sur la composition des diverses congrégations spéciales, document XI.

par laquelle le pape prenait des mesures spéciales pour l'élection de son successeur, pour le cas où il viendrait à mourir durant la célébration du Concile. Dans la deuxième congrégation générale, on proclama les juges des excuses et les juges des conflits nommés précédemment; les Pères élurent les 24 membres de la congrégation ou députation dogmatique (*de Fide*) (1) et reçurent communication de la bulle portant limitation des censures.

Dans la troisième on fit connaître le résultat de l'élection pour la congrégation du dogme et on élut la députation de la discipline, également de 24 membres. Celle des ordres religieux fut nommée dans la quatrième congrégation générale, le 28 décembre. C'est ce jour-là que commença la discussion du premier schema dogmatique; elle se poursuivit dans les congrégations générales du 30 décembre, du 3 et du 4 janvier, sans arriver à terme.

La DEUXIÈME SESSION PUBLIQUE (6 janvier 1870) fut donc uniquement consacrée à la solennité de la profession de foi, qui doit se faire, selon l'antique coutume dans tous les conciles, surtout œcuméniques. Le pape, s'étant levé de son trône, le visage tourné vers les Pères, vers l'autel, avec l'Evangile ouvert, et la confession de Saint-Pierre, d'une voix élevée et majestueuse, qui résonna au loin, récita la profession de foi du concile de Trente. L'évêque de Fabriano, du haut de la tribune, répéta à haute voix la même formule, que les cardinaux, les patriarches, les archevêques, les évêques et tous les Pères du concile reconnurent pour leur commune foi, en venant un à un devant le pape, baiser respectueusement l'Evangile. C'était l'accomplissement visible de la prière de notre divin Sauveur: « Que tous soient un, comme vous, Père, êtes en moi et moi en Vous; que de même ils soient un en nous, afin que le monde croie que c'est Vous qui m'avez envoyé. » (Jean XVII, 20, 21.)

---

(1) De tous les actes du Concile que la foi ne défend pas d'apprécier, la composition de la députation dogmatique est celui qui me paraît le plus fâcheux. Voir les critiques de Mgr Darboy, archevêque de Paris, dans son discours sur l'infaillibilité pontificale et de l'archevêque Kenrick de S. Louis. L'un et l'autre sont rapportés dans *Friedrich*, Documents, II°part. p. 185-220 et 415-424.

§ 437. — DE LA 1ʳᵉ A LA 3ᵉ SESSION PUBLIQUE

Dans la congrégation générale qui suivit (10 janvier) le concile élut la députation pour les rits orientaux et les missions, et on termina la discussion du schema dogmatique à laquelle avaient pris part trente-cinq orateurs, exposant librement leurs vues, motivant leurs critiques, indiquant les modifications désirées. Le projet fut envoyé, avec les discours et les propositions le concernant, au président de la commission conciliaire du dogme, chargée de le remanier. Le concile examina, en attendant, les trois premiers projets disciplinaires : on consacra sept congrégations du 14 au 25 janvier, aux schemas *sur les évêques* et *sur la vacance du siège épiscopal;* celui *de la vie et des devoirs des clercs* occupa aussi sept congrégations, du 25 janvier au 8 février; enfin, du 10 au 22 février, on discuta l'utilité de l'adoption d'un *petit catéchisme uniforme pour toute l'Eglise,* dans six congrégations, où 41 Pères prirent la parole. Ces trois projets furent envoyés à la députation conciliaire de la discipline avec les discours auxquels ils avaient donné lieu.

La fin de la congrégation générale du 22 février fut marquée par un événement qui causa une vive sensation. Un grand nombre de Pères, trouvant la marche du concile lente à l'excès, souhaitaient certaines modifications dans le règlement, permettant d'activer les travaux en abrégeant les discussions. A cet effet le Pape, de l'avis des cardinaux présidents et de la congrégation des propositions, par un décret du 20 février (1), communiqué au concile dans la congrégation du surlendemain, édicta plusieurs dispositions additionnelles au règlement du 27 novembre. Elles y apportaient deux modifications principales : Selon l'ancien règlement, le schema, tel qu'il était sorti des mains des consulteurs extra-conciliaires et avant de passer par la députation conciliaire compétente, était l'objet d'une discussion approfondie, en congrégation générale. Grâce au paragraphe 1ᵉʳ additionnel, ce premier débat, que nous avons vu prendre sept congrégations pour un même projet, se trouve supprimé, ou plutôt remplacé par les observations écrites que chaque évêque est invité

---

1 Voir document IX.

à remettre, dans les 8 ou 10 jours qui suivent la distribution du schema, à la députation compétente. Celle-ci revise et, s'il y a lieu, réforme le projet en tenant compte des observations présentées, et c'est le projet ainsi revisé qui viendra en discussion devant le concile. Une disposition non moins importante était celle du paragraphe 11 : « Si après un mûr examen de la question, la discussion se prolonge outre mesure, les cardinaux présidents, sur la demande écrite de dix Pères aux moins, pourront consulter la congrégation générale, qui votera par assis et levés, sur la continuation des débats ; ils mettront fin à la discussion si tel est l'avis de la majorité (1). » L'expérience des congrégations précédentes avait suggéré d'autres dispositions moins essentielles, prises en vue d'une marche plus méthodique des délibérations : tels sont les paragraphes 2 et 7, insistant sur le partage de la discussion en générale et particulière.

Mais ce groupe considérable d'évêques qui avait accueilli avec si peu de faveur la bulle du 27 novembre, parce qu'il jugeait humiliant pour le concile œcuménique de n'être pas admis à faire son règlement, s'émut bien plus du décret de février et des mesures nouvelles qu'il prescrivait. Elles donnèrent lieu à des représentations écrites, signées de plus de cent prélats de toute nation (2).

---

(1) Mgr Mannig (Hist. du concile du Vatic p. 41) justifie pleinement le § 11 par cette judicieuse remarque : « *Ce droit est essentiel à toute assemblée délibérante*, qui a la double liberté d'écouter aussi longtemps que cela lui paraît convenable, et de refuser d'écouter lorsqu'elle juge qu'une question a été suffisamment discutée. »
(*Note du traducteur*)

(2) Voir *Friedrich*, Documenta. Plaintes sur l'impossibilité de se faire entendre dans la salle synodale par défaut d'acoustique (on y remédia), 1re part. p. 2473 ; au sujet de l'ancien et du nouveau règlement, ibid. p. 258-263 et 2e part. p. 380-385 et 391-392. L'extrait suivant donnera une idée du ton qu'atteignaient parfois ces protestations : « Il nous suffit d'avoir ici déclaré ouvertement notre conviction. Nous n'ajouterons aucune prière ; car notre dignité d'évêques, l'office que nous remplissons au concile, nos droits comme membres du concile, ne nous permettent pas plus longtemps de supplier, après que l'expérience nous a appris à satiété que nos prières, non seulement ne sont pas écoutées, mais n'ont pas été une seule fois jugées dignes d'une réponse. Il ne nous reste plus désormais qu'à

Pourtant un objet plus grave préoccupait vivement et agitait en sens divers la vénérable assemblée ; dès les premiers jours de janvier, on avait répandu parmi les Pères, avec prière d'adhérer, une motion longuement motivée, signée de dix-huit évêques, de nationalités différentes, demandant la définition de l'infaillibilité pontificale. Ce postulatum fut bientôt suivi d'un autre (1) dans le même sens portant de plus nombreuses signatures, surtout de prélats italiens, pendant qu'au dehors bon nombre de journaux français, italiens et anglais, menaient avec une ardeur croissante la campagne en faveur de la définition (2). D'autre part, aux postulata pour la définition, on opposa aussitôt des motions contraires, et 134 évêques signèrent une adresse, priant respectueusement le Saint Père que

---

élever nos protestations contre un règlement qui nous paraît également dommageable à l'Eglise et au siège apostolique, afin de décliner, devant les hommes comme devant le tribunal de Dieu, toute responsabilité dans les malheurs qui peuvent en résulter. Que cette déclaration nous serve à jamais de témoignage! » Ibid. p, 392-397). On se plaignit aussi d'altérations arbitraires de textes (p. 400 sq).

(1) Voir document XII.

(2) *L'Univers* disait dès le 3 février : « Il n'y a au fond qu'une seule question, devenue urgente et inévitable, dont la solution rendra aisé de débrouiller et de résoudre toutes les autres, dont le retard paralyserait tout. Sans celle-là rien n'est commencé. » L'abbé Margotti, le Veuillot italien, s'exprimait de même dans l'*Unita Cattolica* du 24 mai : « Tout le monde comprend qu'en face de la calamité régnante de la liberté de la presse et du journalisme, l'infaillibilité pontificale est le seul moyen de guérison et de salut. Il nous faut un pape qui, exempt de l'erreur, puisse chaque jour enseigner, condamner, définir, et dont un catholique ne puisse jamais contester les oracles. » Nommons encore le *Civilta*, le *Monde*, la *Correspondance de Rome*, la *Revue de Dublin* le *Tablet de Londres*, le *Vatican*, etc. Sous leur influence, dans beaucoup de diocèses, le clergé et les laïques envoyèrent des adresses au Pape et au concile en faveur de la définition. Il y eut bon nombre de brochures et de livres dans le même sens, entre autres la *Monarchie pontificale* du bénédictin dom Guéranger. Pie IX honora cet ouvrage d'un bref élogieux, et la *Gazette du Midi* disait : « Par la publication du bref à dom Guéranger, la controverse dogmatique est, grâce à Dieu, terminée. La parole du Vatican, lumière pour tous les fidèles, devient l'éclair de la foudre pour les adversaires. Après ce jugement, toutes les illusions doivent cesser. » Friedberg a recueilli tous les brefs adressés à des auteurs écrivant dans le même sens, p. 485-95; 512 sqq.

la proposition sur l'infaillibilité ne vînt point devant le concile. On attendait encore la décision de Pie IX au moment où parut le nouveau règlement.

Comme la députation dogmatique n'avait pas terminé la révision du schema sur le rationalisme, il y eut interruption des congrégations générales; mais on distribua le deuxième projet dogmatique, *de Ecclesia Christi*, divisé en trois parties, formant 15 chapitres avec 21 canons (1). Les Pères, selon le nouveau règlement, devaient, dans le délai de dix jours (22 février au 4 mars), remettre leurs observations écrites sur la Ire partie, soit les chapitres i-x. La députation reçut 120 mémoires, dont plusieurs collectifs, portant de 4 à 29 signatures; et ce seul fait montre déjà que les Pères surent faire bon usage aussi du nouveau règlement.

On allait procéder de même pour la IIe partie, chapitres xi et xii, *de la Primauté du Pontife romain*, lorsque le Saint-Père, de l'avis de la congrégation d'initiative, permit la présentation du postulatum sur l'infaillibilité, auquel plus de 500 prélats avaient maintenant adhéré. En conséquence, entre les chapitres xi et xii, on inséra un chapitre nouveau : *de l'inerrance du pontife romain dans les définitions sur la foi ou les mœurs*. Il fut distribué le 6 mars pour être examiné ensemble avec le chapitre xi. Pour une matière si pleine de graves et difficiles questions, le délai de dix jours était manifestement insuffisant; on le prolongea de huit jours : c'était bien peu encore. Néanmoins au terme voulu, 149 notes avaient été présentées, de la part de plus de 200 Pères, plusieurs comptant dix signatures, d'autres plus de vingt. L'analyse synoptique qui en fut faite par la députation dogmatique remplissait, pour la primauté 144 pages in 4° d'impression et 242 pour l'infaillibilité. C'est du moins la preuve du soin que la députation apportait à sa tâche.

Cependant la nouvelle rédaction du schema contre le

---

(1) La première partie, chapitres i-x, traitait de l'Eglise; la deuxième, ch. xi et xii, de la primauté du pontife romain et de son pouvoir temporel; la troisième, ch. xiii-xv, des rapports de l'Eglise et de l'Etat.

rationalisme et ses conséquences se trouvant terminée avait été distribuée le 14 mars. Un *procemium*, œuvre de la députation, rattachait ce premier décret, et par lui le concile, au concile de Trente et au mouvement religieux depuis cette époque. Le chapitre premier traitait de Dieu et de la création ; le deuxième de la révélation divine ; le troisième de la foi chrétienne ; le quatrième et dernier des rapports de l'intelligence humaine avec la foi surnaturelle. Le tout se terminait par dix-huit canons.

La deuxième délibération sur ce projet occupa encore neuf congrégations, où l'on entendit neuf orateurs pour la discussion générale, tandis que pour celle des parties vingt et un Pères parlèrent sur le premier chapitre ; vingt sur le deuxième ; vingt-deux sur le troisième et douze sur le quatrième. Les amendements nouveaux, proposés au cours de ce débat, furent renvoyés à la députation, qui retoucha une seconde fois le projet, avec un tel succès que, dans la congrégation du 29 mars, le *procemium* fut adopté à l'unanimité ; les votes sur les chapitres ne firent pas moins d'honneur à la députation, et finalement sur l'ensemble du projet, pas une voix ne se prononça contre. Quatre-vingt-trois Pères toutefois ne l'adoptaient encore que conditionnellement (*Placet juxta modum*), sous la réserve de telles ou telles modifications consignées dans un écrit que l'on remettait en votant. Imprimées et distribuées aux Pères, elles furent l'objet de la part de la députation, dans la congrégation générale du 19 avril, d'un rapport détaillé qui dissipa enfin tous les doutes, et le 24 avril (dimanche de Quasimodo), dans la TROISIÈME SESSION publique, présidée par le Pape, la *constitution dogmatique sur la foi catholique* fut adoptée par les six cent soixante sept Pères présents, avec une unanimité admirable (1).

§ 438. — *De la 3ᵉ session jusqu'à la suspension du concile : Discussion du schema sur la primauté et sur l'infaillibilité pontificale ; définition.*

Le lendemain, 25 avril, on distribua le projet revisé sur le catéchisme commun, qui fut débattu dans les con-

(1) Voir document XIII.

grégations générales du 29 et du 30 avril. Les amendements qu'on y proposa furent renvoyés à l'examen de la députation de la discipline, dont la rédaction définitive fut adoptée, dans la congrégation du 4 mai, à une forte majorité. On présenta toutefois encore bien des difficultés, dont la députation fit rapport dans la congrégation du 13 mai. Le décret ne fut point publié en session et le vote du 4 mai demeura provisoirement sans effet.

La députation de la foi, après examen des observations et des amendements que nous avons vu plus de deux cents Pères lui adresser, avait remanié la proposition sur la primauté et l'infaillibilité du pontife romain. Elle avait modifié l'économie générale du schema primitif sur l'Église : la première partie, *De Ecclesiâ Christi in genere* était reportée en arrière, tandis que la deuxième partie, sur la primauté et l'infaillibilité, prenait le titre de *constitution dogmatique première sur l'Église de Jésus-Christ*. Celle-ci se divisait en quatre chapitres : I de l'institution de la primauté en l'Apôtre saint Pierre; II de sa permanence dans les évêques de Rome; III de la nature et de la portée de la primauté du Pape; IV de l'infaillibilité du Pape. Lorsque le nouveau projet fut distribué aux Pères, ce fut une émotion et une agitation extraordinaire. Ceux qui s'étaient prononcés dès l'abord contre toute proposition sur l'infaillibilité, répétaient avec une vivacité croissante leurs premières objections (1); mais ils insistaient surtout sur un grief nouveau :

---

(1) Ces objections peuvent se résumer comme suit :

1° Les conciles se sont toujours fait une règle de ne faire aucune définition, de ne prononcer aucun anathème, que si les circonstances extérieures le rendent nécessaire. Ce principe est décisif contre la définition de l'infaillibilité pontificale, puisque en aucun temps l'autorité même doctrinale du saint siège n'avait été reconnue avec autant d'amour qu'aujourd'hui : témoins les affaires de Hermès, de Gunther, d'Ubaghs, de Frohschammer, etc. De résistances, comme on en vit au temps du jansénisme, il n'y a pas trace. Le Gallicanisme semble mort, mais l'exaltation de l'autorité pontificale par la définition proposée le ranimerait ; elle augmenterait l'aversion des Orientaux, dont la réunion deviendrait infiniment plus difficile, et éloignerait à jamais les protestants, comme on dit que déjà la lettre pastorale de l'archevêque de Westminster sur l'infaillibilité a décidé plusieurs anglicans convertis à retourner à l'Anglicanisme.

par cette inversion de l'ordre des propositions, les points en question ne venaient plus, disaient-ils, à leur place véritable dans la suite naturelle de la doctrine ; ils trouvaient peu logique, en traitant de l'Eglise, de commencer par la primauté et l'infaillibilité, la primauté n'étant que le couronnement et l'achèvement de ce sublime édifice. Ces représentations demeurèrent sans effet ; on crut devoir se rendre au désir de la majorité des Pères.

La discussion générale sur le nouveau schema commença

2° La doctrine de l'infaillibilité pontificale ne semble pas suffisamment fondée sur l'Écriture ou la tradition. Les textes cités ne prouvent que la primauté de l'évêque de Rome ou la nécessité d'être en communion avec lui, non son infaillibilité. D'ailleurs beaucoup de citations des Pères ou des conciles sont très inexactes, plusieurs absolument fausses. On ne peut donc pas espérer pour cette proposition l'accord moral, nécessaire pour la définition des vérités de foi, accord que Pie IV voulait unanime.

3° On prétendait aussi que de fait quelques papes étaient tombés dans l'hérésie, ce qu'en droit Innocent III et Innocent IV regardaient comme possible.

4° Si le Pape, selon la définition projetée, est infaillible par lui-même, sans le consentement des évêques, il semble que les conciles deviennent inutiles.

5° Cette définition rendrait plus fâcheuse la position de l'Eglise vis-à-vis des puissances temporelles ; la charge épiscopale et la défense des droits ecclésiastiques deviendraient extrêmement difficiles. Les gouvernements verraient, par exemple, dans les bulles *Unam sanctam*, et *Ex apostol. nost. officio* de Boniface VIII et de Paul IV, maintenant déclarées infaillibles, une menace perpétuelle contre les droits des princes, et ils regarderaient comme un devoir de résister à l'Eglise catholique. Les évêques orientaux suppliaient le Pape de ne pas aggraver encore le fardeau déjà bien lourd de leurs fonctions ; ceux d'Italie, de ne pas fournir, sans aucune nécessité, de nouvelles armes aux ennemis de l'Eglise. — Cette glorification du saint siège aurait aussi pour effet que les fautes, aujourd'hui oubliées, de quelques Papes seraient de nouveau mises en lumière et odieusement exploitées.

6° La définition proposée aurait des inconvénients particuliers pour les catholiques anglais, dont la loyauté pourrait sembler compromise ; en effet, à la veille de l'acte d'émancipation, le parlement avait publiquement demandé aux évêques et aux théologiens s'ils croyaient, eux et leurs ouailles, que le Pape peut faire des définitions dogmatiques sans le consentement exprès ou tacite de l'Eglise ; les évêques et les théologiens avaient répondu unanimement que la doctrine de l'infaillibilité pontificale n'appartient point à la foi de l'Eglise catholique.

le 14 mai ; elle continua jusqu'au 3 juin, durant 14 congrégations, où soixante-quatre prélats exposèrent des vues très divergentes, surtout sur les chapitres III et IV. Comme on entendait à la fin beaucoup de répétitions et que la matière semblait épuisée, quoiqu'il y eût encore quarante orateurs inscrits, la clôture de la discussion générale fut demandée par plus de cent Pères. Quatre-vingt-un prélats (1) se levèrent contre cette proposition, mais la grande majorité fut favorable et les cardinaux présidents déclarèrent la clôture, d'autant plus que bien des orateurs étaient entrés déjà dans la discussion des parties, surtout des chapitres III et IV, et avaient dû être rappelés à la question.

La discussion spéciale commença le 6 juin par le *prooemium*, sur lequel sept orateurs étaient inscrits. Le lendemain trois Pères parlèrent sur le premier chapitre et cinq sur le deuxième ; avec le chapitre troisième, sur la nature et la portée de la primauté, la délibération devint plus vive et plus passionnée ; on en vint à de bruyantes manifestations contre certains orateurs, comme il était arrivé déjà lorsque l'évêque Strossmayer avait voulu critiquer le règlement. L'examen de ce chapitre dura du 9 au 14 juin ; trente-deux Pères y avaient pris part, proposant soixante douze amendements. De même que les amendements sur les chapitres précédents et sur le *prooemium*, ceux-ci furent renvoyés à l'examen de la députation, pour qu'elle réformât s'il y avait lieu, le projet. De fait, dans le rapport qu'elle en fit dans la congrégation du 6 juillet, elle adopta plusieurs de ces amendements, entre autres celui-ci que « les évêques sont établis par l'Esprit-Saint, à la place des Apôtres et comme leurs successeurs ».

L'examen du chapitre quatrième, sur l'infaillibilité du pontife romain, dura du 15 juin au 4 juillet ; on entendit cinquante-sept prélats, dont 6 cardinaux et deux patriarches. Les cardinaux Rauscher et Matthieu ouvrirent le débat par de sérieuses objections contre la définition ; mais la délibération prit bientôt un caractère d'irritation et de vivacité extrême : les orateurs de la minorité furent plusieurs fois

---

(1) Voir leur protestation avec 81 signatures dans *Friedrich*, Documenta, IIe part. p. 397 sq.

interrompus par des cris d'improbation et d'impatience, rappelés à l'ordre, réduits au silence. Du reste, sans parler des anciens conciles œcuméniques, on avait vu la même chose à Trente. Quatre-vingt-seize amendements avaient été proposés et renvoyés à la députation dogmatique ; celle-ci modifia en effet le schema en nombre d'endroits, à commencer par le titre, où l'expression de *magistère infaillible* remplaça celle d'*infaillibilité ;* beaucoup de ces amendements furent adoptés à une grande majorité dans la congrégation du 11 juillet, et la députation, qui continuait à déployer une activité merveilleuse, ayant fait imprimer aussitôt les chapitres III et IV amendés, on put procéder dès le 13 au vote nominal sur l'ensemble de la première constitution sur l'Eglise. Sur 601 Pères présents, 88 la rejetèrent, tandis que 451 l'adoptèrent absolument et 62 conditionnellement. Les observations écrites des soixante-deux furent encore adressées à la députation, chargée de les examiner promptement ; elle présenta son rapport à la congrégation du 16 juillet, qui adopta, à une grande majorité, deux nouvelles modifications proposées par la députation, ainsi qu'une addition inattendue à la formule de l'infaillibilité : *Ideoque romani pontificis definitiones ex sese non autem ex consensu Ecclesiæ, irreformabiles esse* (1). A la fin de la même congrégation les cardinaux présidents firent distribuer une protestation en langue latine contre deux brochures françaises : *Ce qui se passe au concile*, et *La dernière heure du concile*, qui se prononçaient avec une grande amertume et une hostilité marquée contre les actes récents de la majorité conciliaire.

Cependant les évêques de la minorité venaient de faire

___

(1) La formule de l'infaillibilité fut fixée comme suit : « Sacro approbante concilio docemus et divinitus revelatum dogma esse definimus : Romanum pontificem, cum ex cathedrâ loquitur, id est, cum omnium christianorum pastoris et doctoris munere fungens, pro suprema sua apostolica auctoritate doctrinam de fide vel moribus ab universa Ecclesia tenendam definit, per assistentiam divinam, ipsi in Beato Petro promissam, ea infaillibilitate pollere, qua divinus Redemptor Ecclesiam suam in definienda doctrina de fide vel moribus instructam esse voluit ; ideoque ejusmodi romani pontificis definitiones ex sese, non autem ex consensu Ecclesiæ, irreformabiles esse. »

une tentative extrême auprès de Pie IX lui-même. En leur nom, le primat de Hongrie, Mgr Simor, le vénérable Mgr Rivet de Dijon et Mgr Ketteler de Mayence avaient sollicité une audience, pour décider Sa Sainteté à la dernière heure, devant l'imminence des dangers, à empêcher la promulgation de la constitution, à la retarder du moins, jusqu'au jour où l'ensemble de la doctrine sur l'Église aurait été discuté. L'audience avait été accordée pour le 15 juillet. Ce fut un moment solennel lorsque ces prélats éclairés se trouvèrent, profondément émus, devant le Père de la chrétienté ; lorsque devant celui qui, tenant la place du divin Sauveur, a la tâche sublime d'attirer à lui tout le monde et de n'éloigner personne, ils exposèrent d'une manière pressante et touchante toutes leurs inquiétudes, et que Mgr Ketteler se jeta à ses pieds par trois fois. Le pape demeura inébranlable, et il en fut de même le surlendemain lorsque le cardinal Rauscher, prenant congé de Sa Sainteté, lui parla à son tour des graves et multiples périls que cette définition allait susciter à l'Eglise. Pie IX ne crut pas pouvoir imiter la condescendance de Pie IV ; sa réponse fut que *l'affaire était trop avancée*. Cinquante-cinq évêques de France, d'Autriche-Hongrie, d'Allemagne et d'Amérique, adressèrent au Pape un écrit en date du 17 juillet, qui fut remis à Sa Sainteté le 18 au matin (1). Ils expliquent dans cette pièce

---

(1) « Très saint père ! Dans la congrégation du 13 juillet, nous avons voté sur le schema de la première constitution dogmatique sur l'Eglise. Votre Sainteté sait que 88 Pères, forcés par leur conscience et par amour pour la sainte Eglise, ont émis un vote négatif, que 62 autres n'ont adopté que conditionnellement et qu'enfin 70 se sont absentés de la congrégation et se sont abstenus. A ce nombre il faut en ajouter d'autres que leurs infirmités ou d'autres graves motifs ont obligés de rentrer dans leurs diocèses. Votre Sainteté sait donc et le monde entier saura comment nous avons cru devoir remplir la charge et les devoirs qui nous incombent et combien d'évêques partagent notre conviction.

« Depuis lors rien ne s'est produit qui pût la modifier, mais il s'est produit au contraire bien des faits, et des plus graves, qui nous ont confirmés dans cette ligne de conduite. C'est pourquoi nous déclarons par cet acte maintenir et confirmer nos votes antérieurs.

« Tout en les renouvelant ici par écrit, nous nous décidons à ne point paraître à la session publique du 18. La piété filiale et le res-

pourquoi ils ne paraîtront pas à la prochaine session publique et maintiennent leur vote du 13 juillet, quoique sachant bien que les suffrages des Pères présents sont seuls comptés.

Le 18 juillet, la QUATRIÈME SESSION publique eut lieu dans la forme déjà décrite. Après la messe solennelle et l'invocation du Saint-Esprit, l'évêque de Fabriano, ayant lu à haute voix le projet de constitution, demanda aux Pères s'ils voulaient adopter les définitions dogmatiques et les canons contenus dans cette constitution. Sur 535 Pères présents, 533 donnèrent un vote affirmatif, *placet* ; deux seulement (l'un Italien, l'autre de l'Amérique septentrionale) prononcèrent le *non placet*, mais ils s'unirent aussitôt à leurs frères, si bien qu'il y eut unanimité des membres présents, et que le vote satisfit pleinement aux conditions du règlement de Trente qui veut que les définitions soient faites *in plenâ synodo, vel ab omnibus, si fieri posset, — vel a longe majori parte.*

Le Pape se leva alors et, tandis qu'un violent orage secouait la coupole de Saint-Pierre, il donna l'approbation solennelle à la constitution *Pastor æternus* (1). Il ajouta quelques paroles qui s'adressaient surtout aux évêques absents : « Il espère que, se souvenant de leurs déclarations

---

pect, qui ont conduit dernièrement nos délégués aux pieds de Votre Sainteté, ne nous permettent pas, dans une affaire qui touche de si près la personne de Votre Sainteté, d'émettre, publiquement et à la face de notre Père, un vote défavorable. Nous ne pourrions d'ailleurs que répéter dans la session solennelle les votes déjà donnés dans la Congrégation générale.

« Nous retournons donc sans retard au milieu de nos troupeaux, auxquels, après une si longue absence, nos soins sont plus que jamais nécessaires, en raison de la guerre imminente et surtout de leurs grands besoins spirituels. Nous avons la douloureuse certitude que nous trouverons la paix des consciences troublée par les circonstances malheureuses.

« En terminant nous recommandons de tout notre cœur l'Eglise de Dieu et Votre Sainteté, *à qui nous promettons une fidélité et une soumission inaltérable*, à la grâce et à la protection de Notre-Seigneur Jésus-Christ, et nous demeurons de Votre Sainteté les très dévoués et très obéissants fils. Rome, 17 juillet 1870 » Dans Friedrich p. 263 sq et Friedberg p. 622 sq.

(1) Voir document XIV.

anciennes, et calmant l'émotion présente (car le Seigneur n'est pas dans le trouble et son esprit est un souffle paisible (III Reg. XXIX, 11, 12), ils adhéreront au décret d'une si grande majorité, et unis à celui qui les aime tendrement, ils combattront avec force et courage le combat de la vérité. Cette souveraine autorité du pontife romain n'opprime pas, mais soutient ; elle ne détruit pas, mais elle édifie ; elle confirme les droits des frères, c'est-à-dire des évêques, et elle unit dans la charité (1). »

Aussitôt après cette session à jamais mémorable, les chaleurs cette année-là extrêmes et la guerre franco-allemande, qui menaçait par contre-coup Rome elle-même, dispersèrent la majeure partie des Pères, et il en resta deux cents à peine. Les grands travaux ne devaient reprendre qu'à la Saint-Martin ; comme, dans l'intervalle, la députation de la discipline devait continuer activement ses études et qu'elle se trouvait privée d'une partie de ses membres, on tint le 13 août une congrégation générale, pour élire dix membres suppléants (2). On y distribua aussi les projets revisés sur la *vacance du siège épiscopal* et sur *la vie et les devoirs des clercs* (3) et les Pères avaient reçu peu auparavant un schema sur *les missions apostoliques*, sur lequel ils devaient remettre leurs observations pour le 20 août. Mais bientôt Rome se vit envahie, et le Pape, par la bulle *Postquam Dei munere* (4) du 20 octobre, suspendit le Concile jusqu'à des temps meilleurs.

§ 439. — *Guerre franco-allemande et invasion de Rome.*

Le jour de la proclamation de l'infaillibilité pontificale (18 juillet) fut aussi celui de l'imprudente provocation que la France adressa à la Prusse et qui amena une lutte gigantesque, des catastrophes épouvantables et des résultats inattendus : les armées françaises anéanties l'une

---

(1) Voir ibid, in fine.
(2) Voir document XI.
(3) Voir supra p.
(4) Voir document XV.

après l'autre, l'empereur Napoléon III prisonnier et déchu du trône, la France diminuée, réduite à une impuissance momentanée, tombant de la guerre étrangère dans une guerre civile la plus sauvage qu'on eût vue depuis longtemps. L'Italie profita d'une conjoncture si favorable pour l'exécution de ses invariables desseins.

L'expédition garibaldienne de 1867 avait abouti à la défaite de Mentana (3 novembre). Cette agression, secrètement encouragée par le gouvernement de Florence au mépris de la convention du 15 septembre avec la France (1), avait même eu pour résultat de ramener une garnison française à Rome. Elle fut retirée dans les premiers jours d'août 1870, et lorsqu'il fut évident que la France, vaincue coup sur coup, n'était plus à craindre, l'armée italienne marcha sur Rome. Elle l'attaqua le 20 septembre. La petite armée pontificale combattit vaillamment, mais la lutte était par trop inégale, et dès que l'artillerie eut fait brèche, et que l'honneur de ses défenseurs fut sauf, Pie IX fit cesser la résistance et l'effusion du sang. Aucune puissance ne put ou ne voulut secourir le Saint Père, qui depuis ce jour se considère comme prisonnier dans le Vatican, et qui ne jouit du moins pas de l'indépendance voulue pour le libre exercice de sa haute et universelle mission. Il est menacé en outre à l'heure qu'il est, par la suppression des couvents, de perdre ses auxiliaires nécessaires dans le gouvernement de l'Eglise, les religieux constituant en grande partie les congrégations romaines. Les *lois de garantie* que lui ont offertes le parlement et le gouvernement italiens ne peuvent lui inspirer grande confiance, d'autant plus qu'elles paraissent peu exécutables devant la révolution déchaînée, tant qu'elles n'auront pas l'appui d'une intervention au moins morale des puissances étrangères.

§ 440. — *Conséquences du concile : adhésion unanime de l'épiscopat ; tentatives schismatiques, surtout en Allemagne.*

A ne considérer que les conséquences les plus prochaines du concile, les craintes des évêques de la minorité

(1) Voir supra § 412.

ne furent que trop justifiées par l'événement. Ils trouvèrent à leur retour une vive émotion dans le clergé comme chez les laïques, la défiance, et bientôt l'hostilité et la résistance des gouvernements, qui commencèrent d'actives négociations entre eux et avec la cour romaine (1).

Tous ces évêques, sans nulle exception, donnèrent au monde l'exemple de cette fidélité inaltérable qu'ils avaient promise à Pie IX, en adhérant à la plus haute autorité de l'Église, le concile œcuménique, et au dogme proclamé par lui avec l'assistance du Saint-Esprit. Ils ne faisaient que ce qu'avaient fait autrefois un grand nombre d'évêques après de longues résistances au 5ᵉ concile œcuménique, ce que le cardinal de Lorraine, ce théologien si libre, avait d'avance promis de faire en pareille circonstance. Les doutes sur l'opportunité de la définition, qui avaient été pour la plupart d'entre eux, même pour l'évêque d'Orléans, la vraie cause d'opposition, s'étaient eux-mêmes évanouis, depuis qu'une autorité souveraine s'était prononcée pour l'affirmative.

Plus que partout ailleurs le trouble fut grand en Allemagne, où le célèbre professeur Dollinger publia une série d'écrits hostiles au concile. En octobre 1869 avaient paru les *Considérations pour les évêques du concile sur la question de l'infaillibilité pontificale*; en mars 1870, l'*Examen du nouveau règlement conciliaire*; enfin le 28 mars 1871, dans un écrit adressé à l'archevêque de Munich, il déclara « qu'il ne pouvait point accepter comme chrétien l'infaillibilité papale, point comme théologien, point comme historien, point comme citoyen ». La parole de celui qui avait été le plus zélé et le plus influent apologiste de l'Église catholique, provoqua dans tout le pays une agitation extraordinaire (2), et de nombreuses adresses d'approbation et d'adhésion.

(1) Les nombreuses pièces diplomatiques sont dans *Friedberg* p. 521-569.

(2) L'agitation fut entretenue par les lettres sur le concile publiées dans la *Gazette générale d'Augsbourg* et dans une feuille hebdomadaire, fondée tout exprès à Cologne en 1869, le *Mercure du Rhin*, remplacé depuis juillet 1872 par le *Mercure allemand de Munich*. Ces Lettres de la *Gazette d'Augsbourg*, où l'on ne saurait méconnaître la collaboration directe ou indirecte du professeur Dollinger, ont été

Ce fut au milieu de cette vive polémique que les évêques allemands, en signe de fidèle soumission, publièrent les décrets du Vatican, par des lettres (1) isolées ou collectives, la première de celles-ci, datée de Fulda (août 1870), s'adressant au clergé et aux laïques, la seconde, d'Eichstadt (mai 1871), au clergé spécialement; plusieurs prélats firent paraître aussi de volumineuses brochures (2) pour l'explication et la défense de ces décrets. Leurs déclarations, comme celles de beaucoup d'autres écrivains, au sujet du dogme tant et si diversement défiguré de l'infaillibilité, peuvent en général se résumer comme suit : l'infaillibilité pontificale ne signifie point l'*impeccabilité*, non plus que l'infaillibilité de l'homme ou du *docteur privé;* elle ne suppose pas l'*inspiration* de l'Esprit-Saint qu'ont eue les prophètes et les apôtres, mais seulement l'*assistance divine* pour la proclamation de la doctrine révélée, dans l'acte public où le pape exerce son office de docteur de l'Église universelle, et définit la doctrine que tous doivent croire (*doctrinam ab omnibus tenendam definierit*). En outre cette infaillibilité n'a pour objet que les vérités de la foi ou des mœurs contenues dans la Bible et la tradition. Enfin cette infaillibilité ne doit point se concevoir comme distincte de l'infaillibilité, de tout temps reconnue, de l'Église enseignante ou comme modifiant celle-ci : elle est cette même infaillibilité, qui réside dans le chef uni aux membres et dans les membres unis au chef; mais le

---

refondues et publiées en volumes : Le Pape et le concile, par *Janus*, Leips. 1869; Quirinus, Lettres romaines sur le concile, Munich, 1870. Mgr *Ketteler* les a réfutées dans les Faussetés des lettres romaines sur le concile, parues dans la *Gazette d'Augsbourg*, Mayence, 1870, ainsi que le docteur *Hergenrother*, Antijanus, critique historique et apologétique de Janus, Frib. 1870; Église catholique et État chrétien, Frib. 1872.

(1) Voir le concile œcuménique dans les *Voix de Maria Laach* 12ᵉ livr. p. 8 sqq.

(2) *Fessler*, La vraie et la fausse infaillibilité des papes, Vienne, 1871. *Von Ketteler*, le Magistère infaillible des papes selon la définition du concile du Vatican, Mayence, 1871. *Martin*, Le vrai sens de la définition du Vatican sur le Magistère infaillible des papes, Paderborn, 1871.

Magistère infaillible s'exerce validement et définitivement par le chef, l'évêque de Rome, comme aussi celui-ci a toujours approuvé les décrets des conciles œcuméniques. Si donc le pape publie *ex cathedrà* une définition, l'appel au futur concile œcuménique ou à l'Église dispersée est illégitime.

L'argument qui fit le plus d'impression sur les âmes, ce fut celui de la nécessité de maintenir l'unité de l'Église et des suites funestes de tout ce qui la détruit ou la blesse. Puisse-t-on entendre retentir toujours cette parole, aussi vraie que belle et consolante, de la lettre pastorale du 16 juin 1871 : « Nous devons, à ce jubilé de notre saint père Pie IX, renouveler l'énergique résolution de ne jamais nous séparer du centre de l'unité, de ne jamais chercher d'autre point d'appui que le rocher de Pierre, profondément convaincus qu'aucun mal que l'on trouve ou croit trouver dans l'Église et que l'on voudrait fuir en se séparant d'elle, n'est si grand que le mal de la séparation même. »

Nous ne pouvons parler de ces événements dont les conséquences seront si graves sans une profonde émotion, et il nous en coûte d'avoir à constater les faits qui suivent, tristes résultats de pareilles exhortations méprisées. Des prêtres catholiques comme Dollinger et Friedrich à Munich, Reusch, Langen, Knoodt à Bonn, Reinkens à Breslau, Michelis à Braunsberg, le professeur laïque Schulte de Prague, autrefois fidèlement dévoués à l'Église catholique, qui défendaient sa doctrine avec joie et grand succès, qui trouvaient dans ses institutions, surtout dans le saint sacrifice quotidien, force et consolation, se sont laissé séparer d'elle par l'excommunication (1). Depuis cette séparation, ils ont paru souvent avoir perdu toute fermeté dans la doctrine, en sorte que sur beaucoup de points ils soutiennent maintenant le contraire de ce qu'ils ont enseigné autrefois avec le plus d'allégresse (ce qu'on ne manque pas aussi de leur rappeler fréquemment, avec dureté et sans égards pour leurs grands services). Ceux qui

---

(1) Voir leurs négociations à ce sujet avec leurs évêques respectifs dans *Friedberg*, p. 57 sqq, 688 sqq.

passaient pour des modèles d'honneur chrétien et de fidélité dans le commerce de l'amitié, abusent aujourd'hui de la manière la plus honteuse des confidences et des communications de l'intimité (1); d'autres vilipendent, sur le pied de vulgaires cancaniers, les personnes les plus estimées et jusqu'aux plus hauts dignitaires de l'Église, et telle est leur odieuse intolérance qu'ils prononcent condamnation contre toute manière de voir ou d'agir qui s'éloigne de leurs opinions ou de leur conduite, semblant s'attribuer à eux-mêmes cette infaillibilité qu'ils dénient au pape (2). Eux qui exaltaient la liberté et l'indépendance de l'Église, ils appellent aujourd'hui l'immixtion de l'État et de sa police et veulent rendre l'Église catholique suspecte à tous les gouvernements.

On est embarrassé du nom qu'il faut leur donner; l'expression de *Vieux Catholiques* est passée en usage; on les a appelés aussi *Néo-Protestants*, mais comme leur opposition s'est bornée jusqu'ici au pape, sans toucher à d'autres doctrines ou institutions catholiques, il semble que le nom de *Néo-Jansénistes* conviendrait mieux. Aussi dès la naissance de leur secte se sont-ils souvenus du petit nombre de Jansénistes qui végètent encore en Hollande; ils ont invité leurs évêques à la réunion de Munich, et l'archevêque Loos d'Utrecht a été appelé, en juillet 1872, pour donner la Confirmation dans les rares paroisses qui ont été formées en Bavière; il y a conféré le sacrement à environ 400 enfants. Outre ceux que nous avons nommés déjà, les prêtres qui ont fait défection, en Bavière, dans la province du Bas-Rhin, en Autriche, en Silésie et dans la Prusse orientale, sont en petit nombre, et les laïques qui les ont suivis ne montrent pas de bien grands besoins religieux et n'apportent rien de particulièrement édifiant aux assemblées de leur culte; ils ne tarderont pas sans doute à trouver gênante cette assistance aux offices, à laquelle la bienséance les oblige, eux qui depuis nombre d'années

---

(1) Cf. *Thiel*, Mes explications avec les chrétiens janistes, Leips. 1872.

(2) C'est dans le *Mercure du Rhin* que cette outrecuidance a été extrême.

ne fréquentaient plus l'église. Nous savons toutefois qu'il y a parmi eux des âmes plus nobles et plus sincères.

Beaucoup plus redoutable que leur propagande populaire paraît être l'action du professeur et conseiller consistorial Schulte, qui ne cesse d'exciter les pouvoirs, comme s'ils étaient menacés, grâce au dogme de l'infaillibilité, de voir reparaître l'influence politique des papes sur les princes et les États, telle qu'elle a été au moyen-âge; il a été cependant déclaré assez souvent, par les évêques et par le pape lui-même, que les définitions *ex cathedrâ* n'ont pour objet que la doctrine de la foi ou des mœurs; d'où il suit que l'action politique des papes au moyen-âge ne se basait nullement sur la croyance à leur infaillibilité, mais bien plutôt sur la constitution politique elle-même de l'Europe chrétienne, sur les conventions des princes et des peuples avec l'Église. Et de fait Pie IX, surtout à l'occasion de la guerre franco-allemande, n'a adressé à la France et au roi Guillaume de Prusse que des paroles d'affection paternelle, pleines de charité et d'humanité; et l'archevêque de Tours, chargé de les transmettre à la France, pouvait dire : « Le Saint Père ne se plaint pas de ce que l'on a cessé de recourir à son arbitrage. Il ne prend que la liberté de gémir sur nos malheurs et le droit d'intercéder pour la vie de ses fils (1). » Plus d'une fois le Pape a publiquement protesté contre ces craintes chimériques : « La papauté, a-t-il dit expressément, ne rêve point la résurrection de sa puissance arbitrale du moyen âge. » Dans l'audience puque du 20 juillet 1871, il se plaint de nouveau de ce que l'on cherche à fausser la notion de l'infaillibilité pontificale, comme si elle impliquait le droit de détrôner les princes et de délier les peuples du serment de fidélité. « Il est vrai, dit-il, que ce droit a été quelquefois, dans des nécessités extrêmes, exercé par les papes; mais il n'a rien de commun avec l'infaillibilité. Il était une conséquence du droit public d'alors et d'une entente des nations chrétiennes, qui reconnaissaient dans le pape un juge souverain, ayant à prononcer, même dans les affaires temporelles, entre les rois et les peuples. Mais les circonstances

---

(1) Cf. *Fessler*, La vraie et la fausse infaillibilité, p. 91.

sont aujourd'hui tout autres, et il faut de la mauvaise foi pour confondre des époques si différentes et des questions qui n'ont rien de commun. Plusieurs désirent que j'explique encore plus précisément la définition du concile ; mais elle est assez claire par elle-même et n'a pas besoin d'autre commentaire. Quiconque lira le décret avec un esprit sincère, en comprendra clairement le sens (1). »

Contrairement à l'attente de plusieurs, le pays du gallicanisme, qui avait écrit sur son drapeau : point de nouvelle exaltation de la puissance papale, pas trop de centralisation dans l'Eglise, la France, ne se trouva pas un terrain aussi favorable que l'Allemagne pour cette agitation, qui n'a pu y jeter de racines. Mgr Dupanloup l'avait prévu et prédit dès son départ pour le concile, mais il s'était trompé en pensant que Rome elle-même empêcherait la définition redoutée (2).

Pour en dissuader le concile, Mgr Dupanloup et plusieurs autres évêques français avaient mis en œuvre toutes les ressources de leur parole et de leur plume (3). Le savant Mgr. Maret, évêque de Sura in p. inf. organe de son archevêque, Mgr Darboy, fit paraître son grand ouvrage sur le *Concile général et la paix religieuse*, conçu dans un sens décidément gallican. Les lettres échangées entre l'évêque d'Orléans et Mgr Dechamps, archevêque de Malines, décidèrent l'éminent P. Gratry à publier, à son tour, quatre lettres historico-dogmatiques contre l'infaillibilité pontificale, et l'illustre comte de Montalembert, dans les derniers jours de sa vie, si remplie de travaux et de combats pour l'Eglise, déplorait avec amertume de voir « le clergé français tombé

---

(1) *Feuille pastorale* de l'archidiocèse de Munich du 27 juillet 1871. Nous constatons la déclaration suivante de Schulte lui-même : « Si le pape donnait *ex cathedrâ* une pareille explication, l'État n'aurait plus qu'à se tenir pour satisfait, et les doctrines anciennes sur ce point ne devraient plus le préoccuper. » (Le Pouvoir des papes sur les princes, les peuples, les individus, Prague, 1871, p. 73.)

(2) Voici supra p. 299. Cf. *Acton*. p. 46.

(3) Voir Friedberg, p. 19 sq.

dans un romanisme exclusif » (1). Mais, l'infaillibilité proclamée, Mgr Darboy et Mgr Maret, comme aussi peu de temps avant sa mort le P. Gratry, se soumirent au concile ; et Mgr Dupanloup, dans la lettre à son clergé, du 29 juin 1872, où il y adhère officiellement, en publiant les décrets, déclare que s'il a soutenu l'inopportunité d'une définition, il n'a jamais cessé d'admettre la doctrine de l'infaillibilité. Il y signale en outre les erreurs du panthéisme et de l'athéisme, condamnées par le concile, comme la honte de notre temps et comme le plus redoutable péril de l'avenir.

Le célèbre P. Hyacinthe n'imita pas ces exemples et ne montra pas le même attachement à l'Eglise ; mais, dès avant le concile, apostat de l'état religieux, il avait perdu toute influence dans l'Eglise de France ; il se rendit en Italie en passant par Munich, pour essayer de promouvoir la révolution religieuse dans Rome même, devenue capitale du royaume d'Italie. L'abbé Michaud, ex-vicaire de la Madeleine, essaya de le remplacer à Paris, mais son éloquence verbeuse et la divulgation d'anciennes confidences épiscopales n'eurent pas d'écho. Il en faut dire autant de l'abbé Junqua, qui obtint à Bordeaux le succès que méritaient sa conduite et son caractère.

En Italie, le comte Joseph Ricciardi essaya de susciter une agitation pareille, en proposant de tenir, pendant le Concile du Vatican, un *Contre-concile*. La *Société des Libres-penseurs* de Milan le convoqua et il se réunit en effet à Naples. Mais il réussit, dès le début de ses travaux, a tellement se déconsidérer qu'il dut se séparer après trois jours (9, 10 et 16 décembre 1869), sans résultat comme sans gloire (2). A Rome les discours du P. Hyacinthe et de l'ex-capucin Fra Andrea d'Altagena et leur action par la presse produisirent peu d'effet. De même qu'en Allemagne, ils ont fait alliance avec les Jansénistes hollandais, en Italie, les adversaires du Concile se sont rapprochés des Vaudois du

---

(1) Il mourut avant la définition de l'infaillibilité pontificales mais il avait déclaré qu'il se soumettrait sans hésiter aux décisions du concile. (*Note du traducteur.*)

(2) Cf. Friedberg, p. 21

Piémont. On vit même à Rome, entre des théologiens orthodoxes d'une part et des vieux catholiques et des Vaudois de l'autre une discussion publique, dans laquelle, comme c'est la coutume, on s'attribua des deux côtés la victoire.

Fasse le Seigneur que l'on puisse, dans un temps prochain, reprendre et mener à bonne fin le concile du Vatican, pour dissiper les nombreux malentendus et éclaircir les grandes questions qui restent à résoudre (1)! Puisse-t-on alors, comme au concile de Trente, laisser aux Pères une part plus large dans la fixation des matières et du règlement conciliaire! Puissent aussi toujours les évêques s'attacher aussi fermement au centre de l'unité, et, étroitement unis au père de tous les chrétiens, combattre ensemble contre les nombreux dangers qui menacent l'Église, et en triompher!

§ 441. — *Conclusion.*

Nous terminons ici l'esquisse, aussi fidèle que possible, de l'histoire de l'Église catholique dans sa fondation, dans les principales phases de son développement, de sa propagation, de ses épreuves, dans ses souffrances et ses victoires, dans ses doctrines immuables et ses luttes contre l'hérésie toujours changeante. Nous l'avons vue figurée dans l'ancienne alliance, fondée par Jésus-Christ, fécondée par le sang des martyrs, obscure d'abord, et cachée dans les catacombes; puis, comme le grain de senevé, devenant un grand arbre, et abritant le monde sous ses puissants rameaux, victorieuse des idoles et des empereurs de Rome, institutrice des hordes barbares, reine et maîtresse des nations soumises au sceptre spirituel de Pierre, protectrice des arts, de la science et de la vraie liberté, toujours en lutte contre l'erreur, la superstition et l'incrédulité, toujours inébranlable et triomphante, trahie par ses propres enfants et sans cesse consolée par de nombreuses conversions, persécutée et jamais abattue, fondant, organisant et conservant des institutions, des œuvres et des sociétés d'une solidité inconnue au monde, élevée au-dessus des

(1) Voir document XVI, tableau des postulata présentés par les Pères au Concile du Vatican, et document XVII, extrait du postulatum des évêques français.

choses temporelles, et pourtant se mêlant intimement à la vie de l'humanité, supérieure aux révolutions sociales et politiques, qu'elle est appelée à comprimer, fidèle à sa mission d'instruire les peuples, et de convertir les nations idolâtres. En un mot, nous avons retracé l'histoire de Jésus-Christ et de l'Église catholique, qui repose sur le Fils de Dieu et le successeur de saint Pierre, son vicaire.

Tout ce qui, depuis l'origine des temps, a préparé et figuré l'œuvre de la rédemption, s'est réalisé et accompli par la fondation de l'Église, dont Jésus-Christ est le centre, et qui, par cela même, a été, et sera toujours le centre de l'histoire politique du monde. Avec l'Église ont commencé les temps nouveaux. C'est dans l'Église de Jésus-Christ que les peuples ont trouvé la liberté, la paix et l'ordre. Qu'ils s'élèvent ou s'abaissent, l'Église ne les abandonne jamais; elle assiste à leurs luttes, à leurs chutes, et à leur régénération. Médiatrice entre le ciel et la terre, elle glorifie Dieu dans l'humanité qu'elle prépare, au milieu de combats et d'épreuves continuelles, à son éternel avenir. Elle marche à la tête des peuples, les appelle à la lumière de l'Évangile, les unit sous la bannière de la croix, et elle subsistera jusqu'à la fin, glorieuse, une, sainte, apostolique et universelle, parce qu'elle a été fondée par la vertu de Dieu, parce qu'elle subsiste depuis les apôtres dans l'amour de Dieu, et qu'elle sanctifie le monde par l'esprit de Dieu. Les magnifiques fêtes célébrées à Rome et dans toute la chrétienté [le 29 juin 1867], à l'occasion du dix-huitième centenaire de la mort de saint Pierre, ainsi que les décisions dogmatiques du concile du Vatican, ont encore accru et fortifié cette croyance dans les cœurs.

Et tel est l'avenir des peuples, dont partout éclatent déjà les signes précurseurs. Après de longs et tristes égarements, ils reporteront, pleins de regrets et de désirs, leurs regards vers la croix victorieuse; ils chercheront et trouveront le remède aux maux de la société, aux perturbations politiques, dans l'Église du Christ, qui a, de tout temps, avec une maternelle tendresse, guéri toutes les blessures, soulagé toutes les souffrances avec le baume qui découle de la croix et la vertu divine que recèle la parole apostolique. Un temps viendra où, comme aux jours terribles de l'invasion des barbares, la croix de Jésus-Christ redeviendra la bannière des combats et l'étendard de la paix, l'Église catholique, la libératrice des peuples, la consolatrice du genre humain. Déjà l'Angleterre et l'Amérique voient leurs enfants égarés rentrer en foule dans le giron de l'Église, et l'étoile du salut commence à luire sur les peuples de l'Islam, dont la mission dans l'histoire semble terminée (1).

Loué soit, dans son Église, et par son Église, Jésus-Christ le Fils de Dieu, qui fera bientôt aussi apparaître le jour où les catholiques et les protestants iront en foule, les uns vers les autres, se donneront la main, et célébreront ensemble la grande fête de la réconciliation. Déjà un écrivain très clairvoyant (2), après avoir parlé des travaux exécutés à la cathédrale de Cologne avec le concours des protestants, a vu, dans un avenir prochain, le protestantisme se dissoudre comme Église ; les tours de la majestueuse basilique lui ont apparu comme les piliers d'une porte par laquelle doivent passer de grands événements; déjà même son oreille croyait entendre le son des cloches qui retentissait au loin du haut de ces tours, pour y convoquer et réunir, comme avant la Réforme, tous les membres séparés de la grande famille chrétienne. Hélas ! nous n'en sommes point encore là tout à fait ! C'est par beaucoup de tribulations que les peuples qui, en bien des en-

---

(1) Dans son introduction historique et critique au Coran, Weil expose en ces termes l'avenir de l'Islamisme : « Si nous demandons quel sera l'avenir de l'Islamisme, et quelle marche il lui faudra suivre pour arriver à la hauteur de la civilisation européenne, nous croyons pouvoir affirmer qu'il imitera en tout le Judaïsme. Ainsi il séparera la tradition de la révélation proprement dite ; il établira dans ses Livres sacrés, une distinction profonde entre les vérités éternelles et de simples prescriptions. On peut d'autant mieux prévoir la fusion du mahométisme dans le sein du Christianisme, que Mahomet assigne au Christ et à Marie un rang plus élevé que ne le font bon nombre de protestants... Les Juifs et les Musulmans ne se convertissent qu'en passant par le rationalisme. Une fois là les âmes, qui sentiront le besoin d'une loi positive, iront tout droit aux catholiques. »

(2) Wolfg. Menzel, dans la partie littéraire de la Gazette du matin, 1843, n° 1-3, en parlant de plusieurs écrits relatifs à la cathédrale de Cologne.

droits, sont encore très éloignés du christianisme, entreront dans le royaume de Dieu (1). Nous voyons en ce moment même les premiers mouvements d'une guerre acharnée et systématique du parti libéral dominant en Europe, contre l'Église et contre toute foi positive, dans ces attaques redoublées des sectes maçonniques, dans ces lois d'exception contre le clergé, dans la persécution et l'expulsion des ordres religieux. Mais ces épreuves, aujourd'hui comme en tout temps, ne peuvent que purifier l'Église, la fortifier et l'embellir ; et quelque degré de fureur que la haine et la calomnie doivent atteindre, la religion éternelle finira par vaincre l'abject matérialisme et reprendre son empire sur les âmes.

---

(1) Actes des Apôtres, xiv, 22. l'Allemagne deviendra-t-elle catholique? Par l'auteur des études sur le catholicisme et le protestantisme, et sur la liberté de conscience. Schaffh. 1859. Retour à l'Église catholique, question d'actualité, par un protestant, Leip , 1851.

DOCUMENTS

I

SANCTISSIMI DOMINI NOSTRI

PII

DIVINA PROVIDENTIA

PAPÆ IX

LITTERÆ APOSTOLICÆ

QUIBUS INDICITUR ŒCUMENICUM CONCILIUM ROMÆ HABENDUM IN DIE IMMACULATÆ CONCEPTIONIS DEIPARÆ VIRGINIS SACRO ANNO MDCCCLXIX INCIPIENDUM.

PIUS EPISCOPUS

SERVUS SERVORUM DEI

Ad futuram rei memoriam.

Æterni Patris Unigenitus Filius propter nimiam, qua nos dilexit, caritatem, ut universum humanum genus a peccati jugo, ac dæmonis captivitate, et errorum tenebris, quibus primi parentis culpa jamdiu misere premebatur, in plenitudine temporum vindicaret, de cœlesti sede descendens, et a paterna gloria non recedens, mortalibus ex Immaculata Sanctissimaque Virgine Maria indutus exuviis, doctrinam ac vivendi disciplinam e cœlo delatam manifestavit, eamdemque tot admirandis operibus testatam fecit, ac semetipsum tradidit pro nobis oblationem et hostiam Deo in odorem suavitatis. Antequam vero, devicta morte, triumphans in cœlum consessurus ad dexteram Patris conscenderet, misit Apostolos in mundum universum, ut prædicarent Evangelium omni creaturæ, eisque potestatem dedit regendi Ecclesiam suo sanguine acquisitam, quæ est « columna et firmamentum veritatis, » ac e testibus ditata thesauris tutum salutis iter, ac veræ doctrinæ lucem omnibus populis ostendit, et instar « navis in altum sæculi hujus ita natat ut, pereunte mundo, omnes quos suscipit servet illæsos. » (S. Max., serm. 89.)

Ut autem ejusdem Ecclesiæ regimen recte semper, atque ex ordine procederet, et omnis christianus populus in una semper fide, doctrina, caritate, et communione persisteret, tum semetipsum perpetuo affuturum usque ad consummationem sæculi promisit, tum etiam ex omnibus unum selegit Petrum, quem Apostolorum Principem, suumque hic in terris Vicarium, Ecclesiæque caput, fundamentum ac centrum constituit, ut cum ordinis et honoris gradu, tum præcipuæ, plenissimæque auctoritatis, potestatis, ac jurisdictionis amplitudine pasceret agnos et oves, confirmaret fratres, universamque regeret Ecclesiam, et esset « cœli janitor, ac ligandorum, solvendorumque arbiter, mansura etiam in cœlis judiciorum suorum definitione (S. Leo, serm. II.). » Et quoniam Ecclesiæ unitas, et integritas, ejusque regimen ab eodem Christo institutum perpetuo stabile permanere debet, iccirco in Romanis Pontificibus Petri successoribus, qui in hac eadem Romana Petri Cathedra sunt collocati, ipsissima suprema Petri in omnem Ecclesiam potestas, jurisdictio, Primatus plenissime perseverat, ac viget.

Itaque Romani Pontifices, omnem Dominicum gregem pascendi potestate et cura ab ipso Christo Domino in persona Beati Petri divinitus sibi commissa utentes, nunquam intermiserunt omnes perferre labores, omnia suscipere consilia, ut a solis ortu usque ad occasum omnes populi, gentes, nationes evangelicam doctrinam agnoscerent, et in veritatis, ac justitiæ viis ambulantes vitam assequerentur æternam. Omnes autem norunt quibus indefessis curis iidem Romani Pontifices fidei depositum, Cleri disciplinam, ejusque sanctam, doctamque institutionem, ac matrimonii sanctitatem dignitatemque tutari, et christianam utriusque sexus juventutis educationem quotidie magis promovere, et populorum religionem, pietatem, morumque honestatem fovere, ac justitiam defendere, et ipsius civilis societatis tranquillitati, ordini, prosperitati, rationibus consulere studuerint.

Neque omiserunt ipsi Pontifices, ubi opportunum existimârunt, in gravissimis præsertim temporum perturbationibus, ac sanctissimæ nostræ religionis, civilisque societatis calamitatibus, generalia convocare Concilia, ut, cum totius catholici orbis Episcopis, quos « Spiritus Sanctus posuit regere Ecclesiam Dei, » collatis consiliis, conjunctisque viribus, ea omnia provide, sapienterque constituerent, quæ ad fidei potissimum dogmata definienda, ad grassantes errores profligandos, ad catholicam propugnandam, illustrandam et evolvendam doctrinam, ad ecclesiasticam tuendam ac reparandam disciplinam, ad corruptos populorum mores corrigendos possent conducere.

Jam vero omnibus compertum, exploratumque est qua horribili tempestate nunc jactetur Ecclesia, et quibus quantisque malis civilis ipsa affligatur societas. Etenim ab acerrimis Dei hominumque hostibus catholica Ecclesia, ejusque salutaris doctrina, et veneranda potestas, ac suprema hujus Apostolicæ Sedis auctoritas oppugnata, proculcata, et sacra omnia despecta, et ecclesiastica bona direpta, ac sacrorum Antistites, et spectatissimi viri divino ministerio addicti, hominesque catholicis sensibus præstantes modis omnibus divexati, et Religiosæ Familiæ extinctæ, et impii omnis generis libri, ac pestiferæ ephemerides, et multiformes perniciosissimæ sectæ undique diffusæ, et miseræ juventutis institutio ubique fere a Clero amota, et, quod pejus est, non paucis in locis iniquitatis et erroris magistris commissa. Hinc cum summo Nostro et bonorum omnium mœrore, et numquam satis deplorando animarum damno, ubique adeo propagata est impietas, morumque corruptio, et effrenata licentia, ac pravarum cujusque generis opinionum, omniumque vitiorum, et scelerum contagio, divinarum, humanarumque legum violatio, ut non solum sanctissima nostra religio, verum etiam humana societas miserandum in modum perturbetur, ac divexetur.

In tanta igitur calamitatum, quibus cor Nostrum obruitur, mole, supremum Pastorale ministerium Nobis divinitus commissum exigit ut omnes Nostras magis magisque exeramus vires ad Ecclesiæ reparandas ruinas, ad universi Dominici gregis salutem curandam, ad exitiales eorum impetus conatusque reprimendos, qui ipsam Ecclesiam, si fieri unquam posset, et civilem societatem funditus evertere conniteuntur. Nos quidem, Deo auxiliante, vel ab ipso supremi Nostri Pontificatus exordio, nunquam pro gravissimi Nostri officii debito destitimus pluribus Nostris Consistorialibus Allocutionibus, et Apostolicis Litteris, Nostram attollere vocem, ac Dei, ejusque sanctæ Ecclesiæ causam, Nobis a Christo Domino concreditam, omni studio constanter defendere, atque hujus Apostolicæ Sedis, et justitiæ, veritatisque jura propugnare, et inimicorum hominum insidias detegere, errores, falsasque doctrinas damnare, et impietatis sectas proscribere, ac universi Dominici gregis saluti advigilare et consulere.

Verum illustribus Prædecessorum Nostrorum vestigiis inhærentes, opportunum propterea esse existimavimus in generale Concilium, quod jamdiu Nostris erat in votis, cogere omnes Venerabiles Fratres totius catholici orbis Sacrorum Antistites, qui in sollicitudinis Nostræ partem vocati sunt. Qui quidem Venerabiles Fratres singulari in catholicam Ecclesiam amore incensi, eximiaque erga Nos, et Apostolicam hanc Sedem pietate et sapientia, doctrina, eruditione præstantes, et una Nobiscum tristissimam rei cum sacræ tum publicæ conditionem maxime dolentes, nihil antiquius habent, quam sua Nobiscum communicare, et conferre consilia, ac salutaria tot calamitatibus adhibere remedia.

In OEcumenico enim hoc Concilio ea omnia accuratissimo examine sunt perpendenda, ac statuenda, quæ hisce præsertim asperrimis temporibus majorem Dei gloriam, et fidei integritatem, divinique cultus decorem, sempiternamque hominum salutem, et utriusque Cleri disciplinam, ejusque salutarem solidamque culturam, atque ecclesiasticarum legum observantiam morumque emendationem, et christianam juventutis institutionem, et communem omnium pacem et concordiam in primis respiciunt. Atque etiam intentissimo studio curandum est, ut, Deo bene juvante, omnia ab Ecclesia, et civili societate amoveantur mala; ut miseri errantes ad rectum veritatis, justitiæ, salutisque tramitem reducantur; ut vitiis, erroribusque eliminatis, augusta nostra religio ejusque salutifera doctrina ubique terrarum reviviscat, et quotidie magis propagetur, et dominetur, atque ita pietas, honestas, probitas, justitia, caritas, omnesque christianæ virtutes cum maxima humanæ societatis utilitate vigeant et efflorescant. Nemo enim inficiari unquam poterit catholicæ Ecclesiæ, ejusque doctrinæ vim non solum æternam hominum salutem spectare, verum etiam prodesse temporali populorum bono eorumque veræ prosperitati, ordini, ac tranquillitati, et humanarum quoque scientiarum progressui ac soliditati, veluti sacræ ac profanæ historiæ annales splendidissimis factis clare aperteque ostendunt, et constanter evidenterque demonstrant. Et quoniam Christus Dominus illis verbis Nos mirifice recreat, reficit, et consolatur : « Ubi sunt duo vel tres congregati in nomine meo, ibi sum in medio eorum (Matth. c. 18, v. 20), » iccirco dubitare non possumus, quin Ipse in hoc Concilio Nobis in abundantia divinæ suæ gratiæ præsto esse velit, quo ea omnia statuere possimus, quæ ad majorem Ecclesiæ suæ sanctæ utilitatem quovis modo pertinent. Ferventissimis igitur ad Deum luminum Patrem in humilitate cordis Nostri, dies noctesque fusis precibus, hoc Concilium omnino cogendum esse censuimus.

Quamobrem Dei ipsius omnipotentis Patris et Filii et Spiritus Sancti, ac beatorum ejus Apostolorum Petri et Pauli auctoritate, qua Nos quoque in terris fungimur, freti et innixi, de Venerabilium Fratrum Nostrorum S. R. E. Cardinalium consilio et assensu, sacrum Œcumenicum et Generale Concilium in hac alma Urbe Nostra Roma futuro anno millesimo octingentesimo sexagesimo nono, in Basilica Vaticana habendum, ac die octava mensis Decembris Immaculatæ Deiparæ Virginis Mariæ Conceptioni sacra incipiendum, prosequendum, ac Domino adjuvante, ad ipsius gloriam, ad universi Christiani populi salutem absolvendum, et perficiendum, hisce Litteris indicimus, annuntiamus, convocamus et statuimus. Ac proinde volumus, jubemus omnes ex omnibus locis tam Venerabiles Fratres Patriarchas, Archiepiscopos, Episcopos, quam dilectos Filios Abbates, omnesque alios, quibus jure, aut privilegio in Conciliis Generalibus residendi, et sententias in eis dicendi facta est potestas, ad hoc Œcumenicum Concilium a Nobis indictum venire debere, requirentes, hortantes, admonentes, ac nihilominus eis vi jurisjurandi, quod Nobis et huic Sanctæ Sedi præstiterunt, ac sanctæ obedientiæ virtute, et sub pœnis jure, aut consuetudine in celebrationibus Conciliorum adversus non accedentes ferri et proponi solitis mandantes arcteque præcipientes, ut ipsimet, nisi forte justo detineantur impedimento, quod tamen per legitimos procuratores Synodo probare debebunt, sacro huic Concilio omnino adesse, et interesse teneantur.

In eam autem spem erigimur fore ut Deus, in cujus manu sunt hominum corda, Nostris votis propitius annuens, ineffabili sua misericordia et gratia efficiat ut omnes supremi omnium populorum Principes, et Moderatores, præsertim catholici, quotidie magis noscentes maxima bona in humanam societatem ex catholica Ecclesia redundare, ipsamque firmissimum esse imperiorum, regnorumque fundamentum, non solum minime impediant quominus Venerabiles Fratres sacrorum Antistites, aliique omnes supra commemorati ad hoc Concilium veniant, verum etiam ipsis libenter faveant, opemque ferant, et studiosissime, uti decet Catholicos Principes, iis cooperentur, quæ in majorem Dei gloriam, ejusdemque Concilii bonum cedere queant.

Ut vero Nostræ hæ Litteræ, et quæ in eis continentur ad notitiam omnium, quorum oportet, perveniant, neve quis illorum ignorantiæ excusationem prætendat, cum præsertim etiam non ad omnes eos, quibus nominatim illæ essent intimandæ, tutus forsitan pateat accessus, volumus et mandamus ut in Patriarchalibus Basilicis Lateranensi, Vaticana et Liberiana, cum ibi multitudo populi ad audiendam rem divinam congregari solita est, palam clara voce per Curiæ Nostræ cursores, aut aliquos publicos notarios legantur, lectæque in valvis dictarum Eclesiarum, itemque Cancellariæ Apostolicæ portis, et campi Floræ solito loco, et in aliis consuetis locis affigantur, ubi ad lectionem, et notitiam cunctorum aliquandiu expositæ pendeant, cumque inde amovebuntur, earum nihilominus exempla in eisdem locis remaneant affixa. Nos enim per hujusmodi lectionem, publicationem, affixionemque, omnes, et quoscumque, quos prædictæ Nostræ Litteræ comprehendunt, post spatium duorum mensium a die Litterarum publicationis et affixionis ita volumus obligatos esse et adstrictos ac si ipsismet illæ coram lectæ et intimatæ essent; transumptis quidem earum quæ manu publici notarii scripta aut subscripta, et sigillo personæ alicujus ecclesiasticæ in dignitate constitutæ munita fuerint, ut fides certa et indubitata habeatur, mandamus ac decernimus.

Nulli ergo omnino hominum liceat hanc paginam Nostræ indictionis, annuntiationis, convocationis, statuti, decreti, mandati, præcepti et obsecrationis infringere, vel ei ausu temerario contraire. Si quis autem hoc attentare præsumpserit, indignationem Omnipotentis Dei ac Beatorum Petri et Pauli Apostolorum ejus se noverit incursurum.

Datum Romæ, apud Sanctum Petrum, anno Incarnationis Dominicæ millesimo octingentesimo sexagesimo octavo, tertio Kalendas Julias, Pontificatus Nostri anno vicesimo tertio.

† Ego PIUS,
CATHOLICÆ ECCLESIÆ EPISCOPUS.

II.

SANCTISSIMI DOMINI NOSTRI

PII PAPÆ IX
LITTERÆ APOSTOLICÆ

AD OMNES EPISCOPOS ECCLESIARUM RITUS ORIENTALIS COMMUNIONEM CUM APOSTOLICA SEDE NON HABENTES

Ad omnes Episcopos Ecclesiarum ritus orientalis communionem cum Apostolica Sede non habentes.

PIUS PP. IX

Arcano Divinæ Providentiæ consilio, licet sine ullis meritis Nostris, in hac sublimi Cathedra hæredes Beatissimi Apostolorum Principis constituti, qui « juxta prærogativam sibi a Deo concessam firma et solidissima petra est, super quam Salvator Ecclesiam ædificavit (S. Greg. Nissen. Laudatio altera S. Steph. Protomart. ap. Galland. VI, 600), » impositi Nobis oneris sollicitudine urgente, ad eos omnes in qualibet terrarum Orbis regione degentes, qui christiano nomine censentur, curas Nostras extendere, omnesque ad paternæ caritatis amplexus excitare vehementissime cupimus et conamur. Nec vero absque gravi animæ Nostræ periculo partem ullam christiani populi negligere possumus, qui pretiosissimo Salvatoris Nostri sanguine redemptus, et sacris baptismi aquis in Dominicum gregem adlectus, omnem sibi vigilantiam Nostram jure deposcit. Itaque cum in omnium procurandam salutem, qui Christum Jesum agnoscunt et adorant, studia omnia, cogitationesque Nostras indesinenter conferre debeamus, oculos Nostros ac paternum animum ad istas convertimus Ecclesias quæ olim unitatis vinculo cum hac Apostolica Sede conglutinatæ, tanta sanctitatis, cœlestisque doctrinæ laude flore, bant, uberesque divinæ gloriæ et animarum salutis fructus edebant, nunc vero per nefarias illius artes ac machinationes, qui primum schisma excitavit in cœlo, a communione Sanctæ Romanæ Ecclesiæ, quæ toto orbe diffusa est, sejunctæ ac divisæ cum summo nostro mœrore existunt.

Hac sane de causa jam ab ipso supremi Nostri Pontificatus exordio, Vobis pacis caritatisque verba toto cordis affectu locuti sumus (Epist. ad Orient. « In suprema, » die 6 januarii anno 1848). Etsi vero hæc Nostra verba optatissimum minime obtinuerint exitum, tamen nunquam Nos deseruit spes fore ut humiles æque ac ferventes Nostras preces propitius exaudire dignetur clementissimus ac benignissimus salutis pacisque Auctor, « qui operatus est in medio terræ salutem, quique oriens ex alto pacem sibi acceptam et ab omnibus acceptandam evidenter ostendens, eam in ortu suo Angelorum ministerio bonæ voluntatis hominibus nuntiavit, et inter homines conversatus verbo docuit, prædicavit exemplo » (Epist. B. Greg. X. ad Michaelem Palæologum. Græc. Imper. die 24 octobris an. 1272.)

Jam vero cum nuper de Venerabilium Fratrum Nostrorum S. R. E. Cardinalium consilio œcumenicam Synodum futuro anno Romæ celebrandam, ac die octavo mensis decembris Immaculatæ Deiparæ Virginis Mariæ Conceptioni sacro incipiendam, indixerimus, et convocaverimus, vocem Nostram ad Vos rursus dirigimus, et majore, qua possumus, animi Nostri contentione, Vos obsecramus, monemus et obtestamur ut ad eamdem generalem Synodum convenire velitis, quemadmodum majores vestri convenerunt ad Concilium Lugdunense II, a recol. mem. B. Gregorio X Prædecessore Nostro habitum, et ad Florentinum Concilium a fel. record. Eugenio IV item Prædecessore Nostro celebratum, ut, dilectionis antiquæ legibus renovatis, et Patrum pace, cœlesti illo ac salutari Christi dono quod tempore exaruit, ad vigorem iterum revocata (Epist. LXX, al. CCXX S. Basilii Magni ad S. Damasum Papam), post longam mœroris nebulam, et dissidii diuturni atram ingratamque caliginem, serenum omnibus unionis optatæ jubar illucescat (Defin. S. Œcum. Synodi Florent. in Bulla Eugenii IV « Lætentur cœli. »)

Atque hic sit jucundissimus benedictionis fructus, quo

Christus Jesus, nostrum omnium Dominus et Redemptor, immaculatam ac dilectissimam Sponsam suam catholicam Ecclesiam consoletur, ejusque temperet et abstergat lacrymas in hac asperitate temporum, ut, omni divisione penitus sublata, voces antea discrepantes perfecta spiritus unanimitate collaudent Deum, qui non vult schismata esse in nobis, sed ut idem omnes dicamus et sentiamus Apostoli voce præcepit; immortalesque misericordiarum Patri semper agantur gratiæ ab omnibus Sanctis suis, ac præsertim a gloriosissimis illis Ecclesiarum Orientalium antiquis Patribus et Doctoribus, cum de cœlo prospiciant instauratam ac redintegratam cum hac Apostolica Sede catholicæ veritatis et unitatis centro conjunctionem, quam ipsi in terris viventes omnibus studiis atque indefessis laboribus fovere et magis in dies promovere tum doctrina tum exemplo curarunt, diffusa in eorum cordibus per Spiritum sanctum caritate Illius, qui medium maceriæ parietem solvit, ac per Sanguinem suum omnia conciliavit et pacavit, qui signum discipulorum suorum in unitate esse voluit, et cujus oratio ad Patrem porrecta est : « Rogo ut omnes unum sint, sicut et Nos unum sumus. »

Datum Romæ, apud S. Petrum, die 8 septembris anno 1868, Pontificatus Nostri anno vicesimo tertio.

III

SANCTISSIMI D. N. PII PAPÆ IX
LITTERÆ APOSTOLICÆ

AD OMNES PROTESTANTES ET ALIOS ACATHOLICOS.

Omnibus protestantibus aliisque acatholicis.

PIUS PP. IX

Jam vos omnes noveritis Nos, licet immerentes ad hanc Petri Cathedram evectos, et iccirco supremo universæ catholicæ Ecclesiæ regimini et curæ ab ipso Christo Domino Nobis divinitus commissæ præpositos, opportunum existimasse omnes Venerabiles Fratres totius orbis Episcopos apud Nos vocare, et in Œcumenicum Concilium futuro anno concelebrandum cogere, ut cum eisdem Venerabilibus fratribus in sollicitudinis Nostræ partem vocatis ea omnia consilia suscipere possimus quæ magis opportuna, ac necessaria sint, tum ad dissipandas tot pestiferorum errorum tenebras, qui cum summo animarum damno ubique indies dominantur et debacchantur, tum ad quotidie magis constituendum et amplificandum in christianis populis vigilantiæ Nostræ concreditis veræ fidei, justitiæ, veræque Dei pacis regnum. Ac vehementer confisi arctissimo et amantissimo conjunctionis fœdere, quo Nobis et Apostolicæ huic Sedi iidem Venerabiles Fratres mirifice obstricti sunt, qui nunquam intermiserunt omni supremi Nostri Pontificatus tempore splendidissima erga Nos, et eamdem sedem fidei, amoris, et observantiæ testimonia præbere, ea profecto spe nitimur fore ut veluti præteritis sæculis alia generalia Concilia, ita etiam præsenti sæculo Concilium hoc Œcumenicum a Nobis indictum uberes, lætissimosque, divina adspirante gratia, fructus emittat pro majore Dei gloria, ac sempiterna hominum salute.

Itaque in hanc spem erecti, ac Domini Nostri Jesu Christi, qui pro universi humani generis salute tradidit animam suam, caritate excitati et compulsi, haud possumus quin, futuri Concilii occasione, eos omnes Apostolicis, ac paternis Nostris verbis alloquamur, qui etiamsi eumdem Christum Jesum veluti Redemptorem agnoscant, et in christiano nomine glorientur, tamen veram Christi fidem haud profitentur, neque catholicæ Ecclesiæ communionem sequuntur. Atque id agimus ut omni studio et caritate eos vel maxime moneamus, exhortemur et obsecremus, ut serio considerare et animadvertere velint, num ipsi viam ab eodem Christo Domino præscriptam sectentur, quæ ad æternam perducit salutem.

Et quidem nemo inficiari ac dubitare potest ipsum Christum Jesum, ut humanis omnibus generationibus redemptionis suæ fructus applicaret, suam hic in terris supra Petrum, unicam ædificasse Ecclesiam, id est unam, sanctam, catholicam, apostolicam, eique necessariam omnem contulisse potestatem, ut integrum inviolatumque custodiretur fidei depositum, ac eadem fides omnibus populis, gentibus, nationibus traderetur, ut per baptisma omnes in mysticum suum corpus cooptarentur homines, et in ipsis semper servaretur ac perficeretur illa nova vita gratiæ, sine qua nemo potest unquam æternam mereri et assequi vitam; utque eadem Ecclesia, quæ mysticum suum constituit corpus, in sua propria natura semper stabilis et immota usque ad consummationem sæculi permaneret, vigeret, et omnibus filiis suis omnia salutis præsidia suppeditaret.

Nunc vero qui accurate consideret ac meditetur conditionem, in qua versantur variæ et inter se discrepantes religiosæ societates sejunctæ a catholica Ecclesia, quæ a Christo Domino ejusque Apostolis sine intermissione per legitimos sacros suos Pastores semper exercuit, et in præsentia etiam exercet divinam potestatem sibi ab ipso Domino traditam, vel facile sibi persuadere debebit neque aliquam peculiarem, neque omnes simul conjunctas ex eisdem societatibus ullo modo constituere et esse illam unam et catholicam Ecclesiam, quam Christus Dominus ædificavit, constituit, et esse voluit, neque membrum, aut partem ejusdem Ecclesiæ ullo modo dici posse, quandoquidem sunt a catholica unitate visibiliter divisæ. Cum enim ejusmodi societates careant viva illa et a Deo constituta auctoritate, quæ homines res fidei, morumque disciplinam præsertim docet, eosque dirigit ac moderatur in iis omnibus, quæ ad æternam salutem pertinent, tum societates ipsæ in suis doctrinis continenter variarunt, et hæc mobilitas ac instabilitas apud easdem societates numquam cessat. Quisque vel facile intelligit, et clare aperteque noscit id vel maxime adversari Ecclesiæ Christo Domino institutæ, in qua veritas semper stabilis, nullique unquam immutationi obnoxia persistere debet, veluti depositum eidem Ecclesiæ traditum integerrime custodiendum, pro cujus custodia Spiritus sancti præsentia, auxiliumque ipsi Ecclesiæ fuit perpetuo promissum. Nemo autem ignorat ex hisce doctrinarum et opinionum dissidiis socialia quoque oriri schismata, atque ex his originem habere innumerabiles communiones, et sectas, quæ cum summo christianæ civilisque reipublicæ damno magis in dies propagantur.

Enimvero quicumque religionem veluti humanæ societatis fundamentum cognoscit, non poterit non agnoscere et fateri quantam in civilem societatem vim ejusmodi principiorum ac religiosarum societatum inter se pugnantium divisio ac discrepantia exercuerit, et quam vehementer negatio auctoritatis a Deo constitutæ ad humani intellectus persuasiones regendas, atque ad hominum tum in privata, tum in sociali vita actiones dirigendas, excitaverit, promoverit et aluerit hos infelicissimos rerum ac temporum motus, et perturbationes, quibus omnes fere populi miserandum in modum agitantur et affliguntur.

Quamobrem ii omnes, « qui Ecclesiæ catholicæ unitatem et veritatem » non tenent (S. August. ep. LXI, al. CCCXXIII), occasionem amplectantur hujus Concilii, quo Ecclesia Catholica, cui eorum Majores adscripti erant, novum intimæ unitatis, et inexpugnabilis vitalis sui roboris exhibet argumentum, ac indigentiis eorum cordis respondentes ab eo statu se eripere studeant, in quo de sua propria salute securi esse non possunt. Nec desinant ferventissimas miserationum Domino offerre preces, ut divisionis murum disjiciat, errorum caliginem depellat, eosque ad sinum sanctæ Matris Ecclesiæ reducat, in qua eorum Majores salutaria vitæ pascua habuere, et in qua solum integra Christi Jesu doctrina servatur, traditur, et cœlestis gratiæ dispensantur mysteria.

Nos quidem cum ex supremi Apostolici Nostri ministerii officio Nobis ab ipso Christo Domino commisso omnes boni pastoris partes studiosissime explere, et omnes universi terrarum orbis homines paterna caritate prosequi, et amplecti debeamus, tum has Nostras ad omnes christianos a Nobis sejunctos litteras damus, quibus eos etiam atque etiam hortamur et obsecramus, ut ad unicum Christi ovile redire festinent; quandoquidem eorum in Christo Jesu salutem ex animo summopere optamus, ac timemus ne eidem Nostro Judici ratio a Nobis aliquando sit reddenda, nisi, quantum in Nobis est, ipsis ostendamus, et muniamus viam ad eamdem æternam assequendam salutem. In omni certe oratione, et obsecratione, cum gratiarum actione nunquam desistimus dies noctesque pro ipsis cœlestium luminum, et gratiarum abundantiam ab æterno animarum Pastore humiliter, enixeque exposcere. Et quoniam vicariam Ejus hic in terris licet immerito gerimus operam, iccirco errantium filiorum ad catholicæ Ecclesiæ reversionem expensis manibus ardentissime exspectamus, ut eos in cœlestis Patris domum amantissime excipere, et inexhaustis ejus thesauris ditare possimus. Etenim ex hoc optatissimo ad veritatis et communionis cum catholica Ecclesia reditu non solum singulorum, sed totius etiam christianæ societatis salus maxime pendet, et universus mundus vera pace perfrui non potest, nisi fiat unum ovile, et unus pastor.

Datum Romæ, apud S. Petrum, die 13 Septembris 1868, Pontificatus Nostri anno vicesimo tertio.

IV

CONGRÉGATIONS

POUR LES TRAVAUX PRÉPARATOIRES

La congrégation cardinalice se composait des cardinaux Patrizi, *président*, de Reisach, Barnabò, Panebianco, Bizzari, Bilio, Caterini, Capalti et de Luca, avec l'archevêque de Sardes, Mgr Giannelli, pour secrétaire. Parmi les consulteurs se trouvaient : Mgr Tizzani, archevêque de Nisibe, professeur à l'Université romaine; l'abbé Galeotti, préfet des études au séminaire de Palerme; le P. Sanguineti, S. J., professeur au collége Romain; l'abbé Feije, professeur de droit à l'Université catholique de Louvain; l'abbé Héfélé, professeur d'histoire ecclésiastique, à Tubingue, aujourd'hui évêque de Rottenbourg, etc.

La commission des rites et cérémonies, présidée par le cardinal Patrizi, comptait parmi ses consulteurs : Mgr Bartolini, secrétaire de la congrégation des Rites; Mgr Ferrari, préfet des cérémonies pontificales, et plusieurs autres cérémoniers pontificaux participants, avec Mgr Ricci, également cérémonier, pour secrétaire.

La commission politique ecclésiastique, présidée par le cardinal de Reisach, comptait parmi ses consulteurs : Mgr Manni, archevêque-évêque d'Orvieto; Mgr Papardo del Parco, évêque de Sinope; José Kovacs, chanoine de Kolocsa; Guil. Molitor, chanoine de Spire; l'abbé Chesnel, vicaire général de Quimper; l'abbé Gibert, vicaire général de Moulins; Chr. Moufang, chanoine de Mayence, directeur du *Katholik;* dom Antonio Ortis Oruela, canoniste de Guatemala; dom Juan Campelo, professeur de théologie à l'Université de Séville, etc., avec Mgr Trinchieri pour secrétaire.

La commission des Églises et missions orientales, présidée par le cardinal Barnabò, avait pour secrétaire Mgr Cretoni, et l'on comptait parmi ses consulteurs : Mgr Siméoni, secrétaire de la Propagande ; le P. Bollig, S. J., professeur d'arabe et de sanscrit à l'Université romaine ; le P. Vercellone, consulteur de l'Index ; le P. Augustin Theiner de l'Oratoire, préfet des Archives du Vatican ; Mgr David, archevêque syrien de Mossoul ; l'abbé François Rossi, archiviste émérite de la Propagande ; le P. de Haneberg, bénédictin, professeur de théologie à Munich ; le P. Martinoff, S. J. ; Mgr Howard, consulteur de la Propagande, etc.

La commission des réguliers, présidée par le cardinal Bizzarri, avec l'abbé François Stoppani pour secrétaire, avait pour consulteurs : Mgr Marini ; Mgr Svegliati, secrétaire de la Congrégation des évêques et réguliers ; Mgr Lucidi, sous-secrétaire de la Congrégation du Concile ; le P. Capelli, procureur général des Barnabites ; le P. Bianchi, des Frères-Prêcheurs ; le P. Joachim da Cipressa, des Mineurs de l'observance ; le P. Cretoni, des Augustins ; le P. Costa, de la Compagnie de Jésus ; Mgr Guisasola, archiprêtre de la cathédrale de Séville ; l'abbé Freppel, professeur à la Sorbonne, et aujourd'hui évêque d'Angers, etc.

La commission de théologie dogmatique, présidée par le cardinal Bilio, et ayant dom Camille Santori pour secrétaire, comptait parmi ses consulteurs : Mgr Cardoni, archevêque d'Edesse ; le P. Spada, des Frères-Prêcheurs, ministre du Sacré-Palais apostolique ; le P. Perronne, S. J., préfet des études au collège Romain ; Mgr Jacquenet, protonotaire apostolique, curé de Saint-Jacques de Reims ; l'abbé Gay, vicaire général de Poitiers ; le P. Martinelli, des Augustins, consulteur de l'Index ; le P. Schrader, S. J., professeur de théologie à l'Université de Vienne ; Fran. Hettinger, professeur de théologie à l'Université de Wurtzbourg ; le D. Jean Alzog, professeur d'histoire ecclésiastique à Fribourg-en-Brisgau, etc.

La commission de discipline ecclésiastique, présidée par le cardinal Caterini, et ayant pour secrétaire Mgr Jacobini, avait pour consulteurs : MMggrs Gianelli, Angelini, Svegliata, Siméoni ; Mgr Nina, assesseur de l'Inquisition ; le D. Philippe de Angelis, professeur du droit canon à l'Université romaine ; le P. Tarquini, S. J., consulteur de la Propagande et de l'Inquisition ; Jos. Hergenrœther, professeur d'histoire ecclésiastique à Wurtzbourg ; l'abbé Feije, de l'Université de Louvain ; l'abbé Sauvé, chanoine théologal de Laval ; le D. Gaspard Heuser, professeur de théologie à Cologne ; dom Joseph de Torrès Padilla, professeur de discipline et d'histoire ecclésiastique à Séville, etc.

TABULA

SCHEMATUM QUÆ A COMMISSIONIBUS THEOLOGORUM EXARATA SUNT
CONCILIO VATICANO PROPONENDA

SCHEMA I
De Doctrina catholica

CAPUT I. De SS. Trinitate.
CAPUT II. De hominis creatione et natura.
CAPUT III. De hominis elevatione et lapsu.
CAPUT IV. De mysterio verbi incarnati.
CAPUT V. De gratia redemptoris.

SCHEMA II
De Ecclesia Christi

CAPUT I. Ecclesiam esse corpus Christi mysticum.
CAPUT II. Christianam religionem non nisi in Ecclesia et per Ecclesiam a Christo fundatam excoli posse.
CAPUT. III. Ecclesiam esse societatem veram, perfectam, spiritualem, et supernaturalem.
CAPUT IV. Ecclesiam esse societatem visibilem.
CAPUT V. De visibili Ecclesiæ unitate.
CAPUT. VI. Ecclesiam esse societatem ad salutem consequendum omnino necessariam.
CAPUT VII. Extra Ecclesiam salvari neminem posse.
CAPUT VIII. De Ecclesiæ indefectibilitate.
CAPUT IX. De Ecclesiæ infallibilitate.
CAPUT X. De Ecclesiæ potestate.
CAPUT XI. De Romani Pontificis primatu.
CAPUT XII. De temporali S. Sedis Dominio.
CAPUT XIII. De concordia inter Ecclesiam ac Societatem civilem.

CAPUT XIV. De jure et usu potestatis civilis secundum Ecclesiæ Catholicæ doctrinam.
CAPUT XV. De specialibus quibusdam Ecclesiæ juribus in relatione ad Societatem civilem.

SCHEMA III

De Episcopis

CAPUT I. De officio Episcoporum.
CAPUT II. De residentia.
CAPUT III. De visitatione Diœcesis.
CAPUT IV. De obligatione visitandi sacra limina apostolorum et exhibendi relationem status Diœcesis.
CAPUT V. De Conciliis provincialibus.
CAPUT VI. De synodis diœcesanis.
CAPUT VII. De Vicario Generali.

SCHEMA IV

De parvo Catechismo

SCHEMA V

De Vita et Honestate Clericorum

SCHEMA VI

De sede episcopali vacante

SCHEMA VII

De oneribus Missæ

SCHEMA VIII

De titulis ordinationis

SCHEMA IX

De Regularibus

SCHEMA X

De voto obedientiæ

SCHEMA XI

De perfecta vita communi

SCHEMA XII

De Clausura

VI

SANCTISSIMI DOMINI NOSTRI

PII PAPÆ IX
LITTERÆ APOSTOLICÆ

QUIBUS ORDO GENERALIS STATUITUR IN SS. ŒCUM. CONCILIO VATICANO OBSERVANDUS

PIUS PP. IX

Ad futuram rei memoriam.

Multiplices inter quibus divexamur angustias, ad divinæ clementiæ, quæ « consolatur Nos in omni tribulatione Nostra (II Corinth. I, 4), » gratias persolvendas maxime excitamur, qua propitiante illud celeriter Nobis continget ut sacrosanctum generale et œcumenicum Concilium Vaticanum, jam a Nobis, ea adspirante, indictum, feliciter auspicemur. Gaudium autem in Domino jure præcipimus, quod salutares Concilii ejusdem conventus solemni die Immaculatæ Dei Matris Mariæ semper Virginis Conceptioni sacro, atque adeo sub potentibus maternisque auspiciis ejus aggressuri sumus, eosque in Vaticana Nostra basilica inituri ante beatissimi Petri cineres, qui « in ac-
« cepta fortitudine petræ perseverans, suscepta Ecclesiæ
« gubernacula non reliquit, et in quo omnium pastorum
« sollicitudo cum commendatarum sibi ovium custodia
« perseverat (S. Leo P. serm. II, in Annivers. assumptionis
« suæ). »

Jamvero memores hoc œcumenicum Concilium a Nobis convocatum fuisse ut extirpandis erroribus, quos præsertim hujus sæculi conflavit impietas, removendis malis, quibus Ecclesia affligitur, emendandis moribus et utriusque cleri disciplinæ instaurandæ, conjuncta Nobiscum sacrorum Ecclesiæ Antistitum adhibeatur opera, ac probe noscentes quo studio intentaque sollicitudine curare debeamus, ut ea omnia, quæ ad rectam rationem tam salutaris negotii gerendi, tractandi ac perficiendi pertinent, ex sancta majorum disciplina institutisque statuantur, idcirco apostolica Nostra auctoritate ea quæ sequuntur decernimus, atque ab omnibus in hoc Vaticano Concilio servanda esse præcipimus.

I. De modo vivendi in Concilio.

Reputantes animo quod « omne datum optimum, et « omne donum perfectum desursum est, descendens a « Patre luminum (Jac., I, 17). » quodque nihil cœlestis Patris benignitati pronius est, quam ut det « spiritum bo- « num petentibus se (Luc. XI, 13), » jam Nos, dum apostolicis Nostris Litteris die undecimo aprilis hoc anno datis, Ecclesiæ thesauros sacrosancti hujus Concilii occasione Christifidelibus reseravimus, non solum eosdem Christifideles vehementer hortati sumus ut emundantes « conscientiam ab operibus mortuis ad serviendum Deo « viventi (Hebr., IX, 14) » orationibus, obsecrationibus, jejuniis, aliisque pietatis actibus insistere velint, sed etiam divini Spiritus lumen et opem, in sacrosancto missæ sacrificio celebrando, quotidie in universo orbe catholico implorari mandavimus ad prosperum a Domino huic Concilio exitum, et salutares ex eo Ecclesiæ sanctæ fructus impetrandos.

Quas quidem adhortationes et præscriptiones modo renovantes et confirmantes, id præterea jubemus ut in hujus almæ Urbis Nostræ Ecclesiis, sacrosancto Synodo perdurante, singulis diebus dominicis, hora quæ pro fideli populo magis congrua videatur, litaniæ aliæque orationes ad hunc finem constitutæ recitentur.

At longe his majus aliquid et excellentius ab Episcopis, aliisque qui in sacerdotali ordine censentur hoc Concilium concelebrantibus, præstandum est, quos, uti ministros Christi et dispensatores mysteriorum Dei, oportet in omnibus seipsos præbere « exemplum bonorum operum in

« doctrina, in integritate, in gravitate ; **verbum sanum,**
« **irreprehensibile,** ut is, qui ex adverso est, vereatur nihil
« habens malum dicere de Nobis (Tit. ii, 7). » Quare vete-
rum Conciliorum ac Tridentini nominatim vestigiis inhærentes, hortamur illos omnes in Domino ut orationi, sacræ
lectioni, cœlestium rerum meditationibus pro sua cujusque pietate studiose intendant ; ut pure, casteque sancto
missæ sacrificio, quam fieri possit, frequenter operentur ;
animum mentemque ab humanarum rerum curis immunem servent ; modestiam in moribus, in victu temperan-
tiam, et in omni actione religionem retineant. Absint animorum dissidia, absit prava æmulatio et contentio, sed
omnibus imperet, quæ inter cæteras virtutes eminet, cha-
ritas, ut, illa dominante et incolumi, de hoc sacro Episcoporum Ecclesiæ conventu dici possit : « Ecce quam bonum
« et quam jucundum habitare fratres in unum (Ps.
« cxxxii, 1). » Evigilent demum Patres in domesticorum
suorum cura, et christianæ ab eis sanctæque vitæ disciplina
exigenda, memores quam gravibus verbis Paulus Apostolus
præcipiat Episcopis ut sint suæ domui bene præpositi
(Timoth., iii, 4).

II. De jure et modo proponendi.

Licet jus et munus proponendi negotia quæ in sancta
œcumenica Synodo tractari debebunt, de iisque Patrum
sententias rogandi, nonnisi ad Nos et ad hanc apostolicam
Sedem pertineat, nihilominus non modo optamus, sed
etiam hortamur ut si qui inter Concilii Patres aliquid pro-
ponendum habuerint quod ad publicam utilitatem conferre
posse existiment, id libere exequi velint. Cum vero probe
perspiciamus hanc ipsam rem, nisi congruto tempore et
modo perficiatur, non parum necessario conciliarium ac-
tionum ordini officere posse, idcirco statuimus ejusmodi
propositiones ita fieri debere, ut earum quælibet : 1° scripto mandetur, ac peculiari Congregationi nonnullorum,
tum **VV. FF. NN. S. R. E. Cardinalium,** tum Synodi Patrum, a Nobis deputandæ privatim exhibeatur ; 2° publicum **rei christianæ bonum** vere respiciat, non singularem
duntaxat unius vel alterius diœcesis utilitatem ; 3° rationes

contineat ob quas utilis et opportuna censetur ; 4° nihil præ se ferat, quod a constanti Ecclesiæ sensu, ejusque inviolabilibus traditionibus alienum sit. Peculiaris prædicta Congregatio propositiones sibi exhibitas diligenter expendet, suumque circa earum admissionem vel exclusionem consilium Nostro judicio submittet, ut Nos deinde matura consideratione de iis statuamus, **utrum ad synodalem deliberationem deferri debeant.**

III. De secreto servando in Concilio.

Prudentiæ hic ratio Nos admonet uti secreti fidem, quæ in superioribus Conciliis non semel, adjunctorum gravitate exigente, indicenda fuit, in universa hujus Concilii actione servandam jubeamus. Si enim unquam alias, hoc maxime tempore hæc cautio necessaria est, quo in omnem occasionem excubat invidiæ conflandæ contra catholicam Ecclesiam, ejus doctrinam, pluribus nocendi opibus pollens, impietas. Quapropter præcipimus omnibus et singulis Patribus, officialibus Concilii, theologis sacrorum canonum peritis cæterisque qui operam suam Patribus vel officialibus prædictis quovis modo in rebus hujus Concilii præbent, ut decreta et alia quæcumque, quæ iis examinanda proponentur, nec non discussiones et singulorum sententias non evulgent, nec alicui extra gremium Concilii pandant; præcipimus pariter ut officiales Concilii, qui episcopali dignitate præditi non sunt, aliique omnes qui ratione cujusvis demandati a Nobis ministerii conciliaribus disceptationibus inservire debent, juramentum emittere teneantur de munere fideliter obeundo et de secreti fide servanda circa ea omnia quæ supra præscripta sunt, nec non super iis rebus, quæ specialiter ipsis committentur.

IV. *De ordine sedendi, et de non inferendo alicui præjudicio.*

Cum ad tranquillitatem concordiamque animorum tuendam non parum momenti habeat si, in quibuslibet conciliaribus actibus, unusquisque suæ dignitatis ordinem fideliter ac modeste custodiat; hinc ad offensionum occasiones, quoad ejus fieri possit, præcidendas, infrascriptum ordinem inter diversas dignitates servari præscribimus.

Primum locum obtinebunt VV. FF. NN. S. R. E. Cardinales Episcopi, presbyteri, diaconi; secundum Patriarchæ; tertium, ex speciali Nostra indulgentia, Primates, juxta ordinem suæ promotionis ad primatialem gradum. Id autem pro hac vice tantum indulgemus, atque ita ut ex hac Nostra concessione nullum jus vel ipsis Primatibus datum, vel aliis imminutum censeri debeat. Quartum locum tenebunt Archiepiscopi juxta suæ ad archiepiscopatum promotionis ordinem; quintum Episcopi pariter juxta ordinem promotionis suæ; sextum abbates nullius diœcesis, septimum abbates generales aliique generales moderatores ordinum religiosorum in quibus solemnia vota nuncupantur, etiamsi vicarii generalis titulo appellentur, dum tamen re ipsa, cum omnibus supremi moderatoris juribus et privilegiis, universo suo ordini legitime præsint.

Cæterum ex superiorum Conciliorum disciplina institutoque decernimus, quod, si forte contigerit aliquos debito in loco non sedere, et sententias etiam sub verbo « Placet » proferre, Congregationibus interesse, et alios quoscumque actus facere, Consilio durante, nulli propterea præjudicium generetur, nullique novum jus acquiratur (Conc. Trid., sess. II, decret « de Modo vivendi, § Insuper.) »

V. *De Judicibus excusationum et querelarum.*

Quo graviorum rerum pertractatio, quæ in hac sacrosancta Synodo agi gerive debent, minus qua fieri possit impediatur aut retardetur, ob cognitionem causarum quæ singulos respiciunt; statuimus ut ipsa Synodus per schedulas secretas quinque ex Concilii Patribus eligat, in « Judices excusationum, » quorum erit procurationes et excusationes Prælatorum absentium, necnon eorum postulata qui, Concilio nondum dimisso, justam discedendi causam se habere putaverint, excipere, atque ad normam conciliaris disciplinæ et SS. canonum expendere : quod cum fecerint, non quidquam de hisce rebus decernent, sed de omnibus ad Congregationem generalem ordine referent. Præterea statuimus ut eadem Synodus, pariter per schedulas secretas, alios quinque ex Patribus eligat in Judices querelarum et controversiarum. »

Hi porro controversias omnes circa ordinem sedendi, vel jus præcedendi, aliasque, si quæ forte inter congregatos, oriantur, judicio summario atque « œconomice, » ut aiunt, ita componere studebunt, ut nulli præjudicium inferatur : et quatenus componere nequeant, eas Congregationis generalis auctoritati subjicient.

VI. *De officialibus Concilii.*

Quod vero, et illud magni refert, ut necessarii ac idonei ministri et officiales, juxta conciliarem consuetudinem et disciplinam, omnibus in hac Synodo actibus rite et legitime perficiendis designantur, Nos hujusmodi ministeriorum rationem habentes, infrascriptos viros ad ea deligimus et nominamus, scilicet :

1° Generales Concilii custodes, dilectos filios Joannem Columna et Dominicum Orsini, romanos principes, pontificio Nostro solio adsistentes.

2° Concilii secretarium, Venerabilem Fratrem Josephum Episcopum S. Hyppolyti, eique adjicimus, cum officio et titulo subsecretarii, dilectum filium Ludovicum Jacobini, e Nostris et hujus apostolicæ Sedis protonotariis, nec non adjutores dilectos filios canonicos Camillum Santori et Angelum Jacobini.

3° Concilii notarios, dilectos filios Lucam Pacifici Aloisium Colombo, Joannem Simeoni, Aloisium Pericoli et Dominicum Bartolini, Nostros et hujus apostolicæ Sedis protonotarios, eisque adjungimus dilectos filios Salvatorem Pallottini et Franciscum Santi, advocatos, qui notariis eisdem adjutricem operam navent.

4° Scrutatores suffragiorum, dilectos filios Aloisium Serafini et Franciscum Nardi, causarum Palatii Nostri apostolici auditores ; Aloisium Pellegrini et Leonardum Dialti, Nostræ Cameræ apostolicæ clericos ; Carolum Cristofori et Alexandrum Montani, signaturæ justitiæ votantes ; Fridericum de Falloux du Coudray, Nostræ cancellariæ apostolicæ regentem, et Laurentium Nina, abreviatorem ex majori Parco. Hi autem octo scrutatores in quatuor distincta paria distributi, ita ad excipienda suffragia procedant ut bina paria unum conciliaris aulæ latus, totidemque alterum obeant; præterea singula paria singulos ex notariis secum habere debebunt, dum in munere fungendo versantur.

5° Promotores Concilii dilectos filios Joannem Baptistam de Dominicis-Tosti et Philippum Ralli, S. Consistorii advocatos.

6° Magistros cæremoniarum Concilii, dilectos filios Aloisium Ferrari antistitem Nostrum domesticum, præfectum; et Pium Martinucci, Camillum Balestra, Remigium Ricci, Josephum Romagnoli, Petrum-Josephum Rinaldi-Bucci, Antonium Cataldi, Alexandrum Tortoli, Augustinum Accoramboni, Aloisium Sinistri, Franciscum Riggi, Antonium Gattoni, Balthasarem Baccinetti, Cæsarem Togni, Rochum Massi, Nostros et hujus apostolicæ Sedis cæremoniarios.

7° Assignatores locorum, dilectos filios Henricum Folchi præfectum, ac Aloisium Naselli, Edmundum Stonor, Paulum Bastide, Aloisium Pallotti, intimos Nostros cubicularios, et dilectos filios Scipionem Perilli, Gustavum Gallot, Franciscum Regnani, Nicolaum Vorsak et Philippum Silvestri, cubicularios Nostros honorarios.

VII. *De Congregationibus generalibus Patrum.*

Ad ea modo curam convertentes, quæ Congregationum generalium ordinem respiciunt, statuimus ut iisdem Patrum Congregationibus, quæ publicis sessionibus præmittuntur, quinque ex VV. FF. NN. S. R. E. Cardinalibus Nostro nomine et auctoritate præsint, et ad hoc munus eligimus et nominamus, Venerabilem Fratrem Nostrum Carolum S. R. E. Cardinalem Episcopum Sabinensem de Reisach nuncupatum, dilectos filios Nostros S. R. E. Presbyteros Cardinales Antoninum titulo SS. Quatuor Coronatorum de Luca nuncupatum, Josephum Andream titulo S. Hieronymi Illyricorum Bizzarri nuncupatum, Aloisium titulo S. Laurentii in Panisperna Bilio nuncupatum, et dilectum filium nostrum Hannibalem S. R. E. Cardinalem Diaconum S. Mariæ in Aquiro Capalti nuncupatum.

Hi autem Præsides, præter alia quæ ad aptam horum conventuum moderationem spectant, curabunt ut in rebus pertractandis initium fiat a disceptatione eorum quæ ad fidem pertinent; deinde integrum ipsis erit consultationes in fidei vel disciplinæ capita conferre, prout opportunum judicaverint.

Cum vero Nos jam inde a tempore quo apostolicas Litteras ad hoc Concilium indicendum dedimus, viros theologos et ecclesiasticos jurisconsultos, ex variis catholici orbis regionibus in hanc almam Urbem Nostram evocandos curaverimus, ut, una cum aliis hujus Urbis et earumdem disciplinarum peritis viris, rebus apparandis darent operam, quæ ad hujus generalis Synodi scopum pertinent, atque ita expeditior via in rerum tractatione Patribus patere posset; hinc volumus et mandamus ut « schemata » decretorum et canonum ab iisdem viris expressa et redacta, quæ Nos, nulla Nostra approbatione munita integre Patrum cognitioni reservavimus, iisdem Patribus in Congregationem generalem collectis ad examen et judicium subjiciantur. Itaque, curantibus memoratis Præsidibus, aliquot ante dies quam Congregatio generalis habeatur, decretorum et canonum schemata, de quibus in Congregatione indicta agendum erit, typis impressa singulis Patribus distribuentur, quo interim illa diligenti consideratione in omnem partem expendant, et quid sibi sententiæ esse debeat accurate pervideant. Si quis Patrum de schemate proposito sermonem in Congregatione ipsa habere voluerit, ad debitum inter oratores ordinem pro cujusque dignitatis gradu servandum, opus erit ut, saltem pridie diei Congregationis ipsius, Præsidibus suum disserendi propositum significandum curet. Auditis autem istorum Patrum sermonibus, si alii etiam post eos in conventu ipso disserere voluerint, hoc iisdem fas erit, obtenta prius a Præsidibus dicendi venia, et eo ordine, quem dicentium dignitas postulaverit.

Jamvero si in ea quæ habetur Congregatione exhibitum schema vel nullas, vel nonnisi leves difficultates in ipso congressu facile expediendas obtulerit, tunc nihil moræ erit quominus, disceptationibus compositis, decreti vel canonis conciliaris de quo agitur formula, rogatis Patrum suffragiis statuatur. Sin autem circa schema prædictorum hujusmodi oriantur difficultates, ut, sententiis in contraria conversis, via non suppetat qua in ipso conventu componi possint, tum ea ratio ineunda erit, quam hic infra statuimus, ut stabili et opportuno modo huic rei provideatur. Volumus itaque, ut ipso Concilii exordio quatuor speciales ac distinctæ Patrum Congregationes seu « deputationes » instituantur, quarum prima de rebus ad fidem pertinentibus, altera de rebus disciplinæ ecclesiasticæ, tertia de rebus ordinum regularium, quarta demum de rebus ritus orientalis, Concilio perdurante, cognoscere et tractare debebit. Quævis ex prædictis Congregationibus seu deputationibus numero Patrum quatuor et viginti constabit, qui a Concilii Patribus per schedulas secretas eligentur.

Unicuique ex iisdem Congregationibus seu deputationibus præerit unus ex VV. FF. NN, S. R. E. Cardinalibus a Nobis designandus, qui ex conciliaribus theologis vel juris canonici peritis, unum aut plures in commodum suæ Congregationis seu deputationis adsciscet, atque ex iis unum constituet, qui secretarii munere eidem Congregationi seu deputationi operam navet. Igitur si illud contigerit quod supra innuimus, ut nimirum in generali Congregatione quæstio de proposito schemate exorta dirimi non potuerit, tum Cardinales ejusdem generalis Congregationis Præsides curabunt ut schema, de quo agitur, una cum objectis difficultatibus examini subjiciatur illius ex specialibus deputationibus, ad quam, juxta assignata cuique rerum tractandarum genera, pertinere intelligitur. Quæ in hac peculiari deputatione deliberata fuerint, eorum relatio typis edita Patribus distribuenda erit, juxta methodum a Nobis superius præscriptam, ut deinde in proxima Congregatione generali, si nihil amplius obstiterit, rogatis Patrum suffragiis, decreti vel canonis conciliaris formula condatur. Suffragia autem a Patribus ore tenus edentur, ita tamen ut ipsis integrum sit etiam de scripto illa pronuntiare.

VIII. *De sessionibus publicis.*

Publicarum nunc sessionum celebratio exigit ut rebus et actionibus in ea rite dirigendis, congrua ratione, consulamus. Itaque in unaquaque publica sessione, considentibus suo loco et ordine Patribus, servatisque adamussim cæremoniis, quæ in rituali instructione iisdem Patribus de mandato Nostro tradenda continentur, de suggestu decretorum et canonum formulæ in superioribus Congregationibus generalibus conditæ, voce sublata et clara jussu Nostro recitabuntur, eo ordine ut primum canones de dogmatibus fidei, deinde decreta de disciplina pronuntientur, et ea adhibita solemni tituli præfatione, qua Prædecessores Nostri in ejusmodi conciliari actione uti consueverunt nempe : « *Pius Episcopus, Servus Servorum* « *Dei, sacro approbante Concilio, ad perpetuam rei me-*« *moriam.* » Tunc vero rogabuntur Patres an placeant canones et decreta perlecta; ac statim procedent scrutatores suffragiorum, juxta methodum superius constitutam, ad suffragia singillatim et ordine excipienda, eaque accurate describent.

Hac autem in re declaramus suffragia pronuntiari debere in hæc verba : « *Placet* » aut « *Non placet* »; ac simul edicimus minime fas esse a sessione absentibus quavis de causa suffragium suum scripto consignatum ad Concilium mittere. Jam vero, suffragiis collectis, Concilii secretarius una cum supradictis scrutatoribus, penes pontificalem Nostram Cathedram, iis accurate dirimendis ac numerandis operam dabunt, ac de ipsis ad Nos referent. Nos deinde supremam Nostram sententiam edicemus, eamque enuntiari et promulgari mandabimus, hac adhibita solemni formula : « *Decreta modo lecta placuerunt omnibus* « *Patribus, nemine dissentiente;* vel (si quis forte dissen-« serit) *tot numero exceptis; Nosque, sacro approbante* « *Concilio, ita decernimus, statuimus atque sancimus ut* « *lecta sunt.* » Hisce autem omnibus expletis, erit promotorum Concilii rogare protonotarios præsentes, ut de omnibus et singulis in sessione peractis unum vel plura instrumentum vel instrumenta conficiantur. Denique die proximæ sessionis de mandato Nostro indicta, sessionis conventus dimittetur.

IX. *De non discedendo a Concilio.*

Universis porro Concilii Patribus aliisque, qui eidem interesse debent, præcipimus, sub pœnis per SS. canones indictis, ut ne quis eorum, antequam sacrosanctum hoc generale et œcumenicum Concilium Vaticanum rite absolutum et a Nobis dimissum sit, discedat, nisi discessionis causa, juxta normam superius definitam, cognita et probata fuerit, ac impetrata a Nobis abeundi facultas.

X. *Indultum apostolicum de non residentia pro iis qui Concilio intersunt.*

Cum omnes, qui conciliaribus actibus interesse tenentur, ea in re universali Ecclesiæ deserviant; Prædecessorum Nostrorum etiam exemplum secuti (Paulus III, Brev. 1 januarii 1546 ; Pius IV, Brev. 25 nov. 1561), apostolica benignitate indulgemus ut tum Præsules aliique suffragii jus in hoc Concilio habentes, tum cæteri omnes eidem Concilio operam quovis titulo impendentes, suorum beneficiorum fructus, reditus, proventus, ac distributiones quotidianas percipere possint, iis tantum distributionibus exceptis quæ « inter præsentes » fieri dicuntur; idque concedimus, Synodo perdurante, et donec quisque eidem adsit aut inserviat.

Hæc volumus atque mandamus, decernentes has Nostras Litteras et in eis contenta quæcumque, in proxima sacrosancto, generali et œcumenico Concilio Vaticano, ac omnibus et singulis ad quos spectant, respective et inviolabiliter observari debere; non obstantibus, quamvis speciali atque individua mentione ac derogatione dignis, in contrarium facientibus quibuscumque.

Datum Romæ, apud S. Petrum, sub annulo Piscatoris, die XXVII novembris anno MDCCCLXIX, Pontificatus Nostri anno vigesimo quarto.

N. Card. PARACCIANI-CLARELLI.

VII

ALLOCUTIO

HABITA IN CONGREGATIONE GENERALI ANTE PRIMAM
SESSIONEM CONCILII VATICANI

Die 2 decembris anno 1869.

A SS. D. N. PIO DIVINA PROVIDENTIA PP. IX

Ad Episcopos catholici orbis qui ad idem Concilium Romam convenerunt.

Venerabiles Fratres, sacri œcumenici Vaticani Concilii conventus post paucos hinc dies auspicaturi, nihil opportunius Nobisque jucundius existimavimus VV. FF., quam ut vos universos hodierno die juxta Nostra hic desideria congregatos alloqui, ac præcipuam caritatem quam intimo corde alimus vobis gerere possemus. Cum enim de re maxima agatur qualis est illa, in qua de remediis comparandis agitur tot malis, quæ christianam et civilem societatem hoc tempore perturbant, putavimus apostolica Nostra sollicitudine dignum esse et tantæ rei magnitudini consentaneum ut, antequam conciliarium rerum actio initium habeat in omnis gratiæ auspicium vobis cœlestis benedictionis opem a Deo clementissimo precaremur; ac necessarium censuimus vobis eas tradere normas apostolicis Nostris Litteris consignatas atque editas, quas, ad omnia in conciliaribus actionibus rite et ordine agenda, constituendas esse judicavimus.

Hoc autem illud est, VV. FF., quod, Deo et immaculata Deipara votis Nostris annuente, hodierno die in amplissimo hoc vestro conventu peragimus; nec satis verbis explicare possumus ingentem eam consolationem quam vestra hæc exoptata et debita apostolicæ vocis obsequio frequentia Nobis ingerit, cum vos tandem ex omnibus catholici orbis partibus in hanc almam Urbem indicti a Nobis Concilii causa convenisse, et summa animorum consensione Nobiscum conjunctos aspiciamus, quos eximia erga Nos et apostolicam Sedem devotio, mirificus ad navandam Christi regno operam ardor, et in pluribus etiam tribulationum pro Christo perpessio jure efficit cordi Nostro carissimos.

Hæc autem, VV. FF., hæc vestra Nobiscum conjunctio eo gratior Nobis accidit quod in ea hærentes Apostolorum vestigiis insistimus, qui suæ unanimæ et constantis cum divino Magistro conjunctionis luculenta Nobis exempla reliquerunt. Nostis enim ex sacris Litteris, cum Christus Dominus Palæstinæ regiones peragrans iter faceret per civitates et castella, prædicans et evangelizans regnum Dei, Ejus lateri Apostolos pari omnes studio adhæsisse, et duodecim cum Illo, uti S. Lucas loquitur (Luc. VIII, 1), fideliter, quacumque iter haberet, esse versatos. Atque hæc Apostolorum conjunctio splendidius etiam enituit eo tempore, cum cœlestis Magister docens in Capharnaum de divinæ Eucharistiæ mysterio coram Hebræis fusiori sermone pertractavit; tunc enim, cum gens illa carnalis et obtusioris sensus sibi de tantæ caritatis opere persuadere non posset, atque ita Magistri pertæsam se ostendisset ut multi discipulorum, Joanne testante (VI, 67), abirent retro et non cum Illo ambularent, Apostolorum tamen amor in Magistri veneratione et obsequio immotus perstitit, et Jesu Apostolos percunctante nam et ipsi vellent abire, graviter id ferens Petrus in eas voces erupit : « Domine, ad quem ibimus ? » Ac rationem adjecit quare Dominum constanti fide sequi velle statueret : « Verba vitæ æternæ habes. » Hæc Nos animo recolentes, quid dulcius aut jucundius hac Nostra conjunctione reputare, quid porro etiam firmius ac stabilius tueri debeamus ?

Non deerunt certe Nobis, una licet in Christi nomine conjunctis, non deerunt contradictiones ac dimicationes subeundæ, nec inimicus homo segnis erit, nil magis cupiens quam superseminare zizania; at Nos memores apostolicæ firmitudinis et constantiæ, quæ Domini præconio laudari meruit. « Vos estis qui permansistis mecum in « tentationibus meis (Luc. XXII, 28) »; memores Redemptoris Nostri diserte denuntiantis : « Qui mecum non est « contra me est ; » officii pariter Nostri memores esse debebimus omnique studio curare ut inconcussa fide ac firmitate Christum sequamur, Illique omni tempore concordibus animis adhæreamus. In ea enim, VV. FF., conditione constituti sumus ut in acie adversus multiplices eosdemque acerrimos hostes diuturna jam contentione versemur. Utamur oportet spiritualibus militiæ Nostræ armis, totamque certaminis vim tum divina innixi auctoritate, tum caritatis, patientiæ, precationis et constantiæ clypeo sustineamus.

Nihil autem metus est ne vires Nobis in hac dimicatione deficiant, si in auctorem et consummatorem fidei Nostræ oculos animosque conjicere voluerimus. Si enim Apostoli oculis et cogitatione in Christo Jesu defixi satis ex hoc animi viriumque sumpserunt ut adversa quæque strenue perferrent, Nos pariter Ipsum aspicientes in salutari pignore Redemptionis Nostræ, ex hoc aspectu, unde divina manat virtus, Nos eam vim roburque inveniemus quo calumnias, injurias, inimicorum artes superemus, ac salutem Nobis totque etiam miseris a via veritatis errantibus ex Christi cruce haurire lætabimur.

Neque vero Redemptorem Nostrum respicere contenti eam quoque mentis docilitatem induamus necesse est ut eidem libenter toto cordis affectu audientes simus. Hoc est enim quod ipse Pater cœlestis majestatis suæ auctoritate præcepit, cum revelante Christo Domino gloriam suam in monte præcelso coram electis testibus : « Hic est, inquit, « Filius meus dilectus in quo mihi bene complacui, Ipsum « audite. » Jesum igitur prono mentis obsequio audiamus utique in omni re, at in ea præcipue quam Ipse ita cordi habuit ut prænoscens difficultates quibus ipsa obnoxia futura esset in mundo, de illa ipsa Patrem suum obsecrare in novissima cœna effusis iteratisque votis non omiserit : « Pater sancte, serva eos in nomine tuo quos dedisti « mihi ut sint unum sicut nos (Joan. XVII, 11). » Una itaque anima cum uno corde in Christo Jesu sit cunctis. Non aliud sane Nobis majori consolationi futurum est quam si obsequentem Christi monitis aurem cordis jugiter præbuerimus, quo pacto et Nos esse cum Christo agnoscemur, et perspicuum æternæ salutis pignus inesse reperiemus in Nobis : « Qui enim ex Deo est, verba Dei audit (Joan. VIII, 7). »

Has pontificiæ Nostræ cohortationis voces ex intimo corde depromptas omnipotens et misericors Deus, Deipara Immaculata deprecante, potenti sua ope confirmet, efficiatque propitius ut uberibus fructibus augeantur. Convertat deinde faciem suam ad vos, VV. FF., ac tum corpora, tum animos vestros benedictionis suæ gratia prosequatur; corpora nempe ut labores omnes, qui a vestro sacro ministerio abesse non possunt, strenue alacriterque ferre valeatis; animos vero, ut cœlestibus auxiliis abunde repleti, sacerdotalis vitæ exemplis et virtutum omnium splendore in christiani gregis salutem præluceatis. Hujus autem benedictionis gratia vobis continenter adsit atque omnibus vitæ vestræ diebus clementer adspiret ut dies pleni inveniantur in vobis, pleni sanctitatis et justitiæ, pleni sanctorum operum fructibus, in quibus veræ Nobis divitiæ et gloria continentur. Atque ita Nobis continget feliciter ut, expleto mortalis peregrinationis cursu, in novissimo illo vitæ die dicere cum propheta rege non vereamur : « Lætatus sum in his quæ dicta sunt mihi, in « domum Domini ibimus; » atque aditum Nobis patere plane confidamus in montem sanctum Sion, cœlestem Hierusalem.

VIII

ALLOCUTIO

HABITA IN VATICANA BASILICA

Sacro œcumenico Concilio inchoando

A SS. D. N. PIO DIVINA PROVIDENTIA PP. IX

Die 8 decembris 1869

Ad Episcopos catholici orbis in idem Concilium congregatos.

Venerabiles Fratres, quod votis omnibus ac precibus ab Deo petebamus, ut œcumenicum Concilium a nobis indictum concelebrare possemus, id insigni ac singulari Dei ipsius beneficio, datum Nobis esse summopere lætamur. Itaque exultat cor Nostrum in Domino et incredibili consolatione perfunditur, quod auspicatissimo hoc die Immaculatæ Dei genitricis Virginis Mariæ Conceptioni sacro, vos, qui in partem sollicitudinis Nostræ vocati estis, iterum majori quam alias frequentia, in hac catholicæ Religionis arce præsentes intuemur, aspectuque vestro perfruimur jucundissimo.

Vos autem nunc, Venerabiles Fratres, in nomine Christi congregati (Matth., XVIII. 20) adestis, ut Nobiscum testimonium perhibeatis Verbo Dei et testimonium Jesu Christi (Apoc., I, 2), viamque Dei in veritate omnes homines Nobiscum doceatis (Matth., XXII, 16), et de oppositionibus falsi nominis scientiæ (I. Tim., VI, 20) Nobiscum Spiritu sancto duce judicetis (Act. Ap., XV, 19).

Si enim unquam alias, hoc maxime tempore, quo vere luxit et defluxit terra infecta ab habitatoribus suis (Isaias, XXIV, 4, 5), divinæ gloriæ zelus, et Dominici gregis salus a Nobis postulat ut circumdemus Sion et complectamur eam, narremus in turribus ejus et ponamus corda Nostra in virute ejus (Ps. XLVII, 11, 12).

Videtis enim, Venerabiles Fratres, quanto impetu antiquus humani generis hostis domum Dei, quam decet sanctitudo, aggressus sit et usque aggrediatur. Eo auctore, funesta illa impiorum conjuratio late grassatur, quæ conjunctione fortis, opibus potens, munita institutis et velamen habens militiæ libertatem (I Petr., II, 16), acerrimum adversus sanctam Christi Ecclesiam bellum, omni scelere imbutum, urgere non desinit. Hujus belli genus, vim, arma, progressus, consilia non ignoratis. Versatur vobis continenter ante oculos sanarum doctrinarum, quibus humanæ res in suis quæque ordinibus innituntur, perturbatio et confusio, luctuosa juris cujusque perversio, multiplices mentiendi audacter et corrumpendi artes quibus justitiæ, honestatis et auctoritatis salutaria vincula solvuntur, pessimæ quæque cupiditates inflammantur, Christiana fides ab animis funditus convellitur, ita ut certum hoc tempore Ecclesiæ Dei metuendum esset exitium, si ullis hominum machinationibus et conatibus exscindi posset. « At nihil Ecclesia potentius, inquiebat sanctus Joannes « Chrysostomus, Ecclesia est ipso cœlo fortior. Cœlum et « terra transibunt ; verba autem mea non transibunt. « Quæ verba? Tu es Petrus et super hanc petram ædifi- « cabo Ecclesiam meam, et portæ inferi non prævalebunt « adversus eam (Homil. *Ante exil.*, n. 1). »

Quanquam vero civitas Domini virtutum, Civitas Dei nostri inexpugnabili fundamento nitatur, tamen agnoscentes ac intimo corde dolentes tantam malorum congeriem animarumque ruinam, ad quam avertendam vel vitam ponere parati essemus, Nos qui æterni Pastoris Vicaria in terris procuratione fungentes zelo domus Dei præ cæteris incendamur necesse est, eam viam et rationem ineundam Nobis esse duximus, quæ ad tot Ecclesiæ detrimenta sarcienda utilior et opportunior videretur.

Ac illud Isaiæ sæpe animo revolventes : « Ini consilium, « coge Concilium XVI, 3 », et reputantes hujusmodi remedium in gravissimis rei christianæ temporibus a prædecessoribus Nostris salutariter esse usurpatum, post diuturnas preces, collata cum Venerabilibus Fratribus Nostris sanctæ Romanæ Ecclesiæ Cardinalibus consilia, post expetita etiam plurium sacrorum Antistitum suffragia, vos Venerabiles Fratres, qui estis sal terræ, custodes Dominici gregis et Pastores, apud hanc Petri cathedram censuimus evocandos, atque hodie divina benignitate favente, quæ tantæ rei impedimenta sustulit, sanctæ Congregationis initia solemni majorum ritu celebramus. Tot autem sunt, tamque uberes caritatis sensus, quibus hoc tempore afficimur, Venerabiles Fratres, ut eos in sinu continere non valeamus.

Videmur enim in vestro conspectu universam catholicæ gentis familiam, carissimos Nobis filios præsentes intueri; cogitamus tot amoris pignora, tot ferventis animi opera, quibus vestro impulsu, ductu et exemplo, suam pietatem et observantiam Nobis et huic apostolicæ Sedi mirifice probarunt, ac porro probant ; atque hac cogitatione Nobis temperare non possumus, quin in vestro amplissimo cœtu, Nostram erga eos gratissimam voluntatem, solemni et publica significatione profitentes, Deum enixe adprecemur ut probatio eorum fidei, multo pretiosior auro, inveniatur in laudem et gloriam et honorem, in revelatione Jesu Christi (I Petr., I, 7).

Miseram deinde etiam tot hominum conditionem cogitamus, qui a via veritatis et justitiæ, ideoque veræ felicitatis, decepti aberrant, eorumque saluti opem afferre desiderio desideramus, memores divini Redemptoris et Magistri Nostri Jesu, qui venit quærere et salvum facere quod perierat. Intendimus præterea oculos in hoc Principis Apostolorum trophæum apud quod consistimus, in hanc almam Urbem, quæ Dei munere tradita non fuit in direptionem gentium, in romanum hunc populum Nobis dilectissimum, cujus constanti amore, fide, obsequio circumdamur, atque ad Dei benignitatem extollendam vocamur, qui divini sui præsidii spem in nobis hoc tempore magis magisque fulcire et confirmare voluerit.

At præcipue vos cogitatione complectimur, Venerabiles Fratres, in quorum sollicitudine, zelo et concordia, magnum momentum ad Dei gloriam operandam positum nunc esse intelligimus ; agnoscimus flagrans studium, quod ad vestrum munus implendum attulistis, ac præsertim, præclaram et arctissimam illam vestrum omnium cum Nobis et hac apostolica Sede conjunctionem, qua, ut semper alias in maximis Nostris acerbitatibus, ita potissimum hoc tempore nihil Nobis jucundius, nihil Ecclesiæ utilius esse potest ; ac vehementer gaudemus in Domino vos ita esse animo comparatos ut ad certam solidamque spem uberrimorum fructuum et maxime optabilium, ex synodali hac vestra coitione concipiendam, impellamur. Ut nullum fortasse aliud infestius et callidius bellum in Christi regnum exarsit, sic nullum fuit tempus in quo magis sacerdotum Domini cum supremo gregis ejus Pastore unio, a qua in Ecclesiam mira vis manat, postularetur ; quæ quidem unio, singulari divinæ Providentiæ munere et spectata virtute vestra ita jugiter reipsa constitit ut spectaculum facta sit, et futuram magis confidamus in dies, mundo et Angelis et hominibus.

Agite igitur, Venerabiles Fratres, confortamini in Domino : ac in nomine ipsius Trinitatis augustæ, sanctificati in veritate (Joan., XVII, 19.), induti arma lucis, docete Nobiscum viam, veritatem et vitam ad quam tot agitata ærumnis gens humana jam non adspirare non potest ; date Nobiscum operam ut pax regnis, lex barbaris, monasteriis quies, Ecclesiis ordo, clericis disciplina, Deo populus acceptabilis restitui possit (S. Bern., *de Cons.*, lib. IV, c. IV). stat Deus in loco sancto suo, Nostris interest consiliis et actibus, suos Ipse ministros et adjutores in tam eximio misericordiæ suæ opere Nos adlegit, atque huic ministerio ita Nos inservire oportet ut illi unice hoc tempore mentes, corda, vires consecremus.

Sed Nostræ infirmitatis conscii, Nostris diffisi viribus, ad Te levamus cum fiducia oculos, precesque convertimus, o Divine Spiritus, Tu fons veræ lucis et sapientiæ, divinæ Tuæ gratiæ lumen præfer mentibus Nostris, ut ea quæ recta, quæ salutaria, quæ optima sunt videamus ; corda rege, fove, dirige, ut hujus Concilii actiones rite inchoentur, prospere promoveantur, salubriter perficiantur.

Tu vero, Mater pulchræ dilectionis, agnitionis et sanctæ spei, Ecclesiæ Regina et propugnatrix, Tu Nos, consultationes, labores Nostros in Tuam maternam fidem tutelamque recipias, ac Tuis age apud Deum precibus ut in uno semper spiritu maneamus et corde.

Vos quoque Nostris adeste votis, Angeli et Archangeli; Tuque Apostolorum Princeps, Beatissime Petre, tuque coapostole ejus, Paule, doctor gentium et prædicator veritatis in universo mundo, vosque omnes sancti cœlites, et præcipue quorum cineres hic veneramur potenti vos deprecatione efficite ut omnes, ministerium Nostrum fideliter implentes, suscipiamus misericordiam Dei in medio templi Ejus, Cui honor et gloria in sæcula sæculorum.

IX

DECRETUM

Apostolicis Litteris, die 27 novembris anno proxime superiori editis, quarum initium « Multiplices inter » Summus Pontifex ordinem generalem constituit in Vaticani Concilii celebratione servandum, in iisque, præter alia, certas quasdam regulas tradit, quibus rationi dissertationum a Patribus habendarum consuleretur.

Jam vero ipse Sanctissimus Dominus propositum sibi finem facilius assequi cupiens, nec non rationem habens expostulationum, quæ a plerisque Concilii Patribus haud semel exhibitæ sunt, ex eo quod dissertationum conciliarium series in longum plus æquo protrahatur; ex apostolica sua sollicitudine quasdam peculiares pro Congregationum generalium discussionibus tradere normas constituit, quæ præstitutum generalem ordinem evolvendo, atque integram servando eam discussionum libertatem, quæ catholicæ Ecclesiæ episcopos deceat, pleniori expeditiorique ratione ad rerum tractandarum examen, disceptationem et deliberationem conferrent.

Quamobrem, Cardinalibus Congregationum generalium præsidibus in consilium adhibitis, et quæsita etiam sententia Patrum peculiaris Congregationis recipiendis expendendisque episcoporum propositionibus deputatæ, idem Sanctissimus Dominus Noster sequentes ordinationes edendas servandasque mandavit.

I. Distributo schemate Concilii Patribus, Cardinales præsides Congregationum generalium congruum tempus præfigent intra quod Patres ipsi, qui aliqua in schemate animadvertenda censuerint, ea scripto tradere debeant.

II. Animadversiones hoc ordine exarandæ erunt ut primum illæ scripto adnotentur, quæ schema generatim respiciunt, sive integrum, sive divisum, prout a præsidibus indicatum fuerit; deinde illæ, quæ ad singulas schematis partes referuntur, schematis ipsius ordine servato.

III. Qui ex Patribus animadversiones vel in verba vel in paragraphos propositi schematis afferendas putaverint, novam verborum vel paragraphorum formulam subjicient in locum prioris in schemate substituendam.

IV. Animadversiones a Patribus Concilii hac ratione exaratæ, et propria subscriptione munitæ, secretario Concilii tradentur, ejusque opera ad respectivas Episcoporum deputationes transmittentur.

V. Postquam hujusmodi animadversiones expensæ fuerint in conventu ejus deputationis ad quam pertinent, singulis Patribus distribuetur schema reformatum, una cum summaria relatione, in qua de propositis animadversionibus mentio fiet.

VI. Schemate una cum supradicta relatione Patribus Concilii communicato, Cardinales præsides diem statuent Congregationis generalis in qua discussio inchoabitur.

VII. Discussio fiet primum generatim de schemate integro vel diviso, prout Cardinalibus præsidibus visum fuerit, eaque absoluta, de unaquaque singillatim schematis ipsius parte disceptabitur; proposita semper in hac singularum partium discussione ab oratoribus formula, expensi schematis periodo vel paragrapho substituenda, ac præsidibus post habitum sermonem scripto exhibenda.

VIII. Qui de reformato schemate loqui voluerint, dum suum disserendi propositum præsidibus significandum curabunt, innuere pariter debebunt utrum de toto schemate in genere, vel de ejus partibus in specie, acturi sint; et quatenus in specie, de qua schematis parte sibi agendum esse statuerint.

IX. Liberum erit cuique ex respectivæ deputationis Episcopis, impetrata a Præsidibus venia, oratorum difficultatibus et animadversionibus respondere; ita tamen ut facultas ipsis sit vel statim post oratoris sermonem eloqui, vel pluribus simul oratoribus eadem super re disceptantibus reponere, idque vel eodem, vel alio die perficere.

X. Oratorum sermones intra fines propositi argumenti cohibeantur. Si quem vero Patrum extra metas vagari contingat, præsidum erit ad propositam quæstionem ipsum revocare.

XI. Si discussionum series, re proposita jam satis excussa, plus æquo protrahatur, Cardinales præsides, postulatione scripto exhibita a decem minimum Patribus, Congregationem generalem percontari poterunt an velit disceptationem diutius continuari; et, exquisitis per actum assurgendi vel sedendi suffragiis, finem discussioni imponent, si id majori Patrum præsentium numero visum fuerit.

XII. Absoluta super una schematis parte discussione, antequam transitus fiat ad aliam, Cardinales præsides suffragia Congregationis generalis exquirent, primum quidem super propositis in ea ipsa discussione emendationibus, deinde super integro partis examinatæ textu.

XIII. Suffragia, tum super emendationibus, tum super singularum partium textu, ita a Patribus Concilii ferentur ut præsides distinctis vicibus ad surgendum invitent primum eos, qui emendationi vel textui assentiuntur deinde eos qui contradicunt : recensitis autem suffragiis, id decernetur quod majori Patrum numero placuerit.

XIV. Cum de omnibus schematis partibus hac ratione suffragia lata fuerint, de examinato schemate Patrum sententias Cardinales præsides rogabunt. Hæc autem suffragia oretenus edentur per verba « Placet » aut « Non placet ; » ita tamen ut qui conditionem aliquam adjiciendam existiment suffragium suum scripto tradere debeant.

Datum Romæ, die 20 Februarii 1870.

Philippus card. de Angelis, præses; Antonius card. de Luca, præses; Andreas card. Bizzarri, præses; Aloysius card. Bilio, præses; Hannibal card. Capalti, præses.

Josephus, episc. Sancti-Hippolyti, secretarius.

X

STATISTIQUE DES PÈRES DU CONCILE

Le nombre des Pères a varié pendant toute la durée du Concile, soit par suite des arrivées et des départs, soit par suite des maladies et de la mort; mais il a toujours été très-considérable.

Il résulte d'une liste officielle publiée par la Révérende Chambre apostolique, en 1869, et indiquant les cardinaux, patriarches, primats, archevêques, évêques, abbés *nullius* et généraux d'ordres, appelés, en vertu du droit ou d'un privilége, à siéger dans le Concile, que le nombre des Pères, si tous avaient été présents, se serait élevé à 1,044, savoir :

Cardinaux	55
Patriarches	11
Primats	7
Archevêques	1?9
Évêques	7?5
Abbés *nullius*	6
Abbés généraux ayant l'usage de la mitre	2?
Généraux et vicaires généraux d'ordres	29
	1044

Au 8 décembre, il y avait à Rome 49 cardinaux, 9 patriarches, 4 primats, 123 archevêques, 481 évêques, 6 abbés *nullius*, 22 abbés généraux, et 29 généraux et vicaires généraux d'ordres ; en tout 723 Pères ; le 20 décembre on en comptait environ 743.

A la date du 1ᵉʳ mai, une nouvelle liste officielle ayant été publiée, permit d'établir les chiffres suivants :

	Présents.	Absents.	Décédés.	Totaux.
Cardinaux.	48	3	4	55
Patriarches	10	1	»	11
Primats	9	1	»	10
Archevêques.	116	50	»	166
Evêques.	471	268	10	749
Abbés *nullius*.	6	»	»	6
Abbés généraux	15	7	1	23
Administrateurs apostoliques.	1	»	»	1
Généraux et Vicaires généraux d'ordres	25	4	»	29
	701	334	15	1050

Les différences légères qu'on signale entre les chiffres de la première édition et ceux de la seconde proviennent des érections d'églises primatiales, archiépiscopales et épiscopales, ainsi que des préconisations faites dans l'intervalle, et aussi de quelques rectifications opérées sur le premier travail (1).

Nous mentionnerons tout de suite, afin de n'avoir pas à y revenir, le nombre des Pères qui ont donné leurs suffrages dans les deux importantes sessions du 24 avril et du 18 juillet, où ont été votées les deux constitutions sur la Foi catholique et sur l'Infaillibilité pontificale. Le 24 avril, 667 Pères étaient présents ; le 18 juillet, 535 ; ce sont les chiffres officiels donnés par le *Journal de Rome*.

(1) L'abbé *Victor Pelletier*, Décrets et Canons du Concile œcuménique.

XI

CONGRÉGATIONS ET DÉPUTATIONS

Nous donnons, comme suit, la composition des différentes congrégations et députations dont il est question dans le Règlement, après avoir rappelé que le secrétaire du Concile, nommé par le Saint-Père, était Mgr Fessler, évêque de Saint-Hippolyte en Autriche.

I. CONGRÉGATION DES VŒUX EXPRIMÉS PAR LES PÈRES

LL. EE. les cardinaux Patrizi, di Pietro, de Angelis, Corsi, Riario-Sforza, Rauscher, de Bonnechose, Cullen, Barili, Moreno, Monaco la Valletta, Antonelli, et les Révérendissimes Pères Jussef, patriarche d'Antioche, pour les Melchites; Valerga patriarche latin de Jérusalem; Guibert, archevêque de Tours (aujourd'hui de Paris); Riccardi de Netro, archevêque de Turin; Barnio y Fernandez, archevêque de Valence; Valdivieso, archevêque de Santiago du Chili; Spalding, archevêque de Baltimore; Appuzzo, archevêque de Sorrento; Franchi, archevêque de Thessalonique; Giannelli, archevêque de Sardes; Manning, archevêque de Westminster; Dechamps, archevêque de Malines; Martin, évêque de Paderborn; et Celesia, évêque de Patti.

II. JUGES DES EXCUSES ET DES CONGÉS

1. Mgr Melchers, archevêque de Cologne.
2. Mgr Monzon y Martins, archevêque de Grenade.
3. Mgr Limberti, archevêque de Florence.
4. Mgr Landriot, archevêque de Reims.
5. Mgr Pedicini, archevêque de Bari.

III. JUGES DES PLAINTES ET DIFFÉRENDS.

1. Mgr Angelini, archevêque de Corinthe.
2. Mgr Mermillod, évêque d'Hébron.
3. Mgr Hannibale, évêque de Gubbio.
4. Mgr Rosati, évêque de Todi.
5. Mgr Canzi, évêque de Cyrène.

IV. DÉPUTATION DE FIDE.

Président : Le cardinal Bilio.
Membres :
1. Mgr Garcia Gil, archevêque de Sarragosse.
2. Mgr Pie, évêque de Poitiers.
3. Mgr Leahy, archevêque de Cashel.
4. Mgr Régnier, archevêque de Cambrai.
5. Mgr Simor, archevêque de Gran.
6. Mgr Schaepman, archevêque d'Utrecht.
7. Mgr Hassoun, patriarche de Cilicie des Arméniens.
8. Mgr D'Avanzo, évêque de Calvi et Teano.
9. Mgr Ledochowski, archevêque de Gnesen et Posen.
10. Mgr Cugini archevêque de Modène.
11. Mgr Dias Larangeira, évêque de Saint-Pierre de Rio-Grande.
12. Mgr Senestrey, évêque de Ratisbonne.
13. Mgr Dechamps, archevêque de Malines.
14. Mgr Spalding, archevêque de Baltimore.
15. Mgr Monescillo, évêque de Jaën.
16. Mgr De Preux, évêque de Sion.
17. Mgr Gasser, évêque de Brixen.
18. Mgr Valdivieso, archevêque de Santiago du Chili.
19. Mgr Manning, archevêque de Westminster.
20. Mgr Zinelli, évêque de Trévise.
21. Mgr Cardoni, archevêque d'Edesse.
22. Mgr Steins, archevêque de Bostra.
23. Mgr Martin, évêque de Paderborn.
24. Mgr Sadoc'Alemany, archevêque de San-Francisco.

V. DÉPUTATION DE LA DISCIPLINE.

Président : Le cardinal Caterini.
Membres :
1. Mgr Mac-Closkey, archevêque de New-York.
2. Mgr Ullathorne, évêque de Birmingham.
3. Mgr Mac-Hale, archevêque de Tuam
4. Mgr Lavastida y Davalos, archevêque de Mexico.
5. Mgr Monserrat y Navarro, évêque de Barcelone.

6. Mgr Yusto, archevêque de Burgos.
7. Mgr Arrigoni, archevêque de Lucques.
8. Mgr Baillargeon, archevêque de Québec.
9. Mgr Ballerini, patriarche d'Alexandrie, rite latin.
10. Mgr Plantier, évêque de Nîmes.
11. Mgr De Montpellier, évêque de Liége.
12. Mgr Marilley, évêque de Lausanne et Genève.
13. Mgr Wierzchleyski, archevêque de Lemberg, rite latin.
14. Mgr Stahl, évêque de Wurtzbourg.
15. Mgr Huerta, évêque de Pugno (Pérou).
16. Mgr Fillion, évêque du Mans.
17. Mgr Zwerger, évêque de Seckau.
18. Mgr Sergent, évêque de Quimper.
19. Mgr Heiss, évêque de Great-Bay.
20. Mgr Ricciardi, archevêque de Reggio.
21. Mgr Meurin, évêque d'Ascalon.
22. Mgr Guttadoro di Reburdone, évêque de Caltanisetta.
23. Mgr Marini, archevêque-évêque d'Orviéto.
24. Mgr Aggabardi, évêque de Sinigaglia.

VI. DÉPUTATION DES ORDRES RELIGIEUX.

Président : Le cardinal Bizzari.
Membres :
1. Mgr Fleix y Solans, archevêque de Tarragone.
2. Mgr Raess, évêque de Strasbourg.
3. Mgr Brossais Saint-Marc, archevêque de Rennes.
4. Mgr Blanco, évêque d'Avila.
5. Mgr Derry, évêque de Clonfert.
6. Mgr Dusmet, archevêque de Catane.
7. Mgr Cantimorri, évêque de Parme.
8. Mgr Checa, archevêque de Quito.
9. Mgr de Furstenberg, archevêque d'Olmutz.
10. Mgr Pooten, archevêque d'Antivari et Scutari.
11. Mgr Micaleff, évêque de Città di Castello.
12. Mgr Ryan, évêque de Buffalo.
13. Mgr Spilotros, évêque de Tricarico.
14. Mgr Angeloni, archevêque d'Urbino.
15. Mgr Moraes Cardoso, évêque de Faro.
16. Mgr De Leonrod, évêque d'Eischstadt.
17. Mgr Clifford, évêque de Clifton.
18. Mgr Salzano, évêque de Tane.
19. Mgr Faict, évêque de Bruges.
20. Mgr Garrelon, évêque de Nemèse.
21. Mgr Di Calabiana, archevêque de Milan.
22. Mgr Ebediesu Chajat, archevêque d'Amida des Chaldéens.

DOCUMENTS.

23. Mgr Willi, évêque d'Antipatros.
24. Mgr Ghilardi, évêque de Mondovi.

VII. DÉPUTATION DES RITES ORIENTAUX ET DES MISSIONS.

Président : Le cardinal Barnabo.
Membres :
1. Mgr Bostani, archevêque de Tyr et Sidon, rite maronite.
2. Mgr Spaccapietra, archevêque de Smyrne.
3. Mgr Lavigerie, archevêque d'Alger.
4. Mgr Behnam-Benni, évêque de Mossoul, rite syrien.
5. Mgr Abdon, évêque de Farzul et Zahlè, rite melchite.
6. Mgr Papp-Szilàgyi, évêque de Gross-Wardein, rite roumain.
7. Mgr Ciurcia, archevêque d'Irenopolis.
8. Mgr De la Place, évêque d'Adrianopolis.
9. Mgr Charbonneaux, évêque de Jassot.
10. Mgr Grant, évêque de Southwark.
11. Mgr Alcazar, évêque de Paphos.
12. Mgr Mac-Gettingan, évêque de Raphoë.
13. Mgr Pluym, évêque de Nicopolis.
14. Mgr Nazarian, archevêque de Mardyn, rite arménien.
15. Mgr Melchisedechian, évêque d'Erzéroum, rite arménien.
16. Mgr Bar-Scinu, évêque de Salmas, rite chaldéen.
17. Mgr Lynch, évêque de Toronto.
18. Mgr Marangiù, évêque de Tine et Micon.
19. Mgr Laouënan, évêque de Flaviopolis.
20. Mgr Cousseau, évêque d'Angoulème.
21. Mgr de Goësbriand, évêque de Burlington.
22. Mgr Valerga, patriarche de Jérusalem.
23. Mgr Quinn, évêque de Brisbane.
24. Mgr Poirier, évêque de Roseau.

Après la quatrième session, du 18 juillet 1870, un grand nombre de Pères ayant profité du congé accordé jusqu'à la fête de saint Martin, 11 novembre 1870, la députation de la discipline se trouva privée d'une partie de ses membres. Comme le Concile poursuivait cependant ses travaux, les cardinaux présidents proposèrent la nomination des suppléants nécessaires. L'élection de ces suppléants se fit au scrutin secret, conformément au règlement, dans la Congrégation générale du 13 août ; furent nommés :

1. Mgr Jekelfalusy, évêque d'Albe-Royale.
2. Mgr Paya y Rico, évêque de Cuença.
3. Mgr Monzon y Martins, archevêque de Grenade.
4. Mgr Targioni, évêque de Volterra.
5. Mgr Blanchet, archevêque d'Oregon-City.
6. Mgr Trucchi, évêque de Forli.
7. Mgr Quinn, évêque de Brisbane.
8. Mgr Franchi, archevêque de Thessalonique.
9. Mgr Baillès, ancien évêque de Luçon.
10. Mgr Moretti, évêque d'Imola.

XII

POSTULATUM DES ÉVEQUES

POUR LA DÉFINITION DE L'INFAILLIBILITÉ.

SACRO CONCILIO ŒCUMENICO VATICANO.

A Sacra Œcumenica Synodo Vaticana infrascripti Patres humillime instanterque flagitant, ut apertis, omnemque dubitandi locum excludentibus verbis sancire velit supremam, ideoque ab errore immunem esse Romani Pontificis auctoritatem, quum in rebus fidei et morum ea statuit ac præcipit, quæ ab omnibus christifidelibus credenda et tenenda, quæve rejicienda et damnanda sint.

RATIONES OB QUAS HÆC PROPOSITIO OPPORTUNA ET NECESSARIA CENSETUR.

Romani Pontificis, beati Petri Apostoli successoris, in universam Christi Ecclesiam jurisdictionis, adeoque etiam supremi magisterii primatus in sacris Scripturis aperte docetur.

Universalis et constans Ecclesiæ traditio tum factis tum sanctorum Patrum effatis, tum plurimorum Conciliorum, etiam œcumenicorum, et agendi et loquendi ratione docet, Romani Pontificis judicia de fidei morumque doctrina irreformabilia esse.

Consentientibus Græcis et Latinis, in Concilio II Lugdunensi admissa professio fidei est, in qua declaratur: « Subortas de fide controversias debere Romani Pontificis judicio definiri. » In Florentina itidem œcumenica Synodo definitum est: « Romanum Pontificem esse verum Christi

Vicarium, totiusque Ecclesiæ caput, et omnium christianorum patrem et doctorem ; et ipsi in beato Petro pascendi, regendi ac gubernandi universalem Ecclesiam a Domino nostro Jesu Christo plenam potestatem traditam esse. » Ipsa quoque sana ratio docet, neminem stare posse in fidei communione cum Ecclesia catholica, qui ejus capiti non consentiat, quum ne cogitatione quidem Ecclesiam a suo capite separare liceat.

Attamen fuerunt atque adhucdum sunt, qui, catholicorum nomine gloriantes, eoque etiam ad infirmorum in fide perniciem abutentes, docere præsumant, eam sufficere submissionem erga Romani Pontificis auctoritatem, qua ejus de fide moribusque decreta obsequioso, ut aiunt, silentio, sine interno mentis assensu, vel provisorie tantum, usquedum de Ecclesiæ assensu vel dissensu constiterit, suscipiantur.

Hacce porro perversa doctrina Romani Pontificis auctoritatem subverti, fidei unitatem dissipari, erroribus campum amplissimum aperiri, tempusque late serpendi tribui, nemo non videt.

Quare Episcopi, catholica veritatis custodes et vindices, his potissimum temporibus connisi sunt, ut supremam Apostolicæ Sedis docendi auctoritatem synodalibus præsertim decretis et communibus testimoniis tuerentur (1).

---

(1) 1. Concilium provinciale *Coloniense*, anno 1860, celebratum, cui, præter eminentissimum Cardinalem et Archiepiscopum Coloniensem, Joannem de Geissel, quinque subscripserunt Episcopi, diserte docet : « Ipse (Romanus Pontifex) est omnium Christianorum pater et doctor, *cujus in fidei quæstionibus per se irreformabile est judicium.* »

2. Episcopi in Concilio provinciali *Ultrajectensi* anno 1865 congregati apertissime edicunt : « (Romani Pontificis) judicium in iis, quæ ad fidem moresque spectant, *infaillibile* esse, indubitanter retinemus. »

3. Concilium provinciale *Colocense*, anno 1860 celebratum, hæc statuit : « Quemadmodum Petrus erat... doctrinæ fidei magister irrefragabilis, pro quo ipse Dominus rogavit, ut non deficeret fides ejus...; pari modo legitimi ejus in cathedræ Romanæ culmine successores.., depositum fidei summo et irrefragabili oraculo custodiunt... Unde propositiones cleri gallicani anno 1682 editas, quas jam piæ memoriæ Georgius Archiepiscopus Strigoniensis una cum cæteris Hungariæ Præsulibus eodem adhuc anno publice proscripsit, itidem

Quo evidentius vero catholica veritas prædicabatur, eo vehementius, tam libellis quam ephemeridibus, nuperrime impugnata est, ut catholicus populus contra rejicimus, proscribimus, atque cunctis Provinciæ hujus fidelibus interdicimus, ne eas legere vel tenere, multo minus docere auderent. »

4. Concilium plenarium *Baltimorense,* anno 1866 coactum, in decretis, quibus 44 Archiepiscopi et Episcopi subscripserunt inter alia hæc docet : « Viva et infaillibilis auctoritas in ea tantum viget Ecclesia, quæ a Christo Domino supra Petrum, totius Ecclesiæ caput, principem et pastorem, cujus fidem nunquam defecturam promisit, ædificata, suos legitimos semper habet Pontifices, sine intermissione ab ipso Petro ducentes originem, in ejus cathedra collocatos, et ejusdem etiam doctrinæ, dignitatis, honoris et potestatis hæredes et vindices. Et quoniam ubi Petrus, ibi Ecclesia, ac Petrus per Romanum Pontificem loquitur et semper in suis successoribus vivit et judicium exercet, ac præstat quærentibus fidei veritatem ; *idcirco divina eloquia eo plane sensu sunt accipienda, quæ tenuit ac tenet hæc Romana beatissimi Petri cathedra,* quæ omnium Ecclesiarum mater et magistra, fidem a Christo Domino traditam, integram, inviolatamque semper servavit, *eamque fideles edocuit, omnibus ostendens salutis semitam et incorruptæ* veritatis doctrinam.

5. Concilium primum provinciale Westmonasteriense, anno 1852 habitum, profitetur : « Cum Dominus noster adhortetur dicens : Attendite ad petram, unde excisi estis ; attendite ad Abraham, patrem vestrum : æquum est, nos, qui immediate ab Apostolica Sede fidem, sacerdotium, veramque religionem accepimus, eidem plus cœteris amoris et observantiæ vinculis adstringi. *Fundamentum igitur veræ et orthodoxæ fidei ponimus, quod Dominus noster Jesus Christus ponere voluit inconcussum, scilicet Petri cathedram, totius orbis magistram et matrem,* S. *Romanam Ecclesiam. Quidquid ab ipsa semel definitum est, eo ipso ratum et certum tenemus ;* ipsius traditiones, ritus, pios usus et omnes apostolicas constitutiones, disciplinam respicientes, toto corde amplectimur et veneramur. Summo denique Pontifici obedientiam et reverentiam, ut Christi Vicario, ex animo profitemur, eique arctissime in catholica communione adhæremus. »

6. Quingenti prope Episcopi, ex toto terrarum orbe ad agenda *solemnia sæcularia* Martyrii Sanctorum Petri et Pauli anno 1867, in hac alma Urbe congregati, minime dubitarunt, Supremum Pontificem Pium IX, hisce alloqui verbis : « Petrum per os Pii locutum fuisse credentes, quæ ad custodiendum depositum a Te dicta, confirmata, prolata sunt, nos quoque dicimus, confirmamus, annunciamus, uno que ore atque animo rejicimus omnia quæ divinæ fidei, saluti animarum, ipsi societatis humanæ bono adversa, Tu ipse reprobanda ac rejicienda judicasti. Firmum enim menti nostræ est, alteque defixum, quod Patres Florentini in decreto unionis definierunt : Romanum Pontificem Christi Vicarium, totius Ecclesiæ caput et omnium Christianorum Patrem et D.... existere. »

sanam doctrinam commoveretur, ipsaque Vaticana Synodus ab ea proclamanda absterreretur.

Quare, si antea de opportunitate istius doctrinæ in hoc Œcumenico Concilio pronuntiandæ a pluribus dubitari adhuc potuit, nunc eam definire necessarium prorsus videtur. Catholica enim doctrina iisdem plane argumentis denuo impetitur, quibus olim homines, proprio judicio condemnati, adversus eam utebantur; quibus, si urgeantur, ipse Romani Pontificis primatus, Ecclesiæque infallibilitas pessumdatur; et quibus sæpe deterrima convicia contra Apostolicam Sedem admiscentur. Immo acerbissimi catholicæ doctrinæ impugnatores, licet catholicos se dicant, blaterare non erubescunt, Florentinam Synodum, supremam Romani Pontificis auctoritatem luculentissime profitentem, œcumenicam non fuisse.

Si igitur Concilium Vaticanum, adeo provocatum, taceret et catholicæ doctrinæ testimonium dare negligeret, tunc catholicus populus de vera doctrina reapse dubitare inciperet, neoterici autem gloriantes assererent, Concilium ob argumenta ab ipsis allata siluisse. Quinimmo silentio hoc semper abuterentur, ut Apostolicæ Sedis judiciis et decretis circa fidem et mores palam obedientiam negarent, sub prætextu quod Romanus Pontifex in ejusmodi judiciis falli potuerit.

Publicum itaque rei christianæ bonum postulare videtur, ut Sacrosanctum Concilium Vaticanum, Florentinum decretum de Romano Pontifice denuo profitens et uberius explicans, apertis, omnemque dubitandi locum præcludentibus verbis sancire velit supremam, ideoque ab errore immunem esse ejusdem Romani Pontificis auctoritatem, quum in rebus fidei et morum ea statuit ac præcipit, quæ ab omnibus christifidelibus credenda et tenenda, quæve rejicienda et damnanda sint.

Non desunt quidem qui existiment, a catholica hac veritate sancienda abstinendum esse, ne schismatici atque hæretici longius ab Ecclesia arceantur. Sed in primis catholicus populus jus habet, ut ab Œcumenica Synodo doceatur, cui in re tam gravi, et tam improbe nuper impugnata, credendum sit, ne simplices et incautos multorum animos perniciosus error tandem corrumpat. Idcirco etiam

Lugdunenses et Tridentini Patres rectam doctrinam stabiliendam esse censuerunt, etsi schismatici et hæretici offenderentur. Qui si sincera mente veritatem quærant, non absterrebuntur sed allicientur, dum ipsis ostenditur, quo potissimum fundamento catholicæ Ecclesiæ unitas et firmitas nitatur. Si qui autem, vera doctrina ab Œcumenico Concilio definita, ab Ecclesia deficerent, hi numero pauci et jamdudum in fide naufragi sunt, prætextum solummodo quærentes, quo externa etiam actione ab Ecclesia se eximant, quam interno sensu jam deseruisse palam ostendunt. Hi sunt qui catholicum populum continuo turbare non abhorruerunt, et a quorum insidiis Vaticana Synodus fideles Ecclesiæ filios tueri debebit. Catholicus enimvero populus, semper edoctus et assuetus, Apostolicis Romani Pontificis decretis plenissimum mentis et oris obsequium exhibere, Vaticani Concilii sententiam de ejusdem suprema et ab errore immuni auctoritate læto fidelique iuvmo excipiet.

XIII

CONSTITUTIO DOGMATICA

DE FIDE CATHOLICA

EDITA IN SESSIONE TERTIA SACROSANCTI ŒCUMENICI CONCILII VATICANI

PIUS EPISCOPUS

SERVUS SERVORUM DEI

Sacro approbante Concilio, ad perpetuam rei memoriam.

Dei Filius et generis humani Redemptor Dominus Noster Jesus Christus, ad Patrem cœlestem rediturus, cum Ecclesia sua, in terris militante, omnibus diebus usque ad consummationem sæculi futurum se esse promisit. Quare dilectæ sponsæ præsto esse, adsistere docenti, operanti benedicere, periclitanti opem ferre nullo unquam tempore destitit. Hæc vero salutaris ejus Providentia, cum ex aliis beneficiis innumeris continenter apparuit, tum iis manifestissime comperta est fructibus, qui orbi christiano e Conciliis œcumenicis, ac nominatim e Tridentino, iniquis licet temporibus celebrato, amplissimi provenerunt. Hinc enim sanctissima religionis dogmata pressius definita uberiusque exposita, errores damnati atque cohibiti; hinc ecclesiastica disciplina restituta firmiusque sancita, promotum in clero scientiæ et pietatis studium, parata adolescentibus ad sacram militiam educandis collegia, christiani denique populi mores et accuratiore fidelium eruditione et frequentiore sacramentorum usu instaurati. Hinc præterea arctior membrorum cum visibili capite communio, universoque corpori Christi mystico additus vigor; hinc religiosæ multiplicatæ familiæ, aliaque christianæ pietatis instituta; hinc ille etiam assiduus et usque ad sanguinis effusionem constans ardor in Christi regno late per orbem propagando.

Verumtamen hæc aliaque insignia emolumenta, quæ per ultimam maxime œcumenicam Synodum divina clementia Ecclesiæ largita est, dum grato, quo par est, animo recolimus, acerbum compescere haud possumus dolorem ob mala gravissima, inde potissimum orta, quod ejusdem sacrosanctæ Synodi apud permultos vel auctoritas contempta, vel sapientissima neglecta fuere decreta.

Nemo enim ignorat hæreses, quas Tridentini Patres proscripserunt, dum, rejecto divino Ecclesiæ magisterio, res ad religionem spectantes privati cujusvis judicio permitterentur, in sectas paulatim dissolutas esse multiplices, quibus inter se dissentientibus et concertantibus, omnis tandem in Christum fides apud non paucos labefactata est. Itaque ipsa sacra Biblia, quæ antea christianæ doctrinæ unicus fons et judex asserebantur, jam non pro divinis haberi, imo mythicis commentis accenseri cœperunt.

Tum nata est et late nimis per orbem vagata illa rationalismi seu naturalismi doctrina, quæ religioni christianæ utpote supernaturali instituto per omnia adversans, summo studio molitur ut Christo, qui solus Dominus et Salvator Noster est, a mentibus humanis, a vita et moribus populorum excluso, meræ quod vocant rationis vel naturæ regnum stabiliatur. Relicta autem projectaque christiana religione, negato vero Deo et Christo ejus, prolapsa tandem est multorum mens in pantheismi, materialismi, atheismi barathrum, ut jam ipsam rationalem naturam, omnemque justi rectique normam negantes, ima humanæ societatis fundamenta diruere connitantur.

Hac porro impietate circumquaque grassante, infeliciter contigit ut plures etiam e catholicæ Ecclesiæ filiis a via veræ pietatis aberrarent, in iisque, diminutis paulatim veritatibus, sensus catholicus attenuaretur. Variis enim ac peregrinis doctrinis abducti, naturam et gratiam, scientiam humanam et fidem divinam perperam commiscentes, genuinum sensum dogmatum, quem tenet ac docet sancta

Mater Ecclesia, depravare, integritatemque et sinceritatem fidei in periculum adducere comperiuntur.

Quibus omnibus perspectis, fieri qui potest ut non commoveantur intima Ecclesiæ viscera? Quemadmodum enim Deus vult omnes homines salvos fieri, et ad agnitionem veritatis venire; quemadmodum Christus venit ut salvum faceret quod perierat, et filios Dei, qui erant dispersi, congregaret in unum : ita Ecclesia, a Deo populorum mater et magistra constituta, omnibus debitricem se novit, ac lapsos erigere, labantes sustinere, revertentes amplecti, confirmare bonos et ad meliora provehere parata semper et intenta est. Quapropter nullo tempore a Dei veritate, quæ sanat omnia, testanda et prædicanda quiescere potest, sibi dictum esse non ignorans : « Spiritus meus, qui est « in te, et verba mea, quæ posui in ore tuo, non recedent « de ore tuo amodo et usque in |sempiternum (Is., LIX, « 21). »

Nos itaque, inhærentes Prædecessorum Nostrorum vestigiis, pro supremo Nostro apostolico munere veritatem catholicam docere ac tueri, perversasque doctrinas reprobare nunquam intermisimus. Nunc autem, sedentibus Nobiscum et judicantibus universi orbis Episcopis, in hanc œcumenicam Synodum auctoritate Nostra in Spiritu sancto congregatis, innixi Dei verbo scripto et tradito, prout ab Ecclesia catholica sancte custoditum et genuine expositum accepimus, ex hac Petri Cathedra in conspectu omnium salutarem Christi doctrinam profiteri et declarare constituimus, adversis erroribus potestate Nobis a Deo tradita proscriptis atque damnatis.

CAPUT I

De Deo rerum omnium Creatore.

Sancta catholica apostolica Romana Ecclesia credit et confitetur unum esse Deum verum et vivum, Creatorem ac Dominum cœli et terræ, omnipotentem, æternum, immensum, incomprehensibilem, intellectu ac voluntate omnique perfectione infinitum; qui cum sit una singularis, simplex omnino et incommutabilis substantia spiritualis, prædicandus est re et essentia a mundo distinctus, in se et ex se beatissimus, et super omnia, quæ præter ipsum sunt et concipi possunt, ineffabiliter excelsus.

Hic solus verus Deus bonitate sua et omnipotenti virtute, non ad augendam suam beatitudinem, nec ad acquirendam, sed ad manifestandum perfectionem suam per bona, quæ creaturis impertitur, liberrimo consilio simul ab initio temporis utramque de nihilo condidit creaturam, spiritualem et corporalem, angelicam videlicet et mundanam, ac deinde humanam quasi communem ex spiritu et corpore constitutam (Conc. Later., IV., c. 1. *Firmiter*).

Universa vero, quæ condidit, Deus providentia sua tuetur atque gubernat, attingens a fine usque ad finem fortiter, et disponens omnia suaviter (Sap., VIII, 1). Omnia enim nuda et aperta sunt oculis ejus (Cf. Hebr. IV, 13), ea etiam, quæ libera creaturarum actione futura sunt.

CAPUT II

De revelatione.

Eadem sancta Mater Ecclesia tenet et docet Deum, rerum omnium principium et finem, naturali humanæ rationis lumine e rebus creatis certo cognosci posse; « invisibi-« lia enim ipsius, a creatura mundi, per ea quæ facta « sunt, intellecta, conspiciuntur (Rom. I, 20) : » attamen placuisse ejus sapientiæ et bonitati alia, eaque supernaturali via se ipsum ac æterna voluntatis suæ decreta humano generi revelare, dicente Apostolo : « Multifariam mul-« tisque modis olim Deus loquens patribus in Prophetis, « novissime, diebus istis locutus est nobis in Filio (Hebr., « I, 1-2). »

Huic divinæ revelationi tribuendum quidem est ut ea, quæ in rebus divinis humanæ rationi per se impervia non sunt, in præsenti quoque generis humani conditione ab omnibus expedite, firma certitudine et nullo admixto errore, cognosci possint. Non hac tamen de causa revelatio absolute necessaria dicenda est, sed quia Deus ex infinita bonitate sua ordinavit hominem ad finem supernaturalem, ad participanda scilicet bona divina, quæ humanæ mentis intelligentiam omnino superant; « siquidem oculus non « vidit, nec auris audivit, nec in cor hominis ascendit, « quæ præparavit Deus iis, qui diligunt illum (I Cor. « II, 9). »

Hæc porro supernaturalis revelatio, secundum universalis Ecclesiæ fidem, a sancta Tridentina Synodo declaratam, continetur in libris scriptis et sine scripto traditionibus, quæ ipsius Christi ore ab Apostolis acceptæ, aut ab ipsis Apostolis, Spiritu sancto dictante, quasi per manus traditæ, ad nos usque pervenerunt (Conc., Trid. sess. IV, Decr. de Can. Script.). Qui quidem Veteris et Novi Testamenti libri integri cum omnibus suis partibus, prout in ejusdem Concilii decreto recensentur, et in veteri vulgata latina editione habentur, pro sacris et canonicis suscipiendi sunt. Eos vero Ecclesia pro sacris et canonicis habet, non ideo quod sola humana industria concinnati, sua deinde auctoritate sint approbati; nec ideo duntaxat quod revelationem sine errore contineant; sed propterea quod Spiritu sancto inspirante conscripti Deum habent auctorem, atque ut tales ipsi Ecclesiæ traditi sunt.

Quoniam vero, quæ sancta Tridentina Synodus de interpretatione divinæ Scripturæ ad coercenda petulantia ingenia salubriter decrevit, a quibusdam hominibus prave exponuntur, Nos, idem decretum renovantes, hanc illius mentem esse declaramus ut in rebus fidei et morum, ad ædificationem doctrinæ christianæ pertinentium, is pro vero sensu sacræ Scripturæ habendus sit, quem tenuit ac tenet sancta Mater Ecclesia, cujus est judicare de vero sensu et interpretatione Scripturarum sanctarum : atque ideo nemini licere contra hunc sensum, aut etiam contra unanimem consensum Patrum ipsam Scripturam sacram interpretari.

CAPUT III

De Fide.

Quum homo a Deo tanquam Creatore et Domino suo totus dependeat, et ratio creata increatæ Veritati penitus subjecta sit, plenum revelanti Deo intellectus et voluntatis obsequium fide præstare tenemur. Hanc vero fidem, quæ humanæ salutis initium est, Ecclesia catholica profitetur virtutem esse supernaturalem, qua, Dei aspirante et adjuvante gratia, ab eo revelata vera esse credimus, non propter intrinsecam rerum veritatem naturali rationis lumine perspectam, sed propter auctoritatem ipsius Dei revelantis, qui nec falli nec fallere potest. « Est enim fides, testante « Apostolo, sperandarum substantia rerum, argumentum « non apparentium (Heb., XI, 1). »

Ut nihilominus fidei nostræ obsequium rationi consentaneum esset, voluit Deus cum internis Spiritus sancti auxiliis externa jungi revelationis suæ argumenta, facta scilicet divina, atque inprimis miracula et prophetias, quæ cum Dei omnipotentiam et infinitam scientiam luculenter commonstrent, divinæ revelationis signa sunt certissima et omnium intelligentiæ accommodata. Quare tum Moyses et Prophetæ, tum ipse maxime Christus Dominus multa et manifestissima miracula et prophetias ediderunt; et de Apostolis legimus : « Illi autem profecti prædicaverunt « ubique, Domino cooperante et sermonem confirmante, « sequentibus signis (Marc., XVI, 20). » Et rursum scriptum est : « Habemus firmiorem propheticum sermonem, cui « bene facitis, attendentes quasi lucernæ lucenti in caliginoso loco (II Petr., I, 19). »

Licet autem fidei assensus nequaquam sit motus animi cœcus, nemo tamen evangelicæ prædicationi consentire potest, sicut oportet ad salutem consequendam, absque illuminatione et inspiratione Spiritus sancti, qui dat omnibus suavitatem in consentiendo et credendo veritati (Syn. Araus. II, can. 7). Quare fides ipsa in se, etiamsi per charitatem non operetur, donum Dei est, et actus ejus est opus ad salutem pertinens, quo homo liberam præstat ipsi **Deo** obedientiam, gratiæ ejus, cui resistere posset, consentiendo et cooperando.

Porro fide divina et catholica ea omnia credenda sunt, quæ in verbo Dei scripto vel tradito continentur, et ab Ecclesia sive solemni judicio sive ordinario et universali magisterio tamquam divinitus revelata credenda proponuntur.

Quoniam vero sine fide impossibile est placere Deo, et ad filiorum ejus consortium pervenire; ideo nemini unquam sine illa contigit justificatio, nec ullus, nisi in ea perseveraverit usque in finem, vitam æternam assequetur. Ut autem officio veram fidem amplectendi, in eaque constanter perseverandi satisfacere possemus, Deus per Filium suum unigenitum Ecclesiam instituit, suæque institutionis manifestis notis instruxit, ut ea tamquam custos et magistra verbi revelati ab omnibus posset agnosci. Ad solam enim catholicam Ecclesiam ea pertinent omnia, quæ ad evidentem fidei christianæ credibilitatem tam multa et tam mira divinitus sunt disposita. Quin etiam Ecclesia per se ipsa, ob suam nempe admirabilem propagationem, eximiam sanctitatem et inexhaustam in omnibus bonis fœcunditatem, ob catholicam unitatem, invictamque stabilitatem, magnum quoddam et perpetuum est motivum credibilitatis et divinæ suæ legationis testimonium irrefragabile.

Quo fit, ut ipsa veluti signum levatum in nationes (Is., XI, 12), et ad se invitet, qui nondum crediderunt, et filios suos certiores faciat, firmissimo niti fundamento fidem quam profitentur. Cui quidem testimonio efficax subsidium accedit ex superna virtute. Etenim benignissimus Dominus et errantes gratia sua excitat atque adjuvat ut ad agnitionem veritatis venire possint : et eos, quos de tenebris transtulit in admirabile lumen suum, in hoc eodem lumine ut perseverent, gratia sua confirmat, non deserens, nisi deseratur. Quocirca minime par est conditio eorum, qui per cœleste fidei donum catholicæ veritati adhæserunt, atque eorum, qui ducti opinionibus humanis, falsam religionem sectantur; illi enim, qui fidem sub Ecclesiæ magisterio susceperunt, nullam unquam habere possunt justam causam mutandi, aut in dubium fidem eamdem revocandi. Quæ cum ita sint, gratias agentes Deo Patri, qui dignos nos fecit in partem sortis Sanctorum in lumine, tantam ne negligamus salutem, sed aspicientes in Auctorem fidei et consummatorem Jesum, teneamus spei nostræ confessionem indeclinabilem.

CAPUT IV

De Fide et Ratione.

Hoc quoque perpetuus Ecclesiæ catholicæ consensus tenuit et tenet duplicem esse ordinem cognitionis, non solum principio, sed objecto etiam distinctum : principio quidem, quia in altero naturali ratione, in altero fide divina cognoscimus; objecto autem, quia præter ea, ad quæ naturalis ratio pertingere potest, credenda nobis proponuntur mysteria in Deo abscondita, quæ, nisi revelata divinitus, innotescere non possunt. Quocirca Apostolus, qui a gentibus Deum per ea, quæ facta sunt, cognitum esse testatur, disserens tamen de gratia et veritate, quæ per Jesum Christum facta est (Joan., I, 17), pronuntiat : « Lo- « quimur Dei sapientiam in mysterio quæ abscondita est, « quam prædestinavit Deus ante sæcula in gloriam no- « stram, quam nemo principum hujus sæculi cognovit : « nobis autem revelavit Deus per Spiritum suum : Spiritus « enim omnia scrutatur, etiam profunda Dei (I Cor., II, « 7-9). » Et ipse Unigenitus confitetur Patri, quia abscondit « hæc a sapientibus et prudentibus, et revelavit ea « parvulis (Matth., XI, 25). »

Ac ratio quidem, fide illustrata, cum sedulo, pie et sobrie quærit, aliquam, Deo dante, mysteriorum intelligentiam eamque fructuosissimam assequitur, tum ex eorum, quæ naturaliter cognoscit, analogia, tum e mysteriorum ipsorum nexu inter se et cum fine hominis ultimo ; nunquam tamen idonea redditur ad ea perspicienda instar veritatum, quæ proprium ipsius objectum constituunt. Divina enim mysteria suapte natura intellectum creatum sic excedunt ut, etiam revelatione tradita et fide suscepta, ipsius tamen fidei velamine contecta et quadam quasi caligine obvoluta maneant, quamdiu in hac mortali vita peregrinamur a Domino : « per fidem enim ambulamus, « et non per speciem (II Cor. v, 7). »

Verum etsi fides sit supra rationem, nulla tamen unquam inter fidem et rationem vera dissensio esse potest: cum idem Deus, qui mysteria revelat et fidem infundit, animo humano rationis lumen indiderit; Deus autem negare seipsum non possit; nec verum vero unquam contradicere. Inanis autem hujus contradictionis species inde potissimum oritur, quod vel fidei dogmata ad mentem Ecclesiæ intellecta et exposita non fuerint, vel opinionum commenta pro rationis effatis habeantur. Omnem igitur assertionem veritati illuminatæ fidei contrariam omnino falsam esse definimus (Conc. Lat. V. Bulla *Apostolici regiminis*). Porro Ecclesia, quæ una cum apostolico munere docendi, mandatum accepit fidei depositum custodiendi, jus etiam et officium divinitus habet falsi nominis scientiam proscribendi, ne quis decipiatur per philosophiam et inanem fallaciam (Coloss. II, 8). Quapropter omnes christiani fideles hujusmodi opiniones, quæ fidei doctrinæ contrariæ esse cognoscuntur, maxime si ab Ecclesia reprobatæ fuerint, non solum prohibentur tanquam legitimas scientiæ conclusiones defendere, sed pro erroribus potius, qui fallacem veritatis speciem præ se ferant, habere tenentur omnino.

Neque solum fides et ratio inter se dissidere unquam possunt, sed opem quoque sibi mutuam ferunt, cum recta ratio fidei fundamenta demonstret, ejusque lumine illustrata rerum divinarum scientiam excolat; fides vero rationem ab erroribus liberet ac tueatur, eamque multiplici cognitione instruat. Quapropter tantum abest ut Ecclesia humanarum artium et disciplinarum culturæ obsistat, ut hanc multis modis juvet atque promoveat. Non enim commoda ab iis ad hominum vitam dimanantia aut ignorat aut despicit; fatetur imo eas, quemadmodum a Deo, scientiarum Domino, profectæ sunt, ita si rite pertractentur, ad Deum, juvante ejus gratia, perducere. Nec sane ipsa vetat ne hujusmodi disciplinæ in suo quæque ambitu propriis utantur principiis et propria methodo; sed justam hanc libertatem agnoscens, id sedulo cavet ne divinæ doctrinæ repugnando errores in se suscipiant, aut fines proprios transgressæ, ea, quæ sunt fidei, occupent et perturbent.

Neque enim fidei doctrina, quam Deus revelavit, velut philosophicum inventum proposita est humanis ingeniis perficienda, sed tanquam divinum depositum Christi Sponsæ tradita, fideliter custodienda et infallibiliter declaranda. Hinc sacrorum quoque dogmatum is sensus perpetuo est retinendus, quem semel declaravit sancta Mater Ecclesia, nec unquam ab eo sensu, altioris intelligentiæ specie et nomine, recedendum. Crescat igitur et multum vehementerque proficiat, tam singulorum, quam omnium, tam unius hominis, quam totius Ecclesiæ, ætatum ac sæculorum gradibus, intelligentia, scientia, sapientia : sed in suo duntaxat genere, in eodem scilicet dogmate, eodem sensu, eademque sententia (Vinc. Lir. Common. n. 28).

CANONES

I

De Deo rerum omnium Creatore.

I. Si quis unum verum Deum visibilium et invisibilium Creatorem et Dominum negaverit; anathema sit.

II. Si quis præter materiam nihil esse affirmare non erubuerit; anathema sit.

III. Si quis dixerit unam eamdemque esse Dei et rerum omnium substantiam vel essentiam ; anathema sit.

IV. Si quis dixerit res finitas, tum corporeas tum spirituales, aut saltem spirituales, e divina substantia emanasse ;

Aut divinam essentiam sui manifestatione vel evolutione fieri omnia ;

Aut Denique Deum esse ens universale seu indefinitum, quod sese determinando constituat rerum universitatem in genera, species, et individua distinctam : anathema sit.

V. Si quis non confiteatur mundum, resque omnes, quæ in eo continentur, et spirituales et materiales, secundum totam suam substantiam a Deo ex nihilo esse productas;

Aut Deum dixerit non voluntate ab omni necessitate libera, sed tam necessario creasse quam necessario amat seipsum;

Aut mundum ad Dei gloriam conditum esse negaverit; anathema sit.

II

De revelatione.

I. Si quis dixerit Deum unum et verum, Creatorem et Dominum nostrum, per ea, quæ facta sunt, naturali rationis humanæ lumine certo cognosci non posse; anathema sit.

II. Si quis dixerit fieri non posse, aut non expedire, ut per revelationem divinam homo de Deo, cultuque exhibendo ei edoceatur; anathema sit.

III. Si quis dixerit hominem ad cognitionem et perfectionem, quæ naturalem superet, divinitus evehi non posse, sed ex seipso ad omnis tandem veri et boni possessionem jugi profectu pertingere posse et debere; anathema sit.

IV. Si quis sacræ Scripturæ libros integros cum omnibus suis partibus, prout illos sancta Tridentina Synodus recensuit, pro sacris et canonicis non susceperit, aut eos divinitus inspiratos esse negaverit; anathema sit.

III

De fide.

I. Si quis dixerit rationem humanam ita independentem esse ut fides ei a Deo imperari non possit; anathema sit.

II. Si quis dixerit fidem divinam a naturali de Deo et rebus moralibus scientia non distingui, ac propterea ad fidem divinam non requiri ut revelata veritas propter auctoritatem Dei revelantis credatur; anathema sit.

III. Si quis dixerit revelationem divinam externis signis credibilem fieri non posse, ideoque sola interna cujusque experientia aut inspiratione privata homines ad fidem moveri debere ; anathema sit.

IV. Si quis dixerit miracula nulla fieri posse, proindeque omnes de iis narrationes, etiam in sacra Scriptura contentas, inter fabulas vel mythos ablegandas esse ; aut miracula certo cognosci nunquam posse, nec iis divinam religionis christianæ originem rite probari ; anathema sit.

V. Si quis dixerit assensum fidei christianæ non esse liberum, sed argumentis humanæ rationis necessario produci ; aut ad solam fidem vivam, quæ per charitatem operatur, gratiam Dei necessariam esse ; anathema sit.

VI. Si quis dixerit parem esse conditionem fidelium atque eorum, qui ad fidem unice veram nondum pervenerunt, ita ut catholici justam causam habere possint fidem, quam sub Ecclesiæ magisterio jam susceperunt, assensu suspenso in dubium vocandi, donec demonstrationem scientificam credibilitatis et veritatis fidei suæ absolverint; anathema sit.

IV

De Fide et Ratione.

I. Si quis dixerit in revelatione divina nulla vera et proprie dicta mysteria contineri, sed universa fidei dogmata posse per rationem rite excultam e naturalibus principiis intelligi et demonstrari ; anathema sit.

II. Si quis dixerit disciplinas humanas ea cum libertate tractandas esse, ut earum assertiones, etsi doctrinæ revelatæ adversentur, tanquam veræ retineri, neque ab Ecclesia proscribi possint ; anathema sit

III. Si quis dixerit fieri posse ut, dogmatibus ab Ecclesia propositis, aliquando secundum progressum scientiæ, sensus tribuendus sit alius ab eo, quem intellexit et intelligit Ecclesia ; anathema sit.

Itaque supremi pastoralis Nostri officii debitum exequentes, omnes Christi fideles, maxime vero eos, qui præsunt vel docendi munere funguntur, per viscera Jesu Christi obtestamur, nec non ejusdem Dei et Salvatoris nostri auctoritate jubemus ut ad hos errores a sancta Ecclesia arcendos et eliminandos atque purissimæ fidei lucem pandendam studium et operam conferant.

Quoniam vero satis non est hæreticam pravitatem devitare, nisi ii quoque errores diligenter fugiantur, qui ad illam plus minusve accedunt; omnes officii monemus servandi etiam Constitutiones et Decreta, quibus pravæ ejusmodi opiniones, quæ isthic diserte non enumerantur, ab hac Sancta Sede proscriptæ et prohibitæ sunt.

Datum Romæ, in publica Sessione in Vaticana Basilica solemniter celebrata, anno Incarnationis Dominicæ millesimo octingentesimo septuagesimo, die vigesima quarta aprilis, Pontificatus Nostri anno vigesimo quarto.

Ita est.

JOSEPHUS
Episcopus S. Hippolyti,
Secretarius Concilii Vaticani.

VERBA

SANCTISSIMI DOMINI NOSTRI PII PP. IX

IN TERTIA SESSIONE PROLATA

« Decreta et Canones, qui in Constitutione modo lecta
« continentur, placuerunt omnibus Patribus, nemine dis-
« sentiente; Nosque, sacro approbante Concilio, illa et
« illos, ita ut lecta sunt, definimus, et apostolica auctori-
« tate confirmamus. »

Deinde, idem Sanctissimus Dominus Noster in hæc verba prorupit:

« Videtis, Fratres carissimi, quam bonum sit et ju-
« cundum ambulare in domo Dei cum consensu, ambulare
« cum pace.

« Sic ambuletis semper.

« Et quoniam hac die Dominus Noster Jesus Christus
« dedit pacem Apostolis suis, et ego, Vicarius Ejus indi-
« gnus, nomine suo do vobis pacem.

« Pax ista, prout scitis, expellit timorem.

« Pax ista, prout scitis, claudit aures sermonibus im-
« peritis.

« Ah! ista pax vos comitetur omnibus diebus vitæ ve-
« stræ; sit ista pax vobis in morte; sit ista pax vobis gau-
« dium sempiternum in cœlis. »

XIV

CONSTITUTIO DOGMATICA PRIMA
DE ECCLESIA CHRISTI

EDITA IN SESSIONE QUARTA SACROSANCTI ŒCUMENICI CONCILII VATICANI

—

PIUS EPISCOPUS
SERVUS SERVORUM DEI

Sacro approbante Concilio, ad perpetuam rei memoriam.

Pastor æternus et episcopus animarum Nostrarum, ut salutiferum redemptionis opus perenne redderet, sanctam ædificare Ecclesiam decrevit, in qua veluti in domo Dei viventis fideles omnes unius fidei et charitatis vinculo continerentur. Quapropter, priusquam clarificaretur, rogavit Patrem non pro Apostolis tantum, sed et pro eis, qui credituri erant per verbum eorum in ipsum, ut omnes unum essent, sicut ipse Filius et Pater unum sunt. Quemadmodum igitur Apostolos, quos sibi de mundo elegerat, misit, sicut ipse missus erat a Patre; ita in Ecclesia sua Pastores et Doctores usque ad consummationem sæculi esse voluit. Ut vero episcopatus ipse unus et indivisus esset, et per cohærentes sibi invicem sacerdotes credentium multitudo universa in fidei et communionis unitate conservaretur, beatum Petrum cæteris Apostolis præponens in ipso instituit perpetuum utriusque unitatis principium ac visibile fundamentum, super cujus fortitudinem æternum exstrueretur templum, et Ecclesiæ cœlo inferenda sublimitas in hujus fidei firmitate consurgeret (S. Leo M. serm. IV. al. III, 2, in die Natalis sui). Et quoniam portæ inferi ad evertendam, si fieri posset, Ecclesiam, contra ejus fundamentum divinitus positum majori in dies odio undique insurgunt; Nos ad catholici gregis custodiam, incolumitatem, augmentum, necessarium esse judicamus, sacro approbante Concilio, doctrinam de institutione, perpetuitate, ac natura sacri Apostolici primatus, in quo totius Ecclesiæ vis ac soliditas consistit, cunctis fidelibus credendam et tenendam, secundum antiquam atque constantem universalis Ecclesiæ fidem, proponere, atque contrarios, dominico gregi adeo perniciosos, errores proscribere et condemnare.

CAPUT I

De Apostolici primatus in beato Petro institutione.

Docemus itaque et declaramus, juxta Evangelii testimonia, primatum jurisdictionis in universam Dei Ecclesiam immediate et directe beato Petro Apostolo promissum atque collatum a Christo Domino fuisse. Unum enim Simonem, cui jampridem dixerat : « Tu vocaberis Cephas (Joan. i, 42), » postquam ille suam edidit confessionem, inquiens : « Tu es Christus, Filius Dei vivi ; » solemnibus his verbis allocutus est Dominus : « Beatus es, Simon « Bar-Jona, quia caro et sanguis non revelavit tibi, sed « Pater meus, qui in cœlis est; et ego dico tibi, quia tu es « Petrus, et super hanc petram ædificabo Ecclesiam « meam, et portæ inferi non prævalebunt adversus eam ; « et tibi dabo claves regni cœlorum; et quodcumque liga- « veris super terram erit ligatum et in cœlis, et quodcum- « que solveris super terram erit solutum et in cœlis « (Matth. xvi, 16-19). » Atque uni Simoni Petro contulit Jesus post suam resurrectionem summi pastoris et rectoris jurisdictionem in totum suum ovile, dicens : « Pasce agnos « meos : pasce oves meas (Joan. xxi, 15-17). » Huic tam manifestæ sacrarum Scripturarum doctrinæ, ut ab Ecclesia catholica semper intellecta est, aperte opponuntur pravæ eorum sententiæ qui, constitutam a Christo Domino in sua Ecclesia regiminis formam pervertentes, negant solum Petrum præ ceteris Apostolis, sive seorsum singulis, sive omnibus simul, vero proprioque jurisdictionis primatu fuisse a Christo instructum; aut qui affirmant eumdem primatum non immediate directeque ipsi beato Petro, sed Ecclesiæ, et per hanc illi, ut ipsius Ecclesiæ ministro, delatum fuisse.

Si quis igitur dixerit beatum Petrum Apostolum non esse a Christo Domino constitutum Apostolorum omnium principem et totius Ecclesiæ militantis visibile caput; vel eumdem honoris tantum, non autem veræ propriæque jurisdictionis primatum ab eodem Domino nostro Jesu Christo directe et immediate accepisse; anathema sit.

CAPUT II

De perpetuitate primatus Beati Petri in Romanis Pontificibus.

Quod autem in beato Apostolo Petro princeps pastorum et pastor magnus ovium Dominus Christus Jesus in perpetuam salutem ac perenne bonum Ecclesiæ instituit, id eodem auctore in Ecclesia, quæ fundata super petram ad finem sæculorum usque firma stabit, jugiter durare necesse est. Nulli sane dubium, imo sæculis omnibus notum est, quod sanctus beatissimusque Petrus, Apostolorum princeps et caput, fideique columna, et Ecclesiæ catholicæ fundamentum, a Domino Nostro Jesu-Christo, Salvatore humani generis ac Redemptore, claves regni accepit : qui ad hoc usque tempus et semper in suis successoribus, episcopis sanctæ Romanæ Sedis, ab ipso fundatæ, ejusque consecratæ sanguine, vivit et præsidet et judicium exercet (Cf. Ephesini Concilii Act. III). Unde quicumque in hac cathedra Petro succedit, is secundum Christi ipsius institutionem primatum Petri in universam Ecclesiam obtinet. Manet ergo dispositio veritatis, et beatus Petrus in accepta fortitudine petræ perseverans suscepta Ecclesiæ gubernacula non reliquit (S. Leo M. Serm. III, al. II, cap. 3). Hac de causa ad Romanam Ecclesiam propter potentiorem principalitatem necesse semper fuit omnem convenire Ecclesiam, hoc est, eos, qui sunt undique fideles, ut in ea Sede, e qua venerandæ communionis jura in omnes dimanant, tanquam membra in capite consociata, in unam corporis compagem coalescerent (S. Iren. Adv. hær. I. III, c. 3, et Conc. Aquilei, a. 381, inter opp. S. Ambros., ep. XI).

Si quis ergo dixerit non esse ex ipsius Christi Domini institutione, seu jure divino, ut beatus Petrus in primatu super universam Ecclesiam habeat perpetuos successores; aut Romanum Pontificem non esse beati Petri in eodem primatu successorem; anathema sit.

CAPUT III

De vi et ratione primatus Romani Pontificis.

Quapropter apertis innixi sacrarum litterarum testimoniis et inhærentes tum Prædecessorum Nostrorum Romanorum Pontificum, tum Conciliorum generalium disertis perspicuisque decretis, innovamus œcumenici Concilii Florentini definitionem, qua credendum ab omnibus Christi fidelibus est sanctam apostolicam Sedem et Romanum Pontificem in universum orbem tenere primatum, et ipsum Pontificem Romanum successorem esse beati Petri principis Apostolorum, et verum Christi Vicarium, totiusque Ecclesiæ caput, et omnium Christianorum patrem ac doctorem existere; et ipsi in beato Petro pascendi, regendi et gubernandi universalem Ecclesiam a Domino Nostro Jesu Christo plenam potestatem traditam esse; quemadmodum etiam in gestis œcumenicorum Conciliorum et sacris canonibus continetur.

Docemus proinde et declaramus Ecclesiam Romanam disponente Domino, super omnes alias ordinariæ potestatis obtinere principatum, et hanc Romani Pontificis jurisdictionis potestatem, quæ vere episcopalis est, immediatam esse : erga quam cujuscumque ritus et dignitatis pastores atque fideles, tam seorsum singuli quam simul omnes, officio hierarchicæ subordinationis veræque obedientiæ obstringuntur, non solum in rebus, quæ ad fidem et mores, sed etiam in iis, quæ ad disciplinam et regimen Ecclesiæ per totum orbem diffusæ pertinent; ita ut custodita cum Romano Pontifice tam communionis quam ejusdem fidei professionis unitate, Ecclesiæ Christi sit unus grex sub uno summo pastore. Hæc est catholicæ veritatis doctrina, qua deviare salva fide atque salute nemo potest.

Tantum autem abest ut hæc Summi Pontificis potestas officiat ordinariæ ac immediatæ illi episcopali jurisdictionis potestati, qua Episcopi, qui positi a Spiritu Sancto in Apostolorum locum successerunt, tamquam veri pastores assignatos sibi greges, singuli singulos, pascunt et regunt, ut eadem a supremo et universali Pastore asseratur, roboretur ac vindicetur, secundum illud sancti Gregorii Magni : « Meus honor est honor universalis Ecclesiæ. Meus honor « est fratrum meorum solidus vigor. Tum ego vere hono- « ratus sum, cum singulis quibusque honor debitus non « negatur (Ep. ad Eulog. Alexandrin., lib. VIII, epist. « 30). »

Porro ex suprema illa Romani Pontificis potestate gubernandi universam Ecclesiam jus eidem esse consequitur, in hujus sui muneris exercitio, libere communicandi cum pastoribus et gregibus totius Ecclesiæ, ut iidem ab ipso in via salutis doceri ac regi possint. Quare damnamus ac reprobamus illorum sententias, qui hanc supremi capitis cum pastoribus et gregibus communicationem licite impedire posse dicunt, aut eamdem reddunt sæculari potestati obnoxiam, ita ut contendant quæ ab apostolica Sede vel ejus auctoritate ad regimen Ecclesiæ constituuntur vim ac valorem non habere, nisi potestatis sæcularis placito confirmentur.

Et quoniam divino apostolici primatus jure Romanus Pontifex universæ Ecclesiæ præest, docemus etiam et declaramus, eum esse judicem supremum fidelium (Pii PP. VI Breve, « Super soliditate, d. 28 Nov. 1786), » et in omnibus causis ad examen ecclesiasticum spectantibus ad ipsius posse judicium recurri (Concil. œcum. Lugdun. II). Sedis vero apostolicæ, cujus auctoritate major non est, judicium a nemine fore retractandum, neque cuiquam de ejus licere judicare judicio (Ep. Nicolai I ad Michaelem imperatorem). Quare a recto veritatis tramite aberrant qui affirmant licere a judiciis Romanorum Pontificum ad œcumenicum Concilium tamquam ad auctoritatem Romano Pontifici superiorem appellare.

Si quis itaque dixerit Romanum Pontificem habere tantummodo officium inspectionis, vel directionis, non autem plenam et supremam potestatem juridictionis in universam Ecclesiam, non solum in rebus quæ ad fidem et morem, sed etiam in iis quæ ad disciplinam et regimen Ecclesiæ per totum orbem diffusæ pertinent ; aut eum habere tantum potiores partes, non vero totam plenitudinem hujus supremæ potestatis ; aut hanc ejus potestatem non esse ordinariam et immediatam sive in omnes ac singulas ecclesias sive in omnes et singulos pastores et fideles ; anathema sit.

CAPUT IV

De Romani Pontificis infallibili magisterio

Ipso autem apostolico primatu, quem Romanus Pontifex, tanquam Petri principis Apostolorum successor, in universam Ecclesiam obtinet, supremam quoque magisterii potestatem comprehendi hæc sancta Sedes semper tenuit, perpetuus Ecclesiæ usus comprobat, ipsaque œcumenica Concilia, ea imprimis, in quibus Oriens cum Occidente in fidei charitatisque unionem conveniebat, declaraverunt. Patres enim Concilii Constantinopolitani quarti, majorum vestigiis inhærentes, hanc solemnem ediderunt professionem : « Prima salus est rectæ fidei regulam custodire. Et
« quia non potest Domini nostri Jesu Christi prætermitti
« sententia dicentis : Tu es Petrus, et super hanc petram
« ædificabo Ecclesiam meam, hæc, quæ dicta sunt, rerum
« probantur effectibus, quia in Sede apostolica immacu-
« lata est semper catholica reservata religio, et sancta ce-
« lebrata doctrina. Ab hujus ergo fide et doctrina separari
« minime cupientes, speramus ut in una communione,
» quam Sedes apostolica prædicat, esse mereamur, in qua
« est integra et vera Christianæ religionis soliditas (Ex formula S. Hormisdæ Papæ, prout ab Adriano II. Patribus

« Concilii œcumenici VIII, Constantinopolitani IV, propo-
« sita et ab iisdem subscripta est). » Approbante vero Lug-
« dunensi Concilio secundo, Græci professi sunt : Sanctam
« Romanam Ecclesiam summum et plenum primatum et
« principatum super universam Ecclesiam catholicam ob-
« tinere, quem se ab ipso Domino in beato Petro Aposto-
« lorum principe sive vertice, cujus Romanus Pontifex est
« successor, cum potestatis plenitudine recepisse veraciter
« et humiliter recognoscit ; et sicut præ cæteris tenetur
« fidei veritatem defendere, sic et, si quæ de fide subortæ
« fuerint quæstiones, suo debent judicio definiri. » Florentinum denique Concilium definivit : « Pontificem Roma-
« num, verum Christi Vicarium, totiusque Ecclesiæ caput
« et omnium Christianorum patrem ac doctorem existere ;
« et ipsi in beato Petro pascendi, regendi ac gubernandi
« universalem Ecclesiam a Domino Nostro Jesu Christo
« plenam potestatem traditam esse. »

Huic pastorali muneri ut satisfacerent, Prædecessores Nostri indefessam semper operam dederunt ut salutaris Christi doctrina apud omnes terræ populos propagaretur, parique cura vigilarunt ut, ubi recepta esset, sincera et pura conservaretur. Quocirca totius orbis Antistites nunc singuli, nunc in Synodis congregati, longam ecclesiarum consuetudinem, et antiquæ regulæ formam sequentes, ea præsertim pericula, quæ in negotiis fidei emergebant, ad hanc Sedem apostolicam retulerunt, ut ibi potissimum resarcirentur damna fidei, ubi fides non potest sentire defectum (Cf. S. Bern. Epist. CXC).

Romani autem Pontifices, prout temporum et rerum conditio suadebat, nunc convocatis œcumenicis Conciliis, aut explorata Ecclesiæ per orbem dispersæ sententia, nunc per Synodos particulares, nunc aliis, quæ divina suppeditabat Providentia, adhibitis auxiliis, ea tenenda definiverunt, quæ sacris Scripturis et apostolicis Traditionibus consentanea, Deo adjutore, cognoverant. Neque enim Petri successoribus Spiritus Sanctus promissus est ut eo revelante novam doctrinam patefacerent, sed ut eo assistente traditam per Apostolos revelationem seu fidei depositum sancte custodirent et fideliter exponerent. Quorum quidem apostolicam doctrinam omnes venerabiles Patres amplexi et sancti Doctores orthodoxi venerati atque secuti sunt; plenissime scientes hanc sancti Petri Sedem ab omni semper errore illibatam permanere, secundum Domini Salvatoris nostri divinam pollicitationem, discipulorum suorum principi factam : « Ego rogavi pro te ut non « deficiat fides tua, et tu aliquando conversus confirma « fratres tuos (Luc, XXII, 33). »

Hoc igitur veritatis et fidei nunquam deficientis charisma Petro ejusque in hac cathedra successoribus divinitus collatum est, ut excelso suo munere in omnium salutem fungerentur, ut universus Christi grex, per eos ab erroris venenosa esca aversus, cœlestis doctrinæ pabulo nutriretur, ut sublata schismatis occasione Ecclesia tota una conservaretur, atque suo fundamento innixa firma adversus inferi portas consisteret. At vero cum hac ipsa ætate, qua salutifera apostolici muneris efficacia vel maxime requiritur, non pauci inveniantur, qui illius auctoritati obtrectant; necessarium omnino esse censemus prærogativam, quam unigenitus Dei Filius cum summo pastorali officio conjungere dignatus est, solemniter asserere.

Itaque Nos traditioni a fidei christianæ exordio perceptæ fideliter inhærendo, ad Dei Salvatoris nostri gloriam, religionis catholicæ exaltationem, et Christianorum populorum salutem, sacro approbante Concilio, docemus, et divinitus revelatum dogma esse definimus : Romanum Pontificem, cum ex cathedra loquitur, id est, cum omnium christianorum Pastoris et Doctoris munere fungens, pro suprema sua apostolica auctoritate, doctrinam de fide vel moribus ab universa Ecclesia tenendam definit, per assistentiam divinam, ipsi in beato Petro promissam, ea infallibilitate pollere, qua divinus Redemptor Ecclesiam suam in definienda doctrina de fide vel moribus instructam esse voluit; ideoque ejusmodi Romani Pontificis definitiones ex sese, non autem ex consensu Ecclesiæ irreformabiles esse.

Si quis autem huic Nostræ definitioni contradicere, quod Deus avertat, præsumpserit, anathema sit.

Datum Romæ, in publica sessione in Vaticana basilica

solemniter celebrata, anno Incarnationis Dominicæ millesimo octingentesimo septuagesimo, die decima octava Julii, Pontificatus Nostri anno vigesimo quinto.

Ita est.

JOSEPHUS,
Episcopus S. Hippolyti,
Secretarius Concilii Vaticani.

MANDATUM SANCTISSIMI

De mandato Sanctissimi in Christo Patris et Domini Nostri divina Providentia PII PP. IX, anno a Nativitate Domini MDCCCLXX, Indictione XIII, die vero XVIII Julii, Pontificatus ejusdem Sanctissimi Domini Nostri anno XXV, præsens Constitutio apostolica affixa et publicata fuit ad valvas basilicarum S. Joannis in Laterano, Principis Apostolorum et S. Mariæ majoris, Cancellariæ apostolicæ, ac magnæ curiæ Innocentianæ, atque in acie Campi Floræ, per me Aloysium Serafini Apostolicum Cursorem.

PHILIPPUS OSSANI, magister Cursorum.

VERBA

SANCTISSIMI DOMINI NOSTRI PII PP IX

IN QUARTA SESSIONE PROLATA.

« Decreta et Canones, qui in Constitutione modo lecta
« continentur, placuerunt omnibus Patribus, duobus ex-
« ceptis, Nosque, sacro approbante Concilio, illa et illos,
« ita ut lecta sunt, definimus et apostolica auctoritate con-
« firmamus. »

Deinde :

« Summa ista Romani Pontificis auctoritas, Venerabiles
« Fratres, non opprimit, sed adjuvat, non destruit, sed

« ædificat, et sæpissime confirmat in dignitate, unit in
« charitate, et Fratrum, scilicet Episcoporum, jura firmat
« atque tuetur. Ideoque Illi, qui nunc judicant in commo-
« tione, sciant non esse in commotione Dominum. Memi-
» nerint quod paucis abhinc annis, oppositam tenentes
« sententiam, abundaverunt in sensu Nostro, et in sensu
« majoris partis hujus amplissimi Consessus, sed tunc ju-
« dicarunt in spiritu auræ lenis. Numquid in eodem judi
« cio judicando duæ oppositæ possunt existere conscien-
« tiæ? Absit. Illuminet ergo Deus sensus etcorda; et quo-
« niam Ipse facit mirabilia magna solus, illuminet sensus
« et corda, ut omnes accedere possint ad sinum Patris,
« Christi Jesu in terris indigni Vicarii, qui eos amat, eos
« diligit et exoptat unum esse cum illis. Et ita simul in vin-
« culo charitatis conjuncti præliari possimus prælia Do-
« mini, ut non solum non irrideant Nos inimici Nostri, sed
« timeant potius, et aliquando arma malitiæ cedant in con-
« spectu veritatis, sicque omnes cum D. Augustino dicere
« valeant : « Tu vocasti me in admirabile lumen tuum,
« et ecce video. »

XV

SANCTISSIMI DOMINI NOSTRI
LITTERÆ APOSTOLICÆ
QUIBUS CONCILIUM ŒCUMENICUM SUSPENDITUR

PIUS PP. IX

Ad futuram rei memoriam

Postquam Dei munere œcumenici Vaticani Concilii celebrationem inire anno proxime superiori Nobis datum est, vidimus sapientia, virtute ac sollicitudine Patrum, qui ex omnibus orbis terrarum partibus frequentissimi convenerant, maxime adnitente, ita res gravissimi hujus et sanctissimi operis procedere ut spes certa Nobis affulgeret eos fructus quos vehementer optabamus, in Religionis bonum et Ecclesiæ Dei humanæque societatis utilitatem ex illo fore feliciter profecturos. Et sane, jam quatuor publicis ac solemnibus sessionibus habitis, salutares atque opportunæ in causa fidei Constitutiones a Nobis, eodem sacro approbante Concilio, editæ ac promulgatæ fuerunt, aliaque tum causam fidei tum ecclesiasticæ disciplinæ spectantia ad examen a Patribus revocata, quæ suprema docentis Ecclesiæ auctoritate brevi sanciri ac promulgari possent.

Confidebamus istiusmodi labores, communi fraternitatis studio ac zelo, suos progressus habere, et ad optatum exitum facili prosperoque cursu perduci posse ; sed sacrilega repente invasio hujus almæ Urbis, Sedis Nostræ, et reliquarum temporalis Nostræ ditionis regionum, qua contra omne fas civilis Nostri et apostolicæ Sedis Principatus inconcussa jura incredibili perfidia et audacia violata sunt, in eam Nos rerum conditionem conjecit, ut sub hostili dominatione et potestate, Deo sic permittente ob imperscrutabilia judicia sua, penitus constituti simus.

In hac luctuosa rerum conditione, cum Nos a libero expeditoque usu supremæ auctoritatis Nobis divinitus collatæ multis modis impediamur, cumque probe intelligamus minime ipsis Vaticani Concilii Patribus in hac alma Urbe, prædicto rerum statu manente, necessariam libertatem, securitatem, tranquillitatem suppetere et constare posse ad res Ecclesiæ Nobiscum rite pertractandas, cumque præterea necessitates Fidelium, in tantis iisque notissimis Europæ calamitatibus et motibus, tot Pastores a suis Ecclesiis abesse haud patiantur; idcirco Nos, eo res adductas magno cum animi Nostri mœrore perspicientes, ut Vaticanum Concilium tali in tempore cursum suum omnino tenere non possit, prævia matura deliberatione, motu proprio, ejusdem Vaticani œcumenici Concilii celebrationem usque ad aliud opportunius et commodius tempus per hanc sanctam Sedem declarandum, apostolica auctoritate tenore præsentium suspendimus, et suspensum esse nuntiamus, Deum adprecantes auctorem et vindicem Ecclesiæ suæ, ut, submotis tandem impedimentis omnibus, Sponsæ suæ fidelissimæ ocius restituat libertatem ac pacem.

Quoniam vero quo pluribus et gravioribus periculis malisque vexatur Ecclesia, eo magis instandum est obsecrationibus et orationibus nocte ac die apud Deum et Patrem Domini Nostri Jesu Christi, Patrem misericordiarum et Deum totius consolationis, volumus ac mandamus, ut ea quæ in apostolicis Litteris die 11 aprilis anno proxime superioris datis, quibus indulgentiam plenariam in forma Jubilæi, occasione œcumenici Concilii omnibus Christifidelibus concessimus, a Nobis disposita ac statuta sunt, juxta modum et rationem iisdem Litteris præscriptam in sua vi, firmitate et vigore permaneant, perinde ac si ipsius Concilii celebratio procederet.

Hæc statuimus, nuntiamus, volumus, mandamus, contrariis non obstantibus quibuscumque; irritum et inane decernentes si secus super his a quoquam quavis auctoritate scienter vel ignoranter contigerit attentari.

Nulli ergo omnino hominum liceat hanc paginam Nostrorum suspensionis, nuntiationis, voluntatis, mandati ac decreti infringere, vel ei ausu temerario contraire ; si quis autem hoc attentare præsumpserit, indignationem Omnipotentis Dei et Beatorum Petri ac Pauli Apostolorum Ejus se noverit incursurum.

Ut autem eædem præsentes Litteræ omnibus quorum interest innotescant, volumus illas seu earum exempla ad valvas Ecclesiæ Lateranensis et basilicæ Principis Apostolorum nec non S. Mariæ Majoris de Urbe affigi et publicari, sicque publicatas et affixas omnes et singulos quos illæ concernunt perinde arctare ac si unicuique eorum nominatim et personaliter intimatæ fuissent.

Datum Romæ, apud S. Petrum, sub annulo Piscatoris, die vigesimo octobris anno MDCCCLXX, Pontificatus Nostri anno vigesimo quinto.

N. Card. PARACCIANI-CLARELLI.

XVI

TABULA

POSTULATORUM A PATRIBUS VATICANIS PROPOSITORUM (1)

I. Postulatum contra entologismum.

Proposuerunt Xystus cardinalis Riario Sforza, archiep. Neapolit. Joachim cardinalis Pecci, episc. Perasinus

II. De imperio civili romani pontificis. — De potestate ecclesiastica. — De potestate sæculari. — de Institutione juventutis. — De sic dictis Libertatibus. — De Beneficentia Christiana.

Nicolaus, episc. Halicarnassensis

III. Ad Scholas mixtas spectans.

Carolus Joannes Greith, ep. Sangallensis

IV. Ad Socialismum spectans.

8 Concilii Patres

(1) Ces postulata ont été publiés, avec l'autorisation de Pie IX, par Mgr Martin, évêque de Paderborn.

V. Ad præsentem generis humani tristissimam conditionem spectans.

5 Patres ritus maronitici et ritus chaldaïci

VI. Ad eamdem rem spectans.

40 Concilii Patres

VII. Ad rem militarem spectans : de solemnitatibus belli — de necessitate ac legitimis causis ad bellum justum requisitis ; — de officiis et obedientia Ducum ac Militum ; — de auctoritate et consilio in bellis suscipiendis et forma judicii de justitia belli.

Antonius Petrus IX Patriarcha Ciliciensis

VIII. Pro dogmatica definitione Assumptionis corporeæ in cœlum Deiparæ : Momenta pro dogmaticæ definitionis Assumptionis corporeæ B. M. V. in cœlum possibilitate; — momenta pro invocatæ definitionis opportunitate.

Joseph Bened. Dusmet archiep. catanien. Ludovicus M. Ideo episc. Liparen

Similibus postulationibus.

Subscripserunt 18, 113, 31, 5, 13, 2, 5, 7, 1 Concilii Patres

IX. Ad usuram spectans.

Vincentius Andreas archiep. Hydruntinus

X. De seminaris clericorum ubique instituendis. — De promovendo in seminariis sacrarum linguarum studio. — De superioribus studiis ecclesiasticis restaurandis. — De academicis gradibus. — Juniores sacerdotes per aliquot annos circa sacram scientiam examinandi. — De exercitiis spiritualibus a clero sœculari quotanicis habendis. — In exercitiis spiritualibus presbyterorum facultates latissimæ confessariis concedendæ. — De vita communi in clero sœculari fovenda. — De mulierum in domibus sacerdotum famulatu. — De concursu ad Parochorum electionem. — De prœdicatione verbi divini. — De pastorali sollicitudine erga pueros et juvenes; et primo de frequenti et sedula puerorum confessione. — De catechismis primæ communioni præviis, et de juvenum perseverantia. — De regularibus. — De religiosis mulierum familiis, puellarum educationi ac operibus charitatis vacantibus. — De capitulis. — Episcopi dispensationes omnes concedere possint, quæ S. Pontifici expresse non fuerint reservatæ. — Episcoporum facultates circa casus occultos latius interpretandæ. — Indulta apostolica Episcopis per totum episcopatus tempus necessaria pro toto episcopatus tempore concedantur. — De archiepiscopali visitatione restituenda. — De appellationibus ad S. Sedem non admittendis, omisso medio neque pro levioribus causis. — De titulis curiæ romanæ honorificis non conferendis sacerdotibus extra Romam de gentibus inconsultis ipsorum ordinariis. — De viris in sacro cardinalium collegio, romanisque congregationibus et tribunalibus adhibendis. — Eminentissimi cardinales et præcipui Curiæ romanæ officiales ex cunctis nationibus assumendi. — De conciliis œcumenicis sœpius celebrandis. — De conciliis plenariis interdum habendis.

— De conciliis provincialibus singulis quinquennius celebrandis. — De synodis diœcesanis. — De Reformatione juris canonici. — De censuris, prœsertim reservatis, ad pauciorem numerum reducendis. — De reservationibus peccatorum S. Pontifici ad pauciores casus reducendis. — De catalogo casuum S. Pontifici reservatorum initio cujusvis pontificatus exarando et publicando. — De legibus matrimonialibus reformandis. — De minuendo impedimentorum matrimonii dirimentium numero. — De modificando clandestinitatis impedimento. — Latiores facultates episcopis, ad dispensandum super impedimentis matrimonii, concedendæ. — Dispensationes in romana curia promptius expediendæ. — De reformando stylo et regulis ad rescripta dispensationum matrimonii spectantibus. — De Indicis librorum regulis et praxi. — De revisendo Breviario. — De indulgentiis. — An conveniat leges abstinentiæ et jejunii ad quamdam uniformitatem reduci, vel etiam mitigari. — De piis imaginibus, de miraculis et de novis devotionis praxibus. — De diariis catholicis moderandis et compescendis. — De cautionibus adhibendis ne res concilii imprudenti et indisciplinata immixtione diariorum publicorum perturbentur. — De adducendis vel reducendis ad fidem et unitatem catholicam infidelibus, schismaticis. — De conversione infidelium. — De schismaticis græcis ad unitatem Ecclesiæ recolligendis. — De dividenda vel duplicanda, maxime in favorem Orientalium, sacra Congregatione propagandæ fidei. — De reducendis hœreticis. — De cautionibus in redactione Decretorum errores condemnantium nunc adhibendis. — De prudenti modo specialiter servando in condemnandis modernis erroribus. — Novæ fidei definitiones, nisi ex omnino necessaria causa, non edendæ. — De charitatis et misericordiæ operibus laudandis et promovendis.

11 Galliæ Episcopi

XI. De vita et honestate ecclesiasticorum virorum. Exercitia spiritualia singulis vel binis annis habenda. —

Diœceses nimis amplæ per novum circumscriptionem minuendæ. — De impedimentis matrimonii abrogandis ; de taxis pro dispensationibus. — Catalogus casuum S. Sedi reservatorum conficiendus. — Facultates episcopis ad muneris durationem concedendæ. — De Indice librorum prohibitorum ; regulæ recenti revisioni subjiciendæ. — Nova canonum collectio. — De reformatione breviarii. — De concursu pro electione parochorum adhibendo. — De jure patronatus. — Translatio parochorum facilius decernenda. — De societatibus occultis.

Complures Episcopi Germaniæ

XII. De judiciis Clericorum. — De Clericorum seminariis. — De collatione ecclesiarum parochialium et succursalium. — De synodo Diœcesana. — De piis virorum ac fœminarum Institutis. — De Oratoriis privatis. — De Altaribus privilegiatis. — De facultatibus extraordinariis. — De sacramento matrimonii.

5 Episcopi Belgii

XIII. Nova canonum codificatio conficienda. — De reformatione legum ad rem matrimonialem spectantium. — Ut plura tollantur impedimenta. — De reformatione breviarii.

Episcopi provinciarum Quebecensis et Halifaxiensis

XIV. De matrimonio civili. — Dispensationes maxima temporis et sumptus œconomia concedendæ. — De impedimentorum abrogatione. — De distributionibus canonicorum. — De episcoporum facultatibus circa Sanctimoniales. — Breviarium reformandum. — Ut corpus juris recognoscatur. — Index librorum prohibitorum. — De missarum reductione.

Pro quibusdam episcopis Italiæ centralis Henricus episc. Pistorien. et Praten.

XV. De abstinentia die Sabbati abroganda. — Ut possint episcopi dispensare super quibusdam matrimonii impedimentis. — De formatione processus juridici. — Ne ecclesiastici quidpiam typis vulgare possint sine licentia ordinarii. — De titulis ordinationum moderandis.

Nicolaus episc. Concordiensis

XVI. Electionem vel nominationem episcoporum attinens.

7 Concilii Patres

XVII. Ad eamdem rem pertinens.

1 Concilii Pater

XVIII. Ad privilegia et exemptiones spectans.

1 Concilii Pater

XIX. Prœlaturam Archimandritatus monasterio SS. Salvatoris ordinis S. Basilii Messanæ adnexam attinens.

Aloysius archiep. Messanensis

XX. Ut tollatur obligatio transferendi officia Sanctorum. — Circa dispensationes matrimoniales. — De absolutione complicis. — Denuntiatio hœreticorum vel Carbonariorum valde difficilis ac plerumque exiguæ utilitatis.

Joannes Antonius Farina, episc. Vicentinus

XXI. De lege ferenda in sacerdotes rarissime sacramentaliter confitentes.

1 *Concilii Pater*

XXII. De Clericorum ad sacros ordines promotione titule patrimonii. — Erigendæ domus pro sacerdotibus qui ecclesiasticum officium exigens habituale servitium minime obtinent. — De Mediis adhibendis ad prædictas domos erigendas. — Utilitas ex communi clericorum vita derivanda.

Raphael episc. Albinganen.

XXIII. Novam redactionem juris canonici attinens.

33 *Concilii Patres*

XXIV. Ad matrimonia mixta attinens : Pericula generalia mixtorum connubiorum ; — remedia ad arcendum malum.

Carolus Joannes Greith, ep. Sangallensis

XXV. De conformitate et unitate in recitando horas canonicas ac celebrando missam.

Fr. Raphael Ricca, Generalis Minimorum

XXVI. Sanctissimum nomen Jesu attinens.

Raphael archiep. Brundusin.

XXVII. Ut S. Josepho B. M. V. Sponso in Sacra liturgia debiti honores decernantur.

153 *Concilii Patres*

XXVIII. Ad eamdem rem pertinens.

43 *Generales diversorum Ordinum*

XXIX. Ad eamdem rem pertinens.

118 *Concilii Patres*

XXX. Ut S. Francisco Salesio episcopo Genevensi titulus Doctoris Ecclesiæ decernatur.

XXXI. Ut opificum Societas « der Gesellen Verein » a S. Concilio Vaticano laudetur atque commendetur.

30 *Concilii Patres*

XXXII. Ut Societas S. Vincentii de Paulo a Sacro Concilio Vaticano laudetur et commendetur.

30 *Concilii Patres*

XXXIII. Ut S. Vincentii a Paulo associationes quæ vulgo « Conferentiæ » dicuntur, a Sacro Vaticano Concilio laudentur ac commendentur.

80 *Concilii Patres*

XXXIV. In gratiam piæ operæ a Propagatione Fidei nuncupatæ.

110 *Concilii Patres*

XXXV. In gratiam Scholarum orientalium.

13 *Concilii Patres*

XXXVI. In gratiam piæ operæ Scholarum orientalium nuncupatæ.

61 *Concilii Patres*

XXXVII. In gratiam Sodalitatis Sanctæ Infantiæ.

35 *Concilii Patres*

XXXVIII. Circa decretum generale de receptione novitiorum ac professione votorum simplicium a S. Congregatione super statu regularium die 19 Martii 1857 emissum.

Henricus, Abbas Einsidlensis

XXXIX. De protestantium conatibus in Syriâ. — Libri a Societate Biblica profusi. — De juvenibus qui ad studium linguarum Europæ incumbunt. — De collegiis mixtis. — De concordia inter ordinarios et latini ritus missionarios procuranda. — De Verbi sacri prædicatione et Sacramentorum administratione. — Jura ordinariorum gentis Maronitæ rite servanda per missionarios etiam regulares.

Tobia ant. Maronita Archiepiscopus Beritensis

XL. Ad Parvam Ecclesiam (sectam Stevenistarum) pertinens.

Carolus ep. Lucionensis

XLI. Ad eamdem rem spectans.

Vict. Aug. Archiep. Mechlin.

XVII

EX POSTULATO X COMPLURIUM GALLIÆ EPISCOPORUM

De Seminariis Clericorum ubique instituendis

Instituantur in omnibus diœcesibus majora Seminaria, a minoribus prorsus distincta, in quibus omnes ordinandi teneantur habitare et communiter vivere, per quatuor aut tres saltem annos, studiisque ecclesiasticis et exercitiis spiritualibus, sub sancto piorum et doctorum sacerdotum regimine, operam dare.

Ut autem clericorum educatio in seminariis tum majoribus tum minoribus, perfectior et accuratior esse posset, valde utile videretur speciales aliquas scholas institui, in quibus et ars docendi et ars altior et difficilior virtutes clericales in juvenibus efformandi addisceretur.

De promovendo in Seminariis sacrarum linguarum studio

Revelationis divinæ adversarii nihil intentotum relinquunt ut sacrorum librorum auctoritatem convellant, et ad hunc pessimum finem assequendum, multas objectiones depromere maligne student ex primigeniis bibliorum idiomatibus, præsertim ex hebraïca lingua, aliisque linguis. Valde igitur optandum est, imo prorsus necessarium, ut apud catholicos non torpescat harum linguarum studium. Quapropter, in omnibus clericorum seminariis, tradenda esset, saltem peritioribus alumnis, hebraicæ linguæ sufficiens notitia, ut facile possent, privatis postea studiis, ad pleniorem hujus linguæ scientiam usumque pervenire. Turpe siquidem foret Ecclesiam Catholicam, quæ vera est sacrorum librorum custos et interpres, studio linguarum in quibus primitive scripti sunt illi libri, minorem zelum ac protestantes et incredulos impendere. Quoad linguam grœcam, in qua et plures quoque libri sacri scripti fuerunt, et tot supersunt traditionis catholicæ eximia monumenta, quis non doleat ejus studiium ita in majoribus seminariis prætermitti ut hujus linguæ notitia prorsus in iis ipsis juvenibus obliteretur, qui ei addiscendæ plures annos in minoribus seminariis insumpserant. Perscribendum igitur omnino esset ut linguæ græcæ studium in majoribus etiam seminariis continuari deberet.

De superioribus studiis ecclesiasticis restaurandis

Evidentissimum est elementa scientiæ, sive sacræ, sive profanæ, qualiter in seminariis, tum minoribus, tum majoribus, tradi solent, necessario quidem esse, et quasi ulterioris doctrinæ fundamenta, ne quaquam tamen sufficere, nec ad expositionem, nec ad defensionem dogmatum Christianorum, prout id nostræ ætatis necessitates postularent.

Valde igitur optandum esset quosdam nunc, sicut olim, in ejusque ecclesiæ clero viros inveniri, qui specialius et plenius superioribus studiis incumberent. Cum autem hoc communiter nec facile, nec sufficienter præstari possit absque publicis quibusdam institutionibus, quales extant, verbi gratia, in Urbe Roma, apud Belgas et alibi, — utilissimum videretur episcopos, communicatis consiliis et conatibus, curare et allaborare ut præter seminaria, ubique servanda et in meliorem statum adducenda, instituerentur etiam, prout leges moresque cujusque gentis sinerent, vel magna Collegia, vel universitates, in quibus eminentior scientia coli tradique posset.

De academicis gradibus

Gradus academici certe ad eminentioris scientiæ zelum

in clero fovendum aptissimi sunt. Ut vero finis ille obtineri possit, necesse foret gradus præfatos nemini unquam, nisi post, maxime serius probationes, ullibi conferri. Quapropter, pro singulis gradibus, determinari deberent quædam quæstionum programmata, in quibus materies examinis, copiosior et difficilior prout gradus altiores sunt, exigeretur. Sed, quia parum statuta prosunt, sinon serventur, stricte simul examinatoribus imponenda esset obligatio neminem, sub ullo quovis prætextu, ad honorem graduum unquam admittendi, nisi cujus scientia longis severisque probationibus vere constitisset. Non deberent gradus superiores obtineri per saltum, omissis probationibus ad gradus inferiores requiri solitis. Utilissime etiam renovarentur plures canones qui in Decretalibus continentur sub titulo : De magistris, et ne aliquid exigatur pro licentia docendi.

Cum vero Universitates nunc paucissimæ sunt, concedere dignetur S. Pontifex ut gradus theologici in nonnullis majoribus seminariis conferri possint.

Juniores sacerdotes, per aliquot annos, circa sacram scientiam examinandi

Ut juniores sacerdotes peritiores in sacris studiis fiant simulque otiositatis periculo subtrahantur, quotannis, per sex vel septem annos a tempore ordinationis computandos teneantur coram episcopo vel ab eo designatis examinatoribus, respondere circa quœstiones ad Sacras scientias spectantes et in programmate ad hoc publicato propositas. Ita vero instituatur programma istud ut contineat, per sex vel septem annorum spatium distributas, materias omnes quæ solent in seminariis explicari.

De Collationibus ecclesiasticis inter sacerdotes instituendis et frequentandis

Instituantur in omnibus diœcesibus collationes ecclesiasticæ, sexies vel septies saltem in anno habendæ, quas ejusdem districtus presbyteri frequentare omnes debeant, et in quibus juxta programma ab Episcopo propositum, tractentur, tum scriptis, tum oraliter, quœstiones illæ quæ ad partes sacrarum scientiarum maxime Clero necessarios pertinere videbuntur.

De exercitiis spiritualibus a Clero sœculari quotannis habendis

Omnes ubique Episcopi curare debeant ut exercitia spiritualia, quotannis per aliquot dies a clero sœculari habeantur; idque, quantum fieri potest, communiter.

De vita Communi in clero sœculari fovenda

Cum nihil sit in ecclesiastica disciplina et spiritui Ecclesiæ, et antiquis canonibus, et exemplis sanctorum patrum magis consonum quam *Vita communis Clericorum*, ex quâ maximæ certe multiplicesque profluere noscuntur utilitates, tum pro morum integritate tutius servanda, tum pro pietate et scientia uberius excolendis, tum pro sacro ministerio magis concorditer et fructuose exercendo, adhortetur concilium episcopos, ut quantum in Domino dabitur, huic Sanctæ communi clericorum vitæ favere omnimodo satagant.

QUAPROPTER : 1° Statuant, — ut in multis diœcesibus jamdiu fit, — quoslibet parochiarum vicarios cum parochis suis, sub eodem tecto commorari debere, et eidem mensæ assidere ; 2° sacerdotum sœcularium communitatibus vel piis quibuslibet sodalitatibus, sub diversis formis ac nominibus institutis vel instituendis, omnem favorem et gratiam prœstent ; 3° Nihil demum negligant et intentatum relinquant ut clerus sœcularis a separato illo et solitario vivendi modo, qui nimis amorem proprium sapit, ad coha bitationem, convictum, consociationem, quæ caritatem redolent et unioni favent, transferatur.

De concursu ad parochorum electionem

Concursum ad Parochorum electionem in multis regionibus obsolevisse nemo est qui nesciat. Hoc vero ex multis variis que causis evenit, sed ideo forsan præcipue quia sola fere in eligendis attendebatur scientia, ipsomet probationis exitu comprobata, non autem satis respiciebatur ad pietatem, ad sanctos mores, et ad parochialis regiminis peritiam ; unde sœpe fiebat ut ad regendas majores parochias promoverentur, qui ne digni quidem fuissent minoribus præfici.

Quamobrem, ubi concursus in usu habetur, necesse foret rem ita componi, ut latissima relinqueretur episcopis libertas, omnibus perspectis et libratis, eos, pro sua prudentia, eligendi qui non solum docti, sed et ex omni parte magis digni viderentur, posthabitis doctioribus sed minus dignis.

In locis autem ubi, propter peculiares causas, lex concursus non est in usu, difficiliorisque praxis foret, scopus nihilominus legis obtinebitur, si in promovendis parochis magna habeatur ratio scientiæ, cujus quisque probationem exhibuerit, tum in seminariis, tum in examinibus clericorum, juniorumque sacerdotum, tum in collationibus ecclesiasticis, tum maxime in obtinendis gradibus academicis baccalaureatus, licentiatus et doctoratus : ita ut, cœteris paribus, vel non multum imparibus, doctior minus docto semper præhabeatur.

Ut vero de scientiæ probationibus certius constaret, simulque magis accenderetur studiorum emulatio, statui posset ut varii meritorum gradus in variis illis probationibus exhibiti non solum in regestis notari, sed etiam vulgari deberent.

De Prædicatione Verbi divini

Non pauci, hodie, verbi divini prædicatores, ne multos

dixerimus, in magnis præsertim civitatibus, prædicare noscuntur modo magis philosophico, litterario, et naturali quam vere christiano: unde illorum conciones, solida doctrina vacuæ, et motibus illis ac sancta unctione destitutæ, quæ ad cordis compunctionem animas excitant, vel nullos omnino vel modicissimos tantum fructus producunt, et auditores, etiam assiduos, in magna et lugenda ignorantia religionis relinquunt.

Summi igitur pretii esse videtur, si Concilium Vaticanum, sac. Concilii Tridentini vestigiis inhærens, decretum speciale ea de re ederet, in quo explicite veras christianæ prædicationis regulas traderet et intimaret, omnes verbi divini prædicatores fortiter commonendo, quatenus Scripturarum divinarum, SS. Patrum et sacræ Theologiæ studio incumbentes, inde potissimum concionum suarum haurirent materias, et ita Verbum divinum annuntiare studerent, ut et ignaros erudire, et peccatores ad pœnitentiam convertere, et justos in via virtutum promovere efficaciter possent.

Præciperetur quoque ut, in parochialibus quibusvis, ecclesiis, doctrina christiana, in pronis et concionibus, per ordinem, sucessive, complete et lucide traderetur; ita ut nemo, parochiæ suæ prædicationum auditor assiduus, Religionis dogmata, præcepta et sacramenta ignorare posset; ad quod etiam multum juvabit, si interdum, bis v. g. in anno, præcipuis maxime festivitatibus, quando plebis major adest concursus, tota doctrinæ Christianæ series breviter et clare exponeretur.

FINIS

TABLES

CHRONOLOGIE

DES PERSONNAGES ET DES ÉVÉNEMENTS LES PLUS IMPORTANTS

PENDANT LA TROISIÈME ÉPOQUE DE LA TROISIÈME PÉRIODE

TROISIÈME ÉPOQUE
[1789-1872]

Ère dionysienne.

1789. **Explosion de la révolution française.** — Joseph II meurt plein de découragement en 1790 ; il est remplacé par son frère, Léopold II (1790-92), qui l'est, à son tour, par François II. Celui-ci, guidé par le véritable esprit du saint empire chrétien, se déclare le protecteur de l'Église romaine et du pape, dans les moments difficiles.

1789—91. L'Assemblée constituante de France déclare biens nationaux toutes les propriétés ecclésiastiques (1789), et établit une constitution civile du clergé (1790), à laquelle les ecclésiastiques devront prêter serment. — Réduction du nombre des évêchés.

1791—95. L'Assemblée législative et la Convention achèvent cette œuvre impie. — Louis XVI meurt sur l'échafaud, le 21 janvier 1793 : tout vestige du christianisme disparaît, même du calendrier ; on décrète, pour le remplacer, le culte de la Raison (7 novembre 1793). Cependant Robespierre décrète la foi en l'existence d'un Être suprême et en l'immortalité de l'âme (8 juillet 1794). — Pie VI proteste contre tous ces actes ; mais il tombe au pouvoir des Français, et Rome est proclamée république. Mort de Pie VI à Valence, le 29 août 1799. — Bonaparte, premier consul. — Griesbach publie son édition du Nouveau Testament de 1796-1806.

1800—23. Pie VII, élu pape à Venise. Concordat avec la France, 1801. — Influence de Châteaubriand, qui publie son *Génie du christianisme*, en 1802. — En Allemagne, le comte Fréd.-Léopold de Stolberg donne l'exemple du retour au catholicisme ; il est suivi par un grand nombre de conversions, dont l'influence est des plus heureuses pour l'Église. — En Angleterre, il s'établit de grandes associations pour les missions protestantes, en même temps qu'à Berlin Jœnike fonde les écoles des missions (1800).

Ère dionysienne.

1802. Sécularisation de presque toutes les principautés ecclésiastiques de l'Allemagne. — Résolution des députés de l'empire sur le traité de Lunéville de 1801. — Charles-Théodore de Dalberg, prince électeur et archevêque de Mayence.

1804. Les jésuites rétablis à Naples. — Pie VII sacre Bonaparte empereur ; mais bientôt il s'élève un conflit entre eux.

1806. Abolition de l'empire d'Allemagne ; la Confédération placée sous la protection de l'empereur des Français. — L'État de l'Église est incorporé à l'empire français en 1809. — Le pape est emmené à Savone.

1811—1813. Le concile national de Paris trompe complétement les vues de l'empereur, qui voulait régler les affaires de l'Église sans le pape. — Articles préliminaires d'un nouveau concordat.

1814. Après l'abdication de Napoléon, Pie VII retourne à Rome, et, par sa bulle *Sollicitudo ecclesiarum*, il rétablit l'ordre des Jésuites. Mais bientôt après, Napoléon, revenu de l'île d'Elbe, et les troupes de Murat envahissant les États pontificaux, obligent le pape d'abandonner de nouveau Rome. — Napoléon est déporté à Sainte-Hélène. — Le pape s'adresse aux Anglais pour en obtenir qu'ils adoucissent le sort de son ancien persécuteur. — La Sainte-Alliance de 1815. — Conclusion de plusieurs concordats avec les princes catholiques et non catholiques de l'Allemagne, 1817-19.

1817—18. L'émancipation des catholiques irlandais rejetée de nouveau par le Parlement anglais, en 1817. — Louis XVIII renouvelle avec le pape (1817) le concordat de Léon X et de François I*r*, mais il n'est pas mis à exécution, ce qui ne permet de régler que provisoirement l'établissement des évêchés. — Fondation du collége des jésuites à Fribourg, en Suisse. — Le jubilé de la réforme, célébré en 1817, irrite les catholiques, mais fait ressortir d'autant plus vivement les dissidences intérieures du protestantisme et l'abandon complet du symbole luthérien. — Violente querelle excitée par les thèses de Nicolas Harms. — Associations et écoles pour les missions, fondées à Bâle en 1816, à Berne en 1824.

1823—29. Léon XII, pape, poursuit l'œuvre des concordats.

1826. En Angleterre, l'épiscopat tout entier publie une déclaration pour demander l'abolition des mesures oppressives du catholicisme.

1829—30. Pie VIII pape, est consolé des mouvements révolutionnaires de l'Italie par la conquête d'Alger, en 1830, et plus encore par l'émancipation des Irlandais, qui a lieu le 13 avril 1829. — Révolution de juillet, qui expulse de France les Bourbons de la branche aînée et élève le

Ère dionysienne.

duc d'Orléans sur le trône. — Les Saints-Simoniens. — L'union évangélique de Prusse excite, en 1830, divers mouvements luthériens.

1831. Grégoire XVI, pape (2 février), déploie beaucoup d'énergie, dans des circonstances fort difficiles. — Mort de Hégel et d'Hermès.

1832. La Symbolique de Mœhler paraît et fait une impression profonde sur toute l'Allemagne. Mœhler meurt le 12 avril 1838.

1837. 20 novembre, catastrophe de Cologne, qui suit les tentatives d'indépendance de Pologne, 1838. — L'institution russe d'un saint synode perpétuel est transférée en Grèce avec l'approbation des évêques (4 août 1833); et le patriarche de Constantinople reconnaît l'indépendance de l'Église orthodoxe dans l'Hellénie.

1840. Retour de l'archevêque de Posen dans son diocèse (mort le 25 décembre 1842).

1842. Arrangement amiable du différend de Cologne. Cet événement excite un mouvement de vie très-prononcé dans toute l'Allemagne catholique, jusqu'alors presque indifférente. — Heureuse activité des missions. — Le protestantisme, plus que jamais déchiré à l'intérieur, tombe en dissolution. — Beaucoup d'esprits s'efforcent d'abolir l'évangile pour le remplacer par la nouvelle philosophie. Ces tentatives en provoquent d'autres dans le sens contraire : synode général de Berlin en 1846, qui donne lieu au rétablissement de plusieurs fêtes religieuses.

1846. Mort de Grégoire XVI et avénement de Pie IX, dont les réformes politiques précipitent les mouvements naissants contre la plupart des gouvernements européens. Plus tard, l'activité déployée par ce pape en faveur des affaires ecclésiastiques de tous les pays excite la plus vive sympathie.

1848. Les diverses libertés obtenues par le peuple tournent bientôt au profit de l'Église, parmi les catholiques et les protestants. - Liberté de la presse et droit d'association. — Fondation du *Pius Verein*, dont la première assemblée générale, composée de laïques et d'ecclésiastiques, se tient à Mayence du 3 au 5 octobre ; celle des archevêques et évêques allemands, à Wurtzbourg, du 22 octobre au 16 novembre. — En France, assemblée des prélats en 1849, à Paris et dans la plupart des provinces ecclésiatiques, restauration des synodes.

1850—60. Rétablissement de l'épiscopat catholique et de la hiérarchie en Angleterre (24 sept. 1850). — Conventions faites par Pie IX avec la Toscane et l'Espagne (1851), avec les républiques de Costa-Rica et de Guatemala (1852), avec l'Autriche (1855), avec le Wurtemberg (1857), avec le

Ère dionysienne.

grand duché de Bade (1859) avec les républiques de Nicaragua et de San-Salvador (1861. — Proclamation solennelle du dogme de l'Immaculée-Conception (décembre 1854).

1860—72. Les troupes de Cialdini écrasent le petite armée du pape près de Castelfidardo 18 sept. 1860. — Les états de l'Église sont réduits au patrimoine de saint Pierre. — Traité du 15 sept. 1864 entre la France et le Piémont. — Dix-huitième centenaire de saint Pierre et de saint Paul (1867). — Nouvelles tentatives des révolutionnaires contre Rome ; intervention de la France (1867). — Concile du Vatican (1869-70). — Guerre entre la France et l'Allemagne (1870). — Prise de Rome par l'armée piémontaise. Protestations de Pie IX (sept. 1870)

1873. Mort de Napoléon III (9 janvier). — En février, exil de Mgr Mermillod. — Le grand Conseil de Genève décrète la nomination des curés et vicaires par les citoyens catholiques inscrits sur les rôles des électeurs cantonaux. — En Prusse, *lois de mai* : Sur l'éducation des clercs et leur nomination aux fonctions ecclésiastiques (11 mai) ; sur le pouvoir disciplinaire ecclésiastique et la création d'une cour royale pour les affaires ecclésiastiques (12 mai) ; limitant l'emploi des moyens de punition et de correction de la part des évêques (13 mai) ; sur la sortie de l'Église (14 mai). — Loi d'exil contre les Jésuites. — Emprisonnement de Mgr Ledochowski, archevêque de Gnesen-Posen, bientôt déposé par le gouvernement prussien. — Lettre encyclique du Pape contre la persécution en Prusse et en Suisse (21 novembre). — La Suisse rompt les relations diplomatiques avec le Saint-Siège.

1874. Encyclique contre le projet de loi autrichien sur les rapports de l'Église et de l'État et la nomination des fonctionnaires ecclésiastiques (2 février). — Cette loi est votée par les deux chambres (mars et avril). — En Prusse, loi sur l'internement et l'exil des prêtres contrevenant aux lois de mai (avril). — Mort de M. Guizot (12 septembre). — Rappel de l'*Orénoque* des eaux de Civita-Vecchia (13 octobre). — Rappel de l'ambassadeur allemand auprès du Saint-Siège.

1875. Nouvelle encyclique déclarant nulles les lois confessionnelles de mai et excommuniant les catholiques qui se prêtent à leur exécution (6 janvier). — Loi supprimant les allocations budgétaires aux ecclésiastiques qui n'acceptent pas les *lois de mai* (avril) ; sur l'administration des revenus ecclésiastiques (mai) ; supprimant les articles 15, 16 et 18 de la Constitution, qui garantissaient la liberté de conscience. — Autre loi dissolvant tous ordres et congrégations monastiques. — En France,

une loi consacre la liberté de l'enseignement supérieur (12 juillet). — Le grand conseil de Genève prononce l'expulsion des sœurs de Charité et des Petites Sœurs des Pauvres.
1877. Mort de M. Thiers (3 septembre).
1878. Mort de Victor-Emmanuel, spoliateur du domaine temporel du Saint-Siège; Humbert I⁰⁰ lui succède (9 janvier). — Mort de Pie IX (7 février); le conclave s'ouvre le 17 février; le 20, le cardinal Pecci, élu pape prend le nom de Léon XIII. — Le traité de San-Stephano met fin à la guerre entre les Russes et les Turcs (3 mars). — Mort de Mgr Dupanloup (octobre).
1879. Projets de lois Ferry sur le conseil supérieur de l'instruction publique, restituant à l'Université seule la collation des grades et interdisant l'enseignement aux congrégations non reconnues (mars). — Mort du jeune prince Louis-Napoléon (juin). — En Belgique, vote d'une loi hostile à l'Église sur l'enseignement primaire.
1880. Le Sénat ayant rejeté le projet de loi Ferry contre les congrégations, le gouvernement donne, le 29 mars, un décret d'expulsion contre les Jésuites et toutes les congrégations non autorisées. — L'évacuation par la force des maisons religieuses, commencée le 30 juin, se poursuit en novembre sur tout le territoire de la France.

FIN DE LA TABLE CHRONOLOGIQUE.

LISTE DES PAPES

PENDANT LA TROISIÈME ÉPOQUE DE LA TROISIÈME PÉRIODE

[1789-1872]

Pie VI, fin de son règne. Il meurt le 17 août 1799.
Pie VII, 14 mars 1800. — 21 août 1823.
Léon XII, 28 septembre 1823. — 10 février 1829.
Pie VIII, 31 mars 1829. — 30 novembre 1830.

Grégoire XVI, 2 février 1831. — 14 mars 1846.
Pie IX, 17 juin 1846. — 7 février 1878.
Léon XIII, depuis le 20 février 1878.

FIN DE LA LISTE DES PAPES.

TABLE CHRONOLOGIQUE
DES CONCILES

Ier SIÈCLE.

Jérusalem, 52. — C. apostolique, qui devient le type de tous les conciles (Actes des Ap., c. XV).

IIe SIÈCLE.

Hiérapolis, 173. — Rome, 196, 197. — Palestine, 196 (à Jérusalem et à Césarée). — Pont, Osroëne, Corinthe, tous vers 197. — Éphèse, vers 197 ou 198. — Lyon, 197. — Afrique, vers 200.

Conf. *Euseb.*, Hist. eccl., V, 23, 24 et 25. *Hefele*, Hist. des Conc., t. I, p. 69-77.

IIIe SIÈCLE.

Carthage, 215. — Alexandrie, 231, 235. — Iconium, 231. — Lambèse, en Afrique, 240. — Bostra, vers 247. — Arabie, 246. — Antioche, 252. — Carthage 240, 241, 252, 253, 255, 256. — Rome, 252. — Narbonne, 260. — Antioche, 264 ou 270. — Elvire, 300, ou 305.

IVe SIÈCLE.

Alexandrie, 305. — Cirtha, 305. — Carthage, 311. — Rome, 313. — Ancyre, 313. — Arles, 314. — Néocésarée, 315. — Alexandrie, 319, 320. — Bithynie, 323. — Alexandrie, 324. — Nicée, 325 (1er C. œcum.). — Gangres, 325. — Carthage, 330. — Antioche, 331. — Césarée, 334. — Tyr, 335. — Constantinople, 336. — Alexandrie, 340. — Antioche, 340, 341. — Rome, 341. — Milan, 344, 349. — Sirmium, 349. — Afrique, 349. — Jérusalem, 349. — Sirmium, 351. — Rome, 352. — Arles, 353. — Milan, 355. — Béziers, 356. — Sirmium, 357, 358. — Ancyre, 358. — Rimini, 359. — Séleucie, 359. — Paris, 360. — Constantinople, 360. — Antioche, 361, 363. — Alexandrie, 363. — Lampsaque, 364. — Laodicée, 366. — Sicile, 366. — Tyane, 367. — Carie, 367. — Tolède, 368. — Rome, 374, 376. — Antioche, 379. — Sarragosse, 380. — Italie, 381. — Constantinople, 381 (2e Concile œcum.). — Aquilée, 381. — Rome, 382. — Constantinople, 382, 383. — Bordeaux, 386. — Rome, 386, 390. — Carthage, 390. — Milan, 390. — Antioche, 393. — Afrique, 393. — Cabasus, 393. — Hippone, 393, 395. — Constantinople, 394. — Bagaï, 394. — Afrique, 397. — Carthage, 397, 398, 399, 400. — Turin, 398. — Tolède, 400

V° SIÈCLE.

Alexandrie, 401. — Éphèse, 401. — Afrique, 401. — Milève, 402. — Salamine, 402. — Du Chêne, 403. — Constantin., 403, 403. — Carthage, 403. — Afrique, 403, 405, 405, — Italie, 405. — Carthage, 407. — Afrique, 407. — Carthage, 408, 411, 412. — Brague, 411. — Cirtha, 412. — Diospolis, 415. — Jérusalem, 415. — Illyrie, 415. — Carthage, 416, 417. — Milève, 416. — Antioche, 417. — Afrique, 418, 419, — Hippone, 422. — Cilicie, 423. — Afrique, 426. — Hippone, 426. — Constantin., 426. — Des Gaules, 429. — Alexandrie, 430. — Rome, 430, 431. — ÉPHÈSE (3° C. œcum.), 431. — Antioche, 432. — Zeugma, 433. — Rome, 433. — Anazarbe, 435. — Antioche, 436. — Riez, 439. — Orange, 441. — Vaison, 441. — Arles, 442. — Besançon, 444. — Antioche, 445. — Rome, 445. — Espagne, 447. — Tolède, 447. — Constantin., 448. — Antioche, 448. — Tyr, 448. — Éphèse, 449. — Rome, 449, 450. — Constantin., 449-450. — CHALCÉDOINE (4° C. œcum.), 451. — Des Gaules, 451. — Milan, 451. — Arles, 453. — Angers, 453. — Jérusalem, 453. — Arles, 455. — Rome, 458. — Constant., 459. — Tours, 461. — Rome, 462. — Espagne, 464. — Rome, 465. — Vannes, 465. — Irlande, 465, 465. — Antioche, 472. — Arles, 475. — Constant., 475. — Éphèse, 475. — Orient, 477. — Constantin., 478. — Rome, 484, 485, 487. — Lyon, 490. — Constantin., 491. — Rome, 495, 496. — Constant., 497. — Rome, 499, 500.

VI° SIÈCLE.

Lyon, 501. — Palma, 503. — Rome, 503, 504, 504. — Agde, 506. — Toulouse 507. — Antioche, 508. — Orléans, 511. — Sidon, 511. — Illyrie, 516. — Tarragone, 516. — Girone, 517. — Lyon, 517. — Épaone, 517. — Jérusalem, 518. — Tyr, 518. — Constantin., 518, 520, 520. — Agaune, 523. — Valence, 524. — Suflète, 524. — Lérida, 524. — Arles, 524. — Jungue, 524. — Afrique, 525. — Carthage, 525. — Carpentras, 527. — Orange, 529. — Vaison, 529. — Valence, 530. — Rome, 531. — Tolède, 531. — Constantin., 532. — Orléans, 533. — Rome, 534. — Clermont, 535. — Afrique, 535. — Constantin., 536, 536. — Jérusalem, 536. — Orléans, 538, 541. — Constantin., 543, 546. — Orléans, 549. — Clermont, 549. — Illyrie, 550. — Mopsueste, 550. — Paris, 551. — Constantin., 551. — CONSTANTINOPLE, 553 (5° C. œcum.). — Jérusalem, 553. — Arles, 554. — Paris, 557. — Saintes, 562. — Brague, 563. — Lyon, 566. — Tours, 566. — Paris, 576, 577. — Châlons, 579. — Braine, 580. — Mâcon, 582. — Lyon, 583. — Valence, 585. — Mâcon, 585. — Auxerre, 586. — Clermont, 587. — Constance, 588. — Tolède, 589. — Narbonne, 589. — Séville, 590. — Metz, 590. — Saragosse, 592. — Carthage, 594. — Rome, 595. — Poitiers, 595. — Tolède, 597. — Huesca, 598. — Barcelone, 599. — Rome, 600.

VII° SIÈCLE.

Rome, 601. — Angleterre, 604. — Canterbury, 605. — Rome, 606, 610. — — Paris, 614. — Séville, 619. — Reims, 625. — Constantin., 626. — Alexandrie, 633. — Tolède, 633. — Orléans, 634. — Jérusalem, 634. — Tolède, 636. — Clichy, 636. — Rome, 639. — Constantin., 639. — Châlons, 644. — Afrique, 644. — Tolède, 646. — Rome, 648. — Latran, 649. — Clichy, 653. — Tolède, 653, 655, 656. — Nantes, 660. — Autun, 663. — Angleterre, 664. — Mérida, 666. — Rome, 667. — Sens, 670. — Brague, 672. — Erfurt, 673. — Tolède, 675. — Brague, 675. — Rome, 679, 680. — Milan, 680. — CONSTANTINOPLE, 680 (6e C. œcum.). — Tolède, 681, 684, 685, 688. — Saragosse, 691. — Constantin., 692. — Angleterre, 692. — Tolède, 693, 694. — Carthage, 694. — Becancelde, 694. — Bergamstadt, 697. — Aquilée, 698.

VIIIe SIÈCLE.

Tolède, 701. — Nesterfield, 703. — Rome, 703. — Niddamen, 705. — Constantin., 714, 714.—Rome, 721.—Constantin., 730.—Rome, 732.—Germanie, 742. — Leptine, 743. — Soissons, 744. — Germanie, 745. — Rome, 745. — Germanie 747. — Cloveshove, 747. — Betherie, 753. — Constantin., 754. — Vernon, 754. — Compiègne, 757. — Attigny, 765. — Gentilly, 767. — Rome, 769. — NICÉE, 787 (7e C. œcum.). — Calcuith, 787. — Constantin., 787, 789. — Narbonne. 791. — Ratisbonne, 792. — Francfort, 794. — Becancelde, 798. — Rome, 799. — Urgel, 799. — Finchal, 799. — Cliffe, 800.

IXe SIÈCLE.

Aix-la-Chapelle, 802. — Altino, 802. — Ratisbonne, 803. — Cliffe, 803. — Constantin., 806. — Salzbourg, 807. — Constantin., 809. — Aix-la-Chapelle, 809. — Reims, 813. — Tours, 813. — Arles, 813. — Châlons, 813. — Constantin., 815. — Celchit, 816. — Thionville, 821. — Cliffe, 822. — Attigny, 822. — Agaune, 823. — Cliffe, 824. — Paris, 825. — Aix-la-Chapelle, 825. — Rome, 826. — Paris, 829. — Worms, 829. — Nimmwegen, 830. — Compiègne. 833. — Saint-Denis, 834. — Thionville, 835. — Ingelheim, 840. — Constantin., 842. — Aix-la-Chapelle, 843. — Conlaines, 843. — Auriac, 843. — Thionville, 844. — Verneuil, 844. — Meaux, 845. — Beauvais, 845. — Paris, 847. — Mayence, 847. — Bretagne, 848. — Rome, 848. — Sedan, 848. — Mayence, 848. — Paris, 849 — Quercy, 849. — Pavie, 850. — Cordoue, 852. — Rome, 853. — Paris, 853. — Soissons, 853. — Quercy, 853. — Verberie, 853. — Pavie, 855. — Winchester, 856. — Quercy, 857, 858. — Metz, 859. — Savonnières, 859. — Aix-la-Chapelle, 860. — Coblentz, 860. — Tousi, 860. — Rome 861. — Constantin., 861. — Soissons, 862. — Aix-la-Chapelle, 862. — Pistes, 862. — Rome, 863. — Senlis, 863. — Verberie, 863. — Rome, 864. — Latran, 864. — Soissons, 866. — Constantin., 866, 867. — Troyes. 867. — Rome, 868. — Worms, 868. — CONSTANTINOPLE, 869 (8e C. œcum.). — Verberie, 869. — Attigny, 870. — Douzi, 871. — Senlis, 873. — Ravenne, 874. — Douzi, 874. — Pavie, 876. — Ravenne, 877. — Rome, 877. — Compiègne, 877. — Troyes, 878. — Rome, 879. — Constantin., 879. — Rome, 879, 879, 879. — Châlons, 886. — Cologne, 886. — Fimes, 887. — Metz, 888. — Mayence, 888. — Vienne, 892. — Châlons, 894. —Tribur, 895. — Angleterre, 895. — Rome, 896, 898. — Compostelle, 900

Xe SIÈCLE.

Oviédo, 901. — Angleterre, 901. — Trosly, 909. — Altheim, 916. — Trosly, 921. — Coblentz, 922. — Reims, 922. — Altheim, 931. — Erfurt, 932. — Soissons

941. — Landau, 945. — Verdun, 947. — Trèves, 948. — Londres, 948. — Mouson, 948. — Ingelheim, 948. — Rome, 949. — Augsbourg, 952. — Rome, 971. — Compostelle, 971. — Londres, 971. — Ingelheim, 972. — Winchester, 975. — Calne, 979. — Landaff, 988. — Senlis, 989. — Reims ou Bâle, 991. — Rome, 993. — Italie, vers 995. — Mouson, 995. — Rome, 996. — Pavie, 997. — Rome, 998. — Ravenne, 998.

XI° SIÈCLE.

Rome, 1001. — Francfort, 1001. — Rome, 1002. — Poitiers, 1004. — Dormont, 1005. — Francfort, 1007. — Encham, 1009. — Coblentz, 1012. — Léon, 1012. — Ravenne, 1014. — Pavie, 1020. — Orléans, 1022. — Poitiers, 1023. — Mayence, 1023. — Paris, 1024. — Arras, 1025. — Anse, 1025. — Mayence, 1028. — Charroux, 1028. — Limoges, 1029. 1031. — Bourges, 1031. — Arles, 1034. — Aquitaine, 1034. — Lyon, 1034. — Saint-Gilles (Egydi), 1042. — Sutri, 1046. — Rome, 1047, 1049. — Reims, 1049. — Rouen, 1049. — Mayence, 1049. — Rome, 1050. — Paris, 1050. — Brione, 1050. — Verceil, 1050. — Coyac, 1050. — Rome, 1051, 1053. — Narbonne, 1054. — Rouen, 1055. — Lisieux, 1055. — Lyon, 1055. — Florence, 1055. — Tours, 1055. — Angers, 1055. — Compostelle, 1056. — Toulouse, 1056. — Rome, 1057. — Melfe, 1059. — Bénévent, 1059. — Rome, 1059, 1060. — Yacca, 1060. — Tours, 1060. — Vienne, 1060. — Osborn, 1062. — Aragon, 1062. — Rome, 1063. — Châlons, 1063. — Rome, 1065. — Mantoue, 1067. — Girone, 1068. — Toulouse, 1068. — Barcelone, 1068. — Auch, 1068. — Espagne, 1068. — Mayence, 1069. — Normandie, 1070. — Winchester, 1070. — Mayence, 1071. — Winchester, 1072. — Rouen, 1072. — Rome, 1073. — Erfurt, 1073. — Rouen, 1074. — Rome, 1074. — Poitiers, 1074. — Erfurt, 1074. — Rome, 1075. — Mayence, 1075. — Londres, 1075. — Rome, 1076. — Worms, 1076. — Tribur, 1076. — Autun, 1077. — Forchheim, 1077. — Rome, 1078. — Poitiers, 1078. — Avignon, 1080, 1081. — Meaux, 1082. — Rome, 1083, 1084. — Lucques, 1085. — Compiègne, 1085. — Bénévent, 1087. — Capoue, 1087. — Bordeaux, 1087. — Rome, 1089, 1089. — Melfe, 1089. — Toulouse, 1090. — Étampes, 1091. — Bénévent, 1091. — Léon, 1091. — Compiègne, 1092. — Reims, 1092. — Troyes, 1093. — Autun, 1094, 1094. — Reims, 1094. — Constance, 1094. — Poitiers, 1095. — Clermont, 1095. — Plaisance, 1095. — Tours, 1096. — Vimes, 1096. — Rouen, 1096. — Bari, 1098. — Saint-Omer, 1099. — Valence, 1100. — Poitiers, 1100. — Anse, 1100.

XII° SIÈCLE.

Rome, 1102. — Londres, 1102. — Troyes, 1104. — Paris, 1104. — Beaugency 1104. — Latran, 1105. — Reims, 1105. — Thuringe, 1105. — Florence, 1106. — Guastalla, 1106. — Jérusalem, 1107. — Troyes, 1107 — Londres, 1107, 1108. — Rome, 1110. — Clermont, 1110. — Toulouse, 1110. — Saint-Benoît, 1110. — Beauvais, 1112. — Vienne, 1112. — Latran, 1112. — Windsor, 1114. — Ceperan, 1114. — Châlons, 1114. — Chalons, 1115. — Cologne, 1115. — Syrie, 1115. — Reims, 1115. — Latran, 1116. — Bénévent, 1117. — Capoue, 1118. — Rouen, 1118. — Mons, 1118. — Toulouse, 1118. — Reims, 1119. — Toulouse, 1119. — Beauvais, 1120. — Naplouse, 1120. — Soissons, 1121. — Worms, 1122. — LATRAN 1123, (9° C. œcum.). — Vienne, 1124. — Chartres, 1124. — Clermont, 1124. — Beauvais, 1124. — Westminster, 1125, 1126, 1127. — Nantes, 1127. —

Troyes, 1128. — Ravennes, 1128. — Rouen, 1128. — Châlons, 1129. — **Londres,** 1129. — Clermont, 1130. — Étampes, 1130. — Wurzbourg, 1130. — Mayence, 1131. — Reims, 1131. — Linègue, 1131. — Plaisance, 1132. — Jouarre, 1133. — Pise, 1134. — Londres, 1136. — Northumbrie, 1136. — Londres, 1138. — LATRAN, 1139 (10° C. œcum.). — Winchester, 1139. — Constantin., 1140. — Antioche, 1140. — Sens, 1140. — Constantin., 1143, 1143. — Rome, 1144. — Vezelay, 1146. — Chartres, 1146. — Paris, 1147. — Reims, 1148. — Trèves, 1148. — Augsbourg, 1148. — Beaugency, 1152. — Irlande, 1152. — Anagni, 1160. — Pavie, 1160. — Nazareth, 1160. — Oxford, 1160. — Toulouse, 1161. — Montpellier, 1162. — Tours, 1163. — Reims, 1164. — Northampton, 1164. — Clarendon, 1164. — Aix-la-Chapelle, 1165. — Wurzbourg, 1165. — Londres, 1165. — Constantin., 1166, 1166. — Londres, 1166. — Latran, 1167. — Armagh, 1171. — Cassel, 1171. — Avranches, 1172. — Londres, 1175. — Venise, 1177. — LATRAN, 1179 (11° C. œcum.). — Seigny, 1182. — Vérone, 1184. — Paris, 1185. — Londres, 1185. — Dublin, 1186. — Paris, 1188. — Rouen, 1190. — Compiègne, 1193 (assemblée). — Montpellier, 1195. — York, 1195. — Paris, 1196. — Sens, 1198. — Dijon, 1199. — Dalmatie, 1199. — **Londres, 1200.** — Nexelle, 1200.

XIII° SIÈCLE.

Paris, 1201. — Soissons, 1202. — Meaux, 1203. — Avignon, 1209. — Rome, 1210. — Saint-Gilles (Œgydi), 1210. — Lavaur, 1213. — LATRAN, 1215 (12° C. œcum.). — Paris, 1215. — Montpellier, 1215. — Melun, 1216. — Gisors, 1218. — Oxford, 1222. — Paris, 1223. — Montpellier, 1224. — Paris, 1225. — Melun, 1225. — Paris, 1226. — Crémone, 1226. — Narbonne, 1227. — Rome, 1227. — Paris, 1229. — Toulouse, 1229. — Tarragone, 1229. — Château-Gonthier, 1231. — Noyon, 1233. — Mayence, 1233. — Arles, 1234. — Béziers, 1234. — Nymphen, 1234. — Narbonne, 1235. — Senlis, 1235. — Reims, 1235. — Compiègne, 1235. — Tours, 1236. — Burgos, 1236. — Londres, 1237, 1238. — Cognac, 1238. Tours, 1239. — Worcester, 1240. — LYON, 1245 (13° C. œcum.). — Lérida, 1246. — Béziers, 1246. — Catalogne, 1246. — Valence, 1248. — Albi, 1248. — Bordeaux, 1255. — Paris, 1256. — Danemark 1257. — Ruffec, 1258. — Arles, 1260. — Cologne, 1260. — Paris, 1260, 1261. — Ravenne, 1261. — Londres, 1261. — Mayence, 1261. — Lambeth, 1261. — Cognac, 1262. — Paris, 1264. — Nantes, 1264. — Northampton, 1265. — Westminster, 1265. — Cologne, 1266. — Vienne, 1267. — Breslau, 1268. — Londres, 1268. — Salzbourg, 1274. — LYON, 1274 (14° C. œcum.). — Constantin., 1275. — Paris, 1281. — Salzbourg, 1281. — Lambeth, 1281. — Avignon, 1282. — Tours, 1282. — Saintes, 1282. — Constantin., 1283. — Blaquerne, 1283. — Lencicie, 1285. — Bourges, 1286. — — Ravenne, 1286. — Londres, 1286. — Reims, 1287. — Milan, 1287. — Wurzbourg, 1287. — Exeter, 1287. — L'Isles, 1288. — Chester, 1289. — Nogaro, 1290. — Milan, 1291. — Salzbourg, 1291. — Londres, 1297. — Rouen, 1299. — Melun, 1300. Merton, 1300.

XIV° SIÈCLE.

Reims, 1301. — Rome, 1302. — Pennafiel, 1302. — **Paris, 1302** (assemblée au Louvre). — Compiègne, 1304. — Ofen, 1309. — Paris, 1310. — Cologne, 1310. Mayence, 1310. — Ravenne, 1311. — VIENNE, 1311-1312 (15° C. œcum.). — Ravenne 1314. — Paris, 1314. — Saumur, 1314. — Senlis, 1315, 1315. — Norgat, 1315. — Bologne, 1317. — Sens, 1320. — Cologne, 1320. — Valladolid, 1322. — Paris, 1324. — Tolède, 1324. — Avignon, 1326. — Senlis, 1326. — Marciac, 1326. — Alcara de Hénarez, 1326. — Ruffec, 1327. — Compiègne, 1329. — Marciac, 1329, — Paris, 1334. — Noyon, 1334. — Avignon. 1337. — Freisingen, 1340. — Londres, 1342, 1343. — Constantin., 1351. — Canterbury, 1362. — Lambeth, 1362. — Angers, 1366. — York, 1367. — Lavaur, 1368. — Londres, 1372. — Valence, 1376. — Salzbourg, 1386. — Capoue, 1391. — Paris, 1395. — Londres, 1396. — Paris, 1398.

XV° SIÈCLE.

Paris, 1404, 1405. — Perpignan, 1408. — Paris, 1408. — Oxford, 1408. — Pise 1409 — Aquilée, 1409. — Rome, 1412. — Londres, 1413. — CONSTANCE, 1414 1418 (16° C. œcum.). Salzbourg, 1420. — Cologne, 1421. — Pavie, 1423. — Sienne, 1423. — Copenhague, 1425. — Paris, 1429. — Tortose, 1429. — Riga, 1429. — BALE, 1431, 1439. — Bourges, 1431, 1438 (états-généraux). — Ferrare, 1438. — Francfort, 1438. — FLORENCE, 1439 (17° C. œcum.). — Mayence 1439. — Rouen, 1445. — Angers, 1448. — Lausanne, 1449. — Constantin., 1450. — Cologne, 1452. — Soissons, 1455. — Avignon, 1457. — Mayence, 1459. — Tolède, 1473. — Madrid, 1473. — Sens, 1485. — Londres 1486.

XVI° SIÈCLE

Tours, 1510. — Pise et Milan, 1511. — LATRAN, 1512-1517 (18° C. œcum.). — Paris, 1528. — Bourges, 1528. — Montpellier, 1528. — Cologne, 1536. — TRENTE, 1545-63 (19° C. œcum.). Cologne, 1549. — Poissy, 1554 (colloque de). — Reims, 1564. — Tolède, 1565. — Milan, 1565. — Cambrai, 1565. — Milan, 1569. — Malines, 1569. — Milan, 1573, 1576. — Rouen, 1581. — Milan, 1582. Memphis, 1582. — Reims, 1583. — Tours, 1583. — Angers, 1583. — Bordeaux, 1583. — Bourges, 1584. — Lima, 1585 — Aix, 1585. — Mexico, 1585. — Toulouse. 1590. — Avignon, 1594. — Aquilée, 1596.

XVII° SIÈCLE

Application générale du canon disciplinaire du C. de Trente (*Sess.* XXIV, *De reform.*, can. II), prescrivant la convocation triennale des conciles provinciaux et la tenue annuelle des synodes diocésains. Parmi ces nombreux conciles provinciaux, il faut surtout remarquer ceux de Petrikow, 1607. — Paris, 1612. — Florence, 1619, 1637, 1645, 1681 et 1691. — Lucques, 1661 et 1687. — Velletri, 1673. — Naples, 1680. — Malines, 1607. — Narbonne, 1609. — Bordeaux, 1624. — Tirnan, 1630. — Constantin., 1638. 1642 et 1672 (contre les erreurs calvinistes). — En Amérique, Lima, 1601, 1602 et 1602.

XVIII° SIÈCLE

Latran, 1725. — Paris, 1713, 1714 et 1720. — Liban, 1736. — Synode de Pistoie, 1785, assemblée livrée aux mêmes tendances que celles d'Ems en 1786 ; des évêques constitutionnels réunis à Paris en 1797 ; ou encore du synode d'Antioche, 1806, convoqué par Germain Adami, archevêque d'Hiéropolis et visiteur apostolique, et l'ami de Scipion Ricci. Après ces tristes et derniers restes des grands conciles, on voit disparaître dans toute l'Europe, sauf *en*

Italie, jusqu'aux synodes diocésains de chaque année. Jean Carroll, évêque de Baltimore, fut le premier à donner le signal de leur résurrection par delà l'Atlantique, en 1791.

XIX° SIÈCLE

Synode des évêques constitutionnels à Paris, 1802. — Prétendu concile national de Paris, 1811. — Concile national de Hongrie, 1822. — Commencement des conciles provinciaux et réguliers à Baltimore depuis 1829. — En Italie et en France depuis 1848. — A Rome, 1854, *Conventus episcoporum* pour la proclamation du dogme de l'Immaculée Conception de la sainte Vierge; 1862, pour la canonisation des martyrs du Japon; 1867, pour le 18° anniversaire séculaire du martyre des princes des apôtres. — En Allemagne et en Autriche, les assemblées d'évêques à Wurzbourg, Cologne et Vienne (1848 et 1849), puis les synodes provinciaux de Grau, 1857, Vienne, 1858; Venise, 1859; Prague et Cologne, 1860; Colocz, 1863. — Vatican, 1869-70 (20° C. œcuménique)

FIN DE LA TABLE DES CONCILES.

TABLE DES MATIÈRES
DU QUATRIÈME VOLUME

TROISIÈME ÉPOQUE
DE LA RÉVOLUTION FRANÇAISE JUSQU'A NOS JOURS
[1789-1872]

LUTTE DE L'ÉGLISE CATHOLIQUE CONTRE LES FAUSSES THÉORIES POLITIQUES

CARACTÈRE DE PLUS EN PLUS NÉGATIF DU PROTESTANTISME

	Pages.
§§ 387. Littérature générale.	1

CHAPITRE PREMIER
Histoire de l'Église catholique Révolution française.

388.	La Constituante.	3
389.	Assemblée législative. Convention nationale. Directoire. Consulat. Les théophilanthropes.	11
390.	République romaine.	17
391.	Pontificat de Pie VII.	19
392.	Mésintelligence entre l'empereur et le pape.	28
393.	Malheurs de l'Eglise en Allemagne, en Italie et en Espagne.	44
394.	Restauration.	49
395.	Réintégration du pape. Rétablissement des Jésuites.	50
396.	Réorganisation de l'Eglise catholique en Sardaigne et dans le royaume des Deux-Siciles.	53
397.	L'Eglise catholique en France sous les Bourbons.	ib.
398.	L'Eglise catholique en Allemagne.	60
399.	Pontificat de Léon XII et de Pie VIII.	63
400.	Pontificat de Grégoire XVI.	66
401.	L'Eglise catholique en Espagne.	70
402.	— en Portugal.	75
403.	— en France, sous Louis-Philippe.	78
404.	Les Saint-Simoniens.	84
405.	Renaissance de l'Eglise catholique dans la Grande-Bretagne.	86
406.	L'Eglise catholique en Belgique et en Hollande.	95
407.	— en Suisse.	99

§§ 408. L'Eglise catholique en Autriche. 106
409. — en Bavière. 110
410. — en Prusse. 113
411. Province ecclésiastique du Haut-Rhin. 122
412. Pontificat de Pie IX. 135
413. Zèle de Pie IX pour le gouvernement de l'Eglise. 142
414. Renouvellement de l'esprit religieux en différents États. — En Portugal et en Espagne. 150
415. En France. 154
416. En Belgique et en Hollande. 161
417. En Grande-Bretagne. 165
418. En Allemagne et en Suisse. 171
419. La littérature catholique en Allemagne depuis le commencement du XIXe siècle. 184
420. Mouvements théologiques parmi les catholiques allemands. 197
421. Sectes en Allemagne. 200
422. L'Eglise catholique en Russie et en Pologne. 212
423. Les missions de l'Eglise catholique. 216

CHAPITRE II

Histoire du protestantisme.

424. Vaines tentatives pour le maintien du protestantisme symbolique. 241
425. Influence de la philosophie moderne. 246
426. Libre interprétation des saintes Écritures dans ses dernières conséquences. 250
427. La théologie conciliatrice et la théologie libérale. 252
428. Le nouveau luthéranisme et l'orthodoxie moderne. 257
429. Mouvements religieux les plus importants :
1° en Prusse. 261
2° hors de la Prusse. 265
430. Associations de religion et de bienfaisance. 266
431. Le protestantisme en Suède, en Suisse, en Hollande, en France, en Grande-Bretagne et en Amérique. 269
432. Énumération d'anciennes et nouvelles sectes. 276
433. Missions protestantes et sociétés bibliques. 280
434. Situation respective des catholiques et des protestants. 282

CHAPITRE III

Le Concile du Vatican et ses premières conséquences

435. Convocation du concile. 293
436. Préparation du concile. — Règlement. 296
437. De la première à la troisième session publique. — Modification du règlement. 301
438. De la troisième session jusqu'à la suspension du concile. — Discussion sur l'infaillibilité pontificale. — Définition. 309
439. Guerre franco-allemande et invasion de Rome. 316
440. Conséquences du concile. — Adhésion de l'épiscopat. — Tentative schismatique. 317

		Pages.
	Conclusion.	325
	Documents.	329
I.	Convocation du concile.	331
II.	Lettre de Pie IX aux évêques schismatiques d'Orient.	339
III.	Lettre de Pie IX aux protestants et autres frères séparés.	342
IV.	Congrégations pour les travaux préparatoires.	346
V.	Tabula schematum concilio proponenda.	349
VI.	Ordo generalis observandus.	351
VII.	Allocution de N. S. P. le pape.	362
VIII.	Seconde allocution.	366
IX.	Décret de N. S. P. le pape.	371
X.	Statistique des Pères du concile.	374
XI.	Congrégations et députations.	376
XII.	Postulatum des évêques sur l'infaillibilité.	381
XIII.	Constitutio. — De fide.	386
XIV.	— De ecclesia.	400
XV.	N. S. P. le pape suspend le concile.	410
XVI.	Tabula postulatorum a patribus propositorum.	413
	Chronologie des personnages et des événements les plus importants pendant la 3ᵉ époque de la 3 période.	431
	Liste des Papes.	437
	Table chronologique des conciles.	439
	Table des matières du 4ᵉ volume.	441
	Table alphabétique des matières.	457

FIN DE LA TABLE DES MATIÈRES

TABLE ALPHABÉTIQUE

DES MATIÈRES

A.

Abbacomites, II, 79.
Abbates legitimi, II, 79.
Abazes, I, 359.
Abdas, év. de Suse, I, 357.
Abélard, II, 428, 429, 430 et 431.
Abo, évêché, II, 119.
Abon de Fleury, II, 160.
Abraham de Santa-Clara, III, 331.
Abraxas, I, 231.
Absalon, év. de Rœskild, II, 462.
Abyssinie, 360.
Acacius, patr. de Constantinople, I, 428, 429, 432.
— év. d'Amida, I, 357.
— év. de Bérée, I, 422.
— de Mitilène, 423.
Académie de la religion catholique, IV, 51.
Académiciens, I, 73.
Acéphales I, 429.
Acolythes, I, 282, 453.
Acquapendente, IV, 316.
Acta martyrum, I, 22, note 5.
Acta sanctorum Bollandi, I, 22, n. 5.
Adalbéron, évêque d'Augsbourg, II, 212.
Adalbert le Franc, hérétique, II, 87.
— archev. de Brême, III, 121, 201.
— — de Magdebourg, II, 199, 212.
— — de Prague, II, 128, 132, 135, 160.
— év. de Julin, II, 462.
Adam de Brême, I, 36.
Adelphius et les Adelphiens, I, 517.
Adiaphoristique (controverse), III, 88
Adoptianisme, II, 88.
Adrien, empereur, I, 199.
Adrien Ier, pape, II, 63, A. II, 126,
149, 253; A. IV, 306 sq.; A. V., 336; A. VI, III, 30 sq.
Advocati, togati et armati, II, 53.
Ægidius de Viterbe, II, 524, 577.
Ælurus, prêtre, I, 428.
Aëdésius, I, 360.
Æneas Sylvius, II, 512, 515.
Aërius, prêtre de Sébaste, I, 518.
Aétius, diacre d'Antioche, I, 381.
Afrique, (extension du Christianisme en). V. *Propagation du Christianisme.*
Agapes, I, 164, 318; ils sont défendus, 498.
Agapet Ier, pape, I, 433; II, A, II, 155.
Agathon, pape, I, 444.
Ἁγιασμός (φωτισμός), I, 302.
Agilulf, II, 27.
Agnès, impératrice, II, 167, sq.
Agnœtiens, I, 430.
Agobard de Lyon, II, 92, 117, 229.
Agonitisques, I, 369.
Agricola (Jean), III, 87, 183.
Agrippinus, évêque de Carthage, I, 186.
Aix-la-Chapelle (conciles d'), II, 77, 92, 148.
Alain de Ryssel ou des Iles, II, 436, 590.
Alaric, II, 20.
Albaniens, I, 358.
Albert le Grand, II, 443, 459.
— de Brandebourg, archevêque de Mayence, III, 11.
Albert, grand maître de l'ordre Teutonique, III, 98.
Albigeois (les), II, 372 sq.
Alboin, II, 56.
— le Saxon, II, 47.
Alcuin, II, 86, 91, 204.
Alexandre, patr. d'Alexandrie, I, 391.

Alexandre, patr. de Flaviades, et plus tard de Jérusalem, I, 207
Alexandre de Hales, II, 405, 442, 459.
Alexandre de Hiérapolis, I, 422.
— Sévère, I, 205.
Alexandre Ier, pape, I, 295, n. 2; A. II, II, 171; A. III, II, 119 sq; 310 sq., 360, 373; A. IV, II, 332; A. V, II, 491; A. VI, II, 520; A VII, III, 290 sq.; A. VIII, III, 293.
Alexandrie (conciles d'), I, 373, 384, 389, 419.
Alexandrie (école néoplaton. d'), I, 213, 350.
Alexandrine (école), I, 269, 391, 454.
Alexiens (les frères), II, 409.
Alfred le Grand, II, 143, 204, 229.
Alger, IV, 228.
Allégorique, voy. *Exposition*.
Allegri, III, 259.
Alliance (la Sainte-), III, 50.
Aloges, I, 245.
Alvarus Pélagius, II, 479.
Amaury de Metz, II, 239.
— de Trèves, II, 86.
Amalrich (Amaury,) de Bène, II, 322.
Amandus, év. de Strasbourg, II, 39.
Ambroise (saint), év. de Milan, I, 347, 352, 387, 392, 393, 449, 483, 492, 500, 501, 503; II, 28.
Ambroisien, chant ecclésiastique, I, 483.
Ambroisienne (hymne), I, 483.
Amérique (introduction et propagation du Christianisme en), voy. *Propagation du Christianisme*.
Ammien Marcellin, I, 342, n. 1, 344, n. 2.
Ammon (le moine), I, 379, 514.
— Saccas, I, 214.
Amphilochius, évêque d'Iconium, I, 385.
Amsdorf, III, 74, 78.
Anabaptistes, III, 36, sq., 60, 161, sq., 192, à Munster, III, 75 sq.
Anachorètes, I, 328.
Analogia fidei, III, 178.
Anastase, pape, I, 399, 507.
— Ier, empereur, I, 429.
— le bibliothécaire, I, 36; II, 231.
— de Thessalonique, I, 471.
Anatolius, patriarche de Constantinople, I, 426.

Ancyre (concile d'), I, 382.
Anderson (Laurent), III, 115.
André, évêque de Samosate, I, 422.
André (saint), apôtre, I, 145.
— de Pise, II, 598.
Andreœ, chancelier, III, 130.
Ane (fête de l'), II, 455.
Angelomus, moine de Luxeuil, II, 230.
Angelus Silesius, III, 258.
Angleterre (conversion de l'), II, 31 sq., 203 sq.; elle devient protestante, III, 126 sq.; résurrection du catholicisme, IV, 86.
Anglo-Saxons, II, 33.
Anicet, pape, I, 322.
Anneau, I, 482.
Anniversaire, I, 223, 324.
Annonciation (l'), I, 487.
Anoméens, I, 381.
Anschar ou Anschaire, II, 117 sq.
Anselme de Canterbury, I, 402, note 1; II, 291 sq., 423 sq.
Anselme de Laon, II, 439.
Anthemius, I, 349.
Anthimus, évêque de Trébizonde, I, 433.
Anthropomorphistes, I, 399.
Antididagma du chapitre métropolitain de Cologne, III, 79.
Antiennes, I, 483.
Antinomiste (controverse), III, 182.
Antioche (communauté chrétienne d'), I, 142, 184.
— (école d'), I, 278, 391, 416, 457.
— (symboles ariens d'), I, 381.
— (conciles d'), I, 252, 389, 459, 475.
Antitrinitaires, I, 269.
Antoine (saint), ermite, I, 328, 511 sq.
— arch. de Florence, I, 37.
— év. de Padoue, II, 107.
Antonin le Pieux, I, 200.
Antonistes ou Hospitaliers, II, 393 sq.
Appelants, III, 309.
Appel de l'Église à l'État, premier exemple, I, 368.
Appels au pape, I, 467; II, 350 sq.
— du pape à un concile général, 347; défendu, 498.
Applaudissements dans l'Église, I, 493.
Apocryphes, vie de Jés.-Chr. et des apôtres, I, 129, n. 1.
— écrits ap. des apôtres, I, 181, 364.

Apollinaire (père et fils), I, 353, 388, 389.
— d'Hiérapolis, apologiste, I, 216.
Apollinaristes, I, 389.
Apollonius de Tyane, I, 78, 213.
Apologistes chrétiens, I, 216, 350; II, 107.
Apostoliques (canons et constitutions), I, 181.
Apostoliques (temps), I, 131.
— (frères), II, 379.
Apôtres (influence des), I, 123, 131.
Aquariens, I, 237.
Aquila, I, 139.
Aquilée (synode), I, 439.
Arabie (le Christianisme en) I, 184, 359.
Arcadius, I, 348.
Archevêque, I, 462.
Archidiaconat et archiprêtrise, I, 281 452; II, 58, n. 1, 188.
Archidiacres, quelquefois laïques, II, 58, n. 1, 188,361.
Archiprêtres, I, 452; II, 188.
Architecture gothique, II, 592 sq.
Archivistes, I, 452.
Aréthas, évêque de Césarée, II, 257.
Ariald, II, 202.
Arianisme, II, 19 sq.
— (extinction graduelle de l'), I, 384 sq.
Aristide, apologiste, I, 216.
Aristote, I, 72, et surtout II, 419 sq., 426, sq., 442.
Arius, I, 371 sq.
Arles (conciles d'), I, 323, 368, 380; II, 78.
Armagh (évêché d'), II, 32.
Arménie (l') chrétienne, I, 358, 411; II, 536.
Arminius et les Arméniens, III, 189 sq.
Armistice canonique. Voy. Trêve de Dieu.
Arnaud, I, 40; III, 246.
Arndt (le vrai Christianisme d'), III, 180.
Arnobes, apologiste, I, 219.
Arnold, hist. ecclés., I, 46.
Arnaud de Brescia, II, 303, 306, 376.
— de Cîteaux, II, 371.
Arras (évêché d'), II, 39.
Artémon, antitrinitaire), I, 250.
Articles (les XXXIX) de l'Église anglicane, III, 135.

Ascension de J.-C., I, 128; (fête de l'), 485.
Ascètes, I, 511.
Ascétique (vie), I, 325 sq.
Ascidas, év. de Césarée, I, 434.
Ashbethus, évêque, I, 359.
Asile ecclésiastique, I, 451.
Asile pour les indigents, les orphelins, les malades, I, 450; II 27.
Assemani, I, 42.
Assomption (fête de l'), V. Festum.
Ataulf ou Astolf, II, 20.
Aterbius, I, 397.
Athanase (saint), I, 374, 389 sq., 418, 449, 512, 513.
— — demande la protection du pape Jules, I, 379.
— — est le premier qui porte le titre d'archevêque, I, 462, n. 2.
Athénagore, apologiste, I, 217.
Athènes voit se rouvrir l'école néoplatonicienne, I, 342, 350, 351.
Attentat contre le pouv. temp. des papes, IV, 317.
Attila, I, 474; II, 18.
Atton, év. de Verceil, II, 212, 235.
Aubespine, I, 40.
Audius et les Audiens, I, 517.
Augsbourg (diète et confession d'), III, 50 sq
— (paix de religion d'), III, 85 sq.
Augusti, I, 49.
Augustin (saint) év. d'Hippone, I, 245, 365 sq., 401 sq., 434, 457, 469.
— Son opinion sur les vertus civiques des anciens Romains, I, 351.
— de Canterbury, II, 33 sq.
— Triumphus, II, 479.
Aurélius, év. de Carthage, I, 402.
Austérité exagérée de quelques chrétiens, I, 331; II, 226, 460.
Autel, I, 321; nombre des autels, I, 480.
Avares (les) II, 258.
Avent, I. 487.
Avicenne, II, 412.
Avignon, II, 471.
Axuina, I, 360.
Azzanesi, IV, 316.

B

Baader III, 534 sq.
Babylas, év. d'Antioche, I, 206, 207.
Bacon de Vérulam, III, 367.
Bagnorea, IV, 316.
Bahrdt, III, 371.
Baius (Michel), III), 252 sq.
Balde (Jacques), jésuite III, 228.
Bâle (conc. de), II, 500 sq.
Ballerini, III, 328.
Baluze, I, 40.
Bamberg, (évêché de), II, 200.
Baptême, I, 161, 489 sq.; de Saint-Jean, I, 115; le baptême administré d'abord par les évêques, I, 301; en cas de nécessité, les laïques peuvent l'administrer, I, 301; temps fixé pour le baptême, I, 301; II, 217; on remet à le recevoir jusqu'à un âge avancé, I, 301; délais pour les enfants, I, 490; cérémonies du baptême, I, 490; fête du baptême des Basilidiens, I, 231; bénédiction de l'eau du baptême, I, 490.
Baptême des enfants, I, 301.
Baptistères, I, 480.
Baradai (Jacques), I, 440.
Bar Cochba, I, 184.
Bardesanes, gnostique, I, 236.
Bardon, arch. de Mayence, II, 200.
Barletta (Gabriel), II, 592.
Barnabé (saint), I, 139.
Barnabites, III, 228.
Baumstark, IV, 296.
Baronius (César), I, 39.
Barruel, IV, 3.
Barsumas, év. de Nisibis, I, 423.
Barthélemy (saint), dans l'Inde, I, 145.
— (la Saint-), III, 155 sq.
Bartholomeo (Fra), II, 599.
Basile (saint), év. d'Ancyre, I, 382.
— le Grand, I, 384, 393, 483, 501, 503.
— le Macédonien, II, 253.
Basilide le Gnostique, I, 230.
Basilique, I, 479.
Basiliscus, empereur, I, 428.
Basnage (Jacques et Samuel), I, 49.
Bauer (Bruno), IV, 249.
Baumgarten, III, 373.
Bautain, IV, 82.
Bavière, II, 38; III, 223, 267 sq.
Bayle, III, 323.
Béatrix, marquise de Toscane, II, 167.

Beausobre, I, 49.
Becanus, III, 246.
Bec (abbaye et école du), II, 198.
Becker, I, 44.
Becket (saint Thomas), II, 312 sq.
Bède le Vénérable, I, 35; II, 85, 204.
Béguards, Béguines, Béguttes, II, 409, 475, 582.
Béla, II, 135.
Belgique, III, 160 sq.
Bélisaire, I, 431.
Bellarmin, III, 245 sq.
Bembo, II, 573.
Bénédictins, II, 28, 195; III, 230, 509.
Benoît II, pape, II, 60; B. III, II, 143; B. V, II, 159; B. VI, II, 160; B. VII II, 160; B. VIII, II, 161; B. IX, II, 163; B. XI, II, 471; B. XII, II, 450; B. XIII, III, 295; B. XIV, III, 328.
Benoît (saint) d'Aniane, II, 92, 193.
— — Lévita, II, 145, 183
— — de Nursie, II, 28 sq
Bérault-Bercastel, I, 42.
Bérenger de Tours, II, 231, 236 sq.
Bergen (évêché de), II, 121.
Bernard (saint) de Clairvaux, II, 301, 304 sq., 395, 397, 428 sq., 590.
Bernard (saint), apôtre de la Poméranie, II, 74, n. 1, 461.
Bernhardi, III, 36.
Bernwardi, év. de Hildesheim, II, 199.
Berthe, princesse franke, II, 27.
Berthes, I, 33.
Berthold de Calabre, II, 391.
— le franciscain, II, 590.
— év. de Chiemsée, III, 245.
— év. d'Yxhull, II, 463.
Berti (Laurent), I, 42.
Bertrade, II, 287.
Bérulle, III, 230.
Berylle, év. de Bostra, I, 251.
Bessarion, II, 565.
Beust (de) IV, 299.
Beveridge, I, 49.
Bèze, (Théodore de), III, 93, 179, 153.
Bialobrzecki, III, 110.
Bible (lecture de la), II, 569 sq.; traductions en langue vulgaire, I, 364; II, 571, 572, n. 1; III, 56, 107, 110 sq.; sociétés bibliques, IV, 64.
Biblia pauperum, II, 591.
Biel (Gabriel), II, 582.
Biléamites, I, 177.
Billuart, III, 318.
Bingham, I, 49.

Binterim, I, 20, n. 1 ; **II, 12.**
Birkowski, III, 110.
Blanc, I, 42.
Boccace, II, 565.
Bochart (Samuel), III, **179.**
Bockhold (Jean) ,III, 76.
Boëce, II, 84, 419.
Boehme (Jacques), III, 181.
Boerglum (évêché de), II, 119.
Bogomiles, II, 533.
Bogoris, prince bulgare, II, 258.
Bohême (conversion de la), II, 128.
— (les frères de) ou Moraves, II, 548 ; III, 104.
Boianes, II, 38.
Boleslas le Pieux, II, 128 ; Chrobry, 132 ; II, 134 ; II, 132, 319.
Bollandistes, I, 9, n. 4.
Bonaventure (saint), II, 335, 406, **444,** sq., 591.
Bonfrère, III, 248.
Boniface (saint), (Winfried), II, 42, sq., 76, 79, 85 ; il établit l'usage des synodes réguliers, II, 44.
Boniface VI, pape, II, 153 ; B. IX, II, 341 sq., 470, 488.
Bonosus (év. de Sardique), I, 388.
Book of common prayer, III, 134.
Borgia (saint François), III, 225.
Borromée (saint Charles), III, 207, 261.
Borziwoi, II, 128.
Bossuet, I, 41 ; III, 303 sq., **319.**
Bouddhisme, I, 63 sq.
Boulogne (l'abbé de), IV, 57.
Bourdaloue, III, 320.
Bourguignons, II. 23.
Bradwardine (Thomas), II, **557.**
Braga (conc. de), I, 517.
Brandebourg, II, 129.
Brême, II, 47, 117.
Brenner, IV, 187.
Brenz, III, 52, 56, 485.
Brésil, III, 242, 360, 221.
Breslau, II, 33 ; III, 101 sq.
Bretagne (conversion de la), **II, 31.**
Breviarium canonum, I, 477.
— romanum, III, 210.
Brigitte (sainte), II, 31.
—, (sainte), II, 485, **561, 577, 581.**
Bruno (saint), fondateur des Chartreux, III, 388 sq.
— év. de Cologne, II, 199, 213.
— év. de Wurzbourg, II, 201.
Brunswick (le) passe au protestantisme, III, 78.

Bucer, III, 58, 74, **179.**
Budée, II, 568.
Bugenhagen, III, 125.
Bulgares, II, 258.
Bulle *In cœnâ Domini*, III, 208.
Bullinger, III, 62.
Burkardt de Worms, II, 183, 234.
— Wurzbourg, II, 45.
Buxtorf, III, 179.
Byzantins (historiens), I, 32, 38.
Bzovius, I, 39.

C.

Cacault, IV, 21.
Cadalous de Parme, II, **172.**
Caïnites, I, 235.
Cajétan, II, 527 ; III, 16.
Calasanza, III, 233.
Calcédoine (conc. de), I, 424.
Caldéron, III, 257.
Calixt (George), III, 187.
Calixt II, pape, II, 298 ; C. III, II, 517.
Calixtins, II, 548.
Calmet, III, 320.
Calov, III, 187.
Calvin, III, 90 sq ; son système, 91 sq. ; et son exégèse, 178.
Camaldoli (congrég. de), II, 195.
Camaldules, II, 195.
Campeggio, III, 34, 127.
Canisius, III, 118 et surtout 222.
Canon de la messe, I, 495.
— de l'Ancien et du Nouveau Testament, I, 363 ; II¹, 199.
Canonique (vie), II, 75 sq., 360 sq.
Canonisation, II, 216.
Canons (recueil des), I, 476 ; II, 144 sq.
Canossa (Henri IV à), II, 280.
Cano (Melchior), III, 248.
Canterbury, II, 35, 203.
Canut le Grand, II, 120.
Capitation des chrétiens, II, 209.
Capitula Clausa, II, 361.
Capitulaires de Charlemagne, II, 137.
— de l'interrogation, II, 78.
Capoue (Conc. de), II, 284.
Capucin (ordre des), III, 226, sq.
Caraccioli, III, 24.
Cardinaux, II, 184 sq., 359 **sq.,** rouges et noirs, IV, 35.
Carinthiens, II, 125
Carlostadt, 27.
Carlstadt, III, 15.
Carmes, II, 391.

Carpocrate, I, 229.
Carpzov, III, 364.
Carthage, I, 186, métropole de l'Afr.
— occ., (conc. de), I, 186, 304, 364, 402.
Casas (Barthélemi Las), II, 606.
Casimir Ier, II, 133.
Cassander (George), III, 262.
Cassiodore, I, 34; II, 78.
Castellion, III, 94.
Castelnau (Pierre de), II, 373.
Castro (Christophe), III, 249.
Cataphrygiens, I, 247.
Catéchistique, école d'Alexandrie, I, 262 sq.
Catéchuménat, I, 301, 490; études qu'on y faisait, I, 301.
Catéchuménat des Manichéens, I, 244.
Cathares, II, 368 sq.
Cave (Guillaume), I, 49.
Cécilien, év. de Carthage, I, 367.
Ceillier, I, 40; III, 319.
Célestin, pape, I, 409, 414.
Célestius, I, 402 sq.
Célibat, I, 286 sq., 455.
Celse, I, 203.
Censure des livres, II, 521.
Centuriateurs, I, 39.
Cérinthe, I, 176.
Cérulaire (Michel), II, 255.
Césarée (école de), I, 454.
Césaréopapie, III, 173.
Ceylan, I, 360.
Chabot, le capucin, IV, 10, 16.
Chalcidius, I, 351.
Châlons (conc. de), II, 78, 196.
Chanoines, II, 187.
Chantal (sainte Françoise de), III, 232.
Chantres, I, 453.
Chapelles, I, 324.
Chapitres, II, 187.
— controv. des trois, I, 433.
— Division par chapitres de l'Écriture sainte, II, 449.
Charette, IV, 317.
Charisma seu confirmatio, I, 363.
Charité (frères de la), III, 234.
Charlemagne, II, 65.
— est couronné empereur, II, 70.
Charles, duc de Sudermanie, III, 119.
— Ier, roi d'Angleterre, III, 137.
— IV, empereur, II, 483 sq.
— d'Anjou, II, 332.

— le Gros, II, 151.
— le Chauve, II, 151.
— Martel, II, 41, 67.
— Quint, III, 10, 25, 85.
Charta caritatis, II, 384.
Chartres (école de), II, 192.
Chartreux, II, 388.
Chasse défendue aux ecclésiastiques, II, 76.
Chateaubriand, II, 472, n. II; IV, 425 sq.
Châtel, IV, 81.
Chazares, II, 258.
Chemnitz, III, 178, 186.
Cherrier, I, 46.
Chevaliers porte-glaives, II, 398, 461.
Ghierregati, III, 28, n. 2.
Chiersy ou Crécy (conc. de), II, 238.
Chiliasme, I, 180.
Chillingworth, III, 191.
Chine (propagation du Christianisme en), I, 360; III, 240 sq., 357 sq.
Chinois (religion des), I, 59.
Chœurs dans les églises, I, 327.
Choisy, histor. ecclésiastique, I, 42.
Chosroës II, I, 357.
Chrétiens (les), I, 138.
— obtiennent la reconnaissance universelle et absolue de leur religion, I, 212.
Χρίσμα, I, 303.
Χριστοτόκος, I, 417.
Christ (doctrine de l'Église sur la divinité et l'humanité du), I, 261.
Christiern II, roi de Danemark, III, 124.
— III, III, 125.
Chrodegang, II, 78.
Chroniqueurs, I, 36.
Chronologie, I, 25, n. 1
Chrysostome (saint Jean), I, 348, 395 sq., 455, 493, 509; il en appelle au pape, 402 sq.
Chytræus, III, 121, 178, 186.
Cimabué, II, 599.
Cinq Églises (évêché de), II, 135.
Circoncellions ou Circellion, I, 269.
Circoncision (fête de la), I, 487.
Cisterciens ou Moines de Cîteaux, II, 384 sq., 601.
Claire (sainte) d'Assise, et les religieuses de son ordre, II, 402.
Claudius Mamertus, I, 483.
— empereur, I, 146.
— de Turin, II, 113, 229.
Clémanges (Nicolas de). Voy. *Nicolas*.

Clément (saint) d'Alexandrie, I, 217, 269 sq., 326.
Clement (S.), premier év. de Metz, I, 189.
Clément II, pape, II, 164; C. III, I, 316; C. IV, II, 323; C. V, II, 472, 586; C. VI, II, 481; C. VII, II, 487; III, 34, 70, 127; C. VIII, III, 210; C. IX, III, 291; C. X, III, 292; C. XI, III, 294; C. XII, III, 297; C. XIII, III, 298; C. XIV, III, 299 sq.
Clément (saint) de Rome, I, 153, 291, 293.
— Auguste, archevêque de Cologne, IV, 116 sq.
— Flavius, I, 147.
— Irlandais, év. hérétique, II, 88.
Clémentines (les), I, 170.
Clercs et laïques, I, 151.
— Frères de la vie commune, II, 582.
Clergé I, 281 sq.; II, 69 sq.
— (mœurs du), II, 191 sq., 362 sq., 530 sq.
— (éducation du), I, 281 sq., 456 sq.; II, 75, 221.
— (lois pour empêcher d'entrer trop facilement dans le), I, 453, n. 2.
— (défense à aucun soldat de faire partie du). II, 55.
— Il acquiert le droit de siéger aux États. II, 52.
— de cour, II, 179, 195.
Clermont (conc. de), II, 218, 285, 356.
Cloches, I, 480.
Cloîtres. V. *Monachisme*.
— Ils produisent les premiers architectes, II, 596.
— Tableau de la véritable vie claustrale, II, 408.
— Ils sont soustraits à la juridiction épiscopale, II, 183, 195.
Cloveshove (conc. de), II, 204.
Clovis et Clotilde, II, 30.
Cluny (congr. de), II, 156, 195 sq.
Cobbett, III, 126, 194.
Cocceius, III, 368.
Cochlæus, III, 15, 52.
Code de Denis le Petit, I, 476.
Code de Frédéric II, II, 325 sq.
Collectes, I, 492.
Collegia pietatis, III, 365.
Collégial (système de Pfaff), III, 174, 362.

Collégiales (fondations), III, 174.
Collégiants, III, 191.
Collegium germanicum, III, 209.
Collet, III, 318.
Collyridiens, I, 519.
Cologne (évêché de), II, 24. — La cathédrale de Cologne, II, 597. Colog. érigé en archevêché, II, 199; conc. de Col., II, 297.
Colomba (saint), II, 32.
Columban (saint), II, 37, 73.
Commendon, légat du pape, III, 108.
Communauté de biens chez les premiers chrétiens, I, 162.
Communicatio idiomatum, I, 418.
Communion, ou l'Eucharistie centre de tout le culte, I, 164, 315 sq., 496 sq.; controverse sur l'Eucharistie, II, 239 sq.; fête du Saint-Sacrement, II, 586; on doit être à jeun pour recevoir l'Eucharistie, I, 498; et sous une seule espèce, *ibid.*; cependant la communion sous les deux espèces est accordée aux Hussites par le concile de Bâle, II, 547.
Compromis, III, 211.
Conception (fête de l'Immac.), II 586.
Concile œcuménique; origine de ce nom et importance des conciles œcuméniques, I. 472.
Ier C. œc. de Nicée, I, 373; IIe C. œc. de Constantinople, I, 387; IIIe d'Éphèse, I, 421 : IVe C. de Calcédoine, I, 424; Ve 2e C. de Constantinople, I, 440; VIe 3e C. de Constantinople, I, 437; VIIe 2e C. de Nicée, II, 110; VIIIe 4e C. de Constantinople, II, 253 ; IXe Ier C. général de Latran, II, 299 ; Xe 2e C. gén. de Latran, II, 302 ; XIe 3e C. gén. de Latran, II, 312; XIIe 4e C. gén. de Latran, 321 ; XIIIe de Lyon, II, 330 ; XIVe de Lyon, II, 335 ; XVe de Vienne, II, 474; de Pise, II, 490; de Constance, II, 493 et de Bâle II, 500; XVIe 5e C. de Latran, II, 524 ; XVIIe de Trente, III, 198 sq., XVIIIe du Vatican, IV. 292 sq.; Actes des conciles, I, 21, n. I; C. provinciaux, I, 291.
Conciliabule du Chêne, I, 400.
Conclave, II, 336.
Concomitancia, II, 583, surtout n. 3.
Concordance de la Bible, II, 449.
Concordats, II, 497, 516; IV, 55.
Concorde (formule et livre de), II, 184 sq.

Concordia canonum, I, 477.
Concordia vitembergensis, III, 72.
Concubinage des clercs, II, 165, 191, 362, 530.
Conductitii, II, 361.
Conférence entre le chrétien Zachæus et le philosophe païen Apollonius, I, 353.
Confessio Augustana, III, 50; Tetra-; politana. III, 55; Anglicana, III, 134; Belgica, III, 161.
Confessio fidei tridentina, III, 205, n. 2.
Confession, I, 500 sq.; II, 456.
— auriculaire, I, 308, 500.
— publique, I, 310.
Confessores, I, 221.
Confirmation, I, 161, 303, 489.
Confréries, II, 412 sq.
Confucius, I, 59.
Confutatio Augustanæ confessionis, III, 52.
Congregatio de auxiliis, III, 21.
— de propaganda fide, III, 212.
— Interpretum concil., III, 206.
Congruisme, III, 254.
Conrad (roi), II, 156; C. II, II, 156; C. III, II, 303, C. IV, II, 332.
— év. de Constance, II, 199.
— de Marbourg, II, 377, n. 1.
Conradin II, 332 sq.
Consalvi, IV, 42, 50.
Conscience (examens de), II, 80.
Consensus repetitus Ecclesiæ lutheranæ, III, 188.
— Patrum, I, 366.
— Tigurinus, III, 96.
Consistoires protestants, III, 172.
Consolamentum, II, 369.
Constance, I, 341, 359, 380 sq.
Constance (évêché de), II, 37.
Constant Ier, I, 341, 378, 379.
Constant II, I, 443.
Constantinople, I, 310.
— (patriarcat de), I, 462.
— (conférence de), I, 432.
Constantin le Grand, I, 337 sq., 358.
— Copronyme, II, 62, 109.
— Pogonat, I, 520; II, 60.
Constitution de Lothaire, II, 140.
— civile du clergé, IV, 9 sq.
Constitution dogmatique de *Fide catholicâ*, IV, 386.
Constitutum, I, 436, et judicatum du pape Virgile, I, 438.

Contareni (le cardinal), III, 73.
Convulsionnaires, III, 313.
Copernic, III, 249.
Copiatæ, I, 453.
Coptes, I, 439.
Coran (le), II, 101 sq.
Corbinien, II, 40.
Cordoue (écoles de), II, 234.
— (conc. de), II, 209.
Cornelius, év. de Rome, I, 282.
— à Lapide, III, 249.
Corpus doctrinæ Prutenicum, III, 185.
— Evangelium, III, 188.
— Juris canonici, son origine et sa division, II, 354 sq., 484.
Éditions diverses, I, 21, n. 2.
Corrége, II, 60.
Cortesius (Paul), 566.
Corrupticolæ, I, 433.
Corvey, II, 42.
Cosmas Indicopleustes, I, 360.
Coster, III, 246.
Courlande (conversion de la), II, 464; elle devient protestante, III, 110.
Couronne, la triple couronne du pape, II, 352.
Covenant (le), III, 138.
Cracovie (évêché de), II, 133.
Cranach (Luc), III, 22, 175.
Cranmer (Thomas), III, 128 sq.
Cranz (Albert), I, 37.
Crécy, II, 238.
Crell, le chancelier, III, 176, 187.
Crescence le Cynique, I, 200.
Croates, II, 125.
Croisades, II, 286 sq., 304 sq., 314 sq., 320 sq., 325, 333 sq.
Croisades (résultat des), II, 339 sq.
Croix (image de la), I, 325; forme des églises, 479.
— Elle est emportée en Perse par Chosroës II, I, 360.
Exaltation de la Sainte-Croix, I, 488.
Abolition du supplice de la croix, I, 339.
La croix adoptée comme étendard, I, 338.
Apparition mystérieuse de la croix, I, 212, 338.
Signe de la croix, I, 338.
Cromwell (Thomas), III, 131 sq.
— (Olivier), 139 sq.
Croyland, II, 205.
Crosse et anneau, I, 482; II, 180.
Cryptocalvinisme, III, 185.

Culm (évêché de), II, 465.
Culte, I, 163 sq., 299 sq., 478 sq.; II, 213 sq.
— des protestants, III, 175 sq.
Curie romaine, cour suprême de droit canon, II, 350.
Cyprien (saint), évêque de Carthage, I, 208, 218, 280, 285, 290, 305 sq., 312, 333.
Cyrille (saint) d'Alexandrie, I, 353, 421 sq.
— de Jérusalem, I, 385, 490.
— ou Constantin, II, 126; Lucaris, III, 280 sq.
Cyrus, év. d'Alexandrie, I, 440.

D

D'Achery, Spicilegium, I, 40.
Dalberg (Charles de), III, 338.
D'Alembert, III, 323.
Damase Ier, pape, I, 387; D. II, 164.
Damien (saint Pierre), II, 164, 167, 172, 203, 236.
Danemark (conversion du), II, 116.
Le protestantisme en Danemark, III, 124 sq.
Dannemayer, I, 44.
Dante, II, 452, 473.
Danz, I, 48.
Darboy, IV, 324.
Daru, IV, 324.
Daub, III, IV, 247.
David de Dinan, II, 377.
Décanat, II, 58.
Dèce, empereur, I, 207.
Déclaration de l'Église gallicane, III, 303.
— des évêques catholiques en Angleterre, IV, 89 sq.
Décrétales des papes, I, 467, 476; fausses décrétales, II, 144 sq.; de Grégoire IX, II, 328, 355; de Boniface VIII, II, 355; de Clément V, II, 485.
Décrets des papes, I, 21, n. 3.
Défenseurs, I, 452.
Définiteurs, II, 404.
Dei et apostolicæ sedis gratia, II, 349.
Déisme, III, 322 sq.
Delsignore, I, 443.
Déluge, I, 82.
Denis l'Aréopagite et ses écrits, I, 396, 432, 442.

Denis év. d'Alexandrie, I, 254, 306.
— le Petit, I, 25, n. 4, 34; II, 83.
— év. de Milan, I, 380.
— (saint), év. de Paris, I, 88; II, 216.
— év. de Rome, I, 254.
Denuntiatio evangelica, II, 357.
Dessau (assemblée de), III, 35.
Développement de Jésus, I, 112.
— de la science ecclés., I, 266 sq., 365 sq.
Diaconesses, I, 158, n. 5, 452.
Diacres, I 158, 281, 455.
— subordonnés aux prêtres, I, 282.
Diderot, III, 324.
Didier du Mont-Cassin, II, 284.
Didier le Lombard, II, 63.
Didyme, I, 385, 390.
Diégo, év. d'Osma, II, 373
Dies stationum, I, 320.
Diète des princes électeurs, II, 480 sq.;
— de Worms, III, 26, 77; — de Nuremberg, 26, 30; — de Spire, 44 sq., 77; — d'Augsbourg, 47; — de Ratisbonne, 71.
Dieu (doctrines de l'Égl. cathol. sur l'unité de), I, 254.
Dimanche (lois sur le), I, 319, 484.
Dîme, I, 286, 457; II, 53, 189, 264.
— de Saladin, II, 315.
Diocésains (synodes), II, 57, 188.
Dioclétien, I, 208.
Diodore de Tarse, I, 385, 395.
Diognet (lettre à), I, 216, 330.
Dion de Prusse, I, 78.
Dioscore, I, 426.
Diospolis (concile de), I, 408.
Diplomatique, I, 24.
Discipline du secret, I, 316, 498.
— ecclésiastique, I, 166 sq.; II, 79 sq., 221 sq.
Dissidents protestants en Pologne, III, 194 sq.
Dissidia theologica, I, 5.
Ditmar de Mersebourg, II, 115.
Dobenek (Jacques de), év. de Poméranie, III, 98.
Dobmayer, IV, 187.
Docètes, I, 176.
Documents, IV, 329.
Dodwell, I, 49.
Dœllinger, I, 45, 350; II, 99, 196.
Dogmatique catholique, II, 417 sq., 556 sq.; III, 244 sq., 318 sq., 339; IV, 186.
Dogme (hist. du), I, 19, n. 2, 362.

Dombrowka, II, 131.
Dominica in Albis, I, 491.
Dominicains, II, 331, 402 sq.
Dominico Ghirlandaio, II, 599.
Dominique (saint), II, 403 sq.
Domitien, évêque d'Ancyre, I, 434.
— empereur, I, 147.
Domitilla, I, 147.
Don des langues, I, 132, 164.
Donatello II, 598.
Donat, I, 368.
— év. de Casanigra, I, 368.
Donation prétendue de Constantin, II, 527.
Donatistes, I, 368.
Dordrecht (synode de), III, 163, 190.
Dormeurs (les sept), I, 349.
Dorpat (évêché de), II, 464.
Dosithœus, hérésiarque de Samarie, I, 134, 171.
Douai, séminaire pour les catholiques anglais, III, 136.
Doyens et prévôts des chapitres, II, 361.
Drey, IV, 187.
Drontheim (évêché de), II, 120.
Druthmar le Grammairien, moine de Corbie, II, 230.
Du Cange, I, 40.
Ducreux, I, 42.
Ducrey (Martin(, III, 111; IV, 24.
Dulcin, II, 380; condamnation de ses partisans, II, 380.
Dungal, moine de Saint-Denis, II, 111.
Dunin (Martin de), archev. de Posen. III, 118 sq.
Duns Scot, II, 406.
Dunstan (saint), de Canterbury, II, 205.
Dupanloup, IV, 299.
Dupin, I, 40.
Durand, I, 40.
— de Saint-Pourçain, II, 556.
Durer (Albert), II, 600.

E.

Ebbon, archev. de Reims, II, 110, 140.
Ἑδδομάς μεγάλη, I, 322, 485.
Ebionites, I, 168.
Eboracomes. V. *York*.
Eccehard, II, 199.
Ecclesia cathedralis, I, 461; matrix, *ib.*; plebana, *ib.*
Eck, II, 569; III, 17, 24, 52, 73.
Eckart (maître), II, 233.

Écoles épiscopales, II, 86, 228, 415.
Écoles défendues aux chrétiens par Julien, I, 314.
Économes, I, 452.
Economistes, III, 324.
Écosse (conversion de l'), II, 207; elle passe au protestantisme, III, 142 sq.; éléments cathol. en Écosse, III, 93.
Écriture sainte; rapport de la tradition avec l'Écr. s., et explication de l'Écr. s., I, 257, 363 sq.; III, 199.
Traductions de l'Écrit. sainte, I, 364; II, 19, 540 sq.; III, 28, 59, 104, 107, 165.
Édelmann, III, 370.
Édesse (école d'), I, 451.
Édit de l'empereur Antonin le Pieux aux communautés chrétiennes d'Asie, I, 200.
— de Constantin à Milan, I, 212.
— théologique de l'empereur Justinien, I, 436.
— de Justin, II, 1, 441.
— de Milan, I, 212.
Église (idée de l'), I, 1; l'Église fondée par J.-C., I, 2, 121 sq.; l'Église catholique, I, 255 sq., n. *.
Église visible et invisible, I, 367.
— grecque, II, 98 sq., 250 sq., 532 sq.
— luthérienne, III, 172 sq.
Séparation de l'Église avec la Synagogue, I, 147.
L'Église reconnue comme corporation, I, 208.
Égypte, I, 69, 146, 185; II, 105.
Eichorn, III, 373.
Ἔκθεσις τῆς πίστεως, I. 433.
Elchessiens, I, 170.
Élections épiscopales, I, 285, 453 sq.; la liberté des élections épiscopales est peu à peu détruite, I, 459; II, 54 sq.; 179; lutte soutenue pour la rétablir, II, 179, 270 sq., 284 sq., 291 sq.; participation de la communauté aux élections épiscopales, I, 286, 462; l'élection des évêques est confirmée par le pape, II, 349.
Élévation, I, 496; II, 584.
Élie de Cortone, II, 407.
Élipand, archevêque de Tolède, II, 89.
Élisabeth (sainte), II, 455.
— reine d'Angleterre, III, 104 sq.
Éloi (saint), évêque de Noyon, II, 40.
Elvire (conc. d'), I, 324.

Émanations des Gnostiques, I, 226.
— des Hindous, I, 61.
Émancipation des catholiques, IV, 88 sq.
— des esclaves. V. *Esclavage.*
Emmeram, II, 38.
Empereur ; part qu'avait l'empereur aux élect. épisc., II, 139, 158.
— appelé *vicarius Christi*, II, 176.
Empire ; le saint empire romain est considéré comme le protecteur-né de l'Église, II, 69 sq.; position de l'Empire vis-à-vis de la papauté, II, 69, 136 sq., 171 sq., 269 sq.; comme marque de cette position, le chef de l'Empire est ordonné clerc, II, 176, et il chante l'Évangile à la messe papale, II, 529; symbole du globe impérial, II, 176; l'Empire comparé à deux astres, II, 274.
Empire latin, II, 321.
Ems (punctation d'), III, 337.
Encens brûlé pendant la messe, I, 495.
Encratites, I, 237.
Endura, II, 369.
Énergumènes, I, 283, 493.
Enfants trouvés (hôpitaux d'), II, 357.
Engelhardt, I, 48.
Ἑνωτικόν, I, 428.
Éon, Eudes de Stella, II, 368.
Épaône (concile d'), II, 37.
Éparchie, I, 462.
Éphèse (brigandage d'), I, 426.
Éphrem (saint, le Syrien), I, 385, 395, 483.
Épicuriens, I, 73.
Épiphane (saint; de Salamine), I, 385, 396.
Épiphanie, I, 326, 486.
Épiscopal, syst. des catholiques, II, 526 sq.
— — des protestants, III 172.
Episcopius, III, 189 sq.
Episcopus universalis, I, 470.
Epistolæ obscurorum virorum, II, 571.
Érasme de Rotterdam, II, 571 ; III, 38, 41, 44.
Érigène (Jean Scot), II, 232 sq.
Erlau (évêché d'), II, 135.
Ermites, I, 328, 513.
Ermland ou Viarmie, évêché, II, 465.

Ernesti (J.-A.), III, 373.
Erpenius (Thomas), III, 179.
Erwin de Steinbach), II, 597, n. Y.
Esclavage, I, 56.
— (Abolition de l'), I, 332, 339, 512 ; II, 358.
— Il est graduellement adouci et aboli par le Christianisme, I, 332, 509 ; II, 358 sq.
Eskyl, év. de Lund, II, 308.
Espence (Claude d'), III, 154.
Esprit (doctrine catholique sur le Saint-), I, 264 ; II, 387 sq.
— (envoi du Saint-), I, 132.
Esséniens, I, 98, 102, divisés en quatre classes, 172, n. 1.
Esthonie (conversion de l'), II, 463 sq.
États-Unis de l'Amérique, IV, 230 sq.
Ethelbert, roi de Kent. II, 33.
Ethelwold, év. de Winchester, II, 206.
Éthérius, év. d'Osma, II, 90.
Ἑτερούσιος, I, 381.
Étienne Ier, pape, I, 291, 303, II ; Ét., II, II, 62 ; Ét. IV, II, 434 ; Ét. V, II, 138 ; Ét. VI. II, 151 ; Ét. VII, 152 ; Ét. VIII, 154 ; Ét. IX, 167.
— (Saint), premier martyr, I, 134.
— de Hongrie, II, 135.
— év. de Dora, I, 442.
— Niobes, I, 431.
Eucharistie. V. *Communion.*
Eucharius, Ier év. de Trèves, I, 189.
Eudoxie, I, 400.
Eugène II, pape, II, 139 ; E. III, II, 305 ; E. IV, II, 500.
— év. de Carthage, II, 22.
Eulogius, év. de Césarée, I, 408.
Eunomius, év. de Cyzique, I, 381.
Eunapius de Sardes, historien païen, I, 354.
Euric, roi des Visigoths, II, 21.
Eusèbe, év. de Césarée, I, 32, 353, 381, 393.
— de Borylée, I, 425.
— d'Émèse, I, 394.
— de Nicomédie, I, 373, 375, 377, 383.
— de Verceil, I, 381.
Eusébiens, I, 374, 378, 379, 388.
Eustache d'Antioche, I, 374, 379.
Eustathius de Sébaste, I, 518.
Eutychès, I, 424 sq.
Eutychius, patr. d'Alexandrie, I, 38.

Euthymius, moine, I, 359, 428.
— Zigabène, II, 257, 533.
Évagrius, I, 33.
Évêques, 1, 154 ; leur prééminence sur les prêtres, I, 155 sq., 280, 458 sq.; opinion de saint Jérôme sur ce sujet, 156, n. 2 ; rapports des évêques avec leurs diocèses, I, 460 sq.; II, 185 sq.; et avec le pape, II, 177 sq.; ils sont appelés prêtres, I, 157, 280 ; et sont chefs de la communauté, I, 156 ; juridiction des évêques, 1, 450 ; ils sont obligés de visiter les prisonniers tous les mercredis et vendredis, I, 451 ; évêques ruraux ou chorévêques, I, 283 ; II, 56.
Évodius, év. d'Antioche, I, 141, n. 4.
Exarchats, I, 462.
Exarque, I, 462.
Excommunication, I, 166, 502.
Excommunicatio major et minor, I, 502.
Excommuniés poursuivis par le pouvoir temporel, II, 80.
Exégèse, I, 273. V. aussi *Écriture sainte.*
Exemptions, II, 196.
Exorcisme et exorcistes, I, 282, 456; chez les protestants, III, 176.
Exposition allégorique des Gnostiques, I, 226.
    d'Origène, I, 272.
Extravagantes, II, 485.
Eybel (Valentin), III, 335.
Eyck (Van, Hugues et Jean), II, 600.

F.

Faber de Constance, III, 59.
Fabien, év. d'Antioche, I, 282.
— év. de Rome, I, 188, 207.
Fabre l'Oratorien, I, 41.
Facundus d'Hermique, I, 436.
Failly (de) IV, 317.
Farel (Guillaume), III, 92, 152.
Fatalisme, 1, 63, 70, 71 ; II, 97.
Faustus, év. de Riez, I, 412.
Fébronius, III, 303 sq.
Fécamp (abbaye et école de), II, 198.
Felmoser, IV, 190.
Felicissimus, I, 311.
Félix d'Aptunga, I, 367.
— d'Urgel, II, 89.
— de Valois, II, 393.
Félix, II, pape, I, 429 ; F. V, II, 514.

Femmes (monastère de), I, 519 ; II, 580.
Fénélon, III, 316, 320.
Ferrand (Fulgence), I, 433, 477.
Ferrare (conc. de), II, 510.
Fesch (le cardinal), IV, 26, 38, 59.
Fête (idée chr. d'une) ; fêtes ecclés., I, 321, 487 sq. ; II, 215.
Festum Annuntiationis B. V., I, 490 ; II, 215.
— Assumptionis, II, 215.
— Exaltationis sanctæ Crucis, I, 488.
— Præsentationis, I, 487; II, 215.
— Purificationis, II, 215, 490.
— Omnium sanctorum, I, 488.
— Innocentium, I, 324, 488.
— Petri et Pauli, I, 487.
Feu (philosophie du), III, 182.
Feuilles historiques et politiques, I, 23, n. 5 ; et citées en une foule d'endroits en notes.
Fèvre (Jacques le), II, 571.
Fiesole (Angelico), II, 599.
Filioque, I, 395 ; II, 251.
Fils de Dieu (doctrine catholique sur le), I, 370 sq.
Firmicus Maternus, I, 353.
Firmilien, év. de Césarée en Cappadoce, I, 305.
Fisher, év. de Worcester, II, 568 ; III 130.
Flacius (Mathieu), l'Illyrien, I, 39, 85 ; III, 178, 186.
Flagellants, II, 458, 601.
Flavien d'Antioche, I, 386; F. de Const., 426.
Fléchier, III, 320.
Flodoard, I, 36 ; II, 235, 242.
Florence (conc. de), II, 510 sq.
— (synode de), II, 168.
Flores martyrum, I, 324.
Flotte (Pierre), II, 345.
Fo, I, 60.
Foi et science, I, 266 sq., 396 ; II, 233 sq., 417 sq., 428 sq.
Fonctions ecclésiastiques, I, 154, 281, 452.
Fonseca, scientia Dei media, III, 254.
Fontevrault (ordre de), II, 391 sq.
Formose, pape, II, 153.
Fort (droit du plus), II, 222.
Fossoyeurs, I, 453.
Foulques de Neuilly, II, 330.
Fox, III, 378.
Fra Bartolomeo, II, 599.

Franc (situation religieuse de l'empire) dans les IX°, X° et XI°, siècles, II, 197.
France (efforts des protestants pour s'étendre en), III, 151 sq.
Francfort (concile de), II, 91, 113.
— (diètes de), II, 480, 514.
Franciscains, II, 399 sq., 405 sq.
Franc-maçonnerie, III, 297.
François (saint) d'Assise, II, 399 sq.
— de Paul, II, 582.
— de Sales, III, 232.
— Xavier, III, 238 sq.
Franc (les), II, 30.
Franke (Auguste-Hermann), III, 366.
Frankenberg (le cardinal), III, 336.
Fratres conventuales, II, 579; minores, II, 399, de communitate, II, 405; regularis observantiœ, II, 579.
Fratricelles ou Béghards, II, 475, Cf. 407.
Frayssinous, IV, 57.
Frédéric I°', II, 305 sq; F. II, II, 314 sq.; F. III, II, 513.
— le Sage, prince électeur, III, II.
— II, de Prusse, III, 356.
— Guillaume, II, IV, 351; G. III, IV, 262; G. IV III, IV, 263.
Freisingen (évêché de), II, 39, 41.
Frères de la Merci, III, 234.
— du Libre Esprit, II, 379.
Fretella, II, 20.
Fridolin, II, 37.
Frint, III, 515, 543.
Frise (conversion de la), II, 40.
Fritsche, IV, 243.
Fructuosus, évêque de Braga, II, 79.
Fructus medii temporis, II, 485.
Fruits, premiers fruits ou prémices, II, 364.
Frumentius, évêque d'Abyssinie, I, 360.
Fulbert de Chartres, II, 235.
Fulde (monastère de), II, 45, 236.
— (école de), II. 200.
Fulgence, év. de Ruspe, I, 413.
Fullo ou Foulon (Pierre), I, 429.

G.

Gabriel (promagister), III, 15.
Gaëtan de Thiène, III, 228.
Gailer de Kaisersberg, II, 592.
Galère, I, 208.
Galerius, I, 208.

Galilée, III, 249.
Gall et saint Gall, II, 37, 199, 234.
Gallicanes (libertés), III, 304.
Gamaliel, I, 100, 135.
Gangres (conc. de), I, 518.
Garibald, II, 38.
Garibaldi, IV, 138 et *passim*.
Garnet, jésuite, III, 137.
Garnier, I, 40.
Gassner, III, 343.
Gaunilon, moine, II, 424.
Gazette d'Augsbourg, IV, 320.
Gazzaniga, III, 340.
Gebhard (prince électeur de Cologne), III, 267 sq.
Geisa, II, 134.
Gélase II, pape, II, 298.
Généraux (séminaires), III, 355.
— (vicaires), II, 361.
Gennadius, I, 412.
Genséric, I, 361; II, 22.
Gentilis, III, 92.
Genuflectentes, I, 300.
Géographie sacrée, I, 24.
George, duc de Saxe, III, 17, 27.
Géorgie, I, 358.
Gérard (le Franciscain), II, 379, 407.
— (Jean), III, 180, 189.
— (Paul), III, 180.
— év. de Toul, II, 199.
— (Ségarelli), V. *Ségarelli*.
Gerbert, II, 160, 235, 244.
Gerbet, IV, 82.
Germains (religion des), II, 12 sq., introduction du Christianisme parmi eux, II, 18 sq., 30 sq.; situation particulière de l'Église chez les Germains, II, 49 sq.; leurs tendances scientifiques et premiers résultats, II, 85 sq.
Germain (saint), d'Auxerre, II, 25.
— patr. de Constantinople, II, 110.
Gerson, II, 489, 493, 561 sq.
Gerstungen (concile de), II, 282.
Gfrœrer, I, 49.
Ghiberti de Florence, II, 598.
Gibelins et Guelfes, II, 318, 473 sq.
Gieseler, I, 48, 291; III, 54, n. 2.
Giftschütz, III, 340.
Gilbert de la Porrée, II, 432 sq. 593.
Gélimer, II, 23.
Giotto, II, 599.
Giunto de Pise, II, 599.
Glassius (Salomon), III, 178.
Glastonbury (abbaye de), II, 203.
Gnesen (archevêque de) II, 182.

Gnose (fausse), I, 158, 224 sq.; (vraie), I, 260 sq.
Gnosticisme, I, 224 sq.; égyptien, 229 sq.; syrien, 235 sq.
Goar (saint), II, 39.
Goch Jean de), II, 608.
Godeau, év. de Vence, I, 40.
Godehard, év. de Hildesheim, II, 199.
Godefroi de Bordeaux, II, 590.
— de Bouillon, II, 290.
— de Lukina, II, 464.
— de Strasbourg, II, 451.
— de Vendôme, II, 295.
Godomar, II, 24.
Goërres (J.-J), I, 5; II, 402, n. 2 et 3.
Goëthe, III, 377.
Golius, III, 179.
Gomarus, III, 189.
Gondebaud, II, 24.
Goths, II, 18 sq.
Gother, IV, 89.
Gotteschalk, II, 237 sq.
Grabe, I, 49.
Grâce; doctrine catholique et controverse sur la grâce, I, 401, sq.; II, 237 sq.; III, 252 sq.; 308 sq.
Grammont (ordre de), II, 386.
Gran (archevêché de), II, 135.
Granvelle (le cardinal), III, 161, 252.
Gratien (décret de), II, 354 sq., 416.
Gratius (Artuin), II, 571,
Graveson, I, 43.
Grecs (religion et morale des) I, 69.
Grecque (Église), II, 99, 250 sq., 532 sq.; se réunit à l'Église catholique, II, 512, 534 sq.
Grégoire, év. d'Elvire, I, 383.
— l'Illuminateur, I, 358.
— de Nazianze, I, 343, 353, 385 sq., 390, 454, 474, 483.
— de Nysse, I, 385, 389, 503,
— le Thaumaturge, I, 273, 396.
— de Tours, I, 34; II, 72.
Grégoire d'Utrecht II, 45.
— de Chypre, II, 110.
— (saint), le Grand, pape, I, 458, 486; II, 26, 30; G. II, II, 42, 60; G. III, II, 60. 109; G. IV, II, 117, 140. G. V, II, 161; G. VI, II, 163; G. VII, II, 249, 214, sq.; G. VIII, II, 314 sq.; G. IX, II, 325 sq.; X, II, 335 sq.; G. XI, II, 482; G. XII, II, 486; G. XIII, III, 156, 209; G.
XIV, III, 210; G. XV, III, 211; G. XVI, IV, 66 sq.
— (l'abbé), IV, 6.
Grégorien (le chant), I, 484.
Groënland (découverte et conversion du), II, 121.
Groot (Gerhard), II, 582.
Gropper, III. 73.
Gualbert (Jean) congrégation de), II, 195.
Guérike, I, 48.
Guibert de Nogent, II, 590.
Guibert de Gemblours, II, 410.
Guido, arch. de Milan, II, 197.
— Reni, III, 257.
— de Sienne, II, 598.
— d'Arrezo, II, 600.
Γυναῖκες συνείσακται, I, 290. Cf. II, 362.
Guillaume de Champeaux, II, 428, 436.
— de Thierry, II, 431.
Guntamond, II, 23.
Gunther (Antoine), de Vienn IV 187.
Gustave-Adolphe, III, 273, sq.
— Wasa, III, 114 sq.
Guyon (Jeanne), III, 314 sq.

Hadeby (école d'), II, 117.
Hakon le Bon, II, 120.
Halberstadt évêché de), II, 47.
Hales (Alex.), II, 443.
Halitgar, arch. de Cambrai, II. 79, 231.
— moine, II, 116.
Hambourg (archev. de), II, 117.
— — de Brême, ib.
Hamel, III, 253.
Hammer (évêché de), II, 121,
Hannon (saint) arch. de Cologne, II, 172.
Harald aux beaux cheveux, II, 120.
— Blaatand, II, 118.
Hardouin, I, 21, n. 1; III, 320.
Harms (Nicolas), IV, 258.
Hase, I, 49.
Hafelberg (évêché de), II, 129,
Haymon, év. de Halberstadt, I, 35; II, 80, 229.
Hébreu (étude de l') II, 569 sq.
Hedschra, II. 101.
Hedwige, reine de Pologne, II, 603.
Hefele, II, 274, n. 3.
Hegel, IV, 247.

Hégésippe, I, 31.
Heidelberd (catéchisme de), III, 189.
Helding (Michel), III, 87.
Hélène, I, 340, 478.
Héliogabale, I, 204.
Helsen, abbé, IV, 96.
Helvétie, II, 36.
Helvétius, III, 324.
Helvidius, I, 519.
Hengstenberg, III, 571. IV, 259.
Henke, I, 47.
Henning Brabant, III, 177.
Henri Ier, II, 157 ; H. II, II, 162, 194 ; II. III, II, 166, 201 ; H. IV, II, 201, 170, 201, 279 sq., H. V. II, 291 ; H. VI. II, 316 sq.; H. VII, II, 473.
Henri VIII, roi d'Angleterre, III, 42 sq., 127 sq.
Henri, duc de Brunswick, III, 78 sq.
— arch. de Gnesen, II, 319.
— moine de Lausanne, II, 368.
— apôtre des Finnois, II, 119.
Henriciani, II, 368.
Héraclius, I, 357, 442.
Herbert (le comte), III, 322.
Herbst, jésuite, III, 118.
Herder, III, 376.
Hérésie ; son importance, I, 4 ; et son utilité, I, 256, n. 1 ; hérétiques, I, 168 ; leur condamnation à mort : premier exemple de ce genre, I, 517 ; raisons de cet état de choses au moyen âge, II, 375 sq. ; mais les exemples du même genre chez les protestants, III, 92 sq., etc., ne sont pas justifiés par les mêmes motifs.
Hérétiques (controverse sur la validité du baptême des), I, 303 sq.
Héribert, hérésiarque, II, 262.
Herlembald, II, 202.
Hermann, arch. de Cologne, III, 79, 87.
— Contractus, I, 37.
— év. de Metz, II, 278.
— de Salza, II, 214, 465.
Herménégild, II, 21.
Hermes. IV, 186 sq., 199.
Hermias, apologiste, I, 216.
Hermogènes, I, 239.
Hérode Agrippa, I, 138.
Héroïsme des chrétiens, I, 210, 331 sq., 359 ; II, 209 sq.
Herrnhuters, III, 384 sq.
Hesse (conversion de la), II, 42.
Hessels (Jean et Léonard), III, 253.

Hésshusius, III, 185.
Hésychiastes, II, 533.
Hetzer, III, 59.
Hiéracas, gnostique, I, 248.
Hiérarchie, I, 9, 154.
Hiéroclès, I, 215, 351.
Hiéronymites, II, 581.
Hilaire (saint) d'Arles, I, 474 ; II, 23.
— — de Poitiers, I, 380, 387, 450.
Hilaire, le laïque, I, 474.
Hilarion (saint), I, 514
Hildebert, év. du Mans II, 295, 368, 428, 590.
Hildebrand, moine, II, 163 sq., 173, 248.
Hildegarde (sainte), II, 367. 440.
Hildesheim (évêché de), II, 47.
— (école de), II, 200, 236.
— (introduction du protestantisme à), III, 78.
Hincmar de Reims, II, 144, 146, 148, n. 1, 175, 190, 230, 238.
Hincmar de Laon, II, 148.
Hippolyte, I, 251.
Hippone (conc. d') I, 498.
Hirsau (congrégation de), II, 195.
Hirscher, IV, 190.
Histoire (importance. division et exposition de l') I, 5 sq.
Hock, II, 234.
Hogstraaten, II, 571 ; III, 14.
Hohenstaufen, II, 305 sq.
Holbein, II, 600.
Holden, III, 264.
Hollande, III, 160 sq. 493 sq.
Homérites, I, 359.
Homiliarium, II, 77, 197, 214.
Hommage, II, 54, 178 sq., 356 sq.
Honorius Ier, pape, I, 442 ; H. II, II, 172, 300 ; H. III, II, 324 sq., 463 ; H. IV, II, 338.
Honorius, empereur, I, 348, 409.
Hontheim, I, 44 ; III, 333 sq.
Hormisdas, pape, I, 429.
Hortig, I, 45.
Hosius ou Osius de Cordoue, I, 273, 381.
— (Stanislas), III, 100, 118, 202.
Hospitalia Scotorum, II, 207
Hospitaliers, II, 393.
Hottinger (Henri), I, 49.
Hroswitha, II, 234.
Huesca (synode de), I, 475.
Huet, III, 317.
Hug, IV, 190.
Huguenots en France, III, 153 sq.

Hugues Capet, II, 161 ; de Saint-Caron, moine de Fleury, II, 298, 448 ; Grotius III, 179 ; de Saint-Victor, II, 436, 441 sq.
Humanistes, II, 567.; III, 14.
Humbert de Roman, II, 591.
Hume, III, 322.
Humiliates ou humiliés, II, 395.
Hunerich, I, 361; II, 21.
Huns, II, 18.
Hus (Jean). II, 542 ; sa mort, 543 ; il n'y a pas eu de violation du sauf-conduit à son égard, 544 sq.
Hussites, II, 547.
— (les quatre articles des), II, 546.
Hutten (Ulrich), III, 34 sq.
Hutter (Léonard), III, 188.
Hy (monastère sur l'île de), II, 32.
Hydroparastes, I, 237.
Hygin, év. de Cordoue, I, 516.
Hymeneus, I, 159.
Hymnes de l'Eglise, I, 164, 318, 486 ; II, 586.
Hypatia, I, 350, 352.
Hypsistariens, I, 521, n. (*).

I

Ibas d'Edesse, I, 423, 436.
Ibérie. V. *Géorgie*.
Iconium (conc. d'), I, 303.
Iconoclastes, II, 107 sq.
Idoles (culte des) défendu, I, 347, 352 ; II, 81.
Ignace d'Antioche, I, 178, 199, 290, 483.
— patr. de Constantinople, II, 250 sq.
— de Loyola, III, 217 sq.
Ildephonse, archev. de Tolède, II, 21, 84.
Illuminés (ordre des), III, 342 sq.
Images, I, 325, 480 ; II, 596 sq.
Immunités du clergé, II, 52, sq., 190.
Imperium mundi de l'empereur d'Occident, II, 65.
Imposition des mains, I, 158, 303.
Incarnation (hérésie sur le dogme de l'), I, 417 sq.
Indépendants, III, 139.
Inde (Gange), III, 358.
Indiens, I, 60 sq.
Indifférence, IV, 172.
Indifférents (les) dans le Nouveau Testament, I, 177.
Indigents (hospices pour les), II, 357.

Indulgences, I, 310, 504 ; II, 225, 458, 601 ; III, 9 sq. 11 sq.
— pour les trépassés, II, 601.
Infaillibilité pontificale, IV, 313 sq.
Innocent 1er, pape, I, 400, 408, 473 ; Inn. II, II, 301; Inn. III, II, 316 sq.; 363, 373, sq. 403, 457, 465; Inn. IV, II, 330, 465 ; Inn. V, II, 337 ; Inn. VI, II, 482 sq.; Inn. VII, II, 486 ; Inn. VIII, II, 519; Inn. IX, III, 210, 290 ; Inn. X, III, 212 ; Inn. XI et XII, III, 292-3 ; Inn. XIII, III, 295.
Inquisition ecclésiastique, II, 377, 550; espagnole, II, 553.
Inquisitores hereticæ prœvitatis, II, 552, n. 1.
Inscriptions, I, 23, n. 2.
— d'Autun, I, 315.
Inspiration, III, 247.
Interdit, II, 198, 224, 457.
Intérim de Ratisbonne, III, 73 ; d'Augsbourg, III, 87; de Leipzig, III, 87.
Introït, I, 492.
Investitures, (querelle des), 265 sq., 290 sq.; ouvrages sur ce sujet, II, 279, n. 1.
Irénée (saint), év. de Lyon, I, 190, 257, 278 sq., 292, 296.
Irène, II, 110.
Irlande (conversion de l'), II, 31 sq.; 207, sq.; tentatives faites pour la protestantiser, III, 146 sq.; elle reste catholique ; IV, 89, sq.; l'Irlande, l'île des Saints, II, 32.
Isidore le Faux, II, 144 sq. 183.
— (saint), arch. de Séville, I, 479 ; II, 21, 79, 84, 144.
Islamisme, II, 99 sq.
Islande (conversion de l'), II, 121; cette île passe au protestantisme, III, 126.
Israélite (le peuple), I, 80 sq.
Itala, I, 366.
Italie, II, 201.
Ithacius d'Ossonuba, I, 520.
Ivon ou Ives de Chartres, II, 176, 286, 295, 354, 590.

J

Jaballah, I, 360.
Jablonski, I, 50.
Jacobellus, II, 546.
Jacobi, IV, 246.

Jacobites, I, 440.
Jacopona, auteur du *Stabat Mater*, II, 588.
Jacques Ier, roi d'Angleterre, III, 137.
— le Majeur (supplice du saint), I, 138 ; fils d'Alphée, frère du seigneur, I, 144.
Jacques Ier, év. de Jérusalem, I, 144.
— Baradai, V. *Baradai*.
— de Laderchi, I, 39.
— de Voragine, II, 455.
Jagellon, II, 603.
Jæger, I, 42.
Jalousie des dieux, I, 80.
Jamblique, I, 342, 350.
Jansénius (Cornélius), év. de Gand, III, 248 ; év. d'Ypres et auteur de l'*Augustinus*, III, 253 sq.
Japon, III, 240.
Jarke, IV, 185.
Jean (saint) Baptiste, I, 114 ; sa fête, I, 488.
Jean (saint) l'Évangéliste, I, 147 sq. 177 sq.
Jean Ier, pape, II, 26 ; J. II, I, 432 ; J. IV, I, 443 ; J. VIII, II, 126, 144, 250 ; J. IX, II, 126 ; J. X, II, 150 ; J. XI, II, 155 ; J. XII, II, 155 ; J. XIII, II, 159 ; J. XIV, II, 160 ; J. XV, II, 160 ; J. XVI, II, 161 ; J. XIX, II, 162 ; J. XXI, II, 337 ; J. XXII, II, 475 ; J. XXIII. II, 490.
Jean III, roi de Suède, III, 118 sq.
— le Constant, III, 46.
— Frédéric le Magnanime, III, 71, 78.
— de Gischala, I, 149.
— de Leyde, III, 73.
— archev. de Ravenne, II, 148.
— év. de Pavie, II, 152.
— d'Antioche, I, 422.
— Braske, év. de Lincoping, III, 115 sq.
— Buridan, II, 557.
— Capistrano, II, 591.
— Cassien, I, 415.
— Columbino, II, 580.
— Damascène, I, 450 ; II, 109.
— de Dieu, III, 234.
— de Falkenberg, II, 498.
— le Grammairien, II, 111.
— de Goch, II, 608.
— Gualbert, II, 195.
— de Jandum, II, 477.
— de Jérusalem, I, 398. 408.
— le Jeûneur, I, 470, 567.
— de la Croix, III, 231.

Jean, archev. de Lyon, II, 295.
— Magnus Gothus, III, 113.
— de Matha, II, 394.
— de Mecklembourg, II, 129.
— de Monte-Corvino, II, 467.
— d'Oliva, II, 408.
— Philoponus. V. *Philoponus*.
— de Raguse, II, 500.
— de Salisbury, II, 439.
— le Scolastique, I, 479.
— arch. de Tarente, II, 507.
— Tolomei, II, 580.
— de Tritenheim, I, 36.
— Turrecremata, II, 316.
— de Vicence, II, 589.
— de Fidanza, II, 443.
Jeanne (la papesse), II, 143.
Jérôme (saint), I, 350, 385, 399 sq., 410, 458, 472, 11, 20.
Jérusalem (destruction de), I, 147 ; événement important pour l'heureuse extension de l'Église, I, 148,
— (conc. de), I, 160.
— (audacieuse mais vaine tentative de l'empereur Julien pour rebâtir le temple de), I, 345.
— conq. par Chosroës II, I, 357.
— conq. par Saladin II, 315.
— (synode de), I, 408.
— (dignité du patriarche dans l'Eglise de), I, 464.
Jésuates (ordre des), II, 581.
Jésuites, fondation de l'ordre, sa constitution et sa mission, III, 216 sq. ; on ne peut jamais leur ordonner de commettre un péché, III, 220 ; leurs travaux, III, 220 sq. ; abolition, III, 347 sq., et rétablissement des Jésuites, IV, 50.
Jésus-Christ, I, 110 sq., 118 sq.
Jeûnes et demi-jeûnes, I, 165, 320.
Jezledschred Ier, I, 357.
Joachim de Floris, II, 408.
— Ier de Brandebourg, catholique, III, 54, n. 1 ; J. II, protestant, III, 72.
Johannites, II, 396.
Jonas, évêq. d'Orléans, II, 110.
Jornandès, II, 84.
Joseph II, III, 332 sq.
— d'Arimathie, I, 127.
Journalisme catholique en Allemagne, IV, 109.
Jovinien, empereur, I, 346.
— moine, I, 518.

Jubilé (année du), II, 458, sq.
Judaïsants (les chrétiens), I, 168.
Judas Machabée, I, 93.
Judicatum du pape Vigile, I, 438.
Juifs (histoire religieuse et politique des) I, 80 sq ; ils obtiennent des priviléges de Julien l'Apostat, I, 345.
— (conversion des), II, 605.
— (persécution des), II, 604, sq.
Jules Ier, pape, I, 473 ; J. II, II, 521 sq.; J. III, III, 201.
Julianistes, I, 430.
Julien l'Apostat, I, 342 sq., 350 384.
Julien d'Eclanum, I, 409.
— d'Halicarnasse, I, 431.
Julin (évêché de), II, 362.
Jura dominicalia, II, 359.
Juridiction ecclésiastique, I, 340, 451; II, 188.
Jus canonicum, II, 354 circa sacra, I, 457; primarum precum, II, 356 ; spolii et regalium, II, 190, 356 ; stolœ, II, 189.
Justin (saint), martyr, I, 165, 201, 216, 330.
— Ier, empereur, I, 429 ; J. II, I, 441.
Justiniani, exégète, III, 250.
Justinien Ier, empereur, I, 350, 434 ; II, 23 ; J. II, I, 525 ; II, 60.
Juvénalis (patriarche de Jérusalem), I, 428.

K

Καθαροί. V. les *Cathares*.
Kambula. V. *Pékin*.
Kant, III, 369 sq.
Kanzler IV, 317.
Karnkowski, archev. de Gnesen, III, 109.
Kastner, IV, 186.
Katerkamp, I, II, 172.
Keppler, III, 178.
Kerz, I, 41.
Kessler, Gothard, III, 108.
Kiew (métropole de), II, 259.
— les métropolites en union avec l'Église romaine, II, 259.
Kilian (saint), II, 39.
Kistemaker, IV, 191.
Klee (Henri) IV, 187.
Klein, I, 45.
Klopstock, III, 377.

Klupfel, III, 339, 340.
Knipperdolling, III, 76.
Knox (Jean), III, 142 sq.
Kolberg (évêché de), II, 132.
Koloman, II, 39.
Kranach (Luc), III, 22.

L

Labat, III, 325.
Lacombe, III, 314.
Lacordaire, IV, 72, 82.
Lactance, I, 353.
Laïques (abbés), II, 193.
— (λαός), I, 153, 279 ; ils peuvent conférer le baptême en cas d'urgence, I, 301.
Laines, III, 154.
Lambert d'Aschaffenbourg, I, 37.
Lambruschini, IV, 68.
Lamennais, IV, 78, 79.
Lampes perpétuelles, I, 480.
Lamy (Bernard), III, 321.
Landolphe, prêtre, II, 202.
Lanfranc, archev. de Canterbury, II, 172, 248.
Lang (Mathieu). V. *Mathieu*.
Laodicée (conc. de), I, 498.
Laponie, II, 603.
Lapsi, I, 207.
Latin, langue du culte, II, 126, 128, 213.
Latitudinaires, III, 189.
Latran (conc. de), I, 443 ; II, 251, 290.
— (conc. généraux de), II, 302, 312, 321, 331.
Laud, arch. de Canterbury, III, 138.
Launoy, I, 40.
Laureacum. V. *Lorch*.
Laurent (saint), diacre et martyr, I, 208.
— Valla, I, 37.
Lazaristes, III, 236.
Lazes, I, 359.
Lecteurs, I, 282, 453, 492.
Légats du pape, II, 350.
Légende dorée, II, 455.
Légion fulminante, I, 201.
— thébaine, I, 210.
Législation appuyée sur la religion, II, 92 sq., 375 sq.
Legs faits à l'Église, I, 434, 457.
Leibnitz, III, 368.
Leidrad, archev. de Lyon, II, 92.
Leipzig (dispute de), III, 17.

Lelong (Bibliotheca sacra de), III, 320.
Lenfant, I, 49.
Léon (saint) I*er*, pape, I, 425, 470 sq.; II, 24, 59; L. III, II, 60; L. IV, II, 142, 229; L. VI, II, 154; L. VII, II, 154, 200; L. VIII, II, 159; L. IX, II, 165 sq., 210, 248, L. X, II, 525; III, 11, 29; L. XI, III, 210; L. XII, IV; 63.
Léon d'Achrida, II, 255.
— l'Arménien, I, 521; II, 110.
— l'Isaurien, I, 521; II, 60.
Léon Judæ, III, 59.
— le Philosophe, II, 254.
Léontius, moine, I, 434.
Léopold, grand-duc de Toscane, III, 328 sq.
Léovigild, II, 21.
Léporius, év. de Carthage, I, 417.
Léproseries, II, 358.
Less, jésuite III, 247.
Lessing. III, 375.
Leutizes, II, 129.
Levellers, III, 139.
Lévites, diacres, I, 281.
Libanius, I, 343, 347, 351.
Libellati, I, 311.
Libère, pape, I, 380 sq.
Libertins à Genève, III, 92.
Libres penseurs, III, 322.
Libri Carolini, II, 111.
Licinius, I, 338.
Liége (école de), II, 200, 236.
Liguori (saint Alphonse), III, 326 sq.
Lincoln (évêché de), I, 190.
Lingard (John), II, 30.
Lingendes (Claude et Jean de), III, 251.
Lissa (synode général des luthériens et des protestants à), III, 373.
Litteræ formatæ et communicatoriæ, I, 281, 291.
Littérature catholique en Allemagne, IV, 184.
Lithuanie, II, 602 sq.
Liturgie des constitutions apostoliques, I, 343; de Jérusalem, d'Alexandrie, de Constantinople, etc., I, 491 sq.; L. occidentale de Rome et de Milan, I, 491 sq.; L. gallicane, II, 213; mozarabique, II, 210; slave, II, 125; de Cranmer, III, 128 sq.; de Jean III, roi de Suède, III, 119.
Livonie (conversion de la), II, 463 sq.; elle passe au protestantisme, III 110.

Locherer, I, 45.
Locke (empirisme de), III, 322, 363.
Λόγος, I, 179, 262.
— ἐνδιάθετος, I, 262.
— προφορικός, I, 262.
— σπερματικός, I, 270.
Lollards, II, 409.
Lombard (Pierre), II, 413 sq., 351.
Londres (évêché de), I, 190; II, 28.
Londres (conc. de), II, 205.
Lorch (égl. métrop. de), I, 190.
Lorette, II, 587.
Lothaire I*er*, 132, 223; L. II, II, 139, 301.
Louis de Bavière, II, 479 sq.; le Germanique, II, 151 sq.; le Débonnaire, II, 137 sq.; l'Enfant, II, 143; L. VII, roi de France, II, 304; L. IX, II, 332 sq.; L. XII, II, 523 sq.; L. XIV, III, 159 sq., 291 sq., 305 sq.; L. XVI, IV, 9, 11 sq.; L. XVIII, IV, 53, 57; L., roi de Bavière, IV, 111 sq.; L. de Grenade, III, 251.
Louis-Philippe, roi des Français, III, 457, 474.
Luc (saint), l'évangéliste, I, 139.
Luc della Robbia, II, 598.
Lucidus, prêtre gaulois, I, 414.
Lucien de Samosate, I, 203, 333.
Lucien, prêtre d'Antioche, I, 278, 393.
Lucifer de Cagliari, I, 380, 386.
Lucifériens, I, 384.
Lucius II, pape, II, 301; L. III, II, 314.
Lucke, exégète, IV, 252.
Ludger, év. de Munster, II, 47.
Ludmilla, II, 128.
Luitpold, archev. de Mayence, II, 236.
Luitprand, II, 235.
Lullus, archev. de Mayence, II, 45.
Lumper, I, 108.
Lunéville (paix de), IV, 20.
Lupold de Bebenberg, II, 478.
Lupus (saint) de Ferrières, II, 238.
— de Troyes, II, 25.
Luther, III, 6 sq.; condamné, 24; son système relâché, 19; son mariage, 45; sa traduction de la Bible, 28; son catéchisme, 47; ses principes sur le mariage, 46; sur la foi, 51; son opinion sur certains livres de l'Écriture, 27; sur les Pères de l'Église, 68, n. 3; ses funestes tendances, 36 sq., 51 sq., n. 1; 63, n. 1; son système d'exégèse, 83, n. 2, 181.

Luthériens, III, 177, 182.
Luthériennes (controverses), III, 182 sq.
Luxeuil, II, 37.
Lyon (conc. de), I, 417; II, 330, 335.

M

Mabillon, I, 110.
Macaire (l'ancien), I, 396.
Macédoniens, I, 390, 420.
Macédonius, év. de Constantin., I, 390.
Machiavel, II, 566.
Mack (renvoi de), IV, 129.
Marca (saint), synode de II, 181.
Maëstricht (évêché de), II, 39, 199.
Magdebourg (archevêché de), II, 134.
Mages, I, 67.
Magna charta libertatum, II, 320.
Magnentius, I, 341.
Magyares, II, 134.
Mahomet, II, 99.
Maï, III, 465.
Maistre (de), IV, 55.
Major (George), III, 183.
Majorin, I, 367.
Malchion, prêtre, I, 252.
Maldonat, exégète, III, 250.
Malebranche, III, 317.
Mamachi, I, 42.
Mamertus, év. de Vienne, I, 485.
Manetti, II, 570.
Manichéisme, I, 240 sq., 260.
— vigoureusement poursuivi par les empereurs, I, 245.
Manning, IV, 306 et passim.
Mannon, II, 233.
Manou (lois de), I, 60.
Mansi, I, 42.
Mantoue (conc. de), II, 172.
Manumission testamentaire, II, 358.
Marc (saint) l'évangéliste, I, 145.
— Aurèle, I, 200.
Marca (Pierre de), I, 40.
Marcellus d'Ancyre, I, 374, 378 sq., 387.
II, pape, III, 204.
Marcia, I, 201.
Marcien, I, 428, 474.
— d'Arles, I, 294.
Marcion, I, 238.
Marcionites n'observant pas la discicipline ésotérique, I, 316.
Mardonius, I, 343.
Maret, IV, 323.
Marheineke, IV, 283.

Mariage (sacrement du), I, 162, 326, 504; il est déclaré indissoluble, I, 329, 505; soumis à la bénédiction sacerdotale, I, 505; prohibé avec les païens, I, 327; et avec les hérétiques, I, 505; III, 345; de plus, entre les parents au 7ᵉ degré, I, 506, II, 218.
Mariana; III, 237.
Marie (la sainte Vierge), I, 112, 145.
— Fête de la Nativité, II, 215.
— (culte de), II, 219.
— (jours de), I, 487; II, 219.
— reine d'Anglet., III, 132 sq.
— Stuart, III, 135 sq.
Marin II ou Martin III, pape, II, 155.
Maris le Persan, I, 420.
Marius Mercator, I, 402, n. 2, 410.
Maronites, I, 446.
— Ficinus, II, 565.
Marsilius de Padoue, II, 478.
Martène, I, 40.
Martin Iᵉʳ, pape, I, 443; M. IV, II, 335; M. V, II, 496 sq.
— de Tours (saint), I, 517; II, 28, 216.
— de Dunin, V. Dunin.
Martyrs et martyre, I, 220 sq.
— (culte des), I, 223.
Maruthas, év. de Tagris en Mésopotamie, I, 357.
Masius (André), III, 248.
Masaccio, II, 599.
Massacre des Irlandais, III, 148, n. 1.
Massaliens, I, 521.
Massiliens, I, 413, 414.
Massillon, III, 323.
Maternus, premier év. de Cologne, I, 189.
— Firmicus, I, 353.
Mathew (le Père), IV, 94.
Mathias (saint), apôtre, I, 131.
Mathieu (saint), apôtre, I, 144.
— Lang, év. de Gurk, II, 523.
— Paris, I, 37.
Mathilde (la comtesse), II, 277, 284.
— sa donation, II, 284, n. 1.
— reine d'Angleterre, II, 276.
Mathurins. V. Trinitaires.
Matteo de Bassi, III, 227.
Mathiesen, III, 76.
Maur (congrégation de Saint-), III, 25 sq.
Maurice de Saxe, III, 86 sq.
Maxime le Néoplatonicien, I, 343.
— abbé, I, 444.

Maximilien, empereur, III, 10, 12.
— de Bavière, III, 268.
Maximilia, I, 243.
Mayence (évêché de), II, 39 ; archevêché, 44.
— (diète de), II, 513.
— (métropole de), II, 45.
— (conciles de), II, 76, 173.
Méchitaristes, III, 286.
Mecklembourg (évêché de), II, 124.
Meinwerk, év. de Paterborn. II, 200.
— (école de), II, 237.
Meissen (évêché de), II, 129.
Mélanchthon, III, 18 sq., 70 sq., 171.
Melchisédéciens, I, 250.
Mélétius de Lycopolis (schisme de), I, 311 ; son extinction, I, 375 ; schisme mélétien à Antioche, I, 386 ; Mélétius de Mopsueste, I, 423.
Méliton, apologiste, I, 215.
Memnon, évêque d'Éphèse, I, 421.
Ménandre, I, 174.
Mencius, I, 59.
Mendiants (ordres), II, 399 sq., leur influence, II, 325 ; opposition soulevée contre eux, II, 405.
Mennas, patr. de Constantinople, I, 436, 437.
Mennonites, III, 192.
Menochius, exégète. III, 249.
Mensurius, év. de Carthage, I, 367.
Mercier, III, 412.
Mercredi, jour de jeûne, I, 320.
Mersebourg (évêché de), II, 129, 199.
Mersenne, III, 249.
Mésopotamie (école théologique de), I, 454.
Messe (sacrifice de la), I, 318, 492 sq.
Messes mortuaires, I, 496.
Métempsychose, I, 61, 71.
Méthodistes, III, 380 sq.
Méthodius, év. de Tyr, I, 397 ; év. de Pannonie et de Moravie, II, 126.
Métropoles (les trois grandes), I, 590, 461.
Métropolitain (force du lien), I, 290 sq., 465 sq.; II, 50, 180 sq.
Métropolitains. I, 293 ; serment des métropolitains, II, 350.
Metz (évêché de), II, 39.
— (conc. de), II, 195.
Mexique, IV, 234.
Mezzofanti, cardinal, IV, 68.
Michaëlis (David), III, 372.
Michel (fête de saint), II, 215.
— Cérulaire, II, 255 sq.

Michel de Césène, II, 579.
— III, empereur, II, 250.
— le Bègue, II, 111.
— Paléologue, II, 335.
— Ange, II, 599.
Michl, J., I, 44.
Mieczylaw, II, 131.
Milan, loi rendue en cette ville en faveur du Christianisme, I, 212.
Milève (conc. de), I, 408.
Milites Christi. V. *Donatistes*.
Milner, évêq. cathol. d'Angleterre, IV, 90.
— historien ecclésiastique, I, 50.
Miltiade, apologiste, I, 216.
Miltiz (Charles), III, 16.
Minden (évêché de), II, 47, 199.
Minimes, II, 582.
Minnesœnger, II, 451.
Minorites, V. *Franciscains*.
Minutius (Félix), apologiste, I, 218.
Miracles (don des), I, 164, 194, II, 48.
Missa, I, 492 sq.; Catechumen., I, 492 ; Fidelium, I, 495 ; Marcelli, III, 259 ; Privata, II, 214 ; Pro defunctis, I, 496.
Missel. III, 204.
Missi dominici, II, 51, 96.
Missions modernes, IV, 280.
— (institut et congrégation des), III, 234 sq., 357 sq., IV, 280 sq.
— protestantes, III, 383 sq.
Mitra, I. 482.
Modestus, apôtre des Carinthiens, II, 125.
Mœhler (Jean-Adam), III, 535 sq.
Mœrlin, III, 185.
Moïse de Khoren, III, 358.
Molanus, III, 330.
Molina (Louis), III, 253.
Molinos (Michel), III, 313 sq.
Monachismes et moines, I, 328 ; II, 75 ; idée de la vie monastique, I, 511 sq.; les moines sont d'abord des laïques, I, 513 ; congrégations de moines fondées par les saints Pacôme, Ammon et Hilarion, I, 513 ; réforme monastique opérée dans l'Occident par saint Benoît de Nursie, II, 28 sq.; nouvelle réforme de saint Benoît d'Aniane, II, 193.
Monarchie ecclésiastique de la Sicile, II, 286.
Monarchiens, I, 249

Monastiques (congrégations et ordres), II, 193 sq., 382, 414, 578, 583 ; III, 216 sq., 226 sq., 347.
Mongols, II, 466 sq.
Mongus (Pierre), I, 420.
Monique (sainte), I, 405.
Monophysites, I, 425 sq., 443.
Monothélites, I, 440 sq.
Montalembert, II, 451 ; IV, 78, 82.
Montan et Montanistes, 1, 245 sq.
Monte-Rotondo, IV, 441.
Mont Cassin, II, 29 sq., 195.
Montesquieu, III, 323.
Montfaucon, I, 40.
Montpellier (conc. de), II, 374.
Moore (Thomas), IV, 287.
Morale, théologie, II, 452 ; III, 318, 340 sq.
Moravie conversion de la), II, 125 sq.
Morts (fête des), I, 329 ; la peine de mort décernée contre les hérétiques, I, 521 ; II, 552 ; et justifiée par Luther, Mélanchton et Calvin, III, 93, n. 1, 151 ; qui la mettent à exécution, III, 63, 92, 171, 177.
Mosheim, I, 47.
Moyen âge, caractère particulier du moyen âge sous le point de vue religieux, II, 49 sq.
Mozarabes, II, 41.
Mozarabique (liturgie). V. *Liturgic*.
Muhlberg, III, 86.
Muller (Adam), IV, 185.
— (Henri), III, 180.
Münscher, I. 50.
Munster (évêché de), II, 47, 199.
Munzer, III, 39.
Muratori, I, 42 ; III, 328.
Muret, sur la Saint-Barthélemi, III, 156, n. 1.
Musique religieuse, I, 482 ; II, 600 ; III, 258 sq.
Myconius, III, 62.
Mystères du paganisme, I, 54.
Mystique, II, 417 sq., 428 sq., 440 sq.; III, 179 sq., 313 sq.

N

Naissance de Jésus-Christ ; recherches chronologiques sur l'année de cette naissance, I, 110.
Nantes (édit de), III, 158 ; sa révocation, 160.
Ναός, I, 480.
Napoléon Bonaparte, IV, 20, 28 sq.
Νάρθηξ, I, 480.

Natalis, év. des antitrinaires, I, 250.
Natalitia apostolorum, I, 487.
— martyrum, I, 222, 326, 487.
National (concile), de Paris, IV, 38 sq.
Naumbourg (concile de), III, 174.
Nazaréens, I, 170.
Néander, I, 48 ; II, 274, 278, 420, n. 4.
Nectaire, patr. de Constantinople, I, 502.
Néocésarée (conc. de), I, 289.
Néoévangéliques ou Piétistes, IV, 259 sq.
Néoplatonisme, I, 202, 213 sq., 342 sq., 340, 351.
Néopythagoriciens, I, 202.
Néri (saint Philippe de), III, 229 sq.
Néron, empereur, I, 146.
Nerva, empereur, I, 147.
Nestor, historien de l'Église russe, II, 256.
Nestorius, I, 416 sq.
Nestoriens, I, 418 sq.
— en Chine, I, 360.
Nicée (conc. de(I, 323, 373 ; II. 110.
Nicéphore Callisti, I, 38.
Nicétas Choniates, II, 532.
Nicolaï (biblioth. allemande de), III, 343.
Nicolaïtes, I, 176.
Nicolas Ier, pape, II, 117, 146, 251 ; N. II, II, 168 ; N. III, II, 337 ; N. IV, II, 338 ; N. V, II, 545, 516.
Nicolas de Clémangis, II, 487, 558.
— de Cusa, II, 517 sq., 525 sq. 559, 565, 579.
— de Flue, II, 575.
— de Lyra, II, 569.
— de Méthone, II, 532.
— de Myra, II, 261.
— de Pise, II, 598.
Nidaros. V. *Drontheim*.
Nihus (Barthélemi), III, 187.
Nil (conrég. de Saint-), II, 242.
Ninian, év. breton, II, 32.
Niobes (Étienne), I, 431.
Nisibe (école théologique de), I, 454.
Nobles (les) choisis généralement pour chanoines, II, 361.
Noël (fête de), I, 324, 486, 488.
— (Alexandre), I, 40.
Noëtus, I, 251.
Nogaret (Guillaume), II, 347.
Nom (chrétien de), I, 356.
Noms, changement de nom lors de

élections papales. Premier exemple de ce genre, II, 155.
Nominalisme, II. 425.
Nomocanon, I, 476.
Nonantula (Placide de). II, 296.
— (monastère de), II, 200.
Nonciatures, I, 468; III, 209; 332, 336, 345.
Non-conformistes, III, 135.
Nonus, moine, I, 434.
Norbert (saint) de Prémontré, II, 390.
Norbertins ou moines de Prémontré. V. ce nom.
Noris, cardinal, I, 42.
Normands, II, 97, 142, 169, 282.
Norwége (conversion de la), II, 119 sq.; elle devient protestante, III. 124.
Notaires, I, 452.
Notker de Saint Gall, II, 199, 233.
— Labeo, II, 233.
— év. de Liége, II, 160.
Nourry (Nicolas) le, I, 40.
Novat à Carthage, I, 311.
Novatien à Rome, I, 311.
Nuremberg (assemblée des princes à), II, 318.
— (diète de), III, 30, 34.

O

Oberthur, IV, 186.
Oblats ou pain sans levain, II. 248.
Oblations ou offrandes, I, 286, 495.
Obstacle à la propagation du Christianisme, I, 195 sq., 355 sq.
Occam (Guillaume), II, 478 sq. 555 sq.
O'Connel, III, 483.
Odensee (évêché d') II, 118.
Odilon et Odon, abbés de Cluny, II, 193, 195.
Odoacre, II, 25.
Œcolampade, III, 60 sq., 177 sq.
Œcuménique, V. *Conciles.*
Œcuménius, év. de Tricca II, 257.
Œuvres (controverse sur les bonnes), III, 187 sq.
Offertoire, I, 495.
Official, II, 362.
Officium B. M. V. II, 220; Gregorii VII, III, 296.
Offroy de la Mettrie (Julien) III, 324.
Olahi (Nicolas), archev. de Gran, III, 112.
Olav Trygvesen, II, 120.

Olav le Gros, II, 120.
— Skotkonung, II, 119.
Oldenbourg (évêché d'). II, 129.
Olga, II, 250.
Oliva, II, 465.
Olivétains, II, 580.
Olivétan (Pierre), III, 91.
Ollivier, IV, 298.
Olmütz (évêché d'), II, 128.
Olshausen, IV, 252.
‛Ομιλία, I, 493.
Ommiades, II, 41.
‛Ομοιούσιος, I, 381, 382.
‛Ομοούσιος, I, 252, 254, 263, 375, 381, 382.
Onction des malades (ou Extrême-), I, 166, 328.
Ophites, I, 235 sq.
Optatus de Milève, I, 366, 368, 369.
Orange (conc. d'), I, 414,
Orarium, I, 481.
Oratoriens italiens et français. III, 229 sq.
Oratoire, origine de ce nom, III, 259.
Ordalies, II, 210.
Orderic (Raynald), I, 39.
— (Vital), I, 36.
Ordination, I, 168, 457; des évêques, I, 284, 286 sq.
Ordinationes absolutæ, II, 76.
Ordre de la Rédemption des captifs. V. *Trinitaires.*
Ordre de Sainte-Brigitte, II, 581.
Ordres religieux. V. *Monachisme.*
— mendiants, II, 399 sq.; leur influence, II, 405; et opposition soulevée contre eux.
— militaires et religieux, II, 395 sq.; en Prusse, II, 464.
Orebites, secte hussite, II, 547.
Organiques (articles), IV, 21, 28.
Orgue, I, 487; II, 214.
Orientales (organisation des études), II, 568 sq.
— (Indes), III, 238 sq., 358 sq.
Origène, I, 218, 260, 268 sq., 331.
Origéniste (controverse), I, 395 sq., 434 sq.
Orléans (conc. d'), II, 317.
Ornements des églises. I, 478 sq.; II, 596 sq.
Orose (Paul), histor., I, 34, 349, 354.
Orphelins (maisons d'), II, 27, 364.
— secte hussite, II, 547.
Orsi, histor., I, 43.

Osbor (synode d'), II, 172.
Osiander (Luc), I, 38; III, 98.
Osiandriste (controverse). III, 99, 182.
Osnabruck (évêché d'), II, 47, 199.
Ostensoirs, II, 584.
Ostiaires ou portiers, I, 282.
Ostrogoths, II, 19 sq.
Oswald (saint), év. de Worcester, II, 205.
Othon, bénédictin de Ratisbonne, II, 236.
Othon Iᵉʳ, II, 128, 155, 199; O. II, II, 157; O. III, II, 161; O. IV, II, 318.
Othon de Bamberg, II, 461 sq.
— de Fresingen, I, 37.
Ottfried de Weissenbourg, II, 231.
Overberg, IV, 193.

P

Pacca, cardinal, 341, 428.
Pack (Othon de), III, 48.
Pacôme (saint), I, 513.
Paderborn (évêché de), II, 47.
— (école de), II, 200.
Paganisme, I, 53 sq.; l'Évangile annoncé aux païens, I, 137; obstacles qui s'y opposent, I, 138; le paganisme relevé par Julien, I 342; il reparaît dans les lettres, II, 565.
Pagi (Antoine), I, 40.
Pain eucharistique, I, 164, 493; II, 248.
Paix (baiser de). V. *Baiser*.
Palestine (École théol. de), I, 454.
Palestrina, III, 258.
Palladius, II, 32.
Pallavicini, I, 42.
Pallium des évêques, I, 482.
— des catéchumènes, I, 301.
— des métropolitains, I, 482.
— a toga ad pallium, I, 301.
Pallium (le pouvoir métropolitain attaché au), II, 183, 349.
Palmieri, II, 570.
Pamphile, prêtre, I, 397, 454.
Pantænus, I, 184.
Panthéisme des païens, I, 73, et des hérétiques, II, 375, 407 sq.
Papal (système), II, 525 sq.
Pape : titre propre à l'évêque de Rome, I, 471.
— élections du pape, règlements de Nicolas II, II, 168; d'Alexandre III, II, 34; de Grégoire X, 333; de Grégoire XV, III, 211; dernier exemple de la confirmation du pape par le pouvoir temporel, II, 270.
Papes : ils persévèrent toujours dans la vraie foi, I, 466; couronnement des papes, II, 184, premier exemple de cette cérémonie, II, 148; les papes sont dans une honteuse dépendance des marquis de Toscane II, 154; convoquent et autorisent les conciles, II, 350; donnent l'absolution des crimes extraordinaires, II, 350, et sont le centre de l'unité catholique, I, 157, 293 sq., 408 sq., 467 sq.; II, 58, 136 sq., 174, 266, 349; dispenses papales, II, 350. Les papes sont-ils au-dessus ou au-dessous des conciles? II, 500 sq. Position des papes vis-à-vis de l'empereur d'Allemagne, II, 58 sq., 136 sq. Gemini principes, duo luminaria et duo gladii, II, 327, n. 1; liste chronologique des papes, I, 533, III, 627; III, 605; les papes président les conciles, I, 373, n. 1, 422, 426, 464, 474 sq.; les papes seuls peuvent déposer un évêque, I, 466.
Paphnuce, I, 456.
Papias, I, 178.
Pâques, I, 165, 319 sq., 485 sq.; controverse sur la célébration de la Pâque, 321 sq., 375; conciles tenus à cette occasion, 321, n. 5, 322.
Parabolani, I, 452.
Parabrahma, I, 62.
Paracelse, III, 181.
Paraguay (mission des Jésuites au), III, 242 sq.
Paris (évêché de), I, 188.
— (université de), II, 415.
— (conc. de), II, 112.
Pâris (François), III, 310.
Parker (Mathieu), III, 134.
Παροχία, I, 461.
Paroissiaux, droits dans les villes épiscopales, II, 187.
Πάροχος, I, 283, 461.
Parrains, I, 301.
Pascal, III, 306, 318, 349.
Pascale (confession), II, 456 sq.
Paschal Iᵉʳ, pape, II, 111, 139; P. II II, 290 sq.; P. III. antipape, II, 311.
Paschase Radbert, II, 231, 244.
Passau (évêché de), II, 38, 127.
— (traité de), III, 89.
Πάσχα σταυρώσιμον, I, 321.
— ἀναστάσιμον, I, 321.

Patarins (association des), II, 202, 266.
Patriarcat (étendue du pouvoir), I, 462 sq.; romain, I, 464 sq.
Patriarches chrétiens, I, 462 sq.; fixation de leurs droits, I, 463 sq.; œcuméniques, I, 463; II, 262 sq.
Patrice (saint), apôtre de l'Irlande, II, 32.
— dignité des rois francs, II, 62.
Patrimoine de saint Pierre, II, 62. importance et nécessité de ce patrimoine, II, 472, n. 5.
Patripassionistes, I, 250.
Patronage (droit du), I, 463, II, 186.
Paul (saint), apôtre, I, 135 sq.; ses idées sur l'Église, I, 158; ses voyages, I, 138.
Paul d'Alexandrie, I, 439.
— de Constantinople, I, 443.
— d'Émèse, I, 422.
— diacre, II, 77.
— de Samosate, I, 252.
— professeur de Heidelberg, IV, 251.
— de Thèbes, I, 338.
— Warnfried, II, 86.
— II, pape, II, 518, III, 111; 70, 86; P. IV, III, 202; P. V, III, 210.
Pauliniens, I, 252; leur baptême est rejeté, I, 307.
Pauliciens, I, 519; II, 262, 379.
Paulin (saint) de Nole, I, 480.
Paulin d'Aquilée, I, 439.
Pavie (conc. de), II, 163, 202, 217.
Paysans (guerre des), III, 38 sq.
Pearson, I, 49.
Péché originel, I, 402 sq.; transmission du péché originel, ib.; péchés dont on n'était pas absous à l'article de la mort, I, 310; confession des péchés. V. *Confession*.
Peinture sur verre, II, 595 sq.
Pékin, II, 467.
Pélage Ier, pape, I, 439; P. II, I, 477.
— moine breton, I, 401.
— apocrisiaire romain, I, 434.
Pélagianisme, I, 402 sq.; il est poursuivi en Orient, I, 405.
Pélage (Alvare), V. *Alvarus*.
Pèlerinages vers la terre sainte, I, 507, 288; de Rome, II, 212, 225 sq.; de Compostelle, II, 225, 458.
Pélican (Conrad), III, 179.
Pella, I, 149.

Pellicia, I, 42.
Pellisson, III, 330.
Pénitence (sacrement de), I, 165 sq., 307 sq., 503 sq.
— publique, II, 79, 221 sq.
Pénitentiaire (discipline), I, 309, 501 sq.; II, 79 sq., 225 sq., 456 sq., 601 sq.; cette discipline est d'abord confiée à la direction des évêques, I, 312.
Pénitentiaires (livres), I, 503.
— (prêtres), I, 310, 502.
Pentecôte, I, 131 sq., 323 sq.
Pépusiens, I, 247.
Pérégrinus Protée, I, 200.
Περιοδευτής, I, 461.
Perpétue et Félicité (saintes), I, 201 n. 4.
Perpinien, III, 224.
Perrone, IV, 67, n. 2.
Perse (propagation du Christianisme en), I, 184 (persécution des chrétiens en), I, 357 sq.
Persécutions des chrétiens, I, 133, 146, 198 sq., 200 sq., 344, n. I, 359 sq.; II, 21, 209.
Pétau, I, 40.
Peterson (Olaf et Laurent), III, 115.
Pétrarque, II, 563 sq.
Pétrikau (conc. de), III, 107.
Pflug (Jules), III, 73, 78, 87.
Phantasiastæ, I, 430.
Pharisiens, I, 97 sq.
Philippe (saint) apôtre, I, 145.
— l'Arabe, I, 206 sq.
— Auguste, roi de France, II, 314, 316.
— IV, le Bel, II, 341 sq.
— roi d'Espagne, III, 161 sq.
— de Hesse, III, 35, 46; devient bigame, III, 75 sq.
— Petrobusiani, II, 368.
— de Souabe, II, 318.
Philippistes, III, 185.
Philipps, II, 12.
Philologie ecclésiastique, I, 24, n. 1.
Philon, I, 96.
Philopatris (dialogue de), I, 350.
Philoponus (Jean), I, 431.
Philosophie et théologie, I, 266 sq.
— moderne, III, 367, sq.
Philostorge, I, 33.
Philostrate, I, 214.
Photin, I, 388 sq.
Photius, II, 250 sq.; ses adhérents condamnés, II, 225.
Physiocrates, III, 324.

Piaristes, III, 233 sq.
Pic de la Mirandole, II, 570.
Pictes, II, 32.
Pie II, pape, II, 516; P. III, II, 522; P. IV, III, 202; P. V, III, 207; P. VI, III, 300 sq., IV, 10 sq.; P. VII, IV, 19 sq.; P. VIII, IV, 64.
Pie IX, IV, 135 sq.
Pierre (saint), apôtre, I, 137, 141, sq.; chef de l'Église, I, 142, 153; s'établit à Rome, I, 143, n.*; son activité apostolique, I 141.
— d'Ailly, II, 489, 493.
— d'Alexandrie, I, 312.
— patr. d'Antioche, II, 256, n. 3.
— d'Andlau, II, 479.
— de Bruis, II, 368.
— de Castelnau, II, 373.
— Comestor, II, 416.
— l'Ermite, II, 285 sq.
— Foulon, I, 429.
— Galle III, 145.
— Jacobson, év. de Westeræs, III, 115.
— patr. de Jérusalem, I, 435.
— Lombard. V. *Lombard*.
— Mongus, I, 429.
— Nolasco, II, 395.
— le Vénérable, II, 383, 431.
— (denier de saint), II, 199.
Piétisme III, 368 sq., IV, 277 sq.
Piligrin, év. de Passau, II, 135, 199.
Pippin ou Pépin II, 59 sq., 68 sq.; sa donation, II, 62; augmentée par Charlemagne, II, 69.
Pirkheimer (Willibald), III, 22, 25, 66, 82, n. 2.
Pise (conc. de), II, 368 sq.
Pistorius, III, 73.
Pittorf, III, 340.
Placidus, prieur de Normandie. V. *Nonantula*.
Plaisance (conc. de), II, 288.
Planck, I, 48.
Platina, II, 518.
Platon, I, 70 sq.; II, 424 sq.
Platoniciens, I, 70 sq.
Platonisme des Pères de l'Église, I, 274 sq.
Plénitude des temps à la naissance de Jésus-Christ, I, 103 sq.
Plessenberg (Walter de), III, 110.
Pline le Jeune, I, 199.
Plock (évêché de), II, 133.
Plotin, I, 213.
Poésie ecclésiastique, I, 482.

Poésie populaire au moyen âge, II, 451 sq.
Pole cardinal), III, 133.
Polémique des païens, I, 202 sq., 350 sq.
Polenz (Jean de), év. de Samogitie, III, 98.
Polhes (général de), IV, 316
Pologne (conversion de la), II, 130 sq.; synodes et statuts synodaux en Pologne, II, 319, n. 1; III, 107; tentative des protestants pour l'entraîner dans leur secte, III, 106 sq.; partage de la Pologne III, 347.
Polycarpe (saint), év. de Smyrne, I, 178, 201, 290 322.
Polycrates, év. d'Éphèse, I, 323.
Polyglottes (bibles), II, 570; d'Anvers et de Paris, III, 245.
Polythéisme, I, 52.
Pombal, III, 350.
Poméranie, II, 465 sq.
Poméranie (évêché de), II, 465.
Pomponatius (Pierre), II, 566.
Pontanus, III, 224.
Pontifex Maximus, titre conservé aux empereurs chrétiens, I, 340; mais il est refusé par Gratien, I, 347.
Popo (saint), II, 200.
Populaire (philosophie), III, 375 sq.
Populaires (chants religieux), I, 164, 318, 484 sq.; II, 588.
— (écoles), II, 87, 228.
— (légendes), I, 23.
Porche ou parvis de l'église, I, 479.
Porphyre, élève de Plotin, I, 212.
Port-Royal (abbaye de), III, 306.
Portugal (derniers événements religieux du), IV. 75 sq.
Posen, le plus ancien évêché de la Pologne, II, 131; Jordan, premier évêque, II, 131.
Possevin, jésuite, III, 120 sq.
Pothin (saint), év. de Lyon, I, 168, 201.
Potken (Jacques), II, 571.
Poudres (conspiration des), III, 137.
Powondra, IV, 193.
Pradt (l'abbé de), III, 436, IV, 40.
Præfatio, I, 495.
Pragmatique sanction, II, 334, 515, 527.
Prague (évêché de), II, 128.
Praxéas, I, 250.
Praylus, év. de Jérusalem, I, 408.
Precistæ, II, 350.

Prédestination, I, 410 sq.; II, 236 sq.; III, 91 sq.
Prédication, I, 493; II, 601 sq.; fonction particulière de l'évêque, I, 461.
Premiers fruits ou prémices, II, 364.
Prémontrés (ordre des), II, 390 sq.
Presbyter pœnitentiarius, I, 310, 502.
Presbytérien (système), III, 144 sq.
Prêtres, I, 159; subordonnés aux évêques, I, 155; ils commencent à prêcher devant l'évêque; premier exemple de ce genre en Occident, I, 453; écrits sur la dignité du sacerdoce, I, 454 sq.
Prêtresses, I, 158, n. 5.
Prêtrise universelle, I, 157.
Prière prescrite six fois par jour, I, 486.
Prierias, III, 14.
Priesteley, I, 590.
Primasius d'Adrumète, II, 84.
Primatie de l'évêque de Rome, V. *Papes.*
Princes (concordat des), III, 522.
Prisca translatio, I, 476.
Priscilla, I, 246.
Priscillianistes, I, 519.
Priscillien, I, 516 sq.
Privées, chapelles privées des grands, II, 186.
Privilége du *Forum,* II, 356.
Priviléges accordés à certains monastères et églises par les papes, II, 183.
Probabilisme, III, 322.
Proclus, patr. de Const., I, 424.
— néoplatonicien, I, 351.
Procope l'Ancien et le Jeune, II, 548.
Professio fidei Tridentina, III, 205 sq.
Propagation du Christianisme en Asie, I, 135, 145 sq., 183, 350 sq.; II, 446 sq.; III, 238 sq., 368 sq.; IV, 218 sq.; en Afrique, I, 145, 183, 362; II, 466; III, 356; IV, 228; en Amérique, II, 605; III, 242 sq., 359 sq., 556; en Europe, I, 139 sq., 146, 186 sq.; II, 18 sq., 24 sq., 602 sq.; en Australie, IV, 238; obstacles à la propagation du Christianisme, I, 195 sq., 355 sq.
Prosélytes de la porte et de la justice, I, 97.
Prosper (saint), I, 413.
Protérius, patr. d'Alexandrie, I, 428.
Protestantisme; origine du nom, III, 49; extension du protestantisme hors de l'Allemagne et de la Suisse, III, 100; caractère du protestantisme et cause de sa rapide extension, III, 163 sq.
Protogène, év. de Sardique, I, 373.
Provinciaux (conciles), I, 289 sq.; II, 186; prescriptions pour la tenue annuelle des synodes provinciaux, I, 292; II, 57.
Prudence (hymnes de), I, 463.
— év. de Troyes, II, 233.
Prusse (conversion de la), II, 463 sq.; elle devient protestante, III, 98 sq.; fondation du royaume de Prusse et protestation des papes, III, 294, conflit récent avec le saint-siége, IV, 113 sq.
Psyché (mythe de), I, 72.
Ptolémaïs, II, 338.
Ptolémées de Fila*onibus, I, 36.
Pucelle d'Orléans, II, 577.
Pulchérie, I, 426, 474.
Puritains, III, 137.
Pusey, IV, 92.
Pyrrhus de Constantinople, I, 443, 449.
Pythagoriciens, I, 70.

Q.

Quadragésimal (jeûne), I, 320.
Quadratus, év. d'Athènes et apologiste, I, 216.
Quadrivium, II, 86.
Quakers, III, 378 sq.
Quartodécimans, I, 323.
Quelen (Urbain de), IV, 316.
Quesnel, III, 308 sq.
Quiétisme, III, 312 sq.
Quinisextum (conc. de), I, 447.

R.

Raab (évêché de), II, 135.
Raban Maur, II, 135, 237 sq.
Rabulas, év. d'Édesse, I, 423.
Racine (Bonaventure), I, 42.
Raimond VI, comte de Toulouse, II, 373.
Rakow (catéchisme de), III, 195.
Rancé (Bouthillier de), III, 325.
Raphaël d'Urbin, II, 600.
Rapports de l'Église avec l'État, surtout en Allemagne, II, 49 sq.
Rathérius, év. de Vérone, II, 102, 212, 234.

Ratisbonne (évêché de), II, 38, 44, conc. de Ratisbonne, II, 91; ligue de Ratisbonne entre les princes catholiques, III, 37.
Ratramnus, moine de Corbie, II, 238, 241.
Ratzebourg (évêché de), II, 130.
Rauscher, I, 45.
Rautenstrauch, III, 332, 334.
Ravignan, jésuite, IV, 83.
Raymond Lulle, II, 467.
— de Pennafort, II, 354, 395, 448.
— du Puy, II, 396.
— de Sébonde, II, 557.
Raynald (Odoric), I, 39.
Réaction des protestants contre le rationalisme et Bruno Bauer, III, 366 sq.
Réadoption des chrétiens déchus, I, 308.
Réalisme et nominalisme, II, 425 sq.
Reccarède, II, 21.
Receveur, I, 42.
Recommandation (lettres de) des martyrs, I, 311.
Rédemptoristes, III, 327.
Réformée (Église), III, 90 sq.; divisions qui éclatent dans son sein, III, 182 sq.
Régale (controverse sur la), III, 293.
Réginald, év. de Spire, II, 201.
Réginon de Prum, I, 36; II, 183.
Réginum. V. *Ratisbonne*.
Reichenau, II, 233.
Reims (école de), II, 197, 235; séminaire pour les catholiques anglais; conciles de Reims, II, 78, 197, 368, 390, 434.
Reinkens, IV, 320.
Religio licita, I, 208.
Religion (idée de la), I, 1.
— païenne, I, 53 sq.; II, 12 sq.; 116 sq.
— (édit de), en Prusse, IV, 242 sq.
— Conférence de Marbourg, III, 49.
— Conférence de Ratisbonne, III, 74, 81.
— Conférence de Thorn, III, 264.
— Conférence de Worms, III, 264.
— Paix d'Augsbourg, III, 85.
— — de Nuremberg, III, 50.
Reliques; culte des reliques chez les catholiques, I, 223, 487, 525, II, 221;

III, 204; chez les protestants, III, 85. (n° 2).
Rembert, II, 118.
Remi (S.), év. de Reims, II, 30, 215.
— arch. de Lyon, II, 238.
Remismond, II, 21.
Remontrants, III, 189 sq.
Réparatus, év. de Carthage, I, 438.
Répons, I, 483.
Reservatum ecclesiasticum, III, 90.
Restitution (édit de), III, 271.
Reuchlin, II, 570 sq.
Reval (évêché de), II, 464.
Révélation primitive, I, 54 sq.; 82.
Révolution française, IV, 4 sq.
Rhense (assemblée électorale de), II, 481.
Rhinocorura (école théologique de), I, 454.
Ricci (Laurent), III, 352.
— (Mathieu), III, 241.
— (Scipion), év. de Pistoie, III, 328.
Richard de Cornouailles, II, 331.
— Cœur de Lion, II, 315.
— Simon, III, 319.
— de Saint-Victor, II, 439.
Richelieu, III, 159.
Richer, I, 40.
Riculph, arch. de Mayence, II, 148.
Rienzi (Nicolas de), II, 483.
Riffel (œuvres de), I, 337; III, 3; il est déposé, IV, 129.
Riga (évêché de), II, 463.
Rimini (conc. de), I, 383.
Ritter (J.-J.), I, 45.
Robbio (Luc de la). V. *Luc*.
Robert d'Arbrissel, II, 392.
— abbé de Cîteaux, II, 384.
— Fludd, III, 180.
— Guiscard, II, 169, 282.
— Pulleyn, II, 439 sq.
Robespierre, IV, 11, 12.
Rodolphe (Agricola), II, 568.
— de Habsbourg, II, 336.
— de Souabe, II, 281.
Rodrigues, III, 217.
Rœhr, IV, 244.
Rœskild (évêché de), II, 118.
Rogations, I, 485.
Roger Bacon, II, 449.
— de Béziers, II, 374.
Rohrbacher, I, 42.
Romains (religion et mœurs des), I, 74.
Rome; son importance comme siège du chef de l'Église, I, 293; conciles de Rome, I, 379, 391, 419; II, 109,

158, 164, 166, 168, 194, 248, 271, 281, 345.
Romescot, II, 204.
Romuald (congrégation de Saint-), II, 195, 212.
Rosaire (confrérie du), II, 220; (fête du), 589 sq.
Roscelin, II, 427.
Rosecroix, III, 180, 181.
Rosmini-Serbati, IV, 67, n. 2.
Rossi, ministre, IV, 138.
Rossi (Bernard), III, 328.
Rottmann (Bern.), III, 75.
Roturiers (les) doivent être admis dans les chapitres épiscopaux, II, 359, n. 3, 529.
Rousseau (J.-J.), III, 324.
Royko, I, 44.
Ruderich, II, 41.
Rue (de la), I, 40 ; III, 319.
Ruffin, prêtre d'Aquilée, I, 34; 398.
— syrien, I, 402.
Rugen (conversion de l'île de), II, 461.
Rupert de Worms, II, 38.
— de Deutz, II, 440, 450.
Ruraux (chapitres), II, 188.
Russe (Église gréco-), III, 283.
Russes, II, 258 sq.
Rusticus, diacre romain, I, 426.
Ruttenstoch, I, 45.
Ruysbroeck (Jean), II, 561.

S.

Sabas (saint), abbé, I, 434.
Sabbat, I, 165.
Sabéens ou Homérites. V. ce nom.
Sabellius, I, 253.
Sacharelli, I, 43.
Sacramentaire (controverse), II, 287 sq.
Sacramentaires (discussion des), III, 65 sq.
Sacrement (fête du Saint-) ou Fête-Dieu, II, 586.
Sacrifice; défense faite aux gouverneurs païens de participer au sacrifice chrétien, I, 340.
Sacrilège (loi sur le), IV, 57.
Sacy (Lemaistre de), III, 320.
Sadducéens, I, 97.
Sadolet, III, 248.
Sagittarius, I, 46.
Sahag, patr. des Arméniens, I, 358.
Sailer, IV, 193.
Saint-Martin, IV, 24.

Saints, nom des chrétiens, I, 101.
— (culte des), I, 223.
— (temps). V. Temps.
Saissette (Bernard), év. de Pamiers, II, 344.
Salaire du clergé par l'État, II, 364.
Salmeron (Alphonse), III, 250.
Salvien, I, 355 ; II, 22.
Salzbourg, II, 38, 45 ; émigration protestante de Salzbourg, III, 386.
Samaritains, I, 102.
Samedi (jeûne du), I, 320; jour consacré à la sainte Vierge, II, 220.
Samogitie (évêché de), II, 465.
Samosaticns, I, 252 sq.
Samuel de Worms, II, 86.
Santarel, III, 214.
Saragosse (conc. de), I, 516.
Sardique (conc. de), I, 379.
Sarpi (Paul), I, 41 ; II, 408.
Saturnin le Gnostique, I, 235.
Saül, persécuteur des chrétiens, I, 135 sq.
Savonarola, II, 608 sq.
Saxe (conversion de la), II, 46 sq.
Scapulaire (confrérie du), II, 391.
Scepticisme, I, 73 ; III, 322 sq.
Sceptiques, I, 203.
Schabur ou Sapor II, I, 356.
Schall (Adam), III, 241.
Scheibel, III, 678.
Schelling, III, 567, 568 ; IV, 246, 247.
Schenzel, IV, 301.
Schiller, III, 378.
Schisme (définition du), I, 5.
— grec, II, 250 sq.
Schisme d'Occident, I, 440 sq. ; II, 484 sq.
Schlégel (Frédéric de), IV, 108, 185.
Schleiermacher, I, 50 ; IV, 257.
Schmalfuss, I, 44.
Schmalkalde (article de), III, 71.
— (ligue de), III, 71.
— (guerre de), III, 85 sq.
Schmidt (Christophe), I, 48 ; III, 2.
— (H.-J.), I, 55.
Schnepf, III, 50, 53.
Scholz, IV, 191.
Schrœkh, I, 47.
Schwarzhueber, IV, 186.
Schwenkfeld, III, 192 sq.
Sciara Colonna, II, 347.
Scillitains (martyrs), I, 202.
Scolastique, II, 417, 428, 441 sq., 556 sq.
Scotistes, II, 448.
Sectes fanatiques et opposées, II, 367.

Sécularisation mise en usage pour la première fois à la paix de Westphalie, III, 290.
— de l'État de l'Église, IV, 32 sq.
— des principautés ecclésiastiques en Allemagne, IV, 60.
Secundus de Tigisis, I, 367.
Sedulius, auteur d'hymnes, I, 483.
Ségarelli (Gérard), II, 379.
Segneri, III, 251.
Séleucie-Ctésiphon, métropole, I, 357.
— (conc. de), I, 383.
— (évêché de), I, 357.
— siége épiscopal des Nestoriens, I, 420.
S. 'ingenstadt (évêché de), II, 47.
Seion (évêché de), II, 464.
Selvaggio. V. Pellicia.
Semi-ariens, I, 381.
Semigallen, II, 464.
Séminaires, I, 454.
Semipélagiens, I, 410 sq.
Semler, I, 47.
Sénèque, I, 78.
Séparation de l'Église et de la Synagogue, I, 147.
Septante (version des), I, 95.
Sépulture chrétienne, I, 329, 506.
Sérapion, (destruction du), I, 348.
Serbes, II, 125.
Sergius, II, pape, II, 142; S. III,
— patr. de Constantinople, I, 442.
— (Paul), I, 137.
Sermon, I, 493.
Servatus Lupus, II, 242.
Servet, III, 93.
Servites, II, 408 sq.
Servus servorum Dei, I, 470.
Séthianites, I, 235.
Sévère d'Antioche, I, 430.
— moine; I, 429.
Sévériens (monophysites), I, 431.
— partisans de Tatien, I, 237.
Séverin (saint), II, 19, 38.
Sybillins (oracles), I, 192.
Sicile conquise par les Normands et fief du saint-siège, II, 165 sq.
Siciliennes (vêpres), II, 338.
Sickingen (Franz de), III, 23 sq.
Sidoine Apollinaire (saint), év. de Clermont, II, 21.
Sieciechow (abbaye de), II, 132.
Sienne (conc. de), II, 500.

Sieyes, IV, 6.
Sigismond, empereur, II, 492, 496, 508.
Sigismond III, roi de Pologne et de Suède, III, 121 sq.
Signaculum sinus, manuum et oris, I, 244.
Sigonius (Aurèle), I, 43.
Silésie (conversion de la), II, 133 sq.; elle passe au protestantisme, III, 100 sq.
Silvère, pape, I, 433.
Siméon (saint), év. de Jérusalem, I, 199.
— Métaphraste, II, 258.
— év. de Séleucie, I, 357.
Simon (saint), Stylite, I, 359.
— le Magicien, I, 134, 172 sq.
— Stock, II, 391.
— de Montfort, II, 374 sq.
Simonie, I, 172; II, 77, 201; lois portées contre elle, II, 163, 166, 197, 284.
Simplicius, néoplatonicien, I, 351.
Siricius, pape, I, 467.
Sirmium (conc. de), I, 382, 388.
Sirmiques (formules), I, 382.
Sirmond, I, 40.
Sixte IV, pape, II, 518.
— Quint, III, 208 sq.
Skalhot (évêché de), II, 121.
Skara (évêché de), II, 119.
Skarga (Pierre), III, 110, 251.
Slaves, II, 121 sq.
Société pour la propagation des bons livres, III, 505, 508; IV, 109, 112.
Socin (Faustus), III, 194, Lélius, III, 194.
Sociniens, III, 194 sq.
Socrate, historien ecclés., I, 33.
Soissons (conc. de), II, 148, 428.
Somasques, III, 228.
Sommier, théologien français, III, 318.
Sophronius, moine et patr. de Jérusalem, I, 441 et sq.
Sorbonne, II, 428 sq.
Sorciers (procès des), II, 574; III, 364; combattus par les catholiques, III, 261; maintenus par les protes-III, 111, 367.
Sorores de Militia Christi, II, 404.
Souabe (miroir ou code de), II, 358.
— (articles de) et de Torgau, III, 46.
Sozomène (Hermias), I, 33.
Spanheim, I, 50.

Spée (Frédéric), III, 364.
Spener, III, 365.
Spinola (Christ. Rojas), III, 330.
Spinosa, III, 368.
Spire (évêché de), II, 39.
— (diète de), III, 47 sq.
Spirituales, II, 407, 578.
Spittler, I, 47.
Spondanus de Pamiers, I, 39.
Sponsores (fidei jussores). V. *Parrains*.
Stanislas, év. de Cracovie, II, 134.
Stattler (Benoît), III, 339 sq.
Staudlin, I, 48.
Staupitz, III, 11.
Stavanger (évêché de), II, 121.
Stercorianisme, II, 244.
Stoïciens, I, 78.
Stola, I, 482.
Stolberg (Fréd.-Léopold), I, 44; IV, 172.
Storch (Nicolas), III, 36.
Strasbourg, II, 39.
Strauss, IV, 248 sq.
Striegel (Victorin), III, 132.
Strossmayer, IV, 314.
Sturleson (Snorre), II, 610.
Sturm, abbé, II, 45.
Stylites, I, 515.
Suarez, jésuite, III, 213, 247.
Substance, I, 262 sq.
Suède, sa conversion au Christianisme, II, 116 sq.; elle devient protestante, III, 113 sq.
Suèves, II, 19.
Suidbert, II, 40.
Suisse (conversion de la), II, 36 sq.; sa situation religieuse de nos jours, IV, 99 sq.
Sulpice Sévère, I, 34.
Sunnia, II, 15.
Superpositio jejunii, I, 320.
Superstition, II, 574, parmi les protestants, III, 173, 364.
Suprématie (serment de), III, 128, 129.
Surintendants, III, 45.
Suso (Henri), II, 560.
Sutri (conc. de), II, 163.
Swedenbourg (Emmanuel), III, 382 sq.
Swerker, roi de Suède, II, 118.
Sylvestre Ier, pape, I, 373, 470; S. II, II, 163, 288.
Symbole des apôtres, I, 181, n. *; on l'étend à mesure que se montrent de nouvelles hérésies, I, 256 sq.

Symbole de Nicée, I, 374, n. *.
— de saint Athanase, I, 391, n. **.
— Nicæno-Constant., I, 391, n. *.
— d'Éphèse, I, 416. *
— de Calcédoine, I, 427, n. *.
— de Constant., I, 444.
Symbolique considérée comme science, IV, 286.
Symmaque consulaire, II, 26.
— pape, I, 429.
— préfet, I, 351.
Syncellus, I, 452.
Syncrétisme (signification du mot), III, 187, n. 1.
Syncrétique (controverse), III, 187 sq.
Synergistique (controverse), III, 184.
Synésius, I, 456, 483.
Synnade (conc. de), I, 303.
Synode (le saint), permanent en Russie, III, 388 sq.
— provinciaux (décadence des), II, 185.
Σύνοδος ἐνδημοῦσα. I, 435.
Syrianus, néoplatonicien, I, 350.
Système féodal, II, 54 sq., 178 sq.

T.

Tabernacles, II, 584.
Taborites, II, 547.
Talleyrand, IV, 6.
Tamburini, III, 329.
Tanchelme, II, 367.
Tancrède de Lecce, II, 316.
Tanner (Adam), II, 554.
Tarasius, patr. de Constantinople, II, 110.
Tasso (Torquato), III, 257.
Tatares ou Tartares, II, 258 sq.
Tatien, apologiste, I, 217; le Gnostique, I, 237.
Tauler (Jean), II, 560, 591.
Tempérance (société de), IV, 94.
Temple (chevaliers du), II, 397.
— abolition de l'ordre, II, 474 sq.
Temps saints, I, 165, 319 sq.
Territorial (système), III, 362.
Tertiaires, II, 402 sq.
Tertius ordo de Pœnitentia, II, 402 sq.
Tertullien, I, 202, 218, 247, 258, n. 1, 257, sq., 288, 331.
Test (serment du), III, 140.
Tetzel, III, 12 sq.

Thaddée (saint), apôtre, I, 145.
Thangbrand, II, 120.
Théatins, III, 227 sq.
Thébaine (légion), I, 210.
Thébutis, chef des Ébionites, I. 169.
Thégan, II. 231.
Themistius et ses partisans, I, 430.
— néoplatonicien, I, 351.
Théodora, impératrice, I, 433 sq.
Théodore Ascidas, I, 435.
— de Canterbury, I, 504, II, 35, 79, 203.
— Cassiteras, II, 110.
— lecteur à Constant., I, 32.
— de Mopsueste, I, 385, 403, 416, 420, 435.
— évêque de Pharan, I, 441.
— Studite, II, 110.
Théodoret, év. de Cyrus, I, 33, 353, 422 sq. 504.
Théodoric, roi des Ostrogoths, II, 25.
Théodose Ier, I, 347.
Théodotus l'Ancien, le Corroyeur, I, 250.
— le Jeune, le Changeur, I, 250.
Théodulphe, év. d'Orléans, II, 87.
Théologie allemande et hérétique, II, 556 sq.
— catholique de Berthold, év. de Chiemsée, III, 245.
Théologiques (tendances), I, 266 sq. 395 sq.; II, 417 sq.
Tééologumena, I, 5.
Théophilanthropes, IV, 16.
Théophile d'Alexandrie, I, 348, 398 sq.
— d'Antioche, apologiste, I, 217, 265.
Théophylacte, archev. d'Achrida, II, 254.
— archev. de Bulgarie, II, 257.
Θεοτόκος, I, 417.
Thérapeutes, I, 98.
Thérèse (sainte), III, 231.
Thiven (conc. de), I, 440.
Tholück, III, 571; IV, 245.
Thomas (saint), apôtre, I, 145.
— — d'Aquin, II, 335, 404, 444 sq.
— — Barsumas, I, 423.
— — Becket, II, 309 sq.
— — de Célano, II, 588.
— — Kempis, II, 562.
— de Vio de Gaëte, V. *Cajétan*
— le Vaudois, II, 540.

Thomassin, I, 40.
Thomistes, II, 447.
Thorn (conférence de), III, 110, 264.
Thrasamond, II, 23.
Thurificati, I, 207, 311.
Thyeste (festin de), I, 197, 316.
Thym, I, 50.
Tiare, I, 482.
Tillemont, I, 41.
Tilly, III, 270 sq.
Timothée, I, 139.
Tipasa (martyrs de), II, 22.
Tiridates, roi d'Arménie, I, 358.
Tirini, exégète, III, 249.
Tite, disciple de saint Paul, I, 141.
Titien, II, 690.
Titus, I, 154.
Toland, III, 322.
Tolède (conc. de), I, 393, II, 15. 202, 205.
Tolérance, édit de Joseph II, III, 386.
Toleto (François), III, 249.
Tongres (évêché de), II, 39.
Tonsure, I, 482; controverse sur la tonsure, II, 35.
Torgau (ligue des princes protestants à) III, 35.
Tostatus (Alphonse), II, 570.
Toul (évêché de), II, 39.
Toulouse (conc. de), II, 210, 551, 584.
Tournay (évêché de), II, 39.
Tournely, III, 318.
Tours (conc. de), II, 78, 248; (école de), II, 197.
Toussaint (fête de la), I, 488; II, 216.
Tradition pharisienne, I, 98 sq.
— dans l'Eglise cathol., I, 255 sq.
Traditores, I, 210.
Traducianisme, I. 389.
Traductions de l'Écriture sainte, I, 358, 364; II, 19, 568 sq.; III, 27, 59, 107, sq.
Traité du 15 sept. (violation du) IV, 314.
Trajan, I, 198.
Transsubstantiation, quand ce mot a été employé pour la première fois, II, 322, bien que le dogme existât de tout temps, I. 315, 493 sq.
Trappistes, III, 326.
Trautson, archev. de Vienne, III, 331.
Trente (conc. de), négociations à son sujet, III, 68, 73; célébration du

concile, III, 197 sq.; acquiescement à ses canons. III, 202 sq.
Trente ans (guerre de), III, 267 sq.
Trève de Dieu, II, 198, 223 sq.
Trèves (évêché de), II, 39.
Tribur, premier conc. tenu en Allemagne, II, 199.
— (assemblée de), II, 280.
Trichotomie platonicienne de l'homme, I, 389.
Trimurtie indienne, I, 62.
Trinitas et Τρίασις employées pour la première fois, I, 265 sq. Développement scientifique de ce dogme, I, 393 sq., 243; retour vers le trithéisme, II, 427; négation de ce dogme par les antitrinaires, 249 sq.; Sociniens, III, 494 sq.; rationalistes modernes, III, 368 sq.
Trinité (ordre religieux de la), II, 394.
Trinitatis festum, II, 587.
Trinoda necessitas, II, 203.
Tritenheim (Jean de), I, 37.
Trithéisme, I, 431; II, 439.
Triumphus Augustinus, V. *Augustin*.
Trivium, II, 86.
Trosly (conc. de), II, 194.
Troubadours, II, 375, 451.
Trulle (conc. de), I, 447, observation.
Τύπος (édit dogmatique du), I, 434.
Turketul, II, 205.
Turrecremata, V. *Jean*.
Turretin, I, 50.
Turselin, III, 224.
Twestin, IV, 246.
Tyniec (abbaye de), II, 132.
Tyrans (doctrine sur le meurtre des), III, 162, 213.
Tyr (conciliabule de), I, 378.

U

Uchanski, III, 108.
Ulenberg, III, 3.
Ulfilas, II, 19.
Ulrich d'Augsbourg, II, 199.
Unigenitus (bulle), III, 308.
Union, tentatives d'union entre les protestants et les catholiques, III, 262, 332.
— hypostatique des deux natures en J.-C., I, 263 sq., 395, 421 sq.
Unitaires, III, 194 sq.
Unité de l'Église, I, 289, 293 sq.

Unité de la foi, I, 166 sq., 254 sq.
Universel (évêque), I, 470.
Universités, II, 414 sq.
Unni, archev. de Hambourg et de Brême, II, 118.
Unwan, archev. de Brême, II, 200.
Ὑπόστασις, I, 263.
Upsal (évêché d'), II, 119; métropole de la Suède, II, 120.
— (colloque d'), III, 113.
Urbain II, pape II, 283, 288; U. IV, II, 332, 585; U. V. 482; U. VI, II, 587; U. VIII, III, 212.
Ursacius de Belgrade (Singidunum), I, 380.
Ursule (sainte) et ses compagnes, I, 205.
Ursulines, III, 233 sq.
Usher, I, 49.
Utrecht (métropole d'), II, 40, 199.
— (schisme janséniste d') III, 314 sq.

V

Vairesse III, 323.
Valdez, (Alphonse), III, 29.
Valence (conc. de), I, 414; II, 179, 239.
Valens, empereur, I, 346, 384, 386.
— de Mursia en Pannonie, I, 380.
Valentin le Gnostique, I, 232.
— missionnaire, II, 38.
Valentinien Ier, I, 346, 384; Val. II, I, 347; Val. III, I, 349, 471.
Vallombrose (ordre de), II, 196, 203.
Vandales, II, 21 sq.
Vannes (congrégation de Saint-), III, 230.
Varsovie (paix de religion de), III, 108.
Vasquez, III, 254.
Vaudois, II, 370 sq.
Vega (Lope de), III, 257.
Vendredi, jour de jeûne, I, 320.
Vemena (Hermann), I, 50.
Venise (paix de), II, 312.
Verceil (conc. de), 248.
Verden (évêché de), II, 47.
Verdun (évêché de), II, 39.
— (traité de), II, 141.
Vergérius, nonce du pape, III, 68.
Vernuleus, III, 224.
Veron, III, 250.
Vespasien, empereur, I, 147, 149.
Viborg (évêché de), II, 119.

Vicaires des papes, II, 183.
Vicaires généraux, II, 362.
Victor Ier, pape, I, 250, 322; Vic. II, II, 166; Vic. III, II, 283; Vic. IV, II, 310.
Victorin, év. de Petavio, I, 189.
Vie religieuse et morale des chrétiens, I, 161 sq., 325 sq., 516 sq.; II, 72 sq., 453 sq.
Vienne (conc. de), II, 474; Cf. I, 188.
Viger, jésuite, III, 224.
Vigilantius, I, 518.
Vigile, pape, I, 433.
Vigilla, I, 324.
Vignes (Pierre). V. *Pierre*.
Vigor III, 251.
Vilani (Giovanni), II, 565.
Vin mêlé à l'eau pour le saint sacrifice, I, 497.
Vincent (saint), év. de Capoue, I, 380.
— Ferrier, II, 575, 590.
— de Lérins, I, 364, 365; n. *, 412.
— de Paul, III, 234 sq.
Vinci (Léonard de) II, 599.
Vindonissa (évêché de), II, 37.
Viret (Pierre), III, 92.
Virgile, év. de Salzbourg, II, 125.
Virginité, I, 286 sq., 325.
Vischer II, 598.
Visigoths, II, 19 sq.
Visitation (fête de la), II, 587.
— (ordre de la), III, 232.
Visite des diocèses, I, 461; II, 57.
Visiteurs, I, 461.
Viterbe (Egidius de), II, 524, 577.
Vitraux, II, 596.
Vivès (Louis), II, 568.
Voltaire, III, 323.
Votives (messes), I, 496.
Vulgate corrigée, III, 210.
— nouvelle correction à l'aide du texte gréco-hébreu, II, 566 sq.; III, 209.

W

Wadstena (couvent de), II, 581; III, 146.
Walafried (Strabon), II, 114, 230.
Walch père et fils, I, 47.
Waldrade, I, 148.
Wallia, roi des Visigoths, II, 20.
Walter ou Gauthier de Saint-Victor, II, 439.
Walter de Vogelwelde, II, 451.

Waltram, év. de Naumbourg, II, 280.
Warzewicki, jésuite, III, 119.
Wazon, év. de Liége, II, 201, 263.
Wegscheider, IV, 259.
Weigel (Valentin), III, 180.
Weigeliens, III, 181.
Weishaupt, III, 242.
Weissmann, histor. ecclés., I, 47.
Wenceslaw, II, 128.
Wendes, II, 129.
Wertheim (Bible de), III, 373.
Wesel (Jean de), II, 607 sq.
Wesley (Jean et Charles), III, 384 sq.
Wesprim (évêché de), II, 135.
Wessenberg, IV, 124.
Westphalie (paix de), III, 274 sq.
Wicel (George), III, 264.
Wicleff, II, 537 sq.
Wigand, III, 185.
Wilfried, II, 35.
Willibrord, arch. d'Utrecht, II, 42.
Willigis, archev. de Mayence, II, 160, 199.
Wilna (évêché de), II, 603.
Wimpina (Conrad), III, 13, 52.
Windesheim, monastère de chanoines réguliers, II, 583.
Windischmann, I, 26, n. 3.
Winer, IV, 251.
Winfried, II, 42.
Wirland (évêché de), II, 464.
Wiseman, III, 486, 489; IV, 90, 93.
Witasse, III, 318.
Wittekind, II, 199.
Wladimir le Grand, II, 256.
Wladislaw IV, roi de Pologne, III, 264.
Wolbodo, II, 200.
Wœllner, ministre, IV, 242.
Wolfenbuttel (fragments de), III, 376.
Wolff, histor. ecclés., I, 44.
Wolfgang, év. de Ratisbonne, II, 199, 212.
Wolfram d'Eschenbach, II, 451.
Wolmar (Melchior), III, 91.
Woolston, III, 322.
Worms (concordat de), II, 299.
— (diète de), III, 26.
— (assemblée d'évêques à), II, 278.
Wuhrer, II, 1.
Wujek (Jacques), jésuite, III, 250.
Wulfram, év. de Sens, II, 40.
Wurzbourg (évêché de), II, 45.

X

Xavier (saint François), III, 238 sq.
Xénajas, év. d'Hiéropolis, I, 429.
Ximenès (cardinal), II, 570.

Y

York (évêché d'), I, 192 ; II, 34.
— (métropole d'), II, 204.
— (école d'), II, 204.
Yxkull (évêché d'), II, 463.

Z

Zaccaria, III, 333.
Zacharie, pape, II, 62, 67.
Zeitz (évêché de), II, 129.
Zend-Avesta et peuple du Zend, I, 64 sq.
Zénon, empereur I, 427.
Zimmer, le dogmatique, IV, 187.
Zinzendorf, III, 381.
Zizka (Jean), II, 546 sq.
Zola, I, 43.
Zoroastre, I, 63.
Zozime, pape, I, 409.
— historien païen, I, 354.
Zulpich (bataille de, II, 30.
Zwickau (prophètes de), III, 36.
Zwingle, III, 91 sq., 178 ; son système, 62 sq.

FIN DE LA TABLE ALPHABÉTIQUE DES MATIÈRES.

F. Aureau. — Imprimerie de Lagny

www.ingramcontent.com/pod-product-compliance
Lightning Source LLC
Chambersburg PA
CBHW060223230426
43664CB00011B/1539